立法工作纪事

顾昂然 著

中国民主法制出版社

图书在版编目(CIP)数据

立法工作纪事/顾昂然著.—北京:中国民主法制出版社,2021.12
ISBN 978-7-5162-2727-5

Ⅰ.①立… Ⅱ.①顾… Ⅲ.①立法—工作概况—中国
Ⅳ.①D920.0

中国版本图书馆CIP数据核字(2021)第268188号

图书出品人:刘海涛
图 书 策 划:张 涛
责 任 编 辑:周冠宇

书名/立法工作纪事
作者/顾昂然 著

出版·发行/中国民主法制出版社
地址/北京市丰台区右安门外玉林里7号(100069)
电话/(010)63055259(总编室) 83910658 63056573(人大系统发行)
传真/(010)63055259
http:// www.npcpub.com
E-mail:mzfz@ npcpub.com
开本/16开 710毫米×1000毫米
印张/37.75 **字数**/691千字
版本/2021年12月第1版 2021年12月第1次印刷
印刷/三河市宏图印务有限公司

书号/ISBN 978-7-5162-2727-5
定价/98.00元

出版说明

本书是顾昂然同志参与国家立法工作的文章、报告、讲话的合集。

顾昂然同志历任全国人大常委会法制委员会委员、资料编译室（研究室）主任、民法国家法室主任，全国人大常委会法制工作委员会副主任兼秘书长。1993 年任全国人大常委会法制工作委员会主任。1998 年任第九届全国人大法律委员会副主任委员。顾昂然同志参与了众多国家重要法律的起草、制定和修改工作，是中国特色社会主义法律体系形成的重要参与者、见证者。

本书汇集了顾昂然同志关于法制工作和人大工作的相关文章，涉及社会主义法律体系的各个方面，包括健全社会主义法制的相关论述及参与宪法、国家机构法律、刑法、民事法律、诉讼程序法律、行政法律、经济法律的起草、制定、修改工作情况，对于读者了解新中国法制建设和立法过程，具有重要的文献和参考价值。

2021 年，恰逢建党百年，经过百年奋斗，以人民代表大会制度为根本政治制度的社会主义民主政治制度不断发展完善。收集、整理、出版新中国老一辈立法工作者的文集，对于全面记录中国特色社会主义法律体系的形成和不断发展完善有着重要意义。顾昂然同志是老一辈立法工作者的杰出代表，为我国立法事业作出了重要贡献。相信本书的出版对于坚持“四个自信”，做好立法工作和人大工作，具有重要的理论和现实意义。

中国民主法制出版社

2021 年 12 月

目　　录

关于社会主义法制

关于宪法

关于国家机构法律

关于民事法律

关于刑法

关于诉讼程序法律

关于行政法律

关于市场经济法律

关于社会主义法制

充分认识健全社会主义法制的重要意义，做好立法工作

（1987 年 10 月　在第三期立法工作干部培训班上）

一、健全社会主义法制的必要性和重要性

发展社会主义民主、健全社会主义法制，是我们党和国家的一项根本任务。关于健全社会主义法制的必要性、重要性，中央有很多精辟、深刻的论述。我根据个人学习的体会，建议从以下五个方面，来加深对健全社会主义法制必要性和重要性的认识。

（一）发展社会主义民主、健全社会主义法制，是十一届三中全会以来党的路线方针的重要组成部分

1978 年党的十一届三中全会是建国以来我党历史上具有深远意义的伟大转折。十一届三中全会公报一共有五部分，第一部分讲的是党和国家工作重点要转移到社会主义四化建设上来；第二部分讲了改革；第三部分就是讲的民主和法制；第四部分是讲党的思想路线；第五部分是讲党的建设问题。三中全会对民主和法制问题进行了认真的讨论，公报说："为了保障人民民主，必须加强社会主义法制，使民主制度化、法律化，使这种制度和法律具有稳定性、连续性和极大的权威""要做到有法可依，有法必依，执法必严，违法必究"，并提出"从现在起，应当把立法工作摆到全国人民代表大会及其常务委员会的重要议事日程上来"。

党的十一届五中全会、六中全会和十二大报告等，都重申和进一步讲了这个问题。1980 年，五中全会的公报讲到，"会议认为，发扬社会主义民主和健全社会主义法制，……是我们党的坚定不移的方针"。1980 年 12 月，邓小平同志在中央工作会议上的讲话指出，发扬社会主义民主、健全社会主义法制，"是三中全会以来中央坚定不移的基本方针，今后也决不允许有任何动摇"。1981 年 6 月，六中全会通过了《关于建国以来党的若干历史问题的决议》，其中讲到，三中全会以来，我们党已经逐步确立了一条适合我国情况的社会主义现代化建设的正确道路。这个正确道路的主要点是什么呢？"决议"讲了七条，其中第五条讲的是民主和法制问题。"决议"把民主和法制问题，作为正确道路的主要点之一，并提出，必须"完善国家的宪法和法律并使之成为任何人都必须严格遵守的不可侵犯的力量，使社

会主义法制成为维护人民权利,保障生产秩序、工作秩序、生活秩序,制裁犯罪行为,打击阶级敌人破坏活动的强大武器”。1982 年 9 月,党的十二大报告讲到,十一届三中全会以来,我们党实现了历史性的转变。历史性转变的主要标志是什么,报告讲主要有七个方面,其中第二个方面是社会主义法制,提出要“继续健全社会主义民主和法制”,并且把这个问题写到党章中。党章总纲中规定,“中国共产党领导人民发展社会主义民主,健全社会主义法制”。

从以上十一届三中全会的公报及历次会议的公报和党章、十二大报告,可以清楚地看出,健全社会主义法制,是十一届三中全会以来党的路线、方针的重要组成部分。因此,这个问题不是一般的问题,而是路线问题,是执不执行十一届三中全会以来党的路线、方针的问题。我们应当从路线高度,来认识健全社会主义法制的重要意义。

(二)建立和健全社会主义法制是建国后历史发展的客观规律

建国以后要建立和健全法制,不是个人的主观愿望,而是历史发展提出的客观要求,是历史发展必然的客观规律。

1979 年 9 月,彭真同志在中央党校讲“关于社会主义法制的几个问题”时说:“社会主义法制早就应该抓紧搞。政权,我们早已拿到手了,土地改革废除了封建所有制,三大改造废除了资本主义所有制,小生产变成了集体所有。一个是政权,一个是生产关系,经济基础的革命,两个基本问题都早已基本解决了,还不抓紧搞法制。”1984 年,彭真同志在全国人大常委会在京委员的座谈会上,在省、自治区、直辖市人大常委会负责同志的座谈会上,在同首都新闻界的谈话中,多次论述这个问题。在这些讲话中,提出了革命和建设两个阶段,提出建国后和建国前不一样,建国后人民掌握了全国政权,存在党和国家两种形式。他根据这个变化,提出了由革命阶段主要依靠政策办事,过渡到建国后不仅依靠政策,还要建立和健全社会主义法制。

关于法制问题,在建国前和建国后根本不同。建国以前,人民没有掌握政权,全国政权掌握在地主阶级、买办官僚资产阶级手里,那时的法律是镇压、剥削广大人民的。在人民没有掌握政权的情况下,党领导人民进行武装斗争,推翻反动政权。因此,那时不能强调法制,而是要摧毁反动的法制,不然就不能革命。但是,建国后的情况根本不同了,1949 年,人民在中国共产党领导下,推翻了反动统治,成为国家的主人,国家政权掌握在人民手里。这个时候,就应该通过国家政权建立法制,来巩固革命所取得的成果,保障和促进革命的进一步发展和建设的顺利进行。

1984 年 3 月彭真同志在省、自治区、直辖市人大常委会负责同志座谈会上说:“建国以后,我们有了全国性的政权,情况不同了,不讲法制怎么行?要从依靠政策办事,逐步过渡到不仅靠政策,还要建立、健全法制,依法办事。”他说:“我们这样一个大国，现在有10亿人口，虽然党是代表人民、全心全意为人民服务的，但党在10亿人民中只是少数，绝大多数是非党员。我们不仅有党，还有国家。党和国家要做的事，讲内容，当然是一个东西，……讲形式，那就不仅有党，还有国家的形式。党的政策要经过国家的形式而成为国家的政策”。

这个论述非常深刻，对我们认识健全社会主义法制的必要性，有重要意义。第一，指出了建国以后建立和健全法制，不是个人的主观愿望，而是历史发展提出的客观要求，是历史发展的客观必然规律。第二，揭示出了我们有些同志忽视社会主义法制建设的历史社会根源。在旧中国，我国长期是封建社会，另一方面，许多老同志建国前进行革命斗争，那时人民没有掌握全国政权，革命斗争主要靠党的领导、靠政策，这也是建国后对法制建设重要意义认识不够的一个重要原因。第三，提出了任务，要从主要依靠政策过渡到不仅依靠政策，而且要建立、健全社会主义法制，依法办事。

我们要很好地学习这个深刻的论述，从历史客观发展的必然规律，来认识建立、健全社会主义法制的必要性和重要性。在这个历史转变过程中，提高自觉性，增强法制观念，适应健全社会主义法制的客观需要。

（三）健全社会主义法制是总结几十年来经验教训，特别是“文化大革命”沉痛教训得出的结论

建国以后，人民掌握了全国政权，应该建立和健全法制，特别是在生产资料私有制的社会主义改造基本完成以后，更应该强调这个问题。但是，我们过去对健全社会主义法制的必要性、重要性认识不足，因此，在建国以后，对法制建设工作时而抓紧，时而放松。1954年，召开第一届全国人大第一次会议，制定了宪法，那时是重视法制建设的，常委会办公厅开始起草刑法、民法。1956年，党的八大提出了“系统地制定比较完善的法律，健全我们国家的法制”，并把它做为国家工作中的迫切任务之一，但后来没能坚持下去。到了1957年反右，后来大跃进、人民公社化，对法制建设又放松了。1962年，又抓法制建设，那时毛泽东同志提出不但刑法要，民法也要制定。刑法搞了33稿，民法也进行了起草，但后来又放松了。“文化大革命”期间，社会主义法制遭到严重破坏，广大干部、群众吃了苦头。总结沉痛的教训，十一届三中全会提出，为了保障社会主义民主，必须把民主制度化、法律化，必须健全社会主义法制。这是总结几十年经验教训，特别是“文化大革命”的痛苦教训得出的结论。

为什么会发生“文化大革命”，而且持续了这样长的时间？当然，发生“文化大革命”有各种原因，但一个重要原因是，社会主义法制遭到了严重破坏。党的十一届六中全会《关于建国以来党的若干历史问题的决议》讲了这个问题，决议写道：“‘文化大革命’所以会发生并且持续十年之久，除了前面所分析的毛泽东同志领导上的错误这个直接原因以外，还有复杂的社会历史原因”。复杂的社会历史原

因是什么呢？决议主要讲了两条，其中第二条就是民主和法制。决议写道："长期封建专制主义在思想政治方面的遗毒仍然不是很容易肃清的，种种历史原因又使我们没有能把党内民主和国家政治社会生活的民主加以制度化、法律化，或者虽然制定了法律，却没有应有的权威。这就提供了一种条件，使党的权力过分集中于个人，党内个人专断和个人崇拜现象滋长起来，也就使党和国家难于防止和制止'文化大革命"的发动和发展。"

"文化大革命"后，大家都在思考一个问题，如何才能防止以后不再发生类似的事情。意大利记者奥琳埃娜·达拉奇在1980年8月，向邓小平同志提出了这个问题。邓小平同志回答说"要从制度方面解决问题"。他说："我们这个国家有几千年封建社会的历史，缺乏社会主义的民主和社会主义的法制。现在我们要认真建立社会主义的民主制度和社会主义的法制。只有这样，才能解决问题。"所以，健全社会主义法制，关系到国家的长治久安，关系到维护安定团结的政治局面，关系到社会主义四化建设的顺利进行。

"文化大革命"结束到现在已经10年了，时间一长，对"文化大革命"的痛苦教训，就不像"文化大革命"刚结束时印象那么深，有些人可能会随着时间的转移而逐渐淡薄。1980年2月，五中全会为刘少奇同志平反，公报中说："为刘少奇同志平反，不仅是为了刘少奇同志个人，而是为了使党和人民永远记取这个沉痛的教训，用一切努力来维护、巩固、完善社会主义民主和社会主义法制，使类似刘少奇同志和其他许多党内外同志的冤案永远不至于重演，使我们的党和国家永远不变色。"必须健全社会主义法制，是总结几十年经验教训，特别是"文化大革命"痛苦教训，得出的结论，这个认识是来之不易的，我们应当按五中全会公报提出的那样，永远记取这个教训，并且以此来教育我们的后一代。

（四）健全社会主义法制是改革和社会主义四化建设的需要

1986年1月17日，邓小平同志在中央政治局常委会上说："搞四个现代化一定要有两手，只有一手是不行的。所谓两手，即一手抓建设，一手抓法制。"1986年3月，国务院"关于第七个五年计划的报告"中提出："为了有利地促进社会主义现代化建设事业的健康发展，我们一定要有两手，一手抓建设，一手抓健全社会主义法制。经济体制改革的深入进行和国民经济的进一步发展，越来越要求把更多的经济关系和经济活动的准则用法律的形式固定下来，使法律成为调节经济关系和经济活动的重要手段。"

社会主义四化建设要法制来保障，这一点比较好理解。改革要不要强调健全法制，对这个问题过去认识得不很清楚。例如，党的八大强调要建立系统、完善的法制，而大跃进后就不强调法制了，那时有一种看法，认为在改革时期不宜强调法制，因为改革就是要变，怕强调法制会束缚改革。现在，我们提出，要以法制保障和促进改革。为什么改革需要健全法制，我们过去管理经济，比较多的靠指令性计划,靠行政手段,进行经济体制改革要按经济规律办事情,主要运用经济手段和法律手段,并采取必要的行政手段来控制和调节经济的运行,这是建立新型的社会主义经济体制的一个重要内容。如何以法制来保障和促进改革呢? 第一,巩固改革的成果。把改革的成果,及时用法律的形式肯定下来。第二,用法制保障建设和改革的秩序。第三,应兴应革的事情,尽可能用法律或制度的形式加以明确,为改革的发展提供法律的依据。

社会主义四化建设也好,改革也好,都需要用法律来巩固已取得的成果,用法律保障和促进全面改革的进一步发展和社会主义四化建设的顺利进行。我们要认识到,社会主义四化建设和改革,都需要健全社会主义法制。

(五)健全社会主义法制是长期、艰巨的任务

1979 年强调要发展社会主义民主、健全社会主义法制,到现在已经 9 年了。这些年,我国的社会主义法制建设取得了显著的成绩。立法方面,以新宪法为基础的社会主义法律体系初步形成,但今后的立法工作任务,还是很繁重的;在依法办事方面,比过去也有很大的进步,但是在一些地方,还存在着严重的问题。健全社会主义法制是一个长期、艰巨的任务,要经过长期艰苦的努力才能达到。

1979 年 6 月,彭真同志在五届全国人大二次会议上"关于七个法律草案的说明"中,就提出"加强社会主义法制,必然要经过复杂的激烈的斗争"。1984 年 3 月,彭真同志又提出健全社会主义法制长期性的问题,他在向首都新闻界的谈话中说:"健全社会主义法制是一项长期的、艰巨的任务。"为什么是长期的、艰巨的任务呢? 他说:"特别是象我们这样的国家,没有经过资本主义充分发展的阶段,从半殖民地半封建经过几年的过渡时期以后进到社会主义,缺乏民主习惯。因此。发展社会主义民主、健全社会主义法制,需要经过长期的斗争。"

认识健全社会主义法制是一个长期的、艰巨的任务,非常重要。所谓长期的任务,就是说不是三年五年,也不是十年八年的事情,恐怕要经过一代人或几代人,长期不懈地进行下去。1979 年以来,我们已经搞了 9 年,但不要松劲,不要中途停顿,要继续努力。提出艰巨性,就是说并不是那么容易就能办到的,要经过艰苦的奋斗。总之,我们要从长期性、艰巨性,来加深对健全社会主义法制建设的认识。

二、立法工作要注意的若干问题

制定法律要根据宪法,贯彻党的路线、方针、政策,坚持四项基本原则,坚持改革、开放、搞活的方针,为巩固、保障、促进全面改革和社会主义四个现代化建设服务,这是我们立法工作的一个非常重要的方针。这个问题,我在前面已讲过了,不再重复。这里,我讲另外四个问题。

（一）从我国实际出发，借鉴外国的经验

立法从什么出发，或者说根据什么？是根据主观愿望，根据外国法律，还是从我们的实际出发。这是我们立法工作中一个非常重要的、根本性的问题。

1979 年法制委员会一成立，彭真同志就着重地提出了这个问题。1980 年 4 月，法委新补了一些副主任和委员，彭真同志找新增加的同志开会，他在讲话中首先提出“立法从哪里出发”？他说，“从中国的实际，自己的实际，特别是当前的实际出发”。后来他多次讲这个问题，在制定宪法时讲，在起草民诉法时讲，在经济法经验交流座谈会上讲，在民法的座谈会上也讲。

为什么要强调立法从中国的实际出发？

第一，从客观实际出发，还是从主观愿望出发，这是马克思列宁主义认识论的一个根本问题。按马克思列宁主义理论，存在决定意识，经济基础决定上层建筑。立法只有从实际出发，才能使我们的法律比较符合实际，才能行得通。立法工作与学术研究不同，学术性意见是没有法律效力的，而立了法是要严格执行的。例如，死刑的问题，可以发表各种不同的见解，进行探讨，但是如果要在“刑法”中定下来，就应十分慎重，因为在“刑法”中定下来，多少犯这种罪行的人就要掉脑袋。立法一定要从实际出发，正确反映实际，才能执行得通，才能执法必严，建立法制的权威和连续性。

第二，更重要的是，只有从中国的实际出发，才能建立有中国特色的社会主义法律，才能更好地贯彻党的路线、方针、政策，坚持四项基本原则，坚持改革、开放、搞活的方针。十一届三中全会讨论的一个重要问题，就是思想路线，从实际出发，实事求是，社会实践是检验真理的唯一标准。十一届三中全会的路线，就是在这样的思想路线基础上产生的。不从实际出发，就不会有十一届三中全会以来的路线、方针。因此，立法工作从实际出发，调查研究新情况、新问题、新经验，才能更好地坚持党的改革、开放、搞活的方针，才能反映、巩固、保障和促进改革和建设的健康发展。1982 年彭真同志就多次提醒我们，注意不要思想僵化。他说，搞法的，如果不注意，容易产生思想僵化的问题。怎么才能防止思想僵化，就是要从实际出发，注意调查研究新情况、新问题。

什么是实际？一提到实际，有些同志往往想到的是某个问题、某个方面的实际情况。当然，这些实际情况也是需要的，但最根本的实际是我国的国情。1982 年 9 月，彭真同志在全国经济法制工作经验交流会上说：“我们的实际是社会主义社会，而且是在中国这个有 10 亿人口、九百六十万平方公里的国家里建立起来的、带有中国特色的社会主义社会。”也就是说，我国最根本的实际，第一是社会主义，这一点与西方资本主义国家根本不同；第二我们的社会主义正处于初级阶段，是具有中国特色的社会主义。我们的社会主义不是脱胎于资本主义社会，而是脱胎于半殖民地半封建社会，不是在现代化基础上来搞社会主义。我们考虑一切问题，从事一切工作，都必须从社会主义的初级阶段这个基本的事实出发，这是我们现行方针、政策的根本依据，也是我们立法工作的基本出发点。

在立法工作中要从实际出发，但要真正做到这一点，并不是那么容易的。要真正做到从实际出发，就要进行深入、系统、客观、全面的调查研究。1980 年，彭真同志在各省、自治区、直辖市人大常委会负责同志座谈会上说："要提倡毛泽东同志关于客观地、全面地、本质地看问题这个思想。"他说，如果"这样，许多不必要的争论也就可以避免了，就会较容易的统一思想、统一行动，同心同德搞四化"。1980 年 4 月，彭真同志在向新增加的法委副主任、委员谈话时提出，"看问题，一定要客观，从实际出发，不要主观；一定要全面而不要片面；一定要通过现象看事物的本质，不要陷于现象，有些是假象。我们法委考虑问题，就要这六个字，即客观、全面、本质"。

我们在起草、审议法律时，都要进行大量的调查研究。法律的制定，是以实际为基础，你别看一条法律只是几个字，但是这几个字所以这样定，是经过大量调查研究才提出来的，是有大量的事实做依据的。例如，政社分开的问题，搞了许多调查研究，总结经验，最后落实到宪法中，就是乡人民代表大会、乡人民政府这几个字。在大量的调查研究的基础上制定的法，才能站得住，行得通，有坚实的基础。

调查研究时，特别要注意调查改革、开放、搞活出现的新情况、新问题、新经验。从实际出发，决不是迁就已有的事实，不要就事论事，要站得高一点，看得远一点，注意新情况、新问题。不仅搞经济方面的立法要这样，就是搞刑事方面的立法，也是这样。例如，1982 年法工委为了严惩经济犯罪，搞了两个补充规定，一个是惩治贪污受贿的补充规定，一个是惩治走私的补充规定。在制定这两个补充规定时，就研究了改革、开放、搞活后出现的新情况、新问题，有针对性地做了规定。拿挪用来说，在改革、搞活后，发生了很大的变化，无论在性质上，还是在数量上，都与以前的情况不同了，有的挪用几万，甚至几十万，进行非法活动、经营活动，危害很大。还有回扣、手续费等，也是搞活以后出现的新问题。那么就要研究这些问题，首先划清合法与违法的界线，再进一步对违法的，划清什么样的是犯罪，什么样的可以行政处理，也就是划清罪与非罪的界限。经济是基础，经济体制改革变化后，必须引起上层建筑的一系列变化，就要研究这些变化。我们在起草"民法通则"时，到七个省、市进行调查研究，主要就是研究改革、开放、搞活后出现的新情况、新问题、新经验。

立法要从我国的实际出发，是不是不要研究、借鉴外国的经验呢？不是。要研究、借鉴外国对我们有益的经验。1979 年法制委员会一成立，就搜集世界主要国家的法律。起草宪法时，起草民法时，彭真同志多次讲要研究外国的经验。1980 年提出了"洋为中用"的问题。1985 年 12 月，在全国"民法通则"座谈会上，彭真同志说："对外国的经验，不管是社会主义国家的，还是资本主义国家的，不管是英美法系，还是大陆法系，以及对中国历史的经验，都要参考借鉴”。为什么要研究借鉴外国的经验，我看有两点：第一，法律是一门科学，是人类社会实践经验的总结。法律是统治阶级的意志，资本主义国家的法律是资产阶级意志，对于维护、巩固资本主义的东西，我们当然不能学。但是，也有相当一部分是属于经济管理、技术方面的问题，这一部分，根据我国情况，是可以借鉴的。第二，实行对外开放，是我们的一项基本政策。实行对外开放，对外交往越来越多，在对外经济、技术、贸易往来中，一厢情愿是不行的，必须考虑国际惯例，不然很难行得通，不利于引进外资和先进技术，不利于发展对外经济、技术、贸易往来。

对外国的法律、外国的经验，要研究、借鉴，问题是采取什么态度？在研究、借鉴外国的经验时，要从我们实际情况出发，进行分析，分清精华和糟粕，吸收其中对我们有益的好的东西，取其精华，抛弃糟粕，决不能照抄照搬。我们起草、审议法律时，大量研究、注意借鉴外国对我们有益的经验。例如，修改宪法时，我们汇集研究了35个国家的宪法。制定刑法时，彭真同志常说，讨论时，一边有懂西方刑法的专家，一边有懂苏联、东欧国家刑法的专家，进行讨论、比较研究、分析，最后根据中国的实际来定。刑诉法中有些规定参考了外国的经验，“文化大革命”时期，“四人帮”的一个手法就是进行诬陷，诬陷某某人是叛徒、反革命、里通外国。总结“文化大革命”的教训，在刑法中规定了诬告陷害罪。还有一个证据的问题，我们在刑诉法中对证据问题做了一系列规定，如规定了严禁逼供信，要调查研究，不要轻信口供等。其中还有一条规定，证据要经双方质证，查明属实的，才能作为定罪的依据，这就是参考吸收了法国、意大利的经验。在制定民法通则时，我们研究了法国民法典、德国民法典、日本民法典、苏联民法典以及英美等国家有关民事方面的法律。比如法人的问题，法人制度是随着资本主义国家有限公司的出现和发展才逐步完善的。在这点上，国外比我们有经验。所以，在研究法人问题时，要研究、吸取国外法人制度的经验，但不是照抄，而是根据我国的实际情况，总结整顿公司的经验制定的。又如，传统民法中一个很重要的部分是物权，他们将物权分为两种，一个是自物权，也就是所有权，一个是他物权。在他物权中，又分为用益物权和担保物权两种。我们在制定民法通则时，研究了西方国家对物权的规定，但没有照抄照搬，而是根据我国的实际情况，将改革中的成果用法律肯定下来，规定了所有权、使用权、承包权和国营企业经营管理权等，制定了有中国特色的财产权制度。再如，专利制度方面，资本主义国家要比我们有经验，我们在制定专利法时，参考了国外有关专利制度的经验，但又有自己的特色，在推广使用问题上，对外国的专利、国内的专利，对国内不同所有制的专利，有不同的规定。国外评论说，中国的专利法把西方保护专利权与社会主义国家全民所有制的关系巧妙地结合起来了。我们在研究、借鉴外国的经验时，注意区分精华和糟粕，总之，注意区分哪些是代表发达国家利益的，哪些对第三世界国家有利，从我国实际出发，吸收对我们有益的东西。

(二)积极负责,把实践证明成熟了的经验制定为法律

立法工作要采取积极负责的态度。1983 到 6 月,彭真同志在六届全国人大一次会议上说:“我们要根据实际情况的需要和可能,有计划、有步骤地进行立法工作,做到既积极又慎重。”他在六届全国人大常委会第一次会议上进一步讲:“我们的立法工作任务是繁重的。要积极抓紧,不能慢慢腾腾;又要慎重,不成熟的不能立为法。”

对积极负责要有全面的理解。首先,我们对立法工作要采取非常积极的态度。健全社会主义法制是一项重要的任务,立法又是健全社会主义法制,有法必依的前提。邓小平同志 1978 年就提出,“快搞比慢搞好”。因此,我们对立法工作一定要积极、要抓紧,不能慢慢腾腾。1979 年 2 月成立法制委员会,到 6 月就向五届全国人大二次会议提出了七个法律草案。适应改革、开放和社会主义四化建设的需要,将实践证明成熟了的政策及时制定为法律;经验还不成熟,也要积极地试验、总结经验,待成熟后及时制定。另一方面,我们在立法工作中,又要采取负责的态度,还不成熟的东西,不要仓促制定为法律,否则不能保持法律的严肃性和稳定性。

为什么要在经验成熟了再立法,因为如果不成熟就立法,制定后就会出现这样那样的问题,甚至行不通,那怎么有法必依、执法必严呢?执法要严,首先立法要严。如果经验不成熟就制定为法律,立了法行不通,刚制定不久就要修改,怎么建立法制的权威性、连续性、稳定性?如果经验不成熟就立成法,搞不好还会阻碍改革、开放的发展。例如,1982 年打击严重经济犯罪,法工委当时准备搞三个补充规定,一个惩治贪污受贿的补充规定,一个惩治走私的补充规定,一个惩治投机倒把的补充规定。中央负责同志提出,前两个补充规定可以搞,惩治投机倒把的补充规定暂时先不要搞,因为那时流通领域刚刚搞活,有些界线还没分清,比如长途贩运,什么可以贩运,什么不可以贩运,还需要研究。如果不成熟就制定惩治投机倒把的规定,搞不好会使刚搞活的局面又搞死了。因此决定,惩治投机倒把的规定暂时先不搞法,进一步总结经验。经过这几年,我们有了经验,前不久国务院制定了惩治投机倒把的行政法规。又如联营的问题,制定民法通则时,要不要对这个问题做出规定,有争论。国家经委的同志主张规定,我们赞成这个意见。但怎么规定,考虑到各种形式、各种层次的横向联合还在不断发展,如果规定死了,会妨碍进一步的发展,因此,只是根据紧密的、半紧密的、松散的不同层次的联营的情况,对这些联营如何承担责任做了规定。

什么是实践经验?我们讲的实践经验,不光是自己的直接的实践经验,还包括他人的间接经验。1982 年 9 月,彭真同志在全国经济法制工作经验交流会上说,“所谓实践经验,当然包括本国的和国际的,它的基础是本国的实际”。他还说,“经过实践检验,经验成熟的,能行得通的,至少是有科学、而不是主观制造的

典型经验,才能定成法”。拿中外合资经营企业法来说,1979 年 6 月就制定出来了,那时我国的中外合资经营企业还很少,根据什么实践经验呢?建国初期我们有与社会主义国家搞合资企业的经验,我们研究了列宁在十月革命后吸收外资的经验,同时研究了其他一些国家引进外资的经验,如新加坡、韩国的经验。我们所说的实践经验,是社会的实践经验,不仅包括我们自己的,也包括国际经验,当然以本国为基础;实践经验,也包括典型试验的实践经验,不是说只有全国普遍都搞了才是实践经验。

怎么样才算实践经验成熟了呢?一个法律有许多问题,有十几条、上百条,但是最核心、最灵魂的问题,只有几条。一个法成熟不成熟,就要看灵魂的、关键的问题是不是成熟了。主要、关键问题成熟了,就算成熟了,就可以制定法律。同时,实践经验是不是成熟也是相对的,基本成熟就算成熟。1985 年 7 月,彭真同志在委员长会议上讲“关于加强立法工作问题”时指出,“经验成熟也是相对的”“基本正确就是正确”。因此,我们说经验成熟是指这个法的基本问题基本成熟,就可以立。例如制定民法通则,把民法的基本问题,如法人、财产所有权、债权、知识产权等,在我国有什么特色,存在什么问题,基本研究清楚了,成熟了,就可以制定。至于枝节问题,如果还不成熟,可以先不写,不要因为枝节问题而影响整个法律的制定。因此,立法不求全,少几条不要紧,1978 年邓小平同志就说:“法律条文开始可以粗一点,逐步完善”“成熟一条就修改补充一条,不要等待‘成套设备’”。制定全国人大常委会议事规则时,彭真同志说,有些不成熟没把握的可以先不定,不定不等于不能做,等经验成熟了还可以再补。

我们现在正处在改革的时期,改革、开放、搞活,要经过试验、探索,不断积累经验。不成熟不能立法,没有规定又不行,怎么办?这是改革时期法制建设提出的一个很大的问题。如何解决?在 1985 年经过两个月的反复研究,决定由全国人大授权国务院在体制改革和对外开放方面,可以制定暂行条例或者规定。彭真同志在 1985 年 1 月各省、自治区、直辖市人大常委会负责同志座谈会上,详细讲了这个问题。他说:“审议法案遇到了问题,不久以前,国务院曾经提出过一个法律草案,委员长会议认为是需要的,但是立法条件还不成熟,所以没有列入全国人大常委会的会议议程。这就带来一个问题,经验不成熟的不能立法,如果没有法律又不好开展工作,怎么办?这个问题如果不很好地解决,就会妨碍经济体制改革和对外开放的顺利进行。”如何解决?彭真同志说:“翻来复去考虑了两个月,委员长会议认为,需要授权国务院在改革、开放方面,可以制定暂行的规定”。1985 年 9 月,六届全国人大三次会议通过了一个决定,授权国务院在经济体制改革和对外开放方面,根据宪法,在同有关法律和全国人大及其常委会规定的基本原则不抵触的前提下,可以制定暂行条例或者规定。这个授权决定,很好地解决了改革时期法制建设上的一个大问题。是改革时期如何进行法制建设的一个重要经验。这样做既可以保持法律的严肃性、稳定性,又可以适应当前某些实际工作的需要,国务院先搞暂行规定，使大家可以有所遵循，指导工作有条不紊的进行。同时，还可以积累经验，为制定或补充修改法律做准备，有利于加快经济方面的立法，适应对内搞活、对外开放，经济体制改革的需要。

经验成熟了制定为法律，可以保持法律的稳定性，防止朝令夕改。保持法律的稳定性，是十分必要的。外国人就怕我们不稳定，怕我们改变对外开放的政策；同样，国内老百姓也怕变，他们说十一届三中全会以来的路线、方针、政策是好的，但担心这个政策会不会改变。所以，要强调保持法律的稳定性。强调法律的稳定性，是不是说法制定以后，就不能修改了呢？决不是。彭真同志1979年就讲了这个问题。他在全国检察工作座谈会、全国高级人民法院和军事法院院长会议、第三次全国预审工作会议上，作了一个报告，在报告中说："把实践证明比较成熟的党的方针、政策用法律的形式固定下来，这是不是说，法律一经制定就永远不能再改？当然不是。随着形势的发展，情况的变化，经验的丰富，法律的有些规定不适用或者需要补充了，那就必须加以修改。"1985年，彭真同志在委员长会议上谈到"关于加强立法工作"时说："法律要有稳定性，但稳定性也是相对的。法律是实践经验的结晶。经验在不断发展，有新的经验，新的教训。情况变了，法还是要改，不完备就补充，有了新经验，哪条不适合了，就改哪条。"

拿刑法来说，1979年制定刑法总结了长期以来与犯罪分子作斗争的实践经验，并总结了"文化大革命"期间的教训。刑法制定到现在已有8年了，经过实践的检验，刑法是很好的，特别是总则部分。但是，8年来由于改革、开放、搞活后出现了一些新情况、新问题，刑法的有些规定不能完全适应了，主要是分则，特别是反革命罪、破坏经济管理秩序罪和妨碍社会管理秩序罪，需要根据新的情况和问题进行研究，予以补充修改。实际上，这些年来根据新的情况和问题，已经对刑法作了不少的补充、修改，例如常委会通过的严惩经济犯罪的决定、严惩严重危害社会治安的犯罪的规定等，同时在一些单行法中，也作了不少补充。

（三）立法要有理论指导

制定法律，要有理论指导，最根本的指导思想是马列主义、毛泽东思想，还要有法律理论来指导。一个是法律、一个是法理，法律条文为什么要这么规定，就是法理了，彭真同志多次讲，立法要用马列主义的法律理论来指导。我们制定宪法、制定其他法律，是有理论指导的。立法工作以马列主义法律理论来指导，才能定得比较合适、比较正确，才能减少盲目性。如果不研究法理，不用法理来指导，有些问题就看不太准，定得可能不合适，同时还可能在这个法中这么定，在那个法中又那样定，前法、后法，各个法之间自相矛盾。

例如，关于死刑，我们的态度是不废除死刑，但在使用死刑时要十分慎重。第一是不废除，现在有些国家废除了死刑，苏联历史上也曾经几次废除死刑，结果不成，又恢复了死刑的规定。现在还存在杀人等严重的刑事犯罪，废除死刑怎么成呢？废除死刑，对打击严重犯罪不利，对保护人民不利，对维护安定团结的政治局面不利，对改革和社会主义四化建设不利。第二是使用死刑时要十分慎重，不能说死刑越多越好，不能什么都规定死刑。刑法规定，死刑只适用于罪大恶极的犯罪分子。

再如治安管理处罚条例，一方面要给公安人员维护社会治安的充分权利，不然怎么维护好社会治安；另一方面，又要防止有的公安人员滥用权力，这就是指导思想。因此，治安管理处罚条例规定，公民对治安管理处罚不服的，可以向法院起诉。这是一个很重要的改革，这样规定，有利于促进公安机关改进工作，促使公安人员依法行使职权，更好地为人民服务；也有利于保护公民的合法权益不受侵犯。

研究法理，要以马列主义为指导，结合中国的实际。我们要建立和发展具有中国特色的社会主义法律理论，具有中国特色的法律理论从哪里来？必须以马列主义为指导，总结我国的立法经验，不结合中国的立法实际，就不可能具有中国特色的法学理论，就不可能有所发展。所以，一方面要总结已有的法律的经验，我们立了这么多法，都是有理论指导的，要很好地研究、总结；另一方面要对经济体制改革的深化和政治体制改革所带来的一系列的新的法律问题，从理论上进行研究、探讨。

（四）法律要备而不繁、明确易懂

彭真同志提出，立法要“备而不繁”，是什么意思呢？就是说法律要完备，各方面的法要有，如宪法、刑法、民法、诉讼法、行政法、经济法等等。但是基本法的规定不能太繁、太细，只能解决关键、主要的问题。法律是行为规范，规定什么允许，什么不允许，因此，一定要明确，不能模棱两可，但明确并不是说要定得非常繁琐。我们有些法律的规定比较概括，为什么？有以下三方面的原因。

第一，我国的情况十分复杂。全国 10 亿人口，50 多个民族，各地经济文化发展极不平衡。什么问题都要由中央统一规定，要“一刀切”，是行不通的。例如，有的同志说刑法中规定了数额较大、数额巨大，太笼统，希望定出具体的数额。不是不想定得具体点儿，而是因为现实社会的情况很复杂，城乡不同，沿海、山区不同，怎么能定一个一样的标准呢？再拿草原、森林来说，内蒙的草原与新疆、西藏就不完全一样，东北大兴安岭的森林与云南的森林也很不相同，怎么能“一刀切”呢？因此，有些只能规定得概括些，各地可以根据自己的情况予以具体化。

第二，有些事情本身太复杂。例如，刑法对杀人罪量刑的规定，从三年徒刑到死刑。有的同志说，幅度太大了。杀人有各种各样情况，有的是强奸杀人、抢劫杀人、报复杀人，还有的是出于义愤杀人。过去发生过这样的情况，有个青年作恶多端，父母管不了，找政府管也没有解决，结果全家商议把自己的孩子杀死了。当然，政府没管是不对的，家长自己动手也是错的，但这种杀人与强奸杀人、抢劫杀人的性质、后果就不一样，如果不规定相当的量刑幅度，就不能适应各种复杂的实际情况。

第三，有些问题经验不够，只能作原则规定。我们正处在改革的时期，许多问题需要进一步的摸索、实验，规定得太细了不成。拿中外合资经营企业法来说，有人说条文太简单了。1979 年制定这个法的时候，有些问题还没有经验，不可能定得很细。中外合资经营企业法虽然条文不多，但是基本的问题规定了，对吸引外国投资，起了很大的作用。后来，根据这个法又制定了不少细则。再如民事诉讼法第 3 条规定，法律规定的行政案件适用民诉法。有些同志说，这条规定得太原则了，不起什么作用。我说这条的规定，可不简单，非常重要，起了很大作用。在制定民事诉讼法时，有些群众反映，"公家告个人一告一个准，个人告公家没门"。向彭真同志汇报后，彭真同志说，行政案件法院也要管。当时的确经验不够，不可能规定得很具体，但这条规定，是个质的变化，是很大的改革，因为过去老百姓告不了公家，有了这条规定，公民对国家行政机关的行政处罚不服，可以向法院起诉，这还不是质的变化?! 这条规定是比较原则，但是，正因为有了这条原则的规定，后来在 24 个法律、52 个行政法规中，规定了对行政机关的处罚不服的可以向法院起诉。这条原则规定，带出了 76 个法律、行政法规的规定，怎么能说没什么作用呢?! 也正因为这样，才为我们今后制定行政诉讼法积累了经验。

法要备而不繁，基本法律规定主要问题，不能定得太细，怎么办呢？第一，可以制定细则。不少法律规定了国务院、主管部门或者地方可以制定细则。第二，地方可根据自己的情况，制定地方性法规。这是法制建设上的一个重要改革。五四年宪法规定，全国人民代表大会是最高国家权力机关，是唯一的立法机关，全国人大常委会只能制定法令，不能制定法律。为了加快立法工作，八二年宪法规定，全国人大及其人大常委会可以制定法律，国务院可以制定行政法规，省、自治区、直辖市的人大及其常委会在不同宪法、法律、行政法规抵触的前提下，制定地方性法规。这里规定的是与法律"不抵触"，而不是写的"根据法律"。什么意思呢？就是说，有些法律还没有规定的，地方在自己的职权范围内，可以先定地方性法规。第三，可以依法进行各种法律解释。1981 年全国人大常委会通过"关于加强法律解释的决议"，规定在审判过程中如何具体应用法律，由最高人民法院进行解释；在检察工作中如何具体应用法律，由最高人民检察院进行解释；其他具体应用法律的问题，由国务院及国务院主管部门进行解释。第四，在刑事审判中，可以依法进行类推，全国各种犯罪情况是十分复杂的，不可能都在刑法中予以规定。因此，刑法保留了类推的规定："本法分则没有明文规定的犯罪，可以比照本法分则最相类似的条文定罪判刑"。等有了经验，再对刑法进行补充。

法律是人人要执行的，我国是工人阶级领导的、以工农联盟为基础的人民民主专政的社会主义国家，人民是国家的主人，我们法律的遵守和执行，是建立在广大人民的自觉的基础上的。这个特点反映在法律上，就要尽量通俗，使老百姓易懂。当然,有一些法律上的专门术语,如“法人”、“诉讼”等,有一定特定的含义,在世界上是通用的,这就要通过普法,进行宣传,慢慢地使大家了解。

三、加强党的领导,贯彻民主集中制原则

(一)立法工作必须加强党的领导

坚持四项基本原则,最根本的是党的领导和社会主义。宪法规定了党在国家生活中的领导地位,在国家生活中,必须坚持党的领导。党的领导主要是政治领导,领导的主要方式是把党的路线、方针、政策,通过国家机构,做出决定或者制定为法律,变成国家的意志;推荐国家的重要领导人选。因此,在立法工作中加强党的领导,是非常重要的。做为立法工作部门的党组织和党员,一是要把制定法律中的重大原则问题向中央请示,二是要在立法工作中,注意贯彻党的路线、方针和政策。我国的宪法和法律是党领导制定的,宪法在制定过程中,中央政治局、书记处先后讨论过 8 次,1979 年制定的七部法律,中央政治局开了两次会议进行讨论,民法通则、民族区域自治法和其他法律,都经中央讨论过。

加强党对立法工作的领导,与发挥权力机关的作用和广泛发扬民主是什么关系呢? 三者是否矛盾呢? 拿宪法来说,八二年宪法是在党的领导下制定的,秘书处向宪法修改委员会提出的宪法讨论稿是中央讨论过的,宪法修改委员会开会时,对讨论稿逐章、逐条进行讨论、审议,对宪法草案进行了修改,讨论稿有 140 条,修改了 83 条,序言 11 段,改了 10 段,还增加了一段。1982 年 4 月,全国人大常委会决定交全民讨论的宪法草案,是又经中央讨论过的,经过全民讨论,宪法修改委员会根据全民讨论的意见,对宪法草案又修改了很多,不完全精确的统计,修改了近百处。宪法草案在提请全国人大审议前,又经中央讨论过,但经全国人大代表审议,又修改了近 30 处,而且有重要的修改,最后由全国人大通过。因此,彭真同志在宪法草案修改报告中说,我们的宪法是党的意志和人民意志的统一。加强党的领导与发挥权力机关的作用和发扬民主,三者是统一的。

(二)立法工作要广泛发扬民主

立法工作要广泛发扬民主,认真听取不同意见,在高度民主基础上集中,坚持群众路线,从群众中来,再回到群众中去,反复用实践来检验。

在起草、审议法律时,我们注意听取各方面的意见,特别要注意听取不同的意见。例如,在制定民事诉讼法时,我们不仅听取法院审判人员的意见,还要听取当事人的意见,使民事诉讼的程序既便利法院审判,又便利当事人打官司。在制定工厂法时,听取了厂长、党委、工会各方面的意见。在制定食品卫生法时,不仅听取主管卫生部门的意见,还听取被管理者的意见。涉及中央和地方或者各部门关

系的法律,不仅听取主管部门的意见,而且要听取其他有关部门的意见,不仅听取中央部门的意见,而且要听取地方的意见。广泛听取各个方面不同的意见,才能把各种矛盾、各种问题都摆出来,对各种意见进行比较、分析、研究,在广泛民主的基础上进行集中,这样制定的法律才能定得比较好、比较正确、比较符合实际。

(三)立法工作者、实际工作者和专家三结合

在立法过程中,采取立法工作者、实际工作者与专家三结合,是一种好的办法。在制定民法通则时,根据委员长会议的建议,人大常委会决定,法律委员会和法制工作委员会于 1985 年 12 月共同召开了全国民法通则座谈会,各省、市、自治区人大常委会法制工作的负责同志,有关实际工作部门的同志,从事法学研究和教学的同志及法院的同志共 180 人参加了座谈会,对民法通则草案进行了逐章、逐条的讨论、修改。彭真同志说:“制定重要的法律,请专家和实际工作者来参加,不是简单的技术问题”“在制定法律过程中,把各方面专家和实际工作同志请来,大家一起讨论,共同商议修改,可以使理论和实际密切的结合起来。”民法通则经过三结合的座谈会,对草案进行了较大的修改,草案原来是 131 条,修改后为 156 条,其中增加了 40 条,合并了 3 条,删去了 12 条。修改后,从内容到形式,都有很大的改进和充实。

(四)人大和常委会审议法律坚持民主集中制的原则

人大和常委会在审议法律时,坚持民主集中制的原则。人大和人大常委会与政府不同,政府是首长负责制,而人大和人大常委会决定问题,要集体决定,集体行使职权。委员长也好,副委员长也好,与代表和委员一样,都是一票。五届特别是六届全国人大和人大常委会在审议法律过程中,实行了一系列好的做法,积累了不少经验,对如何更好审议法律,起了很好的作用。主要有以下几点:

第一,全国人大常委会开会时,请各省、自治区、直辖市的人大常委会负责同志列席会议,地方人大常委会同志列席会议,可以反映全国各地的意见,起了很好的作用,使制定的法律可以更好地符合各地的实际情况。

第二,列入议程的法律草案,一般第一次先听取说明,进行初步审议,在以后的常委会上再进一步审议、通过。这样,就有必要的时间,可以使委员们和有关专门委员会进一步调查研究。

第三,凡是提到常委会的法律草案,都要发给中央有关部门和地方征求意见。根据提出的意见,再对法律草案进行研究、修改。

第四,由有关各专门委员会进行审议,提出意见,并由法律委员会统一审议,提出审议结果报告。彭真同志 1983 年在六届全国人大常委会第一次会议上专门讲了专门委员会的问题,他说:“提交全国人大或它的常委会审议的各项议案,涉及社会主义现代化建设的许多重大而又复杂的问题。专门委员会的主要职责就

是为解决这些问题，进行周密地调查，充分听取各方面的意见，仔细比较各种可供选择的方案，进行客观、全面、深入地研究，以协助全国人大和它的常委会作出正确的决定。”

第五，全国人大召开主席团扩大会议或者各代表团团长联席会议，常委会召开联组会议，交流各组审议法律的意见，对法律草案的主要问题，进行充分的讨论，在发扬民主的基础上集思广益，统一认识，以求得解决办法。

在充分发扬民主的基础上经过人大和常委会的审议修改，使制定的法律更加符合实际，更好地体现中央的路线、方针和政策。例如，森林法草案经过常委会的审议，增加了保护承包经营权的规定。又如，外资企业法中关于“国家对外资企业不实行国有化和征收，在特殊情况下，根据社会公共利益的需要，对外资企业可以依照法律程序实行征收，并给以相应的补偿”的规定，涉外经济合同法中关于“在中国境内履行、经国家批准成立的中外合资经营企业合同、中外合作经营企业合同、中外合作勘探开发自然资源合同，在法律有新的规定时，可以仍然按照合同的规定执行”的规定，都是在全国人大或者全国人大常委会审议时，根据代表和委员的意见增加进去的。

四、依法办事问题

最后，讲一讲依法办事问题，这个问题不多讲了，只讲三点。

（一）依法办事是非常重要的问题

党的十一届三中全会提出“有法可依、有法必依、执法必严、违法必究”四句话，有法可依是有法必依的前提，但是，有了法如果不执行，等于没有法。彭真同志说，我们立法，不是为了好看，而是要执行的。如果立了法，不执行，立法有什么用呢？“文化大革命”前，我们的法律不完备，但 1954 年就制定了宪法，还有全国人民代表大会组织法、选举法，有逮捕拘留条例，可是这些法在“文化大革命”中不执行了，法制遭到破坏，国家主席、副总理，随便就可以被关起来，进行批斗，因此，从这个意义上讲，有法必依非常重要。

制定一个法律是不容易的，要进行调查研究，反复修改，有些法几年才能制定出来。但要真正做到严格依法办事，更不是容易的。立一个法再不容易，有几年也可以制定出来。9 年来，我们不是已经制定了 60 部法律了吗?！但这 60 部法要做到真正严格依法办事可不容易。这些年，在依法办事方面虽然比过去有了很大的进步，但由于社会历史条件及各方面的原因，在某些地方有法不依的情况还很严重。因此，从这一点来讲，立法不容易，要真正都养成依法办事的习惯、严格依法办事，更不容易。特别是，我们现在已经有了新宪法，根据新宪法制定了一批重要的基本法律，在这种情况下，依法办事的问题，就成为更加突出、重要的问题了。

（二）国家工作人员应当成为严格依法办事的模范

1956 年党的八大就提出了“有法可依、有法必依”。1987 年在党的十一届三中全会前夕的一次中央工作会议上，邓小平同志将“有法必依”改成“有法必依、执法必严、违法必究”三句话。“有法必依”是对一切机关、团体、党派、企业事业单位、公民讲的。有法不依怎么办，违法必究，“违法必究”是为了保障“有法必依”的。“执法必严”是对谁讲的呢？谁执法？国家工作人员执法，这是专门对国家工作人员讲的，是对国家工作人员提出的要求，也是国家工作人员的光荣职责。彭真同志 1954 年在第一届全国人大第一次会议通过宪法时，有一个重要发言，在这个发言中特别强调，国家机关和公务人员要成为依法办事的模范。他说：“在少数国家工作人员中，还有这么一种思想，他们认为法律是只管老百姓或者只管‘小人物’的，至于‘大干部’‘大人物’，只要注意执行党和国家的方针、政策就够了，对法律遵守不遵守，是无关重要的。这种思想，也是完全错误的，我们国家的法律并不是别的，它正是已经实现或正在实现中的方针政策的定型化，违背了法律就违背了方针、政策。我们的干部是人民的勤务员和领导者，国家对干部的要求，在一切方面，都应该比对一般公民的要求高。干部不仅要执行方针政策，遵守政治纪律和工作纪律，还必须严格遵守国家的法律，成为遵守法律的模范。如果一个干部他本身就不遵守法律，那他还怎样能要求人民群众遵守法律呢？他还怎么能领导人民群众同违法现象作斗争，怎么能领导人民群众为执行党和国家的方针政策而奋斗呢？”

有些干部法制观念不强，不依法办事，有各种情况。有的是不重视，认为有些小事不依法办没什么关系。就某件具体事来讲，可能问题不太大，但是不依法办事这个问题可不是小问题。因为小问题可以不依法办事，那么大问题也就可以不依法办事，那么社会主义法制还有什么保障呢？有的同志对依法办事不喜欢，认为这样会束缚自己的手脚。是的，法律规定了行为规范，就是要使好人办事有章可循，对坏人坏事予以法律约束和制裁。如果好人不依法办事，那么违法分子进行违法活动也就更不好约束了。“文化大革命”的苦头吃得还不够吗！还有些同志是不习惯，习惯于用行政办法，不会使用法律武器，应当认识健全社会主义法制的客观必然性和重要性，自觉地改变习惯，以适应健全社会主义法制的需要。

（三）关键是加强党的领导和依靠人民

要真正做到依法办事，最根本的有两条。一是要加强党的领导，党领导人民制定宪法和法律，党也领导人民遵守和执行宪法和法律，这是健全社会主义法制非常重要的一个关键问题。十二大通过的党章特别规定，党必须在宪法和法律的范围内活动，这是我国几十年经验、教训的总结。再一条是依靠人民，把法律交给

10亿人民，就可以转化为强大的物质力量，这是健全社会主义法制最根本、最可靠的保证。如果10亿人民人人都养成依法办事的习惯，那么谁要再想破坏法制，人民就会起来进行斗争。因此，要在全民中普及法律常识，这是一个十分重要的历史性的任务，对健全社会主义法制，有着十分重要的、深远的意义。

社会主义法制建设的几个问题

（1990 年 12 月 1 日　在中央党校）

发展社会主义民主、健全社会主义法制，是党和国家的一项根本任务，这是总结建国几十年来经验教训后作出的结论。今年 3 月 18 日，江泽民同志在参加全国人大和全国政协会议的党员负责同志会议上讲："发展社会主义民主，健全社会主义法制，这是党的十一届三中全会以来中央的基本方针，要坚定不移地坚持下去。"他说："建设高度的社会主义民主和完备的法制，是我们的根本目标和根本任务之一，也是党和人民群众的共同愿望。"中央党校同志让我来讲一讲社会主义法制建设问题，我准备分七个问题，向同志们介绍一点情况，谈点个人学习的体会，供同志们参考。

一、从去年我国发生政治风波和国际上苏联、东欧的变化，看加强法制、特别是维护宪法的重要意义

去年，我国发生了政治风波，在国际上苏联、东欧发生了急骤变化。在这场政治风波中，有一个共同的规律，就是极少数组织者，极力攻击、反对宪法，煽动修改宪法有关国家根本制度的规定，破坏法制。目标集中在两个问题上，一个是反对共产党的领导，鼓吹政治多元化、实行资产阶级议会民主，一个是反对社会主义制度。

在我国，自 1988 年以来，所谓资产阶级的"精英"们就一再攻击和煽动修改宪法，发表了不少攻击和煽动修改宪法的言论。他们攻击我国宪法是"歌德"的政治宣言，是"一个党派所取得的成果的记录和意志"，说什么"今后中国政治改革的首要问题是在九十年代修改宪法""要唤起人民特别是知识'精英'对修宪的关心"。他们反对党的领导，鼓吹实行多党制，提出要"彻底修改有关经济制度的规定"。

苏联、东欧也是如此。苏联在 1989 年就有人提出政治多元化、多党制、私有制。12 月 10 日，数千人在莫斯科集会，提出取消宪法第六条关于苏共是社会的领导力量的提法。波兰团结工会在 1989 年 2 月圆桌会议上，提出修改宪法，实行社会民主。5 月 18 日，团结工会提出，从宪法中排除任何政党及政治力量的主导和领导作用。8 月 25 日，又提出宪法不应赋予某种所有制形式以优先地位。匈牙利反对派在 1989 年 3 月 8 日国民议会上提出，不提社会主义工人党领导作

用，不提公有制为基础。民主德国反对派在1989年11月中下旬提出修改宪法，取消一党执政。捷克"公民论坛"在1989年11月28日提出，取消宪法中党领导作用的规定。保加利亚反对派在1989年11月10日，也提出修改宪法第一条保共领导的规定。

为什么他们要攻击、反对宪法，煽动修改宪法？因为他们的目的是要实行资本主义复辟。我国去年发生的政治风波，苏联、东欧的变化，斗争的实质是坚持社会主义、无产阶级专政，还是资本主义复辟。要复辟资本主义，就要反对、修改社会主义的宪法，因为这是他们阴谋复辟资本主义的障碍。

在这场政治风波中，对这个问题采取什么态度，我国和苏联、东欧不同，因而结果就不一样。我国，在老一辈无产阶级革命家领导下，维护宪法、坚持四项基本原则，运用法制，平息了风波。《人民日报》4月26日发表了《必须旗帜鲜明地反对动乱》的社论，明确指出，"这是一场有计划的阴谋，是一次动乱，其实质是要从根本上否定中国共产党的领导，否定社会主义制度""全党和全国人民都要充分认识这场斗争的严重性，团结起来，旗帜鲜明地反对动乱，坚决维护得来不易的安定团结的政治局面，维护宪法，维护社会主义民主和法制"。5月20日，国务院根据宪法，发布在北京市部分地区实行戒严的命令。5月26日，彭真同志受中央委托，与部分民主党派负责人座谈。当时，社会上思想比较混乱，彭真同志提出，要"用宪法和法律统一思想"。彭真同志用宪法和法律说明，搞资产阶级自由化、搞动乱，是违法的，国务院决定首都部分地区戒严，完全是合法的、必要的、正确的。我们党和国家维护宪法，运用宪法、法律武器，来统一思想，保卫了革命先烈流血牺牲所取得的革命成果，保卫了社会主义。

苏联、东欧情况如何呢？步步退让。波兰议会在1989年12月29日通过修改宪法，恢复旧的国名、国徽，取消了统一工人党"政治领导力量"等章节。匈牙利向反对派让步，在1989年9月5日取消宪法序言，写了"匈牙利共和国是独立、民主的法治国家，在这个国家里，资产阶级民主和社会主义的价值观念都可以实现"。10月18日，国民议会又通过宪法修正案，将"人民共和国"改成"共和国"，取消宪法中关于马列主义政党的领导作用，规定公有和私有经济地位平等。民主德国议会1989年12月1日，取消宪法中关于党领导作用的条文，1990年4月5日，取消了宪法中"建设发达社会主义社会"内容的前言。捷克联邦两院在1989年11月29日，批准修改宪法，取消捷共领导的条文。保加利亚在1990年1月15日，取消了宪法中党领导的条文。结果，这些国家党和人民失去了政权，国家改变了颜色，大批共产党员、工人失业，不少党的领导人受迫害。

苏联也是步步退让。1990年3月14日，修改了宪法，主要是两条。一是，原规定"苏联共产党是苏联社会的领导力量和指导力量，是苏联社会政治制度以及国家和社会组织的核心"，改成"共产党、其他政党通过自己选入人民代表苏维埃的代表并以其他形式参加和制定苏维埃国家的政策，管理国家和社会事务"。就是放弃苏共领导，实行多党制。二是，原规定“苏联经济制度的基础是生产资料社会主义所有制，国家保护社会主义财产”，改为“苏联经济制度在苏联公民所有制、集体所有制和国家所有制的基础上发展”“国家为发展各种形式的所有制创造必要的条件并保证平等地保护这些所有制形式”。就是取消了以社会主义公有制为基础。这样退让，是否就完了呢？没有。一些人进一步提出，既然实行政治多元化、多党制，那么军队、内务部、安全机关、国家机关应当“非政治化”，企业、机关等基层组织不应建立党组织，等等。如何发展，还要进一步观察。

以上介绍的情况，很值得我们深思。从中可以看出什么问题、得出什么经验教训呢？经验教训很多，从法制角度可以看出，社会主义宪法是保卫人民革命成果，反对资产阶级演变的武器，宪法稳定国家就可以稳定。加强法制，特别是维护宪法关于国家根本制度的规定，关系到广大人民几十年流血牺牲取得的政权会不会丧失，关系到能否沿着社会主义道路前进、国家会不会改变颜色，关系到国家的长治久安、繁荣昌盛。

总结十年“文化大革命”沉痛教训，使我们认识到，健全社会主义法制关系到国家的长治久安。这个问题，1981 年 6 月党的十一届六中全会《关于建国以来党的若干历史问题的决议》作了总结。决议说，“文化大革命”所以会发生并且持续十年之久，除了前面所分析的直接原因以外，还有复杂的社会历史原因。什么复杂的社会历史原因呢，决议讲了两条，其中一条就是“种种历史原因又使我们没有能把党内民主和国家政治社会生活的民主加以制度化、法律化，或者虽然制定了法律，却没有应有的权威。这就提供了一种条件，使党的权力过分集中于个人，党内个人专断和个人崇拜现象滋长起来，也就使党和国家难于防止和制止‘文化大革命’的发动和发展”。决议指出，“决不能让类似‘文化大革命’的混乱局面在任何范围内重演”“必须巩固人民民主专政，完善国家的宪法和法律并使之成为任何人都必须严格遵守的不可侵犯的力量，使社会主义法制成为维护人民权利，保障生产秩序、工作秩序、生活秩序、制裁犯罪行为，打击阶级敌人破坏活动的强大武器”。经过去年我国平息政治风波的经验和苏联、东欧发生变化的教训，更使我们深刻认识到，加强法制、维护宪法，关系到国家长治久安这一真理。

二、建国后建立、健全法制，是历史发展提出的客观要求

建国后要建立、健全人民的社会主义法制，是历史发展提出的客观要求，不是什么人的主观愿望。建国后与建国前，发生了根本的变化，一是人民掌握了政权，一是共产党成为执政党。在建国前，政权掌握在反动统治阶级手中，旧社会的法，是剥削阶级剥削、镇压广大人民的法律。在那个时候，要进行革命，只能是党直接领导人民进行革命斗争，不仅不能强调法制，而且要摧毁反动的法制。建国后不同了，人民掌握了政权，成为国家的主人，共产党成为执政党。这时，就应当建立

人民自己的法制,为什么,可以从以下几个方面来说明。

第一,法律是统治阶级的意志,是巩固统治的工具。

人民取得政权后,应当利用这个武器。

按照马列主义的理论,法不是什么社会都存在的,而是随着国家的产生而产生的。法是统治阶级的意志,而这种意志是由统治阶级的物质生活条件决定的,是由经济基础决定的。马克思在《共产党宣言》中就指出,“法不过是被奉为法律的你们这个阶级的意志”。列宁说,“法律就是取得胜利、掌握国家政权的阶级的意志表现”(《社会民主党在1905—1907俄国第一次革命中的土地纲领》)。任何阶级在掌握国家政权以后,都要把统治阶级的意志,通过国家的形式,上升成为法律,用以巩固已取得的成果,来保障、促进成果的继续发展。

资产阶级等剥削阶级是这样的。拿法国资产阶级革命为例,1789年法国资产阶级革命取得胜利,8月4日立宪会议通过决议,宣布“永远废除封建制度”,8月26日又公布了《法国人权和公民权利宣言》,就是有名的人权宣言。宣言第十七条规定,“财产神圣不可侵犯”。接着,很快就抓紧制定民法典,拿破仑对制定民法典非常重视,亲自领导。经过几年努力,在1808年3月2日制定了民法典,通称拿破仑法典。拿破仑说,这是他最辉煌的成就,可以与战功比美。为什么这么重视,因为法国民法典规定了资本主义社会各种财产关系,用法律巩固和促进资本主义的发展。1810年又制定了刑法,在刑法中把反对资产阶级政权,说成是危害国家罪。法国资产阶级在取得政权后,就是这样,利用法律武器,来巩固资产阶级政权和资本主义制度的。我国旧社会也是这样,国民党利用反动的法律,来镇压人民革命。到1949年快要灭亡的时候,还抓住伪法统不放。蒋介石在1949年发表了“元旦声明”,在声明中说:“只要神圣的宪法不由我而违反,民主宪政不因我而破坏,中华民国的国体能够确保,中华民国的法统不被中断,军队有确实的保障……则我个人更无复他求”。毛主席在1月5日,发表了著名的“评战犯求和”,毛主席指出,蒋介石抓住伪宪法、伪法统等,“是要确保中国反动阶级和反动政府的统治地位,确保这个阶级和这个政府的法统不被‘中断’”。大家可以看出,蒋介石在快要灭亡的时候,还紧紧抓住反动的法律来反对人民革命,企图以此来维持反动统治。

无产阶级在取得政权后,也应当运用法律这个武器,来镇压敌人,保护人民,巩固革命所取得的成果,保卫和促进社会主义的发展。恩格斯早在《英国工人阶级状况》一书中说,工人“力求以无产阶级的法律来代替资产阶级法律,这是再自然不过的事情”。列宁在《立宪民主党人的胜利和工人党的任务》一文中说,“现代俄国社会运动的主要形式依旧是广大人民群众的直接革命运动,它要打破旧法律,摧毁压迫人民的机关,夺取政权,创立新法制”。他在《俄共第九次代表大会上讲话》指出,“工人阶级夺取政权后,象任何阶级一样,要通过改变所有制和实行新宪法来掌握和保持政权,巩固政权”。

在旧社会，我们没有掌握政权，党的主张、人民的意志，不能得到实现，吃尽了苦头。中国人民梦寐以求取得政权，在革命胜利取得政权之后，为什么不把党的主张、人民的意志，制定成国家的法律，运用法律这个武器，来巩固、保卫和发展革命取得的成果呢？！

第二，建立人民的社会主义法制是党对国家生活领导的一个重要方式。

历史实践证明，新民主主义革命的胜利和社会主义事业的成就，是在共产党领导下取得的，要进行社会主义建设，也必须坚持共产党的领导。宪法序言中有这么一段话："中国新民主主义革命的胜利和社会主义事业的成就，都是中国共产党领导中国各族人民，在马克思列宁主义、毛泽东思想的指引下，坚持真理，修正错误，战胜许多艰难险阻而取得的""今后……中国各族人民将继续在中国共产党领导下，……把我国建设成为高度文明、高度民主的社会主义国家。"

如何加强和实现党在国家生活中的领导呢？建国以后共产党成为执政党，不仅有党的组织，而且有国家的形式。国家的根本政治制度是人民代表大会制度。宪法规定，国家的一切权力属于人民，人民是国家的主人，人民通过选出的代表组成人民代表大会，来行使管理国家的权力。党的决定，对党员来说，是必须遵守的，但不能说党的决定，每个老百姓都必须遵守。党对国家重大事务的主张，要经过法定程序变成人人都要遵守的国家意志和法律。人民代表大会实行民主集中制的原则，决定问题、制定法律的过程，是充分发扬民主的过程。根据党的方针政策制定的法律草案，经人民代表大会讨论，可以更好地吸收和集中各方面、各地方的好的意见，更能代表和反映全国各族人民的根本利益和意志。江泽民同志 1990 年 3 月 18 日对参加全国人大、全国政协会议负责同志讲话中说，"要善于把党有关国家重大事务的主张，经过法定程序变成国家意志"。这是实现党对国家生活领导的一个重要方式。

第三，我们建国已经几十年了，必须也有可能建立完备的社会主义法制。

在法制问题上，建国前、建国后根本不同，建国初革命时期和后来建设时期，也不完全一样。建国后，应当建立人民的法制，在 1949 年，我国就制定了共同纲领。但建国初期，斗争的主要任务是，从反动统治下解放人民，从旧的生产关系下解放社会生产力，斗争的主要方法是人民群众的直接行动。那时，为了肃清残余的敌人，镇压反革命分子的反抗，摧毁反动的秩序，建立革命的秩序，只能根据党和人民政府的政策，规定一些纲领性的法律。但是，到建设时期就不同了，新的生产关系已经建立起来，斗争的主要任务已经变成保护社会生产力的顺利发展。这时，方法也必须改变，建立完备的法制就完全必要了。

举个例子，在建国初期进行镇压反革命斗争，共同纲领有规定，但具体的法律，是后来制定的，是先进行镇反运动，然后才制定了惩治反革命条例。当时，有一些旧法观点的人打着"法律不能追溯既往"的旗号，反对镇反。彭真同志对此进行了批驳，彭真同志说，法国资产阶级革命时，人民把法国国王路易十六送上了断头台,是根据什么法?! 如果法律不能追朔既往,那么就不能把路易十六送上断头台了。但是,在新的制度、秩序建立起来后,在进行建设的时期,就不同了,1979 年我国制定的刑法,就规定实行不追朔既往的原则。刑法第九条规定:“中国成立以后本法施行以前的行为,如果当时法律、法令、政策不认为是犯罪的,适用当时法律、法令、政策。如果当时的法律、法令、政策认为是犯罪的,依照本法总则第四章第八节的规定应当追诉的,按照当时的法律、法令、政策追究刑事责任。但是,如果本法不认为是犯罪或者处刑较轻的,适用本法。”

在建设时期要逐步建立、健全法制的问题,1953 年就已经提出来了。1953 年,彭真同志代表政务院政法委员会向中央人民政府所作的“关于政治法律工作的报告”中就提出,“现在肃清帝国主义、封建主义、官僚资本主义残余势力的社会改革运动已经基本完成,国民经济已从恢复时期进入大规模的有计划的建设时期”“今后我们政法工作的主要任务,就是要逐步实行比较完备的人民民主法制,来保护和促进社会生产力的发展”。1954 年,一届全国人大一次会议制定了宪法。那时,对法制是重视的。到 1956 年,农业、手工业、资本主义工商业社会主义改造基本完成,党的八大政治报告提出:“我们目前在国家工作中的迫切任务之一,是着手系统地制定比较完备的法律,健全我们国家的法制”“为了正常的社会生活和社会生产的利益,必须使全国每一个人都明了并确信,只要他没有违反法律,他的公民权利就是有保障的,他就不会受到任何机关和个人的侵犯;如果有人非法地侵犯他,国家就必然出来加以干涉。我们的一切国家机关都必须严格地遵守法律”。但是,当时对这个问题认识不深,所以没有能够坚持,对法制时而抓紧,时而放松,到“文化大革命”时法制遭到破坏,吃了苦头。经过“文化大革命”,使我们深刻地认识了这个问题。现在,我们建国已经四十年了,社会主义制度已经确立,国家今后的根本任务是社会主义四化建设。我们应当而且有可能建立完备的社会主义法制,使大家知道,应当怎么办,不应当怎么办,违反了怎么办,用法制来保障社会主义四化建设的顺利进行。

三、加强党的领导和健全法制的关系

健全社会主义法制和加强党的领导,是什么关系? 可以用两句话来表示,一是,党领导制定宪法和法律;二是,党领导遵守宪法和法律。

首先,党领导制定宪法和法律。这要从两方面来说。一是,党必须加强对立法工作的领导。为什么? 前面已经讲了,这是实现党对国家事务领导的一个重要方式。二是,对从事立法工作的部门来说,在立法工作中,一定要注意贯彻党的路线、方针、政策,重大问题要向中央请示。1979 年全国人大常委会法制委员会建立时,彭真同志就向中央专门写了一个《关于制定和修订法律、法规审批程序的请示报告》。在报告中明确规定:“在草拟或修改法律、法规、重要条例时,应将拟定或修订的法规要解决的主要问题和意见,请示中央原则批准”“在起草和修改过程中,如有原则性的变动,需要公布或人大常委会提出后,说明变动理由,连同条文草案报送中央批准”。法制工作委员会是立法工作部门,我们在起草、制定法律时,一直是坚持按这个规定办的。

我国宪法和法律是在党领导下制定的。八二年宪法在制定过程中,中央政治局、书记处先后讨论过八次。1979 年五届全国人大二次会议制定的七部法,包括刑法、刑事诉讼法、全国人大组织法、选举法、法院组织法、检察院组织法、中外合资企业法,政治局开了两次会进行讨论。民法通则、民族区域自治法等,都是经中央讨论过的。制定行政诉讼法时,中央政治局常委会会议先后讨论过两次,我们把行政诉讼的主要问题,各方面的不同意见,都向中央做了汇报。

加强党对立法工作的领导,并不是说不要发挥权力机关的作用。党是代表人民利益和意见的,与人民利益是一致的。党的主张,通过国家权力机关,一是把党的主张变成人人要遵守的国家意志和法律;同时,可以更好地听取各方面的意见,集中各方面的意见,使制定的法律、做出的决定,更能符合实际,更好地反映全国各族人民的根本利益。拿八二年宪法来说,宪法修改委员会秘书处向宪法修改委员会提出的宪法讨论稿是经中央讨论过的,宪法修改委员会对讨论稿逐章、逐条进行讨论、审议,进行修改。讨论稿有 140 条,修改了 83 条,序言 11 段,改了 10 段,还增加了一段。1982 年 4 月,全国人大常委会决定交全民讨论的宪法草案,是又经中央讨论过的,经全民讨论后,宪法修改委员会根据全民讨论的意见,又做了修改,据不完全精确的统计,修改了近百处。宪法草案提请全国人大审议前,又经中央讨论过,但经全国人大代表审议,又修改了近 30 处,最后由全国人大通过。所以,彭真同志在宪法草案修改报告中说,我们的宪法是党的意志和人民意志的统一。加强党的领导,发挥权力机关的作用和广泛发扬民主,三者是统一的。

第二,党要领导遵守宪法和法律。这也有两个方面,一是党领导人民遵守宪法和法律;二是党自己也要遵守宪法和法律。这个问题,党章、宪法都有规定。宪法规定,一切国家机关和武装力量、各政党和团体“都必须以宪法为根本活动准则”“必须遵守宪法和法律”“任何组织和个人都不得有超越宪法和法律的特权”。党章规定,“党必须在宪法和法律的范围内活动”。江泽民同志 1990 年 3 月 18 日在参加全国人大、全国政协负责同志会议上说:“各级党组织包括人大党组,都要遵守党章关于党要在宪法和法律的范围内活动的原则,和宪法关于任何组织和个人都不得有超越宪法和法律的特权的规定”。为什么要强调这个问题? 因为,宪法和法律是党领导制定的,体现党的路线、方针、政策,遵守和执行宪法、法律,就是实行党的主张,有利于加强党对国家事务的领导。因此,健全法制、严格依法办事与加强党的领导,是统一的。那种把党的领导与依法办事对立起来的看法,是不对的。

四、政策和法律的关系

有的同志对政策很重视，但对法律不太重视，他们不了解政策与法律是什么关系。政策与法律是什么关系呢？法律是经过实践检验证明正确的党的政策的具体化、法律化。党根据形势决定政策，政策经过实践证明正确的，制定为法律。这里有三层意思。一是，法律是统治阶级的政策。对任何事情，不同的阶级有不同的政策，只有掌握政权的统治阶级的政策，才能成为法律。二是，法律是政策的具体化。政策一般比较原则，例如，我们对犯罪分子实行“惩办与宽大相结合的政策”，那么对哪些罪要从重，哪些罪可以从轻；什么情况从严，什么情况从宽，要由刑法具体加以规定。例如，我国耕地少、人口多，我们的政策是要“切实保护耕地”“保护、开发土地资源”。怎么保护耕地，开发国有荒山荒地怎么办，国家建设用地怎么办，乡镇建设用地怎么办，要由土地管理法予以具体规定，从批准程序、法律责任等等各方面来具体贯彻上述政策。又如，我们对香港实行“一国两制”的政策，既要“体现国家对香港恢复行使主权，同时保持香港的稳定繁荣”，香港特别行政区实行“高度自治”。那么，在政治、经济、文教等各方面，还有审判等，哪些权属中央，哪些权属特别行政区，要由香港基本法予以具体规定。再如，对游行示威，我们的政策是“既要保障公民依法行使游行集会的权利，又要维护社会公共秩序和社会安定”。根据这个方针和政策，对哪些游行集会应当批准，哪些不能批准，申请批准的程序，游行、集会时应遵守什么，法律责任等，要由游行示威法予以具体规定。又如，要发展社会主义商品经济，那么商品交换根据什么原则和规则，双方当事人有什么权利和义务等，要由民法通则、经济合同法等具体规定。再如，我们实行对外开放政策，为了吸引外资，对外资企业实行优惠的政策。如何优惠，需要由中外合资企业法、外资企业法、中外合作企业法以及涉外税法予以具体规定。三是法律化。法律与一般政策和道德不同，法律是与国家权力连在一起的，对道德是提倡，但是对法律就必须遵守和执行了。当然，我国法律是代表广大人民利益的，反映人民的意志，因此我国法律的遵守和执行，是建立在广大人民自愿的基础上的，这是不同于剥削国家法律的一个特点。但是，从法律的特性来看，是以国家强制力做后盾来保证贯彻执行的。

从以上介绍可以看出，党的政策是法律的灵魂，而法律是政策的具体化。因此，只有掌握好政策，才能更准确、全面地执行法律。例如，刑法对犯罪的量刑，都规定有一定的幅度，在社会治安严重的时候，对严重危害社会治安的刑事犯罪，应当采取“依法从重从快”的政策；如果社会治安好转了，量刑就可以轻一点。同时，只有严格依法办事，才能更好地贯彻党的政策。例如，只有严格依照土地管理法办事，才能更好贯彻党关于“切实保护耕地”的政策。由此可见，严格执行法律与掌握政策是统一的。那种把政策与法律对立起来，重视政策不重视法律，或者重视法律不注意政策,都是不对的。我们应当既要掌握好政策,又要严格依法办事。

法律与政策从总的方面讲,是统一的、一致的。有没有不一致的时候呢?在个别情况下,也有不一致的时候。因为,情况在变化,由于情况的变化,政策要随着改变,法律的某些规定就不完全适应了。发生这种情况时怎么办?应当根据新的情况,通过法定程序,对法律中不完全适应的条文,及时予以修改或补充。但是,在法律没有修改之前,还应当依照法律规定办事。

作为一个领导者,为了把工作做好,一定要学习党和国家的政策,同时也必须注意学习宪法和法律。当然,大家工作很忙,要求对什么法都熟悉是不大可能办到的。但是,对宪法应当熟悉,对有关的法律应当熟悉。最重要的是,要在思想上,正确认识政策与法律的关系,树立法制观念。这样,在工作中决定处理什么问题时,可以找熟悉法律的同志当参谋、助手,帮助考虑研究,不仅要注意是否符合政策,而且要注意是否符合法律。

五、怎么才算法制健全

我们说,要健全社会主义法制,法制包含什么内容?怎么才算法制健全?可以用四句话来说,就是要做到有法可依、有法必依、执法必严、违法必究。什么叫完备的法制呢,就是在国家政治生活、经济生活、社会生活等各方面,民主、专政各个环节,都要做到有法可依、有法必依、执法必严、违法必究。

首先,要有法可依。这是健全法制首先要解决的问题,有法可依是有法必依的前提。法律是行为规范,把各个方面的关系用法律来调整,使大家知道应当怎么做,不允许怎么做。党的十一届三中全会以来,我国立法工作取得了明显的成绩。1982 年制定了新宪法,这些年来制定了一批重要的基本法律。1979 年以来,全国人大、人大常委会制定法律 95 件、有关法律的决定 52 件,一共 147 件。国家机构方面,制定了全国人大组织法、选举法、地方各级人大和各级人民政府组织法、法院组织法、检察院组织法;民事方面,制定了民法通则和经济合同法、婚姻法、继承法、专利法、涉外经济合同法、技术合同法、商标法、著作权法等一系列民事或有关民事的单行法律;刑事方面,制定了刑法和有关刑法的决定,还制定了治安管理处罚条例、有关劳动教养的决定等;诉讼程序方面,制定了刑事诉讼法、民事诉讼法(试行)、行政诉讼法;在经济方面,制定了土地管理法、矿产资源法、森林法、水法、野生动物保护法等资源方面的法律;制定了会计法、海关法等法律;在对外方面,制定了外资企业法、中外合资企业法、中外合作企业法以及有关涉外的税法等。但是,我国法制还不够完备,有一些重要的法律,特别是经济、行政管理方面的法律,还有待进一步制定,立法任务还相当繁重。同时,由于情况的变化,已经制定的法律中某些规定,已不完全适应,需要修改和补充。1979 年以来,全国人大常委会通过了修改法律的决定 21 件。拿刑法来讲,总则已有 9 条、分则已有 46

条，做了修改补充。

第二，有法必依。有法可依是有法必依的前提，但立了法就要遵守和执行。我们制定法律是为了执行，而不是为了好看。立了法，不依法办事，等于没有法。所以，有法必依非常重要。党的十一届六中全会《关于建国以来党的若干历史问题的决议》提出，必须“完善国家的宪法和法律并使之成为任何人都必须严格遵守的不可侵犯的力量”。

在“文化大革命”前，我国法制不完备，但也不是没有法。1954 年就制定了宪法，还制定了一批法律、法令，虽然没有刑事诉讼法，但有逮捕拘留条例。“文化大革命”中，什么人都可以抓人、斗人，如果严格按当时的法律、法令执行，是不能这样的。发生“文化大革命”的一个重要教训，就是法制遭到破坏。从这个意义来讲，有法必依更为重要。制定一个法确实不容易，有的要好几年，但不管怎么样，经过一段时间也就制定了，但要全国人民都养成遵守法律的习惯，严格依法办事，需要更长的时间，这决不是三五年就可以做到的，需要经过长期的努力。特别是，我们现在已制定了一批重要的法律，因此更应重视有法必依的问题。过去，全国人大代表对制定一些法就很满意了，现在一些代表们提出，法定得不少，但执行得怎么样？他们关心依法办事的问题。应当把有法必依，提到重要议事日程上来。

第三，执法必严。在“八大”的时候，提出要建立比较完备的法制，那时就研究，怎么才叫法制健全。提出了两句话，有法可依，有法必依。经过这些年，特别是“文化大革命”，党的十一届三中全会时，邓小平同志提出四句话，有法可依，有法必依，执法必严，违法必究。把后面一句话，改为“三句话”。为什么这样改？不是随随便便提出来的，这是总结八大以后的经验教训，特别是“文化大革命”的教训，才提出来的。没有这一段经验教训，提不出这四句话。把“有法必依”改成三句话，是什么意思呢？为什么提出“执法必严”呢？本来“有法必依”包括老百姓要守法，包括国家机关、国家机关工作人员要守法，但经过这些年来看，严格执法是关键。谁执法？老百姓不执法，这是专门对国家机关、国家机关工作人员讲的。所以，提出执法必严，是对国家机关、国家机关工作人员提出了更高的要求。同时，也可以看出，国家机关、国家机关工作人员在健全法制中，承担着光荣的任务，占有重要的地位。

第四，违法必究。要有法必依、执法必严。如果有法不依，或者执法不严，怎么办？违法必究。不管什么人违了法，都必须纠正。这是保证有法必依、执法必严的。

六、我国的法制体系

我国的法制体系是统一的、又是多层次的。以宪法为基础，法律为骨干，包括行政法规、地方性法规、自治条例和单行条例、规章等。

第一，宪法。

宪法是我国法制的基础。为什么？宪法是根本大法，是国家的总章程。从内容上说，它规定国家的根本制度和根本任务，从效力上说，宪法具有最高的法律效力，一切法律、法规都不得与宪法相抵触。一定要维护宪法的尊严和权威，全国各族人民，一切国家机关和武装力量、各政党和各社会团体、各企业事业组织，都必须以宪法为根本的活动准则。

由于宪法规定国家的根本制度，因此，保持宪法的权威和稳定非常重要。当然，对宪法某些条文不是不可以修改，但修改必须十分慎重。各国对宪法的修改，在程序上都有特别的规定。因为，宪法稳定，我们的国家就可以稳定，就可以沿着正确的道路向前发展。

第二，法律。

法律是法制体系中的骨干。宪法规定了国家的根本任务和根本制度，是最重要的。但是，宪法的有些规定，还需要法律予以具体化。宪法中规定“依照法律”或“由法律规定”的地方有四十多处。过去，法律由全国人大制定。八二年宪法规定，法律由全国人大和全国人大常委会制定。刑事、民事、国家机构和其他的基本法律由全国人大制定，其他的一般法律全国人大常委会有权制定。

我们现在正处在改革开放的时期，有些问题需要在实践中不断试验、探索，不断积累经验。不成熟时不好立法，但又要有所依据，为了解决这个问题，1985 年六届全国人大三次会议专门通过了一个决议，授权国务院在经济体制改革和对外开放方面，可以根据宪法，在同有关法律和全国人大及常委会决定的基本原则不抵触的情况下，制定暂行条例和规定。

第三，行政法规。

行政法规是我国社会主义法制建设中的重要组成部分。国务院有权制定行政法规，是八二年宪法才开始规定的，过去，国务院只能规定行政措施。行政管理涉及各个方面，有些业务性很强，什么问题都要由全国人大或人大常委会制定法律，是不可能的，也是不必要的。从实际情况来看，除制定法律外，属于国务院行政管理职权范围内的问题，有许多需要制定行政法规。

行政法规是有法律约束力的，当然，它的效力与法律不一样，行政法规不得与法律相抵触，如果发生抵触，应以法律为准。

第四，地方性法规。

地方性法规是 1979 年制定新的地方组织法时规定的，1982 年制定宪法时予以肯定了。宪法规定，省、自治区、直辖市的人民代表大会和它的常委会，可以制定地方性法规。1986 年修改地方组织法时增加规定，省、自治区的人民政府所在地的市和国务院批准的较大的市的人大及其常委会，可以制定本市需要的地方性法规草案，提请省、自治区人大常委会审议制定。因为，中国很大，各地情况不完全一样，什么问题都“一刀切”不合适，地方可以结合本地情况，制定地方性法规。

有一个问题要说明,宪法规定的是,在不同宪法、法律、行政法规相抵触的情况下,制定地方性法规,而不是根据法律、行政法规制定。"根据"还是"不相抵触",是经过反复考虑的。考虑到我国法制还不够完善,有些问题马上制定法律或行政法规还有困难,或者属于地方性问题不需要制定法律或行政法规,就可以由地方制定地方性法规,因此没有用"根据",而是写的"不相抵触"。

地方性法规的效力和适用范围,与法律、行政法规不一样:第一,地方性法规如果与法律、行政法规相抵触,应以法律、行政法规为准;第二,法律、行政法规在全国范围适用,而地方性法规只是在该省、自治区、直辖市或某个市的范围内适用,对其他地方不适用。

第五,自治条例和单行条例。

这是民族自治地方自治机关的一项自治权利。宪法规定,民族自治地方的人民代表大会有权依照当地民族的政治、经济和文化的特点,制定自治条例和单行条例。

第六,规章。

宪法规定,国务院各部、委根据法律和国务院的行政法规、决定、命令,在本部门的权限内,制定规章。地方组织法规定,省、自治区、直辖市人民政府以及省、自治区的人民政府所在地的市和经国务院批准的较大的市的人民政府,可以根据法律和国务院的行政法规,制定规章。

行政机关有权依据规章进行行政管理活动,对行政规章的地位、作用和效力应当肯定。另一方面,它的效力又与法律、法规不完全一样。八二年宪法草案原规定,国务院制定行政法规,部、委制定部分性质的行政法规,也叫"行政法规"。经过全民讨论,认为这样不利于政令统一,所以改为国务院制定行政法规,部、委制定规章。规章不得与法律、行政法规相抵触。

我国就是这样划分中央和地方、国家权力机关和行政机关在制定法律、法规和规章方面的不同职权,以适应各部门、各地区的复杂情况和不同需要,有利于加快法制建设。

我国法制是多层次的,但又是统一的。如何维护法制的统一?

第一,宪法规定,"国家维护社会主义法制的统一和尊严",宪法"具有最高的法律效力""一切法律、行政法规和地方性法规都不得同宪法相抵触"。

第二,全国人民代表大会有权改变或者撤销全国人大常委会不适当的决议,当然包括法律。

第三,全国人大常委会有权撤销国务院同宪法、法律相抵触的行政法规。

第四,地方性法规不得与宪法、法律、行政法规相抵触。如抵触,全国人大常委会有权撤销。

第五,自治条例和单行条例要依照法定程序,报上级人大常委会批准。

第六,国务院有权改变或者撤销各部、委和地方政府的不适当的决定。

七、行政管理法制化是法制建设上的一个战略性任务

中央提出，要逐步实现行政管理法制化。李鹏同志在七届全国人大三次会议上所作的“政府工作报告”中提出，政府工作要规范化、制度化、法制化。实现行政管理法制化，在社会主义法制建设上，是一个有战略意义的任务。行政管理涉及各个方面，我国绝大多数法律是有关行政管理的，这些法律要由行政机关、行政机关工作人员来执行。过去，我们有一种误解，一提执法机关，认为只有司法机关是执法机关。当然，司法机关是重要的执法机关，有的法如刑法，只能由司法机关审判。所以，司法机关是重要的执法机关，但不是唯一的执法机关。我国有关行政管理的法律由谁执行？由行政机关、行政机关工作人员来执行。所以，行政机关、行政机关工作人员是重要的执法部门和执法人员。宪法第八十五条规定，国务院即中央人民政府，是最高国家权力机关的执行机关，是最高国家行政机关。宪法第一百零五条规定，地方各级人民政府是地方国家权力机关的执行机关，是地方各级国家行政机关。要健全法制，就必须执法必严。因此，行政机关、行政机关工作人员严格执法，对整个社会主义法制建设有很重要的意义。一个国家，如果行政机关、行政机关工作人员不能依法办事，很难说这个国家是法制健全的国家。如果我们的行政机关、行政机关工作人员能严格依法办事，实现中央提出的行政管理法制化的任务，那么我国的社会主义法制建设，应当说取得了显著的成就。

怎么实现行政管理法制化的任务呢？要从两个方面来解决。一是加强行政立法，包括组织法、实体法和程序法，为行政管理提供基本规范和依据。这些年来，我们在立法工作上取得很大成绩，但还不完备，特别是有关行政管理方面的法律还要进一步制定。二是，执法，行政机关要增强法制观念，提高执法水平，严格依法办事。建立行政诉讼制度，有利于促进行政方面的立法和提高执法水平。所以，李鹏同志说，行政诉讼法的实施，是我国社会主义法制建设的一件大事，也是社会主义民主政治建设的一个重要步骤。

行政诉讼法的实施，对行政机关的工作，提出了更高的要求，核心是要求行政机关依法行政。有些同志担心，行政诉讼法实施后，会不会妨碍行政工作，束缚行政工作的手脚。会不会束缚手脚呢？我说，又束缚，又不束缚。行政机关的行政管理活动如果违法，侵犯了公民的合法权益，公民可以向法院起诉，法院判决撤销，这还不是束缚?！对违法行为进行束缚，是应当的。但是，如果依法进行行政管理，那么就不束缚。法院对行政机关的行政管理活动进行监督，不仅监督，而且有维护的一面，对合法的要维护。所以说，束缚不束缚，关键是看是否违法。违法的就监督、撤销，合法的就维护，并不束缚。

行政诉讼涉及两方面关系，一个是老百姓与行政机关的关系；一个是司法与行政的关系。我们在制定行政诉讼法时有一个重要的原则，就是要正确处理好司

法与行政的关系。法院要对行政管理行为是否合法进行监督,但又不要妨碍行政机关在法律范围内充分有效地行使行政管理职权。行政诉讼法在一系列问题的规定上,体现了这个原则:

第一,行政诉讼受案范围。行政诉讼法规定,凡涉及侵犯公民人身权、财产权的行政案件,法院要受理,比原来收案范围扩大了。但是,并没有全部放开,行政机关内部的行政行为,法院不受理。

第二,法院对行政机关的具体行政行为,只审查是否合法,对当与不当的问题,法院原则上不管。

第三,行政法规是法院审查行政行为是否合法的依据之一,人民法院审理行政案件时,还要参照规章。

第四,法院审理行政案件,对合法的行政行为判决维持,违法的撤销,采取不直接判决变更的原则。

第五,行政措施在诉讼期间,采取不停止执行的原则。

第六,当事人对行政行为既不起诉又不执行的,行政机关可以申请法院强制执行或者依法执行。

这一系列规定,都是为了使行政机关可以依法充分有效地进行行政管理。

当然,我国法制还有待进一步完善,行政机关工作人员的执法水平有待进一步提高。因此,行政诉讼法的实施,对立法、行政、司法等各方面的工作,都提出了新的要求,应当加强这些方面的工作,以适应行政诉讼法的实施。

党的领导,对健全法制有着关键的作用。怎么才能真正做到法制健全,依法办事,关键是两个,一是,把法律交给十一亿人民,二是,加强党的领导。在座的各位都是地方、部门党的负责同志。希望我们大家一起努力,为我国的社会主义法制建设,做出贡献。

我所讲的,供同志们参考。不妥当的地方,欢迎提出批评。

新阶段的立法工作

（1993 年　学习党的十四大报告体会）

我国立法工作进入了一个新的阶段。准备谈三个问题，一是，为什么说立法工作进入了一个新的阶段；二是，新阶段立法任务是什么；三是，为完成新阶段的立法任务，在立法工作中要注意什么问题。

（一）为什么说立法工作进入了一个新的阶段

1979 年十一届三中全会提出，要发展社会主义民主、健全社会主义法制，全国人大和常委会要把立法工作摆到重要议事日程上来。十四年来，立法工作如何？可以说取得了很大的成绩。1982 年制定了适应新时期历史任务的新宪法，人大和常委会先后制定了 170 件法律，10 件补充修改法律的决定，40 件有关法律问题的决定，一共 220 件。国家机构方面，制定了全国人大组织法、国务院组织法、地方组织法、法院组织法、检察院组织法、选举法、民族区域自治法，还有代表法、两个议事规则（人大和常委会）；民事方面，制定了民法通则和经济合同法、涉外经济合同法、技术合同法、商标法、专利法、著作权法、婚姻法、继承法、收养法等一系列单行法律；刑事方面，1979 年制定刑法后，制定了不少修改补充的决定，如惩治贪污贿赂的补充规定，惩治走私犯罪的补充规定以及禁毒、惩治拐卖人口、惩治淫秽书刊犯罪、惩治卖淫犯罪等等补充规定，另外还制定了治安管理处罚条例；诉讼程序方面，先后制定了刑事诉讼法、民事诉讼法、行政诉讼法，三大诉讼法都有了。还制定了一批经济方面的、保障公民权利的、涉外方面的、行政管理方面的重要法律。

这些法律怎么样？这些法律总的讲贯彻了党在新历史时期的基本路线。江泽民同志在十四大报告中指出，十一届三中全会对“一个中心、两个基本点”的思想就已开始形成，奠定了新时期党的基本路线的基础。所以，1979 年以来制定的法律，总的讲是体现了党的基本路线的，为改革开放、社会主义建设提供了法律依据和保障。

1992 年初，邓小平同志视察南方发表重要谈话，3 月中央政治局全体会议完全赞同邓小平同志的重要谈话。10 月，召开了党的十四大，确定经济体制改革的目标是实行社会主义市场经济。以邓小平同志的谈话和 3 月中央政治局全体会议、党的十四大为标志，“我国改革开放和现代化建设事业进入一个新的阶段”（党的十四大报告)。建立社会主义市场经济体制,"不是原有经济体制的细枝末节的修改,而是经济体制的根本性变革"(党的十四大报告),这就为我国立法工作提出了新的、更高的要求。随着改革的深入发展,出现了许多新情况、新问题。从建立社会主义市场经济体制的要求来看,我国经济立法虽然"取得很大成绩,但远远不能适应形势发展的需要"(江泽民同志 1993 年 3 月在两会党员负责人会上的讲话)。所以说,我国立法工作随着国家总的形势,进入了一个新的阶段。

新阶段立法工作是 1979 年以来立法工作的继续,因为 1979 年以来就确立了"一个中心、两个基本点"的基本路线;又是过去立法工作的发展,因为十四大以来,改革更加深入了。看不到这是过去立法工作的继续,认为过去立的法不成了,要从头来,是不符合实际的;看不到随着改革的深入,有关经济立法不完全适应,要在过去立法的基础上,完备、补充和修改,看不到新阶段对立法工作提出的新要求,也是不对的。十四大报告指出,"建立和完善社会主义市场经济体制,是一个长期发展的过程,是一项艰巨复杂的社会系统工程"。中央提出,要在九十年代,把社会主义市场经济体制初步建立起来,然后再用 20 年时间,使这一体制更加定型和完善(乔石同志 1992 年在首都纪念宪法颁布十周年大会上讲话)。因此,新阶段不是一年、两年,而需要相当一段时间。所以,这个阶段我们的立法任务是很繁重的,需要经过一段时期的努力。

(二)新阶段立法工作任务

在新阶段,我国立法工作的任务是什么?江泽民同志、乔石同志都讲了,要"在本世纪内努力把适应社会主义市场经济的法律体系初步建立起来"(江泽民同志 1993 年 3 月在两会党员负责人会上的讲话,乔石纪念宪法颁布十周年讲话)。具体来说,首先是要加强经济立法,"抓紧制定保障和促进社会主义市场经济发展的各项法律""特别是规范市场主体、维护市场秩序以及宏观调控方面的一些重要法律""同时,还要对过去制定的已不适应深化改革开放的法律、法规,抓紧进行清理"。

建立适应社会主义市场经济法律体系,要制定哪些法律?乔石同志在八届人大常委会一次会议上讲,"适应社会主义市场经济发展的要求,需要制定哪些法律?当前急需制定的又是哪些法律?要有通盘考虑,合理部署""应当对社会主义市场经济法律体系,进行总体上、法理上的研究"。为建立社会主义市场经济体制,十四大报告提出,要认真想好几个相互联系的重要环节,主要讲了四个方面的问题。我认为,应当围绕这些方面,抓紧制定有关法律,主要是:

第一,市场主体的法律。

建立社会主义市场经济体制,首先要解决市场主体的问题。到市场上从事经营,需要有一定的资格,也就是民法通则上规定的民事主体,要有权力能力和行为能力。不是什么人、什么组织都可以成为市场经营主体。这就需要对市场主体的组织、行为，设立、解散等作出法律规范。

十四大报告讲的第一个问题就是有关市场主体的问题。报告说，“转换国有企业特别是大中型企业的经营机制”“通过理顺产权关系，实行政企分开，落实企业自主权，使企业真正成为自我经营、自负盈亏、自我发展、自我约束的法人实体和市场竞争的主体，承担国有资产保值增值的责任”“这是建立社会主义市场经济体制的中心环节，是巩固社会主义制度和发挥社会主义优越性的关键所在”。社会主义市场经济体制，公有制包括全民所有制和集体所有制经济为主体，还有个体经济、私营经济、外资经济等多种经济成分。

关于市场主体的法律问题。过去，我们陆续制定了全民所有制工业企业法（1988 年）、中外合资经营企业法（1979 年）、中外合作经营企业法（1988 年）、外资企业法（1986 年），国务院制定了城镇集体所有制企业条例（1991 年）、乡村集体所有制企业条例（1990 年）、私营企业暂行条例（1988 年）等。1986 年人大制定的民法通则对企业法人成立的条件，合并、分立、终止等也做了原则规定。当时，是按所有制制定的，现在需要按不同责任形式制定有关法律。过去，制定这些法律、法规是必要的。例如，为了吸引外资，制定中外合资经营企业法、中外合作经营企业法、外资企业法是必要的，为了适应改革需要，把国有企业所有权、经营权适当开放，解决政企不分问题，制定全民所有制工业企业法也是必要的。那时就已不用“国营”企业，而是用的“全民所有制”企业。那些法律，对改革和开放，起了重要作用。但是，现在随着改革深化，出现了一大批有限责任公司、股份公司，有几十万个公司，还有联营公司等，这就需要也有可能制定公司法，来规范公司的组织和运作。除公司法外，还需要制定有关合作组织的法律。关于合作组织，民法通则有原则规定，要进一步具体化。

还有，要使国有企业真正成为“四自”（自主经营、自负盈亏、自我约束、自我发展）的市场主体，正如十四大报告提出的，还要“理顺产权关系”“承担国有资产保值增值的责任”。产权关系要理顺，国有资产要防止流失，谁来代表国家行使所有权和经营权等等，需要制定有关国有资产管理的法律。

第二，规范市场行为、维护经济秩序的法律。

十四大报告讲的第二个问题就是要“加快市场体系的培养”，要“加强市场制度和法规建设”。

什么是市场经济，“就是要使市场在社会主义国家宏观调控下对资源配置起基础性的作用”。这是一个根本性的变化。过去，办企业，资金靠财政拨款，上项目靠计划审批，生产靠计划，生产资料靠调拨，劳动力靠分配，产品有相当部分调拨，等等。实行社会主义市场经济，企业要自主经营，政府要转变职能，对经营活动不直接进行行政干预，企业经营要靠市场，不找政府，找市场，到市场上去竞争。市场包括金融、技术、劳务、生产资料、商品和房地产等等市场。企业到市场上竞争，也不是可以乱来，要有一定的规则。就如运动员到比赛场比赛，要有竞赛的规则一样。市场的规则，有一般的，共同要遵守的，如合同法，还有专门的单个方面的，如证券交易、房地产交易方面的法律等等。

市场经济的特点是，企业在市场上进行竞争，通过竞争，优胜劣汰，合理配置资源。要达到这个目的，竞争必须是公平的竞争，只有公平竞争，才能促进提高产品质量、改进技术、改善服务、降低成本、促进生产的发展。否则，达不到这个目的。例如，有的企业搞巨奖销售，不是在提高质量等方面下功夫，而是用巨奖来促销，这就是一种不正当竞争方法。因此，国家要"促进和保护公平竞争"（党的十四大报告），这就需要制定反不正当竞争法。

第三，宏观调控方面的法律。

实行社会主义市场经济，不是不要宏观调控。党的十四大报告指出，"我国经济要优化结构，提高效益，加快发展，参与国际竞争，就必须继续强化市场机制的作用。实践的发展和认识的深化，要求我们明确提出，我国经济体制改革的目标是建立社会主义市场经济，以利于进一步解放和发展生产力"。党的十四大报告还指出，"同时也要看到市场有其自身的弱点和消极方面，必须加快和改善国家对经济的宏观调控"。为了防止市场的盲目、消极作用，使市场经济健康的顺利发展，要解决好国家宏观调控的问题，"健全科学的宏观管理体制与方法"。（党的十四大报告）这涉及货币、投资、贷款利率、税率等。党的十四大报告提出，要"进一步改革计划、投资、财政、金融体制"。这就需要制定有关投资、预算、计划方面的法律和银行法、税法等等。

第四，有关分配制度、社会保障方面的法律。

我国在所有制结构上是以公有制为主体，个体经济、私营经济、外资经济为补充，多种经济成分长期共同发展，在分配制度上是"以按劳分配为主体，其他分配方式为补充"。这样，必然会有一部分人先富起来，社会上贫富的差距会扩大。党的十四大报告提出，我们允许一部分人通过合法经营、诚实劳动先富起来，"合理拉开收入差距"，但要"防止两极分化，逐步实现共同富裕"，要"兼顾效率与公平"。第一步的分配主要是按"效率"，要在第二步分配上按公平原则予以调节。这就需要通过所得税、遗产税等来解决。

各类企业到市场上竞争，优胜劣汰。在竞争中，有一些企业成功了，发展了，必然会有一些企业失败了，办不下去，工人下岗了。对失业的，要有救济措施。党的十四大报告提出，要"积极建立待业、养老、医疗等社会保障制度"。这就需要制定有关的法律。

第五，其他方面的法律。

建立社会主义市场经济要加强经济立法，这是重点。但不仅仅是经济立法。例如，建立市场经济，要有稳定的政治环境和良好的社会秩序来保障。又如，建立市场经济，必须加强廉政建设，反对贪污和腐败。所以，乔石同志在八届人大常委会一次会议上讲，"除了加快制定经济方面的法律外，还要抓紧制定推进民主政治建设和保障公民权利方面的法律,惩治各种犯罪活动、维护社会治安和加强廉政建设方面的法律,促进科学、教育、文化的发展和国防建设等方面的法律”。

现在,全国人大常委会正根据党的十四大和乔石同志的讲话精神,研究制定立法规划。

(三)立法工作应注意的几个问题

为了完成新阶段的立法工作任务,要注意什么问题?根据我们立法工作的经验和新的情况,应当注意以下几个问题:

第一,立法工作一定要根据宪法,全面、正确地贯彻党的路线、方针和政策。

十一届三中全会以来,以建设有中国特色的社会主义理论为指导,根据我国处在社会主义初级阶段的基本国情,确立了以经济建设为中心,坚持四项基本原则、坚持改革开放的基本路线。党和国家的一切工作都要坚持党的基本路线。立法工作也是这样,必须贯彻党的基本路线,这是立法工作的一条根本原则。

党的十四大确定,经济体制改革的目标是实行社会主义市场经济。当前应特别注意法律的规定要适应市场经济的需要。例如,实行社会主义市场经济,要政企分开,转变政府职能,党的十四大报告指出,“凡是国家法律规定关于企业行使的职权,各级政府都不要干预。下放给企业的权利,中央政府和地方政府都不得截留”。一些部门在起草法律时,往往多注意用行政手段来管理,例如,动不动就规定要发许可证。不是什么都不要许可证,有些是需要的,但应限于那些涉及人身安全等方面的产品,如药品等,一般的不应采取许可证的行政管理手段。法律应着重规定标准、行为规范,主要不是规定批准权、许可证等。只要符合法律规定的标准、行为规范,政府就不要管,政府的责任是依法监督、指导,如果违反了,要承担法律责任,包括民事责任、行政责任、刑事责任。

第二,采取积极态度,尽快出台一批重要经济法律。

邓小平同志在1978年提出,立法工作“快搞比慢搞好”“有比没有好”。彭真同志在六届全国人大常委会一次会议上也说,“我们的立法工作任务是繁重的,要积极抓紧,不能慢慢腾腾”。1993年江泽民同志对“两会”党员负责人讲话时说:“全国人大及其常委会要把加强经济立法作为第一位的任务,放在极重要的位置,在本届任期内尽快出台一批重要的经济法律。”建立和完善社会主义市场经济,急需要有法制来保障,迫切需要制定有关法律,这个问题前面已经讲了。对此,一定要有紧迫感、责任感。

目前加强经济立法,尽快出台一批重要经济法律有没有条件?我认为是有条件的。第一,党的十四大确定建立社会主义市场经济体制的目标,为经济立法奠定了理论基础。第二,八届全国人大一次会议通过的宪法修正案,将实行社会主义市场经济写入宪法,这就为市场经济立法提供了宪法依据。第三,改革深入了,也提出了不少问题,取得了不少经验,实践为经济立法提供了经验。第四,涉及市场经济的一批重要法律虽然还未出台,但调查研究工作几年来一直没有停止,对其中的主要问题和难点是有所了解的,对国外的有关立法也做了研究,收集了不少资料,这些都为加强经济立法提供了条件。

有没有困难呢?也有。主要是两个方面的问题,一是,市场经济对我们来说,还是比较生疏的。乔石同志说,“制定社会主义市场经济方面的法律,对我们来说是一个新课题”(乔石同志在八届全国人大常委会第二次会议的上讲话)。二是,由计划经济到市场经济有一个转换的过程。党的十四大报告指出“建立和完善社会主义市场经济体制,是一个长期发展的过程,是一项艰巨复杂的社会系统工程”“要大胆探索,敢于试验,及时总结经验”“有计划、有步骤地实施”。有难点怎么办?对立法工作中的难点采取什么态度?乔石同志在八届人大常委会第一次会议上的讲话中说,“要以积极的态度对待立法中遇到的问题和难点”。

为了尽快出台一批重要的经济法律,开始可以粗一点,不要求全,待以后再不断补充完善。乔石同志在八届全国人大常委会第一次会议上的讲话说,“邓小平同志1978年就指出,立法的工作量很大,法律条文开始可以粗一点,逐步完善。有的法规地方可以先试搞,然后经过总结提高,制定全国通行的法律。修改补充法律,成熟一条就修改补充一条,不要等待‘成套设备’。总之,有比没有好,快搞比慢搞好。这些意见,对于我们当前的立法工作,仍是有重要的现实指导意义”。这个方针是非常重要的,因为有些法如果要求全,要求具体,那么就不可能及时制定,或者制定了执行不通。例如,我们在1979年为了对外开放,就制定了中外合资经营企业法,对一些重要问题做了原则规定,一共15条,对吸引外资起到了很大的促进作用,同时也累积了经验,使后来可以制定细则。经过4年,于1983年制定了实施条例,有118条,如果当时就要求定得很具体,办不到。

如果经验不成熟怎么办?也应采取积极态度,通过实践及时总结研究。有些目前制定法律还不具备条件的,也可以先制定行政法规,有的可以先制定地方性法规,待成熟后再制定为法律。

第三,立法工作要大胆借鉴国外立法经验,结合我国实际加以改造、吸收,为我所用。

立法要借鉴外国有关经验,这是我国立法工作一贯的作法。1979年法制委员会一成立,我到法委第一天,就根据彭真同志指示,给我驻外一些使馆发电,要他们搜集有关国家的法律。制定宪法时,我们研究了外国宪法,制定民法通则、有关知识产权等法律时,都研究了外国的规定。现在提出要“大胆”借鉴,很重要。为什么现在提出要“大胆”借鉴?我认为有两点。一是,我们新阶段立法工作任务是要制定有关社会主义市场经济的法律。这与过去不同,建国初期,要粉碎旧法,建立新政权,怎么能提大胆借鉴呢!又如,对政治制度方面,我认为也不能提大胆借鉴,我们不搞议会制度。至于一些管理方面的法律,特别是市场经济的法律,有共性,可以而且应当“大胆”借鉴。乔石同志在八届人大常委会上说,市场经济已经有几百年的发展历史，尽管在不同的社会制度下会有一些不同特点，但它运行的基本规律，如价值规律、供求规律是相同的，竞争机制、资源配置原则也是相同的。因此，在制定市场经济方面的法律时，必须借鉴外国经验，注意与国际上的有关法律和国际惯例相衔接。再一点是，有利于解放思想。有的同志对法律阶级实质的认识不够全面。法是统治阶级的意志，这是马克思主义对法的基本理论，揭示了法的阶级实质。这是正确的，必须坚持，不认识这一点，就会迷失方向。但是，我们说法是统治阶级意志，是从整体上来说的，并不能说所有法，所有法的具体规定，都有阶级性。法有各种各样，有基本法，有一般法；有根本制度的，也有具体管理性质的，不完全一样。过去强调法的阶级实质，有的同志对有些法具有共性这一点认识不够。所以，现在提出"大胆"借鉴，有利于解放思想。

要大胆借鉴外国经验，是不是不要从实际出发了呢？不是。从我国实际出发，是立法工作的又一条根本原则。因为，不从实际出发就执行不通。市场经济的法律，有共性，要借鉴，但各国情况不同，也不完全一样。去年我到日本考察有关市场经济的法律，日本朋友对我们说，市场经济有共同规律，但由于各国情况不同，也不完全一样。他们说，世界上的市场经济现在有三种模式，一种是美国式的，一种是欧洲式的，再一种是日本式的。他们说，中国实行社会主义市场经济必定是第四种模式的市场经济。乔石同志说，大胆借鉴外国立法经验，"要结合我国实际加以改造，吸收为我所用"。大胆借鉴外国经验和从我国实际出发，这都是必须坚持的原则。公司法，要大胆借鉴外国公司法的经验，但中国有自己的特点，外国多是私营企业，而我国主体是全民所有制企业，这就与私营企业不同，私营企业没有政企不分的问题，我国国有企业就要解决好这个问题，同时要解决好国有资产的保值增值问题，解决好法人代表所有权和经营权的问题。抄外国的法律并不难，难的是如何根据共同的规律与我国实际结合，这也正是我们在立法工作中要着重研究解决好的问题。

第四，要从总体上、法理上研究，要从大局出发，从人民根本利益着眼。

乔石同志在八届全国人大常委会第一次会议上说，"我们应当对社会主义市场经济法律体系，进行总体上、法理上的研究""要有通盘考虑，合理部署"。这一点非常重要。我理解从总体上、法理上研究，就要：一，需要制定什么法，不是只考虑一个方面，如不仅仅是市场主体方面的法律，而是要从全面考虑，包括各个方面，市场主体，市场规则和秩序，宏观调控，政治保障条件等等各个方面。二，哪些制定法律，哪些制定行政法规，哪些可以制定地方性法规，要全面考虑。三，先制定哪些，要根据经济改革的进程、规划，有步骤有计划地制定有关法律。还要考虑到现有立法的实际情况。

乔石同志专门讲"起草法律，要从大局出发，从人民的根本利益着眼，避免从部门的利益出发"。后来他又说，制定地方性法规也要从大局出发，从人民的根本利益着眼。这一点是非常重要的。现在好多法律是由部门起草、经国务院提请人大或人大常委会审议的。部门对实际情况了解,起草有优势。但另一方面,部门起草往往有部门观点,从部门利益考虑多,有局限性,这也是可以理解的,但是,我们制定的法律是代表国家的,因此一定要注意从全局考虑,从人民的根本利益出发。

第五,立法一定要有理论指导。

彭真同志多次强调,一定要用马克思主义的法学理论来指导立法工作。乔石同志也说,要从法理上来研究。因为,只有用理论来指导,才能使我们的法律、法规规定得比较合适,才能使各个法律、法规相互之间不发生矛盾。比如,死刑问题。我们对死刑的方针是:第一,不废除。现在有些国家废除了死刑,有的国家废除后又恢复了,我们现在如果废除死刑,对于打击严重的刑事犯罪分子不利,对于保护人民的安全不利,对于维护安定团结的政治局面不利,对于改革和社会主义四化建设不利。第二,使用死刑要十分慎重,不能什么都使用死刑,更不能说死刑越多越好。我国刑法规定,死刑只适用于罪大恶极的犯罪分子。现在一讨论,往往强调重刑,什么都要规定死刑。我国刑法现在规定的死刑已经够多了。只有从总的方面来研究,才能解决得适当。用法律理论指导,在遇到一些问题时,就可以解决得比较适当。

研究法理要以马列主义来指导,结合中国实际。对外国的法学理论要研究,更重要的是要建立和发展具有中国特色的社会主义法学理论。具有中国特色的法学理论从哪里来?必须以马克思主义为指导,必须结合中国实际,总结我国立法经验。只有这样,我们的法学理论才能有发展。一方面,要总结已有的立法经验,我们立了那么多法,都是有理论指导的,要研究和总结。另一方面,要对改革、开放带来的一系列新的法律问题,从理论和实践的结合上,进行研究和探讨。

第六,立法工作要广泛发扬民主,实行民主集中制原则。

立法工作要广泛发扬民主,认真听取不同意见,在高度民主基础上集中,坚持群众路线,从群众中来,到群众中去,反复用实践来检验。

在起草、审议法律时,注意听取各方面的意见,特别要听取不同的意见。例如,在制定民事诉讼法时,不仅听取法院审判人员的意见,还要听取当事人的意见,使民事诉讼程序既便利法院审判,又便利当事人打官司。在制定工厂法时,听取了厂长、党委、工会各方面的意见。涉及中央和地方或者各部门关系的法律,不仅听取主管部门意见,而且要听取其他有关部门的意见,不仅听取中央部门的意见,而且要听取地方的意见。广泛听取各方面不同意见,才能把各种矛盾、各种问题都摆出来,对各种意见进行比较研究,在广泛民主基础上进行集中,这样制定的法律,才能规定得比较好、比较正确、比较符合实际。

在立法工作中,采取立法工作者、实际工作者与专家三结合,是一种好的办法。在制定民法通则时,根据委员长会议的建议,人大常委会决定,法律委员会和法制工作委员会共同召开了全国民法通则座谈会,各省、市、自治区人大常委会法制工作部门的负责同志，有关实际工作部门的同志，从事法学研究和教学的同志及法院的同志，共 180 多人参加了座谈会，对民法通则草案逐章逐条地进行讨论修改。彭真同志说："制定重要的法律，请专家和实际工作者来参加，不是简单的技术问题""在制定法律过程中，把各方面专家和实际工作同志请来，大家一起讨论，共同商议修改，可以使理论和实际密切的结合起来"。民法通则草案经过三结合的座谈会，进行了较大的修改，草案原是 131 条，修改后为 156 条，其中增加 40 条，合并 3 条，删去 12 条。修改后，从内容到形式，都有很大的改进和完善。

我们的立法任务是很繁重的，起草、制定法律，要调动一切积极因素，发挥各个方面的力量。同时要加强领导，做好统一协调工作。

第七，立法工作必须加强党的领导。

立法工作一定要加强党的领导。1991 年 2 月《中共中央关于加强对国家立法工作领导的若干意见》指出，"党领导人民制定宪法和法律，党领导人民遵守、执行宪法和法律，这是我国法制建设的重要政治原则，也是法制建设不断发展的重要保证"。

1991 年中央意见指出，"为了保证立法机关有效地行使立法权，使立法工作很好地贯彻党的基本路线，加快立法步伐，为社会主义现代化建设服务，中央需要采取有力措施，进一步加强对国家立法工作的领导"。意见规定，中央对国家立法工作的领导主要是：确定立法工作方针和一些重要法律的指导思想和原则；审定我国立法工作规划和计划；根据形势和社会发展的需要，建议立法机关把经过实践检验证明正确的并长期适用的党的方针政策，通过法定程序转变为国家法律；对立法工作中需要中央确定的重大方针政策问题，作出决定等。

对从事立法工作的部门来说，在立法工作中，一定要注意贯彻党的路线、方针、政策，重大问题要向中央请示。1979 年全国人大常委会法制委员会建立时，彭真同志就向中央政治局常委会专门写了一个"关于制定和修订法律、法规审批程序的请示报告"。在报告中明确规定"在草拟或修改法律、法规、重要条例时，应将拟定或修订的法规要解决的主要问题和意见，请示中央原则批准""在起草和修改过程中，如有原则性的变动，需要公布或人大常委会提出后，说明变动理由，连同条文草案报送中央批准"。1991 年中央意见规定，对宪法的修改意见或草案要提请中央全会讨论通过；政治方面的法律、重大的经济、行政方面的法律，要报经中央政治局常委会会议或政治局会议讨论同意，其中特别重大的还应提请中央全会讨论同意。

成绩显著、任务繁重

——全国人大及其常委会立法工作情况和任务

（1994 年 9 月 13 日 《人民日报》）

全国人大及其常委会的首要职责是制定法律

宪法规定，全国人民代表大会和全国人民代表大会常务委员会行使国家立法权。制定法律，是全国人大及其常委会的首要职责。人民代表大会制度是我国的根本政治制度。在我国，一切权力属于人民，人民行使国家权力的机关是全国人大和地方各级人大。制定法律，是人民当家作主、管理国家的重要方式。立法也是健全社会主义法制首先要解决的问题。要健全社会主义法制，必须要有法可依，就要立法。制定法律，有法可依，是有法必依、执法必严的前题，也是违法必究所依据的标准。

1953 年，我国肃清帝国主义、封建主义、官僚资本主义残余势力的社会改革运动基本完成，国民经济从恢复时期进到大规模有计划地建设时期。中央决定，召开全国和地方各级人民代表大会，并提出要逐步实行比较完备的人民民主法制，来保护和促进社会生产力进一步发展。为此，成立了宪法起草委员会和选举法起草委员会。1954 年，在全国普选的基础上，召开了第一届全国人民代表大会，制定了宪法，选举产生了常务委员会。

彭真同志（当时是副委员长兼秘书长）向第一届全国人大常委会机关全体工作人员讲话时提出，全国人大常委会的一项重要任务是立法工作，全国人大常委会机关要为立法工作服务。常委会机关建立后，法律室和研究室就组织各方面力量，开始进行民法、刑法、民事诉讼法、刑事诉讼法等法律的调查研究和起草工作。

十一届三中全会以来，我国立法工作取得显著成绩

1978 年底，召开了中共十一届三中全会，决定把党和国家工作中心转移到经济建设上来，同时作出了实行改革开放的伟大决策。三中全会专门讨论了民主和法制问题，总结建国以来的经验、特别是“文化大革命”的教训，提出必须发扬社会主义民主，加强社会主义法制，全国人大和常委会必须把立法工作摆到重要议事

日程上来。为了加强立法工作,全国人大常委会成立了以彭真同志为主任的法制委员会。叶剑英同志在五届人大常委会会议上讲,人大和常委会必须加强立法工作,如果搞不好,就是没有尽到职责,就是尸位素餐。法制委员会成立后四个月,在五届全国人大二次会议上,就提出了包括选举法、地方组织法、刑法、刑事诉讼法、中外合资经营企业法在内的七部重要法律。

为了适应加强立法、健全社会主义法制的需要,对立法体制进行了一系列改革。一是,由过去全国人大是唯一立法机关,改为全国人大及其常委会行使国家立法权;二是,国务院从过去只能制定行政措施,改为有权制定行政法规,部、委可以制定规章;三是,省、自治区、直辖市的权力机关以及省、自治区所在地的市和国务院批准的较大的市的权力机关有权制定地方性法规;四是,授权广东、福建和海南、深圳、厦门等经济特区,可以制定单行的经济法规;五是,授权国务院对改革开放中制定法律尚不成熟的问题,可以先制定单行条例或规定。这就形成了以宪法为基础,以法律为骨干,包括行政法规、地方性法规、民族自治地方的自治条例和单行条例、规章、特区经济法规在内的,统一的、多层次的立法体制。这种体制有利于加快立法工作,适应健全社会主义法制建设各方面的需要。

1979年以来,全国人大及其常委会把立法工作摆到重要议事日程上来。1982年,制定了新的宪法。新宪法根据党在新时期"一个中心、两个基本点"的基本路线,规定了国家的根本制度和根本任务。在国家机构方面,制定了选举法、全国人大组织法、国务院组织法、地方各级人民代表大会和地方各级人民政府组织法、人民法院组织法、人民检察院组织法、民族区域自治法以及代表法、全国人大议事规则、全国人大常委会议事规则等。在民事法律方面,制定了民法通则。民法通则调整平等主体的公民之间、法人之间、公民法人之间的财产关系和人身关系,是调整商品经济的基本法律,对民事关系的基本原则、民事主体(包括公民、法人、合伙组织等)、民事法律行为和代理、民事权利(包括财产所有权和与财产所有权有关的财产权、债权、知识产权和人身权)、民事责任和涉外民事关系的法律适用等,做了基本规定。同时,先后制定了经济合同法、涉外经济合同法、技术合同法、专利法、商标法、著作权法、婚姻法、继承法、收养法、海商法等一系列单行民事法律。民法通则和这一系列单行民事法律,形成了我国的民法。在刑事法律方面,1979年制定了刑法。刑法制定后,随着情况的发展,制定了不少有关刑事方面的补充修改决定,如惩治贪污罪贿赂罪的补充规定、惩治走私罪的补充规定、关于禁毒的决定、严惩拐卖绑架妇女儿童的犯罪分子的决定、严禁卖淫嫖娼的决定等等。另外,为了维护社会治安,还制定了治安管理处罚条例。在诉讼程序方面,制定了刑事诉讼法、民事诉讼法和行政诉讼法。在有关公民权利方面,制定了工会法、集会游行示威法、妇女权益保障法、未成年人保护法、残疾人保障法等。在经济方面,制定了全民所有制工业企业法、破产法,制定了一大批有关国家加强对自然资源保护、开发、利用,环境保护以及对社会经济活动监督管理等方面的法律,如草原法、矿产资源法、土地管理法、森林法、水法、野生动物保护法、环境保护法、水污染防治法、大气污染防治法等各方面的法律，以及海关法、会计法、统计法、计量法、税收征收管理法、标准化法等。在对外开放方面，制定了中外合资经营企业法、中外合作经营企业法、外资企业法等等。同时，还制定了一系列有关教育、文化、卫生、科技和其他行政管理方面的法律。以 1982 年宪法为基础，一系列国家机构的、民事的、刑事的、诉讼的、经济的、涉外的以及其他方面的基本法律，为我国社会主义法制建设奠定了基础。

建立适应社会主义市场经济的法律体系

1991 年，邓小平同志到南方视察发表了重要讲话。1992 年党的十四大确定，我国经济体制改革目标是实现社会主义市场经济。建立社会主义市场经济，对立法工作提出了新的、更高的要求，我国立法工作进入了一个新的阶段。

新阶段的立法工作是 1979 年以来立法工作的继续和发展。新阶段的立法任务是，遵循宪法规定的原则，加快经济立法，进一步完善民商法律、刑事法律、有关国家机构和行政管理方面的法律，在本世纪末初步建立适应社会主义市场经济的法律体系。要抓紧制定关于规范市场主体、维护市场秩序、加强宏观调控、完善社会保障、促进对外开放等方面的法律。还要适时修改和废止与建立社会主义市场经济体制不相适应的法律和法规。

八届全国人大及其常委会为建立适应社会主义市场经济的法律体系，把经济立法作为第一位任务。乔石同志在八届全国人大常委会第一次会议上讲，“本届全国人大常委会要把加快经济立法作为第一位的任务，尽快制定一批有关社会主义市场经济方面的法律”。八届全国人大一次会议通过了宪法修正案，明确规定，“国家实行社会主义市场经济”“国家加强经济立法，完善宏观调控”。八届全国人大及其常委会先后制定了一系列有关市场经济的重要法律。在市场主体方面，制定了公司法。公司法的制定，对建立现代企业制度，规范公司的组织和行为，保护公司、股东和债权人的合法权益，维护社会经济秩序，促进社会主义市场经济的发展，具有重要意义。在市场秩序方面，制定了反不正当竞争法、消费者权益保护法。市场经济的一个基本特点，就是经营者在市场上通过竞争，优胜劣汰。但这种竞争应当是公平的竞争，而不是不正当竞争。制定反不正当竞争法就是为了保障社会主义市场经济的健康发展，鼓励和保护公平竞争，制止不正当竞争行为。消费者权益保护法对消费者的权利、经营者的义务，作了具体明确的规定，以保护消费者的合法权益。为规范和维护房地产市场秩序，制定了城市房地产管理法。适应劳动制度的改革，制定了劳动法，实行劳动合同制度，对劳动合同、职工工资、工时、劳动保护等问题，做了具体规定。在宏观调控方面，制定了预算法，正在审议中国人民银行法。这两个法从预算、货币金融方面，加强宏观调控。在对外开放方面，制定了对外贸易法和台湾同胞投资保护法。同时，还制定了农业基本法、科学技术进步法、农业技术推广法、国家赔偿法、仲裁法、教师法、注册会计师法等重要法律，对经济合同法、个人所得税法进行了修改。

八届全国人大常委会根据需要制定了立法规划，正在研究起草的和正在审议的法律还有合同法、物权法、合伙企业法、商业银行法、证券法、票据法、保险法、广告法、国有资产法、固定资产投资法等等，立法任务是相当繁重的。

为完成新阶段立法任务应当遵循的原则

党的十四届三中全会通过了《中共中央关于建立社会主义市场经济体制若干问题的决定》，其中专门提出了“加强法律制度建设”的问题，对法制建设的重要意义、目标、任务和应当遵循的原则，做了明确的论述。为了完成新阶段的立法任务，应当注意遵循以下原则。

第一，要高度重视法制建设。

江泽民同志在十四大报告中就提出，“要高度重视法制建设”。对法制建设要重视，而且要“高度”重视。因为，社会主义市场经济体制的建立和完善，必须有完备的法制来规范和保障。

我们党和国家对法制建设重要意义的认识，是不断加深、发展、丰富的。健全社会主义法制是人民当家作主管理国家事务的需要，是加强党的领导的需要，是发扬和保障人民民主和巩固人民政权的需要，是保障和促进经济建设和改革开放的需要。这次进一步提出，社会主义市场经济体制的建立和完善，必须有完备的法制来规范和保障，从建立社会主义市场经济体制的需要来认识健全法制的重要意义，这是对法制建设重要意义认识的进一步丰富。

建立和完善社会主义市场经济迫切需要健全法制，但决不是说我们一实行市场经济体制，法制自然而然会健全，要健全法制，必须“高度”重视，做到改革开放与法制建设的统一，在改革开放过程中，一定要同时考虑法制建设问题，加强立法工作，学会运用法律手段管理经济。

第二，必须遵循宪法规定的原则。

宪法以法律的形式确认了我国各族人民奋斗的成果，规定了国家的根本制度和根本任务，是国家的根本大法，具有最高的法律效力。一切法律、行政法规和地方性法规都不得同宪法相抵触。1982 年宪法是根据党的以经济建设为中心、坚持四项基本原则、坚持改革开放的基本路线制定的，是我国新的历史时期的根本大法。在起草制定法律、法规时，一定要根据宪法规定的原则，绝对不得与宪法相抵触。

第三，改革决策要与立法决策紧密结合。

改革决策与立法决策要结合，而且要“紧密”结合。这是我们制定法律的一个重要原则。立法的规划、法律的内容、立法的形式等，都要与改革的决策紧密结合。制定什么法律，重点抓什么，先制定什么后制定什么，要根据改革的重点、步骤来确定。立法要体现改革精神，用法律引导、推进和保障改革的顺利进行。法律的内容根据改革的决策，成熟的，做出具体规定；方向明确、具体经验尚不足的，原则规定；现在办不到、将来才能办的，暂不规定。实行社会主义市场经济体制，要积极进行改革，又要有步骤的进行，在从现有体制向社会主义市场经济体制逐步转换的过程中，要处理好改革、发展和稳定的关系。因此，立法一定要与改革决策紧密结合，包括改革的步子多大，改革的时机等，既要符合改革的方向，有利于推动改革，又要考虑现实情况。客观需要又具备可行性的，决不能拖延滞后，妨碍改革；也不能脱离客观实际地超前，把现在办不到、不能办的事情，用法律予以规定。

第四，坚持社会主义法制的统一。

这是法制建设的一条根本原则。宪法规定，国家维护社会主义法制的统一和尊严。实行社会主义市场经济，需要法制统一，因为只有统一的法制，才有利于形成全国统一的、开放的、有序的市场，有利于公平竞争。因此，有关社会主义市场经济的基本规范，不能一个地方一个样子，应当统一制定法律，有些制定法律条件还不成熟的，可由国务院根据授权决定，先制定行政法规，地方可以根据本地情况制定地方性法规，予以具体化，各地不要另起炉灶自成体系。有些改革只在某些地方试点的，可以由有关地方人大制定地方性的经济法规，待取得经验后再制定法律。

为了坚持社会主义法制的统一，在起草制定法律、法规时，要从全国的大局出发，从人民长远的、根本的利益出发，防止不顾全局，而只从地方、部门利益考虑的部门、地方观点。

第五，从中国国情出发，借鉴世界各国市场经济一般规律的经验。

市场经济有共同的规律，我们在这方面经验不足，在制定有关市场经济的法律时，一定要解放思想，注意借鉴世界各国市场经济一般规律的经验。同时，在借鉴时要从中国的国情出发。各国由于社会制度不同，经济发展情况不同（发展中国家与发达国家），实行市场经济的历史不同，以及文化、社会背景等方面的不同，如何实行市场经济又有各自的特点。我国实行社会主义市场经济，并且时间较短，要从现有经济体制向市场经济过渡，必须从我国的国情出发。在立法时，要对国外市场经济的法律，特别是国际通用的有关法律和惯例，认真进行研究，根据我国国情，予以借鉴，注意与国际接轨，同时又要符合我国国情，能够行得通。照抄某个国家的法律并不难，要做到与我国国情结合得好，不是一件容易的事，这是我们立法时要解决的关键问题，是立法工作者的职责。

第六，坚决纠正有法不依、执法不严、违法不究。

要健全法制，必须做到有法可依、有法必依、执法必严、违法必究四句话。有法可依是前提,但有了法不遵守,等于没法。1979 年以来,我们已制定了一系列法律,因此有法必依的问题越来越重要。特别是实行市场经济体制,经营者在市场上自主经营,政府转变职能,对经营者的具体经营活动不直接干预,这就更应当要求经营者严格遵守有关法律,依法经营,政府不要当"指挥员",但要当好"裁判员",要加强和改善司法、行政执法和执法监督,坚决纠正经济活动以及其他活动中有法不依、执法不严、违法不究,滥用职权,以及为了保护部门和地区利益而违反法律等现象。只有这样,才能保障法律的实施,保障社会主义市场经济的健康发展。

在十六城市立法工作会上的发言

（1997 年 5 月 6 日）

我这次来参加会的目的，是想好好听听大家对立法工作的意见。上午，几位同志在发言中提出了一些重要问题，对我是很有启发的。

地方性法规是党的十一届三中全会以来，我国立法改革的一个重大步骤，是我国法制建设的一个组成部分。十多年来，各地人大在制定地方性法规方面，做了大量工作，积累了不少经验，对我国的社会主义法制建设，发挥了积极的作用。现在回顾总结地方性法规工作的经验，对今后更好地进行这方面工作是有必要的。为了更好地总结地方性法规工作，我认为要把握两点：一是，要从国家法制建设的全局来研究地方性法规问题，因为地方性法规是国家法制体系中的一个组成部分。二是，要结合我国法制建设的新情况来研究。1979 年以来，我国法制建设有很大的发展，现在的情况与 1979 年时大大不同了。要研究如何根据新的情况，做好地方性法规的工作。

我对地方性法规的工作没有很好调查研究，没有发言权。会议主席要我发个言。怎么办？仅以一个老的普通立法工作者个人的身份，将我在工作中遇到的一些问题，给大家介绍些情况，提出一些问题，发表点个人的看法，与大家一起研究。

一、关于依法治国，建设社会主义法治国家

去年，江泽民同志明确提出，要实行和坚持依法治国。三月，八届全国人大四次会议通过的《中华人民共和国国民经济和社会发展“九五”计划和 2010 年远景目标纲要》明确规定，要依法治国，建设社会主义法治国家。这是随着我国社会主义法制建设的进展，对法制建设提出来的更高的要求，意义非常重大。

我今天要谈的是，如何全面、正确地理解这个提法。法制建设包含什么？有的认为，“法制是指国家的‘法律和制度’”。这种说法是不全面的。我国长期以来就提出要加强社会主义法制，法制建设是有明确内涵的。我们讲的社会主义法制，并不仅是指“法律和制度”。1956 年中共八大会议提出要完备的法制，怎么才算法制健全，当时就明确提出“有法可依、有法必依”。到党的十一届三中全会，进一步提出，必须做到“有法可依、有法必依、执法必严、违法必究”四句话，包括立法、执法、守法各个方面。

依法治国还是以法治国？有一种意见，主张用“以法”治国，代替“依法”治国。中央没用“以”法治国，而是“依”法治国，这是认真研究过的，不是忽略了。为什么这么提？有两层意思。我们要在党领导下，把人民意志制定成法律，来规范我国的政治、经济、文化、社会等各方面活动，依照法律来管理国家和社会事务，是十分重要的。但是，要治理好国家，是否仅仅靠法律就成了？不是，除必须依法管理外，还要做好其他各方面的工作。“依法治国”的提法，既突出了依法的重要性，也说明不是仅仅“以”法治国。我们强调依法治国的重要意义，决不是也不能忽视和放松其他方面的工作。这是第一层意思。第二层意思是，依法治国的提法侧重点是讲，国家机关及其工作人员在行使权力进行管理时，要依法办事，不要误解成只是以法来管老百姓。

二、对目前我国社会主义法制建设怎么估计

最近，中央领导同志提出，十一届三中全会提出加强社会主义法制，到现在已经十多年了，情况怎么样？什么时候、在什么情况下，可以对外说，我们是社会主义法治国家了？

首先要有法可依。十多年来，我国立法工作取得显著成绩。十一届三中全会以来，我国进入了一个新的历史时期，但当时许多重要法律还没有制定，所以邓小平同志提出，要集中力量制定刑法、民法、诉讼法和其他必要的法律。1979 年以来，制定了新宪法，制定了国家机构、民事、刑事、诉讼和经济等一系列重要的基本法律，为社会主义法制建设奠定了基础。党的十四大确定要实行社会主义市场经济体制，八届全国人大以来，在原有法律的基础上，又进一步制定了有关市场主体、市场行为、宏观调控等方面的重要法律。有两个问题，应当怎么认识。

一个是，国家基本法律制度包括什么？怎么样才能说初步形成？一个国家的法律是很多的，从国家的基本法律制度来看，宪法是根本大法，是法制的基础。国家机构、民事商事、刑事、诉讼和经济、行政方面的基本法律，构成国家的基本法律制度。国家机构的法律，关系国家的国体、政体和国家结构，规范权力机关、政府、审判机关、检察机关的组织和职权。民事法律调整平等主体的公民之间、法人之间、公民和法人之间的财产关系和人身关系，包括民事主体、民事行为、民事权利、民事责任等。随着商品经济的发展，在传统民法基础上又出现了商法。商事活动也是民事活动，是以民法为基础的。有些国家民商法分开，有些是民商合一。从法律制度讲，民商法调整平等主体之间财产关系的，是一类。刑法规定什么是犯罪，处以什么刑罚。诉讼制度包括刑事诉讼、民事诉讼和行政诉讼，这是保证实体法正确贯彻实施的。还有经济方面、行政方面的基本法律。党的十四大以来，提出要制定市场主体、市场行为、宏观调控、社会保障等方面的法律，这是从建立社会主义市场经济体制来讲的，需要制定这些方面的法律。这些是国家法律制度的

重要组成部分，但不能把它等同于一个国家整个法律体系。因为，有些重要的法律制度，它是包括不了的，例如包括不了国家机构的法律制度，拿刑法、刑事诉讼法来讲，其中有涉及市场经济方面的，但还有其他方面的。

我们对立法工作如何估计，制定立法工作规划要从国家整个基本法律制度来考虑，一个国家法制健不健全，要看这些方面有没有法律，而不是看法律的数量。现在，有些部门脱离国家整个法制体系，盲目追求本部门的什么体系。从地方来讲，也要从国家整个法制体系来考虑，不要强调单成一个什么体系。我们在制定规划时，应当从国家基本法律制度来研究，还缺什么，急需制定什么，以便集中力量，把重要的法律制度建立起来。不然，这个法、那个法，数量很多，搞不好，会影响集中精力把重要、基本、急需的制定出来。

第二个问题是，对党的十四大以前制定的法律怎么看？有一种说法，认为八届全国人大以前制定的法律是按计划经济搞的，现在要实行社会主义市场经济体制，不适应了，要另外重新制定。持这种观点的同志对1979年以来我国制定的法律没有很好研究，这种看法是不符合实际情况的。为什么这么说？第一，从国家历史来看，党的十一届三中全会以来，我国进入了一个新的历史时期。江泽民同志在十四大报告中明确指出，党的十一届三中全会对“一个中心、两个基本点”的思想开始形成，奠定了新时期党的基本路线的基础。党的十四大确定要实行社会主义市场经济体制，是这个新历史时期中的一个新的历史阶段。1979年以来制定的法律，体现了“一个中心、两个基本点”的基本路线，体现了改革开放的精神。第二，中央对1979年以来制定的法律也是肯定的。党的十四届三中全会关于建立社会主义市场经济体制若干问题的决定，提出要从法制方面保障市场经济体制的建立和发展。决定指出，要加快经济立法，完善民事、刑事、行政等法律。提的是“完善”，而不是重新制定。当然，随着改革的不断深入，有些不适应了，要修改补充，但不能说总体上不成了。第三，从事实看也不是如此。拿民法通则来说，有的说民法通则是按计划经济制定的，现在不适用了，要另行制定。这不符合事实。民法通则是商品经济的基本法律，是适应市场经济需要的。这一点，从这个法的制定就可以看得很清楚。一、为什么要制定民法通则？彭真同志一再讲，由于有全民、集体和私营经济，他们相互之间有商品交换，所以要制定民法。很明显，是为了规范商品经济的需要。二、民法通则的调整范围，当时有很大争论。一种意见，不要制定民法通则，而要制定经济法纲要，至少要与经济法纲要同时制定。这个问题，一直反映到中央。六届全国人大常委会委员长会议对此十分明确，民法通则调整平等主体之间的经济关系，即平等主体之间横向的经济关系。至于纵向的经济关系，由其他法律调整。中央同意委员长会议意见。三、民法通则规定，民事关系的原则是，平等、自愿、等价有偿、诚实信用。当然，随着改革的深化，民法通则有些规定需要补充、修改，但总体上看，民法通则是适应市场经济的基本法律。

今后立法任务有三个方面：一是，有一些重要的法律还需要制定，如物权法、证券法、社会保障法，还有行政程序方面的一些重要法律。二是，已有法律的，有些规定不完全适应了，需要根据新的情况予以修改。三是，有些法律规定比较原则，需要具体化，予以充实、补充、完善。

从法治国家的要求来看，现在问题多的是执法，有法不依、执法不严的情况，在一些部门、地方还相当严重，这是社会主义法制建设中一个重大问题。我们对法制建设，对立法情况，要有一个正确的估计。只有这样，我们在工作中才能做到心中有数，重点明确。

三、我国的法制是社会主义法制

1997 年 1 月 21 日，江泽民同志在接见中国法学会第四次会员代表大会全体代表时的讲话中提出：我们要实现社会主义现代化，不加强民主法制建设不行。我们要发展的民主是社会主义民主，我们要加强的法制是社会主义法制，同资本主义民主、法制有本质的不同。但对资本主义民主、法制中一些有用的东西，我们应该加以借鉴。

江泽民同志讲的这个问题，非常重要，对我们坚持和正确理解法律的阶级性，有着十分重要的意义。现在，对法律的阶级性问题，有各种各样的认识，思想比较混乱。马克思主义关于法律是上层建筑，是由经济基础决定的，法律是统治阶级意志，揭示了法律的阶级实质。国家的性质不同，法律也有不同的性质。这一点至关重要，一定要坚持，保持清醒的认识。法律是统治阶级意志，有阶级性，是从国家法律的总体上说的。法律涉及政治、经济、文化、社会生活各个方面，有实体法、程序法，有根本政治、经济、社会制度方面的，也有一般问题，每部法律中的条文也不同，有的涉及原则问题，有的属于一般问题。不同社会制度国家的法律，性质不同，但也有一些是有共同性的，并不是说每一部法律，每部法律的每一个条文都是有阶级性的。坚持和正确认识马克思主义关于法律阶级实质的论断，极为重要，只有坚持马克思主义历史唯物主义的观点，认识法律的阶级实质，才能对法律有清醒的认识，不致迷失方向；同时，也不绝对化，如果绝对化了，会影响我们借鉴各国的有益经验。

四、立法决策与改革决策、发展决策相统一

党的十四届三中全会强调，立法决策要与改革决策紧密结合，后来，中央又加了个要与发展决策紧密结合。这是立法工作的一条重要原则。

法律是党和国家政策的具体化、法律化，立法工作一定要贯彻党和国家的路线、方针和政策。社会主义市场经济体制的建立和完善，必须有完备的法制来规

范和保障。立法要体现改革的精神,用法律引导、推进和保障改革顺利进行,为社会主义市场经济提供法律规范。

建立社会主义市场经济体制是一项开创性事业,要借鉴世界各国包括资本主义发达国家反映社会生产和市场经济一般规律的经验。在制定市场经济方面的法律时,必须借鉴国外经验,注意与国际上的有关法律和国际惯例相衔接,有些适合我们的法律规定,可以直接移植。是不是不要从实际出发了呢? 不是。领导同志在讲到借鉴、移植和接轨时,都强调要“从中国国情出发”,要“立足于中国国情”,或者说要“结合我国实际”。总之,都是以中国实际为前提的。立法如果不从实际出发,定了也行不通。移植必须与土壤相适应,如果与土壤不适应,移植是不会成活的。衔接也必须从我国实际出发,如果不从实际出发,那么就悬空了,是接不上的。同时,领导同志讲的移植、接轨,都是有一定范围的,是指的市场经济方面的法律,以利于我国经济参与国际竞争,有利于吸引外商投资。至于政治制度方面,是不能讲接轨、移植的。

我国的实际是什么? 一、社会主义市场经济体制是同社会主义基本制度结合在一起的,这是最基本的国情。二、从我国目前经济发展水平来看,还是一个发展中国家。三、向新体制的转变,需要有一个过程,既要积极改革,又要从实际出发,分步骤进行。我们制定有关法律时,在借鉴国际经验时,必须从这几个方面予以考虑。

还有一个对“超前”如何正确理解的问题。如果说,“超前”是指立法不要妨碍改革,要有预见,把能办到的、成熟的,及早制定成法律,以引导、规范、保障改革的进行,是对的。如果把“超前”理解为不顾实际发展情况,不管经验是否成熟,不管目前是否能办得到,照搬西方发达国家的法律规定,那是行不通的。

五、维护社会主义法制的统一

维护社会主义法制统一的问题,是宪法规定的我国法制的一个重要原则。今年,江泽民同志在对人大、政协两会党员负责人的讲话中,特别强调指出:“维护宪法尊严和保证宪法实施,维护国家的政令和法制的统一,是一个重大的政治原则问题。”

为什么强调维护法制统一的问题? 第一,我国是单一制国家,不是联邦制。第二,这是党的领导及中央方针政策得以贯彻的一个重要保证。因为党中央对国家事务的政策要通过全国人大制定成法律来贯彻实施。第三,市场经济必须打破地区、部门的分割和封锁,反对不正当竞争,创造平等竞争的环境,形成统一、开放、竞争、有序的大市场。第四,现在一些部门和地方的保护主义相当严重,这不仅表现在立法方面,在执法方面也有这个问题。

从我国法制体系讲,过去只有全国人大可以制定法律。党的十一届三中全会后，对立法体制进行了改革，除法律外，还有行政法规、地方性法规、规章等。为了维护法制的统一，宪法规定，一切法律、行政法规和地方性法规都不得同宪法相抵触。地方性法规还不得同法律、行政法规相抵触。因此，制定地方性法规时，一定要注意宪法、法律、行政法规是怎么规定的，不要抵触。要从全局出发，防止为了部门或地方的利益，做出与法律抵触的规定。

宪法规定，在不同宪法、法律、行政法规抵触的情况下，制定地方性法规。根据这个规定，地方性法规有三种情况：一是，结合地方情况，将法律、行政法规的规定具体化；二是，对某些不需要制定法律和行政法规的属于地方的特殊问题，制定地方性法规；三是，有些问题经验还不成熟，马上制定法律或行政法规有困难，可以先制定地方性法规，成熟后，再制定法律或行政法规。1979 年以来，情况有了很大发展，一是，立法工作取得显著进展；二是，随着经验的积累，改革全面铺开，这与过去也不相同了。在这样的情况下，今后制定地方性法规，更多地或者说主要应当是根据地方情况具体实施法律、行政法规的规定和对地方的特殊性问题做出规定。我们在起草、制定法律时，都要征求和听取地方人大的意见，希望地方人大常委会在这方面能够发挥更大的作用。所以要这样做，好处是可以使法律的规定，符合各地的实际情况，因为法律制定后，全国各地都是要遵守执行的；同时，地方也可以更好地理解法律的精神，有利于结合地方情况，正确、全面地贯彻实施。

以上是我个人的即席发言，供同志们参考。

实行依法治国，必须进一步加强和改善立法工作

——学习党的十五大报告的体会

（1998年9月 《人大工作通讯》）

中国共产党第十五次全国代表大会提出，要“进一步扩大社会主义民主，健全社会主义法制，依法治国，建设社会主义法治国家”。实行依法治国，建设社会主义法治国家，有法可依是前提，因此，必须进一步加强和改善立法工作。

党的十五大报告十分强调立法，明确指出，要“加强立法工作，提高立法质量，到2010年形成有中国特色社会主义法律体系”。这就对立法工作提出了新的任务和更高的要求。

社会主义法律体系包括什么，怎么才算形成？一个国家的法律是很多的，从国家的法律体系来看，宪法是国家的根本大法，是法制的基础。以宪法为核心而制定的国家机构和公民基本权利义务、民事商事、刑事、行政管理、诉讼程序等方面的法律，构成一个国家的法律体系。

1979年以来，我国立法取得了显著的成就，积累了丰富的经验。党的十五大提出要加强立法工作，提高立法质量。要在总结多年来立法工作经验的基础上，努力提高立法工作的水平，如何提高立法质量，在立法工作中应当注意哪些问题，结合在立法工作中的体会，提出以下几点。

第一，必须遵循宪法的规定，贯彻党和国家的基本路线、方针和政策，把立法工作与改革决策、发展决策紧密结合。

宪法以法律形式确认了我国各族人民奋斗的成果，规定了国家的基本制度和根本任务，是国家的根本大法，具有最高的法律效力。一切法律、行政法规和地方性法规都不得同宪法相抵触。在起草制定法律、法规时，一定要根据宪法的规定，绝对不得与宪法相抵触。立法是通过法定程序，把实践证明是正确的、成熟的党的政策制定为法律、法规，成为国家意志，成为全社会都必须遵循的行为规范。立法工作必须贯彻党的路线、方针和政策，这是体现和坚持党对国家事务领导的一个重要方面；同时，也只有这样，才能运用法制，来维护人民民主专政的国家政权的巩固，保护公民的合法权益，保障社会主义建设事业的顺利进行。

法律是上层建筑，是由经济基础决定并反过来为经济基础服务的。我国实行

社会主义市场经济体制，经济体制改革还在不断深化，政治体制改革也在继续推进。立法工作必须体现改革的精神，立法决策要与改革决策、发展决策紧密结合，这是我们立法的一条重要原则。立法的规划、法律的内容、立法的形式等，都要与改革的决策紧密结合。制定什么法律，重点抓什么，先制定什么后制定什么，要根据改革的重点、步骤来确定。立法要体现改革精神，用法律来规范、引导、推进和保障改革的顺利进行。法律的内容根据改革的决策，成熟的做出具体明确的规定；方向明确、具体经验尚不足的，可以原则规定；现在办不到，近期也难办到，将来才能办的，暂不规定。法律要符合改革的方向，有利于推动改革，又要考虑现实情况，能够行得通。客观需要、又具备可行性的，如果拖延滞后，就会妨碍改革；另一方面，也不能远离客观实际盲目地超前，把现在办不到、不能办的事，用法律予以规定，这样就会脱离实际，定了也行不通，影响法律的严肃性和权威。

第二，根据人民的意志，以维护最大多数人民的根本利益为根本原则。

宪法规定，我国是人民民主专政的社会主义国家，国家的一切权力属于人民。在我国，人民且只有人民才是国家和社会的主人。我国的法律是以工人阶级为领导的、以工农联盟为基础的、广大人民的意志，是党的正确主张和人民意志的统一，是代表和维护人民的根本利益、保障人民当家作主的。这是我国法律同西方国家法律的本质区别。

因此，在立法工作中，必须根据人民的意志，以维护最大多数人民的根本的、长远的利益为原则。全心全意为人民服务是我们党和国家的出发点和落脚点，也是我国立法工作的出发点和落脚点。我们立一个法，定一条规矩，都必须从人民的利益出发，要考虑如何保障人民的权利和利益，如何方便人民。行政机关为维护国家和社会公共利益，维护经济、社会秩序，行使行政管理职权，需要有相应的、必要的法律手段，但要注意防止通过立法，片面地、不适当地扩大部门的权力和利益，损害公民的合法权益。

第三，维护社会主义法制的统一。

维护社会主义法制的统一，是宪法规定的我国法制的一个重要原则。为什么要强调维护法制的统一？第一，我国是统一的国家，不是联邦制。第二，党中央对国家事务的政策大多要通过全国人大及其常委会制定成法律来贯彻实施，维护法制的统一，是党的领导及中央方针政策得以贯彻的重要保证。第三，市场经济必须打破地区、部门的分割和封锁，反对不正当竞争，创造平等竞争的环境，形成统一、开放、竞争、有序的大市场。

为了坚持和维护社会主义法制的统一，在起草制定法律、法规时，要很好地研究和正确理解已有法律、行政法规的规定，避免相互矛盾、抵触。更重要的是，必须从全国的大局出发，从国家整体利益出发，注意克服不顾全局，只从地方、部门利益考虑的部门观点、地方观点。在法律制定过程中都要广泛征求意见，各地方、各部门要积极提出意见，以便立法时能够充分考虑各方面的意见，使法律规定得比较周到、比较符合实际。但法律一旦制定了，就要按法律规定办，不能违反法律，不能把被否定了的意见再通过地方性法规、规章予以规定，这就会破坏法制的统一。

第四，立足中国国情，认真研究和借鉴外国立法的有益经验。

立法工作要从中国实际出发，很好地研究、借鉴外国立法的有益经验，这对我们制定法律有重要作用。研究、借鉴外国的法律，要立足中国实际，决不是照搬照抄。中央领导同志在讲到借鉴时，总是强调要“从中国国情出发”，要“立足于中国国情”，或者说要“结合我国实际”，总之都是以中国实际为前提的。立法如果不从实际出发，定了也行不通。我国的实际是什么？江泽民同志说：“最大的实际就是中国现在处于并将长时期处于社会主义初级阶段”。我们在制定有关法律时，要从我国实际出发，对外国的经验进行分析，分清哪些是精华，对我们有用，哪些是糟粕，是要抛弃的，吸收借鉴对我国有用的东西。

第五，法律规定应当具体明确，便于遵守和执行。

法律是行为规范，规定什么允许，什么不允许，因此一定要具体，要明确易懂，这是我国立法的一贯原则。有些问题在法律中不能或难以作出具体规定，怎么办？要根据不同情况，采取各种办法来解决。主要有以下几种情况：

一是，我国是一个人口众多、地域十分辽阔的大国，沿海、内地、城市、农村的情况很不相同，各地经济、文化发展很不平衡，而法律是要在全国施行的，因此对有些问题只能规定得概括一些，以便适应全国各地的实际情况，才能行得通。怎么办？地方应当根据法律，结合当地的具体实际情况，依法制定地方性法规，对这些问题予以具体化。这是制定地方性法规的一项主要任务。

二是，有些事情本身情况复杂。例如，刑法对犯罪的量刑规定，有一定的幅度，对某些情节，也规定得比较概括，如情节严重、情节比较严重等等。这是因为，各种犯罪的情况十分复杂，要规定绝对刑，不能适应各种情况。对这种情况怎么办？最高人民法院可以根据审判实践进行司法解释，或者通过一些判例，来指导审判工作。

三是，有些问题是属于行政机关的职权，例如行政机关各部门的分工，或者有关具体实施的步骤等，不宜由法律规定，在法律中只规定“依国务院规定”或者“由国务院规定”。

四是，有些问题本应由法律规定，但由于经验不够，尚不成熟，具体规定有困难，为了不影响这部法的制定，只能对其中尚不成熟的问题原则规定，或者暂不规定。这种情况，应当积极总结实践经验，成熟后及时对法律进行补充。

第六，要积极负责，把实践证明成熟的经验制定成法律；同时又要随着情况的发展变化，对不适应的规定及时修改。

立法工作要采取积极负责的态度，积极实践，总结经验，成熟了及时制定法律，但是如果经验不成熟、立法基本条件尚不具备，也不要勉强制定。为什么要经验成熟了再立法？因为法立了就必须遵守执行，如果不成熟就立法，会产生这样或那样的问题，甚至行不通，怎么做到有法必依、执法必严、违法必究呢?！如果经验不成熟就制定为法律，制定不久就修改，怎么建立法律的权威性、连续性、稳定性呢?！同时，如果不成熟制定为法律，不仅行不通，搞不好还可能会妨碍改革、开放的顺利进行。我们讲的实践经验，不仅是自己的直接经验，还包括他人的经验。怎么才算实践经验成熟？经验成熟也是相对的，应该说基本问题成熟了，就可以立法。对一个法来讲，不管有多少条，最核心、最灵魂的只有那么几个问题，只要这几个问题成熟了，就可以考虑立法。至于一些次要的问题，不成熟可以先不写，不要因此而影响整个法律的制定。

要保持法律的稳定性，不要朝令夕改，是不是法律制定后，就不能修改了呢？不是。因为情况总是在不断发展变化的，经验也在不断累积和发展，随着形势的发展，情况的变化，如果法律的某些规定不能适应了，就应当根据新的情况、新的经验，及时加以修改、补充。采取什么方式？除了极个别根本不能适应的法律，需要重新制定以外，一般应当采取通过修改决定的方式，对原有法律中某些不适应的规定加以修改、补充，而不是动不动就另起炉灶，推倒重来。

第七，加强党对立法工作的领导。

中央提出，为了保证立法机关有效地行使立法权，使立法工作更好地贯彻党的基本路线，必须进一步加强党对国家立法工作的领导。江泽民同志说，要善于把党对国家事务的主张经过法定程序变为国家意志。党对国家立法工作的领导主要是：确定立法工作方针和一些重要法律的指导思想和原则；审定立法工作规划和计划；根据形势和社会发展的需要，建议立法机关把经过实践检验证明的正确的并且长期适用的党的方针政策，通过法定程序制定为国家法律；对立法工作中需要中央确定的方针政策问题，作出决定等。

加强党对立法工作的领导，并不是党代替权力机关行使立法权。党是代表人民利益和意见的，与人民利益是一致的。党对国家事务的主张经过法定程序，由国家权力机关制定为法律，这样可以更好地听取、集中人民的意见，更好地反映全国各族人民的根本利益。1982 年宪法的制定就是一个范例，宪法是在党的领导下制定的，宪法草案是中央讨论过的，经宪法修改委员会讨论、全国人民代表大会讨论，又有不少修改，越改越完善。所以说，宪法是党的主张和人民意志的统一。加强党的领导，发挥权力机关的作用和广泛发扬民主，三者是统一的。只有加强党对国家立法工作的领导，才能保证立法机关有效地行使立法权，更好地提高立法质量，实现到 2010 年形成有中国特色社会主义法律体系的历史性任务。

提高认识，做好立法工作的几点体会

（2001 年 11 月 8 日　在地方人大贯彻立法法工作会议上的讲话）

这次贯彻立法法工作会议开得很好，各地人大的同志就如何贯彻立法法做好立法工作，交流了经验。我以一个长期从事立法具体工作者的身份，结合我的亲身经历，对新中国法制建设的发展历程，以及如何从事立法工作，介绍点情况，谈点个人的体会，不代表组织，供同志们参考。我想讲三点：

一、新中国成立以来，党和国家对社会主义法制建设重要性的认识，是有一个发展过程的，来之不易。怎么加强法制建设，法制建设的内涵是什么，也是不断发展丰富的。

新中国的法制建设，大体可以分为四个时期。

第一个时期是建国初期，从 1949 年新中国成立到 1954 年，建立人民的法制。在新中国成立前夕，1949 年 2 月中共中央专门发出了废除国民党《六法全书》的指示。1949 年 9 月召开中国人民政治协商会议，通过了《共同纲领》。《共同纲领》第十七条明确规定："废除国民党反动政府一切压迫人民的法律、法令和司法制度，制定保护人民的法律、法令，建立人民司法制度。"这是完全正确的。

为什么要废除国民党的六法全书？同志们知道，法是上层建筑，是统治阶级的意志，是有阶级性的。法律不是什么社会都有的，在原始共产主义社会就没有法律，只有当社会产生了阶级，阶级矛盾到了不可调和的时候，才产生国家，有了国家，才有法律。这是马克思主义的一条重要基本原理。大家还记得，人民解放战争经过三大战役后，蒋介石在 1949 年元旦发表了一个所谓的"求和声明"，他在声明中提出，要保存国民党制定的宪法，保存他的所谓法统。毛主席针对蒋介石的声明，于 1949 年 1 月 14 日发表了关于时局的声明，严正指出，只有在"废除伪法统和伪宪法"等八项条件的基础上，才能进行和平谈判。国民党的法是剥削、镇压广大人民的，是维护国民党反动统治的，不废除国民党的法，怎么能建立人民政权！人民怎么翻身解放！

为什么新中国成立后要建立人民的法制？新中国成立后，与建国前发生了根本的变化。新中国成立前，政权掌握在反动统治阶级手中，党领导人民进行革命斗争，只能靠党的政策。新中国成立后不同了，人民掌握了政权，共产党成为执政党，这就要从依靠政策，逐步过渡到不仅依靠政策，还要建立、健全法制。

第二时期是社会主义改造和建设时期，从1954年到1966年。1953年，肃清帝国主义、封建主义、官僚资本主义残余势力的社会改革运动基本完成，国民经济从恢复到大规模的有计划的建设时期，中央在提出过渡时期总路线的同时，提出今后“要逐步实行比较完备的人民民主的法制，来保护和促进社会生产力的进一步发展”，并且提出，“应该加强全体国家工作人员和全体国民的守法教育，加强立法工作和司法工作”。1956年党召开第八次全国代表大会，在党的八大关于政治报告的决议中提出：“由于社会主义革命已经基本完成，国家的主要任务已经由解放生产力变为保护和发展生产力”“国家必须根据需要，逐步系统地制定完备的法律”。那时把法制建设概括为两句话，即要做到“有法可依，有法必依”。

1954年在普选的基础上召开了第一届全国人大第一次会议，制定了新中国第一部宪法，我们国家的法制建设进入了一个新的时期。当时，党和国家对法制建设是重视的，不但对立法重视，对守法也是重视的。就立法工作来说，全国人大常委会成立后，当时彭真是副委员长兼秘书长，主持人大常委会机关的工作。他在向人大常委会机关工作人员的第一次讲话中就提出，全国人大常委会机关的中心任务是立法工作，要为立法工作服务。当时办公厅下设了法律室、研究室，一成立就组织各方面力量开始进行刑法、民法、诉讼法等法律的调查研究和起草工作。到1957年，刑法草案已有22稿，经报中央讨论，在一届全国人大四次会议上发给代表征求意见，那次大会还专门作了个决定，授权常委会来审议修改。拿守法来说，当时中央也是重视的。彭真同志在一届全国人大一次会议上的发言就明确提出，公民在法律面前人人平等。他说，中华人民共和国的每一个公民，不管是属于什么民族、种族、性别和职业，不管是什么社会出身，信仰不信仰宗教或者信仰什么宗教，也不管是不是党员，是不是国家工作人员，有多高的地位，有过多大的功劳，都应该无例外地遵守宪法和法律。他特别强调提出，干部、党员“必须以身作则，成为守法模范”，国家行政机关、审判机关、检察机关和各级权力机关，包括全国人大，都要严格地遵守宪法和法律。针对当时有些人的错误认识，他明确指出，认为国家机关可以违法的思想，实际上是一种“只许州官放火，不许百姓点灯”的反动统治阶级的思想，必须反对。彭真同志告诉我们，那时候毛主席、周总理在决定大的问题时，都要问一问与宪法和法律是否符合。

但是应当说，那时对法制建设的重要意义认识不够深刻，党的八大提出的正确方针没能一贯坚持，对法制建设时而重视，时而放松。1957年反右派、1958年大跃进、1959年反右倾，几个法的起草工作一度停顿下来，人大常委会机关人员精简。1959年6月国务院机构调整时，把法制局撤销了。1962年党中央在北京召开扩大的中央工作会议，总结经验教训，纠正“左”的倾向，这时毛主席又提出，不仅刑法要搞，民法也要搞。这时刑法、民法的起草工作又恢复，刑法草案搞到33稿。在常委会机关工作的同志形容这一段立法工作情况时说，起草法是几起几落。因为那时认识不深刻，到“文化大革命”时期，法制遭到破坏。

从这一段的情况可以看出，中央什么时候重视法制建设，对人民民主权利的保护就充分，国家和社会就稳定，经济建设就顺利发展。

第三个时期是“文化大革命”时期。在“文化大革命”期间，建国后逐步建立起来的社会主义法制完全遭到破坏。结果，国家遭受损失，经济受到破坏，广大干部和群众吃了苦头。“文化大革命”的教训很多，其中之一，就是没有重视社会主义民主和法制建设。党的十一届六中全会《关于建国以来党的若干历史问题的决议》专门讲了这个问题，《决议》指出，“难于防止和制止‘文化大革命’的发动和发展”的一个重要条件是，“没有能把党内民主和国家政治生活、社会生活的民主加以制度化、法律化，或者虽然制定了法律，却没有应有的权威”。这是一个惨痛的教训，特别是在人大工作过的同志感受更深，为建立人民法制，从事立法工作，结果包括曾任全国人大常委会委员长、副委员长的，也被随便关押起来。那时虽然没有刑事诉讼法，但有《逮捕拘留条例》，如果依法办事，是不能随便逮捕关押人的。党的十一届六中全会决议指出，为了防止今后再发生类似“文化大革命”的混乱局面，“必须巩固人民民主专政，完善国家的宪法和法律并使之成为任何人都必须严格遵守的不可侵犯的力量”。

第四个时期是党的十一届三中全会后的二十多年。这是我国法制建设最好的时期。党的十一届三中全会总结建国以来的经验、教训，拨乱反正，把工作重点转移到社会主义现代化建设上来，开始形成“一个中心、两个基本点”的基本路线，同时提出要“发展社会主义民主、加强社会主义法制”。党的十一届二中全会的决议指出，“为了保障人民民主，必须加强社会主义法制，使民主制度化、法律化，使这种制度和法律具有稳定性、连续性和极大的权威，做到有法可依、有法必依、执法必严、违法必究”。并提出，“从现在起，应当把立法工作摆到全国人大及其常委会的重要议程上来”。1979 年全国人大常委会专门成立了法制委员会，彭真同志任主任。十一届三中全会以来的二十多年，我国立法工作取得显著成就，随着社会主义法制建设的发展，党的十五大提出，要“进一步扩大社会主义民主，健全社会主义法制，依法治国，建设社会主义法治国家”。把依法治国，做为党领导人民治理国家的基本方略。这是党中央在把建设有中国特色社会主义事业全面推向二十一世纪的历史时期，根据邓小平民主法制理论，做出的一项重大的战略决策。

回顾我国法制建设的历史过程，可以使我们在思想上更加深刻认识两个问题。

第一个问题是，我们一定要深刻认识法制建设的重要意义。前面介绍了，早在建国初期就提出法制建设，但对社会主义法制建设重要意义的认识，是经过长期的实践经验，特别是“文化大革命”惨痛的教训，吃了苦头，才有今天的深刻认识，来之不易呀，一定要记取。民主法制思想是邓小平理论的重要组成部分，是实现“一个中心、两个基本点”的重要保障。十一届三中全会拨乱反正，把工作重点转移到建设上来，提出“一个中心、两个基本点”，同时提出要加强民主法制建设，这就充分说明了加强社会主义法制的重要意义。十五大报告指出，“加强法制建设，坚持有法可依、有法必依、执法必严、违法必究，是党和国家事业发展的必然要求”。

邓小平同志在十一届三中全会前召开的中央工作会议上有一个十分重要的讲话，他在讲话中指出，“必须使民主制度化、法律化，使这种制度和法律不因领导人的改变而改变，不因领导人看法和注意力的改变而改变”。这是对过去经验教训的深刻总结，也是对今后的殷切希望。“不因领导人看法和注意力的改变而改变”，就是针对前一时期的情况说的。前面已介绍过，1954 年召开一届全国人大制定宪法后，对法制建设是重视的，但没有一贯坚持，由于看法和注意力的改变，时而抓紧，时而放松，到“文化大革命”时法制遭到破坏，这个教训十分沉痛，应当引以为戒。另一句“不因领导人的改变而改变”，是对今后的衷心希望。历史总是要发展的，要一代代传下去，不管如何变化，必须加强社会主义法制，这一点决不能动摇。

第二个问题是，对法制建设的内涵要有全面认识。法制建设怎么加强？内涵是什么？有人说，“法制”就是“法律制度”，这种说法是不对的。我们一开始讲的法制，就包括立法、守法等。加强社会主义法制建设，必须做到有法可依，有法必依，执法必严，违法必究。要实现依法治国，建立社会主义法治国家的历史性任务，前提要加强立法，做到有法可依，同时必须有法必依，特别是执法必严，这是依法治国的一个重要问题。党的八大时把法制建设概括为“有法可依、有法必依”两句话，十一届三中全会后，邓小平同志发展成四句话，“有法可依、有法必依、执法必严、违法必究”。原来讲的“有法必依”，包括了公民要守法，也包括了国家机关、国家机关工作人员执法时要依法，1954 年彭真同志在一届全国人大一次会议上的发言，就强调了依法、执法等问题。但从前一时期的情况看，国家机关、国家机关工作人员严格执法，是保证法律能否贯彻实施的关键。所以，邓小平同志特别突出强调“执法必严”，这是邓小平同志法制思想的重要内容。谁执法？一般老百姓没有这个权力，是国家机关、国家机关工作人员，“执法必严”是专门对国家机关、国家机关工作人员提出的要求。所以，国家机关、国家机关工作人员一定要严格依法办事、依法行政、依法审判。不依法怎么办？“违法必究”，这是保证有法必依、执法必严的。所以说，加强法制建设，绝不仅仅是立法一个方面，还必须强调守法、执法等。

二、从事立法工作深感责任重、难度大、要求高。

多年来，我从事立法的具体工作，深感责任重大。为什么？因为全国人大制定的法律，全国人大都是必须遵守的，搞好立法工作是依法治国的前提，法律规定得对不对、好不好,关系重大。这一点和学术讨论不一样,学术讨论,意见讲错了不要紧,没有法律约束力。法律制定错了,后果是非常严重的,因为法律制定了就必须严格执行。制定法律与处理具体工作也有所不同,当然具体工作处理错了,有的可能也很严重,但仅仅是这件具体事办错了,而法律是行为规范,规定准许怎么办,不许怎么办,如果定错了,对这一类行为都要产生影响。立法工作搞得对不对、好不好,关系到党的方针政策能否正确地得到贯彻,关系到国家政治、经济、文化、社会等全局。

同时,我也深感从事立法工作不是一件轻松的事,难度是非常大的。法律是政策的具体化和法律化,制定法律要根据党和国家的政策,但政策往往比较原则,要把政策具体化,可不简单,有一系列的问题。制定一个法,往往涉及到不同的群体、不同的阶层,有不同的利益和不同的看法。法律是全国都要执行的,各地情况十分复杂,东部地区和中西部地区不同,城、乡不同。如何使法律能够体现和代表广大人民的根本利益,又要协调好各方面的利益关系,如何能够适应各个不同地区的情况,如何既要符合当前实际情况,又要考虑今后的发展,是很不容易的。

举几个例子。例如民法通则是调整公民、法人平等主体之间的人身关系和财产关系,民事关系的原则是平等、自愿。现在看来,这是非常对的,但在制定过程中,有相当一部分人不同意制定民法通则,主张搞经济基本法,就是要强调计划和行政管理。委员长会议对民法通则草案都讨论同意,决定要提请审议了,还有人不赞成。又如,村民委员会组织法的制定,一个重大原则问题是,村民委员会的性质是群众自治性组织,还是政府下面的腿。当时争论非常大,各地反映非常强烈,全国人大常委会讨论时意见分歧非常大,大会讨论时意见也很不一致,后来大会就没有表决,而授权常委会先搞试行。现在看来,村委会定为群众自治性组织是完全正确的。再如,行政诉讼法的制定。在制定民事诉讼法的时候,大家反映,官告民一告一个准儿,民告官没门儿。彭真同志对此非常重视,就在民事诉讼法(试行)中规定了行政诉讼。后来专门制定行政诉讼法时,这个问题争议非常大,要不要制定,不少人有不同意见。这些事实说明,在立法工作中坚持原则,可不是那么简单、容易的事,难度是很大的。

我搞立法工作多年,深深感到自己的水平和能力与立法工作的要求差距太大了,但党和国家把自己放到这个岗位上,让你搞这个工作,就要尽职尽责,把工作搞好,怎么办?我个人体会,要注意以下几点:

第一,必须加强学习,不断地学习。要学理论、学政策,不断提高理论、政策水平,不然,要想搞好立法工作是不可能的,因为制定法律要体现和贯彻党的路线、方针、政策,这就一定要从政治的、全局的高度来考虑问题。还要学法律,搞立法工作没有法律知识也是不行的。1954 年一届全国人大常委会机关一组成,彭真同志就说,人大常委会机关一定要有自己懂法律的人才。立法工作涉及政治、经济、文化、社会等各个方面,而且不断发展,从法学讲也有刑事、民事、行政等之分,所以要不断地学习。

第二,从实际出发,深入调查研究,广泛发扬民主,听取各种不同意见,在民主基础上集中。法是政策的具体化,政策比较原则,怎么具体化,一定要深入实际,从实际出发,总结经验。立法要有理论指导,但理论要与实际结合,不结合实际是不行的。借鉴国外的法律也是如此,对国外的法要借鉴,但必须从我国实际出发。所以,在制定法律时,一定要加强调查研究,深入实际,广泛听取各方面意见,特别是要注意不同的意见。彭真同志告诉我们,立法是在矛盾的焦点上划杠杠,只有广泛发扬民主,在民主基础上集中,才能心中有数,定的法才能比较符合实际,比较正确。每部法在起草制定过程中,都会有各种不同的意见,怎么统一思想?光讲道理,各讲各的,不能完全解决问题,怎么办?要用事实说话,用事实来统一思想,把事实摆出来,就可以比较好的统一思想。

第三,要有很强的政治责任心,从为党、为国家搞好法制建设出发,不仅要能抓住问题,而且还要敢于提出问题,并且要提出解决问题的方案。搞立法工作不容易,不轻松,容易得罪人,有些意见没接受,就会有意见。当然,我们要充分听取和考虑各种意见,能吸收的意见尽量吸收,但如果有问题,应当从国家利益、从法制建设出发,提出来,该坚持的要坚持。有重大分歧怎么办?要请示党组、请示中央。但这并不能减轻我们从事这项工作的责任,因为如果不能或不敢把问题提出来,党组、中央有时并不完全了解。只有抓住问题,发现问题,并且敢于提出问题,这样才便于中央作出决策。因此,在立法工作中要出于公心,要有政治责任心,不能怕得罪人就不提,那不行。

第四,要抓住重点。现在强调法制建设,各方面的立法积极性都很高,有积极性是好的,但应从全局考虑,要有重点,分轻重缓急,只有这样才能集中力量,有计划、有重点地进行,把该立的法搞好。我们这段立法实践就是这样。十一届三中全会后,当时法制很不健全,邓小平同志提出,现在很多法律还没有,应该集中力量制定刑法、民法、诉讼法和其他各种必要的法律。同时提出,现在立法的工作量很大,人力不够,因此法律条文开始可以粗一点,逐步完善,修改补充法律,成熟一条就修改补充一条,不要等“成套设备”。五届、六届、七届全国人大主要是搞基本法律,制定了新宪法、国家机构的有关法律,制定了刑法、民法通则和一系列单行民事法律,制定了刑事、民事、行政三大诉讼法,以及其他一些基本法律,为我国法制建设奠定了基础。1993 年,中央通过《中共中央关于建立社会主义市场经济体制若干问题的决定》,提出要抓紧有关市场经济方面的立法,所以八届全国人大立法工作的重点是制定有关市场主体、市场秩序、宏观调控等方面的法律。1997 年,党的十五大提出,加强立法工作,提高立法质量,到 2010 年形成有中国特色的社会主义法律体系。九届全国人大期间要初步形成有中国特色的法律体系。九届全国人大根据这个要求制定立法规划,除制定尚未制定的一些法律外,还要根据情况的发展、经验的积累,对已有的法律进行必要的补充和修改,把法律的修改完善和制定法律摆到同等重要的地位。今年我国加入世界贸易组织，为适应加入世贸组织的要求，要搞好有关法律、法规、规章的制定、修改和废止工作，既要严格履行我国对外承诺，又要充分利用世贸组织规则保护和促进我国经济的发展。

第五，要建设一支好的法制工作队伍。1954 年全国人大常委会办公厅下设了法律室，1979 年后为加强立法工作，在人大常委会下设法制委员会，六届全国人大时将法制委员会改为法制工作委员会。要搞好立法，必须有立法工作机构，建立一支好的立法工作队伍，法制工作委员会就是人大常委会的立法工作机构。建立工作机构的好处：一是，工作委员会实行公务员制度，不受换届影响，长期从事立法工作，可以有连续性；二是，法制工作委员会是专门的法制工作机构，可以全力从事立法工作。这对人大和人大常委会审议制定好法律是非常重要的。

三、法制建设必须全面抓，关键是加强党对法制建设的领导。

加强法制建设，依法治国，建设社会主义法治国家，必须全面抓。立法是有法必依、执法必严、违法必究的前提和标准，所以立法工作非常重要。但要加强法制，不仅仅要搞好立法，还要保障法律的贯彻实施，做到有法必依，执法必严，违法必究。所以，在搞好立法的同时，还必须抓好依法行政，依法行使审判权、检察权，普法等等。这个问题非常重要，而且越来越重要，为什么？第一，立了法就要依法办事，如果立了法不执行，等于没法。“文化大革命”前我国的法律不完备，但也不是完全没有法，如果严格按照法律办事，也不会发生“文化大革命”中的情况，这方面是有惨痛教训的，所以邓小平同志特别强调提出要执法必严、违法必究。第二，现在与 1979 年时不同了，1979 年时法律很不完备，所以当时首先强调要抓立法工作。现在情况不一样了，以宪法为基础的一系列基本法制定了，政治、经济、文化、社会等各方面不能说无法可依了。在这种情况下，更应当强调执法问题。第三，中央对执法是重视的，但一些干部法制观念不强，有些地方、部门有法不依的情况相当严重。现在发生的一些问题，如前一阶段走私那么严重，是不是没有法律？不是，海关法、刑法都有明确规定，问题是没有依法执行。

要健全社会主义法制，关键是要加强党对法制建设的领导。如何加强党对法制建设的领导？概括起来说是三句话，第一句是党领导制定宪法和法律；第二句是党领导遵守和执行宪法和法律；第三句是党也要在宪法和法律范围内活动。

首先，党领导制定宪法和法律，加强党对立法工作的领导。这个问题可以从两方面来说，一是对从事立法工作的部门来说，在立法工作中要注意贯彻党的路线、方针、政策，对重大原则问题要及时向中央请示报告，要把法中的重大原则问题、特别是一些争议大的问题，提出来，把不同意见摆出来，还要把为什么这样定的理由讲出来，以便中央决策。二是从党委来说，要重视立法工作，善于运用法律武器，把党对国家的方针政策通过法定的程序，变为人人都必须遵守的法律。

1991 年中央就规定,“在新的历史时期,党对国家事务领导的一个十分重要的方面,就是把党的方针政策通过国家立法机关,按照法律程序变为国家意志,使之成为对全社会具有普遍约束力的行为规范”。有的同志法律意识不强,光重视红头文件,对法律的重要性认识不够,应当明确一点,凡是要老百姓遵守的,光红头文件是不行的,要把它变为法律、法规。

加强党对立法工作的领导,并不是说代替权力机关行使立法权,不是说不要发挥权力机关的作用。党是代表人民利益和意志的,与人民利益是一致的。党的主张通过国家权力机关,一是把党的主张变成国家意志,成为人人都要遵守的法律;同时,可以更好地听取各方面意见,集中各方面意见,使制定的法律、做出的决定,更能符合实际,更好地反映全国各族人民的根本利益。加强党的领导、发挥权力机关的作用、发扬民主,三者是统一的。

第二,党领导遵守和执行宪法和法律。法律是在党的领导下制定的,是党的方针、政策的具体化,因此,遵守和执行法律与贯彻党的方针、政策是一致的。只有强调遵守和执行法律,才能使党的方针政策得到贯彻。如果情况发生变化,法律中的有些规定不合适了,怎么办?那就要通过法定程序,对不适应的条文及时进行修改和完善。1979 年时有人提出,是地方党委大还是法大?当时彭真同志说,法律是党中央领导制定的,是中央的方针政策的具体化,哪一级地方党委、党委书记比党中央还大?所以,党不仅要加强对立法工作的领导,还要加强对遵守和执行法律的领导。

第三,党也要在宪法和法律的范围内活动。这个问题在“文化大革命”中我们是有沉痛教训的。总结经验教训,党章和宪法对此都做了明确规定。党章规定:“党必须在宪法和法律范围内活动。”宪法规定:“一切国家机关和武装力量、各政党和各社会团体、各企业事业组织都必须遵守宪法和法律。”“任何组织或者个人都不得有超越宪法和法律的特权。”同志们,各政党包括共产党,这在制定宪法时是认真考虑过的。1990 年,江泽民同志强调说,各级党组织,包括人大党组织,都要遵守党章关于党要在宪法和法律范围内活动的原则和宪法关于任何组织和个人都不得有超越宪法和法律的特权的规定。党只有在宪法和法律范围内活动,才能够更好地领导制定宪法和法律,更好地领导遵守和执行宪法和法律。党的十五大报告和《中共中央关于加强和改进党的作风建设的决定》中,都强调了这个问题。党的十五大报告说,“党领导人民制定宪法和法律,并在宪法和法律范围内活动”。《中共中央关于加强和改进党的作风建设的决定》也专门强调了这个问题,提出全体党员要增强法制观念,自觉用党纪国法规范自己的行为,“依法治国是党领导人民治理国家的基本方略,党的各级组织都必须在宪法和法律的范围内活动”。要加强社会主义法制,依法治国,建设社会主义法治国家,一定要加强党对法制建设的领导。

以上是我个人的一些看法,有不妥的地方,请同志们指正。

我国社会主义民主和法制建设取得显著成就

（2002年10月17日　在中宣部等五部委联合举办的党的十三届四中全会以来改革开放和现代化建设成就系列报告会上的讲话）

建设高度的社会主义民主和完备的社会主义法制，是我们建设社会主义现代化国家的根本目标和根本任务之一。江泽民同志指出："发展社会主义民主，健全社会主义法制，这是党的十一届三中全会以来中央的基本方针，要坚定不移的坚持下去。"党的十三届四中全会以来，以江泽民同志为核心的党中央高举邓小平理论伟大旗帜，与时俱进，坚持发展社会主义民主政治，明确提出依法治国、建设社会主义法治国家，要求进一步健全社会主义民主制度，加强社会主义法制建设，到2010年形成有中国特色社会主义法律体系。在党的领导下，我国的社会主义民主和法制建设取得了新的显著成就。

一、进一步完善人民代表大会制度，保障人民当家作主，行使国家权力。

人民代表大会制度是我国的根本政治制度。社会主义民主的本质是人民当家作主，国家的一切权力属于人民，这是我国国家制度的核心和本质。人民行使国家权力的机关是全国人民代表大会和地方各级人民代表大会；全国人民代表大会和地方各级人民代表大会都由民主选举产生，对人民负责，受人民监督；各级人民代表大会及其常委会实行民主集中制原则，集体行使权力，集体决定问题；国家行政机关、审判机关、检察机关都由人民代表大会产生，对它负责，受它监督。江泽民同志说，"我国实行的人民民主专政的国体和人民代表大会制度的政体是人民奋斗的成果和历史的选择，必须坚持和完善这个根本政治制度，不照搬西方政治制度的模式""人民代表大会制度是我国的根本政治制度，是各族人民实现当家作主、保持国家长治久安的根本制度保证""可以理直气壮地说，我国的人民代表大会制度比西方国家的三权分立制度要民主得多"。

党的十三届四中全会以来，在以江泽民同志为核心的党中央领导下，坚持人民代表大会制度，同时不断地进一步加以完善，加强立法工作，认真做好对法律实施的监督和对行政机关、检察机关、审判机关的工作监督，进一步发挥人大代表的作用，密切同人民群众的联系，充分听取和反映群众的意见和要求，使各级人大及其常委会更好地履行宪法和法律赋予的职责。

第一，加强立法工作，提高立法质量。

依法治国是党领导人民治理国家的基本方略。实行依法治国，首先要加强立法工作，做到有法可依，因为有法可依是有法必依的前提，是执法必严、违法必究的依据和准绳。全国人大及其常委会把立法作为首要任务，不断加强立法工作，与经济体制改革的不断深化和社会主义现代化建设的发展相适应，及时地将党的方针、政策制定成法律。党的十三届四中全会以来，全国人大及其常委会共制定125件法律，对56件法律进行了修改，通过了7件法律解释，初步形成了有中国特色的社会主义法律体系。

为了进一步规范立法活动，九届全国人大三次会议通过了立法法。立法法以宪法为依据，总结我国多年来立法工作的实践经验，对立法应当遵循的基本原则，法律、行政法规、地方性法规、自治条例和单行条例、规章各自的权限范围，立法程序、法律解释、法律法规的适用规则与备案等，作了系统的具体规定。这对加强立法，进一步发扬民主，提高立法质量，维护法制的统一，有重要的意义。全国人大及其常委会在制定法律的过程中，严格依照立法法的规定进行，充分发扬民主，使制定的法律充分体现人民的意志，代表广大人民的根本利益。

第二，认真履行监督职责，加强监督工作。

监督宪法和法律的实施，监督行政机关、审判机关、检察机关的工作，是人大及其常委会的一项重要职责。目的是为保证法律的贯彻施行，监督和支持人民政府、人民法院和人民检察院能够更好地依法行使职权，更好地为人民服务。宪法和有关法律对各级人大及其常委会行使监督权作了具体规定。党的十三届四中全会以来，各级人大及其常委会的工作取得了很大的进展，在行使监督权方面不断加强。

关于法律监督。江泽民同志在党的十五大报告中提出，建设社会主义法治国家，要“加强对宪法和法律实施的监督，维护国家法制统一”。这些年来，全国人大常委会通过备案审查制度，对个别地方性法规中与法律不一致的某些规定，提出了纠正意见，维护了国家法制的统一。八届和九届全国人大常委会把执法检查，放在与立法同等重要的位置，围绕经济和社会发展中的重大问题、人民群众关心的热点和反映强烈的问题，有针对性地对某一方面法律的实施情况进行检查，先后对50多件法律的实施情况进行了检查。全国人大常委会负责同志亲自带领执法检查组，深入地方和基层广泛听取人民的反映和意见，采取自上而下检查和自查相结合，人大检查和群众监督、舆论监督相结合，全面检查和专题检查相结合的办法，在执法检查期间，还开设热线电话，接受群众的来电、来信和来访，收到了较好的效果。为了加强对法律实施检查的力度，全国人大常委会会议要听取有关执法检查情况的报告，并将检查报告和会议审议中提出的意见及建议，通知有关部门，要求他们切实改进执法工作，有关部门要将改进措施和取得的效果向全国人大常委会提交书面报告。通过执法检查，增强了广大干部、群众的法制观念，推动了行政机关依法行政、审判机关和检察机关公正司法，有效地促进了法律的实施。

关于工作监督。全国人大认真听取和审议国务院、最高人民法院、最高人民检察院的工作报告。全国人大常委会还根据国家和社会发展中的重大问题，听取国务院及其有关部门、人民法院和人民检察院的专题工作报告。十多年来，全国人大常委会先后就加强农业基础地位、国有企业改革、大江大河流域治理、技术创新与科教兴国、实施西部开发战略、加入世界贸易组织、长期建设国债投资使用情况、增加农民收入和减轻农民负担情况、完善社会保障制度、关于金融工作、关于实施货币政策、关于文化市场管理、关于加强社会治安、加强禁毒工作、打击制售假冒伪劣产品、反对腐败和加强廉政建设等 40 多个专题，听取和审议了有关部门的工作情况报告。各级地方人大及其常委会也将听取和审议一府两院的工作报告和专题工作报告，作为实施监督的一项基本制度。人大及常委会在审议工作报告时，积极反映人民群众的意见，对政府、法院、检察院的工作提出意见和建议，这对政府改进工作，更好地为人民服务，法院、检察院依法公正司法，维护公民的合法权益，起到了积极的作用。

关于对计划和预算工作的监督。审查和批准国民经济和社会发展计划、预算及其执行情况的报告，是各级人大的一项重要职权。为了加强人大及其常委会对国民经济计划和预算的监督，全国人大常委会制定了《全国人大常委会关于加强中央预算审查监督的决定》和《全国人大常委会关于加强经济工作监督的决定》。对国民经济计划和预算审查工作监督制度的不断完善，加强对预算和经济工作的监督，有利于改进财政管理，加强宏观调控，促进国民经济持续快速健康发展。

第三，不断完善选举制度，充分发挥人民代表的作用。

选举制度是我国社会主义民主的重要内容。选举权和被选举权是人民行使国家权力的重要标志，是公民最重要的政治权利。根据发展社会主义民主，保障人民选举权利的需要，1995 年对选举法进行了修改、补充，进一步完善了选举制度。根据城乡人口变化的新情况，进一步体现选举平等的原则，缩小了省、自治区和全国这两级人民代表大会中农村与城市每一代表所代表的人口数的比例，从原来的五比一、八比一改为四比一；规范代表名额的确定办法，改变了地方各级人大代表名额由省级人大常委会分别决定的做法。在换届选举中，充分发扬民主，严格依法进行，实行差额选举，广大人民群众通过行使选举权利，依照法律规定选出人大代表，组成各级人民代表大会，行使管理国家的权力。

不断加强代表工作，发挥代表作用。1991 年制定了全国人民代表大会和地方各级人民代表大会代表法，以宪法为依据，在全国人民代表大会组织法、地方各级人民代表大会和地方各级人民政府组织法、选举法等有关法律规定的基础上，对各级人大代表的职权、工作方式、执行代表职务的保障以及对代表的监督等，做了具体的规定。代表法的实施，对于保证代表依法行使代表职权，履行代表义务，发挥代表作用，起到了积极的作用。这些年来，各级人大代表认真履行人民代表的职责，采取多种有效的形式开展代表工作，与人民群众和广大选民保持密切联系，通过代表视察、接待群众，深入体察民情，积极地反映人民群众的要求、批评、意见和建议，成为党和政府联系人民群众的桥梁和纽带。全国人大常委会十分重视同代表和人民群众的联系，建立和坚持邀请部分全国人大代表列席常委会会议的制度，认真听取代表的意见；在作出重大决议、决定，审议法律草案时，征求有关代表的意见；有计划地组织代表开展视察活动。不断改进办理代表议案和建议的工作，八届和九届全国人大期间，代表团和代表提出的议案有 8108 件，其中交人大专门委员会审议的 1735 件，有 6373 件作为建议办理；代表提出的建议、批评和意见有 26384 件，分别由全国人大常委会工作机构、国务院及有关部门、最高人民法院、最高人民检察院认真办理，并答复代表。

第四，进一步完善民主程序，加强人大组织建设。

全国人大及其常委会在审议法律案和其他议案时，认真贯彻民主集中制原则，严格遵守全国人大及其常委会议事规则和立法法规定的民主程序，充分发扬民主，将与人民群众利益密切相关的法律草案，如合同法、土地管理法、村民委员会组织法、婚姻法修改等草案，在报纸上公布，征求全民的意见。九届全国人大常委会总结审议法律案的经验，进一步实行三审制，不断提高审议质量。

1995 年全国人大常委会对地方各级人民代表大会和地方各级人民政府组织法进行了修改完善，增加规定乡镇人民代表大会设主席，并可以设副主席一至二人。主席、副主席在大会闭会期间负责联系代表，组织代表开展活动，并反映代表和群众对本级人民政府工作的建议、批评和意见。人大常委会可以根据工作需要设立办事机构，省、自治区人大常委会可以在地区设立工作机构。这些重大措施都进一步完善了人大的自身建设，有利于人民代表大会及其常务委员会更好地履行职责。

二、进一步扩大基层民主，保证人民群众直接行使民主权利，依法管理自己的事情。

邓小平同志提出："要使人民有更多的民主权利，特别是要给基层、企业、乡村中的农民和其他居民以更多的民主权利。"江泽民同志在党的十五大报告中强调指出："扩大基层民主，保证人民群众直接行使民主权利，依法管理自己的事情，创造自己的幸福生活，是社会主义民主最广泛的实践。城乡基层政权机关和基层群众性自治组织，都要健全民主选举制度，实行政务和财务公开，让群众参与讨论和决定基层公共事务和公益事业，对干部实行民主监督。坚持和完善以职工代表大会为基本形式的企事业民主管理制度，组织职工参与改革和管理，维护职工合法权益。坚决纠正压制民主、强迫命令等错误行为。”党的十三届四中全会以来，根据宪法关于村民委员会和居民委员会的性质和任务的规定，全国人大及其常委会相继制定和修改了有关法律，进一步完善了我国基层民主的各项制度。

第一，在农村和城市进一步实行基层群众自治。

根据党的十五大提出的进一步巩固和发展基层民主的要求，经过十多年的实践，1998 年全国人大常委会对村民委员会组织法（试行）进行了修订，颁布了正式的村民委员会组织法，对民主选举、民主决策、民主管理、民主监督制度作了补充和完善。在我国，村民委员会是村民自我管理、自我教育、自我服务的基层群众性自治组织，按照便于群众自治的原则设立。村民委员会的组成人员由村民直接选举产生，村民有平等的选举权，年满 18 周岁的村民，不分民族、种族、性别、职业、家庭出身、宗教信仰、教育程度、财产状况、居住期限，都有选举权和被选举权；实行差额选举，无记名投票，公开计票，当场公布选举结果。现在，全国已经建立了六十九万多个村民委员会，自村民委员会组织法颁布施行以来，全国绝大多数地方进行了三次村委会换届选举。通过选举，一大批热心为群众服务，懂经济、会管理、年富力强的人，选进了村委会领导班子，为村委会建设注入了活力。本村的各项重大事项，如村提留的收缴和使用、村集体经济收益的分配、村公益事业的经费筹集方案、村民的承包经营方案等，由村民委员会提请村民会议讨论，按多数人的意见决定。在广大农村，村民自己的事情由自己管理，许多村民会议依法制定了自治章程和村规民约，根据需要设立了人民调解、治安保卫、公共卫生等委员会，办理本村的公共事务和公益事业，调解民间纠纷，协助维护社会治安，向人民政府反映村民的意见、要求和提出建议。村民委员会向村民会议报告工作，实行村务公开，接受村民的监督。村民会议对村民委员会成员的工作进行民主评议，对不称职的村民委员会成员予以罢免和撤换。亿万农民依照宪法和村民委员会组织法的规定，进行基层群众自治，激发了广大农民群众的政治热情，对保障农民的民主权利，推动农村基层民主，调动村民的积极性，改善干群关系，维护农村的社会稳定，产生了重要的作用。

为了完善城镇居民自治组织，推进依法自我管理的基层民主，1989 年 12 月全国人大常委会制定了城市居民委员会组织法，对原来的城市居民委员会组织条例进行了全面的修改和完善，进一步明确居民委员会是居民自我管理、自我教育、自我服务的基层群众性自治组织，增加了居民委员会的选举、居民的选举权和被选举权、居民会议的组成、居民会议的召开、居民会议对居民委员会的监督等规定，对促进城市基层社会主义民主，使居民委员会的活动进一步走向规范化、法制化的轨道，产生了重要的作用。现在全国有九万多个居民委员会，居民在城市社会生活的各方面与居民委员会都有关系，居民委员会的建立，对推进社区服务，改善居民的生活条件，协助维护社会治安等方面，发挥了重要作用。

第二,企业职工通过职工代表大会和其他形式,实行民主管理。

江泽民同志指出:"在国有企业实行职工群众的民主管理,同在农村实行村民自治一样,都是我们建设有中国特色社会主义民主政治的重要创造""要继续坚持和进一步完善以职工代表大会为基本形式的企业民主管理制度,发挥工会和职工代表大会在民主决策、民主管理、民主监督中的积极作用"。全国人大及其常委会在立法上充分注意赋予职工民主管理的权利。宪法规定:"国有企业依照法律规定,通过职工代表大会和其他形式,实行民主管理""集体经济组织实行民主管理,依照法律规定选举和罢免管理人员,决定经营管理的重大问题。"这些规定,为职工民主管理提供了宪法根据。按照法律的规定,国有企业职工有参加民主管理的权利,职工代表大会有权审议有关企业的经营方针、长远规划、年度计划等企业生产经营的重大事项以及涉及职工的工资、福利、劳动保护等与职工切身利益相关的事项;评议、监督企业各级领导干部,提出奖惩和任免的建议;在一定条件下民主选举厂长。全国人大常委会通过的乡镇企业法规定,乡镇企业依法实行民主管理,乡镇企业的投资者在决定企业经营管理制度和企业负责人,作出重大经营决策和决定职工工资、生活福利、劳动保护、劳动安全等重大问题时,应当听取本企业工会或职工的意见,实施情况要定期向职工公布,接受职工的监督。

全国人大常委会制定了劳动法、修改了工会法,从劳动者权利方面,对劳动者参与企业事业单位民主管理的权利作了规定。劳动者有依法参加和组织工会的权利;工会依照法律规定通过职工代表大会或者其他形式,组织职工参加本单位的民主决策、民主管理和民主监督;工会可以代表职工与企业、事业单位就劳动报酬、工作时间、休息休假、劳动安全卫生、保险福利等事项,签订集体合同。集体合同草案应当提交职工代表大会或者全体职工讨论通过。

扩大基层民主法律制度的建立,体现了社会主义民主的广泛性,是我国社会主义民主的伟大实践。

三、根据改革开放和社会主义现代化建设的需要,适时地修改宪法,为建设有中国特色的社会主义提供宪法保障。

宪法是国家的根本大法,具有最大的权威性和最高的法律效力。宪法规定了我们国家的性质、国家的根本政治制度和经济制度,确定了四项基本原则和改革开放的基本方针,规定了公民的基本权利和义务、国家机构的组织和职责,以根本大法的形式肯定了中国共产党领导全国各族人民共同奋斗的成果,是治国安邦的总章程。

江泽民同志指出,"我们讲依法治国,建设社会主义法治国家,首先是依据宪法治理国家。改革开放以来,我国经济建设和各项事业的发展,都离不开宪法的保证和推动。我国社会主义民主法制建设取得的重大进展和成就,也无不闪耀着宪法精神的光辉。实践证明，现行宪法，对于加强我国社会主义民主法制建设，维护国家的安定团结，保障改革开放和现代化建设的顺利进行，起了十分重要的作用，是一部符合我国国情的好宪法。”

党的十三届四中全会以来，随着我国改革开放和社会主义现代化建设事业的不断发展，党的十四大、十五大总结我国改革和建设的新经验，对建设有中国特色社会主义事业的跨世纪发展作出了全面部署。根据中共中央的建议，全国人民代表大会在 1993 年和 1999 年两次对宪法的部分内容做了修改。主要包括：

第一，在宪法的序言中，增加规定了“邓小平理论”的内容，表明了邓小平理论在我国社会主义现代化建设事业中的指导地位，反映了全国人民的共识和心愿。邓小平理论是毛泽东思想的继承和发展，是指导中国人民在改革开放中胜利实现社会主义现代化的正确理论，是马克思主义在中国发展的新阶段。将邓小平理论载入宪法，对于建设有中国特色社会主义事业的胜利发展，具有重大的现实意义和深远的历史意义。

第二，在宪法序言中增加规定“我国将长期处于社会主义初级阶段”，我国的根本任务是，“沿着建设有中国特色社会主义道路”“坚持改革开放”“发展社会主义市场经济”，集中力量进行社会主义现代化建设。这样修改，比较集中、完善地表述了党的基本路线，明确了我国是在什么情况下建设社会主义和如何建设社会主义的问题。党领导全国人民实行改革开放以来的伟大实践，充分证明坚持党的基本路线，是我们事业能够经受风险考验，顺利实现社会主义现代化目标的最可靠保证。

第三，在宪法序言中增加规定：“中国共产党领导的多党合作和政治协商制度将长期存在和发展”。中国共产党领导的多党合作和政治协商制度，是有中国特色社会主义民主政治的重要组成部分，对发挥各民主党派和各界爱国人士参政议政的作用，共同建设有中国特色社会主义的伟大事业，具有重要意义。把它写进宪法，肯定了这一制度将长期存在，不断完善和发展。

第四，在宪法第五条中增加规定：“中华人民共和国实行依法治国，建设社会主义法治国家”。依法治国，建设社会主义法治国家，这是党的十五大提出的建设有中国特色社会主义的基本目标，是我国社会主义法制建设经验的总结。在宪法中写入“依法治国，建设社会主义法治国家”这一中国共产党领导人民治理国家的基本方略，对于不断健全社会主义法制，发展社会主义民主政治，促进经济体制改革和经济发展，保证国家的长治久安，具有重要的意义。

第五，在宪法第六条中增加规定：“国家在社会主义初级阶段，坚持公有制为主体、多种所有制经济共同发展的基本经济制度，坚持按劳分配为主体、多种分配方式并存的分配制度”。我国社会主义建设的实践证明，我国还处在社会主义的初级阶段，从我国的基本国情出发，确立公有制为主体、多种所有制经济共同发展的基本经济制度和按劳分配为主体、多种分配方式并存的分配制度，是发展我国社会生产力的客观需要和必然要求。宪法把这一基本经济制度和分配制度确立下来,有利于在改革开放和社会主义现代化建设的实践中,更好地坚持和完善这一制度,必将进一步解放和发展社会生产力。

江泽民同志说,“维护宪法的权威、保证宪法的实施极为重要”“我们要在全社会进一步树立宪法的权威”“要在公民中深入开展法制教育,特别要注意进行宪法教育,把宪法的各项规定落到实处”。他还强调“中国共产党及其党员要在遵守宪法和其他一切法律中起模范作用,并同广大人民群众团结在一起,为宪法的实施而积极努力”。今年是我国现行宪法颁布实施 20 周年。我们一定要按照江泽民同志的要求,认真学习宪法,熟悉宪法,掌握宪法,执行宪法,遵守宪法。依法治国,归根到底是依照宪法治国,全国各族人民、一切国家机关和武装力量、各政党和各社会团体、各企业事业组织,都必须以宪法为根本的活动准则,树立宪法的权威,为依法治国、建设社会主义法治国家打下坚实的基础。

四、社会主义市场经济法制建设取得显著成绩,为建立和完善社会主义市场经济提供了法律依据和保障。

党的十四大提出了建立和完善社会主义市场经济体制的目标。以江泽民同志为核心的党中央,对于法制建设在实现这一宏伟目标中的重要作用非常重视,作出了一系列重要指示,提出了明确的要求。1993 年 3 月,江泽民同志指出:“社会主义市场经济体制的建立和完善,必须要有法律作保障。法制是市场经济运行的依托。没有健全的社会主义法制,就没有社会主义市场经济的健康发展。”党的十四届三中全会作出的关于建立社会主义市场经济体制若干问题的决定中提出,要“抓紧制定关于规范市场主体、维护市场秩序、加强宏观调控、完善社会保障、促进对外开放等方面的法律。要适时修改和废止与建立社会主义市场经济体制不相适应的法律和法规”“为社会主义市场经济提供法律规范”。按照党中央的要求,围绕建立和完善社会主义市场经济体制的目标,近十多年来,我们在民商和经济方面的立法取得了十分显著的成就,为社会主义市场经济的建立和发展,提供了重要的法律依据和法律保障。

在市场主体方面,先后制定了公司法、合伙企业法、个人独资企业法。1993 年制定的公司法,按照党中央提出的建立“产权清晰、权责明确、政企分开、管理科学”的现代企业制度的要求,对公司的设立、组织机构、经营机制、责任形式等作出了明确规定,为国有企业按照建立现代企业制度的要求进行规范化的公司制改造,提供了法律依据。1997 年制定的合伙企业法和 1999 年制定的个人独资企业法,为引导、规范这两类非公有制经济主体的健康发展,提供了法律依据。

在建立和维护市场经济秩序方面,制定了反不正当竞争法、产品质量法、城市房地产管理法、招标投标法、消费者权益保护法、广告法等,国务院也制定了一批相关的行政法规。这些法律、法规的制定,对于规范市场行为,完善竞争规则,维护市场秩序,发挥了重要作用。在党中央、国务院的统一领导下,各地区、各有关部门依照这些法律、法规的规定,严格整顿和规范市场经济秩序,取得了明显成效。

在加强宏观调控方面,制定了预算法、会计法、审计法、价格法、税收征收管理法等法律,国务院也制定了一批相关的行政法规。法律作为具有规范性、稳定性和权威性的调控手段,在国家对经济活动的宏观调控和管理中,正发挥着越来越重要的作用。

金融是现代经济的核心。江泽民同志指出:“健全金融法制,严肃金融法纪,是建立良好的金融秩序,保证金融安全、高效、稳健运行的根本要求。”在金融立法方面,先后制定了中国人民银行法、商业银行法、证券法、保险法、票据法、信托法以及金融违法行为处罚办法等法律、行政法规,为加强金融监管,建立和维护良好的金融秩序,提供了法律依据和法律保障。

农业是国民经济的基础。以江泽民同志为核心的党中央,对农业、农村和农民问题十分关注。江泽民同志指出:“农业、农村和农民问题,始终是一个关系我们党和国家全局的根本性问题”“在建立社会主义市场经济体制的过程中,要继续坚定不移地贯彻以农业为基础的方针,坚定不移地把农业放在经济工作的首位”。为了把党在农村的方针、政策制度化、法律化,从 1991 年以来,全国人大常委会先后制定或修改了农业法、农业技术推广法、种子法、水土保持法、防洪法、防沙治沙法、乡镇企业法等法律。今年 8 月,全国人大常委会又审议通过了农村土地承包法,将党的农村土地承包政策法律化,以法律的形式赋予农民长期而有保障的土地使用权,这对促进农业、农村经济的发展和农村社会的稳定,必将起到重要作用。同时,国务院也制定了一系列农业方面的行政法规。

为了促进国民经济的基础产业和重点行业的振兴和发展,制定了电力法、铁路法、公路法、民用航空法、煤炭法、建筑法、电信条例等法律、行政法规。为了加强对自然资源的保护和合理开发利用,制定或修改了森林法、矿产资源法、水法、土地管理法、海域使用管理法、节约能源法等法律。这些法律、法规的制定和实施,对促进我国国民经济的持续快速健康发展,具有重要意义。

去年,我国正式加入了世界贸易组织。全国人大及其常委会依据宪法赋予的职权,适时地作出相关决定,顺利地完成了我国加入世界贸易组织的批准程序。同时,认真履行我国根据 WTO 协议承担的义务和对外承诺,按照社会主义市场经济体制的要求和世界贸易组织的规则,遵照法制统一原则、非歧视原则和公开透明原则,进一步完善有关货物贸易、服务贸易、与贸易有关的知识产权和投资措施方面的法律、法规。全国人大及其常委会对中外合资经营企业法、中外合作经营企业法、外资企业法、海关法、进出口商品检验法、专利法、商标法、著作权法等进行了修改,国务院对一些行政法规作了修改或废止,各地、各部门也按照中央的统一部署,对有关的地方性法规、规章进行了清理。最高人民法院、最高人民检察院也对有关的司法解释进行了清理。同时,为了在世界贸易组织规则的框架内维护我国的利益,保护我国的产业安全,国务院制定了保障措施条例、反倾销条例、反补贴条例、货物进出口管理条例、外资金融机构管理条例、外资保险公司管理条例、外商投资电信企业管理条例、外国律师事务所驻华代表机构管理条例等行政法规。

五、初步形成以宪法为核心的有中国特色社会主义法律体系。

1978 年 12 月,邓小平同志在中央工作会议闭幕会上的讲话提出,“现在的问题是法律很不完备,很多法律还没有制定出来。往往把领导人说的话当做‘法’,不赞成领导人说的话就叫做‘违法’,领导人的话改变了,‘法’也就跟着改变。所以,应该集中力量制定刑法、民法、诉讼法和其他各种必要的法律”。党的十一届三中全会决定,“从现在起,应当把立法工作摆到全国人民代表大会及其常务委员会的重要议程上来”。在这一重要方针的指导下,全国人大及其常委会始终把立法工作作为首位任务,我国的立法工作取得了很大成就。

党的十三届四中全会以来,在以江泽民同志为核心的党中央领导下,为实现党的十五大提出的“加强立法工作,提高立法质量,到 2010 年形成有中国特色社会主义法律体系”的宏伟目标,全国人大及其常委会进一步加强立法工作,提高立法质量,到现在,我国已经有现行法律 200 多件,国务院制定通过的现行行政法规 600 多件,地方人大及其常委会制定通过的地方性法规 8000 多件。可以说,以宪法为核心的有中国特色社会主义法律体系初步形成。

在国家机构方面,制定了全国人民代表大会组织法、国务院组织法、地方各级人民代表大会和地方各级人民政府组织法、人民法院组织法、人民检察院组织法以及代表法、全国人大议事规则、全国人大常委会议事规则、法官法、检察官法等。这些法律根据宪法确定的我国根本政治制度,对国家权力机关、行政机关、司法机关的产生、组织、工作制度、工作程序等作了规定,对于保障人民当家作主,健全国家机关的组织和工作制度,有效地组织和领导社会主义建设事业,具有重要作用。

为了保障公民的民主权利,扩大基层民主,制定了选举法、集会游行示威法、国家赔偿法、村民委员会组织法、城市居民委员会组织法等。为了加强对社会特殊群体的保护,制定了残疾人保障法、未成年人保护法、妇女权益保障法、老年人权益保障法等。

在民事法律方面,先后制定了民法通则和合同法、担保法、农村土地承包法、商标法、专利法、著作权法以及婚姻法、继承法、收养法等。民法通则和一系列单行的民事法律,确立了我国的自然人制度、法人制度、代理制度、时效制度、所有权制度、债权制度、知识产权制度、人身权制度、亲属和继承制度等,为调整平等民事主体之间的财产关系、公民人身关系，提供了法律依据和法律保障。

关于规范市场主体、维护市场秩序、加强宏观调控方面的法律，关于自然资源的保护和合理开发利用、基础产业和重点行业以及金融等方面的法律，前面已经说了。为了扩大对外开放，利用外商投资，促进对外贸易的发展，制定了中外合资经营企业法、中外合作经营企业法、外资企业法、进出口商品检验法、进出境动植物检疫法、外商投资企业和外国企业所得税法、对外贸易法、海关法等法律。

在规范行政机关的行政权力，加强行政机关内部监督方面，制定了行政处罚法、行政监察法、行政复议法等。这些法律，规范行政机关的行政管理行为，加强和完善行政机关内部的监督机制，促进行政机关依法、正确地行使职权，切实维护公民、法人和其他组织的合法权益。

为了贯彻科教兴国战略，促进社会文明和社会进步，在教育、科学技术、文化、卫生、体育等方面，制定了教育法、义务教育法、职业教育法、高等教育法、教师法、科学技术进步法、促进科技成果转化法、学位条例、文物保护法、母婴保健法、药品管理法、食品卫生法、传染病防治法、执业医师法、体育法等。

在保护生态和环境方面，制定了环境保护法、海洋环境保护法、大气污染防治法、水污染防治法、环境噪声污染防治法、固体废物污染环境防治法等，这些法律的制定和实施，对实施可持续发展战略，促进经济、社会、环境的协调发展有着非常重要的作用。

在劳动和社会保障方面，为了建立稳定、和谐的劳动关系，保护劳动者的合法权益，建立适应社会主义市场经济的劳动制度，制定了劳动法；为了加强劳动安全保护，保护职工的健康和生命安全，制定了矿山安全法、职业病防治法、安全生产法等。

在刑事法律方面，在1979年刑法及一批有关刑事处罚补充规定的基础上，随着客观形势的变化，针对实际中出现的新情况，1997年全国人大对刑法作了全面的修订，形成了比较完备的刑法典。刑法对危害国家安全罪、危害公共安全罪、破坏社会主义市场经济秩序罪（包括生产销售伪劣商品罪、走私罪、妨害对公司企业的管理秩序罪、破坏金融管理秩序罪、金融诈骗罪、危害税收征管罪、侵犯知识产权罪、扰乱市场秩序罪）、侵犯公民人身权利、民主权利罪、侵犯财产罪、妨害社会管理秩序罪、贪污贿赂罪、渎职罪等，作了规定。刑法对于惩治犯罪，保护人民，保障国家安全和社会安定，维护社会秩序，保障社会主义经济建设的顺利进行，发挥了重要的作用。

在诉讼程序和非诉讼程序方面，我国已经制定了民事诉讼法、刑事诉讼法、行政诉讼法、海事诉讼特别程序法、引渡法以及仲裁法等。我国的民事诉讼法和刑事诉讼法在经过十多年的实践之后，于1991年和1996年，分别进行了必要的修订。行政诉讼法完善了“民告官”的法律制度。公民、法人或者其他组织认为行政机关及其工作人员的具体行政行为侵犯其合法权益，有权依法向人民法院提起诉讼。这对于保护公民、法人和其他组织的合法权益,促进行政机关依法行政,改进工作作风,提高工作效率,全心全意为人民服务,都有非常重要的意义。我国的诉讼与非诉讼程序法律已经比较完备,为实体法的公正实施和维护当事人的合法权益,提供了重要保障。

从总体上看,我国政治生活、经济生活、社会生活的主要方面,已经基本做到有法可依。立法工作取得的成就,对依法治国、建设社会主义法治国家,有着极为重要的意义,也为实现党的十五大提出的到2010年形成有中国特色的社会主义法律体系,打下了坚实的基础。

六、开展全民普法宣传教育,广大公民的法律意识明显增强,依法行政和公正司法取得新的进展。

在公民中普及法律常识,增强全民的法律意识,是我国社会主义民主和法制建设的重要基础性工作,也是法律能够得到正确执行的基本条件。邓小平同志早就指出:"加强法制重要的是要进行教育,根本问题是教育人"。江泽民同志指出:"我们的一个重要任务就是要深入普及法律常识,对全体人民进行法制教育,提高全民族的法律意识""各级领导干部一定要增强学习法律知识的自觉性,并且要形成制度,务必使各级领导干部的法律知识和依法管理经济社会事务的水平,尽快地有一个较大的提高"。

全国人大常委会分别于1991年、1996年和2001年,通过了三个在全国开展法制宣传教育的决议,中央和国务院有关部门联合下发了三个普法教育的五年规划。决议和规划明确提出,要进一步提高全体公民的法制观念和法律素质,深入进行以宪法、基本法律和社会主义市场法律知识等为主要内容的法制宣传教育,重点加强各级领导干部、司法人员、行政执法人员、青少年和企业经营管理人员的法制教育。领导干部尤其要带头学法、守法、用法,做到依法决策、依法管理;司法人员和行政执法人员要深入学习掌握与本职工作相关的法律法规,做到公正司法、依法行政,自觉地维护法制的统一和权威,保障宪法和法律的实施。坚持依法办事,促进依法治国和依法管理各项事业,为改革开放创造更加良好的法制环境,促进国家的政治稳定、经济和社会的全面发展。

江泽民同志和其他中央领导同志身体力行,带头学习法律。中央政治局先后举办了十二次法制讲座,请法律专家就国际商贸法律制度与关贸总协定、社会主义市场经济法律制度建设问题、关于依法治国、建设社会主义法治国家的理论和实践问题、"一国两制"与香港基本法、科技进步与法制建设、金融安全与法制建设、社会保障与法制建设、依法保障和促进农村的改革发展与稳定、依法保障和促进国有企业改革、西部开发与加快中西部发展的法治保障、用法律手段保障和促进网络的健康发展等重大问题,进行了讲授。全国人大常委会也建立了法制讲座制度,九届全国人大常委会已经举办了28次法制讲座,包括:马克思主义国家政权的理论、宪法理论、中华法制文明、人民代表大会制度、依法治国建设社会主义法治国家、我国立法体制和法律体系、社会主义市场经济法律制度建设、物权法律制度、现代企业法律制度、证券法律制度、金融法律制度、知识产权法律制度、行政法和行政程序法律制度、刑法和刑事诉讼制度、社会保障法律制度、国际法与国际条约、加入世界贸易组织和我国的法制建设等。通过法制讲座,全国人大常委会组成人员带头学习宪法和法律,为更好地履行法律赋予人大常委会的立法和监督职责,起到了重要的作用。

十多年来,有八亿多人民群众接受了普法宣传教育,编写和发行法制建设基本知识和各种法律常识读本几千万册,全国各地市、县级以上成立普法讲师团,成员达6万多人,专职和兼职结合的法制宣传员达700多万人,涌现了几万个各种类型的基层依法治理试点单位。通过普法教育,人民群众增强了遵守法律的自觉性,同时也提高了运用法律武器维护自己合法权益的意识和能力,这对监督国家机关和国家机关工作人员依法办事,保障法律的贯彻有重要作用。各级行政机关在本系统内,有计划、有步骤地开展了专业法的学习,从根本上转变不适应依法行政要求的传统观念、工作习惯、工作方法,进一步加强和完善行政系统内部的层级监督和政纪、审计、财政等监督制度,整顿行政执法队伍,规范行政执法行为,完善行政执法程序,全面推进依法行政,将行政执法工作纳入法制化轨道。人民法院、人民检察院不断加强干部队伍建设,加大专业培训,提高法律专业水平,紧紧围绕国家的中心工作,认真依法审理各种案件,解决民事、商事、经济纠纷,严厉打击各种犯罪活动,保护公民、法人的合法权益,维护国家稳定和社会安定,为改革开放和社会主义现代化建设事业创造良好的法制环境。

党的十三届四中全会以来,我国社会主义民主法制建设的伟大成就证明,我们党确定的在集中精力进行社会主义现代化建设的同时,发展社会主义民主、健全社会主义法制的基本方针,是完全正确的,得到了全国各族人民的拥护和支持。我国社会主义民主法制建设取得伟大成就的经验是:

第一,坚定不移地坚持党的领导。我国社会主义民主法制建设的成就,都是在党的领导下取得的。中国共产党是我国社会主义事业的领导核心,党的这一地位和作用是历史形成的,是全国各族人民所公认的,并且明确地载入了我国宪法。在社会主义现代化建设新的历史时期,我们党适应新的形势和任务,不断总结经验,改革和完善党的领导方式和执政方式,把对国家事务的主张和党的路线、方针、政策,经过国家权力机关成为人人都要遵守的法律和国家意志。按照总揽全局,协调各方的原则,支持人大依法履行职责,通过科学化、规范化、制度化的机制,实现对国家各项事业的坚强领导。

第二,坚定不移地充分发扬民主。坚持党的领导,充分发扬民主是一致的。党对国家政治生活的领导,最本质的内容就是组织和支持人民当家作主,根本着眼点是为了保证人民更好地行使当家作主的权利,保证国家和人民的利益得到切实维护和发展。一切为了人民,一切依靠人民,一切权力属于人民,这是党和国家一切工作的根本原则。发展社会主义民主政治,必须从我国国情出发,坚持和完善人民代表大会制度。全国人大及其常委会通过的法律,是党的主张和人民意志的统一。党尊重和支持人大依法行使职权,通过各种形式和渠道联系人民群众,坚持走群众路线,广泛发扬社会主义民主,充分调动了人民群众当家作主的积极性和主动性。

第三,严格依法办事。依法治国,是党领导人民治理国家的基本方略。把发展社会主义民主,同发展社会主义法制紧密结合,以法治为保障,推进民主政治,发展政治文明。党领导人民制定宪法和法律,并领导人民遵守宪法和法律,各级党组织和广大党员及领导干部,不断增强法制观念,严格依法办事,提高治国理政的法治水平。

江泽民同志在2002年"5 · 31"的重要讲话中强调提出,党的领导、人民当家作主和依法治国的统一性,是社会主义民主政治的重要优势。发展社会主义民主政治,最根本的是要坚持党的领导、人民当家作主和依法治国的有机结合和辩证统一。在今年全国人大和政协两会党员负责同志会上,江泽民同志说,坚持党的领导是根本,充分发扬民主是目标,严格依法办事是保障。在建设社会主义的新的征程中,我们要继续高举邓小平理论伟大旗帜,认真贯彻和实践"三个代表"重要思想,与时俱进,再接再厉,以改革创新的精神,做好立法、监督、执法、司法等各项工作,为推进依法治国、建设社会主义法治国家的进程,为改革开放和社会主义现代化建设的伟大事业,作出更大贡献。

贯彻十六大精神，做好新时期立法工作

（2002 年 11 月　在各省、市立法工作会上的发言）

这次会是在党的十六大胜利召开后举行的，以学习贯彻十六大精神进一步做好立法工作为主题，开得及时，开得很好。我就学习党的十六大精神做好新时期立法工作，谈点个人的一些认识，供大家参考。

党的十六大，是我们党在新世纪召开的第一次代表大会，也是我们党在开始实施社会主义现代化建设第三步战略部署的新形势下召开的一次十分重要的代表大会。党的十六大报告回顾了十五大以来我国社会主义建设所取得的巨大成就，科学地总结了十三年来建设和发展的基本经验，进一步阐明了贯彻“三个代表”重要思想的根本要求，提出了我国在本世纪头二十年全面建设小康社会的奋斗目标，对建设中国特色社会主义经济、政治、文化和党的建设等各项工作，作出了全面部署。我们必须认真学习、领会，予以贯彻。

党的十六大报告十分强调健全社会主义法制，依法治国，建设社会主义法治国家的重要意义，把它做为建设中国特色社会主义必须坚持的一条基本经验，同时也是新世纪全面建设小康社会奋斗目标的一个重要内容。我们必须充分认识法制建设和立法工作的重要意义，要有高度的责任感，尽力把工作做好。

党的十六大报告对新时期的法制建设和立法工作都提出了新的任务和更高的要求，我们一定要很好领会、认真完成。关于在新时期对法制建设的要求，党的十六大报告的提法是，要做到“社会主义法制更加完备，依法治国的基本方略得到全面落实”。要“全面落实”，“全面”的含义就是报告所说的要“坚持有法可依，有法必依，执法必严，违法必究”，包括立法、守法、执法、监督各个方面，“落实”的意思是，要求在这些方面都要真正办到，这就提出了更高的要求。

对立法工作也提出了任务和要求。党的十六大报告说，要“适应社会主义市场经济发展、社会全面进步和加入世贸组织的新形势，加强立法工作，提高立法质量，到 2010 年形成中国特色社会主义法律体系”。第一，任务是，到 2010 年形成中国特色社会主义法律体系。现在，我们是初步形成，要形成体系，任务还是很繁重的。第二，要求是，“加强立法工作，提高立法质量”。任务很艰巨、繁重，因此，不能放松，要加强。同时强调要提高质量，不能光讲速度、不顾质量。第三，原则是，要“适应社会主义市场经济发展、社会全面进步和加入世贸组织的新形势”。对国内、国际形势，对经济、文化、政治社会等各方面都要考虑。

为搞好对新时期立法工作提出的任务，必须高举邓小平理论伟大旗帜，贯彻“三个代表”重要思想，注意抓好以下几点：

第一，根据十六大的要求做好立法规划。十六大报告对社会主义经济、政治、文化等各项工作都作出了全面部署，提出了改革措施。例如，在经济建设和改革方面，十六大报告提出，在新世纪头二十年要“建成完善的社会主义市场经济体制”（现在是“初步建立”），“改革国有资产管理体制”，“健全统一、开放、竞争、有序的现代化市场体系”，“加强和完善宏观调控”，“深化分配制度改革”，“建立、健全同经济发展水平相适应的社会保障体系”等。在社会主义文化的发展繁荣等方面，提出要“形成比较完善的国民教育体系，科技和文化创新体系”“加强文化法制建设”“健全文化市场体系，完善文化市场管理机制”。在政治体制改革方面，提出要“深化行政管理体制改革，进一步转变政府职能”“完善政府的经济、调节、市场监管、社会管理和公共服务的职能，减少和规范行政审批”“推进司法体制改革”“加强对权力的制约和监督”等。还提出，要“完善诉讼程序，保障公民和法人的合法权益，切实解决执行难问题”等。这一切，都涉及法律的完善，我们要认真研究，还有什么法律要制定，哪些法律要进一步修改补充完善，搞好立法规划，有计划、有重点地进行。

第二，必须坚持党的思想路线，解放思想、实事求是，与时俱进。十六大报告强调，贯彻“三个代表”重要思想要坚持“四个必须”，第一个就是“始终保持与时俱进的精神”“坚持党的思想路线，解放思想、实事求是，与时俱进”。

党的十一届三中全会以来我国法制建设和立法工作所以取得重大成就，一个重要经验就是坚持了“与时俱进”。党的十一届三中全会总结历史经验，提出社会主义民主必须以社会主义法制来保障，健全法制必须做到“有法可依、有法必依、执法必严、违法必究”。党的十五大，根据邓小平同志民主法制思想，随着我国立法工作取得的成就，进一步提出依法治国，建设社会主义法治国家，把依法治国做为党领导人民治理国家的基本方略。这些都体现了与时俱进的精神。对立法工作来讲，党的十一届三中全会提出，要把立法工作摆在首要地位，要制定民法、刑法和其他基本法律。1992 年党的十四大报告决定建立社会主义市场经济体制。建立市场经济体制要法制保障，所以就提出，要抓紧制定规范市场主体、维护市场秩序、加强宏观调控等方面的法律。到了党的十五大时，有中国特色社会主义法律体系的框架基本形成，这时就进一步提出，到 2010 年形成有中国特色的社会主义法律体系。事实证明，正因为党中央与时俱进，不断提出新任务，法制建设和立法工作才取得巨大成就，这是一条重要经验。

要搞好新时期立法工作，也必须与时俱进。法律是党的方针、政策的具体化、法律化，要为改革开放和社会主义建设服务。党的十六大报告提出，要“完成党在新世纪阶段的奋斗目标，发展要有新思路，改革要有新突破，开放要有新局面，各项工作要有新举措”，突出“新”字。改革不断深化，开放不断扩大，实际情况发展了,法律要随着发展、完善,如果思想保守,不与时俱进,怎么跟得上呢?!

要注意处理好法律稳定与发展的关系。法律要有稳定性,不能朝令夕改,不然就没有权威。但实际情况在不断发展,法要随着情况的发展而发展。情况发展了,法律的一些规定如果不适应了,就要及时修改完善。当然,也不是都要推倒重来。因为党的十一届三中全会以来,党一直坚持"一个中心、两个基本点"的基本路线,一直坚持改革开放政策,我们的法律也是体现这个方针的,为改革开放提供了法律保障,从总体上看是适合的,这点我们要有清醒的认识,但需要随着发展,对现有法律的某些规定加以修改、补充完善。

所以,为了搞好立法工作,我们一定要与时俱进,抓紧学习,学习党的方针、政策。要深入实际,加强调查研究,研究新情况、新问题,根据党的方针考虑解决的办法,搞好立法工作。

第三,必须坚持党的领导,发扬民主和依法办事。党的十六大报告提出,要"善于把坚持党的领导,人民当家作主和依法治国统一起来"。

首先,必须坚持党的领导。党的十六大报告提出,"坚持四项基本原则是立国之本",必须"坚持中国共产党的领导",这也是宪法规定的。立法工作必须坚持党的领导。从党委来讲,要"提出立法建议",把党对国家事务的主张,党的方针、政策,通过法定程序变为国家的法律。从人大机关讲,在立法工作中要注意贯彻党的方针、政策,对立法工作中的重大原则问题,要向党请示报告。

搞好立法工作,必须充分发扬民主,体现人民的意志,保障广大人民的根本利益。党的十六大报告提出,贯彻"三个代表""本质在执政为民"。报告强调,"制定和贯彻党的方针政策,基本着眼点是要代表广大人民的根本利益,正确反映和兼顾不同方面群众的利益",要"保证人民代表大会及其常委会依法履行职权,保证立法和决策更好地体现人民的意志"。为了更好地代表和反映人民利益和意志,党的十六大报告提出,"要健全民主制度,丰富民主形式,扩大公民的政治参与"。所以,我们在立法工作中,一定要充分发扬民主,广泛听取群众和各方面意见,使法律反映人民的意志,代表广大人民长远的根本利益。

立法要严格依照法律的规定办。一谈到依法办事,往往想到的是依法行政、公正司法。当然,这是很关键的,是非常重要的。但是,我们搞立法工作,包括法律的制定、修改等,也要依法办。立法法根据宪法,对立法应遵循的基本原则,立法权限,立法程序,法律的适用等,都做了规定。我们立法工作要严格依法来办。一是,严格遵守立法权限的规定,不要越权,应制定法律的制定法律,应制定行政法规的制定行政法规。二是,要维护法制统一,不得与宪法相抵触,行政法规不得与法律抵触,地方性法规还不得与行政法规抵触。三是,程序要依法,制定、修改法律都要按法定程序办。如果法律的某些规定由于情况发展不能完全适用了,那么就要及时进行修改,在没有修改前,不能说就可以不按法办事了。

第四,必须维护法制的统一。为什么要特别强调这个问题呢?依法治国,首先要依宪法治国，维护法制统一是宪法规定的一条重要原则。法律是党中央领导制定的，是全国人大和常委会制定的，是党和人民意志的统一，强调法制统一，是贯彻党的领导和实现人民当家作主的需要。我们要建立社会主义市场经济体制，搞市场经济就要建立统一、开放、竞争、有序的市场，如果一个地方一个样，一个部门一个样，怎么形成统一、开放、竞争、有序的市场呢?！所以法制统一，也是建立市场经济的需要。同时，法制统一也是适应加入世贸组织的需要，去年我国加入世贸组织，入世以后必须维护法制的统一。现在，我们已有现行法律 200 多件，现行行政法规 600 多件，地方性法规 8000 多件，部门规章更多了。在这种情况下，更有必要强调法制统一的问题。

彭真同志是新中国民主法制建设的主要奠基人

（2003 年 1 月　彭真生平和思想研讨会）

1978 年 12 月党的十一届三中全会总结建国以来的历史经验，特别是“文化大革命”的教训，拨乱反正，作出了把工作重点转移到社会主义现代化建设上来的战略决策，同时提出，“必须发展社会主义民主，健全社会主义法制”，要“做到有法可依，有法必依，执法必严，违法必究”。明确提出，“应当把立法工作摆到全国人民代表大会及其常务委员会的重要议程上来”。

贯彻中央这个战略性决策，由谁来主持民主法制建设方面的工作？中央、小平同志决定，由彭真同志出来承担。1979 年 1 月，中央决定，全国人大常委会设法制委员会，由彭真同志任主任，2 月 23 日全国人大常委会通过决定，成立法制委员会，任命彭真同志为主任。

一

建国以后，彭真同志长期领导和主持民主法制建设工作。1954 年一届全国人大召开一次会议后，彭真同志就担任副委员长兼秘书长，主持常委会的日常工作，那时就开始起草刑法、民法、刑诉法、民诉法等。彭真同志在“文化大革命”期间受到迫害，1979 年回到北京后，对个人问题从不计较，心中装的是国家大事，考虑的是如何把民主法制建设搞好，以防止“文化大革命”那类事重演。彭真同志在中央党校作“关于社会主义法制问题”的报告时，有人问彭真同志，你在“文化大革命”中受迫害最早，你怎么评价你在这场浩劫中的遭遇？彭真同志回答，在我的一生中，这不过是一段小插曲。而彭真同志多次强调的是，要加强和健全法制，来防止“文化大革命”这类事再发生。他说，“文化大革命”时期，林彪、“四人帮”把党和国家搞乱了，广大干部、老百姓吃了苦头，大家记忆犹新。现在大家都不愿这类事再重演。如何才能防止重演呢？只有好的心愿不成，一定要发扬民主，健全法制。只有法制健全了，长治久安才有保证，四化建设才能顺利进行，这是关系到党、国家、人民根本利益的大问题。彭真同志回到北京后，没有休息，立即了解情况，着手组织班子，研究如何开展工作，一心扑到民主法制建设工作上来。

二

1979年2月，法制委员会成立，彭真在法制委员会第一次会议上，就谈了法委的任务、当前工作、工作机构等，提出要抓紧搞七部法。有的委员提出开会务务虚，彭真同志表示，“文化大革命”的教训一定要总结，但现在立法任务很紧迫，我们不开一般的务虚会，而是要结合立法工作，在起草制定法律过程中，总结经验教训，有针对性地在法中作出规定，这样从法制方面来防止这类问题再发生。从3月开始工作，6月召开的五届全国人大二次会议就审议通过了刑法、刑事诉讼法、地方组织法、选举法、法院组织法、检察院组织法、中外合资经营企业法等七部法律。大家对这个速度很惊奇，有人问，怎么三个月就搞出了七部法？彭真同志说，他在“文化大革命”失去自由时，就再三考虑这方面的问题。当然，再怎么说，三个月时间是非常紧的，彭真同志当时已七十七岁，日以继夜的工作，他在大会堂的办公室、会议室，几乎晚上都亮着灯，连大会堂的服务人员对此也非常感动。由于过分劳累，彭真同志发高烧住进医院，就是在住院期间，他也没有停止工作，还要我到医院向他汇报刑诉法中的问题。后来，我听说5月29日中央开会讨论了刑法和刑诉法草案，是彭真同志作的说明。我很奇怪，彭真同志那时正发高烧住院怎么能参加会议呢？我就问彭办的同志，他们告诉我，彭真同志是让医生给他打了退烧针，带病去参加会议作的说明。我听后非常感动，这种不考虑个人，一心一意只关心国家大事的老一辈领导的革命精神，真值得我们学习。

五届全国人大二次会议通过七部法之后，彭真同志马上又提出新的任务。他说，大会通过几部法，迈出了加强和健全社会主义法制的一大步，但是“今后更巨大的任务还在我们面前”“随着经济建设的发展，我们要经过系统的调查研究，继续制定各种经济法和其他法律，使社会主义法制逐步完备起来”“要调动一切可以调动的积极因素，……健全我国社会主义法制，从而保障和促进我国社会主义现代化建设的顺利进行”。三个月搞了七部法，通过后没喘一口气，接着就抓其他法的起草制定。

1980年8月，中共中央向五届全国人大三次会议主席团建议，对宪法进行修改。大会决定成立宪法修改委员会，叶剑英任主任委员，彭真、宋庆龄任副主任委员，并由彭真同志直接主持宪法的修改工作。彭真同志对此十分重视，他说，我们这样一个十亿人口的大国，“没有一个总章程怎么行啊”“要制定出一部有中国特色的、适应新的历史时期社会主义现代化需要的、长期稳定的新宪法”。宪法是规定国家的根本任务和根本制度的，都是根本性的重大问题，当时经过“文化大革命”之后不久，有各种各样的看法和意见，彭真同志听汇报之后，集中搞了三个月的调查，亲自抓，宪法修改委员会先后开过五次会，到1982年12月4日五届全国人大五次会议通过了现行宪法。

彭真同志十分重视制定民事和经济方面的法律。1979 年法委就成立了民法起草小组，彭真同志提出，民法典和单行法同时并进，哪个成熟了，就先制定哪个。1981 年 9 月，在玉泉山修改宪法时，彭真同志对我说，要搞好民法，专门让我向他汇报各国民法的情况。几年来，制定了婚姻法（1980 年）、经济合同法（1981 年）、商标法（1982 年）、专利法（1984 年）、继承法（1985 年），1984 年彭真同志在委员长会上提出，要搞民法通则。对民事诉讼法的起草，彭真同志也很重视，在 1982 年制定了民事诉讼法（试行）。彭真同志对经济方面的立法十分重视，他说，发展社会主义民主、健全社会主义法制的一项重要、艰巨的任务是加强经济立法，形势要求我们抓紧经济立法，要抓紧搞好。

从 1979 年到 1988 年，五届、六届全国人大，九年当中，在彭真同志领导下制定的法律有 88 件（五届 41 件、六届 47 件）、有关法律问题的决定 35 件（五届 19 件、六届 16 件）。

三

彭真同志在抓紧制定法律时，十分重视立法体制的改革。为了加快立法，根据我国情况，对立法体制进行了改革。1979 年一开始，彭真同志就考虑这个问题，在制定地方组织法时，规定了省级人大及其常委会在与宪法、法律不抵触的前提下，可以制定地方性法规。1982 年修改宪法时，对立法体制全面进行了改革，一是，把原全国人大制定法律的一部分权力交给全国人大常委会，基本法律由全国人大制定，其他法律全国人大常委会有权制定。二是，国务院可以根据宪法、法律制定行政法规。三是，肯定了地方性法规。四是，国务院部、委可以制定规章。这就形成了以宪法为基础、法律为骨干，包括行政法规、地方性法规、规章、民族自治地方的自治条例和单行条例在内的法制体系，在维护法制统一的前提下，发挥各方面积极性。同时，还对授权立法、法律解释等问题做了规定。立法体制的改革，对于加快立法，健全社会主义法制有重要意义。

四

彭真同志对法律中的一些重大问题，都是亲自过问的，特别注意从政治上、原则上把关。彭真同志说，搞法很复杂，任务很繁重，要有苦力班子，但我自己也不偷懒。他说，我们这些人总应该把自己承担的事情办好，力求在去八宝山之前解决好。

例如，1982 年修改宪法时，对要不要坚持党的领导？如何规定党的领导？有各种各样意见。如何统一认识？彭真同志说，要用事实统一认识。他回顾了一百多年中国革命历史，他说，20 世纪中国发生了翻天覆地的伟大历史变革，有四件最重大的历史事件：一是辛亥革命；二是推翻帝国主义、封建主义和官僚资本主义的统治，建立中华人民共和国；三是消灭延续几千年的剥削制度，建立了社会主义制度；四是基本形成独立的、比较完整的工业体系，发展了社会主义的经济、政治和文化。他说，除辛亥革命外，其他三件都是中国共产党领导进行的。所以，坚持党的领导，是不以人们意志为转移的客观规律，是中国人民总结历史得出的最基本的结论，是亿万人民在长期斗争中作出的决定性的选择。彭真同志亲自在宪法序言中写了这一段历史，通过历史事实统一认识，坚持党的领导。

关于刑法，彭真同志说，“刑法是解决刑事犯罪问题的，决不能把应该属于党纪、政纪和民法处理的问题列入刑法，追究刑事责任。尤其不能企图用刑法解决一切问题”。这就划清了犯罪与一般违法、违纪的界限。

关于刑事诉讼法，任务是什么？草案原来写的是“揭露犯罪、证实犯罪”。彭真同志对我们说，对犯罪要依法惩办，但不能冤枉好人，要从两方面规定。为此增加了要“保障无罪的人不受刑事追究，保障公民的人身权利、民主权利和其他权利”。同时，彭真同志把“揭露犯罪、证实犯罪”改为“保证准确及时地查明犯罪事实，正确适用法律，惩罚犯罪分子”，强调对犯罪事实要“查明”，而且要“准确”“及时”，首先要“准确”，还要正确地适用法律。这就明确了方向，对依法打击犯罪，不冤枉好人，有十分重要的意义。根据这个指导原则，对证据等问题做了一系列具体规定。

关于民法，在制定民法通则时，对调整的范围、原则有重大分歧。彭真同志决定，民法调整的是平等主体之间的关系，在民事活动中各主体的地位是平等的，民事活动应当遵循自愿、平等的原则。这就明确坚持了民事法律的基本原则。

关于民事诉讼法，彭真同志强调要总结自己的经验，要给调解委员会以足够的法律地位。当我向他汇报，有的反映，“官告民一告一个准，民告官没门儿”时，彭真同志十分重视，要我们对这个问题认真研究。后来，他决定在民事诉讼法中增加了一条：“法律规定由人民法院审理的行政案件，适用本法规定”。这条看起来好像很简单，但这个规定确立了行政诉讼制度。从 1982 年制定民事诉讼法（试行）到 1988 年，陆续有 130 多件法律、法规规定了法院可以审理的行政案件，为 1990 年制定行政诉讼法积累了经验，打下了基础。

这些说明，彭真同志对基本法律中的一些重大原则问题，都是亲自研究，做出决策，坚持原则，这就保证了法律的质量。在五届、六届全国人大期间，修改的宪法和制定的一系列基本法律，包括国家机构方面的、刑事、民事（民法通则和一系列单行民事法律）、诉讼（刑事诉讼法、民事诉讼法）、经济和社会等方面的法律，为我国法制建设奠定了基础。

五

彭真同志对社会主义法制建设和搞好立法工作，提出了许多重要思想。他经常对我们说，搞好立法工作必须坚持以下原则：

第一，坚持以马列主义、毛泽东思想为指导。他说，搞立法要有理论指导，我们的指导思想是马列主义、毛泽东思想。1979 年在制定刑法时，彭真同志亲自在第一条中明确写上，刑法是“以马克思列宁主义、毛泽东思想为指针”。有的人不理解为什么要作这个规定。彭真同志说，法的制定和实施，必须以马列主义、毛泽东思想为指导，这个问题必须明确。

第二，从实际出发。彭真同志经常对我们说，立法一定要从我国的实际出发，如果脱离实际是行不通的。他在民法座谈会上说，我们的民法是中华人民共和国的民法，不是苏联、东欧的民法，也不是英美、欧洲大陆或者日本的民法。我国的民法从哪里产生？要从中国的实际产生，从中国现实的实际情况出发，这是立法的根据。他说，什么是民法的母亲，就法律体系本身说是宪法，但归根到底还是中国的实际是母亲，九百六十万平方公里的十亿人民是母亲。他要求我们在立法时，一定要搞调查研究，了解实际情况。彭真同志对一些法的重大问题，都是直接深入基层亲自进行调查研究的。

第三，坚持党对立法工作的领导。彭真同志一再对我们说，立法要贯彻党的路线和方针政策，法就是实践证明正确的党的方针政策的具体化、法律化。要我们很好研究掌握党的方针政策，对制定法律中的有关重大问题，要向中央请示报告。1979 年 8 月，彭真同志专门起草了《关于草拟或修改法律、法规应先将问题和意见报经中央批准的请示报告》。彭真同志主持起草法律时，对一些重要原则问题都事先向中央请示报告，例如，1979 年制定地方组织法时，就县级以上地方人大设立常委会的问题，专门向中央写了请示报告。

第四，强调要代表广大人民的根本利益，要广泛、充分地发扬民主，在民主基础上集中。1979 年他对全国人大常委会机关工作人员讲话时强调提出，我们工作的出发点和归宿就是全心全意为人民服务，不管什么事情，要面向十亿人民，为着十亿人民。他说，立法工作一定要坚持民主集中制原则，广泛发扬民主，在民主基础上集中。要听取各方面意见，特别要听取不同方面的意见。他说，事物是在矛盾中发展的，要欢迎不同意见，对不同意见要很好听取，认真考虑，有不同意见就可以比较，可以鉴别，可以搞得好些。他在制定法律时，亲自召开会议听取意见，还要我们把每部法中的不同意见向他汇报。并告诉我们，不要只汇报同意的意见，要着重汇报不同的意见。他常说，委员长与大家一样，也是一票，我说的话又算、又不算，对的算，不对的不算，大家不同意的不算，大家同意的算。他说，要鼓励大家讲不同意见，敢于争鸣，使我们制定的法律能够避免或少出一些错误。

他强调党的领导和广泛发扬民主的一致性。他说，党的主张经过民主讨论，可以更好地集中和反映人民的意志。如宪法，中央讨论过八次，宪法草案是经中央讨论过的，在全民讨论后，根据各方面意见做了不少修改，提交大会的草案又经中央讨论过，但大会审议后，又根据代表意见做了不少修改。所以彭真同志说，宪法是党的主张和人民意志的统一。

第五，强调法律的严肃性，不能朝令夕改，但是情况发展了，要及时修改。我记得在玉泉山搞宪法的时候，彭真同志专门对我讲了这个问题，要我们千万注意思想不要保守。他说，立法要严肃，不能今天立了明天就改，那还有什么严肃性，但是情况总是在不断发展的，发展了，不适应了，就要根据新的情况及时予以修改。他嘱咐我们说，搞法的同志思想上一定要注意防止保守，要不断研究新情况、新问题。

彭真同志不仅抓立法工作，而且强调法的贯彻执行。他经常说，要健全社会主义法制，立法非常重要，但立了法就要有法必依，执法必严，违法必究。不然的话，有了法不执行，等于没法。法律如何才能很好地得到贯彻执行，彭真同志强调以下几点：一、把法交给人民，让人民了解、掌握法，用法律武器来维护自己的合法权益，用法律来监督国家机关工作人员依法办事。二、强调法律面前人人平等，不允许有超越法律的特权，不管你地位多高，功劳多大，都要遵守法律。三、党领导人民制定宪法、法律，党领导人民遵守和执行宪法、法律，党也在宪法、法律范围内活动。有人曾提出，是地方党委大，党委书记大，还是法大？彭真同志明确回答，法大。他说，法是党中央领导制定的，是全国人民代表大会及其常务委员会通过的。哪个地方党委，哪个书记，比党中央还大，比最高国家权力机关还大！彭真同志常对我们说，要充分认识法制建设的长期性、艰巨性，不要以为立了法，就都会依法办事了，必须充分自觉地意识到健全法制是长期、艰巨的任务。

六

彭真同志恢复工作后，在1979年2月由全国人大常委会任命为法制委员会主任，在五届全国人大二次会议上被补选为副委员长，在六届全国人大一次会议上被选为委员长。当选委员长后，彭真同志郑重宣告：我一定不辜负各位和全国人民对我的信任和委托，我一定和大家一道，进一步健全人民代表大会制度，加强各级人民代表大会工作，加强社会主义民主和法制建设。

彭真同志一直坚持和完善人民代表大会制度，加强人大的工作。1982年制定新宪法时，有的主张实行三权分立，有的主张搞两院制。彭真同志坚持人民代表大会制度。他说，人民代表大会制度是我国的根本政治制度，是保证人民当家作主，管理国家事务的最好的政治制度，所以发生“文化大革命”，不是人民代表大会制度不好，而是没有按人民代表大会制度办。三届全国人大一次会议后，从1966年发生“文化大革命”之后一直到1975年，全国没有召开过全国人大会议，也没有召开过常委会会议，地方各级人大也没开会，而是成立了“革委会”。因此，必须坚持人民代表大会制度，同时必须改革和完善人民代表大会制度，加强人大工作。

总结“文化大革命”教训，彭真同志一直在考虑如何完善和加强人大制度。

1979年制定的七部法中就有选举法和地方组织法,从选举制度和地方人大制度方面做了重大改革,特别是在1982年修改宪法时,全面做了改革。彭真同志对人大制度的改革主要有以下几个方面:

第一,完善选举制度。彭真同志说,选举是基础,人民选举代表组成县人大,由县人大产生县政府和省人大代表,省人大产生省政府和全国人大代表,这样一层一层,可以使人民掌握国家、民族、自己的命运,所以选举非常重要。为了保证人民行使民主选举权利,选举法规定实行差额选举,同时,把直接选举扩大到县一级。

第二,加强人大及常委会的组织和工作。对地方来讲,1979年制定地方组织法时,取消"革委会",恢复人民政府,在县级以上地方人大设立常委会。过去,地方人大没有常委会,人民代表大会开过以后,平时没有活动。彭真同志就县级以上地方各级人大设常委会问题,专门向中央和邓小平同志写了报告,提出四点理由:一是,设立常委会可以经常开展工作。二是,赋予省级地方人大及其常委会制定地方性法规的权力,有利于健全法制。三是,改变过去由人民政府任免法院副院长、审判员的做法,由常委会任免,可以更好地使法院依法独立行使审判权,不受行政机关的干涉。四是,在大会闭会期间,可以监督、罢免选出的上一级人大代表,使代表在行使职权时,可以更好地代表人民的利益和意志。邓小平同志说,这是重大的改革。1982年宪法扩大了常委会的职权,并规定人大常委会组成人员不得兼任政府、法院、检察院的职务,这就使常委会组成人员多数是专职的,可以集中精力搞好常委会工作。同时,增加了常设专门委员会,这对人大及其常委会更好地决定问题是有利的。

第三,发挥代表、委员的作用。为了保障代表依法行使代表职权,广泛发扬民主,在宪法中规定,代表在大会各种会议上的发言和表决,不受法律追究。同时规定,代表在大会开会期间,非经大会主席团许可(这是原来有的),在大会闭会期间非经常委会许可,不受逮捕或者刑事审判(这是新增加的)。还规定,代表应当同原选举单位和人民保持密切的联系,听取和反映人民的意见和要求,努力为人民服务。为了使代表能够真正代表人民的意志,强调了对代表的监督,选举法就代表的监督、撤换和罢免做了具体规定。

第四,从程序方面保障充分发扬民主。1979年以后,彭真同志要我们注意研究程序方面问题。他说,过去我们注重民主的实质,对民主程序注意不够,民主实质是重要的,但只有好的民主程序才能保证民主实质的实现。为此,在制定法律时,都要研究程序问题,对有关程序作出规定。例如,在制定选举法规定差额选举时提出,如果提名的候选人名额过多怎么办,如何确定正式候选人名单?经过研究,明确规定要按预选得票多少的顺序来确定,以此来保障按多数选民、代表的意志办。又如,为了对法律案能有充分时间进行研究,更好地听取各方面意见,六届全国人大常委会委员长会议根据彭真同志的提议决定,法律案提出后在本次会议上不表决。后来,彭真同志还专门主持制定了全国人大常委会议事规则,对人民代表大会、常委会更好发扬民主,加强人大工作,是十分重要的。

彭真同志长期领导和主持民主法制建设工作,特别是1979年以后,坚持和完善人民代表大会制度,进行了一系列重大改革,主持制定了现行宪法和一系列基本法律,为我国民主法制建设奠定了基础,彭真同志是新中国民主法制建设的主要奠基人。

回顾新中国法制建设的历程，充分认识加强社会主义法制的重要意义

（2004 年 7 月）

今年是全国人民代表大会成立 50 周年。新中国成立五十多年来，我国法制建设经历了不同的历史时期，特别是十一届三中全会以来，我国法制建设取得了显著成绩，积累了丰富的经验。回顾五十多年来法制建设的发展历程，可以加深对法制建设重要意义的认识，更好地实施依法治国，建设社会主义法治国家的战略任务。

一、新中国成立后我国法制建设的历程

新中国成立后，我国法制建设经历了不同的历史时期。

（一）废除国民党压迫人民的法律，建立人民的法制

新中国一成立，就明确宣布废除国民党的“六法全书”，建立人民的法制。在新中国成立前夕，1949 年 2 月中共中央专门发出了废除国民党“六法全书”的指示。1949 年 9 月召开中国人民政治协商会议，通过了《共同纲领》。《共同纲领》第 17 条明确规定：“废除国民党反动派政府一切压迫人民的法律、法令，制定保护人民的法律、法令，建立人民司法制度”。

废除国民党的法律。因为，国民党的法是剥削、压迫广大人民的，是维护国民党反动统治的。如果不废除国民党的法，人民怎么翻身解放?! 怎么建立人民自己的政权?!

要建立人民的法制。新中国成立前，政权掌握在反动统治阶级手中，党领导人民进行革命斗争，只能靠党的政策。新中国成立后不同了，人民掌握了政权，共产党成为执政党，这就要从依靠政策，逐步过渡到不仅依靠政策，还要建立人民的法制。

当时对立法工作采取什么方针？新中国建立初期，还要肃清帝国主义、封建主义、官僚资本主义残余势力，在立法方面，“不宜追求制定一些既不成熟，又非急需的完备、细密的成套的法规，以致闭门造车”，而“应当按照当前的中心任务和人民急需解决的问题，根据可能与必要，把成熟的经验定型化，由通报典型经验并综合各地经验，逐步形成制度和法律条文，逐步地由简而繁，由通则而细则，由单行

法规而形成整套的刑法、民法……”(1951 年 5 月 11 日彭真同志在政务院会上的工作报告《关于政法工作的情况和目前任务》)。

新中国成立初期,按照这个方针,制定保护人民的法律。为了妇女解放,废除封建的婚姻制度,1950 年 4 月 13 日中央人民政府季员会通过了新中国第一部婚姻法。为了反对封建主义,解放广大贫下中农,在农村进行了土地改革,1950 年 6 月中央人民政府委员会通过了土地改革法,废除封建的土地制度。为了巩固人民民主政权,在总结镇反运动经验的基础上,1951 年 2 月中央人民政府委员会通过了惩治反革命条例。为了反对腐败,保持国家机关和国家工作人员的廉洁,在总结三反、五反运动经验的基础上,1952 年中央人民政府委员会批准了惩治贪污条例,等等。

(二)逐步实行比较完备的法制,保护、促进生产力的进一步发展

1953 年,肃清帝国主义、封建主义、官僚资本主义残余势力的社会改革运动基完成,国民经济从恢复到大规模有计划的建设时期,中央在提出过渡时期总路线的同时,提出今后“要逐步实行比较完备的人民民主的法制,来保护和促进社会生产力的进一步发展”。并提出,“应该加强全体国家工作人员和全体人民的守法教育,加强立法工作和司法工作”(1953 年 9 月 16 日彭真同声在中央人民政府委员会上的工作报告《政法工作的主要任务》)。1956 年党召开第八届全国代表大会,八大通过的关于政治报告的决议提出:“由于社会主义革命已经基夺完成,国家的主要任务已经由解放生产力变为保护和发展生产力”,“国家必须根据需要,逐步系统地制定完备的法律”。当时对法制建设进行了研究,法制建设包含什么?概括为两句话,要做到“有法可依,有法必依”,不仅是立法,而且要依法。

1953 年 1 月 13 日中央人民政府委员会通过《关于召开全国人民代表大会及地方各级人民代表大会的决议》。1953 年 2 月制定了选举法。1954 年在普选的摹础上召开了第一届全国人民代表大会第一次会议,制定了新中国第一部宪法,制定了五部国家机构的组织法,包括全国人大、国务院、地方人大和人民委员会、法院和检察院的组织法。我国的法制建设进人了一个新的时期。当时,党和国家对法制建设是重视的,不但对立法重视,对守法也是重视的。

就立法工作来说,全国人大常委会成立后,当时彭真是副委员长兼秘书长,主持人大常委会机关的工作。他在向人大常委机关工作人员的第一次讲话中就提出,“常委会的一项重要任务是立法,可以分为起草法律、审查修订法律和解释法律三个方面”,并提出“我们现在先起草刑法、民法、刑事诉讼法、民事诉讼法”。

当时,全国人大及其常委会把立法作为中心任务。为了发扬基层民主,1954 年 12 月全国人大常委会制定了《城市居民委员会组织条例》。为了保护公民人身自由,防止乱捕、乱拘,根据宪法第 89 条的规定,1954 年 12 月全国人大常委会制定了逮捕拘留条例,对逮捕、拘留的条件,执行逮捕、拘留的机关,逮捕、拘留的程

序和拘留期限等,都作了规定。为了农村实行农业合作化,制定了农业生产合作社示范章程。为了国家建设需要,制定了国家建设征用土地办法。为了维护社会治安,制定了治安管理处罚条例。为了促使机关工作人员全心全意为人民服务,认真履行职责,制定了国家行政机关工作人员奖惩暂行规定,等等。

宪法规定,全国人大常委会的职权之一就是解释法律。为了规范和加强法律解释,1955 年 6 月全国人大常委会通过了《关于解释法律问题的决议》,明确"凡关于法律、法令条文本身需要进一步明确界限或作补充规定的,由全国人民代表大会常务委员会分别进行解释或用法令加以规定"。据此,全国人大常委会通过了一系列有关法律解释的决定。例如,就地方组织法来讲,根据广东、江苏、黑龙江等省人民委员会提出的问题,先后通过了"关于地方各级人民委员会的组成人员是否限于本级人大代表问题的决定"、"关于地方各级人大闭会期间省长、自治区主席、市长、州长、县长、区长、乡长、镇长和地方各级法院院长缺额补充问题的决定"、"关于地方各级人民法院院长、检察院检察长可否兼任各级人民委员会组成人员问题的决定"等。对法院组织法关于审判方面的规定,根据最高人民法院提出的问题,通过了"关于不公开进行审理的案件的决定"、"关于被剥夺政治权利的人可否充当辩护人的决定"等。

在起草法律方面,人大常委办公厅法律室、研究室一建立,就组织各方面力量,开始进行刑法、民法、诉讼法等法律的调查研究和起草工作。到 1957 年,刑法草案已有 22 稿,经报中央讨论,在一届全国人大四次会议上发给代表征求意见,那次大会还专门通过了授权常委会制定单行法律的决定。

拿守法来说,当时中央也是重视的。彭真同志在一届全国人大一次会议上的发言就明确提出,公民在法律面前人人平等。他说,中华人民共和国的每一个公民,不管是属于什么民族、种族、性别和职业,不管是什么社会出身,信仰不信仰宗教或者信仰什么宗教,也不管是不是党员,是不是国家工作人员,有多高的地位,有过多大的功劳,都应该无例外地遵守宪法和法律。他特别强调提出,干部、党员"必须以身作则,成为守法模范",国家行政机关、审判机关、检察机关和各级权力机关,包括全国人大,都要严格地遵守宪法和法律。针对当时有些人的错误认识,他明确指出,认为国家机关可以违法的思想,实际上是一种"只许州官放火,不许百姓点灯"的反动统治阶级的思想,必须反对。彭真同志告诉我们,那时候毛主席、周总理在决定重大的问题时,都要问一问与宪法和法律是否符合。

(三)时而重视耐而放松,"文革"期间法制遭到破坏

由于当时对法制建设重要意义的认识不够深刻,八大提出的正确方针没能一贯坚持,对法制建设时而重视,时而放松,随着注意力的改变而改变。1957 年反右派、1958 年大跃进、1959 年反右倾,几个法的起草工作一度停顿下来,人大常委机关人员精简,从 1956 年的 360 人,1958 年减为 59 人。1959 年 6 月国务院机构调

整时，把法制局撤销了。1962 年党中央在北京召开扩大的中央工作会议，总结经验教训，纠正“左”的倾向，毛主席又提出不仅刑法要搞，民法也要搞。这时刑法、民法的起草工作又恢复，刑法草案搞到 33 稿，并报党中央政治局常委审查。在常委机关工作的同志形容这一段立法工作情况时说，起草法律是几起几落。

1966 年发生“文化大革命”，新中国成立后逐步建立起来的社会主义法制遭到破坏。“文化大革命”的教训很多，其中之一，就是没有重视社会主义民主和法制建设。十一届六中全会《关于建国以来党的若干历史问题的决议》专门讲了这个问题。《决议》指出，“难于防止和制止‘文化大革命’的发动和发展”的一个重要条件是，“没有能把党内民主和国家政治生活、社会生活的民主加以制度化、法律化，或者虽然制定了法律，却没有应有的权威”。这是一个惨痛的教训，为了防止今后不再发生类似“文化大革命”的混乱局面，十一届六中全会决议指出，“必须巩固人民民主专政，完善国家的宪法和法律并使之成为任何人都必须严格遵守的不可侵犯的力量”。邓小平同志在十一届三中全会前召开的中央工作会议上，针对过去存在的问题，明确指出“必须使民主制度化、法律化，使这种制度和法律不因领导人的改变而改变，不因领导人看法和注意力的改变而改变”。

（四）加强社会主义法制建设，依法治国，建设社会主义法治国家

十一届三中全会总结新中国成立以来的经验、教训，拨乱反正，把工作重点转移到社会主义现代化建设上来，开始形成“一个中心，两个基本点”的基本路线，同时提出要“发展社会主义民主、加强社会主义法制”。十一届三中全会的决议提出，“为了保障人民民主，必须加强社会主义法制，使民主制度化、法律化，使这种制度和法律具有稳定性、连续性和极大的权威，做到有法可依，有法必依，执法必严，违法必究”。并提出，“从现在起，应当把立法工作搬到全国人大及其常委会的重要议程上来”。为了加强立法工作，全国人大常委会成立了以彭真同志为主任的法制委员会。叶剑英同志说，人大和常委会必须加强立法工作，如果搞不好，就是没有尽到职责，就是尸位素餐。

健全社会主义法制，首先要抓立法工作。1978 年 12 月，邓小平同志在中央工作会议闭幕会上的讲话提出，“现在的问题是法律很不完备，很多法律还没有制定出来。往往把领导人说的话当做‘法’，不赞成领导人说的话就叫做‘违法’，领导人说的话改变了，‘法’也就跟着改变。所以，应该集中力量制定刑法、民法、诉讼法和其他各种必要的法律”。

1979 年以来，全国人大及其常委会把立法工作摆到重要议事日程上来。1982 年制定了新宪法，五届、六届和七届全国人大及其常委会先后制定了 138 部法律，对 10 部法进行了修改，包括一系列有关国家机构的法律、民法通则和一系列单行民事法律、刑法、三大诉讼法（刑事诉讼、民事诉讼、行政诉讼）以及一批经济方面的、保障公民权利的、涉外方面的、行政管理方面的重要法律，为我国社会主义法

制建设奠定了基础。

随着改革的深化和建设的进一步发展,根据我国法制建设的进展,党中央与时俱进,对法制建设和立法工作,不断提出新的任务和要求。1991 年,邓小平同志到南方视察发表了重要讲话,1992 年党的十四大确定,我国经济体制改革目标是实现社会主义市场经济。从此,我国立法工作进入了一个新的阶段。十四届三中全会通过了“关于建立社会主义市场经济体制若干问题的决定”,提出新阶段的立法任务是,“遵循宪法规定的原则,加快经济立法,进一步完善民商法律、刑事法律、有关国家机构和行政管理方面的法律,在本世纪末初步建立适应社会主义市场经济的法律体系”,立法的重点是“要抓紧制定关于规范市场主体、维护市场秩序、加强宏观调控、完善社会保障、促进对外开放等方面的法律。同时,还要适时修改和废止与建立社会主义市场经济体制不相适应的法律和法规”。1997 年党的十五大根据法制建设的进展,提出要“进一步扩大社会主义民主,健全社会主义法制,依法治国,建设社会主义法治国家”,把依法治国,作为党领导人民治理国家的基本方略。在立法方面,十五大进一步提出,要“加强立法工作,提高立法质量,到 2010 年形成有中国特色社会主义法律体系”。

全国人大及其常委会根据十四大、十五大精神,加强立法工作,围绕建立和完善社会主义市场经济体制的目标,制定了一系列重要法律。在市场主体方面,先后制定了公司法、合伙企业法、个人独资企业法。在维护市场经济秩序方面,制定了反不正当竞争法、产品质量法、投标招标法、会计法、审计法、价格法、税收征收管理法等。在金融方面,先后制定了中国人民银行法、商业银行法、证券法、保险法、票据法、信托法等。为了加强农业,根据党在农村的方针、政策,先后制定或修改了农业法、农村土地承包法、农业技术推广法、种子法、水土保持法、防洪法、乡镇企业法等。还制定或修改了有关保护和合理开发利用自然资源、振兴和发展基础产业等方面的法律。八届、九届全国人大及其常委会又先后制定了 104 部法律,对 57 部法进行了修改,通过了 8 件法律解释,以宪法为核心的中国特色社会主义法律体系初步形成。

2002 年党的十六大回顾十五大以来我国社会主义建设所取得的巨大成就,科学地总结了 13 年来建设和发展的基本经验,提出了我国在本世纪头 20 年全面建设小康社会的奋斗目标。十六大报告把健全社会主义法制,依法治国,建设社会主义法治国家,作为建设中国特色社会主义必须坚持的一条基本经验,同时明确这是新世纪全面建设小康社会奋斗目标的一个重要内容。

十六大报告对新时期的法制建设和立法工作,提出了新的任务和更高的要求。关于在新时期对法制建设的要求,十六大报告提出,要做到“社会主义法制更加完备,依法治国的基本方略得到全面落实”。强调要“全面落实”,“全面”就是要“坚持有法可依、有法必依、执法必严、违法必究”,包括立法、守法、执法、监督各个方面,“落实”就是要求在这些方面都要真正办到,这就提出了更高的要求。

对立法工作也提出了新的要求。十六大报告提出,要“适应社会主义市场经济发展、社会全面进步和加入世贸组织的新形势,加强立法工作,提高立法质量,到2010年形成中国特色社会主义法律体系”。第一,任务是到2010年形成中国特色社会主义法律体系。现在,我们是初步形成,任务还是很繁重的。第二,要求是“加强立法工作,提高立法质量”。第三,方针是要“适应社会主义市场经济发展、社会全面进步和加入世贸组织的新形势”。对国内、国际形势,对经济、文化、政治、社会等各方面都要考虑。十届全国人大常委会已根据十六大提出的任务和要求,确定十届人大及其常委会的立法任务是要基本形成中国特色社会主义法律体系,并已拟定了立法规划。

二、加强社会主义法制建设的几点体会

加强社会主义法制,是新中国成立五十多年来的一条基本经验,同时也是全面建设小康社会的目标之一。十六大提出,要做到“社会主义民主更加完善,社会主义法制更加完备,依法治国基本方略得到全面落实,人民的政治、经济和文化权益得到切实尊重和保障”。如何才能实现这个目标,总结历史经验,我个人体会应当强调以下几个问题:

第一,充分认识加强法制建设的重要意义。我们党和国家对法制建设重要意义的认识,有一个过程,通过历史实践,认识不断加深,不断发展和丰富。总结“文革”的教训,必须加强社会主义法制。实践证明,健全社会主义法制是人民当家做主管理国家事务的需要,是加强党的领导的需要,是发扬和保障人民民主和巩固人民政权的需要,是保障和促进经济建设和改革开放的需要。

第二,加强法制,必须广泛发扬民主,坚持和完善人民代表大会制度。为保障社会主义民主,必须加强社会主义法制;同时,健全法制必须以民主为基础,因为我国的法律是以工人阶级为领导,以工农联盟为基础,广大人民的意志,是党的正确主张和人民意志的统一,是代表和维护广大人民的根本利益、保障人民当家做主的。宪法规定,我国是人民民主专政的社会主义国家,国家的一切权力属于人民,实行民主集中制原则的人民代表大会制度,全国人大和常委会制定法律,同时要监督宪法和法律的遵守和执行。因此,要健全社会主义法制,就必须加强和完善人大制度。这个问题,从我国的发展历史也可以看得很清楚。

第三,加强法制建设,依法治国,建设社会主义法治国家,必须全面抓。立法是有法必依、执法必严、违法必究的前提和标准,所以立法工作非常重要。但健全法制,不仅要搞好立法,还要保障法律的贯彻实施,做到有法必依、执法必严、违法必究,因此,在搞好立法的同时,还必须抓好依法行政,依法行使审判权、检察权,普法等。这个问题非常重要,而且越来越重要。为什么?因为,如果立了法不执行,等于没法,“文革”期间是有惨痛教训的,所以邓小平同志特别强调提出,要执

法必严、违法必究。1979 年以来,立法工作取得显著成就,以宪法为基础的一系列基本法制定了,在这种情况下,执法问题就越来越重要。

第四,健全社会主义法制,关键是要加强党对法制建设的领导。十六大报告强调指出,要“善于把坚持党的领导,人民当家做主和依法治国统一起来”。江泽民同志说,党的领导、人民当家做主和依法治国的统一性,是社会主义民主政治的优势(2002 年“5·31”讲话)。坚持党的领导是根本,充分发扬民主是目标,严格依法办事是保障(2002 年在全国人大和政协两会党员负责同志会上讲话)。如何加强党的领导?一是在党领导下制定宪法和法律,加强对立法工作的领导。二是在党领导下遵守和执行宪法和法律。三是党也在宪法和法律范围内活动。对此,党章、宪法都有明确规定。党的十五大把依法治国,建设社会主义法治国家,作为党领导人民治理国家的基本方略。今年 6 月 29 日,在建党 83 周年前夕,中共中央政治局举行了第十四次集体学习,胡锦涛同志在讲话中强调,各级党委和全党同志都要充分认识加强党的执政能力建设的重大意义,不断提高领导水平和执政水平,不断改革和完善领导方式和执政方式。我认为,其中之一就是要提高依法执政的水平,党委要善于把党对国家事务的方针政策,通过权力机关变成人人都必须遵守的法律,并领导严格遵守和执行。

关于宪法

学习新宪法发言

（1982年12月　在法委机关工作人员会上）

同志们在学习中提出了一些问题，要我介绍一些情况，讲一讲。准备讲三方面问题，一是学习新宪法的重要意义，二是对宪法本身的几个问题做一些介绍和解释，三是从宪法的起草制定看立法工作经验。

一、学习新宪法的重要意义

宪法是根本法，是国家的总章程，具有最高的法律效力，人人都要遵守和执行。学新宪法意义十分重要，特别是我们搞立法工作的，学习的要求就更高，因为宪法是一切法的根据和基础，一切法都不得与宪法抵触，宪法学不好，不可能搞好立法工作。例如，民法中一个根本问题是所有权，对所有权如何定，就要以宪法关于土地、森林等自然资源的规定和关于经济制度的规定为依据。宪法对经济制度的规定是比较多的，如果不很好学习、理解，怎么能搞好经济立法?！我们搞立法工作的，从工作需要看，比一般人学习宪法要求要更高，而且要结合自己的工作进行学习。

宪法草案经过全民讨论，已经学过了，是不是没什么好学的了呢？不是，经全民讨论后，对原草案又有不少的修改，为什么这么改？有些意见为什么没有采纳？为什么要这么规定，而不那么规定？解释宪法的权力属于全国人大常委会，而法委是常委会搞立法的工作机关，就是要我们提出解释稿，如果对宪法不能深入理解、正确理解，怎么成?！虽然是几个字的改，有很多文章，这样学就深了。因此，不要以为看了宪法，过去学过，就没什么问题了，都懂了，不见得。我们要求要深入的学习，不是没什么可学的了，而是还学得不够深，还不见得完全懂了。我们要结合工作学习宪法，了解宪法怎么规定，为什么这么规定，是什么含义。这样，就可以学深了。

怎么学习？首先要理解条文本身，要以彭真同志的宪法报告为准。宪法报告把根本精神都讲了，是宪法委员会、全国人大和中央讨论过的。现在报纸、刊物都有些宣传文章，可以帮助我们学习，但要注意，千万不要认为那就是最标准的，而要以彭真同志的报告为标准。所以，今天要我介绍，也只是介绍几个问题，不全面介绍，因为宪法报告已讲了。我的介绍如果与宪法报告不一致，就提出批评改正。

二、对宪法本身几个问题做一些介绍和解释

刚才讲了，学宪法，以彭真同志的报告为准。彭真同志报告都讲了，我不全面讲，只对几个问题介绍一点情况和看法。

（一）坚持四项基本原则

坚持四项基本原则，是起草宪法的总的指导思想。彭真同志讲，四项基本原则就是宪法的四根柱子。盖房要柱子，如果没有柱子，房就盖不起来，就要倒下来。1981 年 7 月彭真同志一抓起草宪法工作，首先就确定，要堂堂正正地坚持四项基本原则，还有要以五四年宪法为基础，民主专政，民主集中，民族区域自治等等。因此，我们在学习宪法时，就要从四项基本原则来理解，只有这样，才能正确理解宪法的有关规定，才不至于搞歪了，不至于各取所需。

对四项基本原则，不能说全国所有人的认识都是一致的，有不同的看法。怎么规定？不是写我们党如何主张，而是要从总结历史经验，从历史事实来讲。彭真同志说，要寓理于实。彭真同志一直在考虑怎么写，序言是彭真同志亲自起草的，通过二十世纪四件大事，来说明四项基本原则。小平、耀邦同志都说这样写得好。其他同志也说写得好。因为不是讲主张，而是讲事实。不是因为党主张四项原则，所以要写上，而是因为，四个坚持是不以人们意志为转移的客观规律。四件事，三件都是在党领导下，以马列主义毛泽东思想为指导，坚持社会主义、人民民主专政取得的。谁也驳不了，是事实。特别讲到，我们建立了社会主义的、完整的、独立的工业体系。不是讲四个“小老虎”（指台湾、香港、南朝鲜、新加坡）经济发展快吗，但他们哪一个是独立的经济，更不要说社会主义了！这一比，四个“小老虎”就不在话下了。彭真同志从历史四件大事，摆事实，讲清了，并且有针对性地讲了。

四个坚持，人民民主专政和社会主义，不仅序言中写了，条文中也写了。党的领导和马列主义毛泽东思想写在哪里？还是写在序言中比较好。开始争论要不要写序言，不要序言怎么总结历史，怎么写四个坚持，怎么写对外政策，等等。所以，这么一考虑，序言非要不可，要不要序言的问题也就解决了。

（二）关于党的领导

着重谈一下党的领导问题。要坚持党的领导，怎么领导？七五年宪法规定，全国人大是党领导下的最高权力机关，服从党的领导是公民的义务，总理由中共中央主席提名。这就是组织上的领导了。这次宪法规定得好，党在国家生活中要坚持领导。如何领导？彭真同志说，主要是政治领导，要三个靠，一靠党的路线、方针、政策正确；二靠党员模范带头作用；三靠党的工作，要群众能够接受。宪法

还规定,一切政党当然包括共产党的活动,要以宪法为准则,要遵守宪法和法律。这就解决了党大、宪法大、国家大的问题。党的主张通过人大或常委会成为法律或国家意志。这次宪法制定就是如此,宪法是党领导人民制定的,中央经过多次讨论(八次),同时又经过宪法委员会讨论,最后由全国人大通过。所以,宪法是党的意志与人民意志的统一,或叫融合,执行宪法,就是执行党的意志。这个问题,有深远意义,解决了党的领导、党与宪法的关系。外国反映说,解决了党在国内的问题。南斯拉夫说,这是有深远的重大意义的。

(三)人民民主专政

过去用无产阶级专政。1979 年五届人大二次会议起草制定刑法时,彭真同志提出用"人民民主专政"。1978 年宪法是用的"无产阶级专政",改了几次,彭真同志又都改为"人民民主专政",并且向中央报告请示,决定用"人民民主专政即无产阶级专政"。

为什么要用人民民主专政?有什么意义?有什么必要和好处?在"文化大革命"中把"无产阶级专政"搞乱了。我国有八亿农民,工人阶级只一亿多人。农村人口占百分之八十,还有知识分子等其他人民。用人民民主专政,更能符合我国的实际情况,也更能表明民主的基础。

那么为什么还要讲即无产阶级专政呢?因为实质上是。这不是现在说的,在七千人大会上毛主席就讲了人民民主专政实质上是无产阶级专政。八大时也讲了实质上是无产阶级专政。国际共运有一股风,不要无产阶级专政了,日本共产党、罗马尼亚等,都不提无产阶级专政了。我们如果不提,那么人家会说你也不要无产阶级专政了。

对无产阶级专政,马列过去有许多定义,有各种定义。当时,彭真同志说,我们采用马列关于无产阶级专政就是工人阶级对政策的领导这个定义。人民民主专政是工人阶级领导,以工农联盟为基础的,所以可以说是无产阶级专政。

这个提法,党的六中全会决议吸收了。乔木同志在说明时还讲到,这是彭真同志提出来的。这次宪法就按六中全会的写法,在序言中写,人民民主专政实质上即无产阶级专政,在宪法条文中就只写人民民主专政。

有的人提出,不要写人民民主专政,只写人民民主。这个意见没有接受。还是要有民主和专政两个方面。当然,要充分发展社会主义民主,我国民主是最广泛的,但不能不要专政。

对人民民主专政即无产阶级专政,在理论上,有些不同的争论。有人提出,划等号不好,因为列宁除了刚才讲的无产阶级专政即无产阶级对政策的领导这个定义之外,还讲过其他的定义,如无产阶级专政是无产阶级排他阶级的专政。经过研究,为了避免这个理论上的争论,就在"即"前面加上了几个字,写成"实质上即"。

那么,现在提人民民主专政,与建国初有没有区别呢?是否一样呢?当然有了发展。这一点,彭真同志报告中已讲了,一是任务有了发展,再一个是各阶级结构也有了变化。工人比过去壮大了,领导作用更强了。解放前和解放初,我们讲工人阶级通过他们的政党共产党进行领导,那时,解放区工人不多。还有农民,已是集体农民,与个体不同了。剥削阶级,绝大部分已改造成为自食其力的劳动者。有人说,不要提"改造",因为港、澳、台怕提"改造",这一点没接受。因为这是事实,同时,不光资产阶级,工人阶级也要"改造",党员也要"改造"吗,不能连"改造"也不提了。知识分子当然也有了变化,不仅人多了,而且总体上说,成为工人阶级的一部分。这个问题,下面再谈。

关于专政对象,当然也有了变化。专政对象是什么?现在讲的是敌对势力和个人。再具体怎么说,理论界、政法界都提出了,还在研究,现在一下子具体化不出来。今年五月开全国政法会议时,中政委就想明确这个问题,下面要求规定,说这样才明确,开始在会议纪要中,写了哪几种人是专政对象,但写后又发现有不少问题,意见也很不一致。怎么办?后来改了两个字,把"专政"对象,改为"打击"对象。所以这个问题,需要再仔细研究。但总之,还是有专政职能、专政对象的。

(四)关于知识分子

这个问题,也是热烈讨论的一个问题。我们写工人阶级领导、工农联盟为基础的人民民主专政。许多人提出,要写上工、农、知识分子联盟为基础。

这是一个老问题了,苏联斯大林 1936 年宪法时就存在这个问题。斯大林说,宪法规定的是国体,是从阶级上讲的,因此只能写工、农联盟为基础,而不能写工、农、知联盟,但这并不妨碍发挥知识分子的作用,不妨碍保障知识分子的权利。我们宪法这条讲的是国体。什么是国体?毛主席说,就是各阶级在国家中的地位。因此,这里是从阶级上讲的,而知识分子不是一个阶级,有工人知识分子,有农民知识分子,所以,还是写以工、农联盟为基础。这个联盟,已经将知识分子包括在里面了,如果写上工、农、知联盟,反而把知识分子排在工农之外了。同时,如果写了知识分子,那么兵写不写,兵就是带武装的工、农。

有人说,党的十二大报告中讲了工、农、知识分子三依靠力量。这是对的,因为这里是按劳动方式分的。当然,有一些知识分子与工人从劳动方式上也不好分,如三机部、七机部,许多技术工人是大学毕业生,许多工人是按电钮的。但是,一般讲,劳动方式是不同的。在建设社会主义事业中,要依靠知识分子的力量。因此,在宪法序言中加上了,在社会主义建设事业中,要充分依靠工人、农民、知识分子和团结其他广大人民。这样,知识分子就满意了,把知识分子在建设中的地位突出了。

那么知识分子属于什么呢?知识分子是个阶层,不是阶级。毛主席讲,皮和毛的关系。过去把知识分子一般放在小资产阶级里，还有工人阶级知识分子，有资产阶级知识分子。1962 年曾经提出改为劳动人民知识分子，叫做摘帽加冕。“文化大革命”时讲，知识分子的资产阶级世界观没改造，叫资产阶级知识分子，“四人帮”叫知识分子是“臭老九”。在粉碎“四人帮”后，小平同志在全国科技大会上讲，脑力劳动也是劳动，知识分子绝大部分已经成为工人阶级的一部分。宪法报告就是按这个写的。在讨论中，有人提出，绝大部分是工人阶级的一部分，那么还有一些是什么呢？又引起了问题。因此，又考虑研究，改为总体上讲知识分子是工人阶级的一部分。这个提法，与绝大部分是一样的，但可避免引起别的问题。为什么说是“总体”上，就是不能说全部。怎么说全部呢？因为绝大部分知识分子在工厂企业，在机关、学校、科研单位，是拿工资的，从这一点讲是工人阶级一部分，但还有农民中的知识分子，你不能说是工人阶级吧，还有一些个体的，如自己开业的医生等，也不能叫工人阶级吧，所以讲“总体上”。对这个问题的提法，彭真同志专门开会研究了几次才定下来的，觉得这样提比较符合实际，比较好。也有人提出，是否用劳动知识分子，这样可以包括工人知识分子、农民知识分子和个体劳动知识分子。但考虑，再出一个新的提法要慎重，从工人阶级一部分改成“劳动”知识分子，对知识分子讲，觉得降低了，是不满意的，同时，从现在实际情况看，知识分子主要分布在工矿企业、学校、科研单位，因此，最后决定，用“总体上”说是工人阶级的一部分。

（五）关于政社分开问题

党的十一届三中全会以来，农业发生了巨大的变化，搞责任制，不少地方搞合作社，搞各种经济联合。为什么出现这种情况？这是对大锅饭、瞎指挥的一种反抗。

对政社分开问题，进行了研究调查。这个问题，杜润生同志在很早以前就提出来了，但认识还不一致。经过调查，政社分开有很多好处，主要是：一、可以采取经济方法、经济手段来领导经济，避免“平调”，防止“瞎指挥”。因为政与社合在一起，往往容易用行政手段、行政方法来搞经济。二、可以防止吃大锅饭。现在干部太多，生产收获了，不少分给干部，农民收入受影响。政社分开可以精简，有利促进农民生产积极性。所以有许多地方搞责任制，就是由于这个原因。三、有利于政权建设，有利于党的建设。政社合在一起，公社一研究问题，就是生产，实际消弱了政权建设。分开后，不仅有利经济发展，而且对政权建设也是有利的。所以，决定政和社分开。但是，对这个问题是要十分慎重的，因为一说分开，一变动，如果不注意的话，经济、生产就会遭到一次破坏。所以，中央为此专门发了个通知，彭真同志说明中也专门讲了，政和社分开，要有一定时间，现在社、大队、队所有的，先不要动，分开要有一个过程，要有计划、有步骤地去进行。这就可以防止发生破坏。

农村经济在不断发展变化，要不要提公社？提哪些？现在各地做法、意见并不完全一致，还在不断发展和试验。宪法既要规定原则，又要留有余地，不妨碍发展、改革。因此规定，要坚持社会主义责任制，是劳动群众集体所有，写了人民公社、合作社和其他合作形式，包括供销、生产等等。这样，既坚持了方向，又不妨碍改革。

（六）关于土地所有权

土地所有权问题，过去的宪法没规定过，这次在宪法中第一次予以规定，这是一个很大的问题。土地所有权，在城市属国有，这没什么问题。在农村，除规定国家所有外，属于集体所有。这个问题，不少人提出意见，建议全部土地归国有，主要理由是，搞建设国家征用土地可以方便一些，现在征购集体所有的土地时，问题很多。怎么规定为好？

苏联是土地国有，永远给集体农庄使用，这是苏联十月革命后，列宁采取的一个决策。我国土改后，是国有，还是给农民？毛主席根据我国情况，作出决策，归农民个人所有。农民所以长期受地主阶级压迫、剥削，因为没有土地，土地属地主阶级所有。土地是农民的命根子，所以决定，土改后，没收地主土地分给农民所有。这是个十分重要的、正确的决策，让农民手中有地。在革命时期，土改后把土地分给农民，农民有了地，掀起参军高潮，保卫土地，保卫解放区，打倒蒋介石，产生了巨大的革命力量。因此，我们一开始就明确，土地归农民个人所有。合作化时，开始是初级社，还是土地入股吗！后来才不分红，成为集体所有。这便是我国的国情，农民对土地有深厚的感情，如果现在宣布土地国有，虽然让他长期使用，他总觉得不是自己的，必然会产生波动。考虑到这种情况，觉得改为国有并不好。

集体所有土地能否出卖、出租呢？宪法规定，任何组织和个人不得买卖、出租、非法转让土地。如果国家建设需要，可以征用，有土地征用办法。实际上，征购也好，征用也好，国家都要给补偿。土地征用办法规定了补偿的标准，可以解决问题。所以说，土地归集体所有，但不许买卖等，实际上也只是使用权，建设征地并不受影响。好处是，农民说土地是我们大家集体所有的，就不一样。

研究来研究去，觉得农村土地还是集体所有好。如果改为国有，会务虚名而得实祸。彭真同志说，什么问题都要看利弊，什么都有利弊，问题是要看利大、还是弊大，两利要取其大，两弊要取其小。研究分析了利弊，决定按现在的写法。

关于镇的土地，原规定与郊区土地一样。讨论中有些地方提出，现在有些镇很大，十多万人，实际是个市，如规定除法律规定属国家所有外属集体所有，对建设不利。我们觉得有道理，因为镇与镇不同，有的大得等于市，而有的又很小，所以不作统一规定。怎么办呢？根据实际情况办，大的镇，与市差不多，按城市土地办，小的镇，便按乡村土地办。所以说，经过讨论有好处，充分发扬民主，可以把各方面意见带上来，把各方面情况反映上来，就可以定得更准确、更好一些。

(七)关于企业民主管理问题

宪法的一个精神,就是要发挥中央、地方的积极性。所以,专门写了一条,就是中央与地方分权。本来想写得具体些,在经济、文化等各方面都如何分?但写不出那么具体,所以定了个原则。彭真同志说,我们国家那么大,一方面要集中领导,另一方面又要发挥地方积极性。毛主席多次讲,为什么美国、欧洲发展得快,一个重要原因是美国是联邦,欧洲是许多国家。

不仅要发挥中央、地方的积极性,而且要发挥企业以及个人的积极性,把一切人的积极性都发挥出来,向地球开战,就没有办不到的。所以,宪法专门规定了两条,一条是国营企业的自主权和民主管理,一条是集体经济组织的独立经营权和民主管理。

为什么不在一条写,要分成两条呢?因为两者不一样。拿企业的经营管理权来说,国营与集体不同。集体经济是独立经营。而国营企业是在法律范围内,有经营管理自主权。一个是"独立经营",一个是"管理"自主权,而且要在"法律范围内"。拿民主管理来讲,集体经济组织是由全体劳动者选举、罢免管理人员,决定重大问题。而国营企业是讲,依照法律通过职工代表大会和其他形式,实行民主管理,管理什么?依照法律,这里没讲。

有人说,怎么国营企业工人的权还没有集体经济组织职工权大?应当国营企业工人权更大,要求写上实行职工代表大会制,选举管理人员等。为什么两者不一样,因为所有制不同。集体经济组织是集体所有,包括农村公社、集体所有制的工厂,当然,他独立经营,重大问题集体决定,管理人员由大家选举。但国营企业就不同,国营企业是这个企业职工的,但又是全民的,鞍钢是国家的,全国人民的,总不能说只是鞍钢几十万职工所有的吧。鞍钢的经理由鞍钢工人选,还是国家派?我们查了一下,世界各国还没有国营企业领导人员完全由工人选的。就是南斯拉夫,工人推举,也还要国家任命或批准。

当然,国营企业要民主管理,但怎么管理,管理什么,还要研究。国营工厂采取什么制度?是厂长负责制,还是职工代表大会制,还是党委领导下的厂长负责制,正在试验,各方面意见很不一致。五届人大二次会议通过七个法以后,当时就想制定工厂法,搞来搞去,这个问题定不下来,所以还没能制定。因此,国营工厂采取什么制度,在宪法中不能写。有一条原则,凡是有争论不能定下来的,不成熟的,都不写进宪法。不然通不过,通过了也执行不了,对稳定、团结不利,对法制的权威也不利。不写,不等于不能搞,各地可以搞,可以试验,等有了成熟的经验,再予以补充,或者在别的法中加以规定。

这里还要提到,有些人提出,学校、科研单位等事业单位也要实行职工代表大会制进行民主管理。这个问题,学校、科研单位、出版机关等,与企业又不同,决策的不能是职工代表大会。这个问题,在"文化大革命"时实行过,这次没有采纳,没有写。

（八）关于精神文明

这次宪法的一个特点，就是突出了精神文明。这个问题我不多讲了。精神文明包括两个方面，一个是文化、教育、科学，另一个是以共产主义思想为中心的教育。我只说一点，全民讨论后，对文化、教育等增加了，过去只是一条，现在分为文化、科学、教育、卫生、体育等几条。另一个重要思想，就是强调几个并举，强调群众性，如教育，提高与普及，正规与业余，国家办与社会办，文化、卫生、体育都有这个问题。同志们一看就清楚了。

（九）公民权利和义务

公民权利和义务，起草过程中，除几条争论较大外，多数没有多大争论和意见。

公民的权利，一定要保证，要充分民主。这次对公民权利，规定得比较充分，特别是总结了“文化大革命”教训，增加了许多有针对性的规定，如人格尊严等等。这里要说一下，彭真同志讲，对“文化大革命”过去的事，要着重吸取教训，在法律中从正面做出规定。他说，没有“文化大革命”，定不出现在这样的刑法、刑诉法，也定不出现在这样的宪法。过去的问题，不要老是批，而要总结经验教训，从正面做出规定，要向前看。

另一方面，又不能利用公民权利，来进行反革命活动，进行破坏活动。譬如，保证公民言论、出版、结社、游行、示威的自由，保证文学艺术的自由，但决不允许利用这些自由，进行反革命活动，扰乱社会秩序等等。什么自由和权利，都没有绝对的。总的规定了两条，一条是，行使自由权利不得破坏法律、损害国家的、集体的和其他个人的合法权利；再一条是，要遵守宪法和法律。如对通讯秘密，规定了因国家安全、追究刑事犯罪的需要，经过公安、检察一定程序可以检查。这就开了个口，这是吸收法、意等国的规定。不然就不能与间谍、特务斗争了，但又规定了严格的程序予以限制，以保证广大人民的自由。要说明一点，人民的自由和权利脱不了政权的权力。人民不掌握政权，不是国家主人，哪来的个人权利？因此，人民管理国家的权力是最根本的权力，是个人权利自由的保证和基础。因此，不允许利用个人权利自由来危害国家。一些坏人打着自由权利的旗号进行破坏，进行反革命宣传，他说有言论、出版自由啊，与我们进行斗争。而我们的干部不熟悉法，束手无策，有的还怪法律，实际法律定了，行使自由权利不得破坏法律、不得损害国家、集体和他人的合法权利。法律是武器，如果不熟悉，就不会利用法律这个武器进行斗争。是有言论自由，但不能有反革命宣传的自由。在外国，游行、结社等都是有法律规定的。譬如，游行要事先告之，游行时不能停留，要在一定的路线。在日本，如上街贴标语，政府不管，但有一条，你贴在墙上，墙是属于私人的，他出来干涉。还有结社，美国是允许结社的，但要登记，经费来源、宗旨、每个成员住址情况等等都要登记。这一条厉害，把你一切情况都掌握了，如果对政权没有根本危害，他可以不理、不管，一旦需要，可以以危害国家罪予以逮捕、判刑。我们研究了外国关于游行、示威、罢工、请愿、结社等法律规定，也要制定这方面的法律，才能使公民正当的权利和自由得到保障，行使权利和自由时有所遵循。

（十）公民权利义务要行得通

公民的权利义务，在起草时注意考虑是否能办得到。彭真同志说，定了就要办得到，就要实行。我们从这方面来进行考虑，有些办不到的就不规定。如迁徙自由，城市人太多了不得了，会带来一系列问题。因此，从农村到城市必须有计划，迁徙自由办不到，对国家不利，对人民不利，因此没有规定。又如劳动权，我们注意了，不是国家包下来，写的是国家创造条件，要采取各种途径。还有，对残废人、烈军属的优抚，原来写的是国家抚恤烈军属，民政部提出，现在实际上公社、社会都要管，如果写国家抚恤，都由国家包下来了，公社、社会就不管了，所以加了“社会”，这很重要。

宪法的规定要能办得到，但也不是马上就全都办到，而是要逐步实行，要创造条件去努力办。

（十一）法律面前人人平等

这一条，五四年宪法有，后来宪法都取消了，这次宪法恢复了。这是公民权利义务的一条重要原则，也是社会主义法制的一条重要原则。

这次有一点修改，过去写的是法律“上”人人平等，这次改为法律“面前”人人平等。“上”改为“面前”，为什么？因为“上”字可能有不同理解。法律上人人平等，是法国资产阶级革命时提出的口号，包括立法平等、执法平等、适用法律平等。而我国，在立法上不能人人平等。人包括人民，也包括被剥夺政治权利的人。被剥夺政治权利的人是不能参与立法的，法律是有阶级性的。但是，法律制定后，在执行和适用上，应当都按法律办事。写“上”字，就有争论，说是否包括立法平等。改为“面前”，就明确了，不是立法上平等，而是执法、适用法律平等，一字之差，明确了很重要的问题。

（十二）关于罢工自由

这一条，五四年宪法没有，是后来宪法写上了的。这次取消了。为什么？

我国的国营企业与资本主义企业不同。国营企业是全民的，是人民的。在资本主义企业里，工人罢工，是与资本家斗争，维护工人权利。而在国营企业罢工，是一部分工人对全体人民罢工，对国家罢工。资本主义国家对国营企业也是不允许罢工的，罢工的人，是没有工资的。我在美国看到，一个旅馆工人罢工，但有二条，一是不给工资，二是不能妨碍资本家另找人来工作。而我国罢工，工资还是照拿，全国人民给你钱去罢工。我们宪法规定，不许破坏社会主义经济秩序，罢工自由与这条规定也抵触。"文化大革命"时,工人罢工、停产,提出不为"资产阶级当权派"生产,造成多大的危害!所以不写罢工自由。

那么,工人反对工厂管理人员的官僚主义怎么办?可以有各种的渠道和办法,不一定非采取罢工手段。你罢工,企业、生产是国家的,工厂管理人员并无损失。当然,不写罢工自由,不等于不能罢工,对个别严重官僚主义,不是说不能罢工,不是说禁止,而只是不在宪法中规定。

(十三)关于宗教信仰自由

这条争论比较大,最后定成这样。一个是,要不要写有信教自由,也有不信教自由。有的宗教界人士提出,你写不信教自由,会影响宗教自由,不同意写。但也有人说,现在宗教势力很厉害,有的强迫信教,所以要写。宗教是思想问题,不能用行政办法强制解决,马列主义就主张宗教信仰自由,你越强制,他越信。所以,按五四年宪法规定,"宗教信仰自由",包括信教自由和不信教自由两个方面,不许强迫信教,不许歧视不信教的,还不是两个方面。还有,宪法规定了,不许利用宗教扰乱秩序等,原来还写了不许利用宗教进行反革命活动。的确一些帝国主义利用宗教进行间谍活动。但是,宗教界有人提出,不仅宗教不能搞间谍活动,别人也不能搞,这么一写,好像宗教自然、而且只有宗教搞间谍活动。后来删去了这句,但不影响原意,因为有不许危害国家,有镇压反革命活动的规定。意思没有变。立法要注意找共同点,这样写,原则没让步,内容也有了,但他好接受。

(十四)关于国家机构

关于国家机构问题,在开始征求意见时,有各种各样的主张。例如,有人提出三权分立,有人主张两院制,而两院制又有各种方案,有的主张搞民族院的两院,有的主张搞职业院等。还有,有人提出要法官终身制、法官独立等。到底怎么办?

彭真同志一开始便确定,以 1954 年宪法为基础。1954 年宪法是一部好的宪法,要以它为基础。当然,经过近三十年,情况有发展变化,有些不适应了,有了很多经验,因此又要在 1954 年宪法基础上,发展、变化。

以 1954 年宪法为基础,这个方针一定,许多问题就好办了。关于国家机构,1954 年宪法的规定比较好,就是实行民主集中制的人民代表大会制度。

我国十亿人民,如何管理国家?实行民主集中制的人民代表大会制,作为我国的政治制度。新宪法仍然采取这个政治制度,同时总结建国以来经验,作了许多新的重要规定,有许多发展。

(十五)一切权力属于人民

人民代表大会制的核心是,一切权力属于人民。香港一家报纸讲,新宪法的核心是一切权力属于人民。彭真同志看了,认为抓到了要害。

怎么一切权力属于人民呢？人民选代表组成人民代表大会，通过各级人民代表大会来行使管理国家的权力。县、乡人民代表大会由选民直接选举，县级人民代表大会选举省级人民代表大会代表和产生县政府、法院、检察院，再由省级人民代表大会选举全国人民代表大会代表和产生省政府、法院、检察院，全国人民代表大会产生国家主席、国务院、军委、高法、高检，他们都向全国人大负责，并受它监督。各级人大代表受选民和选举单位的监督。这样，就把权力交给十亿人民，由人民掌握国家、民族、自己的命运。

（十六）坚持人民代表大会制，不实行三权分立

有些人鼓吹资产阶级提出的“三权分立”。三权分立是资产阶级革命时期提出的。封建社会权力集中在封建主个人手中，封建帝王既立法，又执行，又审判，个人说了算。那时，资产阶级是第三等级，没权力，封建主随便要钱，抓劳役，不服从就处以刑罚。开始，资产阶级还没有力量夺取政权，先提出立法权，就是不能你封建主自己说了算，要收税，什么算犯罪，要由议会来讨论决定。接着又夺司法权，提出司法独立，就是要从封建主那里独立出来。所以，三权分立在那时是进步的。但是，到了后来，当资产阶级掌握政权，特别是到了帝国主义时代，立法、司法、行政权都是属于大资产阶级的。

法国无产阶级革命时，创造了巴黎公社，议会不仅是立法、议事机关，而且是工作机关，立法、行政、司法权都集中在巴黎公社委员会。后来的苏维埃，我们的人民代表大会制，都是从这里来的。

我国权力属于人民，人民行使权力的机关是各级人代会。行政权、审判权、检察权由政府、法院、检察院行使，但政府、法院、检察院都由人民代表大会产生、监督，归根到底，行政权、审判权、检察权都是权力机关给予的，都属于人民。

从我国实际看，实行人代会制度，不是人代会权太大了，而是没充分发挥作用。如果实行三权分立，是什么意思呢？就是，人代会只是立法议事机关，政府不对人代会负责，政府对法律可以否决；法院、检察院独立于人代会，不对人代会负责，可以宣布法律“违宪”而无效，那怎么成？法院是由人民代表大会产生，对人民代表大会负责好？还是独立好？当然向人民负责好，这样才能使法院不脱离人民的意志进行审判活动。从理论上说，人民的权力是不可分的；从实际上说，三权分立也是不妥当的，妨碍发挥人代会作用，妨碍人民行使管理国家的权力。

所以，我们没有实行“三权分立”，还是人代会制度。权力集中于十亿人民，在这前提下，政府、法院、检察院分工负责。这有利于一切权力属于人民，有利于人民管理国家。

（十七）人民代表大会制实行一院，不实行两院

两院制最早是英国，那是资产阶级与封建贵族妥协的结果。当时，资产阶级

还没有掌握统治权，由于资产阶级势力增长，封建贵族要收税，不得不与第三等级商量，但是封建贵族看不起第三等级，不与资产阶级一起开会，资产阶级只好自己开，才成了两院。后来资产阶级革命取得政权，与封建贵族妥协，所以有贵族院，作为上院，现有一千多人，实际上不大来开会，已成资产阶级的代表了。美国又不同，原来是十三个殖民地，小邦怕大邦吞并，所以才成立联邦，搞成两院。马恩列斯是反对两院的，认为两院不是正常的政治生活条件，上院是反动势力的代表。那么，苏联为什么搞民族院呢？因为民族问题尖锐，用联邦形式来解决民族问题，统一起来。

我国不同，是统一的多民族国家，与美国、苏联情况都不同。实行民主集中制，更能有效地决定问题，集中和代表各阶级、各民族、各方面的意见。

主张搞两院的，又有各种方案，主要是三种。

一是，成立民族院。刚才说了，我国民族多，但与苏联不同，苏联各加盟共和国民族都是主要的，我们没有这么大的民族。他们是联邦制，我们是单一制国家，实行民族区域自治政策，用这种办法来反映和保障民族的权利。在全国人大代表中照顾少数民族代表，少数民族人口占全国人口百分之六点七，而代表分配却占了百分之十二多，实际上要超过这个比例。同时，成立民族委员会，协助人大、常委会工作。还有，民族自治地方成立自治机关，行使自治权。所以，我国不成立民族院。

二是，成立职业院。我们全国代表是间接选举，由省级人大选。国家大，全国人大代表直接选，下面不了解，由省级人大间接选举，便于了解，而且可以照顾到各方面。因此，选出的代表不仅代表地方，而且代表各阶层、各方面，可以反映、集中各阶级、各阶层、各方面、各民族的利益，不必再按职业产生代表，组成职业院。要按职业界别选，有很多问题，农民是最大的界，农民界怎么选，没全国农民协会，知识界又分成很多，如何分界，怎么产生，有许多问题。

三是，政协成上院。有的主张，在宪法中对政协规定一章，并规定政协有监督权。这次宪法在序言中写了政协，第一次上了宪法，政协是统一战线重要组织形式，在政治等生活方面发挥重大作用，今后还要发挥重大作用。但政协不是选举产生的，不是国家机构，有建议权，没有表决权；有批评权，没有质询、罢免权。

人民代表大会制可以集中反映、代表各方面利益和意志，便于实行民主集中制，便于人民行使管理国家的权力。

（十八）加强常委会工作

要发挥人大作用，关键是要加强人大常委会的工作和组织。地方组织法规定，县级以上地方人大设常委会。小平同志当时就说，这是一项重大改革，指出了重要意义。这次宪法，加强了全国人大常委会组织，扩大了常委会职权。

扩大全国人大常委会的职权，主要是：第一，立法权。第二，审查和批准计划、修改法律。但有条件,如部分补充和修改全国人大制定的法律,不得与原法的基本原则抵触。还增加规定,人大可以改变或者撤销常委会的不适当决定。

加强了全国人大常委会的组织,主要是:第一,增加了常设的专门委员会。第二,常委会组成人员不得兼任政府、法院、检察院职务,这样办的结果,可以使绝大多数常委会委员是专职委员,以便集中精力从事常委会的工作。

全国人大代表近三千人,要经常开会不方便,但要减少,由于国家大,民族多,也不好办。加强人大常委会的工作,可以经常发挥权力机关的作用。

(十九)专门委员会

起草时,对于设多少个专门委员会,专门委员会的任务职权是什么,有多大?很费考虑。这个问题,不仅要从权力机关考虑,而且还要从国务院工作角度来考虑。因为,设专门委员会多了,又是专职的,就要干事情,就要监督、质询,如果动不动就要各部、委来报告工作,去检查工作,就不好工作了。有些地方的人大常委会已经产生这种情况。有一个如何处理好常委会与国务院应是什么关系的问题。

在研究这个问题时,彭真同志委托武新宇、顾明同志研究,征求了国务院一些部、委的意见。有一个原则,就是行政权由国务院行使,不要有两个行政中心。常委会的职权之一是监督国务院、“两高”的工作,但是,这种监督是从宪法、法律角度,从大政方针、政策方面进行监督,不能、也决不允许代替行政和“两高”的工作,不能、也不允许妨碍国务院、“两高”正常进行工作,而应当有利于国务院、“两高”的工作。

从国家制度来讲,国务院、“两高”等要由全国人大产生,受全国人大和人大常委会监督。由于权力机关、行政机关、“两高”,在政治上是一致的,有共同的目标,因此首先应当是配合、支持。这个关系,一定要处理好。加强常委会的组织和工作之后,就会产生这个问题,要处理好,地方也有这个问题。如果搞得行政、两院不能正常工作,就要考虑了。

设多少个专门委员会?专门委员会行使什么职权?多大职权?与这个问题有关系。开始,各方面提出要设二十多个专门委员会,由于经验还不够,从大的方面规定设六个专门委员会。在职权上,一是,不成为一级,不是必须先经专门委员会审议,专门委员会也不能搁置,没有最后决定权,而是提出审议报告;二是,强调在人大和常委会的职权内,这也是为了避免不正当地干扰国务院、“两高”的工作。到底怎么做,六届人大后,要在实践中摸索,但从指导思想上讲,有这么一些考虑。

在质询、罢免、提议案等问题上,也要考虑这个问题,这里就不多说了。

专门委员会还有两个问题要谈一谈。一是对法律案的审查,是由各专门委员会分别审查,还是统一由法委审查。如果各专门委员会分别审查,经济方面的法律案由财经委员会审查,文教方面的法律案由文教卫生委员会审查,那么法律委员会就只审查政治方面的法律案和各委员会不管的法律。觉得这样搞，不利于法制的统一。一个法律，有关部门最熟悉，但又有各自立场，有时有片面性。法委从这一段工作中深刻体会到，部门往往从部门利益考虑。森林法，林业部与其他有关部门以及地方，有很多争论。文物保护法，前几天请国家法室同志介绍了，文物部门与基建单位，与地方，有好多矛盾。海关法等等，都有好多矛盾。部门往往只从本部门的角度出发，对其他方面考虑不够，想把一家一部门之言，通过立法，来强制执行，这可不成。民族区域自治法也有这个问题，征求了中央十个部门，包括计委、经委、财政部、劳动人事部，他们都有不同意见，你怎么定，定了怎么执行。而且，法有一定的系统，不要今天这么定，明天那么定，这个法与那个法自己矛盾、打架，就不好了。所以，还是要统一，因此决定，由法律委员会统一审议，当然，有关专门委员会对情况了解，也要对有关的法律审议，向法委提出意见。

再一个是民委。这次在研究全国人大组织法时，对民委的任务加了一项，就是要对加强民族团结的问题进行调查研究，提出意见。看起来字不多，有一个很重要的思想，就是民委不是只代表各少数民族的意见，而且要站得更高，要从加强民族团结的方面，来考虑、研究问题。

（二十）关于代表作用问题

关于人大代表如何履行职务，如何管理国家大事？人民选举代表管理国家大事，代表很光荣，如何管理国家大事呢？有人说，现在是“会议代表”“举手代表”。当然，如何发挥代表作用，在工作上有许多地方值得改进，但也有一个认识问题，有不同的看法。

代表如何管理国家大事？有两个问题要明确。一是，主要通过会议。大会、常委会是讨论决定国家大事的，代表参加会议，在提出和通过议案时，在听取和审查政府工作报告时，在任命、罢免政府、法、检领导人员时，把群众意见带上来，使决定的问题符合人民的利益，这就是最主要的履行代表的职责，就是最好、最重要的管理国家大事。还有哪些国家方面的大事，比人大讨论的这些问题还要大？没有。二是，集体行使权力。人大通过什么决定，代表可以充分发言，但是，要由集体决定。彭真同志早就说过，人大和常委会是集体有权，个人无权。当然，说个人无权，指的是决定权，而不是指发言权、表决权、选举权等，在这方面，代表有权，你发什么言也可以，你可以举手赞成，也可以反对，也可以选别人，这是有权的。但是必须由多数决定，实行民主集中制。也就是说，代表管理国家大事，代表履行职务，最重要、最基本的是，通过参加会议由集体来行使。

这个认识统不统一呢？不完全统一。现在有的人总是强调，发挥代表作用就要强调代表平时会外的作用，个人的作用。宪法也规定了，代表要密切联系群众，听取和反映群众的意见，在各自工作岗位上协助宪法、法律的执行。注意，是在自己的工作岗位上协助宪法、法律的执行。而有的人总是强调要代表到处检查工作,处理来信等等,这可不成。如果每个代表都可以随便检查、干涉,全国代表三千人,那么还有省、市代表,县代表、乡镇代表,大概全国各级人大代表有五十万人。这样一来,可不得了,政府没法工作了。当然,代表有权提出批评、建议,送有关部门去处理研究。

这里附带说说代表提案权问题。有人说,国务院、各部委提的议案人大必须讨论,而代表提案,要三十人,还要由大会主席团决定是否提交大会,这是不尊重代表的权利。其实,要立什么法,对有关情况是代表个人最清楚,还是主管部门清楚?应当说,还是主管部门最了解。因此,立法议案主要要靠政府提出。当然,代表也可以提出,但决不能是主要的形式。这里讲的提案是指的议案,是大会列入议程后就要审议,通过了就要成为法律。不是过去向大会提的那些提案,实际绝大部分是批评、建议。因此,提案权要代表三十人附议,这是需要的。国外也是这样的,日本、西德都规定,议员提案要有一定人数,日本是百分之四,如涉及财政就要百分之十或百分之八了,西德是百分五。我国三十人,是百分之一,不算多。美国议员提案不限人数,但要专门委员会先审查,专门委员会有否决权、搁置权,只要一否决、搁置,就提不到全院会上了,名义上没有人数限制,实际上只有一定人同意,才能提到全院会上。

(二十一)国家主席问题

这次设立了国家主席。五四年宪法有国家主席,比较习惯,群众要求,不多说了。

彭真同志的说明,在起草时,原写的是恢复了 1954 年国家主席的制度。一研究,写恢复了国家主席制度不确切,只能说恢复设立国家主席。因为,现在国家主席的职权,与五四年宪法时国家主席的职权不完全一样。这次宪法规定的国家主席,是按虚位元首规定的。五四年宪法规定,国家主席统帅军队,召开国务会议,这次都没有了。所以,只能说恢复设立国家主席,不能说恢复了 1954 年时的国家主席制度。

因为是虚位,所以在提案权方面,没有规定国家主席。

开始,全民讨论的草案规定,国家主席对内对外代表国家。有些人提出,这不确切,难道全国人大、常委会、总理就不代表国家了?!所以改了,按五四年宪法写成,对外,代表国家接受外国使节,这样就有了个范围。关于对内,本来也想改写成,对内代表国家,根据人大或常委会决定公布法律,经过研究,还是觉得按五四年宪法写好,对国内代表国家的问题就不规定了。

(二十二)国务院、各部委

这次一个重大改革是,确定国务院实行总理负责制,各部、委实行部长、主任负责制。现在,行政工作中否决权太多,对行政工作效率不利。行政工作与人大和常委会不同,人大和常委会要集体决定,但行政工作是首长负责,这样可以提高行政工作效率。

是不是与西方资本主义国家内阁那样,首相个人说了算呢?不是。还有民主集中制,有国务院全体会议和常务会议,重大问题,由国务院全体会议或常务会议决定。重大问题讨论集体决定,日常工作由总理负责。有人说,如果在常务会议上,总理个人同多数意见不一致,怎么办,是多数决定,还是总理个人拍板定。提这个问题,从法律角度看,从理论上看,是有道理的,是要明确的。但从我国实际看,不存在这个问题,如果多数意见还不一致,总理个人不会、也不需要就马上决定,会提到书记处、政治局讨论。也就是说,实际上不会有什么问题,因此没有写。

部、委也如此。部长负责,但有部务会议,重大问题要部务会议定。原草案规定,部长制定部的行政法规。经研究这么写有问题,一是,一个部定行政法规,不利政令统一,刚才说了,各部有部门利益,一个部定了,涉及其他部,要别的部执行,不成,所以改成部制定规章。再一个是,这样写,好像规章由部长个人制定,不妥,改为部制定规章,也就是要集体讨论决定,当然部长要签署。

(二十三)法院依法独立,还是独立依法审判

在法院问题上,提的意见主要是两个,一个是要完全独立,一个是要法官终身制,这个问题实质上还是要独立的问题,也就是"三权分立",要法官完全独立。

在起草时,有人主张写成法院独立依法审判;再一种意见主张写成法院依法独立审判。一个把"独立"放前,一个把"独立"放后,争论了好久。一前一后有什么不同,为什么要争那么久?看来是一前一后顺序问题,实际意思不一样,独立依法审判,就是说要完全独立,审判时依法;后一种写法,依法独立审判,包含两个意思,一是审判要依法,二是独立也要依法,不是完全独立。比如说,法院要对人大负责、报告工作,对权力机关要负责,只是行政不能干涉。再有,刑诉法规定了,公、检、法互相配合和制约,这还不是干预,这次把这个内容也写在宪法中做为一条。还有党的领导,在序言中写了,自然对法院也适用。当然,党有个如何领导的问题,不是去干涉具体案子,而是领导执法,不能违法。

这里也有个理论问题,我前面说了,资产阶级革命时,要把封建主手中的司法权先夺过来,强调三权分立,法官终身。但是,巴黎公社不同,苏维埃不同,法院也要受人民监督,服从人民意志。法院是脱离人大好,还是由人大产生、监督好?法官是终身好,还是有任期好?各级人大是人民选出的代表组成的,当然法院由人大产生、监督好,这样可以使法院在审理案件时,考虑人民的意志,维护人民的利益,如不代表人民,代表大会可以撤换。

讲一讲党的领导问题。有人觉得,有了刑法,规定了量刑,法官按照办就是了,好像很容易。实际不是,如何量刑,不简单,因为法律规定的量刑是有一定幅

度的。再具体成不成？当然能具体更好，便于执行，但没一定幅度不成，因为案件情况十分复杂，有各种各样不同情况。同时，由于形势不同，量刑也不能完全一样，所以要有个幅度。作为审判员，在审判一个案件时，是有相当机动权的，要判得正确，有个立场、水平的问题，不简单。判案要考虑形势，谁最了解形势？党委。1979 年治安形势那么严重，人民意见非常之大，这个问题是谁发现、抓住提出来的？是公安？是法院？是检察院？都不是。而是党委。彭真同志看到青年团关于上海控汇路事件的情况简报，抓住了，在政治局会上提出来了，中央非常重视，马上决定召开了城市治安会议，根据这种形势，提出了方针，采取了措施，提出在治安形势严重情况下，对强奸、抢劫等严重危害社会治安的犯罪分子，依法从重从快处理。所以，必须在党的领导下，才能正确适用法律，搞好审判工作。

（二十四）关于民族问题

民族问题，也是一个讨论比较热闹的问题。民族关系，在“文化大革命”前是好的，但“文化大革命”中可以说是“重灾区”。但是，这个账不能记在汉族身上，而是“四人帮”，不是汉族与少数民族的问题。彭真同志对班禅副委员长说，你被斗了，我被关和流放十三年，我是汉族，比你被斗、被整得要厉害吧。因此，不能把“文化大革命”的账记在汉族身上。

大家都说，“文化大革命”前民族关系是好的，就以那为标准。在民族问题上，有个根本原则，就是不搞联邦，不搞加盟共和国或变相的加盟共和国，而在统一的国家之下，搞民族区域自治，对自治权要扩大些。

这是个根本原则。在过去，我们提过民族自治。党的七大、共同纲领、五四宪法都决定，实行民族区域自治。这样，有利于国家统一，有利于抵御外来侵略，有利于民族地区的发展。这个原则一定要坚持，不能动摇。

（二十五）反对大民族主义和地方民族主义问题

反对大民族主义和反对地方民族主义，五四宪法有规定。这个提法是对的，对于加强民族团结有利。

在讨论中，有些人反对宪法写这两句，或者要写只写反对大汉族主义，不要写反大民族主义。当然，主要是反对大汉族主义，但大民族主义也有，如在新疆，维吾尔族对哈萨克族来讲是大民族，现在规定反对地方民族主义，是有现实意义的。

全民讨论后，有过一个方案，宪法中不写反对地方民族主义，增加写“禁止制造民族分裂”。但宪法修改委员会在讨论时，许多人提出不写不好，又恢复了。在人大讨论时，又有人提出意见，后来把这两句放在序言中，并按党的十二大报告，加了反对大民族主义主要是反对大汉族主义，反对地方民族主义。同时，把帮助民族地方经济发展等，放到总纲中。先后几次变化，实际上精神并没有改变。

(二十六)关于民族干部

要民族区域自治,有个干部问题。有人提出,要干部民族化。研究结果是:一,政府第一把手由实行区域自治的民族担任。人大常委会主任或者副主任中,要有实行区域自治的民族。二,大量培养民族干部、技术力量。在宪法中,对以上问题专门做了规定。

(二十七)关于民族自治地方经济

在民族自治地方开发经济,对当地民族是有利的。开发时,要与当地民族商议,在经济利益上,在招工方面,要照顾到当地民族,但决不能搞成地方所有制。

(二十八)发展社会主义民主

请同志们注意,原来草案写的是进一步发扬社会主义民主,后来改为"发展"社会主义民主。党的十二大报告就是写的"发展"。用"发展"与"发扬"有什么区别?为什么要用"发展"?发扬是说把原有的实行起来,发展是指事物由低级到高级的过程,民主要随着社会的发展而不断发展。

(二十九)关于社会主义法制

这次宪法的一个重要特点,就是强调健全社会主义法制。序言指明,健全社会主义法制是今后国家的任务之一。条文中专门对法制,作了许多重要规定。

许多人说,新宪法制定公布实施,社会主义法制进入一个新阶段。新在那里?为什么说进入一个新阶段?我看可以从以下三个方面说:

一是,新宪法为立法提供了新的基础和依据,提出了新的任务。党的十一届三中全会后,政治、经济、文化发生重大变化,七八年宪法已不符合实际和国家生活的需要。有了新宪法,立法就有了依据。有不少法各方面意见不一致,有争论,怎么定,有宪法就好办了。有了新宪法,可以促进立法工作的进行。立法一定要以新宪法为依据,不得与新宪法违背。过去制定的法,也要以新宪法为标准,进行修改补充。

二是,立法体制有重要改革。主要是:1. 全国人大常委会有权立法。2. 国务院制定行政法规。3. 省级权力机关制定地方性法规。4. 民族自治地方制定自治条例、单行条例。宪法强调要维护法制的统一,如何维护法制的统一,主要是:1. 宪法具有最高效力,法律、行政法规、地方性法规与宪法抵触无效。2. 行政法规由国务院制定,部、委只能制定规章,不能制定行政法规。常委会可以撤销国务院与宪法、法律抵触的行政法规。3. 制定地方性法规,以不得与宪法、法律、行政法规相抵触为前提。全国人大常委会可以撤销。4. 民族自治地方自治条例、单行条例要报全国人大常委会或省人大常委会批准。因为单行条例可以对法律做变通,而地方性法规不得抵触，所以地方性法规是报备案，单行条例要报批准。这样，以法制统一为前提，形成以宪法为基础，包括法律、行政法规、地方性法规、民族自治地方自治条例、单行条例的完整的、统一的社会主义法制体系。

三是，对执法做了许多重要规定，给与违法斗争，提供了宪法武器。主要规定是：1. 一切机关、武装力量、政党、团体、企业事业组织必须以宪法、法律为活动准则，并有维护宪法尊严的职责。解决了党与宪法、党与国家的关系。2. 将“违法必究”写进了宪法。3. 规定了“法律面前人人平等”，这不仅是公民权利义务的一个重要原则，也是健全社会主义法制的根本原则，并且对此进一步规定，任何组织与个人没有超越宪法、法律的特权。4. 遵守宪法和法律是公民的义务。执法、立法，都要靠人民，把法交给十亿人民最可靠，人人养成守法习惯，与违法斗争，是法律贯彻执行的最根本的保证。

（三十）关于监督宪法实施

许多人反映，宪法好是好，就怕实行不了。“文化大革命”后宪法一废三改。人民有这个担心，是可以理解的。宪法总结经验教训，做了规定。

大家最关心的是怕党把宪法废了，不守法。这个问题，党章已作了规定，党的十二大报告也讲了。宪法对此作了规定。党领导人民制定宪法和法律，党也领导人民执行宪法和法律。这次制定宪法，中央政治局、书记处前后讨论过八次，并经全国人大通过。宪法是党的意志和人民意志的融合、统一，执行宪法就是执行党的意志。所以，党委要领导人民执行宪法，自己要依法办，遵守宪法。这是宪法实施最重要的关键问题。

许多人建议，要有个监督宪法实施的机构，如宪法委员会、宪法法院等。研究来研究去，把这权交给了全国人大和全国人大常委会。因为，再搞什么机构，也不会超过全国人大和全国人大常委会的权威，全国人大是最高国家权力机关，全国人大常委会是最高国家权力机关的常设机关，因此是合适的。

彭真同志的一个重要思想，就是宪法实施的最根本、可靠的保障，是把宪法交给十亿人民。经过“文化大革命”，人民有了经验教训，与过去不同了，人人养成守法习惯，与违法斗争，就可以形成巨大力量，谁再要随便违法，再搞“文化大革命”那套，就不那么容易了。

可以看出，宪法充分注意总结了“文化大革命”教训，对宪法实施保证方面，从法律上、组织上作了重要的规定。

三、从宪法起草制定看立法工作经验

这次参加宪法起草工作，有很多体会。如何起草，根据什么原则，对我们立法工作有重要的指导意义。

第一,从中国实际出发。不是从理论、书本出发。

彭真同志一抓起草宪法的工作,首先进行调查。他说,他搞宪法缺乏条件,因为被关了十三年,出来后没时间专门调查。开始不是先去研究如何写条文,而是先调查,对农业、工业、财经、基层政权等,做了大量的调查。还派人到各地进行调查。

从实际出发还是从外国出发,在起草一开始,一直有争论。许多争论,实际上就是这个问题。比如,要不要两院制?我国与苏联、美国都不同吗。

从实际出发,还有历史的实际,最根本是从中国现实实际出发。从实际出发,思想就好统一了。为什么一院制?中国实际。中国特色,就是从中国实际出发。彭真同志形象地说,我们是给实际工作的同志和秀才之间做媒,把实际搞清楚,再用文字表述,言要符意,意要符实。

彭真同志对许多问题大量进行调查,调查后也许只写几个字,只写一条、两条,但这几个字、一条、二条,就有了坚实的基础。如政社分开问题、基层政权问题等等。

第二,听取各方面意见,特别要听取不同的意见,充分发扬民主。彭真同志说,法是在矛盾焦点上划杠杠。只有把问题、把矛盾充分摆出来,你才知道有什么问题,问题在什么地方,才好下决心。如工厂选厂长问题,听了工会、经委、计委、法规中心的意见。农业问题,听了有两方面不同意见人的意见。彭真同志叫我们特别要听取不同的意见。往往叫不同的方面也去起草方案,如一起搞,就不易听到不同声音、不同方面的意见。

第三,法规定的应当是社会实践证明行得通的。法定了要执行,行不通的、不成熟的,不写。否则定了行不通,对法律的权威不利。法要稳定,当然情况变了要改,但不能朝令夕改,不能老变。如工厂实行什么制度,各方面意见很不一致,那就不写进去。不写不等于反对,可以试验,以后成熟了可再补充。

第四,原则性和灵活性结合。全国地方大,人口多,各地发展极不平衡,不能一刀切。繁、简要适当。

第五,要有理论。对外国的要研究,但要有中国的社会主义的法理。一直在研究外国的,但不是照搬、照抄,而是弄清楚。如军队问题、两院制问题,等等。又如通讯秘密问题,吸收了法、意的规定。没有理论,不上升到理论,就会来回摇摆。在理论上一定要弄清、要彻底,不能含糊,这样,才能坚决、明确,至于如何处理,可以有各种办法。

宪法修改的过程

（1985 年 5 月 6 日　在法工委、司法部举办的
立法工作培训班上的讲话节录）

新中国成立以来，我们已经有了四部宪法。《共同纲领》不算，1954 年制定了第一部宪法，这部宪法是好的。十年动乱期间 1975 年搞了一部宪法，粉碎“四人帮”后在 1978 年又搞了一部宪法。1980 年 8 月中共中央向五届全国人大三次会议主席团建议，对 1978 年宪法进行比较系统的修改。

为什么 1978 年宪法才搞了两年多，就要进行系统的修改？中央给大会主席团的建议信和叶剑英同志在第一次宪法修改委员会上的说明，讲得很清楚。1978 年宪法是在粉碎“四人帮”以后不久制定的，由于当时历史条件的限制，还来不及对建国三十年来社会主义革命和建设的经验进行全面总结，还来不及彻底清理十年动乱期间某些“左”的思想对宪法的影响。比如，1978 年宪法还肯定“无产阶级文化大革命”“在社会主义阶段党的基本路线”“以阶级斗争为纲”等。更重要的是，中共十一届三中全会以后，我们国家的政治、经济、文化生活都发生了重大变化。如工作重点的转移，对国内阶级状况的新的分析，我国民主化的重大进展，国家领导制度和国民经济体制的重大变化，民族区域自治地方自治权的扩大。以上这些，没有、也不可能在 1978 年宪法里得到反映。中共十一届三中全会以后，1979 年五届全国人大二次会议对 1978 年宪法进行了部分修改，如改“革委会”为“人民政府”、县级以上地方人大设立常委会。1980 年五届全国人大三次会议又对 1978 年宪法进行了修改，如取消“四大”（大鸣、大放、大字报、大辩论）。虽然已经进行了这些修改，但总的来说，1978 年宪法已不适应社会主义现代化建设的客观需要。

当时有人提出，1978 年宪法才制定了两年就进行修改，是否会影响法律的稳定性和权威？是否有利于加强社会主义法制？当时提出这样的问题是可以理解的，人们经过了十年动乱，怕宪法不稳定，怕乱。但是，1978 年宪法与我国的社会主义现代化建设的实际不完全符合了。如 1978 年宪法规定，农村人民公社“三级所有，队为基础”，而且要向大队为基本核算单位过渡，这与我国农村实行的联产承包生产责任制就不适应了。宪法是法制的基础，健全和加强社会主义法制，要做到“有法可依、有法必依、执法必严、违法必究”，就要有一个能适应四化建设需要的、比较长期稳定的宪法。因此，对 1978 年宪法作系统的修改，适应社会主义现代化建设的客观需要，才能真正使宪法具有权威性，才能执法必严，违法必究。

因此,修改宪法正是为了健全社会主义法制。

有人说,为什么资本主义国家的宪法能够稳定,不怎么改?其实也并不都如此。如法国,从1789年法国资产阶级革命到现在不到二百年,已经有多部宪法。有一些国家如美国,1787年制定宪法后,现在还是这一部,只是对条文做补充、修改,到现在也已修改了二十多次。资本主义国家的宪法一般主要规定国家机构的产生和职权、公民的权利义务,对所有制就是规定私有财产神圣不可侵犯。而社会主义国家的宪法,从列宁领导制定的苏联1918年宪法起,不仅规定国家机构,而且还规定经济、文化等一些根本的制度,那么随着革命的发展,有些规定,自然就不完全适用了。拿我国1954年宪法来讲,是比较好的宪法,但当时五种经济成分并存,任务是"一化三改",即社会主义工业化,对农业、手工业、资本主义工商业实行社会主义改造。到1956年生产资料私有制的社会主义改造已经基本完成,社会主义制度已经确立。在这种情况下,"五四宪法"就不能完全适应了,就要根据新的情况加以修改和发展。

那么,我们这次对宪法修改后,是不是不久又会改呢?这次修改宪法时就提出,要搞一部比较稳定的宪法。现在有没有条件搞一部适应四化建设需要的、比较长期稳定的宪法呢?有这个条件。第一,我国生产资料私有制的社会主义改造已经完成,消灭了剥削制度,确立了社会主义,这与1954年的情况不同了。第二,中共十一届六中全会《关于建国以来党的若干历史问题的决议》,对新中国成立三十年来社会主义革命和社会主义建设的经验和教训,作了全面总结。第三,有中共十一届三中全会以来一系列正确的方针、政策。第四,有经过三十年来正反两方面的经验教训,没有"文化大革命",我们写不出这样的宪法。由于有了以上几条,我们就能够制定出一部比较长期、稳定的新宪法。

下面我介绍一下这次宪法修改的过程。宪法由哪个单位主持修改?1954年宪法,中央人民政府委员会产生了一个宪法起草委员会,毛泽东同志是起草委员会的主席,委员会包括共产党、各民主党派和无党派的代表人物。1975年宪法,没有成立什么委员会,由当时的党中央直接将宪法草案交给全国人民代表大会讨论。1978年宪法,成立了一个宪法修改委员会,成员全部都是政治局委员,实际上还是党直接交给全国人民代表大会,当然,在起草过程中,征求了各方面和人民群众的意见。这次,由全国人大决定设立了一个宪法修改委员会,主任委员是叶剑英,副主任委员是宋庆龄、彭真,另有103名委员。党中央政治局、书记处的同志,副委员长、政协副主席,各党派的领导人,各方面的代表人物,都参加了宪法修改委员会,代表很广泛。

修改大体上经过三个阶段。第一个大阶段,是由宪法修改委员会提出一个修改草案。这个阶段时间最长。五届全国人大三次会议决定设立宪法修改委员会,1980年9月15日,宪法修改委员会召开第一次全体会议,叶剑英同志在讲话中提出了修改宪法要根据什么精神。他说,这次修改宪法要认真总结我国建国以来历次修改宪法的经验,一定要从我国的实际出发,以我国自己的经验为基础,同时也要参考外国的,尤其是社会主义国家的宪法,吸收其中好的东西。宪法修改委员会第一次会议成立了秘书处,胡乔木同志是秘书长,还有几位副秘书长。委员会让秘书处先提出一个讨论稿。17 日,秘书处成立,开始工作。一方面广泛地征求各界人士对宪法修改的意见,包括召开地方、各部门、各界人士、各方面专家如法学专家、经济学专家、政治学专家等的座谈会;另一方面对我国建国以来的宪法进行了研究,同时搜集了许多外国宪法的资料。

全国人民对这次修改宪法非常关心,思想非常活跃。经过十年动乱,大家都在总结经验教训,都在想如何才能防止类似情况再发生。当时对如何修改宪法,提出了不少的意见,各种各样的意见都有。比如,宪法要不要规定坚持四项基本原则,是实行"三权分立"还是人民代表大会制,是一院还是两院,是实行民族区域自治还是实行联邦制。具体的意见,就更多了。这说明全国人民对政治的关心。秘书处根据各方面意见开始起草条文,不少条文都是几种方案,这反映了有各种不同的看法,甚至连要不要序言,也有不同意见。

1981 年 7 月以后,彭真同志直接主持起草工作。当时,党的十一届六中全会的决议已通过,许多争议的问题已解决,这是很有利的条件。这时,对起草工作班子又加以充实,增加了两部分人,一部分是起草党的十一届六中全会决议的同志,因为他们了解建国以来若干历史问题各种争论的意见以及最后是怎么统一的;另一部分是做实际工作的同志。

彭真同志 7 月主持起草工作,开始了解情况。刚才讲了,有各种不同的意见,怎么统一? 从实际出发。彭真同志进行了大量的调查研究,广泛征求各方面的意见,特别是搞经济工作同志的意见。他找了搞财经工作、农村工作、民政工作的同志,不但找了中央有关部门的同志,还找了基层工作的同志,特别注意听取不同的意见。经过几个月的调查研究,到 10 月 3 日,彭真同志召开秘书处全体工作班子的会议。在秘书处全体工作班子的会上,彭真同志有个讲话,对如何修改宪法提出了几点,大概意见是:

第一,宪法一定要从中国的实际出发。修改宪法的根据,不是美国、日本,也不是新加坡,而是从我国的实际出发。实际包括两方面,一个是现实的实际,一个是历史的实际。现实的实际是根本的,宪法要从这点出发。历史的实际,主要是经验教训。其次要研究外国的经验教训,吸收其中精华、好的,对我们有用的东西,也就是说,不能吸毒,也不要吸收糟粕。

第二,宪法只能写现在能够定下来的、最根本的、最需要的东西。宪法要起到统一思想、进一步巩固安定团结、保证"四化"建设等工作顺利进行的作用。要尽可能把全国各方面意见大体集中起来,定型化。宪法只写能定下来的东西。有些具体的东西也不一定在宪法里规定,宪法只规定最根本的东西,管战略。

第三,以 1954 年宪法为基础。"文化大革命"中发生的问题,不是 1954 年宪法不好，而是没有执行宪法的规定。当然，1954 年宪法也有不适应新形势的地方，这就要求我们在 1954 年宪法的基础上总结正反两方面的经验，继承 1954 年宪法，发展 1954 年宪法。

第四，坚持四项基本原则，是修改宪法的总的指导思想。1981 年 10 月 5 日，起草班子集中，到 1982 年 2 月拿出了讨论稿。1982 年 3 月，宪法修改委员会召开第二次会议，讨论讨论稿。彭真同志在宪法修改委员会第二次会上说，大家对秘书处提出的宪法修改草案讨论稿，可以增，可以减，也可以推翻。首先请大家看看，能否作为修改的基础，有没有另外新的草案。大家同意以秘书处的讨论稿作为修改的基础。怎么审议？彭真同志讲，要从中国的实际出发，总结正反两方面的经验教训。方针是，把马列主义的普遍真理同中国革命的具体实际相结合。标准是，最大多数人民的最大利益。宪法修改委员会对讨论稿逐章逐条进行了讨论，反复研究修改，开了九天会议。会后，由秘书处根据宪法修改委员会第二次会议提出的意见，做了修改。4 月，召开宪法修改委员会第三次会议。秘书处提出的讨论稿有一百四十条，经过宪法修改委员会讨论后，有八十三条做了修改，序言十一段改了十段，还增加了一段。宪法修改委员会第三次会议开了九天，逐章逐条进行审议修改，这样才提出了一个宪法修改草案。

第二个阶段是全民讨论。1982 年 4 月全国人大常委会开会，决定公布宪法草案，交全民讨论。全国人大常委会在讨论时提出了不少很好的意见，但未进行具体修改，因为常委会只是决定公布。它的意见和全民讨论的意见一起，由宪法修改委员会进行修改。

在全民讨论中，工人、农民、知识分子、干部、全国各族人民，对宪法草案讨论得非常认真，这实际上就是全国人民参加国家管理的一个重要形式。全民讨论后，宪法修改委员会在 11 月召开第四次会议，开了五天，根据全民讨论的意见，根据人大常委会的意见，又修改了很多。不完全精确的统计，这次一共修改了近百处，纯文字的还不算。10 月 23 日宪法修改委员会召开第五次会议，通过了宪法修改草案，提交五届全国人大五次会议审议。

第三个阶段，全国人民代表大会审议。五届全国人大五次会议于 11 月 26 日听取《关于中华人民共和国宪法修改草案的报告》。从 27 日下午开始审议宪法，经过逐章逐条的审议，提出了不少好意见。根据代表的意见又进行了修改，修改涉及的条文有十九条，有的条文修改不止一处，如果连序言、总纲在内，一共修改了近三十处。有些是重要的修改，例如增加“违反宪法和法律必须追究”，这是军队代表提出的，与会代表认为这个意见很好，在宪法中增加了。12 月 4 日全国人大采取投票的办法，通过了宪法。当时参加大会的代表是三千零四十名，三票弃权，其余的都投票赞成。

以上就是宪法修改的大体过程。概括地讲，从 1980 年 9 月到 1982 年 12 月正式通过，共用了两年零三个月的时间。宪法修改委员会先后开了五次会，一共开了二十五天，全民讨论四个月，大会审议四天。先后搞了七稿，这仅指提到法律程序上的稿子，不包括内部工作稿子，如果这些都算上，则有几十个稿本。

这次宪法起草修改的整个过程都是党中央领导进行的。第一，是党中央向全国人大主席团建议对宪法进行比较系统的修改的。第二，中央政治局、书记处全体成员都参加了宪法修改委员会。第三，宪法的根据是党的十一届三中全会以来党的正确路线、方针政策，党的十一届六中全会的决议和党的十二大提出的奋斗纲领。第四，在宪法修改过程中，中央政治局、书记处先后讨论了八次。所以说，宪法的整个修改过程，都是在党领导下进行的。

从修改过程，我们可以看出什么呢？第一，修改过程就是从实际出发，总结历史经验教训的过程。宪法总结了二十世纪以来，特别是中华人民共和国成立以来我国的历史经验，继承和发展了 1954 年宪法的基本原则。它总结了我国社会主义建设的丰富经验，也吸收了国际的经验。这部宪法是有中国特色的、适应新的历史时期社会主义现代化建设需要的、长期稳定的新宪法。第二，修改宪法是在党的领导下广泛发扬了民主。这部宪法反映了全国各族人民的共同意志和根本利益，是党的主张和人民意志的统一。

还可以有什么启发呢？宪法的每条规定，都是经过反复讨论修改后才定下来的。看来是几个字，但经过了反复研究，是以大量的事实为根据的。因此，要真正做到深刻、正确的理解，需要认真下功夫好好学习。

宪法是治国安邦的总章程

（2002 年 8 月 29 日　第九届全国人大常委会
第 28 次法制讲座）

今年是现行宪法颁布实施二十周年。江泽民同志说，“宪法是治国安邦的总章程”“要在公民中深入开展法制宣传教育，特别要注意进行宪法教育，普及宪法知识，使广大干部和群众严格遵守宪法，把宪法的各项规定落到实处”。我准备分三部分对宪法作些介绍：一、宪法是国家的根本大法；二、宪法关于国家根本制度和根本任务的规定；三、依法治国，保证宪法的贯彻实施。

宪法是国家的根本大法

1954 年中央人民政府委员会讨论我国第一部宪法草案时，毛泽东同志有一段话，他说：“一个团体要有一个章程，一个国家也要有一个章程，宪法就是一个总章程，是根本大法。”他还说：“用宪法这样一个根本大法的形式，把人民民主和社会主义原则固定下来，使全国人民有一条清楚的轨道，使全国人民感到有一条清楚的明确的和正确的道路可走，就可以提高全国人民的积极性。”毛泽东同志的这段话，通俗地把什么是宪法、宪法的地位和作用，都讲到了。

现代意义的宪法是从资产阶级革命时开始的。最早是英国，但是它没有一部系统完整的成文宪法，而是由很多宪法性的文件和法律组成的，主要是《权利请愿书》《人身保护法》《权利法案》《王位继承法》《议会法》《众议院选举法》等。美国在独立战争取得胜利以后，在 1787 年制定了宪法，这是最早的一部完整的成文宪法。资产阶级在反对封建的资产阶级革命取得胜利以后，把资产阶级革命取得的最根本的成果，用宪法形式固定下来，加以保护。所以马克思、恩格斯说，资产阶级宪法是资产阶级革命的产物，是资产阶级意志的集中表现。

无产阶级革命取得胜利以后，也是用宪法把无产阶级革命的成果肯定下来。苏联十月革命以后，1918 年在列宁领导下，制定了苏维埃俄罗斯社会主义联邦共和国宪法。列宁说，我们的宪法不是抄出来、想出来的，而是把实际生活中解决了的废除地主阶级资本家所有制的成果记载下来。

起草 1982 年宪法的时候，全国各族人民非常关心，总结“文化大革命”的教训，希望对宪法的地位、作用作出规定。1982 年宪法序言的最后一段，就是根据全国各族人民的这个意见,对宪法的地位、作用所作的规定:“本宪法以法律的形式确认了中国各族人民奋斗的成果,规定了国家的根本制度和根本任务,是国家的根本法,具有最高的法律效力。全国各族人民、一切国家机关和武装力量、各政党和各社会团体、各企业事业组织,都必须以宪法为根本的活动准则,并且负有维护宪法尊严、保证宪法实施的职责。”宪法是国家的根本大法,因为:第一,从内容上说,宪法规定国家的根本制度和根本任务。如国家的性质、国家的根本政治制度和经济制度、国家的根本任务、公民的基本权利和义务、国家机构,这些都是国家生活中最根本最重要的问题。其他法律只是规定某一方面的问题。第二,宪法具有最高的法律效力。一切法律、行政法规和地方性法规都不得与宪法相抵触,否则无效。第三,宪法是根本的活动准则。这是总结建国几十年经验,特别是“文化大革命”教训得出的结论。

新中国建立以来,先后颁布了四部宪法。1949 年全国政协制定的《共同纲领》,虽然不是宪法,但它总结了人民革命的经验,确定了我们国家各方面的总政策,起到了临时宪法的作用。第一部宪法是 1954 年第一届全国人民代表大会第一次会议通过颁布的。这部宪法是一部很好的宪法,总结了我国长期革命的经验,特别是建国五年来的经验,把人民民主和社会主义原则,把党提出的过渡时期的总路线,用宪法的形式肯定下来。“文化大革命”期间,在 1975 年颁布了第二部宪法,这部宪法是在国家政治生活很不正常的情况下产生的,反映了“文化大革命”很多错误的观点,抛弃了 1954 年宪法中很多正确的东西。粉碎“四人帮”以后,在 1978 年又颁布了第三部宪法。1982 年颁布的宪法是第四部。

1980 年 8 月,中共中央向五届全国人大三次会议主席团建议,对 1978 年宪法进行系统的修改。为什么 1978 年宪法才颁布了两年多,就要进行系统的修改?中央给大会主席团的建议信和叶剑英同志在第一次宪法修改委员会上的说明讲得很清楚,主要原因是:第一,1978 年宪法是粉碎“四人帮”以后不久颁布的,由于当时历史条件的限制,还来不及对建国三十年来社会主义革命和建设的经验,进行全面总结,来不及彻底清理“文化大革命”期间某些“左”的思想对宪法的影响。第二,党的十一届三中全会总结历史经验教训,拨乱反正,全党把工作重点转移到社会主义现代化建设上来,同时作出了实行改革开放的战略决策,我们国家的政治、经济、文化生活都发生了重大变化。1979 年五届全国人大二次会议、1980 年五届全国人大三次会议虽然对 1978 年宪法作了一些修改(二次会议把革委会改成人民政府,县以上地方人大设常委会,把直接选举扩大到县;三次会议取消了原四十五条中“有运用‘大鸣、大放、大辩论、大字报’的权利”的规定。),但是总的来说,已经不能适应社会主义现代化建设的客观要求。对宪法进行全面系统修改的目的和指导思想是,根据十一届三中全会精神,总结历史经验,颁布一部能够符合新历史时期进行四化建设需要的、比较长期稳定的宪法。十一届三中全会以后四年拨乱反正和改革的实践经验,十一届六中全会通过的《关于建国以来党的若干历史问题的决议》以及1982年召开的党的十二次全国代表大会，都为宪法修改提供了重要依据。1982年宪法颁布后，随着情况的发展，又进行过三次修改。第一次是1988年七届全国人大一次会议，第二次是1993年八届全国人大一次会议，第三次是1999年九届全国人大二次会议。可以说，我国宪法是一部具有中国特色的、能够适应新的历史时期社会主义现代化建设需要的宪法。

宪法关于国家根本制度和根本任务的规定

宪法是根本大法，规定国家的根本制度和根本任务。我对以下九个问题做一些介绍。

一、关于社会主义初级阶段的基本路线

1982年宪法把党在社会主义初级阶段的基本路线，用宪法形式肯定下来，成为全国各族人民共同奋斗的纲领。

江泽民同志在十四大报告中指出，“我们党在十一届三中全会上毅然抛弃‘以阶级斗争为纲’这个不适用于社会主义社会的‘左’的错误方针，把党和国家的工作中心转移到经济建设上来。这是政治路线的拨乱反正。在确定工作中心转移的同时，作出了实行改革开放的伟大决策，并针对拨乱反正过程中出现的错误思潮，旗帜鲜明地强调必须坚持社会主义道路、坚持人民民主专政、坚持中国共产党的领导、坚持马克思列宁主义毛泽东思想。‘一个中心、两个基本点’的思想开始形成，奠定了新时期党的基本路线的基础”。

1982年宪法根据“一个中心、两个基本点”的精神规定：“今后国家的根本任务是集中力量进行社会主义现代化建设。中国各族人民将继续在中国共产党领导下，在马克思列宁主义、毛泽东思想指引下，坚持人民民主专政，坚持社会主义道路，不断完善社会主义的各项制度，发展社会主义民主，健全社会主义法制，自力更生，艰苦奋斗，逐步实现工业、农业、国防和科学技术的现代化，把我国建设成为高度文明、高度民主的社会主义国家”（宪法序言第七自然段）。

社会主义初级阶段“一个中心、两个基本点”的基本路线，在党的十一届三中全会后就开始形成了，随着改革的不断深化，认识不断提高。与此相适应，全国人大对此又做了两次修改，一次是1993年八届全国人大一次会议，根据党的十四大精神，在“国家的根本任务是”之后，加了“根据建设有中国特色社会主义的理论”；在“不断完善社会主义的各项制度”之前，加了“坚持改革开放”，同时明确规定了“我国正处于社会主义初级阶段”。1999年九届全国人大二次会议根据十五大精神，又进一步做了修改，主要是在“马克思列宁主义、毛泽东思想”之后，加了“邓小平理论”；将“正处于社会主义初级阶段”改为“将长期处于社会主义初级阶段”；

在“坚持改革开放，不断完善社会主义的各项制度”之后，加了“发展社会主义市场经济”。经过这两次修改，宪法进一步明确了邓小平理论的指导地位，对社会主义初期阶段基本路线的阐述，更加全面、深刻，使全国人民对此有一个更加完整、清晰的认识。

宪法确定了中国共产党在国家生活中的领导地位。起草 1982 年宪法时，对党的领导地位如何表述，当时有各种各样的意见和不同的认识。怎么统一思想？实践是检验真理的唯一标准，从总结历史经验入手，宪法序言回顾了一百多年来中国革命的历史。二十世纪我国发生了翻天覆地的变化，有四件最重大的历史事件，第一件大事是孙中山领导的辛亥革命，第二件大事是推翻了帝国主义、封建主义和官僚资本主义的统治，建立了中华人民共和国，第三件大事是实现了由新民主主义到社会主义的过渡，建立了社会主义制度，第四件大事是经济建设取得重大成就，基本上形成独立的、比较完整的社会主义工业体系。除了辛亥革命外，“中国新民主主义革命的胜利和社会主义事业的成就，是中国共产党领导中国各族人民，在马克思列宁主义、毛泽东思想的指引下，坚持真理，修正错误，战胜许多艰难险阻而取得的”，今后“中国各族人民将继续在中国共产党的领导下”，把我国建设成为富强、民主、文明的社会主义国家（宪法序言）。宪法序言是宪法的组成部分，是具有宪法效力的，这就在宪法中，确定了党在国家生活中的领导地位。所以说，坚持共产党的领导，是不以人们意志为转移的客观规律，是中国人民总结历史经验得出的基本结论，是亿万人民在长期斗争中作出的决定性选择。

二、国家的性质

国家的性质由国体来决定。毛泽东同志讲过：“国体问题，清朝末年起，闹了几十年还没有闹清楚。其实，它只是指的一个问题，就是社会各阶级在国家中的地位。”宪法第一条规定：“中华人民共和国是工人阶级领导的、以工农联盟为基础的人民民主专政的社会主义国家。”这条规定了我们国家的性质和各阶级在国家中的地位。

《共同纲领》和 1954 年宪法都写的是“人民民主专政”。1975 年宪法改为“无产阶级专政”，1978 年宪法延用了这个提法。1982 年宪法又改为“人民民主专政”，为什么？从我们国家的情况看，工人阶级是领导阶级，但是百分之八十的人口是农民，另外还有其他广大的人民，写“工人阶级领导的、以工农联盟为基础的人民民主专政”更符合我国的实际情况，更能表明我们民主的基础，也可以防止“文化大革命”期间那种对无产阶级专政的歪曲和滥用。1982 年宪法写“人民民主专政”，不能理解为只是简单地恢复 1954 年宪法的提法和内容，因为现在与 1954 年相比，各个阶级的情况和国家的主要任务，都有明显的变化。

关于知识分子的问题,讨论得很热烈。对知识分子的地位和作用,宪法作了充分、突出的规定。宪法序言专门写了建设社会主义要三个依靠,“社会主义的建设事业必须依靠工人、农民和知识分子,团结一切可以团结的力量”。第二十三条还专门规定:“国家培养为社会主义服务的各种专业人才,扩大知识分子队伍,创造条件,充分发挥他们在社会主义现代化建设中的作用。”

三、根本经济制度

我们国家的根本制度是社会主义制度,宪法对此作了明确规定:“社会主义制度是中华人民共和国的根本制度。禁止任何组织或者个人破坏社会主义制度。”(宪法第一条第二款)

党的十五大报告提出:“邓小平理论坚持科学社会主义理论和实践的基本成果,抓住‘什么是社会主义、怎样建设社会主义’这个根本问题,深刻地揭示社会主义的本质,把对社会主义的认识提高到新的科学水平”“十一届三中全会以来,党正确地分析国情,作出我国还处于社会主义初级阶段的科学理论”“在中国,真要建设社会主义,那就只能一切从社会主义初级阶段的实际出发,而不能从主观愿望出发,不能从这样那样的外国模式出发”。前面已经介绍了,经过 1993 年八届全国人大一次会议和 1999 年九届全国人大二次会议对宪法的修改,在宪法中规定了“我国将长期处于社会主义初级阶段”,这就明确了我们是在什么情况下建设社会主义。

什么是社会主义初级阶段有中国特色的社会主义经济制度?十五大报告指出:“建设有中国特色社会主义的经济,就是在社会主义条件下发展市场经济,不断解放和发展生产力。这就要坚持和完善社会主义公有制为主体、多种所有制经济共同发展的基本经济制度;坚持和完善社会主义市场经济体制,使市场在国家宏观调控下对资源配置起基础性作用;坚持和完善按劳分配为主体的多种分配方式,允许一部分地区、一部分人先富起来,带动和帮助后富,逐步走向共同富裕;坚持和完善对外开放,积极参与国际经济合作和竞争。保证国民经济持续快速健康发展,人民共享经济繁荣成果”。

1982 年宪法规定,要“不断完善社会主义的各项制度”(宪法序言),“完善经济管理体制和企业经营管理制度”(宪法第十四条)等。随着改革的不断深化,根据党的十三大、特别是十四大、十五大的精神,全国人大三次对宪法修改的一个主要方面,就是增加有关社会主义初级阶段经济制度的内容。1982 年宪法和后来的修改,对这些问题做了明确规定,主要有:

第一,“中华人民共和国的社会主义经济制度的基础是生产资料的社会主义公有制,即全民所有制和劳动群众集体所有制。社会主义公有制消灭人剥削人的制度,实行各尽所能、按劳分配的原则。”(宪法第六条第一款)

第二，“国家在社会主义初级阶段，坚持公有制为主体、多种所有制经济共同发展的基本经济制度，坚持按劳分配为主体、多种分配方式并存的分配制度。”（宪法第六条第二款）“在法律规定范围内的个体经济、私营经济等非公有制经济，是社会主义市场经济的重要组成部分。”“国家保护个体经济、私营经济的合法权利和利益。国家对个体经济、私营经济实行引导、监督和管理。”（宪法第十一条）这是后来修改时规定的。

第三，我国实行什么经济体制，有个认识的过程。1993 年八届全国人大一次会议根据十四大精神，将宪法第十五条“国家在社会主义公有制基础上实行计划经济。国家通过经济计划的综合平衡和市场调节的辅助作用，保证国民经济按比例地协调发展。”“禁止任何组织或者个人扰乱社会经济秩序，破坏国家经济计划。”修改为：“国家实行社会主义市场经济。”“国家加强经济立法，完善宏观调控。”“国家依法禁止任何组织或者个人扰乱社会经济秩序。”

第四，“中华人民共和国允许外国的企业和其他经济组织或者个人依照中华人民共和国法律的规定在中国投资，同中国的企业或者其他经济组织进行各种形式的经济合作。”“在中国境内的外国企业和其他外国经济组织以及中外合资经营的企业，都必须遵守中华人民共和国的法律。它们的合法的权利和利益受中华人民共和国法律的保护。”（宪法第十八条）这表明对外开放是我们国家的一项重要基本政策。

四、根本政治制度

每个国家都有国体和政体。国体是指各个阶级在国家中的地位，它决定和体现国家的性质。同时，不管什么性质的国家，统治阶级都要采取一定的政权组织形式来管理国家，以实现其统治，这就是政体，也就是政治制度。国体非常重要，是决定性的，但没有一定的与之相适应的政体，就不能很好地实现统治阶级管理国家的权力，政体是保障、有利统治阶级实现其统治的，所以实行什么政治制度，是一个国家带有根本性的重大问题。

不同性质的国家，采取的政治制度是不同的。一个国家采取什么样的政治制度，最根本的是由这个国家的国体决定的，同时，在具体形式上，也与每个国家的政治、经济、文化、民族等具体情况有关系。奴隶主国家、封建主国家政治制度的原则是专制主义，他们的理论是“君权神授”，也就是说，国王的权力是神授予的，因此，实行君主集权制，立法权也好，行政权也好，司法权也好，都集中在君主手中。资产阶级革命针对封建专制主义，提出了三权分立，采取共和制，实行议会制度。在封建社会，资产阶级处于被统治地位，他们在反封建斗争中，首先要求有立法权，进而要求从司法方面来限制封建君主的权力，主张立法权、行政权、司法权互相制衡。这个理论在反封建专制的资产阶级革命中，是有进步意义的。在资产阶级掌握政权后，立法权也好，行政权也好，司法权也好，都掌握在大资产阶级手中，议会、政府、司法机关都是资产阶级统治人民的工具。1871 年法国无产阶级革命，在巴黎创建了崭新的无产阶级政权——巴黎公社。马克思高度评价巴黎公社的创举，他说："公社是由巴黎各区普选选出的城市代表组成的。这些代表对选民负责，随时可以撤换。其中大多数自然都是工人，或者是公认的工人阶级的代表。公社不应当是议会式的，而应当是同时兼管行政和立法的机关。"巴黎公社的组织原则是民主集中制。

我国人民在长期的革命斗争中，创建了革命的政权。1940 年毛泽东同志在《新民主主义论》中就指出，我国的政体是实行民主集中制原则的人民代表大会制度。民主集中制是我国政治制度的根本原则，这与巴黎公社的原则是一样的，但在具体形式上又与巴黎公社有所不同，这是根据我国实际情况决定的。新中国成立后，《共同纲领》确定实行人民代表大会制度，但人民代表大会制度的建立，也经历了不同的阶段，开始由全国政协代行全国人大的职权，地方先是召开代表会议，到 1953 年全国进行普选，在普选基础上召开了地方和全国的人民代表大会。

起草 1982 年宪法时，大家在总结历史经验，特别是"文化大革命"的教训，对实行什么政治制度有各种各样的意见，也有的提出实行西方三权分立的政治制度，有的主张两院制，等等。中央和邓小平同志非常明确，必须坚持人民代表大会制度。邓小平同志强调指出，"在政治体制改革方面，有一点可以肯定，就是我们要坚持人民代表大会制度"。为什么会发生"文化大革命"？不是人民代表大会制度不好，而是民主、法制遭到破坏。三届全国人大一次会议后，从 1966 年发生"文化大革命"一直到 1975 年，全国人大和人大常委会就没有开过会，地方各级人大也不存在了，而是被"革委会"所取代。所以，总结这段历史教训，不是不要人民代表大会制度，而是要坚持人大制度并加以完善。

宪法第二条、第三条将人民代表大会制度作为我国的根本政治制度。我国为什么要实行人民代表大会制度？这是由我国的国体决定的。宪法规定："中华人民共和国是工人阶级领导的、以工农联盟为基础的人民民主专政的社会主义国家。"（宪法第一条）"中华人民共和国的一切权力属于人民。"（宪法第二条第一款）一切权力属于人民，人民是国家的主人，这是我国政治制度的核心和本质。我国有十多亿人口，广大人民根据什么原则组织起来管理国家事务呢？就是实行民主集中制的原则。宪法规定，"中华人民共和国的国家机构实行民主集中制的原则。"（宪法第三条第一款）为了保证广大人民当家作主，管理国家事务，根据民主集中制的原则，从我国的实际情况出发，把人民代表大会制度作为国家的根本政治制度。宪法规定，"人民行使国家权力的机关是全国人民代表大会和地方各级人民代表大会。"（宪法第二条第二款）"全国人民代表大会和地方各级人民代表大会都由民主选举产生，对人民负责，受人民监督。"（宪法第三条第二款）"国家行政机关、审判机关、检察机关都由人民代表大会产生,对它负责,受它监督。”(宪法第三条第三款)从以上规定可以看出,人民代表大会制度的基本内容是:

第一,全国人民代表大会和地方各级人民代表大会是人民行使国家权力的机关,它们都由人民民主选举产生,对人民负责,受人民监督。各级人大是由代表组成的,它们代表人民行使管理国家的权力。因此,民主选举十分重要,要把真正能够代表人民利益和意志的人选为代表。同时,代表当选后还要对人民负责,受人民监督,代表人民认真履行职务,如果不代表人民利益,那么选民和选举单位有权依照法律规定的程序予以罢免。(宪法第七十七条、第一百零二条)这与西方议会制度是不同的,西方资本主义国家的议员当选后,在任期内选民是不能撤换的,因此在竞选时可以讲得天花乱坠,向选民许愿,当选后不履行诺言,选民也没有办法。

第二,国家行政机关、审判机关、检察机关都由人民代表大会产生,对它负责,受它监督。在我国,一切权力属于人民,各级人大是人民行使国家权力的机关。这样规定行政机关、审判机关、检察机关与权力机关的关系,目的是保证人民的决定能够得到贯彻施行,使人民政府依照人民的意愿行使行政权,法院、检察院依照人民意愿行使审判权、检察权。而资本主义国家实行三权分立,议会只是立法机关,在美国,总统对议会制定的法律可以否决,在日本,首相虽然对议会负责,但可以解散议会。

所以说,我国实行民主集中制原则的人民代表大会制度的优越性,就是可以使人民真正掌握国家的、民族的、自己的命运。党的十五大报告指出:“社会主义民主的本质是人民当家作主。国家一切权力属于人民。我国实行的人民民主专政的国体和人民代表大会制度的政体是人民奋斗的成果和历史的选择,必须坚持和完善这个根本政治制度,不照搬西方政治制度的模式,这对于坚持党的领导和社会主义制度、实现人民民主具有决定意义。”

五、社会主义精神文明建设

1980 年 12 月,邓小平同志说,“我们要建设的社会主义国家,不但要有高度的物质文明建设,而且要有高度的精神文明。所谓精神文明,不但是指教育、科学、文化(这是完全必要的),而且是指共产主义的思想、理想、信念、道德、纪律”等。强调社会主义精神文明,是 1982 年宪法的一个重要特点。社会主义精神文明建设包括两个方面,一是发展教育、科学、文化事业,一是思想道德教育。

关于教育、科学、文化方面,宪法草案原来的规定是一条,根据全民讨论的意见,改为四条,教育、科学、卫生体育、文化各一条,并充实了内容。我们实施科教兴国战略,党的十四大报告指出:“科学技术是第一生产力。振兴经济首先要振兴科技”“科技进步、经济繁荣和社会发展,从根本上说取决于提高劳动者的素质,培养大批人才。我们必须把教育摆在优先发展的战略地位。”宪法规定:“国家发展社会主义的教育事业,提高全国人民的科学文化水平。”(宪法第十九条第一款)“国家发展自然科学和社会科学事业,普及科学和技术知识,奖励科学研究成果和技术发明创造。”(宪法第二十条)这里有个很重要的精神,就是两条腿走路。如对教育的规定,要普及,普及是基础,又要提高;既讲正规,也讲业余,还鼓励自学成才;既讲国家办,同时社会也要办(宪法第十九条第二、三、四、五款)。卫生、体育也是这样的原则(宪法第二十一条)。宪法规定,文学艺术事业、新闻广播电视事业、出版发行事业、图书馆博物馆和其他文化事业,要“为人民服务、为社会主义服务”(宪法第二十二条)。

在思想道德教育方面,宪法第二十四条作了重要的规定。第一,“国家通过普及理想教育、道德教育、文化教育、纪律和法制教育,通过在城乡不同范围的群众中制定和执行各种守则、公约,加强社会主义精神文明的建设”。第二,“国家提倡爱祖国、爱人民、爱劳动、爱科学、爱社会主义的公德”,这是对建国初期《共同纲领》中关于国民公德的五爱要求的发展,将其中“爱护公共财产”改为“爱社会主义”。第三,“在人民中进行爱国主义、集体主义和国际主义、共产主义的教育,进行辩证唯物主义和历史唯物主义的教育,反对资本主义的、封建主义的和其他的腐朽思想”。

六、民族区域自治

关于国家结构,是指国家的整体和部分根据什么原则组织起来。大体是两种方式,单一制和联邦制。联邦制是由若干个成员共同组成联邦。世界上的联邦制国家有几种情况,一种是因民族问题而实行的联邦制,如原苏联的加盟共和国,一种是地区之间实行的联邦,如美国的州就是这样。我国是单一制国家。

我国是统一的多民族的国家,有五十六个民族,民族问题是个非常重要的问题。我们党一贯主张各民族不分大小一律平等,实行平等、团结、互助、共同繁荣的政策。中华人民共和国的成立,标志着民族压迫的结束,建立了平等、团结、互助的民族关系。根据我国的实际情况,总结世界的经验,我国采取民族区域自治的制度,而不采取联邦制。我国民族情况有什么特点呢?第一,我国很早就是统一的多民族国家。如汉朝时就统一了新疆;元朝时就统一了蒙、藏。第二,我国民族分布的情况是小聚居大分散。第三,在历史上各民族人民形成了血肉不可分离的关系。宪法序言中写了,“中华人民共和国是全国各族人民共同缔造的统一的多民族国家”。

什么是民族区域自治?宪法规定:“各少数民族聚居的地方实行区域自治,设立自治机关,行使自治权。各民族自治地方都是中华人民共和国不可分离的部分。”(宪法第四条第三款)第一,民族自治地方是中华人民共和国不可分离的部分,不能独立。联邦制国家地方有自决权,可以脱离联邦。第二,实行民族区域自治,与一般地方不同,民族自治地方的自治机关除行使一般地方国家机关的职权外,同时行使自治权。第三,是在少数民族聚居的地方实行区域自治,而不是民族自治。如藏族,除居住在西藏外,还分布在其他一些省。在藏族聚居的地方,可以根据不同情况,分别成立自治区、自治州、自治县。不是全国的藏族成立统一的政权,西藏自治区只管西藏,不能管青海的藏族自治州。

实践证明,民族区域自治制度是正确的、好的。第一,有利于保障各少数民族管理本民族内部事务的民主权利;第二,可以加速各少数民族地区经济和文化的发展。因为,一方面自治地方有经济、文化等方面的自治权,另一方面又可得到国家在财政、物资、技术等方面的帮助;第三,有利于抵御外来侵略和颠覆,保障整个国家的独立和繁荣。

1982 年宪法恢复了 1954 年宪法中关于民族区域自治的一些重要原则,而且增加了新的内容,主要是:第一,关于自治机关的组成,1982 年宪法增加规定,民族区域自治地方人大常委会中应当有实行区域自治的民族的公民担任主任或副主任,自治区主席、自治州州长、自治县县长由实行区域自治的民族的公民担任。第二,扩大了民族自治地方自治机关的自治权。1954 年宪法规定自治权有三条,即依照法律规定的权限管理本地方的财政,依照国家军事制度和当地的实际需要,经国务院批准,可以组织本地方维护社会治安的公安部队,制定自治条例和单行条例。1982 年宪法规定了七条,增加规定,根据本地方实际情况贯彻执行国家的法律、政策;在国家计划的指导下,自主地安排和管理地方性的经济建设事业;自主地管理本地方的教育、科学、文化、卫生、体育事业,保护和整理民族的文化遗产,发展和繁荣民族文化。

关于民族方面有两个问题,一是如何帮助少数民族地区发展。民族平等是党和国家的一贯政策。宪法规定:“平等、团结、互助的社会主义民族关系已经确立,并将继续加强。”(宪法序言)由于历史的原因,少数民族地区经济、文化一般比较后进,这种历史上遗留下来的差距是存在的。建国后,为了帮助少数民族加速经济、文化发展,逐步缩小差距,做了大量工作,今后还要继续加强这方面工作,这是一个根本性的、长期的任务。因此宪法规定:“国家根据各少数民族的特点和需要,帮助各少数民族地区加速经济和文化的发展。”(宪法第四条第三款)“国家帮助民族自治地方从当地民族中大量培养各级干部、各种专业人才和技术工人。”(宪法第一百二十二条)二是维护民族团结。民族团结是一个非常重要的问题。宪法规定:“中华人民共和国各民族一律平等。国家保障各少数民族的合法权利和利益,维护和发展各民族的平等、团结、互助关系。禁止对任何民族的歧视和压迫,禁止破坏民族团结和制造民族分裂的行为。”(宪法第四条)“中华人民共和国公民有维护国家统一和全国各民族团结的义务。”(宪法第五十二条)“在维护民族团结的斗争中,要反对大民族主义,主要是大汉族主义,也要反对地方民族主义。”(宪法序言)

七、国家机构和选举

党的十一届六中全会决议和十二大报告，把建设高度民主的社会主义政治制度作为一项根本任务，这是总结建国以来经验，特别是“文化大革命”的教训提出来的。十二大报告提出，“一定要按照民主集中制的原则，继续改革和完善国家的政治体制和领导制度，使人民能够更好地行使国家权力，使国家机关能够更有效地领导和组织社会主义建设”。

1982 年宪法在总结正反两方面经验的基础上，对我国的国家机构作了一系列的改革和发展，主要有：第一，健全和加强人民代表大会和人大常委会；第二，恢复设立国家主席；第三，国务院实行总理负责制；第四，国家设立中央军事委员会；第五，县级以上地方人大设立常委会；第六，加强基层政权建设，乡实行政社分开；第七，对国家领导人规定了任期，实际上废除了领导职务的终身制，等等。

（一）健全和加强人民代表大会和人大常委会

邓小平同志 1980 年 8 月在“关于党和国家领导制度的改革”的讲话中指出，修改宪法，“要改善人民代表大会制度”。党的十一届六中全会决议提出，“必须根据民主集中制原则加强各级国家机关的建设，使各级人民代表大会及其常设机构成为有权威的人民权力机关”。

如何才能更好地发挥各级国家权力机关的作用？在修改宪法时有各种各样的意见，有的认为，全国人大代表人数太多，一年开一次会，不便经常进行工作，为了解决这个问题，建议减少代表人数。也有的主张，代表不要兼职，以便能集中精力搞好人大工作。经过研究认为，权力机关要能经常开展工作，代表要能集中精力履行好代表职责是对的，但是我国是一个有十多亿人口的大国，有五十多个民族，两千多个县，各阶级、各阶层、各民族、各地方、各方面、各党派在全国人大中都需要有适当数量的代表，代表太少了不行，全部是专职也不合适。怎么办？关键是扩大全国人大常委会的职权，加强人大及其常委会的组织。全国人大常委会的组成人员实际上可以说是常务代表，是代表各方面的，人数比较适当，经常开会比较方便，以此来解决更好地发挥最高国家权力机关经常作用的问题。

1982 年宪法扩大了全国人大常委会的职权，主要是：第一，立法权。过去，立法权集中于全国人大，全国人大常委会只能制定法令，不能制定法律。宪法规定：“全国人民代表大会和全国人民代表大会常务委员会行使国家立法权。”（宪法第五十八条）第二，人大常委会在人大闭会期间，有权审查和批准国民经济发展计划、国家预算在执行过程中所必须作的部分调整方案。第三，人事任免。过去，在大会闭会期间，全国人大常委会只能任免个别的国务院组成人员。宪法规定，除总理、副总理、国务委员外，全国人大常委会有权任免国务院其他组成人员。

为了使人大及其常委会能够充分履行好宪法、法律赋予的职权，必须加强人大及其常委会的组织。1982 年宪法对此作出了两方面的规定：第一，人大常委会组成人员不得担任国家行政机关、审判机关和检察机关的职务，不包括党派、团体和企业事业组织、学术团体的职务。这样规定有两个好处，从原则上讲，人大常委会要监督政府、法院、检察院的工作，因此以不在这些国家机关兼职为好。同时，绝大多数人大常委会组成人员不兼其他职务，以便集中精力把常委会的工作做好。第二，人大增设了常设的专门委员会。过去，全国人大只有两个常设专门委员会，即法案委员会和民族委员会，预算委员会、提案审查委员会只在大会期间行使职权。1982 年宪法规定："全国人民代表大会设立民族委员会、法律委员会、财政经济委员会、教育科学文化卫生委员会、外事委员会、华侨委员会和其他需要设立的专门委员会。在全国人民代表大会闭会期间，各专门委员会受全国人民代表大会常务委员会的领导。"全国人大后来又增设了内务司法委员会、环境与资源保护委员会、农业与农村委员会，现在一共有九个常设专门委员会。有些国家议会的专门委员会有否决权。如美国，议案必须先由专门委员会讨论，专门委员会可以搁置，议案被搁置，就提不到议会全体会议，实际上被否决了。我国的专门委员会没有最后决定权，审议后要向大会主席团或人大常委会提出建议。

为了发挥地方各级人大作为地方国家权力机关的作用，1979 年修改地方组织法时规定，县级以上地方各级人大设立常委会，宪法对此作了肯定。县级以上地方各级人大设常委会有利于加强民主和法制：第一，地方各级人大每年一般只开一次会，设立人大常委会后，可以开展经常性工作，进一步发挥地方人大的作用。第二，省级人大及其常委会可以在与宪法、法律、行政法规不相抵触的前提下，根据本地情况制定地方性法规，有利于健全法制。第三，可以由人大常委会任免法院副院长、审判委员会委员、审判员，改变过去由地方人民政府任免的办法，以便更好地保证法院依法独立行使审判权，不受行政机关的干涉。第四，有利于加强对人大代表的监督，在大会闭会期间，可以撤换由它选出的上一级人大代表。因此，县级以上地方人大设立常委会是完善人民代表大会制度的一项重大改革。

（二）选举制度的改革

宪法规定，国家机构实行民主集中制的原则。选举是民主集中制的基础。对各级人大代表选举的改革，主要是两方面：第一，扩大了直接选举的范围。1979 年修改选举法时把直接选举扩大到县级人大代表。这样修改的考虑是，县的范围相对比较小，在一个县的范围内，群众对情况比较熟悉和了解，实行直接选举，有利于发扬民主，保证民主选举，同时也便于人民实行有效的监督。县级人大代表选举十分重要，它是省级和全国选举的基础，选民直接选举县级人大代表组成县级人代会,由县级人大产生县级政府,同时选举省级人大代表,省级人大产生省级政府,同时选举全国人大代表。这样,人民通过选举,一层层地产生各级人大并相应产生政府、法院、检察院,从而掌握国家的、民族的命运。第二,另一个重大改革就是实行差额选举。选举法规定,候选人的名额应多于应选代表的名额。差额选举首先是在党内选举实行的。1979 年修改选举法时,吸收了这个经验。差额选举可以更充分地反映人民的意愿,选出能真正代表他们意志的人。

(三)国家主席

建国以后,国家是有主席的,但是后来没有了。1982 年宪法恢复设立国家主席,是健全国家体制所必要的,也符合我国各族人民的习惯和愿望。第一,从国家体制讲,总理需要由国家主席提名。1978 年宪法规定,总理由党中央提名,设了国家主席,就可以由国家主席提名。第二,对外的需要。国家主席代表国家接受外国使节;根据全国人大常委会的决定,派出或召回大使;根据全国人大常委会的决定,批准或废除国际条约。

宪法修改报告中原来写的是,恢复设立国家主席制度,后来改为恢复设立国家主席。因为,1982 年宪法关于国家主席职权的规定,与 1954 年宪法不完全一样:第一,1954 年时,国家主席可以召开最高国务会议,会后还可以向大会提出建议,现在没有这个职权;第二,过去国家主席统帅军队,现在军队由中央军委统帅。

(四)国务院

国务院是中央人民政府,是最高国家权力机关的执行机关,是最高国家行政机关。宪法规定,国务院实行总理负责制,这是一个重要的改革,国务院是总理负责,各部、委是部长、委员会主任负责,目的是为了提高行政工作效率。同时规定,国务院有全体会议和常务会议,国务院工作中的重大问题,经国务院常务会议或者国务院全体会议讨论决定;各部设部务会议,各委员会设委务会议,由部长、主任召集和主持部务会议或者委员会会议、委务会议,讨论决定本部门工作中的重大问题。

(五)国家设立中央军事委员会

人民解放军是中国共产党缔造和领导的军队,中华人民共和国成立后,又是国家的军队。因此,军队在国家体制中要有地位。建国初期,国家有中央军事委员会,1954 年有国防委员会,国家主席主持国防委员会。到 1975 年、1978 年宪法,军队在国家体制中的地位没有了。1982 年修改宪法,要解决军队在国家体制中的地位问题。是否还由国家主席统帅军队?从长远来看,国家主席不一定要兼或都适宜兼军委主席,所以宪法规定“中华人民共和国中央军事委员会领导全国的武装力量”“中央军事委员会实行主席负责制”。(宪法第九十三条)当然,必须坚持党对军队的领导。党的十二大报告专门强调了这个问题,“中国人民解放军是中国共产党缔造和领导的人民军队。在新宪法草案提交全国人民代表大会讨论通过之后,党中央将经过国家的中央军事委员会继续对我国武装力量实行领导。党领导军队的长期行之有效的各项制度必须继续坚持”。

(六)法院和检察院

法院是国家的审判机关,检察院是国家的法律监督机关。宪法规定,法院和检察院依法独立行使职权,不受行政机关、社会团体和个人的干涉(宪法第一百二十六条、第一百三十一条)。这是一个很重要的原则。党的十一届三中全会决定指出,“检察机关和司法机关要保持应有的独立性;要忠实于法律和制度,忠实于事实真相;要保证人民在自己的法律面前人人平等,不允许任何人有超越于法律之上的特权”。关于法院独立行使职权的原则有两点要说明一下:第一,我们讲的是法院独立行使职权,西方资本主义国家讲的是法官独立。第二,我们讲的是依法独立。法院由权力机关产生,对权力机关负责,受权力机关监督。权力机关有权罢免本级法院院长。法院是对行政机关独立,而西方资本主义国家法院对议会也是独立的。另外,法院依法独立不是不要党的领导,党的领导是领导和支持法院更好地严格依法审判。

八、特别行政区

关于国家统一问题,宪法明确规定,“台湾是中华人民共和国的神圣领土的一部分。完成统一祖国的大业是包括台湾同胞在内的全中国人民的神圣职责”(宪法序言)。为了解决台湾、香港、澳门问题,邓小平同志提出“一国两制”的思想。因此,宪法在总纲中规定:“国家在必要时得设立特别行政区。在特别行政区内实行的制度按照具体情况由全国人民代表大会以法律规定。”(宪法第三十一条)在全国人民代表大会职权中增加规定了,“决定特别行政区的设立及其制度”。(宪法第六十二条第十三项)香港、澳门回归就是按这个规定解决的。有些港澳同胞提出,在香港、澳门实行资本主义制度是否与宪法坚持四项基本原则相违背,因而没有保障。其实,这个担心是不必要的,宪法的上述规定,已为特别行政区实行什么制度提供了依据。

九、公民的基本权利和义务

我国是人民民主专政的社会主义国家,人民是国家的主人,享有广泛的权利和自由。但是,在“文化大革命”期间,民主与法制遭到破坏,广大干部和人民的权利受到严重侵犯。1982 年宪法认真总结建国以来的经验，特别是“文化大革命”期间的教训，对公民的权利和自由做了充分规定，将“公民的基本权利和义务”一章，从过去的最后一章移到总纲后面，作为第二章。这章的条文，从 1954 年宪法的十九条、1978 年宪法的十六条，增加为二十四条。

(一)关于公民的基本权利

1982 年宪法关于公民权利和自由的规定，是十分广泛和充分的。公民在政治、民主、人身方面的自由和权利，主要表现在：第一，恢复了 1954 年宪法关于公民在法律面前一律平等的规定。这是我国公民的一项基本权利，也是社会主义法制的一条基本原则。这一条与 1954 年宪法比较起来，文字上有些变化。1954 年宪法写的是在“法律上”一律平等，这次改为“法律面前”一律平等。因为对于“法律上”可以有各种各样的理解，有人认为法律上平等包括立法、司法、执法、适用法律等方面的平等。在我们国家，法律是工人阶级领导的、工农联盟为基础的广大人民的意志。公民是国民在法律上的名称，包括人民和被剥夺政治权利的人，法律只能体现广大人民的意志，不包括被剥夺政治权利的人的意志。当然，在执行法律、适用法律上，应该是人人平等的。所以把“法律上”改为“法律面前”，就明确了不包括立法，而是适用法律、执行法律平等。第二，选举权和被选举权。人民的权利，最重要的首先应当是管理国家的权利，这是人民权利和自由的基础与保障，因此，选举权、被选举权是人民一项最根本的权利。第三，有言论、出版、集会、结社、游行、示威的自由。第四，有宗教信仰自由，包括信教和不信教的自由。第五，人身自由不受侵犯。针对“文化大革命”中随便抓人、关人的问题，宪法规定，“禁止非法拘禁和以其他方法非法剥夺或者限制公民的人身自由，禁止非法搜查公民的身体”。第六，公民的人格尊严不受侵犯，禁止用任何方法对公民进行侮辱、诽谤和诬告陷害。这是总结“文化大革命”教训做出的规定。第七，住宅不受侵犯，宪法规定，禁止非法搜查或者非法侵入公民的住宅。第八，公民的通信自由和通信秘密受法律的保护。宪法规定，除因国家安全或者追查刑事犯罪的需要，由公安机关或检察机关依照法律规定的程序对通信进行检查外，任何组织或个人不得以任何理由侵犯公民的通信自由和通信秘密。第九，对于任何国家机关和国家工作人员，有提出批评、建议、申诉、控告或者检举的权利。并规定，对公民的申诉、控告或检举，有关国家机关必须查清事实，负责处理，任何人不得压制和打击报复。由于国家机关和国家工作人员侵犯公民权利而受到损失的人，有依照法律规定取得赔偿的权利。

宪法规定，公民在社会方面的基本权利有：第一，公民有劳动的权利和义务。国家通过各种途径，创造劳动就业的条件。第二，劳动者有休息的权利。第三，退休人员的生活受国家和社会保障。第四，公民在年老、疾病或者丧失劳动能力的情况下，有从国家和社会获得物质帮助的权利；国家和社会保障残废军人的生活，抚恤烈士家属，优待军人家属。第五，受教育的权利和义务。过去宪法规定，有受教育的权利，1982 年宪法规定，受教育不仅是权利而且是公民的义务。第六，妇女同男子有平等的权利。第七，公民有进行科学研究、文学艺术创作和其他文化活动的自由。

公民的自由和权利是非常广泛的、充分的。但世界上从来不存在什么绝对的、不受任何限制的自由和权利。我国对公民自由和权利的限制只有一条，即宪法第五十一条，公民在行使自由和权利的时候，不得损害国家的、社会的、集体的利益和其他公民的合法的自由和权利。同时，公民在行使这些自由和权利时，还必须依照法律规定。

(二)关于公民的基本义务

我国公民享有宪法和法律规定的自由和权利，同时也必须履行宪法和法律规定的义务。宪法规定公民的义务主要有：第一，公民有维护国家统一和全国各民族团结的义务。第二，必须遵守宪法和法律，保守国家秘密，爱护公共财产，遵守劳动纪律，遵守公共秩序，尊重社会公德。第三，有维护祖国的安全、荣誉和利益的义务，不得有危害祖国的安全、荣誉和利益的行为。这一条是 1982 年宪法增加的。第四，有依照法律服兵役和参加民兵保卫祖国、抵抗侵略的义务。第五，公民有依照法律纳税的义务。

依法治国，保证宪法的贯彻实施

宪法是国家的根本大法，是党的主张和人民意志的统一，是法制的基础，必须严格遵守和执行。依法治国首先要依宪治国。为了保障宪法的贯彻实施，关键是要加强和健全社会主义法制，这是总结建国以来的经验，特别是“文化大革命”的沉痛教训得出的结论。1982 年宪法，根据党的十一届三中全会关于发展社会主义民主、健全社会主义法制的精神，把“健全社会主义法制”作为我国今后的一项根本任务，这是现行宪法的一个重要特点。党的十五大报告根据邓小平同志民主法制理论，进一步提出依法治国，建设社会主义法治国家，把它作为治国的基本方略。1999 年九届全国人大二次会议修改宪法时，明确规定：“中华人民共和国实行依法治国，建设社会主义法治国家。”(宪法第五条第一款)

健全社会主义法制，依法治国，建设社会主义法治国家，必须做到“有法可依、有法必依、执法必严、违法必究”。根据这个要求，1982 年宪法从立法、守法、执法、监督等方面，都做了充分的规定。

第一，加强立法工作，做到有法可依。

宪法是治国安邦的总章程，对国家的根本制度和根本任务作了规定。为了使宪法能够很好的贯彻实施，还必须根据宪法制定各种法律。宪法明确规定要由法律规定、依照法律规定或在法律规定范围内的,就有三十多处,涉及国家机构、民事、刑事、诉讼程序、经济等各个方面。如果不根据宪法把这些方面的法律制定出来,如何保证宪法的贯彻实施呢? 所以,必须加强立法,做到有法可依。有法可依是健全社会主义法制首先要解决的问题,有法是有法必依、执法必严的前提,是违法必究的依据和标准。

为了加快立法工作,适应繁重的立法工作任务的需要,宪法对立法体制进行了改革。一是,全国人大常委会有权制定法律。过去立法权集中在全国人大,常委会只能制定法令,不能制定法律。这不能适应加快立法、健全法制的需要。1982 年宪法扩大了全国人大常委会的职权,规定全国人大和全国人大常委会是立法机关,基本法律由全国人大制定,一般法律全国人大常委会有权制定。二是,国务院可以制定行政法规,部、委有权制定规章。过去,国务院只能规定行政措施,1982 年宪法规定,国务院有权制定行政法规。国家行政管理涉及各个方面,什么问题都要由全国人大或全国人大常委会制定法律,是不可能的,也是不必要的。从实际情况看,除制定法律外,属于国务院行政管理职权范围内的问题,有许多需要制定行政法规。三是,制定地方性法规。中国很大,各地情况不完全一样,省级人大及其常委会、省会市和经国务院批准的较大市的人大及其常委会,在与宪法、法律、行政法规不抵触的前提下,可以制定地方性法规。这样划分中央和地方、权力机关和行政机关在制定法律、法规和规章方面的不同职权,可以适应各地区、各部门的一些复杂情况和不同的需要。

我国立法体制是多层次的,但必须维护法制的统一,这是法制建设的一条基本原则。宪法规定:“国家维护社会主义法制的统一和尊严。”(宪法第五条第二款)如何维护法制的统一呢? 宪法规定:第一,宪法“具有最高的法律效力”(宪法序言),“一切法律、行政法规和地方性法规都不得同宪法相抵触”(宪法第五条第三款);第二,全国人大有权“改变或者撤销全国人民代表大会常务委员会不适当的决定”(宪法第六十二条第十一项);第三,全国人大常委会有权“撤销国务院制定的同宪法、法律相抵触的行政法规”(宪法第六十七条第七项);第四,全国人大常委会有权“撤销省、自治区、直辖市国家权力机关制定的同宪法、法律和行政法规相抵触的地方性法规”(宪法第六十七条第八项);第五,民族自治地方的自治条例和单行条例须经批准。这样就可以形成统一的,以宪法为基础,以法律为骨干,包括行政法规、地方性法规、自治条例和单行条例等在内的社会主义法律体系。

第二,有法必依,遵守宪法和法律。

有法可依是有法必依的前提,立了法就要依法办事,如果立了法不依法办事,等于没法。在“文化大革命”前我国法制不完备,但也不是没有法。发生“文化大革命”的一个重要教训,就是法制遭到破坏,有法不依。从这个意义来讲,有法必依更为重要。特别是我们现在已经有一部好的宪法,制定了一批国家机构、民事、刑事、经济、行政、诉讼等方面的重要法律,有法必依的问题就更要重视。宪法规定,“中华人民共和国公民必须遵守宪法和法律”(宪法第五十三条),“任何公民享有宪法和法律规定的权利,同时必须履行宪法和法律规定的义务”(宪法第三十三条)。

有法必依,必须坚持法律面前人人平等,反对特权。宪法规定“中华人民共和国公民在法律面前一律平等”(宪法第三十三条第二款),这是公民的重要基本权利之一,也是社会主义法制的一个重要原则。这个原则,1954 年宪法有规定,后来的宪法删去了,1982 年宪法恢复了这个规定。为了更好地实行法律面前一律平等的原则,总结过去经验,1982 年宪法专门增加规定,“任何组织或者个人都不得有超越宪法和法律的特权”(宪法第五条第五款)。不管你地位多高、是什么身份,都必须遵守宪法和法律。

有法必依,必须增强法制观念,树立法律的权威。为了使广大公民了解法律,增强法律意识,宪法把“法制教育”作为加强社会主义精神文明建设的一个重要方面(宪法第二十四条)。全国人大常委会据此通过了四个普法决定。普法是非常重要的,通过法律宣传可以使广大老百姓了解法律,不仅可以增强广大人民群众的法制观念,自觉遵守法律,更重要的是把法交给人民,有利于人民用法律武器来监督国家机关更好地执行法律。

第三,执法必严,国家机关和国家机关工作人员必须严格依法办事。

“执法必严”是党的十一届三中全会明确提出来的。1956 年党的八大政治报告提出,要着手系统地制定比较完备的法律,健全国家的法制。怎么才能法制健全,当时就提出两句话,要做到“有法可依,有法必依”。到党的十一届三中全会时,提出了四句话,要做到“有法可依,有法必依,执法必严,违法必究”,把后一句增加为三句。本来,“有法必依”包括老百姓要守法,也包括国家机关、国家机关工作人员执法时要依法。但从这些年的情况来看,国家机关、国家机关工作人员严格执法是关键,所以特别明确强调“执法必严”。“执法必严”是对国家机关、国家机关工作人员提出的要求。

执法必严要求各级行政机关依法行政。宪法规定,国务院即中央人民政府,是最高国家权力机关的执行机关(宪法第八十五条),地方各级人民政府是地方国家权力机关的执行机关(宪法第一百零五条)。我国绝大多数法律是有关行政管理的,与广大人民有着密切的关系,这些法律要由行政机关、行政机关工作人员来执行。宪法规定,一切国家机关和武装力量“都必须以宪法为根本活动准则”(宪法序言),“必须遵守宪法和法律。一切违反宪法和法律的行为,必须予以追究”(宪法第五条第四款)。

执法必严,要求法院、检察院依法独立行使职权。法院是国家审判机关,检察院是国家法律监督机关,在社会主义法制建设中,具有十分重要的地位和作用。宪法规定,人民法院依照法律规定独立行使审判权,人民检察院依照法律规定独立行使检察权(宪法第一百二十六条、第一百三十一条)。宪法还规定:“人民法院、人民检察院和公安机关办理刑事案件，应当分工负责，互相配合，互相制约，以保证准确有效地执行法律。”（宪法第一百三十五条）

第四，关于监督宪法的实施。

如何保证宪法的实施，经过“文化大革命”的沉痛教训，广大人民十分关心。过去宪法规定，全国人大监督宪法的实施。由于全国人大每年开一次会，平时监督就有问题。因此，1982 年宪法规定，全国人大及其常委会监督宪法的实施。把监督宪法实施的权力放到全国人大及其常委会比较好，因为全国人大是最高国家权力机关，全国人大常委会是它的常设机关。同时，宪法还规定，“地方各级人民代表大会在本行政区域内，保证宪法、法律、行政法规的遵守和执行”（宪法第九十九条）。

加强社会主义法制，保证宪法实施，关键要加强党的领导。党的十五大报告指出，“依法治国，是党领导人民治理国家的基本方略”“党领导人民制定宪法和法律，并在宪法和法律范围内活动。依法治国把坚持党的领导、发扬人民民主和严格依法办事统一起来”。

第一，党领导制定宪法和法律，加强党对立法工作的领导。这个问题可以从两方面来说，一是对从事立法工作的部门来说，在立法工作中要贯彻党的路线、方针、政策，对重大原则问题要及时向中央请示报告。二是从党委来说，要重视立法工作，善于运用法律武器，把党对国家的方针政策通过法定的程序，变为人人都必须遵守的法律。1991 年中央就规定，“在新的历史时期，党对国家事务领导的一个十分重要的方面，就是把党的方针政策通过国家立法机关，按照法律程序变为国家意志，使之成为对全社会具有普遍约束力的行为规范”。1982 年宪法的颁布和后来对宪法的修改，就是最好的范例，如把党在社会主义初级阶段的基本路线，在宪法中肯定下来，成为全国人民共同奋斗的纲领。

加强党对立法工作的领导，不是代替国家权力机关行使立法权，不是不要发挥国家权力机关的作用。党是代表人民意志的，与人民利益是一致的。党的主张通过国家权力机关，把党的主张变成国家意志，成为人人都要遵守的法律；同时，可以更好地听取各方面意见，使制定的法律、作出的决定，更能符合实际，更好地反映全国各族人民的根本利益。加强党的领导、发挥国家权力机关的作用、发扬民主，三者是统一的。

第二，党领导遵守和执行宪法和法律。法律是在党的领导下制定的，是党的方针、政策的具体化，因此，遵守和执行法律与贯彻党的方针、政策是一致的。只有强调遵守和执行法律，才能使党的方针政策得到贯彻。如果情况发生变化，法律中的有些规定不合适了，怎么办？那就要通过法定程序，对不适应的条文及时进行修改和完善。党不仅要加强对立法工作的领导，还要加强对遵守和执行法律的领导。

第三，党在宪法和法律的范围内活动。这个问题在“文化大革命”中我们是有沉痛教训的。总结经验教训,党章和宪法对此都做了明确规定。党章规定:“党必须在宪法和法律范围内活动。”宪法规定:“一切国家机关和武装力量、各政党和各社会团体、各企业事业组织都必须遵守宪法和法律。”“任何组织或者个人都不得有超越宪法和法律的特权。”其中,各政党包括共产党,这是认真考虑过的。1990年,江泽民同志就强调,“各级党组织,包括人大党组织,都要遵守党章关于‘党要在宪法和法律范围内活动’的原则和宪法关于‘任何组织和个人都不得有超越宪法和法律的特权’的规定”。党的十五大报告和中央关于加强和改进党的作风建设的决定中,又强调了这个问题。十五大报告说,“党领导人民制定宪法和法律,并在宪法和法律范围内活动”。中央关于加强和改进党的作风建设的决定也专门强调了这个问题,提出全体党员要增强法制观念,自觉用党纪国法规范自己的行为,“依法治国是党领导人民治理国家的基本方略,党的各级组织都必须在宪法和法律的范围内活动”。要加强社会主义法制,依法治国,建设社会主义法治国家,一定要加强党对法制建设的领导。

以上是我个人的一些看法,有不妥的地方,请同志们指正。

新宪法关于社会主义法制建设的规定

（1992年8月　宪法公布施行十周年）

今年，是新宪法制定十周年。1982年宪法是在新的历史时期，总结建国以来经验教训，为适应社会主义四化建设的需要制定的，体现了党的十一届三中全会以来的路线、方针、政策，以经济建设为中心，坚持四项基本原则，坚持改革开放。

新宪法的特点之一是关于社会主义法制建设的内容。新宪法明确规定，健全社会主义法制是今后国家的一项重要任务，并从立法、守法、执法、监督法律实施等各方面，对社会主义法制建设的任务，作出了明确具体的规定。

一、健全社会主义法制是国家的一项重要任务

宪法“序言”指出，“今后国家的根本任务是集中力量进行社会主义现代化建设。中国各族人民将继续在中国共产党领导下，在马克思列宁主义、毛泽东思想指引下，坚持人民民主专政，坚持社会主义道路，不断完善社会主义的各项制度，发展社会主义民主，健全社会主义法制，……”这是第一次在宪法中规定，“健全社会主义法制”是国家的一项重要任务。

1978年党的十一届三中全会强调，“为了保障人民民主，必须加强社会主义法制，使民主制度化、法律化，使这种制度和法律具有稳定性、连续性和极大的权威”。这是总结建国以来经验教训作出的结论。新中国建立后要建立、健全社会主义法制，是历史发展提出的客观要求，是人民当家作主、国家长治久安、顺利进行社会主义建设事业的重要保证。

建国后与建国前，发生了根本变化，一是人民掌握了政权，一是共产党成为执政党。在建国前，政权掌握在反动统治手中，旧社会的法是剥削、镇压广大人民的法律，在那个时候，只能是党直接领导人民进行革命斗争，不仅不能强调法制，而且必须摧毁反动的法制。新中国成立后不同了，人民掌握了政权，成为国家的主人。按照马列主义的理论，法是统治阶级的意志，是巩固统治阶级的工具，任何阶级在掌握国家政权之后，都要把统治阶级的意志，通过国家的形式，上升为法律，用以巩固它取得的成果。资产阶级等剥削阶级是这样的，无产阶级在取得政权后，也应当运用法律这个武器，来镇压敌人，保护人民，巩固革命所取得的成果，保卫和促进社会主义的发展。新中国成立后另一个根本变化是，共产党从地下党成

为执政党,不仅有党的组织,而且有国家的形式。国家的根本政治制度是人民代表大会制度。党对国家重大事务的主张,应当经过法定程序变成国家意志,建立社会主义法制,是实现党对国家生活领导的一个重要方面。特别是1956年农业、手工业、资本主义工商业社会主义改造基本完成,国家进入建设时期,就应当建立完备的法制,来规范和调整政治生活、经济生活、文化生活和社会生活,保障和促进社会主义建设事业的发展。

对这个问题,我们不是一开始就认识得很清楚的。在“文化大革命”前,对这个问题的认识不深刻,对法制建设,有时重视,有时放松,有经验,也有教训。经过了一个相当长的时期,特别是经历了“文化大革命”,人民吃了苦头,总结“文化大革命”的沉痛教训,才认识到,健全社会主义法制是国家长治久安、繁荣昌盛的重要保证,为了防止“文化大革命”这类事情重演,必须发扬社会主义民主,健全社会主义法制。正如邓小平同志所说的,“我们这个国家有几千年封建社会的历史,缺乏社会主义民主和社会主义法制。现在我们要认真建立社会主义民主制度和社会主义法制。只有这样,才能解决问题”(1998年8月答意大利记者奥琳埃娜·达拉奇)。健全社会主义法制,关系到国家的长治久安,关系到维护安定团结的政治局面,关系到社会主义四化建设的顺利进行。

1982年宪法正是总结了建国以来的经验教训,特别是总结了“文化大革命”的沉痛教训,把健全社会主义法制作为国家今后的一项重要任务。

二、健全社会主义法制的任务

健全社会主义法制的基本任务是什么?党的十一届三中全会提出四句话,“要做到有法可依,有法必依,执法必严,违法必究”。这四句话包括立法、守法、执法、监督法律实施等各个方面。1982年宪法对这些方面都作出了明确具体的规定。

(一)有法可依

有法可依是健全社会主义法制首先要解决的问题,有法是有法必依、执法必严的前提,是违法必究的依据和标准。邓小平同志1978年在中央工作会议闭幕会上说:“为了保障人民民主,必须加强法制。必须使民主制度化、法律化,使这种制度和法律不因领导人的改变而改变,不因领导人看法和注意力的改变而改变。现在的问题是法律很不完备,很多法律还没有制定出来。往往把领导人说的话当做‘法’,不赞成领导人说的话就叫做‘违法’,领导人的话改变了,‘法’也就跟着改变。所以,应该集中力量制定刑法、民法、诉讼法和其他各种必要的法律。”

为了加快立法,适应繁重的立法工作任务的需要,1982年宪法对立法制度作了一系列重大改革。一是,全国人大常委会有权制定法律。过去,立法权集中在全国人大,常委会只能制定法令,不能制定法律。这不能适应加快立法、健全法制的需要。1982 年宪法扩大了全国人大常委会的职权,规定全国人大和全国人大常委会行使国家立法权。刑事的、民事的、国家机构的和其他方面的基本法律,由全国人大制定,其他法律由全国人大常委会制定。二是,国务院有权制定行政法规,部、委有权制定规章。过去,国务院只能规定行政措施,1982 年宪法规定,国务院有权制定行政法规。国家行政管理涉及各个方面,有些业务性很强,什么问题都要由全国人大或全国人大常委会制定法律,是不可能的,也是不必要的。从实际情况看,除制定法律外,属于国务院行政管理职权范围内的问题,有许多需要制定行政法规。同时,1982 年宪法还规定,国务院部、委可以制定行政规章。三是,地方人大可以制定地方性法规。地方性法规是 1979 年制定新的地方组织法时规定的,1982 年宪法予以肯定。中国很大,各地情况不完全一样,什么问题都由中央"一刀切"不合适。省级人大及其常委会可以结合本地情况,在与宪法、法律和行政法规不相抵触的前提下,制定地方性法规。我国这样划分中央和地方、国家权力机关和行政机关在制定法律、法规和规章方面的不同职权,以适应各部门、各地区的复杂情况和不同需要,有利于加快法制建设。因此,我国的法制体系是以宪法为基础,法律为骨干,包括行政法规、地方性法规、自治条例和单行条例、规章等。

我国法制体系是多层次的,但又要维护法制的统一。宪法规定,"国家维护社会主义法制的统一和尊严"(第五条第一款)。为了维护法制的统一,宪法规定:第一,宪法"具有最高的法律效力"(序言);"一切法律、行政法规和地方性法规都不得同宪法相抵触"(第五条第二款)。第二,全国人大常委会有权"撤销国务院制定的同宪法、法律相抵触的行政法规"(第六十七条第七项)。第三,全国人大常委会有权"撤销省、自治区、直辖市国家权力机关制定的同宪法、法律和行政法规相抵触的地方性法规"(第六十七条第八项)。第四,"自治区的自治条例和单行条例,报全国人民代表大会常务委员会批准后生效。自治州、自治县的自治条例和单行条例,报省或者自治区的人民代表大会常务委员会批准后生效,并报全国人民代表大会常务委员会备案"(第一百一十六条)。

(二)有法必依

有法可依是有法必依的前提,立了法就要依法办事,如果立了法不依法办事,等于没有法。在"文化大革命"前,我国法制不完备,但也不是没有法。发生"文化大革命"的一个重要教训,就是法制遭到破坏,有法不依。从这个意义来讲,有法必依更为重要。制定一个法确实不容易,有的要好几年,但不管怎么样,经过一段时间也就制定了,但要全国人民都养成遵守法律的习惯、严格依法办事,需要更长的时间,要经过长期艰苦的努力。我们现在已经制定了新宪法和一批国家机构的、民事的、刑事的、经济的、涉外的等等方面基本的重要的法律,有法必依的问题就更应重视。

有法必依,必须增强法制观念,树立法律的权威。法律与道德不同,对道德是提倡,而法律是必须遵守的。党的十一届三中全会决议指出,必须使“法律具有稳定性、连续性和极大的权威”。党的十一届六中全会《关于建国以来党的若干历史问题的决议》提出,必须使宪法和法律“成为任何人都必须严格遵守的不可侵犯的力量”。因此,1982 年宪法规定,“中华人民共和国公民必须遵守宪法和法律”(第五十三条);“一切国家机关和武装力量、各政党和各社会团体、各企业事业组织都必须遵守宪法和法律”(第五条第二款)。

有法必依,必须坚持法律面前人人平等,反对特权。宪法规定,“中华人民共和国公民在法律面前一律平等”(第三十三条第三项)。这是公民的重要基本权利之一,也是社会主义法制的一个重要原则。这个原则,1954 年宪法有规定,后来的宪法删去了。1982 年宪法恢复了这个规定。为了更好地实行法律面前一律平等的原则,1982 年宪法专门增加规定,“任何组织或者个人都不得有超越宪法和法律的特权”(第五条第四款)。

(三)执法必严

“执法必严”是党的十一届三中全会明确提出来的。1956 年党的八大政治报告提出,要着手系统地制定比较完备的法律,健全国家的法制。怎么才能法制健全,当时提出两句话,有法可依,有法必依。经过这些年,党的十一届三中全会提出四句话,把“有法必依”变为“有法必依、执法必严、违法必究”三句话。这是总结了“八大”以后的经验,特别是“文化大革命”的教训提出来的。本来,“有法必依”包括老百姓要守法,国家机关、国家机关工作人员执法时要依法。经过这些年来看,国家机关、国家机关工作人员严格执法是关键。执法必严,谁执法?老百姓不执法,执法必严是专门对国家机关、国家机关工作人员讲的,是对国家机关、国家机关工作人员提出的要求。

执法必严,要求各级行政机关严格执法。宪法规定,国务院即中央人民政府,是最高国家权力机关的执行机关(第八十五条),地方各级人民政府是地方国家权力机关的执行机关(第一百零五条)。我国绝大多数法律是有关行政管理的,这类法律涉及各个方面,与广大人民有着直接的、密切的关系,这些法律要由行政机关、行政机关工作人员来执行。行政机关、行政机关工作人员是重要的执法部门和执法人员。宪法规定,“一切国家机关都必须遵守宪法和法律”(第五条第三款),既包括了国家机关在日常生活中要遵守法律,也包括了国家机关在行使国家职权时要遵守法律,也就是说要依法行使管理职权,要执法必严。中央提出,要逐步实现行政管理法制化。李鹏总理提出,政府工作要规范化、制度化、法律化。实现行政管理法制化是一个带有战略性的任务,对健全社会主义法制有着非常重要的作用。一个国家,如果行政机关、行政机关工作人员不能依法办事,很难说是个法制健全的国家。如果,我国的行政机关、行政机关工作人员能够严格依法办事,实现中央提出的行政管理法制化的任务,那么我国的社会主义法制建设,就可以说取得了显著的成就。

执法必严,就要求法院、检察院依法独立行使职权。法院是国家审判机关,检察院是国家法律监督机关,在社会主义法制建设中,具有十分重要的地位和作用。党的十一届三中全会决议特别指出:“审判机关和司法机关要保持应有的独立性;要忠实于法律和制度,忠实于人民利益,忠实于事实真相;要保证人民在自己的法律面前人人平等,不允许任何人有超越法律之上的特权。”宪法规定,人民法院依照法律规定独立行使审判权,人民检察院依照法律规定独立行使检察权,不受行政机关、社会团体和个人的干涉(第一百二十六条、第一百三十一条)。宪法还规定,“人民法院、人民检察院和公安机关办理刑事案件,应当分工负责,互相配合,互相制约,以保证准确有效地执行法律”(第一百三十五条)。

(四)违法必究

要有法必依,执法必严。如果有法不依或者执法不严,怎么办?违法必究。因此,违法必究是保证有法必依、执法必严的。1982 年宪法规定,“一切违反宪法和法律的行为,必须予以追究”(第五条)。提到五届全国人大三次会议审议的宪法草案中,对这个问题原来没有规定,有些代表在审议时提出,这个问题非常重要,应当规定。根据代表的意见,宪法在总纲中对此作了规定。

违法必究,就要加强对法律实施的监督。行政机关、司法机关除了上级对下级的监督,相互的监督、制约外,宪法规定,全国人大和常委会有监督宪法实施的职权(第六十二条第二项、六十七条第一项),地方人大有在本行政区域内保证宪法、法律、行政法规遵守和执行的职权(第九十九条)。

关键是要加强人民的监督,把法律交给十亿人民。为此,宪法特别规定,国家要普及“法制教育”。普及法制教育,把法律交给广大人民,可以使广大公民树立法制观念,知道法律怎么规定的,可以更好地遵守;更重要的是,广大人民掌握了法律,可以运用法律武器来维护国家的、集体的以及个人的合法权益,同一切违反宪法和法律的行为作斗争,促进国家机关、国家干部严格执法,维护宪法和法律的实施。

三、维护宪法的权威和稳定

1982 年宪法“序言”最后一段,专门对宪法的地位和作用作了规定:“本宪法以法律的形式确认了中国各族人民奋斗的成果,规定了国家的根本制度和根本任务,是国家的根本大法,具有最高的法律效力。全国各族人民、一切国家机关和武装力量、各政党和各社会团体、各企业事业组织,都必须以宪法为根本的活动准则，并负有维护宪法尊严、保证宪法实施的职责。”

过去的宪法没有这方面的规定，为什么 1982 年宪法要专门写这么一段？这是总结建国几十年来的经验，特别是“文化大革命”教训提出来的。为什么发生“文化大革命”并且持续这么久？有什么经验教训？“文化大革命”的教训很多，一个重要的教训，就是法制遭到破坏。1981 年 6 月党的十一届六中全会《关于建国以来党的若干历史问题的决议》专门讲了这个问题。“决议”说，“文化大革命”所以会发生，并且持续十年之久，除了前面所分析的直接原因外，还有复杂的社会历史原因，“决议”讲了两条，其中一条就是“我们没有能把党内民主和国家政治生活的民主加以制度化、法律化，或者制定了法律，却没有应有的权威”。要防止再发生类似“文化大革命”的混乱局面重演，“决议”提出，必须“完备国家的宪法和法律，并使之成为任何人都必须严格遵守的不可侵犯的力量”。在制定 1982 年宪法时，许多人提出，鉴于“文化大革命”的沉痛教训，一定要对宪法的地位、作用作出规定。

1982 年宪法“序言”明确提出，宪法是“国家的根本大法”。从内容来说，是确认中国各族人民奋斗的成果，规定国家的根本任务和根本制度，包括根本的政治制度、经济制度、文化教育制度等等，是最重要、最根本的。从效力上来说，宪法具有最高的法律效力，是社会主义法制的基础，一切法律、行政法规和地方性法规都不得同宪法相抵触。我国宪法是适应新历史时期需要、体现党“一个中心、两个基本点”的治国安邦的总章程。

根据宪法的内容和地位，总结历史的经验，宪法的尊严和稳定关系到国家的命运，关系到广大人民几十年流血牺牲取得的政权会不会丧失，关系到能否沿着社会主义道路前进，关系到国家的长治久安、繁荣昌盛。因此，宪法草案报告特别指出，“中国人民和中国共产党深知，宪法的权威关系到政治的安定和国家的命运，决不容许对宪法根基的任何损害”。在纪念宪法公布施行十周年的时候，一定要学习宪法、宣传宪法，树立宪法的权威，要像宪法序言所指出的那样，全国各族人民，一切国家机关和武装力量、各政党和各社会团体、各企业事业组织，都必须以宪法为根本的活动准则，维护宪法的尊严，保证宪法的实施。

在首都各界纪念中华人民共和国宪法公布施行二十周年大会上的发言要点

（2002 年 12 月 4 日）

二十年前的今天，第五届全国人民代表大会第五次会议庄严地通过了现行的中华人民共和国宪法。这部宪法作为国家的根本大法和全体人民办事的总章程，在我国改革开放和社会主义现代化建设的伟大进程中，发挥了十分重大的作用。

——纪念现行宪法公布二十周年，必须更加明确地强调宪法在国家生活中的地位和作用，维护宪法的权威

在制定新中国第一部宪法时，毛泽东同志通俗而形象地说：“一个团体要有一个章程，一个国家也要有一个章程，宪法就是一个总章程，是根本大法。”他还说：“用宪法这样一个根本大法的形式，把人民民主和社会主义原则固定下来，使全国人民有一条清楚的轨道，使全国人民感到有一条清楚的明确的和正确的道路可走，就可以提高全国人民的积极性。”新中国成立以来，正反两方面的历史经验一再证明，必须维护宪法的权威，才能保障国家的长治久安。为了强调宪法的地位和作用，根据全党和全国人民的意志和要求，现行宪法在序言中对此专门作了规定：“本宪法以法律的形式确认了中国各族人民奋斗的成果，规定了国家的根本制度和根本任务，是国家的根本法，具有最高的法律效力。全国各族人民、一切国家机关和武装力量、各政党和各社会团体、各企业事业组织，都必须以宪法为根本的活动准则，并且负有维护宪法尊严、保证宪法实施的职责。”

——纪念现行宪法公布二十周年，必须根据宪法的规定，更加坚定不移地坚持社会主义初级阶段的基本路线，坚持国家的根本政治制度和各项基本制度，健全社会主义民主和法制，切实维护公民的各项基本权利

我国现行宪法是根据党的十一届三中全会精神制定的，随着改革开放和社会主义现代化建设的不断发展，又三次对部分内容作了修改。宪法对国家的根本制度和根本任务作了规定，为新时期社会主义现代化建设提供了宪法依据。

第一，现行宪法把党在社会主义初级阶段的基本路线，用宪法的形式肯定下来，成为全国各族人民共同奋斗的纲领。

第二，现行宪法确定了中国共产党在国家生活中的领导地位。宪法通过回顾中国革命的历史，客观地阐述了二十世纪我国发生的四件最重大的历史事件和翻天覆地的变化，用历史事实证明，“中国新民主主义革命的胜利和社会主义事业的

成就，都是中国共产党领导中国各族人民，在马克思列宁主义、毛泽东思想的指引下，坚持真理，修正错误，战胜许多艰难险阻而取得的”，今后“中国各族人民将继续在中国共产党的领导下”，把我国建设成为富强、民主、文明的社会主义国家。

第三，现行宪法把人民代表大会制度作为国家的根本政治制度。社会主义民主的本质是人民当家作主，实行以民主集中制为原则的人民代表大会制度，体现了最广泛的民主，是人民当家作主的最好组织形式。

第四，现行宪法明确了我国处于社会主义初级阶段，对我国的基本经济制度和分配制度作了规定。

第五，现行宪法规定我国实行民族区域自治制度。宪法规定：“中华人民共和国是全国各族人民共同缔造的统一的多民族国家。”“各少数民族聚居的地方实行区域自治，设立自治机关，行使自治权。各民族自治地方都是中华人民共和国不可分离的部分。”

第六，现行宪法规定了特别行政区制度。关于促进国家统一大业问题，宪法明确规定：“台湾是中华人民共和国的神圣领土的一部分。完成统一祖国的大业是包括台湾同胞在内的全中国人民的神圣职责。”为了解决台湾、香港、澳门问题，邓小平同志提出了“一国两制”的伟大构想。宪法在总纲中规定：“国家在必要时得设立特别行政区。在特别行政区内实行的制度按照具体情况由全国人民代表大会以法律规定。”

第七，强调加强社会主义精神文明建设，是现行宪法的一个重要特点。社会主义精神文明建设包括两个方面：一是发展教育、科学、文化事业。二是进行社会主义思想道德教育。宪法规定：“国家通过普及理想教育、道德教育、文化教育、纪律和法制教育，通过在城乡不同范围的群众中制定和执行各种守则、公约，加强社会主义精神文明的建设。”

第八，现行宪法全面地规定了公民的基本权利和义务。现行宪法将“公民的基本权利和义务”一章，从过去的最后一章移到总纲后面，作为第二章，条文也从过去的十几条增加到二十多条。宪法对公民的政治、民主、人身等方面的自由和权利，对公民在社会方面的各项基本权利，都作出了充分的规定。宪法规定：“任何公民享有宪法和法律规定的权利，同时必须履行宪法和法律规定的义务。”

第九，宪法对依法治国的基本方略作了规定。1982 年制定现行宪法时，根据党的十一届三中全会关于发展社会主义民主、健全社会主义法制的精神，把“健全社会主义法制”作为国家的一项根本任务。党的十五大根据邓小平民主法制理论，进一步提出依法治国，建设社会主义法治国家，把它作为治理国家的基本方略。1999 年九届全国人大二次会议修改宪法时，明确规定：“中华人民共和国实行依法治国，建设社会主义法治国家。”健全社会主义法制，依法治国，建设社会主义法治国家，必须作到“有法可依，有法必依，执法必严，违法必究”。根据这个要求，宪法从立法、守法、执法、监督等方面，都作了明确的规定。

——纪念现行宪法公布二十周年，必须更加广泛地开展法制宣传教育，特别是宪法教育，坚持依法治国，保证宪法的贯彻实施

我们要认真学习贯彻党的十六大精神，高举邓小平理论伟大旗帜，全面贯彻“三个代表”重要思想，宣传宪法，学习宪法，贯彻宪法，全面落实依法治国基本方略，完成十六大确定的各项任务，确保党和国家在新世纪新阶段奋斗目标的胜利实现。

关于国家机构法律

人民代表大会制度的根本原则是一切权力属于人民

（1982 年 12 月 17 日 《法制日报》）

宪法规定："中华人民共和国是工人阶级领导的、以工农联盟为基础的人民民主专政的社会主义国家。"（第一条）工人、农民、知识分子和其他广大人民是国家的主人。人民采取什么制度、通过什么组织管理国家呢？宪法规定："人民行使国家权力的机关是全国人民代表大会和地方各级人民代表大会。"（第二条）人民代表大会制度是我国的根本政治制度，它是由我们国家的性质决定的。

人民代表大会制度是我国在革命斗争实践中产生的，早在中华人民共和国成立以前，各革命根据地就已经有了这种政权形式，中华人民共和国成立以后，成为全国范围实行的政治制度。1949 年的共同纲领、1954 年的宪法都肯定，我国实行人民代表大会制度。长期的社会实践证明，人民代表大会制度是符合我国实际情况的、适宜的政治制度。这种制度便于人民当家作主，行使管理国家的权力，可以集中各族人民的意志和力量，进行社会主义建设，巩固人民民主专政，保卫国家的独立和安全。五届全国人大五次会议通过的新宪法，肯定了人民代表大会制度，并将中国共产党十一届三中全会以来在人民代表大会制度方面的一系列改革写进了宪法，同时总结三十多年来政权建设的经验，进一步作出许多新的规定，使人民代表大会制度更加完善和健全。

人民代表大会制度的根本原则，就是一切权力属于人民。宪法关于人民代表大会制度各个方面的规定，包括人民代表大会的产生，代表与选民的关系，人民代表大会的组织、职权和工作，各级政府、法院、检察院与权力机关的关系等，都贯穿了这个根本原则，由十亿人民管理国家，当家作主，由人民掌握国家的、民族的、自己的命运。下面谈一谈有关人民代表大会制度的几个问题。

一、各级人民代表大会由民主选举产生，受人民监督

各级人民代表大会是人民行使国家权力的机关。宪法规定："全国人民代表大会和地方各级人民代表大会都由民主选举产生，对人民负责，受人民监督。"（第三条）

乡、镇和县级（包括县、自治县、不设区的市、市辖区，以下同，从略）的人民代

表大会由选民直接选举，再由县级人民代表大会选举省级（包括省、自治区、直辖市，以下同，从略）人民代表大会代表，省级人民代表大会选举全国人民代表大会代表。广大人民通过选举，一层层，把自己的代表选举到全国和地方各级人民代表大会中去。

选举是各级政权实行民主集中制的基础。宪法规定："中华人民共和国年满十八周岁的公民，不分民族、种族、性别、职业、家庭出身、宗教信仰、教育程度、财产状况、居住期限，都有选举权和被选举权。"（第三十四条）依法被剥夺政治权利的人是极个别的，据 1981 年全国县级直接选举统计，享有选举权和被选举权的人占十八周岁以上公民人数的 99.97%。在这样广泛的民主基础上选举产生的各级人民代表大会，就能够成为充分代表人民意志的人民代表机关。

县级人民代表大会的选举，是政权建设中的一个重要环节。1979 年五届全国人大二次会议通过选举法、地方各级人民代表大会和地方各级人民政府组织法时，将县级人民代表大会代表的选举，由间接选举改为直接选举，这是对选举制度的一项重要改革。县级范围一般不算大，群众对代表、对本县国家机关和国家机关工作人员的情况比较熟悉和了解，县级人民代表大会由人民直接选举和监督，有利于进一步发展社会主义民主，也使全国和省级人民代表大会具有广泛的民主和坚实的群众基础。

省级和全国人民代表大会采取间接选举的办法，是从我国的实际情况出发的。我们国家这么大，人口这么多，有些省的人口比世界上有的中等国家的人口还多，各地区的政治、经济、文化发展又很不平衡，交通不发达，全国和省级人大代表如果直接选举，许多人下面并不了解，联系选民也不方便。采取间接选举的办法，更有利于对代表候选人的了解，并且便于统盘考虑各方面的代表人物，使各阶级、各阶层、各民族、各方面在人民代表大会中都能够有与其地位相当的代表。他们不仅代表地方的意见，而且代表各方面的意见。这样，代表大会在讨论、决定问题时，各方面、各民族的意见都能得到充分的反映。

我国各级人民代表大会代表不仅由选举产生，而且在当选为代表之后，还要对原选区选民和原选举单位负责。这是与西方资本主义国家议员不同的一个特点。西方资本主义国家议会议员当选之后，就不对选民负责了，在任期内，选民是不能予以罢免的。我国宪法规定，全国和地方各级人民代表大会代表受原选举单位和选民的监督，原选举单位和选民有权依照法律规定的程序罢免由他们选出的代表。这就保证人民代表当选之后，不得违背人民的意志进行活动。为了使间接选举产生的代表能够受到经常和及时的监督，宪法还规定，县级以上地方各级人大常委会在本级人民代表大会闭会期间，有权"罢免和补选上一级人民代表大会的个别代表"。（第一百零四条）

各级人民代表大会代表由人民选举，对人民负责，受人民监督，代表如果不能代表人民的意志和利益，人民可以及时予以罢免。这些规定，从法律上、制度上保证人民代表大会能够掌握在人民手中，成为真正代表各族人民利益的权力机关。

二、加强常委会的工作，发挥权力机关的作用

充分发挥权力机关作用的一个重要环节，就是要加强它的常设机关的组织和工作。1979年五届全国人大二次会议通过的地方各级人民代表大会和地方各级人民政府组织法规定，县级以上的地方各级人民代表大会设立常务委员会。这是地方政权组织的又一个重要改革，对于加强地方权力机关的经常工作，发挥地方权力机关的作用，有着重大的意义。宪法总结三十多年来的经验，又对全国人大常委会的工作和组织作了一系列新的规定。

根据五届全国人大五次会议通过的《关于六届全国人民代表大会代表名额和选举问题的决议》，初步计算，六届全国人民代表大会代表的名额，约为三千人，曾设想是否可以再减少一些。由于我国国家大，人口多，有五十多个民族，各地情况又很不一样，代表人数过少，不能包括各阶级、各党派、各民族、各地区、各方面的代表。但是，代表太多，又不便经常开会，进行工作。为了解决这个问题，宪法规定扩大了全国人大常委会的职权，加强了全国人大常委会的组织。全国人大常委会是由全国人民代表大会选出的，是全国人大的常设机关，也可以说是常务代表。由于全国人大常委会的人数较少，在全国人大闭会期间可以经常进行工作。这样，既可以使全国人民代表大会具有广泛的代表性，又可以使国家权力机关能够经常地进行工作，以发挥权力机关的作用。

新宪法扩大全国人大常委会的职权主要是：第一，全国人大常委会可以制定一般法律。过去，法律由全国人民代表大会制定。新宪法规定，全国人大和全国人大常委会是立法机关。除刑事、民事、国家机构的和其他的基本法律由全国人大制定外，其他法律由全国人大常委会制定。实际上，大多数法律的制定放到了全国人大常委会。宪法规定，在全国人民代表大会闭会期间，全国人大常委会有权对全国人大制定的法律进行部分补充和修改。党的十一届三中全会以来，总结历史经验教训，十分重视发展社会主义民主，健全社会主义法制。最近几年，已经制定了不少重要的法律，但是法制还不够完备，还有不少法律需要制定，立法任务是很繁重的。全国人大每年一般只召开一次会议，很难承担这么繁重的立法任务。将制定一般法律的权力交给全国人大常委会行使，有利于加速法律的制定，有利于进一步健全社会主义法制。第二，全国人大常委会有权在全国人大闭会期间，审查和批准国民经济和社会发展计划、国家预算在执行过程中所必须作的部分调整方案。国民经济计划和预算在执行过程中必然会发生一些变化，需要根据实际情况及时作一些调整，过去由于全国人大常委会没有这个职权，因而在调整时，还需要由全国人大专门授权常委会批准。这次宪法将过去的做法明确规定为

全国人大常委会的职权。

扩大全国人大常委会的职权，是否会影响全国人大作为最高国家权力机关的地位呢？这种担心是没有必要的，因为：第一，全国人大常委会是全国人民代表大会的常设机关，是由全国人民代表大会选举产生的，它对全国人民代表大会负责并报告工作，全国人民代表大会有权罢免全国人大常委会的组成人员。第二，宪法特别规定，全国人大常委会对全国人民代表大会制定的法律进行部分补充和修改时，不得同该法律的基本原则相抵触。第三，宪法还规定，全国人民代表大会有权改变或者撤销全国人大常委会的不适当的决议。

宪法加强了全国人大常委会的组织，以便与它所承担的职权相适应，主要是：第一，全国人大常委会的组成人员不得担任国家行政机关、审判机关和检察机关的职务。这是由于，全国人大常委会有监督国家行政机关、人民法院和人民检察院工作的职权，它的组成人员兼任行政、人民法院、人民检察院的职务是不适宜的；同时也是为了使全国人大常委会的组成人员尽量避免兼职，这样规定，实际上可以使绝大多数组成人员是专职的，以便可以集中精力搞好全国人大常委会的工作。第二，增设了常设的专门委员会。过去，常设的专门委员会只有法案委员会和民族委员会两个。新宪法规定，全国人大设立民族、法律、财政经济、教育科学文化卫生、外事、华侨等专门委员会。这些专门委员会在全国人大闭会期间，受全国人大常委会的领导，协助全国人大和全国人大常委会研究、审议和拟订有关议案。这必将有利于加强全国人大和全国人大常委会的工作。

三、政府、法院和检察院都由人民代表大会产生，对它负责，受它监督

人民选举自己的代表组成人民代表大会，再由各级人民代表大会产生各级人民政府、法院和检察院。宪法规定："国家行政机关、审判机关、检察机关都由人民代表大会产生，对它负责，受它监督。"（第三条）

人民代表大会制度不同于西方资本主义国家标榜的"三权分立"的政治制度。人民代表大会制度将权力集中于人民，人民是国家的主人，管理国家的权力对人民来说是不可分割的。各级人民代表大会是国家权力机关，立法权属于最高国家权力机关，计划、预算以及法律规定属于权力机关的其他重大问题，都要由各级人民代表大会讨论决定。人民代表大会不仅是"立法"机关、"议事"机关，而且是权力机关、工作机关；不仅制定法律，决定重大问题，而且由它产生和监督行政、审判、检察机关，并且有权予以罢免。国家主席、国务院、中央军事委员会、最高人民法院和最高人民检察院由全国人民代表大会产生，并对它负责，全国人大监督它们的工作。地方政府、法院和检察院由地方各级人民代表大会产生，对它负责，地方各级人民代表大会监督它们的工作。因此，归根到底，各级政府行使的行政权，

各级法院行使的审判权,各级检察院行使的检察权,都是权力机关给予的,都不能脱离和违背权力机关的意志,权力机关制定的法律和作出的决定,它们必须遵守和执行。

另一方面,在人民代表大会统一行使国家权力的前提下,各个国家机关又有严格的分工。宪法规定,国务院和地方各级人民政府是行政机关,行政权由国务院和地方各级人民政府行使。法院是审判机关,检察院是检察机关,审判权、检察权分别由法院和检察院依照法律规定独立行使。关于各个国家机关的职权划分,宪法做了明确的规定。权力统一下的分工,既可以保证人民能够充分行使管理国家的各种权力,又可以使各个国家机关分工负责,各司其职,根据人民的意志在各自职权范围内,发挥积极性、主动性,提高工作效率,做好自己的工作。

资产阶级国家标榜什么“三权分立”,实际上它们的立法权、行政权、司法权都是掌握在大资产阶级手中的,议会、政府和法院,都不过是资产阶级统治人民的工具。在资产阶级革命时期,提出“三权分立”对于反对封建专制来说,是有进步意义的。但是,在资产阶级掌握政权以后,特别是到了帝国主义阶段,这只不过是资产阶级欺骗人民、对付人民,以实现资产阶级统治、维护资产阶级利益的工具罢了。在资本主义国家里,如果议会通过的某些议案可能不利于大资产阶级时,它们就会利用行政“否决权”,利用司法宣布“违宪”,来加以阻挠和反对。司法阻挠采取革新措施的事情,在资本主义国家也不乏其例。这些事实难道不正说明了问题的实质吗?

人民代表大会的权力这么大,是否会形成专断,而不利发扬民主呢?不会。因为权力不是集中于个人或少数人,而是集中于人民选举产生的人民代表大会,也就是集中在十亿人民手中。把权力交给十亿人民是最可靠的,恰恰是最广泛的民主,也就是社会主义民主。从实际情况来看,我国各级人民代表大会不是权力太大,而是行使得还不够充分,各级国家权力机关的作用还没有得到充分的发挥。为了进一步发展社会主义民主,决不是要实行什么资产阶级标榜的所谓“三权分立”,以限制人民代表大会的权力,而是要加强各级国家权力机关,发挥人民代表大会制度的作用。

在我们社会主义国家里,权力机关、行政机关、审判和检察机关,有着共同的政治基础和共同的奋斗目标,它们之间的关系不是对立的,应当互相配合和支持。宪法规定,全国人民代表大会和全国人大常委会的职权之一,就是要监督宪法的实施,监督国务院、最高人民法院和最高人民检察院的工作。这种监督是从宪法、法律角度和重大方针政策方面进行监督,而决不能、也不应该代替政府、法院和检察院的工作,决不能、也不应当妨碍他们正常开展工作。相反,应当使国家行政机关、法院和检察院能够更好地贯彻执行宪法和法律,更充分地分别行使行政、审判和检察权,更有效地开展工作。

四、发挥人民代表的作用

人民选举代表管理国家。代表如何履行代表的职务来管理国家呢？第一，最主要是通过参加每年召开的人民代表大会会议的活动，来行使管理国家的权力。人民代表大会讨论和决定着国家的各种重大问题，每次会议的时间虽然不太长，但十分重要。代表参加会议，负有重大责任，审议各种议案，讨论决定各项重大问题；听取和审查政府、法院和检察院的工作报告；选举和罢免政府组成人员和其他负责人员。在这些活动中，人民代表应当反映和代表人民的意见，使人民代表大会能够做出符合人民利益的决定。这就是管理国家的最重要的活动，就是代表应当履行的最重要的职责。第二，权力是通过集体决定行使的。代表参加大会会议，有依照法律规定的程序提出议案和质询的权力；有发言权，在审议各种议案时可以充分发表意见；还有表决权、选举权和罢免权。但是，代表大会对于任何问题的决定，都要按照民主集中制的原则，依照法定多数，由集体作出，而不是代表个人可以作出决定的。总之，代表履行代表职务，最主要、最基本的是参加人民代表大会会议的活动，由集体决定来行使。

为了从法律上保障代表能够充分行使代表的职务，宪法规定：第一，“全国人民代表大会代表，非经全国人民代表大会会议主席团许可，在全国人民代表大会闭会期间非经全国人民代表大会常务委员会许可，不受逮捕或者刑事审判”。（第七十四条）这样规定，是否违背了法律面前人人平等的原则呢？是否是给代表以特权呢？不是。这样规定的目的，是为了防止有人以此来阻挠代表行使职务。代表犯了罪，并不是不能逮捕和审判，只是要报大会主席团或者常委会批准。如果确实犯了罪，该逮捕的就应该逮捕，该判什么罪就应该判什么罪。第二，“全国人民代表大会代表在全国人民代表大会各种会议上的发言和表决，不受法律追究。”（第七十五条）这是根据过去的经验新作出的规定，目的是为了保障代表能够代表人民发表各种意见，畅所欲言，充分发扬民主。那么，代表是不是可以为所欲为呢？如果代表发表反对人民的意见是否就管不了了呢？不是。宪法规定，全国人民代表大会代表必须模范地遵守宪法和法律，保守国家秘密。还规定，代表要受选民和原选举单位的监督，如果他不能代表人民的利益，原选区选民和原选举单位可以予以罢免。

宪法还规定，全国人民代表大会代表应当同原选举单位和人民保持密切联系，听取和反映人民的意见和要求，努力为人民服务，并且在自己参加的生产、工作和社会活动中，协助宪法和法律的实施。

五、党的领导和一切权力属于人民

宪法在序言中指出，中国新民主主义革命的胜利和社会主义事业的成就，都是中国共产党领导中国人民取得的。这是历史经验的总结。序言同时指出,今后中国人民将继续在中国共产党领导下,在马克思列宁主义、毛泽东思想指引下,坚持人民民主专政,坚持社会主义道路。明确了党在国家政治生活中的领导地位,表达了中国人民的共同心愿。

坚持党在国家政治生活中的领导,与一切权力属于人民是否矛盾呢?不。在中华人民共和国成立以前,中国人民身受帝国主义、封建主义、官僚资本主义反动统治的压迫,处于被压迫、被奴役、被剥削的地位。中国人民在中国共产党领导下,经过长期艰难曲折的武装斗争和其他形式的斗争,才推翻了帝国主义、封建主义和官僚资本主义的统治,掌握了政权,成为国家的主人。历史实践证明,没有共产党的领导,人民就不能翻身,不能取得国家政权,不能成为国家的主人。人民的权力是在党的领导下取得的。中国共产党是工人阶级的先锋队组织,它的奋斗目标是最终要实现共产主义,它代表工人、农民、知识分子和其他广大人民的利益,党和人民的根本利益是一致的。共产党的领导,是巩固人民民主专政、进行社会主义建设的根本保证。

共产党的领导主要是政治领导,最根本、最主要的是靠党的路线、方针、政策的正确,靠党和人民群众的密切联系,靠党员的先锋模范作用。党的主张和意见,只有经过全国人民代表大会或者全国人大常委会通过,才能成为法律和国家的意志。宪法也好,法律也好,全国人大和全国人大常委会的其他决定也好,都是党的意见和人民意志的统一。

党的领导和活动,是以宪法为准绳的。新宪法明确指出,“一切国家机关和武装力量、各政党和各社会团体、各企业事业组织,都必须以宪法为根本的活动准则”,都必须遵守宪法和法律,任何组织和个人都不得有超越宪法和法律的特权。中国共产党第十二次代表大会也庄严地宣布了这一点,十二大报告中指出:“特别要教育和监督广大党员带头遵守宪法和法律。新党章关于‘党必须在宪法和法律的范围内活动’的规定,是一项极其重要的原则。从中央到基层,一切党组织和党员的活动都不能同国家的宪法和法律相抵触。”党领导人民制定宪法和法律,党又领导人民遵守和执行宪法和法律,广大干部、党员和群众,人人养成守法的习惯,可以形成不可抗拒的力量,新宪法就一定能够得到遵守和执行,人民当家作主、管理国家的权力,就一定可以得到充分的保障。

新宪法的通过和施行,是我国政治生活中的一件大事,必将使我国的人民代表大会制度得到进一步的加强和发展,必将促进和保障社会主义现代化建设事业的顺利进行。

加强专门委员会工作的意见

（1993年11月3日　在各专门委员会负责人座谈会上）

关于如何加强专门委员会的工作，许多同志讲了，我介绍一点情况，谈一点个人的看法，不一定合适，供委员长、各位副委员长和各专门委员会研究决策时参考。谈以下几点：

第一，召开这样的座谈会，研究如何加强专门委员会的工作，非常重要。

加强各专门委员会的工作，对加强和做好人大和常委会的工作有着重要意义。原来，人大有三个专门委员会，一个法案委员会，一个民族委员会，一个预算委员会（不是财经委员会）。前两个是常设委员会，也就是说，大会闭会期间受常委会领导进行工作，而预算委员会是非常设的，只是开大会时工作。为了完善和健全人大制度，加强人大和常委会工作，1982年宪法扩大了常委会的职权，同时在组织上采取了两个重要措施，一个是常委会组成人员不得兼任政府、法院、检察院的工作，以保证多数常委会组成人员是专职的，可以集中力量搞好常委会工作；一个是增设常设专门委员会，一共设八个。一般议案由有关专门委员会研究、审议，提出意见，可以使人大和常委会制定法律、决定问题，更加符合实际，符合全国各族人民根本利益。所以，专门研究加强各专门委员会工作是非常重要的。

第二，要根据宪法和法律，加强各专门委员会的工作。

宪法和有关法律对各专门委员会的工作，作了明确的规定。宪法规定，各专门委员会的工作是“六个字”，“研究、审议和拟订”有关议案。（第七十条）这里指的“议案”，包括法律、预决算、计划等等各方面的议案。具体的怎么办？宪法规定，全国人大和常委会的组织和工作程序由法律规定。最基本的是人大组织法，还有其他的法律。

1982年全国人大制定的全国人大组织法对各专门委员会的工作作了具体规定。人大组织法第三十七条对各专门委员会的工作，规定了五项：审议有关议案；提出有关议案；审议被认为同宪法、法律相抵触的行政法规等，提出报告；审议有关质询案，提出报告；对有关问题调查研究，提出建议，包括立法、决定重大问题和监督各个方面。因此，各专门委员会的工作是很多的，要在这些方面发挥作用，加强工作。

第三，谈谈在立法工作上如何加强各专门委员会工作问题。

立法是人大和常委会的重要工作，立法任务是非常繁重的，各专门委员会要根据各自的任务，在立法工作中发挥作用。各专门委员会根据宪法和人大组织法，有权拟订和提出有关法律草案。过去就是这么做的，如内务司法委起草了妇女权益保护法等。再一个是，对已列入大会和常委会会议议程的法律案进行审议。前面说了，人大组织法对各专门委员会工作具体列了五项，同时，还对法律案的议案、民族问题议案的审议，以及对预算计划的审议，做了专门规定。关于法律案的审议是，各专门委员会对有关法律进行审议，提出审议意见，印发常委会、人大会议；法律委员会对法律案进行统一审议，根据代表、委员、有关专门委员会意见，提出审议结果报告和修正案。

因此，要加强各专门委员会在审议法律方面的作用。一是，加强各专门委员会对有关法律的审议，提出审议意见。正如同志们说的，有关专门委员会对有关法的情况比较熟，经过审议，有利于把法制定得更好。二是，要加强法律委员会对法律案的统一审议。过去，法律案只由法案委员会审议，预算委员会等是不审议法律的。这次规定，法律案也要由有关专门委员会审议，是个发展。同时，规定法律委员会统一审议，提出审议结果报告和修改稿。为什么要统一审议？说明中讲了，是为了“维护法制的统一，避免各项法律互相矛盾、互不衔接”。这和各专门委员会对预算案中有关的预算要审查提出意见，由财经委对预算计划提出审查结果报告，是一样的道理。

有些同志提议，综合的基本的法律由法律委员会审议，专门的法律由有关专门委员会审议，提出修改草案。什么是综合的基本的法律，什么是专门的法律，界限如何划？例如，1993 年安排的常委会审议的法律一共 18 件（反不正当竞争法、经济合同法、证券法、消费者权益保护法、个人所得税法、注册会计师法、红十字会法、公司法、国家赔偿法、勋章荣誉称号法、会计法、预算法、关于惩治偷渡国境犯罪的决定、戒严法、对外贸易法、房地产法、优生保健法、军队保卫部门行使刑事侦察权有关问题的决定），有几件属于综合性的，要由法律委员会审议？没有，都是专门法律。又如，财经委搞的市场经济立法框架，要新制定的 40 件，需要改的 5 件。如市场主体的法（公司法、合伙企业法、合作社法、独资企业法、商业银行法、企业破产法（修改）），调整市场交易关系、维护市场秩序方面的法 13 件（证券法、票据法、信托法、经纪人法、广告法、担保法、拍卖法、招标投标法、期货交易法、房地产法、反垄断法、保险法等），加强宏观调控的 14 件（预算法、税法、中央银行法、外汇管理法、对外贸易法、国有资产法、审计法、投资法、价格法等），社会保障制度方面的法 2 件（劳动法、社会保障法），发展基础产业、改善经济环境及其他方面的法 10 件（乡镇企业法、航空法、公路法、港口法、电信法等）。其中，哪些是专门法，哪些是综合性法。又如，教师法、科技进步法、民族区域自治法等，是专门的还是综合的。如果说是专门的，那么法律委就没什么可审的了。市场经济方面的法，又主要集中在财经委了。有人说法太多，法律委审不过来，那么主要集中到财经委了，又会怎么样。

有的同志说,法律委还统一审议,统一审议是看是否与宪法抵触,是否与其他法矛盾,是否规范。对法统一审议,最后要反映在修改稿本上,如果审议结果报告和修改稿由有关专门委员会提出,那么法律委统一审议提出的意见,也就很难落实。所以人大组织法规定,由法律委提出审议结果报告和修改稿,是为了从制度上、程序上,保持法制的统一,不然很难落实。如果不由法律委统一审议,由八个专门委员会审议,那么就是八个口,这么做对维护法制的统一,会出现什么问题?这是一个重大的立法制度改变,要认真研究、慎重考虑。现在法律规定的做法、分工、程序,是根据立法的要求、各专门委员会的特点规定的,如要改变,应研究清楚。

第四,关于法工委。

法制委员会是1979年成立的,后来改为法制工作委员会。人大组织法规定,常委会根据需要设立工作委员会,就是指的法制工作委员会,这是加强立法的又一重大组织措施。

法工委与各专门委员会有不同的特点。一是,文官制度。是任命的,不是选任的。而专门委员会组成人员必须是代表,是选任的,换届后,有的改选了,因而会变动(八届各专门委员会变化很大,原来的人不多)。为了保持工作的连续性、政策的连续性,各国都有文官制度。法工委的基本队伍,不因换届而改变,以保持连续性,许多同志(特别是骨干)是1979年成立或成立不久就来了,对过去情况了解。二是,专业性。各专门委员会同志多是各部门来的,有实际工作、领导工作经验,也有搞法的,但多数不是。法工委队伍是专门从事法律工作的,许多是专门学法的(特别是中青年),有些长期从事立法工作。这与学术机构、学校也不同,又学法,又有立法工作经验。学校刚毕业来法工委,还要有个过渡,要适应工作,不是一下子就能搞好的,工作几年就不同了。再一点不同的是,法工委不是某一个专业,而包括各个方面,刑法、民法、经济、行政法等。一个法,涉及各方面,只法工委一个室很难完成。为什么我们不按文教、政法、经济、环保、华侨等方面设机构,如这么设,不利从整体考虑。三是,工作机构。搞一个法,不是只开开会,要做许多具体工作。如发各地征求意见,整理出来;研究外国情况;调查研究,听取不同意见;研究党和国家政策是如何定的;与有关法有什么关系,等等。要考虑有什么不同意见,研究各种方案建议,进行协调、商议等。法工委干部超负荷工作,一些同志经常加班。

再一个问题,人大组织法规定,常委会设工作委员会,在说明中讲,“根据常委会决定进行工作”。法工委协助常委会加强立法,向常委会提出建议,这是加强立法工作需要的,所以叫工作委员会。法工委与行政部门、一般办事机构不同,法是要集体研究的,叫委员会符合工作性质,也便于进行工作(找有关部门协调)。这个规定,明确了法工委与各专门委员会的关系,法工委与专门委员会性质不同,一是工作机构,一是常设委员会。法工委不能行使国家权力机关职权,但在常委会领导下工作。法工委与各专门委员会在立法工作上,要加强合作,密切配合,要很好听取专门委员会的意见,提供资料等,但法工委不是专门委员会的办事机构。法工委不仅要规范法律语言,而且要从整体来协助常委会研究,提出建议。

第五,因此,我认为,现在法律规定的各专门委员会在立法方面的分工,是有考虑的。如改变,要慎重研究。在法没变以前,要根据法律规定发挥专门委审议、法律委统一审议,以及法工委的作用。有些问题有不同认识、不同意见,怎么办?我认为,不同委员会、各方面有不同意见,是正常的,把问题提出来是好事,只有充分发扬民主,听取不同意见,集中大家意见,才能把法定得比较好、比较符合实际。不能一个委员会提了,别的就不能提不同意见。问题是怎么办?要区别情况,多数问题商议就解决了,如统一不了,大问题要请示,由副委员长协调,有些重大原则问题,还需要请示中央。能解决的解决,如真有重大原则分歧,那么就不要忙着在这次会议通过,会后再进一步研究。

第六,如何加快市场经济方面的立法。

现在一提这问题,好像就是因为法律委统一审议造成的。八届后立法大大加快了。立法有起草提出,有审议、通过、公布几个阶段。主要是提出、审议。现在问题在哪里,有些法出不来,关键是起草问题,提不出来,而不是因为审议。这次常委会通过五个法,有什么不顺,法律委完成了工作。所以,要加强对法的起草。据我们了解,主要是部门意见不一致,当然有的是因为改革还不到那程度。如计划法,涉及体制改革,如果八届前制定,在那种情况下,立了反而不好,现提出市场经济就好考虑了。所以要分析,有些是工作问题,主要是部门起草,要加强领导。重大问题,指导思想,要请示报告中央定,就好起草了。按八号文件,要事先请示报告中央。当然,讨论中还可能发生大问题,也要请示中央。起草得怎么样,也与审议有关,如大问题解决好了,常委会审议就可以快,如果一些大问题没解决就提出列入,有两种可能,一是不管有没有问题,就通过,这对法制建设不利;再一个是,研究协调,就会拖长审议时间。所以,我觉得要加快,关键是要从起草工作方面解决。基本的、重要的法要统一起草,部门参加,但不能由部门牵头,同时要把重要问题事先研究,请示中央决定。

我的这些看法不一定对,本着对党、对国家负责,从搞好立法工作出发,提出来,供讨论。如有不妥之处希望批评。

关于选举法、地方组织法修改情况介绍

（1994年12月27日　在省、直辖市、
自治区人大常委会负责同志座谈会上）

今天，汉斌同志召集开会，请省、直辖市、自治区人大常委会负责同志来，是商议选举法和地方组织法的修改问题。常委会办公厅、法工委的同志来了。

这次人大常委会听取了关于修改两法的说明，进行了初步审议。会后，要根据常委会委员和各方面意见，做进一步的修改。在修改时，要很好听取地方人大的意见。希望同志们对修改决定草案积极地提出修改建议，以便把这两个法修改得更好。为了同志们能够更好地考虑提出意见，我把两法修改中的几个主要问题，补充做一点介绍。还要请汉斌同志讲话。办公厅和其他同志也要讲。

对两法的修改，是根据代表和地方建议进行的，我们从1988年开始进行这个工作。江泽民同志在党的十四大报告中提出，“我们应当在发展社会主义民主、健全社会主义法制方面取得明显进展”“进一步完善人民代表大会制度”。这就是我们修改两法的指导思想。同志们都提出要总结选举和地方政权建设的经验，根据什么指导思想来总结，就是上述江泽民同志的讲话精神。

从1988年开始，对两法中的问题反复调查研究，征求意见，汉斌同志亲自领导，多次讨论，提过许多方案。1990年10月人大常委会党组将涉及修改宪法的几个问题，向中央写了请示报告。1991年5月在西安召开部分省市人大座谈会，研究两法修改。1991年10月起草了两法修改决定（草案）。虽然没提请常委会审议，但修改工作一直没有停止。今年5月在广东请地方人大常委会的同志对修改决定草案逐条研究。根据各地意见，又做了修改。今年10月，法工委向人大常委会党组写了请示报告，人大常委会党组在11月向中央写了请示报告，把两法修改中的主要问题，各方面的意见，向中央作了报告。中央政治局常委会开会讨论。根据中央意见，我们又做了修改。所以，这两个修改决定，是经中央政治局常委会、委员长会议讨论同意的。

关于两法修改，已有说明，今天不再多说，只是把地方各级人大代表名额问题和其他几个问题，做一些补充介绍。

一、关于地方各级人大代表名额问题。

1979年选举法没有具体规定，只对确定代表名额的原则做了规定：“地方各级

人民代表大会代表名额，由省、自治区、直辖市的人民代表大会常务委员会，按照便于召开会议、讨论问题和解决问题，并且使各民族、各地区、各方面都有适当数量的代表的原则自行确定，并报全国人民代表大会常务委员会备案。”这次修改为，地方各级人大代表名额的确定办法，由全国人大常委会制定。将由省级人大常委会自行确定、报全国人大常委会备案，改为由全国人大常委会统一确定，并提出了确定办法的草案。

为什么要由全国人大常委会统一确定？方案是根据什么原则来确定的？我对这两个问题做一些介绍。

这要从1953年我国制定的第一部选举法说起。建国后，1953年制定了新中国第一部选举法。这部选举法是邓小平同志作的说明。各级人大代表名额是选举法中的重要问题。1953年选举法一共十章，第一章是总则，第二章就是地方各级人大代表名额，第三章是全国人大代表名额。小平同志关于选举法的说明中第一部分讲选举的基本原则，第二部分就专门讲各级人大代表名额问题。小平同志怎么说的呢？他说，我们“要在普选的基础上，产生人民行使政权的各级人民代表大会”“选举法草案第二、第三两章，就是对于各级人民代表大会的代表名额，作出适当的规定”。对各级人大代表名额根据什么原则来规定？小平同志说，“对于各级人民代表大会代表的名额，我们是依据这样两个原则来拟定的，即：（一）它必须使各级人民代表大会是具有工作能力的国家政权机关，既便于召集会议，又便于讨论问题和解决问题；（二）它必须使各级人民代表大会与人民之间具有密切的联系，在人民代表大会中，既须有相当于社会各民主阶级地位和有相当于各民族或种族地位的代表，又须注意到代表的地区性，以便于随时反映各民族各地区的情况，并能随时将代表大会的决议迅速传达到各民族各阶级各地区的人民中去，把每个决议都变成为全体人民的实际行为”。小平同志说，“根据这样的原则，我们认为乡、镇、市辖区等基层政权单位的代表名额不宜过多。……如果代表人数过多，很难周密地讨论问题和解决问题，而且要耗费过多的人力和时间。所以草案规定，乡、镇代表名额一般为十五人至三十五人，市辖区代表为三十五人至二百人，是适当的”“县人民代表大会的代表名额，一般地说，也不宜太多。因为县级政权接触的问题也比较具体，每年开会次数不宜过少，有时还要召集临时会议，当然代表人数过多是不便利的。草案一般规定县人民代表大会代表名额为一百人至三百五十人，特殊者还可达到四百五十人”。关于省、市人大代表名额，小平同志说，“在草案中规定得比较多，因为省、市管辖范围较广，涉及问题较大，必须有适当的名额才能容纳各方面各地区的代表，才便于处理比较复杂的问题”。小平同志说比较多，是多少呢？“省代表名额一般为一百人至五百人，特殊者可以多到六百人，市代表名额不得少于五十人，不得多于八百人，这是适当的”。小平同志特别提出，“必须指出，草案中规定的地方各级人民代表大会的代表名额，在多数地方都比现在的各界人民代表会议的代表名额要少，甚至要少得多。这是因为代表名额较多，……在行使人民代表大会职权上，……不甚便利”。

1979 年重新修订选举法时，考虑地方各级人大代表名额。当时，各地人大代表名额不断增加，修改草案原规定了名额，省是一百名至六百名，人口在五千万以上的不得超过九百四十五名（1953 年选举法是一百名至五百名，不得少于五十名，不得多于六百名），县代表名额为四十五名至三百八十五名，最多不得超过四百五十名（1953 年选举法是三十名至四百五十名），乡代表名额为二十五名至一百八十五名（1953 年选举法是七名至五十名），虽然比 1953 年选举法规定的代表名额要多，但因为有不同意见，改为由省、自治区、直辖市人大常委会按照便于召开会议、讨论问题和解决问题并且使各民族、各地区、各方面都能有适当数量的代表的原则自行决定。当时彭真同志就指出，“经验证明，代表人数太多了，并不便于代表们充分讨论和决定问题”“代表大会人数不要太多，既要包括各方面的代表，又要便于开会讨论、决定问题才好”“现在代表人数恐怕是偏多了，恐怕还是少一点好”。虽然 1979 年选举法对地方人大代表名额没具体规定（只对全国人大代表名额做了规定），但 1980 年中央批转了民政部党组的报告（中发（1980）60 号），提出人大代表名额不宜过多。1982 年修改选举法时又对地方人大代表名额提出了修改方案，在修改三稿中规定，省、自治区代表名额为二百六十五至一千一百零五名，县代表名额为七十五至四百九十五名，乡代表名额为三十五至一百三十五名，由于同样原因也没有改。

1986 年换届选举前，人大常委会机关党组于 11 月 18 日向中央写了“关于地方各级人大代表名额问题的请示”，“为了使人大代表名额的分配规范化，有客观的依据”，根据“精减、效能、便于开会、讨论决定问题的原则，参照 1979 年以来历次关于人大代表名额的规定，拟订了适当减少地方各级人大代表名额方案”。“这个方案提出按行政区和按人口数相结合的办法确定人大代表名额”，具体是：1. 省、自治区、直辖市代表以三百名为基础，省、自治区每十五万人加一名代表，少的三百一十五名，多的九百八十名；直辖市人口每二点五万人加一名，少的六百二十五名，多的七百九十名。2. 设区的市、自治州以二百名为基数，每二点五万人加一名，少的二百零五名，多的七百六十名。3. 县人大代表以一百名为基础，每零点五万人加一名代表，少的一百零一名，多的四百五十名。4. 乡、镇人大代表以三十名为基础，每零点一五万人增加一名，少的三十一名，多的一百三十名。按这个方案，与当时实有代表名额比，总的减少幅度较大，同 1979 年、1980 年、1982 年方案规定的名额差不多，比 1953 年选举法规定的名额仍有较多增加。人大常委会机关党组提出，“全国还是有统一的规范为好，建议中央原则批准把这个方案内部下达，由各省、自治区、直辖市人大常委会参照执行，或者参照这个方案的精神，自行决定适当减少地方各级人大代表名额”。中央办公厅于 1986 年 12 月 8 日转发各地，在转发的通知中说，“中央书记处原则同意全国人大常委会机关党组……的请示”“中央书记处认为，为了有利于各级人民代表大会有效地行使宪法规定的国家权力机关的职权，按照选举法的有关规定和精简、效能的原则，适当减少地方各级人大代表名额是适宜的。……请参照这个方案研究执行”。当时的精神是，要逐步减少代表名额，经过几次换届，最后达到全国统一规定的方案。

1986 年到现在又经过八年，从 1979 年提出要逐步减少代表名额，到现在，已经过几次换届。这次修改选举法时，又提出这个问题。由于各地意见还不太一致，因此我们对此也十分慎重，改还是不改，专门作为一个问题向中央请示。中央政治局常委会经过讨论，同意这次修改选举法时加以修改。原决定草案中没有这内容，中央讨论后，加了上去。中央讨论时还提出，这个问题要向地方同志说明一下。经过几次换届，现在为了规范化、制度化，完善选举，应当也可以将 1986 年中央同意的地方人大代表名额方案由法律做出规定。这次的方案，基本是 1986 年的方案，虽比现在地方人大实有名额要减少，但比 1953 年选举法规定的名额要多。

按这个方案，地方人大代表名额还要进一步的减少。前面说了，代表名额是选举法中的重要问题，应当予以规定，使代表名额规范化、固定化，完善人民代表大会制度和选举制度。如果说，过去的名额一下子减少太多有困难，那么 1979 年以来已经过几次换届，到应当解决的时候了。地方人大代表名额为什么要由法律规定？为什么不能太多？应当根据什么原则确定？邓小平同志、彭真同志讲得很清楚，中央的精神很清楚。有些同志对减少代表名额问题可能有些不同的看法。我觉得，主要有两个问题。

一是，对人大制度的认识问题。小平同志、彭真同志、中央是从人大是权力机关这一点出发考虑的，人大是权力机关，不是统战机关，不是荣誉机关，是要讨论决定重大问题的，因此，代表名额不能太多，太多了不便于行使国家权力。这实际是对人民代表大会怎么认识。只要对人民代表大会性质认识统一了，为什么代表名额不能太多就好统一认识了。

二是，对代表广泛性怎么认识。人民代表大会是权力机关，要有广泛的代表性，各民主阶级、各方面要有与其地位相当的代表，这样在讨论决定问题时，才能广泛代表和反映各方面意见。为了要有广泛性，代表名额能否减少呢？1986 年经中央书记处同意的人大常委会机关党组的请示报告中专门讲了这个问题，“关于代表名额能否减少的问题，我们意见，除工人、农民代表应保持适当比例以外，可以考虑从以下几个方面适当减少：1. 安排照顾的方方面面不要太细，可以只照顾几个大的方面（党外、妇女、少数民族、科技界、教育界、文艺界等），不能要求各行各业都照顾到；2. 党政各部门的负责人大多数可以不提名为代表候选人（党政主要负责人仍应提名为代表候选人）；3. 有一部分现任代表可以不再连任；4. 一些基本没有时间参加代表活动的专业人员，不宜提名为代表候选人。”

我把代表名额问题的修改情况做这些介绍，供同志们考虑这个问题时参考。

二、其他几个问题

除了地方人大代表名额问题外,还有几个问题,我简单地补充介绍一下。

一是,城乡代表比例问题。平等是选举的一条重要原则,小平同志关于选举法的说明讲了这个问题,我已做了介绍,不多谈。只提供一个客观情况和一个问题。说明说,“四十多年来,特别是改革开放十多年来,我国政治、经济、文化已经有了很大的发展,城乡人口比例也有较大的变化,应当根据新的情况,缩小农村与城市每一代表所代表的人口数的比例”。1949 年时,全国城镇 136 个,城镇人口占全国人口的 10.6% ,1993 年,全国城镇发展到 576 个,城镇人口占全国人口数的 20.89% ,所以,要适当缩小城乡代表所代表人口数的比例。问题是,全国城乡代表比例从八比一改四比一后,各省、自治区、直辖市产生全国人大代表的名额会有些变化。如按 1993 年人口统计资料,以四比一计算,农村人口按 82.52 万选代表一人,市镇按人口 20.63 万选一名代表,有十几个省、自治区增加了应选全国人大代表名额,测算有八个省、自治区增加 10 名以上。有十来个省、直辖市、自治区应选全国人大代表名额减少,减少 10 名以上的有京、津、沪和 4 个省。由于情况变化,有些增减是必要的。有些减少过多的,可以采取其他措施作些调整。

二是,乡镇主席团问题。为了健全乡镇人大制度和组织建设,增加规定,乡镇人大设主席,并可设副主席一至二人。有些地方建议将乡、镇主席团常设化,使之成为乡、镇人大的常设机构。考虑到主席团常设化与宪法的有关规定不一致,1979 年修改地方组织法时一个重大的改革,就是在县级以上地方各级人大设立常务委员会,1982 年宪法对此做了规定。宪法第九十六条规定,县级以上的地方各级人大设立常务委员会。而对乡、镇人大没有规定设常设机构。为了与宪法规定一致,只规定乡、镇设人大主席,没有采纳将乡、镇人大主席团常设化的方案。

三是,关于地方各级政府副职领导人是否由本级人大选举改为由正职领导人提名、本级人大决定任命问题。这个问题,人大常委会党组专门向中央请示了。宪法规定,地方各级政府正副职领导人都由本级人大选举产生。近年来,各级党委、政府多主张将地方各级政府副职领导人改为由本级政府正职领导人提名,本级人大决定任命。理由是,可以更好地贯彻行政首长负责制,保证党委推荐的人选当选。但地方人大多数主张维持现行做法不变。理由是,自 1954 年以来,根据宪法,各级地方政府副职领导人均由主席团提名,大会选举或投票决定,没有由政府正职领导人提名。十几年来实行差额选举制度,地方各级人大代表和群众比较欢迎。从这几届换届选举的结果看,当选的政府副职领导人绝大多数是党委推荐的人选,代表联名提出的候选人当选是个别的,说明党委推荐的人选总的与代表的意见是一致的,个别由代表联名提出的候选人当选,实际上是对党委推荐的人选的补充,对发展社会主义民主是有好处的。这个问题,人大常委会党组曾于

1990 年 10 月在给中央《关于修改地方组织法和选举法涉及修改宪法的几个问题的请示报告》中作了报告，报告中提出以不修改为好，当时中央同意了这一意见。1993 年八届全国人大一次会议修改宪法时，也没有对宪法中关于地方各级政府正副职领导人都由本级人大选举产生的规定进行修改，考虑到这是涉及修改宪法的问题，建议在这次修改地方组织法时不作修改。中央讨论后，同意不作修改。

我就做以上介绍。看大家有什么问题和意见。

请同志们回去后，将汉斌同志的讲话和修改几个主要问题的情况向党委、主任会议报告。请同志们考虑，对两法修改提出意见，于明年 1 月 20 日以前送给我们，我们还要召开会议请各地同志们提意见。因为 1995 年乡镇要换届选举，拟争取在明年 2 月份的常委会会议上通过两法的修改决定。

关于如何更好地贯彻依法治国方略和进一步完善人民代表大会制度的两点建议

（1999 年 11 月 23 日　在中央和国家机关有关部门部长（主任）座谈会上）

一、关于如何更好地贯彻依法治国的治国方略

党的十五大提出，依法治国，建设社会主义法治国家。把依法治国提到党领导人民治理国家的基本方略的高度。这是党中央依据邓小平理论，总结历史经验作出的一项重大决策。江泽民同志说，依法治国就是广大人民群众在党领导下，依照宪法和法律规定，管理国家事务，保证国家各项工作都依法进行。党领导人民制定宪法和法律，并在宪法和法律范围内活动。依法治国把坚持党的领导、发扬人民民主和严格依法办事统一起来。

为了更好地贯彻依法治国的基本方略，把坚持党的领导、发扬人民民主和严格依法办事三者统一起来，关键是要进一步加强党对立法和执法的领导，及时地把党对国家事务的主张，通过法定程序制定为人人都必须遵守的法律，这是依法治国的基础和前提。建议中央在研究和制定重大问题的决策时，要同时考虑和研究有关法律方面的问题。了解这方面有没有法律，法律是如何规定的，是否符合实际，有没有影响或妨碍政策实施需要做出修改的规定，如果存在，那么就要提出及时修改。如果没有有关方面的法律，那么要考虑制定法律或法规的问题。总之，要对有关法律问题，做到心中有数，加强对立法工作的领导。这样做，有以下几点好处：

第一，为贯彻党的重大决策及时地提供法律依据。现有的法律是根据党中央的方针政策制定的，基本上是适应的，但随着改革的深化，情况的发展，有些规定不适应了，需要加以修改。中央关于一些重大改革措施，如关于国企的改革等，往往涉及不少法律方面的问题，有的需要修改。只有在研究这些问题时，同时考虑法律方面的问题，才能心中有数，及时地对法律中某些不适应的规定提出加以修改，为中央重大决策的贯彻提供法律依据。

第二，有利于明确立法的重点，围绕中央的重大决策，把党的方针政策通过法定程序制定为法律或法规，用法制来规范、推动和保障改革的发展，做到立法决策与改革决策、发展决策、稳定决策相结合。这样可以防止在立法工作中分散力量，

以便抓住重点,围绕中央重大决策,加快制定有关法律或法规。

第三,有利于把坚持党的领导和维护法的权威统一起来。江泽民同志说,坚持有法可依、有法必依、执法必严、违法必究,是党和国家事业顺利发展的必然要求,要维护宪法和法律的尊严,任何人、任何组织都没有超越法律的特权,一切政府机关都必须依法行政。这是非常重要的,如果中央的重大决策与已有法律的规定不一致的怎么办,那么就要及时对法律进行修改。如果不及时修改,在贯彻中就会发生问题,如果仍然按照原来的法律规定办,那么党的决策得不到贯彻;如果按中央决策办,那就必然不能按法执行了。在这种情况下,只有对法律中某些不适合的规定,通过法定程序及时予以修改,才能做到坚持党的领导与严格依法办事统一起来。

为了中央在做出重大决策时同时考虑法律方面的问题,最好在研究过程中,早些吸收熟悉这方面法律的同志参加研究,好处是:可以提供有关法律方面的情况和意见,便于中央决策;也有利于深刻领会中央的精神,以便在立法工作中更好地体现中央的方针政策。

二、关于进一步完善人民代表大会制度问题

人民代表大会制度是我国的根本政治制度,党的十五大报告提出,要坚持和完善人民代表大会制度,保证人民代表大会及其常务委员会依法行使国家权力机关的职能。人大及其常委会要制定法律,依法进行监督,保证法律的实施,因此在依法治国中,处于相当重要的地位,工作做得如何,对依法治国有着十分重要的关系。全国人大代表比较多,每年一般开一次大会,平时工作由人大常委会进行,发挥人大常委会的作用,就更为重要。江泽民同志提出,党委要把人大常委会的工作提到重要议事日程上来。如何更好地发挥人大常委会的作用,有两点建议。

一是,关于人大常委会的组成。每次换届时,常委会组成人员换得相当多,原因是年龄偏大。九届人大常委会组成人员,按现在规定,到十届时绝大多数都不能连任了,这就产生人大工作连续性的问题。为了更好地发挥人大常委会的作用,建议中央在考虑常委会组成时,年龄结构要合理,防止以后每次换届时都要大换班。

二是,人大常委会组成人员中的党员如何组织的问题。现在人大常委会有党组,向中央负责,这很重要。问题是,常委会委员中的党员的组织关系,现在都在原单位,在开常委会期间,是否可以考虑,在必要时,通过一定的组织形式,使他们能够更好地了解和贯彻党中央的意图,以便更好地发挥党员的作用。

新中国选举法律制度的发展

（2000 年 11 月 3 日）

我国的根本政治制度是人民代表大会制度。在我国，人民是国家的主人，一切权力属于人民。人民如何管理国家？通过选举产生的人民代表大会来行使管理国家的权力。这个问题，共同纲领、宪法都有明确规定。宪法规定："中华人民共和国的一切权力属于人民。人民行使国家权力的机关是全国人民代表大会和地方各级人民代表大会。"（第二条）"中华人民共和国的国家机构实行民主集中制原则。全国人民代表大会和地方各级人民代表大会都由民主选举产生，对人民负责，受人民监督。""国家行政机关、审判机关、检察机关都由人民代表大会产生，对它负责，受它监督。"（第三条）所以说，选举十分重要，它是实行民主集中制原则的人民代表大会制度的基础。

新中国成立后，一开始就明确了我国实行人民代表大会制度，但人民代表大会制度的建立有一个过程。1953 年以前，由于解放战争还没有完全结束，广大农村正在进行土地改革运动等，马上进行普选的条件还不成熟。在没有普选产生各级人民代表大会之前，地方召开人民代表会议代行人民代表大会的职权，全国由政协代行全国人大的职权。1953 年，中央人民政府委员会通过了"关于召开全国人民代表大会及地方各级人民代表大会的决议"，决定"召开由人民用普选方法产生的乡、县、省（市）各级人民代表大会，并在此基础上接着召开全国人民代表大会"。为了为选举提供法律依据，成立了选举法起草委员会，由邓小平同志主持起草选举法。1953 年 2 月，中央人民政府委员会第二十二次会议通过了《中华人民共和国全国人民代表大会及地方各级人民代表大会选举法》。

1953 年制定的这部选举法，是新中国成立后第一部选举法。邓小平同志在选举法草案的说明中指出，选举法"贯穿着一个总的精神，就是根据我国当前的具体情况，规定一个真正民主的选举制度"。他说，毛主席在 1940 年所著《新民主主义论》一书中首先提出，"中国现在可以采取全国人民代表大会、省人民代表大会、县人民代表大会、区人民代表大会、直到乡人民代表大会的系统，并由各级代表大会选举政府。但必须实行无男女、信仰、财产、教育等差别的真正普遍平等的选举制，……我们就是遵循这样的基本原则来规定我们国家的选举制度的。"关于选举的普遍性，选举法规定，"凡年满十八周岁之中华人民共和国公民，不分民族和种族、性别、职业、社会出身、宗教信仰、教育程度、财产状况和居住期限，均有选举权和被选举权。”关于选举的平等性，选举法规定，“妇女有与男子同等的选举权和被选举权”“每一选民只有一个投票权”。为了在物质方面保证选举人和候选人能够在实际上享受自由选举权，选举法规定，“选举经费，由国库开支”。选举法还对代表名额、少数民族选举、代表候选人的提出、选举程序以及对破坏选举的制裁等作了规定。这是一部好的民主的选举法，它的颁布标志着我国人民民主政治发展的新阶段，在我国的政治生活中具有重大历史意义。依照选举法全国各地进行了普选，在民主选举的基础上，产生了各级人民代表大会。1954 年，召开了第一届全国人民代表大会第一次会议，这次大会制定了新中国第一部宪法，并制定了全国人民代表大会组织法、地方各级人民代表大会和地方各级人民委员会组织法等国家机构的组织法。从此，我国在政权建设方面，进入了一个新的历史阶段。

但是，在“文化大革命”期间，法制遭到破坏，选举法、代表大会组织法等没有得到遵守和执行，作为国家权力机关的各级人民代表大会不是没有召开就是流于形式，地方各级人民政府被“革命委员会”所取代。结果，广大人民的民主权利得不到保障，不能实行真正民主的选举，民主受到破坏。粉碎“四人帮”后，党中央于 1979 年召开了十一届三中全会，总结历史经验，特别是“文化大革命”教训，提出要加强人民民主和社会主义法制，强调指出：“为了保障人民民主，必须加强社会主义法制，使民主制度化、法律化，使这种制度和法律具有稳定性、连续性和极大的权威。”

1979 年五届全国人大二次会议，根据中共十一届三中全会的精神，及时制定了七部法律，其中就有选举法和地方组织法。为什么要制定这两部法？因为恢复和发扬国家政治生活方面的民主，关键是要恢复和加强人民代表大会制度。

“革委会”是“文化大革命”时期的产物，不符合民主的要求，因此，地方组织法取消了革委会，恢复由人大选举产生的人民政府。并规定，省长、副省长，市长、副市长，县长、副县长，区长、副区长，乡长、副乡长，镇长、副镇长，由本级人民代表大会主席团或者代表联名提名，候选人名额一般应多于应选人名额，实行差额选举。在人大制度方面，新的地方组织法规定，县级以上地方各级人大设立常委会。过去，只有全国人大设常务委员会，地方各级人大都没有常委会，而是由人民委员会也就是人民政府，行使权力机关常设机关的职权。县级以上地方各级人大设立常委会是人大制度方面的一个重要改革，对加强民主和法制有重要意义：第一，人代会每年一般只开一次会，设立人大常委会，可以开展经常性工作，进一步发挥地方权力机关的作用；第二，省级人大及其常委会可以在与宪法、法律、行政法规不相抵触的前提下，根据本地情况，制定地方性法规，有利于健全法制；第三，有利于加强监督，一是对上级人大代表的监督，在大会闭会期间，可以撤换由它选出的上一级人大代表；二是有利于加强在人大闭会期间对本级政府工作的监督；第四，改变过去由地方人民政府任免法院副院长、审判员、检察院副检察长、检察员的办法，改由人大常委会任免，以保证法院、检察院依法独立行使审判权、检察权，不受行政机关的干涉。

各级人民代表大会是由民主选举产生的，新的选举法在1953年选举法的基础上，总结经验，对选举制度做了重大改革，主要是：第一，扩大了直接选举的范围，把直接选举扩大到县级人大代表。在县、不设区的市的范围内，人民群众对本地国家工作人员和各方面代表人物的情况比较熟悉和了解，实行直接选举不仅可以比较充分地保证民主选举，而且便于人民群众实行有效的监督。第二，实行差额选举。选举法规定，候选人的名额应多于应选代表的名额。选民十人以上联名就可以提名候选人，凡被提名的，都要列入候选人名单进行选举。候选人如果太多，可以采取预选办法，根据预选得票多少来确定正式候选人名单。第三，采用无记名投票。1953年选举法的规定是，乡、镇、市辖区和不设区的市人民代表大会代表和乡、镇出席县人民代表大会代表的选举，采用以举手代投票办法，亦可采用无记名投票方法。1979年选举法规定，各级人民代表大会代表的选举，一律采用无记名投票的方法。选民如果是文盲或因残疾不能写选票的，可以委托他信任的人代写。实行差额选举和采用无记名投票方式进行选举，可以使选民更好地表达自己的意愿，把真正能够代表人民意愿的人选为代表。

1979年制定的选举法和地方组织法在选举制度和地方人大制度方面做了重大改革，为更好地保障公民的选举权，发扬人民民主，加强人大工作，提供了法律依据和保障。后来，随着情况不断发展和经验的总结，五届全国人大五次会议、六届全国人大常委会第十八次会议、八届全国人大常委会第八次会议又分别于1982年、1986年、1995年，三次对选举法和地方组织法作了进一步的具体规定。

今年10月，中共中央五中全会通过《关于制定国民经济和社会发展第十个五年计划的建议》，《建议》根据十五大精神，面对新世纪，明确提出，“发展社会主义民主政治，依法治国，建设社会主义法治国家，是社会主义现代化的重要目标”，要“坚持和完善人民代表大会制度”“加强民主政治建设，发展社会主义民主。加强人民代表大会的立法和监督工作，密切人大代表同人民的联系，推进决策科学化、民主化。实行民主选举、民主决策、民主管理和民主监督，保证人民依法享有广泛的权利和自由。”2001年、2002年，县、乡将要进行换届选举，换届选举工作十分重要，因为基层代表的选举是省和全国间接选举的基础。正如彭真同志指出的那样：“县级（包括县、自治县、不设区的市、市辖区等）直接选举，使县级人民代表大会直接掌握在人民手中，再由县级人代会选举产生县级人民政府和省级人大代表，组成省级人代会，省级人代会选举省级人民政府和全国人大代表，组成全国人代会。这样，九亿人民就可以通过代表管理国家大事，掌握自己的、民族的、国家的命运。”他还说：“县级代表选举是省级、全国人代会选举的基础，县级人代会的直接选举是当前政权建设中的一个重要环节，对于健全社会主义民主和法制，是一件重要的事情，一定要搞好。”因此，在换届选举时，一定要大力宣传、认真学习和贯彻选举法，充分发扬民主，依法进行选举，保证人民自由行使选举权利，使人民能够把真正反映和代表人民意志的人选到权力机关中去。

广泛宣传代表法，做好代表工作

（2002年3月29日　在代表法颁布十周年座谈会上）

《中华人民共和国全国人民代表大会和地方各级人民代表大会代表法》（以下简称代表法）是一部十分重要的法律。它以宪法为依据，在全国人民代表大会组织法、地方各级人民代表大会和地方各级人民政府组织法、选举法等有关法律规定的基础上，对各级人大代表的职权、工作方式、执行代表职务的保障以及对代表的监督等，做了具体的规定。代表法的实施，对于保证代表依法行使代表的职权，履行代表的义务，发挥代表作用，起到了积极的作用。

今年是代表法颁布十周年，同时又正值换届选举。代表法不仅与各级人大代表和国家机关有着密切关系，对广大人民群众来说，也是息息相关的。我们要以纪念代表法实施十周年为契机，继续广泛深入地进行宣传。根据宪法和代表法规定的原则和精神，我认为在宣传代表法时，应当强调以下几个问题。

一、要充分认识发挥代表作用的重要意义。

代表法第一条明确规定，制定代表法的宗旨是，"为保证全国人民代表大会和地方各级人民代表大会代表依法行使代表的职权，履行代表的义务，发挥代表作用"。为什么要强调发挥代表的作用？宪法规定，我们的国家是"工人阶级领导的、以工农联盟为基础的人民民主专政的社会主义国家""中华人民共和国的一切权力属于人民"，人民是国家的主人。人民通过什么途径和形式来管理国家事务呢？宪法规定，"人民行使国家权力的机关是全国人民代表大会和地方各级人民代表大会""全国人民代表大会和地方各级人民代表大会都由民主选举产生，对人民负责，受人民监督""国家行政机关、审判机关、检察机关都由人民代表大会产生，对它负责，受它监督"。人民代表大会制度是我国的根本政治制度，人民通过选举代表，组成各级人大，来行使国家权力，管理国家事务。人大代表是各级人大的组成人员，只有人大代表真正发挥作用，才能代表人民行使好管理国家事务的权力，这是关系到人民当家作主的重大问题。

为了发挥代表的作用，代表法根据宪法和有关的法律，从几个方面做了规定：第一，对代表来讲应当负起责任，认真履行代表义务。代表法规定，代表应当"依法行使代表的职权，履行代表的义务"。第二，从国家来讲要给予保障。代表法规定，国家要“为代表执行职务提供保障”，如“代表在人民代表大会各种会议上的发言表决，不受法律追究”等。第三，对社会来讲要支持代表执行代表职务。代表法规定，“一切组织和个人都必须尊重代表的权利，支持代表执行代表职务”。第四，对各级人大常委会来讲，应当为代表执行职务提供条件和服务。代表法规定，“县级以上的各级人大常委会，应当为本行政区域内的代表执行代表职务提供必要的条件”“人民代表大会常务委员会的办事机构应当为代表执行职务提供服务”。

二、人大代表行使权力，核心是要代表最广大人民的根本利益。

江泽民同志在庆祝中国共产党成立八十周年大会上的讲话强调指出，“八十年的实践启示我们，必须始终紧紧依靠人民群众，诚心诚意为人民谋利益，从人民群众中汲取前进的不竭力量”。他说，“全心全意为人民服务，立党为公，执政为民，是我们党同一切剥削阶级政党的根本区别”“必须坚持把人民的根本利益作为出发点和归宿”。

人民代表大会制度的本质，就是人民当家作主。各级人大代表由人民依照法律规定选举产生，同时，“代表受原选区选民或者原选举单位的监督。选民或者选举单位有权依法罢免自己选出的代表”。为什么要这么规定？就是为了保证代表能够真正代表人民的根本利益。这一点，我们与资本主义国家的议员是不同的。外国议员为了竞选议员，在竞选时可以随便许诺，当选后不履行许诺选民也没有办法，因为当选议员后在任期内选民是不能予以撤换的。我国的人大代表由人民选举产生，当选后要代表人民的利益，如果不代表人民的利益，选民或者选举单位有权予以罢免。

代表法规定，“全国人民代表大会和地方各级人民代表大会代表，代表人民的利益和意志，依照宪法和法律赋予本级人民代表大会的各项职权，参加行使国家权力”，特别提出，要“代表人民的利益和意志”。代表在审议各种议案时，要充分反映人民群众特别是基层群众的意见和要求，使制定的法律、法规，通过的各项决议，能够更加符合广大人民的根本利益和要求。我国各级人大代表来自各个阶层、各个地区和各个民族，与人民群众有着广泛的联系，为了能够更好地代表人民的利益，应当与人民群众保持密切联系，听取人民群众的意见。因此，代表法规定，“代表应当与原选区选民或者原选举单位和人民群众保持密切联系”“应当采取多种方式经常听取人民群众的意见”“听取和反映他们的意见和要求，努力为人民服务”。

三、代表履行代表职务必须依法进行。

代表法规定，“代表必须模范地遵守宪法和法律，保守国家秘密，在自己参加的生产、工作和社会活动中，协助宪法和法律的实施”。代表行使代表职权时，也必须依法进行，代表法规定，代表要“依法行使代表职权”。依法行使代表职权，包括以下几个方面：

第一，权限要依法。代表法规定，代表要“依照宪法和法律赋予本级人民代表大会的各项职权，参加行使国家权力”。我国各级人大是权力机关，与西方国家的议会不同，政府、法院、检察院由权力机关产生，对权力机关负责。但是，行政权由政府行使，审判权、检察权分别由法院、检察院行使。权力机关对政府、法院、检察院的工作进行监督，但不代替行政机关行使行政权，不代替法院、检察院行使审判权、检察权。宪法、全国人大组织法、地方组织法对各级人大的职权都有明确的规定。代表在行使职权时，必须在宪法、法律赋予人大的各项职权内进行。

第二，程序要依法。代表法规定，代表在行使提案、选举、质询、罢免、组织有关特定问题的调查委员会等权利时，都要“依照法律规定的程序来进行”。全国人大组织法、地方组织法和议事规则等，对此都有具体明确的规定。

第三，集体行使职权，个人不直接处理问题。代表负有重大的责任，权力是很大的，但权力要集体行使，决定问题要根据民主集中制的原则，多数通过。宪法和全国人大组织法规定，全国人大审议法律案和其他议案，“由全国人民代表大会以全体代表的过半数通过”“常务委员会审议的法律案和其他议案，由常务委员会全体组成人员的过半数通过”。

代表对政府、法院、检察院的工作有什么意见、建议或者批评，提出来对这些部门改进工作是有积极意义的，但代表不直接处理问题，这是代表活动的一条重要原则，也是我国人大工作的一条重要经验，代表法对此专门做了规定。为什么？这是因为：一，代表如果直接处理具体行政工作或者具体案件，就超越了法律赋予代表的职权；二，个人直接处理问题，与人大和常委会集体行使职权的原则是违背的。各级人大代表中有各方面、各民族、各地方的代表，对一些具体问题的看法和意见，可能不完全一样，如果每个代表都要按自己的意见直接去处理，是会发生问题的。因此，代表法规定，“县级以上各级人民代表大会代表有权向本级人民代表大会常务委员会提出对各方面工作的建议、批评和意见”，由人大常委会转有关部门；“代表视察时，可以向被视察单位提出建议、批评和意见，但不直接处理问题”。有关机关、组织对代表提出的建议、批评和意见，应当重视，“必须研究处理并负责答复”。

李鹏委员长在2002年的《全国人民代表大会常务委员会工作报告》中，对人大行使监督权应当遵循的原则做了明确阐述，“人大行使监督权必须坚持中国共产党的领导，遵循以下原则：第一，依法监督。人大应当依照宪法和法律规定的权限和程序进行监督。第二，集体行使职权。人大实行集体负责制，按照民主集中制原则，集体行使监督权。第三，不包办代替。人大监督行政、审判、检察机关的工作，但不代行它们的职权，而是督促和支持这些国家机关更好地依法行使职权”。各级人大代表在开展代表活动依法行使代表职权时，应当认真地贯彻以上原则。

全国和地方各级人大常委会在贯彻代表法，发挥代表作用方面，都有不少经验，应当很好地进行总结、交流，使代表法得到更好地贯彻，把代表工作提高到一个新的水平，这是坚持和完善人民代表大会制度的一个重要方面。

坚持和完善人民代表大会制度

（2002年7月15日　在全国县级以上地方人大换届选举和代表工作培训班上）

今年，县级以上地方各级人大进行换届选举，明年一月前要选出十届全国人大代表。搞好代表换届选举工作，非常重要，对坚持、完善人民代表大会制度，做好人大工作，发展社会主义民主政治，有重要意义。何椿霖秘书长对如何做好换届选举和代表工作问题作了重要讲话，要很好贯彻。

办公厅领导要我来讲讲，讲什么呢？我长期在全国人大常委会机关从事立法的具体工作，就以一个工作人员的身份，对坚持和完善人民代表大会制度问题，把亲身经历了解的一些情况和个人体会，向大家做些介绍，谈点个人的看法，不代表组织，仅供参考，不妥之处，欢迎提出意见。

我准备从三个方面来谈：一，必须坚持人民代表大会制度；二，人民代表大会制度的改革和完善；三，坚持党的领导、充分发扬民主和严格依法办事。

一、必须坚持人民代表大会制度

江泽民同志说，发展社会主义民主政治，是社会主义现代化建设的重要目标。我们要发展的是有中国特色的社会主义民主政治，决不照搬西方政治制度模式。他说，人民代表大会制度是我国的根本政治制度，是各族人民实现当家作主、保持国家长治久安的根本制度保证。

政治制度是一个十分重要的问题。每个国家都有国体和政体。国体是指各个阶级在国家中的地位，它决定和体现国家的本质。同时，不管什么性质的国家，统治阶级都要采取一定的国家政权组织形式来管理国家，以实现其统治，这就是政体。国体非常重要，是决定性的，但没有一定的与之相适应的政体，就不能很好地实现统治阶级管理国家的权力，政体是保障、便利统治阶级实现其统治的，所以实行什么政治制度，是一个国家带有根本性的重大问题。

不同性质的国家，采取的政治制度是不同的。一个国家采取什么样的政治制度，最根本的是由这个国家的国体决定的，同时，在具体形式上，也与每个国家的政治、经济、文化、民族等历史具体情况有关。奴隶主国家、封建主国家政治制度的原则是专制主义，他们的理论是“君权神授”，也就是说，国王的权力是神授予的,因此实行君主集权制,立法权也好,行政权也好,司法权也好,都集中在君主手中。资产阶级革命针对封建专制主义,提出了三权分立,采取共和制,实行议会制度。在封建社会,资产阶级处于被统治地位,没有权力。他们在反封建斗争中,首先要求有立法权,进而要求从司法方面,来限制封建君主的权力,主张立法权、行政权、司法权互相制约。这个理论,在反封建专制的资产阶级革命中,是有进步意义的。在资产阶级掌握政权后,立法权也好,行政权也好,司法权也好,都掌握在大资产阶级手中,议会、政府、司法机关都是资产阶级统治人民的工具。1871 年法国无产阶级革命,在巴黎创建了崭新的无产阶级政权——巴黎公社。马克思高度评价巴黎公社的创举,他说:"公社是由巴黎各区普选选出的城市代表组成的。这些代表对选民负责,随时可以撤换。其中大多数自然都是工人,或者是公认的工人阶级的代表。公社不应当是议会式的,而应当是同时兼管行政和立法的机关。"巴黎公社的组织原则是民主集中制。

我国人民在长期的革命斗争中,创建了革命的政权。1940 年毛泽东同志在"新民主主义论"中指出,我国的政体是实行民主集中制原则的人民代表大会制度。民主集中制是我国政治制度的根本原则,这与巴黎公社的原则是一样的,但在具体形式上又与巴黎公社有所不同,而是根据我国实际情况决定的。在不同的历史时期,我们也采取了不同的具体形式。新中国成立前,第二次国内革命战争时期,在革命根据地建立了苏维埃代表大会或工农兵代表大会;抗日战争时期,适应抗日民族统一战线的需要,建立了参议会形式的抗日民主政权;解放战争时期,采取人民代表会议的形式。新中国成立后,"共同纲领"确定实行人民代表大会制度,但人民代表大会制度的建立,也经历了不同的阶段,开始由全国政协代行全国人大的职权,地方先是召开代表会议,到 1953 年全国进行普选,在普选基础上召开了地方和全国的人民代表大会。

我国为什么要实行人民代表大会制度?这是由我国的国体决定的。宪法规定:"中华人民共和国是工人阶段领导的、以工农联盟为基础的人民民主专政的社会主义国家。"(宪法第一条)"中华人民共和国的一切权力属于人民。"(宪法第二条第一款)一切权力属于人民,人民是国家的主人,这是我国政治制度的核心和本质。我国有十多亿人口,广大人民根据什么原则组织起来管理国家事务呢?实行民主集中制的原则。宪法规定:"中华人民共和国的国家机构实行民主集中制的原则。"(宪法第三条第一款)为了保证广大人民当家作主,管理国家事务,根据民主集中制的原则,从我国的实际情况出发,就把人民代表大会制度作为国家的根本政治制度。宪法规定:"人民行使国家权力的机关是全国人民代表大会和地方各级人民代表大会。"(宪法第二条第二款)"全国人民代表大会和地方各级人民代表大会都由民主选举产生,对人民负责,受人民监督。"(宪法第三条第二款)"国家行政机关、审判机关、检察机关都由人民代表大会产生,对它负责,受它监督。"(宪法第三条第三款)从以上规定可以看出,人民代表大会制度的基本内容是:

第一,全国人民代表大会和地方各级人民代表大会是人民行使国家权力的机关,它们都由人民民主选举产生,对人民负责,受人民监督。各级人大是由代表组成的,它代表人民行使管理国家的权力,因此,民主选举就十分重要,要把真正能够代表人民利益和意志的人选为代表。同时,代表当选后还要对人民负责,受人民监督,代表人民认真履行职务,如果不能代表人民利益,那么选民和选举单位有权罢免或者撤换。这与西方议会制是不同的,西方资本主义国家的议员当选后,不对选民负责,在任期内,选民是不能撤换的,因此在竞选时可以讲得天花乱坠,向选民许愿,当选后不履行诺言,选民也没有办法。

第二,国家行政机关、审判机关、检察机关都由人民代表大会产生,对它负责,受它监督。这样规定行政机关、审判机关、检察机关与权力机关的关系,目的是保证人民的决定能够得到贯彻施行,使人民政府能够依照人民的意愿行使行政权,法院、检察院可以依照人民意愿行使审判权、检察权。而西方资本主义国家实行三权分立,议会只是立法机关,在美国,总统对议会制定的法律可以否决,在日本,首相虽然对议会负责,但可以解散议会。

1982 年在制定新宪法时,大家都在总结历史经验特别是“文化大革命”的教训,对实行什么政治制度,有各种各样的意见,也有的主张三权分立,有的主张两院制,等等。中央和小平同志非常明确,必须坚持人民代表大会制度。彭真同志说,为什么会发生“文化大革命”?不是人民代表大会制度不好,而是没有按照人民代表大会制度实行,民主、法制遭到破坏。三届全国人大一次会议后,从 1966 年发生“文化大革命”一直到 1975 年,全国人大和人大常委会就没有开过会,地方各级人大也不存在了,而是被“革委会”所取代。所以,总结这段历史教训,为了防止“文化大革命”这类事再发生,不是不要人民代表大会制度,而是要坚持人民代表大会制度并加以改革和完善。所以,1982 年宪法坚持把人民代表大会制度做为国家的根本政治制度,并且对人民代表大会制度进行了一系列改革和完善。

江泽民同志最近再三指出,西方敌对势力对我国实施“西化”“分化”的战略图谋,一个很重要的企图就是要我们放弃人民代表大会制度,搞西方式议会民主。他告诫大家,对此心中必须有数,希望各级领导都要明确方向、警钟长鸣。

二、人民代表大会制度的改革和完善

江泽民同志说,“我们必须毫不动摇地坚持人民代表大会制度,并不断完善这个制度,更好地发挥这个制度的优势”。这是总结我国建国以来经验、特别是“文化大革命”教训得出的结论。

1979 年五届全国人大二次会议制定了七部法律,其中就有选举法和地方组织法,从选举制度和地方人大制度方面做了重大改革,特别是 1982 年制定新宪法时,全面做了改革。1980 年 8 月,邓小平同志在“关于党和国家领导制度的改革”

的讲话中指出，修改宪法，“要改善人民代表大会制度”。党的十一届六中全会决议提出，“必须根据民主集中制原则加强各级国家机关的建设，使各级人民代表大会及其常设机构成为有权威的人民权力机关”。宪法和选举法、人大组织法、地方组织法、代表法等一系列法律，对人大制度进行了重大改革和完善，主要有以下几个方面：

（一）完善选举制度。

选举制度是我国人民代表大会制度的组织基础。在我国，一切权力属于人民，人民通过选举代表组成各级人大，通过全国和地方各级人大来管理国家事务。因此，选举搞得好坏，能否保障人民的选举权利，按照人民的意愿把真正能够代表人民利益和意志的人选为代表，是十分重要的。1979 年制定新的选举法（1982 年、1986 年、1995 年又三次进行了修改），对完善我国选举制度，作了一系列规定，主要是：

第一，实行自下而上、自上而下、充分民主地提出候选人的办法。在提候选人过程中，中国共产党、各民主党派、各人民团体和任何选民或者代表（只要一定人数附议），都可以提出代表候选人。候选人正式名单由参加选举的选民或者代表反复酝酿讨论，民主协商，直至必要时进行预选决定。

第二，扩大了直接选举的范围。1979 年修改选举法时把直接选举扩大到县级人大代表。这样修改的考虑是，县的范围相对比较小，在一个县的范围内，群众对情况比较熟悉和了解，实行直接选举，有利于发扬民主，把能代表人民利益的人选为代表，也便于人民群众实行有效的监督。县人大代表选举十分重要，它是省和全国选举的基础，人民直接选举县人大代表组成县人代会，由县人大产生县政府，同时选举省人大代表，省人大产生省政府，同时选举全国人大代表。这样，人民通过选举，一层层地产生各级人大并相应产生政府、法院、检察院，从而掌握国家的、民族的命运。

第三，实行差额选举。这是一个重大的改革。选举法规定，候选人的名额应多于应选代表名额。差额选举首先是从党内选举实行的。1979 年修改选举法时，吸收了这个经验。为什么要差额选举？因为差额选举可以更充分地反映人民的意志。彭真同志说，选举过程实际也是批评和自我批评的过程，选举是一面很好的镜子，可以看到自己的优点和缺点。这种办法比只由上级指定候选人要可靠得多，选错了也比较容易得到纠正。

第四，对代表的监督、撤换和罢免等作了具体规定。选举法明确规定，全国和地方各级人大代表受选民和原选举单位的监督。人民所以选举你为代表，是为了你能代表选民的意愿履行代表职责，如果你不能代表人民利益和意志，那么原选举单位和选民有权依照法律规定的程序予以撤换或罢免。这是我国人大制度与西方议会制不同的一个重大区别，是我国人大制度的一个重大优点。1979 年制定的选举法专门就“对代表的监督、罢免和补选”做了专章规定。

第五，对代表选举作了一系列程序方面的规定，从提名、介绍候选人情况、预选确定代表候选人名单到投票等等。党十一届三中全会后，彭真同志要我们认真研究程序方面的问题。他说，过去我们注重民主的实质，对民主程序注意不够。民主实质是重要的，但只有好的民主程序才能保证民主实质的实现。所以，为了保障人民的民主选举权利，对选举从程序方面做了一系列重要规定。关于选举程序的具体规定我就不多说了，只想强调一点，对这些程序性规定要高度重视，千万不能小看，一定要严格遵守。彭真同志说，这样做是比较麻烦些，但要民主，就不能怕麻烦。选举决不能只图省事，要力求保证人民群众真正行使民主权利，选出能代表他们利益和意志的人为代表。

再有一点，就是各级人大常委会领导选举工作。在过去，地方人大没有常务委员会，选举由各级人民委员会也就是政府领导，1979 年后，县以上地方人大设立常务委员会，选举工作也由人大常委会领导。这个改变，给人大常委会增加了责任，我们一定要认真做好代表换届选举工作。

（二）健全和加强人大及其常委会的工作和组织

如何才能更好地发挥各级人大权力机关的作用？在修改宪法时有各种各样的意见，有的认为，全国人大代表人数太多，一年开一次会，不便经常进行工作，为了解决这个问题，建议减少代表人数。也有的主张，代表不要兼职，以便能集中精力搞好人大工作。经过研究认为，权力机关要能经常开展工作，代表要能集中精力履行好代表职责是对的，但是我国是一个有十多亿人口的大国，有 50 多个民族，两千多个县，各阶级、各阶层、各地方、各方面、各党派在全国人大中都需要有适当数量的代表，人数太少了不行，全部是专职也不合适。怎么办？关键是扩大人大常委会的职权和加强人大和常委会的组织，全国人大常委会的组成人员实际上可以说是常务代表，是代表各方面的，人数比较适当，经常开会比较方便，以此来解决更好地发挥国家最高权力机关经常作用的问题。因此，宪法扩大了全国人大常委会的职权，主要是：

第一，立法权。依法治国是党领导人民治理国家的基本方略，党对国家事务方面的方针、政策，通过权力机关变成人人都必须遵守的法律。法律涉及政治、经济、文化、社会等各个方面，规定准许怎么办，不许怎么办，以此来规范国家机关、组织和公民的行为。所以，立法权是非常重要的，立法是国家权力机关的首要任务。过去，立法权集中在全国人大，常委会只能制定法令，不能制定法律。新宪法规定，“全国人民代表大会和全国人民代表大会常务委员会行使国家立法权”（宪法第五十八条），除刑事、民事、国家机构和其他方面的基本法律由全国人大制定外，其他法律常委会可以制定。同时，在维护法制统一的原则下，宪法还规定，省级人大和人大常委会可以在与法律、行政法规不抵触的情况下制定地方性法规。

第二,常委会在人大闭会期间,有权审查和批准国民经济计划、国家预算在执行过程中所必须作的部分调整方案。人大是权力机关,关于经济、文化、社会等方面的重大问题要由权力机关决定,什么是重大问题呢?应当说国民经济和社会发展计划,以及财政预算是最主要的。宪法规定,计划和预算由全国人大审查批准。但在执行过程中,由于情况的发展变化,必然要有部分调整。怎么办?人大一般每年开一次会,在闭会期间要调整就不好办了,所以新宪法规定,在大会闭会期间,对计划和预算的部分调整由人大常委会审查批准。这就加强了权力机关对计划、预算执行的监督。

第三,人事任免。政府组成人员由权力机关产生,对权力机关负责。过去,在大会闭会期间,人大常委会只能任免个别的国务院组成人员。新宪法规定,常委会有权根据总理提名、决定部长、委员会主任、审计长、秘书长的人选。

第四,加强监督工作。宪法规定,人大和常委会都有监督宪法实施的职权。地方人大要保证宪法、法律在本行政区域内的遵守和执行。权力机关的监督,最主要是法律监督、工作监督。在法律监督方面,宪法规定,常委会有权撤销与宪法、法律抵触的行政法规、地方性法规,为了更好行使这个职权,立法法还规定了备案审查制度。在工作监督方面,包括听取审查政府及部门的工作报告。宪法和有关法律对人大监督的对象、手段和程序等,都作了规定。我个人认为,现在的问题是如何根据宪法和有关法律的规定加强监督工作,把宪法、法律赋予的手段用足用好,而不是在宪法、法律规定之外再去搞什么;在行使监督权时,要注重实效,而不在次数多少。

为了使人大和常委会能够充分履行好宪法、法律赋予的职权,必须加强人大和常委会的组织。新宪法和有关法律在这方面的规定主要有:

第一,人大常委会组成人员不得担任国家行政机关、审判机关和检察机关的职务,不包括党派、团体和企业事业组织、学术团体的职务。这样规定有两个好处,从原则上讲,人大常委会要监督政府、法院、检察院的工作,因此以不在这些国家机关兼职为好。同时,可以使绝大多数人大常委会组成人员不兼其他职务,以便集中精力把常委会的工作做好。

第二,县级以上地方各级人大设立常委会。这是1979年修改地方组织法时规定的,宪法对此做了肯定。过去,地方人大没有常委会,由人民政府代行人大常设机关的职权。为了发挥地方权力机关的作用,理顺权力机关与政府、政府与法院的关系,1979年修改“地方组织法”时对此作了规定。彭真同志专门就这个问题向中央和小平同志写了请示报告,在县级以上地方人大设常委会的主要理由有四条:一、地方各级人大每年一般只开一次会,设立人大常委会,可以开展经常性工作,进一步发挥地方人大的作用;二、省级人大及其常委会可以在与宪法、法律不抵触的前提下,根据本地情况制定地方性法规,有利于健全法制;三、可以由人大常委会任免法院副院长、审判员,改变过去由地方人民政府任免的办法,以便更好地保证法院依法独立行使审判权，不受行政机关的干涉；四、有利于加强对代表的监督，在大会闭会期间，需要撤换由它选出的上一级人大代表时，常委会可以及时依法予以罢免。中央和小平同志同意这个意见，小平同志说，这是一个重大的改革。

第三，人大增设了常设的专门委员会。过去，全国人大只有两个常设的专门委员会，即法案委员会和民族委员会，预算委员会、提案审查委员会只在大会时行使职权。新宪法规定，全国人大设立民族委员会、法律委员会、财政经济委员会、教育科学文化卫生委员会、外事委员会、华侨委员会和其他需要设立的专门委员会。在大会闭会期间，各专门委员会受全国人大常委会的领导。后来又设立了内务司法委员会、环境与资源保护委员会、农业与农村委员会，一共有九个常设专门委员会。为什么要增设常设专门委员会？向大会、常委会提出的议案，一般先经有关专门委员会审查有好处：一、由于专门委员会人少，便于分门别类地专门讨论有关问题；二、专门委员会的成员对有关问题比较熟悉，研究与他们有关的问题时，能够更深入、更周到；三、提议案的单位和有关部门，可以列席专门委员会会议，发表意见，有助于客观、全面、系统、深入地研究问题、解决问题。经过专门委员会这道程序，有助于人大、人大常委会作出的决定能够更符合实际。专门委员会是否一级？不是。我国专门委员会不是一级，没有最后决定权，审议后向大会主席团或人大常委会提出建议。

从以上介绍可以看出，县以上地方人大设立常委会、人大增设专门委员会等，是为了加强人大和常委会的工作，不是为了所谓的安排干部。因此，我个人认为，在换届选举考虑人大常委会、专门委员会的组成时，要从加强常委会和专门委员会的工作考虑，对人选的素质和结构包括年龄结构，要作出合理安排。

第四，加强了常委会机关的建设。人大和常委会的工作是十分艰巨、繁重的。为了搞好工作，必须加强常委会机关建设，要有一支好的工作队伍，以便更好地为大会、常委会、专门委员会的工作服务。同时，由于机关干部实行公务员制度，不受换届的影响，因而有利于人大工作的连续性。

（三）发挥代表作用，加强代表工作

发挥代表作用，加强代表工作，是坚持和完善人民代表大会制度的一个重要方面。代表法以宪法为依据，在全国人民代表大会组织法、地方各级人民代表大会和地方各级人民政府组织法、选举法等有关法律规定的基础上，对各级人大代表的职权、工作方式、执行代表职务的保障以及对代表的监督等，作了具体的规定。

第一，要发挥代表的作用。

代表法第一条明确规定，制定代表法的宗旨是，“为保证全国人民代表大会和地方各级人民代表大会代表依法行使代表的职权，履行代表的义务，发挥代表作用”。为什么要强调发挥代表的作用？人大代表大会制度是我国的根本政治制度，人民通过选举代表，组成各级人大，来行使国家权力，管理国家事务。人大代

表是各级人大的组成人员，只有人大代表真正发挥作用，才能代表人民行使好管理国家事务的权力，这是关系到人民当家作主的重大问题。

为了发挥代表的作用，代表法根据宪法和有关的法律，从几个方面做了规定：第一，对代表来讲应当负起责任，认真履行代表义务。代表法规定，代表应当“依法行使代表的职权，履行代表的义务”。第二，从国家来讲要给以保障。代表法规定，国家要“为代表执行职务提供保障”，如“代表在人民代表大会各种会议上的发言表决，不受法律追究”等。第三，对社会来讲要支持代表执行代表职务。代表法规定，“一切组织和个人都必须尊重代表的权利，支持代表执行代表职务”。第四，对各级人大常委会来讲，应当为代表执行职务提供条件和服务。代表法规定，“县级以上的各级人大常委会，应当为本行政区域内的代表执行代表职务提供必要的条件”“人民代表大会常务委员会的办事机构应当为代表执行职务提供服务”。

第二，人大代表行使权力，核心是要代表最广大人民的根本利益。

人民代表大会制度的本质，就是人民当家作主。各级人大代表由人民依照法律规定选举产生，同时“代表受原选区选民或者原选举单位的监督。选民或者选举单位有权依法罢免自己选出的代表。”为什么要这么规定？就是为了保证代表能够真正代表人民的根本利益。前面我已介绍了，这是人大制度与西方议会制的一个重大区别。

代表法规定，“全国人民代表大会和地方各级人民代表大会代表，代表人民的利益和意志，依照宪法和法律赋予本级人民代表大会的各项职权，参加行使国家权力”，特别提出，要“代表人民的利益和意志”。代表在审议各种议案时，要充分反映人民群众特别是基层群众的意见和要求，使制定的法律、法规，通过的各项决议，能够更加符合广大人民的根本利益和要求。我国各级人大代表来自各个阶层、各个地区和各个民族，与人民群众有着广泛的联系，为了能够更好地代表人民的利益，应当与人民群众保持密切联系，听取人民群众的意见。因此，代表法规定，“代表应当与原选区选民或者原选举单位和人民群众保持密切联系”“应当采取多种方式经常听取人民群众的意见”“听取和反映他们的意见和要求，努力为人民服务”。

第三，代表履行代表职务必须依法进行。

代表法规定，“代表必须模范地遵守宪法和法律，保守国家秘密，在自己参加的生产、工作和社会活动中，协助宪法和法律的实施”。代表行使代表职权时，也必须依法进行，代表法规定，代表要“依法行使代表职权”。依法行使代表职权，包括以下几个方面：

（一）权限要依法。代表法规定，代表要“依照宪法和法律赋予本级人民代表大会的各项职权，参加行使国家权力”。我国各级人大是权力机关，与西方国家的议会不同，政府、法院、检察院由权力机关产生，对权力机关负责。但是，行政权由政府行使，审判权、检察权分别由法院、检察院行使。权力机关对政府、法院、检察院的工作进行监督,但不代替行政机关行使行政权,不代替法院、检察院行使审判权、检察权。宪法、全国人大组织法、地方组织法对各级人大的职权都有明确的规定。代表在行使职权时,必须在宪法、法律赋予人大的各项职权内进行。

(二)程序要依法。代表法规定,代表在行使提案、选举、质询、罢免、组织有关特定问题的调查委员会等权利时,都要“依照法律规定的程序来进行”。全国人大组织法、地方组织法和议事规则等,对此都有具体明确的规定。

(三)集体行使职权,个人不直接处理问题。代表负有重大的责任,权力是很大的,但权力要集体行使,决定问题要根据民主集中制的原则,多数通过。宪法和全国人大组织法规定,全国人大审议法律案和其他议案,“由全国人民代表大会以全体代表的过半数通过”“常务委员会审议的法律案和其他议案,由常务委员会以全体组成人员的过半数通过”。

代表对政府、法院、检察院的工作有什么意见、建议或者批评,提出来对这些部门改进工作是有积极意义的,但代表不直接处理问题,这是代表活动的一条重要原则,也是我国人大工作的一条重要经验,代表法对此专门做了规定。为什么?这是因为:一,代表如果直接处理具体行政工作或者具体案件,就超越了法律赋予代表的职权;二,个人直接处理问题,与人大和常委会集体行使职权的原则是违背的。各级人大代表中有各方面、各民族、各地方的代表,对一些具体问题的看法和意见,可能不完全一样,如果每个代表都要按自己的意见直接去处理,是会发生问题的。因此,代表法规定,“县级以上各级人民代表大会代表有权向本级人民代表大会常务委员会提出对各方面工作的建议、批评和意见”,由人大常委会转有关部门;“代表视察时,可以向被视察单位提出建议、批评和意见,但不直接处理问题”。有关机关、组织对代表提出的建议、批评和意见,应当重视,“必须研究处理并负责答复”。

李鹏委员长在2002年的《全国人民代表大会常务委员会工作报告》中,对人大行使监督权应当遵循的原则做了明确阐述,“人大行使监督权必须坚持中国共产党的领导,遵循以下原则:第一,依法监督。人大应当依照宪法和法律规定的权限和程序进行监督。第二,集体行使职权。人大实行集体负责制,按照民主集中制原则,集体行使监督权。第三,不包办代替。人大监督行政、审判、检察机关的工作,但不代行它们的职权,而是督促和支持这些国家机关更好地依法行使职权”。各级人大代表在开展代表活动依法行使代表职权时,应当认真地贯彻以上原则。

(四)完善民主程序

江泽民同志在谈到发展社会主义民主政治时说,要着重加强社会主义民主政治制度建设,实现社会主义民主政治的制度化、规范化、程序化。其中专门讲了“程序化”。前面我在介绍完善选举制度时,谈了选举程序方面的问题。为了使人大和常委会在依法行使职权时，能够充分发扬民主，更好地实行民主集中制的原则，便利代表、委员履行职责，在总结经验的基础上，制定了全国人大常委会议事规则和全国人民代表大会议事规则。这两个议事规则对会议的召开，议案的提出和审议，审议工作报告，审查计划和预算，国家机构组成人员的选举、罢免、任免和辞职，询问和质询，调查委员会，发言和表决等，都作了具体规定。这些程序的规定，对于发扬民主、加强人大和常委会的工作，是非常重要的。例如，过去提到常委会审议的法律案，往往要当次会议通过。为了常委会在审议法律案时，能够广泛听取意见，充分发扬民主，六届全国人大常委会委员长会议决定，提到常委会审议的法律案，当次会议不进行表决。这样就可以在听取说明初步审议后，进一步广泛征求意见，研究修改，这对发扬民主，提高立法质量，有着十分重要的作用。后来在议事规则中对此作了规定。又如，议事规则规定，提议案的单位应当对议案提出说明，同时要提供有关资料；在会议审议时，应当回答代表、委员提出的询问。这些程序上的规定，可以使代表、委员了解情况，更好地对议案进行审议，同时也可以促使提案人在起草议案时就要充分考虑各方面的意见，对提高议案质量也是非常有益的。又如，关于人事任免，两个议事规则都规定了，候选人的提名人、提请任命的机关，应当介绍候选人或被任命人员的基本情况，并对提出的问题，作必要的说明。全国人大议事规则还规定，全国人大选举或者决定任命，采取无记名投票方式，并规定要设秘密写票处。这些规定，对保证民主选举，是十分必要的。因此，人大和常委会在开会时，一定要严格按照法定程序来办，这对发扬民主，加强人大和常委会的工作有着十分重要的作用。

三、坚持党的领导、充分发扬民主和严格依法办事

江泽民同志说，党的领导、人民当家作主和依法治国的统一性，是社会主义民主政治的重要优势。发展社会主义民主政治，最根本的是要坚持党的领导、人民当家作主和依法治国的有机结合和辩证统一。他说，坚持党的领导是根本，充分发扬民主是目标，严格依法办事是保障。在人大工作中，一定要坚决贯彻这些原则。

第一，必须坚定不移地坚持党的领导。党在国家生活中的领导地位是宪法确定的。宪法序言规定，“中国新民主主义革命的胜利和社会主义事业的成就，是中国共产党领导中国各族人民，在马克思列宁主义、毛泽东思想的指引下，坚持真理，修正错误，战胜许多艰难险阻而取得的”“中国各族人民将继续在中国共产党的领导下，在马克思列宁主义、毛泽东思想、邓小平理论指引下，坚持人民民主专政，坚持社会主义道路，坚持改革开放，不断完善社会主义的各项制度，发展社会主义市场经济，发展社会主义民主，健全社会主义法制，自力更生、艰苦奋斗，逐步实现工业、农业、国防和科学技术的现代化，把我国建设成为富强、民主、文明的社

会主义国家”。

在1982年制定宪法时，刚经过“文化大革命”，当时对党的领导有各种各样不同的意见和认识。怎么统一思想？彭真同志说，实践是检验真理的唯一标准，要用事实来统一认识。二十世纪我国发生了翻天覆地的变化，有四件最重大的历史事件，第一件大事是孙中山领导的辛亥革命，第二件大事是推翻了三座大山，建立了中华人民共和国，第三件大事是建立了社会主义制度，第四件大事是基本上形成独立的、比较完整的社会主义工业体系。除第一件大事外，其他三件大事，都是在中国共产党的领导下取得的。当然，党在历史上不是没有发生过问题，如发生了“文化大革命”，但是，这些都是共产党自己纠正的，因此序言写的是，在党的领导下，“坚持真理，修正错误，战胜许多艰难险阻而取得的”。宪法序言通过阐述历史事实来统一思想，确定了党在国家生活中的领导地位。所以说坚持共产党的领导，是不以人们意志为转移的客观规律，是中国人民总结历史经验得出的最基本的结论，是亿万人民在长期斗争中作出的决定性选择。有一种说法，认为序言没有法律效力。这种看法是不对的，宪法序言是宪法的组成部分，与条文一样是具有宪法效力的。所以说，坚持党的领导是有宪法依据的。坚持党对人大和常委会工作的领导，是我国人民代表大会制度的一个根本问题。各族人民在旧社会处于被统治的地位，是在中国共产党领导下，才推翻了压在人民头上的三座大山，成为国家的主人，也只有在党的领导下，才能更好地行使管理国家事务的权力。

如何坚持党的领导？江泽民同志说，“要坚持党的领导，必须适应新的形势和任务不断改善党的领导”“加强和改善党的领导，很重要的一个方面是改革和完善党的领导方式和执政方式”。新中国成立后，人民取得全国性政权，共产党成为执政党。党代表广大人民利益，但党员在全国人口中是少数，而且有了国家的形式，这与新中国成立前是不同的。共产党如何对国家进行领导？一是，党对国家事务的主张，党的路线、方针、政策，要经过国家政权成为人人都要遵守的法律和国家意志。例如，坚持四项基本原则，是邓小平同志代表党中央提出来的，1982年宪法以国家根本大法的形式，把四项基本原则肯定下来，就成为全国各族人民必须遵守的全国团结奋斗的政治基础了。二是，推荐国家机关的重要人选，由权力机关依照法定程序选举或任命。江泽民同志说，要按照总揽全局，协调各方的原则，正确处理党委和人大的关系，支持人大依法履行职责。各级党委要坚持总揽不包办、协调不代替，通过科学化、规范化、制度化的机制，加强对各方面的领导。人大的党员干部，要增强党的观念，保证党的路线方针政策的贯彻实施。

第二，必须坚定不移地充分发扬民主。坚持党的领导，充分发扬民主是一致的。江泽民同志说，坚持党的领导，根本着眼点是为了保证人民更好地行使当家作主的权利，保证国家和人民的利益得到切实维护和发展。一切为了人民，一切依靠人民，一切权力属于人民，这是党和国家一切工作的根本政治原则。

所以，加强党对人大工作的领导，决不是代替人大的工作，也不是不要发挥人大的作用。恰恰相反,加强党对人大工作的领导,要支持人大依法行使职权,更好地发挥人大的作用。拿制定法律来说,我们一定要贯彻党的路线方针政策,对法律中的重大原则问题要事先请示中央。但是,法律草案提到全国人大或常委会后,是否就是举举手,不能修改了呢?决不是。党对国家事务的主张,经过权力机关,一是使党的方针政策成为人人必须遵守的法律和国家的意志;同时也是为了更好地发扬民主,使制定的法律能够更好地符合人民的利益。1982 年宪法的制定过程可以充分说明这个问题。宪法草案是中央讨论过的,但经宪法修改委员会讨论、全国人民讨论和全国人大讨论后又做了不少修改。例如,全国人大常委会公布的宪法修改草案是中央讨论过的,但经全民讨论后,宪法修改委员会根据全民讨论和人大常委会的意见,做了不少修改,据不完全统计,一共修改了近百处。提交五届全国人大五次会议审议的宪法草案又是事先报中央讨论过的,但是大会讨论后,又根据代表意见进行了修改,涉及的条文有 19 条,近 30 处。说明什么呢?经过讨论,发扬民主,可以更好地吸收各方面意见。所以说,宪法是党的主张和人民意志的统一。选举也是如此,必须坚持党管干部的原则,党在考虑人选时,是充分听取各方面意见的。党推荐人选后,还要由权力机关依法民主选举。在酝酿候选人时,可以对某些候选人提出不同意见,也可以依法提出另外的候选人。对代表的意见,应当很好听取,如果提的对,那么应当吸收,如果代表有误解,可以通过介绍情况进行说明解释。

第三,必须严格依法办事。依法治国,是党领导人民治理国家的基本方略。江泽民同志说,发展社会主义民主,必须同发展社会主义法制紧密结合。民主政治只有以法治为保障才可能。法律是党领导制定的,是党的方针政策的具体化、法律化。因此,严格依法办事,也就是执行党的方针政策。1979 年后,曾有人向彭真同志提出,是地方党委大、书记大,还是法大?彭真同志明确回答,法大。他说,法律是党中央领导制定的,全国人大和常委会通过的,有哪个地方党委,哪个个人比党中央还大?比最高国家权力机关还大?江泽民同志强调,我们是执政党,对实施好依法治国方略有重大责任。各级党组织和全体党员特别是党员领导干部,必须增强法制观念,严格依法办事,提高治国理政的法治水平。要正确认识和处理权与法的关系,各级党组织和全体党员干部都必须严格遵守国家的法律法规,不允许凌驾于法律之上,以权代法。他还说,这要作为党的一条政治纪律。

江泽民同志对换届选举工作非常重视,在九届全国人大五次会议时,对党员负责人特别指出,目前,乡镇人大换届选举正在进行。从今年下半年开始,县以上各级人大要陆续进行换届选举。各级党委要加强对这项工作的领导,贯彻党管干部的原则,充分发扬民主,严格依法办事,坚决纠正选举工作中的违法行为,保证这次换届选举工作顺利进行。

立法法介绍

（2003 年 3 月　为全国人大代表审议立法法准备）

一、立法法是规范立法活动的基本法律

立法法是一部重要的基本法律，制定立法法是法制建设上的一件大事。立法法根据宪法，规范立法活动，对健全国家立法制度，建立和完善有中国特色社会主义法律体系，推进依法治国，建设社会主义法治国家，有着十分重要的意义。

什么是法律？法律不是任何社会都存在的，在原始共产主义社会，就没有法律。法律是人类发展到一定历史阶段才产生的，到了奴隶制社会，人类分成了奴隶主和奴隶不同的阶级，当阶级矛盾发展到不可调和的时候，产生了国家，也就产生了法律。法律是与国家联在一起的。法是由一定国家机关依据一定程序制定的，体现统治阶级意志，以国家权力保障实施的行为规范。第一，法律是统治阶级的意志。这是马克思主义关于法律的理论，揭示了法律的阶级实质。我们说法律有阶级性，是统治阶级的意志，是从一个国家法律的总体上说的，法律涉及政治、经济、文化、社会生活各个方面，有实体法、程序法，有根本制度的，也有一些具体方面的。不同社会的法律的性质不同，但也有一些是有共同性的，例如市场经济，有一般共同的规律。因此，坚持和正确理解马克思主义关于法律阶级实质的论断，十分重要。首先，要用历史唯物主义的观点，认识法律的阶级实质，这样才能对法律有清醒的认识，否则在立法工作中就会迷失方向。同时，也不绝对化，法的阶级性是从总的方面说的，各国法律的规定，也还有一些共同性的东西，否则就会妨碍我们借鉴一些国家有益的经验。第二，法律是以国家权力保障实施的。这是法律不同于社会习惯、团体章程以及道德的一个重要特征。第三，法律是行为规范。制定法律，是为了规范国家机关、社会团体、企业和公民在政治、经济、文化、社会等各方面的行为，应当怎么办，不许怎么办，法律的规定要具体明确，政策比较原则，法律是实践证明正确政策的具体化、法律化。第四，法律是由一定国家机关依照一定程序制定的。

制定立法法的根据是宪法。1979 年中共十一届三中全会提出，发展社会主义民主，健全社会主义法制。健全社会主义法制必须做到“有法可依，有法必依，执法必严，违法必究”。有法可依是前提，因此必须加强立法工作。1982 年宪法根据中共十一届三中全会关于发展社会主义民主、健全社会主义法制的精神，总结历

史经验,从我国实际情况出发,对立法体制进行了改革和完善。改革后的法制体系是统一的,又是分层次的。这是根据我国的实际情况决定的,主要是:第一,我国是单一制国家,不是联邦制国家,实行的是人民代表大会制度;第二,我国地域广大,各地情况很不相同;第三,民族多,民族聚居地方实行民族区域自治;第四,我国正在实行经济体制的改革,法律还不够完备,正在健全过程中。由于我国是统一的单一制国家,实行人民代表大会制度,因此,法律只能由全国人民代表大会和全国人民代表大会常务委员会制定,以维护法制的统一。由于其他几点实际情况,又决定了我国法制体系是分层次的。因此,我国的法制体系是以宪法为基础,法律为骨干,包括行政法规、地方性法规、自治条例和单行条例、规章等。

立法法对立法活动进行规范。宪法、全国人大组织法、地方组织法对立法权限的划分、立法程序、法律解释等问题作了基本规定,全国人大及其常委会的议事规则又对法律的制定程序进一步作了具体规定。实践证明,这些规定是正确的、可行的。1979 年以来,我国立法工作取得了显著成就,也积累了不少经验。但在实际工作中也存在一些问题,主要是:有些法规、规章规定的内容超越了权限;有些法规、规章的规定同法律相抵触或者法规之间、规章之间、法规与规章之间存在着相互矛盾、冲突的现象;有的质量不高,在起草、制定过程中,有的地方和部门存在着不从国家整体利益考虑,过多从部门、地方局部利益出发的倾向。这些问题在一定程度上损害了国家法制的统一和尊严,也给执法造成某些困难。立法法总结这些年来立法工作的经验,针对工作中存在的问题,根据宪法和有关法律规定,对立法工作应当遵循的基本原则,法律、行政法规、地方性法规、自治条例和单行条例、规章各自的权限范围,制定程序、授权立法、法律解释和适用规则、备案等问题,作了比较具体的规定。

中共十五大报告根据邓小平民主法制理论,在十多年来法制建设的基础上,进一步提出依法治国,建设社会主义法治国家,把依法治国作为治国的基本方略。为了推进依法治国,对立法工作提出了更高的要求,中共十五大报告提出,要加强立法工作,提高立法质量,到 2010 年形成有中国特色社会主义法律体系。制定立法法,对立法活动加以规范,进一步健全国家立法制度,对加强立法,提高立法质量,实现到 2010 年形成有中国特色社会主义法律体系的任务,有着重要意义。因此,制定立法法是我国法制建设上的一件大事。

二、立法法的几个主要问题

(一)立法应当遵循的基本原则

立法法对立法应当遵循的基本原则,在总则中作了明确的规定,有以下几条:

第一，立法应当遵循宪法的基本原则。

宪法是国家的根本大法，是社会主义法制建设的基础。宪法确认了中国各族人民奋斗的成果，规定了国家的根本制度和根本任务，是国家的根本大法，具有最高的法律效力，一切法律、行政法规和地方性法规都要依照宪法，不能与宪法相抵触。遵守宪法的基本原则是立法的一条最重要的原则。

宪法的基本原则是指，以经济建设为中心，坚持四项基本原则，坚持改革开放，这就是党和国家在社会主义初级阶段的基本路线。江泽民同志在中共十四大报告中指出："我们党在十一届三中全会上抛弃'以阶级斗争为纲'这个不适用于社会主义社会的'左'的错误方针，把党和国家的工作中心转移到经济建设上来。这是政治路线的拨乱反正。在确定工作中心转移的同时，作出了实行改革开放的伟大决策，并针对拨乱反正过程中出现的错误思潮，旗帜鲜明地强调必须坚持社会主义道路、坚持人民民主专政、坚持中国共产党的领导、坚持马克思列宁主义、毛泽东思想。'一个中心，两个基本点'的思想开始形成，奠定了新时期党的基本路线的基础。"1982 年宪法以国家根本大法的形式体现了党的基本路线。党的第十四次全国代表大会，确立邓小平建设有中国特色社会主义理论在全党的指导地位，确定我国经济体制改革的目标是建立社会主义市场经济体制，党的第十五次全国代表大会，高举邓小平理论伟大旗帜，进一步阐述邓小平理论的历史地位和指导意义，进一步阐述党在社会主义初级阶段的基本路线和基本纲领。根据中共十四大、十五大的精神，两次对宪法进行了修改，确定了邓小平理论的指导地位，对社会主义初级阶段基本路线的阐述，更加全面、系统、深刻。

社会主义初级阶段的基本路线符合我国实际情况，代表和反映了全国各族人民的共同意志和根本利益。党和国家的一切工作都要坚持基本路线，这也是立法工作的一条根本原则，立法工作必须为经济建设这个中心服务，制定有关经济方面的法律，是立法工作的一个重要方面。立法工作必须贯彻和体现改革的方针，根据党和国家的政策，及时把改革的成果，用法律形式确定下来，为改革提供法律依据，规范、保障和促进改革的进一步发展。为了适应对外开放的需要，立法工作要从法制方面来促进对外开放政策的实行。立法工作必须坚持四项基本原则，以保障改革开放和社会主义建设的顺利进行。

坚持四项基本原则，重要的是坚持中国共产党的领导和坚持社会主义。邓小平同志说，我们坚持四项基本原则，"这四个坚持的核心，是坚持党的领导""从根本上说，没有党的领导，就没有现代中国的一切"。1982 年宪法回顾、总结了 100 多年来中国革命的历史，说明坚持四项基本原则，特别是坚持共产党的领导，是不以人们意志为转移的客观规律，宪法在序言里明确规定，"中国新民主主义革命的胜利和社会主义事业的成就，都是中国共产党领导中国各族人民，在马克思列宁主义、毛泽东思想的指引下，坚持真理，修正错误，战胜许多艰难险阻而取得的"，今后"中国各族人民将继续在中国共产党领导下，在马克思列宁主义、毛泽东思想、邓小平理论指引下，坚持人民民主专政，坚持社会主义道路，坚持改革开放，不断完善社会主义的各项制度，发展社会主义市场经济，发展社会主义民主，健全社会主义法制”。宪法确定了中国共产党在国家中的领导地位，这是中国人民总结历史经验得出的最基本的结论，是亿万人民在长期斗争中作出的决定性选择。

依法治国，建设社会主义法治国家，必须加强党的领导。党领导制定宪法和法律，党领导执行宪法和法律，党也在宪法、法律范围内活动。立法工作一定要坚持党的领导，体现和贯彻党的路线、方针和政策。政策是法律的灵魂，法律是政策的具体化、法律化。加强党对立法工作的领导，并不是说代替权力机关行使立法权，不是说不要发扬社会主义民主。党是代表人民利益和意志的，党对国家事务的主张，通过国家权力机关，把党的主张变成人人要遵守的国家意志和法律；同时更好地听取各方面的意见，集中各方面的意见，使制定的法律、作出的决定，更能符合实际，充分地反映全国各族人民的根本利益。法律是党的主张和人民意志的统一，加强党的领导，发扬民主，严格依法办事，三者是统一的。

我们国家的根本制度是社会主义制度，宪法第一条明确规定：“社会主义制度是中华人民共和国的根本制度。禁止任何组织或者个人破坏社会主义制度。”法律是上层建筑，由经济基础决定，又为经济基础服务。社会主义是我国的根本制度，作为上层建筑的法律必须坚持社会主义原则，为社会主义建设服务。党的十五大报告提出，到 2010 年形成有中国特色社会主义法律体系，明确提出我们法律的性质是社会主义法律。

第二，立法要从国家整体利益出发，维护社会主义法制的统一和尊严。

我国是统一的单一制国家，不是联邦制国家。坚持社会主义法制的统一，是法制建设的一条根本原则。宪法第五条规定：“国家维护社会主义法制的统一和尊严。”全国人民代表大会和全国人民代表大会常务委员会是国家立法机关，法律只能由全国人民代表大会和全国人民代表大会常务委员会制定。法律是在党中央领导下制定的，体现党中央的方针、政策，各地、各部门都必须遵守和执行，行政法规、地方性法规和规章，都不得与法律抵触。执行法律和服从党中央的领导是一致的。因此，维护法制的统一，是一个关系到中央的领导和党的方针政策能否落实的重大原则问题，这是从政治上来说的。从实行社会主义市场经济来说，也需要法制的统一，因为只有统一的法制，才有利于形成全国统一的、开放的、有序的市场，有利于公平竞争。因此，维护法制的统一和尊严是维护国家统一和党中央的领导以及国内市场统一的重要保证。

为了维护社会主义法制的统一，在起草制定法律、行政法规、地方性法规、规章时，要从国家的整体利益出发，从人民长远、根本的利益出发，防止不从国家整体利益考虑，只从地方、部门利益出发的部门、地方观点。

第三，立法应当体现人民意志，发扬社会主义民主，保障人民通过多种途径参与立法活动。

法律是统治阶级的意志，我国是人民民主专政的社会主义国家，人民是国家的主人。因此，立法一定要体现人民的意志，代表和反映全国人民长远的、整体的、根本的利益，这是我国法律与西方国家法律的一个根本区别。

为了能够更好地体现人民的意志，在起草制定过程中，一定要充分发扬民主，保障人民通过多种途径参与立法活动。民主集中制是制定法律的根本原则。

第四，立法应当从实际出发，科学、合理地规范社会关系。

中共十五大提出，要提高立法质量。为提高立法质量，最根本的就是要从我国的实际出发。从实际出发，实事求是，是我们的思想路线，立法应当从我国的国情出发，符合我国的实际。有的地方和部门在立法工作中对公民的义务强调多，对保护其合法权益注意不够，对部门的权力强调的多，而应负什么责任则往往不规定。针对这种情况，立法法特别规定，立法要科学、合理地规定公民、法人和其他组织的权利与义务、国家机关的权力与责任，以坚持公民权利义务、国家机关权力与责任相统一的原则。

第五，立法应依照法定权限和程序。

制定立法法就是为了对立法权限、程序等作出具体规定，以进一步规范立法活动。立法时要严格依照法定权限和程序来进行。注意不要越权立法，该制定法律的制定法律，该制定行政法规、地方性法规的制定行政法规、地方性法规。同时，要遵循法定的程序，程序对保证立法质量有重要意义，应当提高对程序重要意义的认识。

（二）立法权限的划分

宪法规定，全国人民代表大会及其常务委员会行使国家立法权，制定法律；国务院根据宪法和法律的规定，制定行政法规；省级人民代表大会及其常务委员会在不同宪法、法律、行政法规相抵触的前提下制定地方性法规；民族自治地方包括自治区、自治州、自治县的人民代表大会有权制定自治条例和单行条例，分别报上级人民代表大会常务委员会批准。宪法对这些国家机关的立法权限从原则上作了规定。但在实际立法活动中，对哪些事项应当制定法律，哪些事项可以制定行政法规、地方性法规，有不同的理解，因此，需要对全国人民代表大会及其常务委员会与国务院、中央与地方之间，在立法事项方面的具体划分，作出进一步的规定，这是立法法需要解决的首要问题。立法法对全国人民代表大会及其常务委员会的专属立法事项和行政法规、地方性法规、自治条例和单行条例的权限范围作了规定。

第一，全国人大及其常委会的专属立法事项。

在立法权限的划分方面，最主要的是要明确哪些事项必须由全国人民代表大会及其常务委员会制定法律，也就是全国人民代表大会及其常务委员会的专属立法权。这个问题明确了，就可以解决与国务院行政法规、与地方性法规权限的划分。

根据什么原则来确定全国人民代表大会及其常务委员会的专属立法事项?主要有两个,一是政治制度,人民代表大会制度是我国的根本政治制度,全国人民代表大会及其常务委员会是国家立法机关,行使国家立法权,这是划分与国务院行政法规权限的基本指导原则。二是我国是统一的单一制国家,不是联邦制,要维护法制的统一和尊严,这是解决中央与地方权限划分的基本指导原则。根据这些原则,基本的政治、经济等制度,要由全国人民代表大会及其常务委员会制定法律。

立法法根据以上原则,规定了只能由全国人民代表大会及其常务委员会制定法律的事项,一共包括十项:(1)国家主权的事项。如国防、外交等事务中涉及国家主权的事项,必须制定法律,其中有些不涉及主权的一般性问题,不一定必须制定法律。(2)各级人民代表大会、人民政府、人民法院和人民检察院的产生、组织和职权。这涉及国家根本政治制度,宪法已明确,这些要由法律规定。(3)民族区域自治制度、特别行政区制度、基层群众自治制度。我国实行的是少数民族聚居的地方实行区域自治,设立自治机关,行使自治权。各民族自治地方都是中华人民共和国不可分离的部分,不是联邦制。这涉及到保障少数民族的权利和国家的统一,因此必须由法律规定。特别行政区是根据一国两制原则,为解决香港、澳门、台湾的问题而设立的。宪法规定:"国家在必要时得设立特别行政区。在特别行政区内实行的制度按照具体情况由全国人民代表大会以法律规定。"(4)犯罪和刑罚。什么是犯罪,如何处以刑罚,必须由法律规定,行政法规、地方性法规无权规定。(5)对公民政治权利的剥夺、限制人身自由的强制措施和处罚。宪法规定,我国公民享有广泛的政治权利和人身自由,但在行使自由和权利的时候,不得损害国家的、社会的、集体的利益和其他公民的合法的自由和权利,如果有违法、犯罪行为,应当依法惩处。立法法规定,对公民政治权利的剥夺、限制人身自由的强制措施和处罚,只能由法律规定,目的是保护公民合法的政治权利和人身自由。至于依法保障公民合法权利和自由的事项,法规当然可以规定。(6)对非国有财产的征收。宪法规定:"国家保护公民的合法收入、储蓄、房屋和其他合法财产的所有权。""国家依照法律规定保护公民的私有财产的继承权。"为了国家和社会公共利益需要,国家对公民的房屋等财产是可以征收的,但应当给予补偿。为了防止乱征收,保护公民的合法财产所有权,按立法法规定,什么情况才能征收,如何补偿,只能由法律作出规定。(7)民事基本制度。(8)基本经济制度以及财政、税收、海关、金融和外贸的基本制度。这里讲的是基本制度,这些基本制度应当由法律规定。(9)诉讼和仲裁制度。诉讼制度,包括刑事诉讼、民事诉讼、行政诉讼三大诉讼制度,全国应当统一,只能由法律规定。(10)必须由全国人民代表大会及其常务委员会制定法律的其他事项。

全国人民代表大会及其常务委员会专属立法权的事项,是指只能由法律规定的事项,不是全国人民代表大会及其常务委员会只能对这些事项制定法律。只能由法律规定的事项与只能对某些事项制定法律,是不同的概念。法律规定的事项要比只能由法律规定的事项广,现在已制定的法律中有许多是超过专属立法权的事项的,如教育等方面的法律,区别在哪里呢?专属立法权所列的事项,法规不能规定,只有经授权才能规定,而不属专属立法权的事项,在没有制定法律前,原则上法规可以先规定,不需要授权。由法律规定的事项是列举不尽的,凡是全国人民代表大会及常务委员会认为应当制定法律的,都可以制定法律。在征求意见过程中,有的主张在专属立法权的事项中再增加一些,理由是现有法律中有不少是超出专属立法权的事项的。所以产生这种误解,就是没有分清专属立法权和法律能够制定的事项的区别。

立法法关于只能制定法律的事项的规定,在目前情况下是否能够办到?与1979 年比,现在的情况有了很大发展,经过二十年的努力,立法工作取得显著成就,制定了新宪法和一系列法律,应当说,政治、经济、社会等各方面不再是无法可依了,社会主义法律体系的框架已经形成。当然,专属立法权规定的事项中有一些要马上制定法律还不成熟,还有困难。怎么办?可以采取授权的办法来解决,不能因此而把一些本来应当只能由法律规定的事项,不作为专属立法权的事项。立法法的规定,既符合宪法规定的政治制度和立法体制,又能够通过授权的办法来解决一些实际问题。关于授权立法的问题,下面要专门介绍。

全国人民代表大会和常务委员会在立法权上如何划分。在过去,法律只能由全国人民代表大会制定,常务委员会不能制定法律,只能制定法令。1982 年制定新宪法时,扩大了全国人民代表大会常务委员会的职权,包括制定法律。全国人民代表大会一般每年召开一次,代表人数也较多,如果所有法律都要由全国人民代表大会制定,是有困难的。为了加快立法步伐,1982 年宪法规定,全国人民代表大会和常务委员会是国家立法机关,常务委员会也有权制定法律,二十年来,除了基本法律由全国人民代表大会制定外,多数法律是由全国人民代表大会常务委员会制定的。常务委员会是全国人民代表大会的常设机关,委员包括各方面代表,人数较少,可以经常开会,赋予常委会制定法律的职权,既符合我国政治体制的原则,又符合我国立法的实际情况和需要。宪法规定,刑事的、民事的、国家机构的和其他方面的基本法律,由全国人民代表大会制定,其他法律由全国人民代表大会常务委员会制定。在全国人民代表大会闭会期间,全国人民代表大会常务委员会可以对全国人民代表大会制定的法律进行部分补充和修改,但不得同该法的基本原则相抵触。这个区分是正确的,在这一阶段实际立法工作中,也没有发生什么问题,因此,全国人民代表大会和常务委员会关于立法权限的划分,立法法仍然是按照宪法规定的。

第二,行政法规规定的事项。

国务院可以制定行政法规,这是 1982 年宪法在立法体制方面的一个重要改革。过去,国务院只能规定行政措施,1982 年宪法规定,国务院有权根据宪法和法律制定行政法规。国家行政管理,涉及各个方面,有些业务性很强,什么问题都要由全国人民代表大会或者全国人民代表大会常务委员会制定法律,是不可能的,也是不必要的。从实际情况看,除制定法律外,属于国务院行政管理职权范围内的问题,有许多需要制定行政法规。政府的行政行为可分为抽象的行政行为和具体的行政行为,制定行政法规是国务院的抽象行政行为。这样,有利于落实法律,有利于更好地依法进行行政管理,有利于实现行政管理法制化的目标,有利于健全我国的社会主义法制。

国务院行政法规可以规定什么事项,在实践中,对宪法规定的可以根据宪法和法律制定行政法规的规定,有不同的理解。立法法规定,行政法规可以就下列事项作出规定:

1. 为执行法律的规定需要制定行政法规的事项。法律的规定,各级政府是要严格执行的,在执行法律过程中,有的需要具体化,有的要专门作出规定。例如,行政处罚法规定,决定罚款的行政机关应当与收缴罚款的机构分离。为了落实法律的这个规定,国务院专门制定了具体的行政法规。这个问题,大家看法是一致的。

2. 宪法第八十九条规定的国务院行政管理职权的事项。对这个问题,过去是存在不同理解的。一种意见认为,根据宪法和法律制定行政法规,必须先有法律,才能根据法律制定行政法规。另一种意见认为,根据宪法和法律,包括宪法规定属于国务院行政管理职权范围内的事项。立法法根据宪法的原意,把这个问题明确了。但有两点要注意:一是属于行政管理事项,凡不属国务院行政管理职权的问题,如刑法、审判、检察制度、诉讼程序方面的问题,行政法规不得规定;再一点是,立法法规定了全国人民代表大会和常务委员会专属立法权的事项,凡属专属立法权的事项,如基本经济制度以及财政、税收、海关、金融和外贸基本制度,应当制定法律,不得制定行政法规,如果需要国务院制定,必须经全国人民代表大会或常务委员会的授权。行政法规自己可以规定的事项和根据授权可以先制定行政法规的事项是不同的,在内容、程序、效力等方面都不相同,因此,立法法对此是分别加以规定的。

第三,地方性法规规定的事项。

地方性法规是 1979 年制定新的地方组织法时规定的,1982 年新宪法予以肯定,这是对立法体制的又一重大改革。

哪一级地方人大可以制定地方性法规?宪法规定,省、自治区、直辖市的人民代表大会和它的常务委员会可以制定地方性法规。后来修改地方组织法时,增加规定,省、自治区的人民政府所在地的市和国务院批准的较大的市的人民代表大会及其常务委员会可以制定本市需要的地方性法规,报请省、自治区的人民代表大会常务委员会批准后施行。这次立法法又增加规定,经济特区所在地的市的人民代表大会及常务委员会也可以制定地方性法规。

地方性法规可以规定哪些事项？宪法规定，有权制定地方性法规的地方人民代表大会及常务委员会，根据本行政区域的具体情况和实际需要，在不同宪法、法律、行政法规相抵触的前提下，可以制定地方性法规。立法法根据宪法规定，地方性法规可以就下列事项作出规定：

1. 为执行法律、行政法规的规定，需要根据本行政区域的实际情况作出具体规定的事项。中国地域辽阔，各地情况很不相同，东南沿海地区和中西部地区，城市和农村，情况很不相同。法律、行政法规是在全国都要实行的，为了符合全国各地情况，有些规定只能比较概括，如行政处罚需要有一定的幅度，各地在执行时，需要根据本行政区域的实际情况作出具体规定，这样才有利于更好地根据实际情况执行法律、行政法规。

有两个问题要注意：一是立法法规定的是需要作出具体规定的事项，也就是说，地方性法规仅对法律、行政法规中某些需要规定的具体事项作出规定，哪个问题需要规定，就规定哪个问题，不要一搞就是总则、分则全面规定，结果绝大部分是重复法律、行政法规的规定，不要求全。这样做的好处是：(1)针对性比较强；(2)有利于宣传执行法律、行政法规，维护法制的统一和权威。现在有的地方性法规全面照抄，有的还抄得不准确，结果是往往只宣传地方性法规，许多人不知道有法律、行政法规。再一个问题是，地方性法规只能在法律、行政法规规定的幅度内加以具体化，不能作出变通的规定，以便维护法制的统一。

2. 属于地方性事务需要制定地方性法规的事项。有些事情，全国不需要制定法律、行政法规统一规定，例如，某些城市禁放鞭炮、禁止养犬等问题，可以制定地方性法规。

地方性法规可以规定的事项就是这两项，至于有些问题在没有制定法律、行政法规前，地方可以先制定地方性法规，是另外一个问题，立法法是另外规定的。1982年宪法在规定地方性法规时，考虑到当时法制很不健全，许多法还没有制定，同时由于改革刚刚开始，有些问题制定法律、行政法规还不成熟，因而允许地方先制定地方性法规，成熟后再上升为法律、行政法规。这对加快立法，健全法制是必要的。宪法规定不抵触原则就是针对这种情况讲的。立法法对此作了规定，“除本法第八条规定的事项外，其他事项国家尚未制定法律或者行政法规的，省、自治区、直辖市和较大的市根据本地方的具体情况和实际需要，可以先制定地方性法规。在国家制定的法律或者行政法规生效后，地方性法规同法律或者行政法规相抵触的规定无效，制定机关应当及时予以修改或者废止”。

从立法法的这个规定可以看出：第一，属全国人民代表大会和常务委员会专属立法权的事项，不能先制定地方性法规。1979年党的十一届三中全会后，改革还没有全面展开，有些可以在地方先行试验，现在与二十年前不同了，改革已在全国范围内深入开展，有些问题虽然制定法律的条件还不成熟，主要应由国务院根据授权决定,先制定行政法规。第二,进一步明确规定,先制定的地方性法规,在国家制定法律或行政法规后,就要按法律、行政法规执行,先定的地方性法规同法律、行政法规相抵触的规定无效,应当及时予以修改或废止。这些规定,对维护国家法制的统一,是十分必要的。随着我国法制的不断完善和健全,今后地方性法规的重点,应是执行法律、行政法规需要规定的具体事项和属于地方性的事务。

(三)立法程序

全国人大组织法根据宪法对法律制定的程序作了规定,包括法律案的提出和撤回、法律案的审议、表决和公布。立法程序是重要的,它保障立法权的行使。过去,我们对程序的重要意义认识不够,重视民主的实质,对民主程序重视不够。当然,民主的实质是根本的,民主的形式是由民主实质决定的,但民主的形式反过来可以保障民主的实质,程序是保障实质的。党的十一届三中全会以来,为了进一步发展社会主义民主,全国人民代表大会和常务委员会在制定法律的程序方面,有一系列的改进和完善,先后制定了全国人大议事规则和全国人大常委会议事规则。实践证明,这些规定是正确的。立法法总结这些年来的经验,又进一步作了规定。

制定法律的基本原则是民主集中制,我国法律制定的过程,是民主集中的过程,是从群众中来到群众中去的过程,广泛地、充分地发扬民主,在广泛民主基础上予以集中。法律是人人必须遵守的行为规范,涉及到政治、经济、文化、社会等各个方面,关系到国家机关、团体、企业、公民的权利义务。因此,在制定过程中,一定要广泛发扬民主,听取各方面的意见,只有这样,制定出来的法律才能比较符合实际,更好地代表全国各族人民的根本利益。立法法关于法律制定程序的规定,充分体现了民主集中制的原则。

第一,法律案的提出。

制定法律,首先是起草和提出。从实际情况看,基本法律,如刑法、民法通则、诉讼法、全国人大组织法等,多是由全国人民代表大会常务委员会组织力量起草的,一般法律多是国务院起草的。法律的起草,应当采取立法工作部门、实际工作部门和专家三结合的形式,这样有利于使理论与实践密切结合起来。起草和提出是两回事,起草部门不一定有权提出,必须经法律规定有权提出的单位和人提出。

根据全国人大组织法、全国人大和全国人大常委会两个议事规则,立法法规定,有权提出法律案的,有三个方面:一是全国人大和常委会的组织;二是其他中央国家机关;三是一定数量的全国人大代表和常委会组成人员。有权向全国人大提出法律案的有:大会主席团、全国人大常委会、各专门委员会、国务院、中央军委、最高人民法院、最高人民检察院,一个代表团或者30名以上代表。有权向全国人大常委会提出法律案的有:委员长会议、各专门委员会、国务院、中央军委、最高人民法院、最高人民检察院,10名以上常委会组成人员联名。党派、团体不能直接提出法律案,可以提出建议,或者通过党派、团体在全国人大或常委会中的代表、委员联名提出。

法律案提出后,列入大会或常委会会议议程,也有一定的程序。立法法根据人大组织法规定,全国人大常委会、各专门委员会、国务院等中央国家机关提出的法律案,由大会主席团或者委员长会议决定列入大会或常委会会议议程;一个代表团或者 30 名以上代表和常委会组成人员 10 人以上联名提出的法律案,是否列入会议议程,由大会主席团或者委员长会议决定。提出的法律案是审议的基础,法律案的质量如何,对审议工作有重大关系。因此,在决定列入会议议程前,大会主席团或委员长会议要把一道关。如果认为有问题,可以先交有关专门委员会审议提出意见,再决定列入议程。

提出的法律案可能有两种情况,一是基础比较好,那么大会主席团或委员长会议就可以决定列入议程。二是认为法律案有重大问题需要进一步研究,怎么办? 立法法对此作出了进一步规定,区分两种情况,属于常委会组成人员联名提出的,可决定不列入议程,但应当向常委会会议报告或者向提案人说明;属于中央国家机关和专门委员会提出的,委员长会议可以建议提案人修改完善后再向常委会提出,这样把一道关,可以为审议打下一个比较好的基础。

关于法律案的撤回,立法法分别两种情况作了规定。向全国人民代表大会及其常务委员会提出的法律案,在列入会议议程之前,提案人有权撤回;已列入大会或常委会议程的法律案,在交付表决前,提案人要求撤回的,应当说明理由,经主席团或委员长会议同意,并向大会或常委会报告,对该法律案的审议即行终止。

第二,对法律案的审议。

法律案的审议,是制定法律的一个十分重要的阶段、关键的阶段,要充分发扬民主,在广泛民主基础上集中。立法法强调了以下几个问题:

1. 事先通知代表或委员要审议的问题,以便有时间进行准备。立法法规定,常委会决定提请全国人民代表大会审议的法律案,应当在会议举行的一个月前将法律草案发给代表;列入常务委员会会议议程的法律案,除特殊情况外,应当在会议举行的 7 日前将法律草案发给常务委员会组成人员。一个月前将法律草案发给代表,是全国人大议事规则规定的,7 日前将法律草案发给常委会组成人员是立法法新增加的规定,这可以使常委会组成人员有时间准备意见。考虑到有个别因情况紧急需要及时提出,来不及 7 日前发给常委会组成人员,因此规定特殊情况除外。同时,这里规定的 7 日前发给常委会组成人员,是指第一次列入议程的法律草案,至于二审、三审稿不在此列,因为委员一审后已知道法律案的内容和问题。

2. 提供对法律案的说明和有关资料。立法法规定,提出法律案应当同时提出法律草案文本及其说明,并提供必要的资料。法律草案的说明应当包括制定该法律的必要性和主要内容。全国人大各代表团和常委会分组审议法律案时,提案人应当派人听取意见，回答询问，根据代表团或常委会小组的要求，有关机关、组织应当派人介绍情况。这样规定，可以使代表和委员了解情况，便于进行审议。同时，也对提案人提出了要求，促使提案人在起草时要认真考虑研究这些问题，这对提高法律草案的质量是有好处的。

3. 要广泛听取各方面意见。立法法规定，列入常委会会议议程的法律案，法律委员会、有关的专门委员会和常务委员会工作机构应当听取各方面意见，听取意见可以采取座谈会、论证会、听证会等多种形式。常务委员会工作机构应当将法律草案发送有关机关、组织和专家征求意见，将意见整理后送法律委员会和有关的专门委员会，并根据需要，印发常务委员会会议。立法法还规定，列入常委会会议议程的重要的法律案，经委员长会议决定，可以将法律草案公布，征求意见，各机关、组织和公民提出的意见送常务委员会工作机构。这样做，可以广泛听取各方面意见，特别是不同意见，使法律能够更好地、更充分地反映人民意志，提高立法质量。

4. 有关专门委员会进行审议，法律委员会统一进行审议。立法法规定，法律案由有关的专门委员会进行审议，提出审议意见，印发常务委员会会议。法律委员会根据常务委员会组成人员、有关的专门委员会的审议意见和各方面提出的意见，对法律案进行统一审议，提出修改情况的汇报或者审议结果报告和法律草案修改稿，对重要的不同意见应当在汇报或者审议结果报告中予以说明。对有关的专门委员会的重要审议意见没有采纳的，应当向有关的专门委员会反馈。为了加强法律委员会和各专门委员会的配合，法律委员会和各专门委员会审议法律案时，可以邀请有关专门委员会成员列席会议，发表意见。专门委员会之间对法律草案的重要问题意见不一致时，应当向委员长会议报告。这些规定，既可以充分发挥有关专门委员会在审议法律案方面的作用，又依全国人大组织法的规定，由法律委员会统一进行审议，有利于维护法律的统一。

5. 常委会审议法律案一般实行三审制。为了使常委会审议法律案时有充分的时间，六届全国人大常委会委员长会议决定，向常委会提出的法律案，在当次会上不表决，由法律委员会向下次常委会或者以后的常委会提出审议结果报告。在制定全国人大常委会议事规则时，对此作了规定。也就是说，常委会对法律案一般最少要两次审议才能通过。九届全国人大常委会进一步发展为一般实行三审制。

立法法根据这一经验，对此作了规定，列入常委会会议议程的法律案，一般应当经三次会议审议后再交付表决。常委会第一次审议法律案，在全体会议上听取提案人的说明，由分组会议进行初步审议。常委会第二次审议法律案，在全体会上听取法律委员会关于法律草案修改情况和主要问题的汇报，由分组会议进一步审议。常委会第三次审议法律案，在全体会上听取法律委员会关于法律草案审议结果的报告，由分组会议对法律草案修改稿进行审议。各方面意见比较一致的，可以经两次会议审议后交付表决,部分修改的法律案,各方面意见比较一致的,也可以经一次会议审议后交付表决。

为了充分发扬民主,对重大问题深入进行审议,立法法还规定,全国人民代表大会审议法律案,必要时,主席团常务主席可以召开各代表团团长会议,就法律案中的重大问题听取各代表团的审议意见,进行讨论,也可以就法律案中的重大的专门性问题,召集代表团推选的有关代表进行讨论,并将讨论的情况和意见向主席团报告。常务委员会审议法律案时,根据需要,可以召开联组会议或者全体会议,对法律草案中的主要问题进行讨论。

对全国人大会议审议法律案没有规定要经大会三次审议,因为提请大会审议的法律案,一般是先经过常委会审议才提出的,有的还向全民公布广泛征求意见。同时,全国人代会一般一年举行一次,如果要大会三审才能表决,那么要三年时间,对及时制定法律是不利的。

第三,法律案的表决。

表决,我们采取绝对多数原则。立法法规定,法律草案修改稿经各代表团审议,并经法律委员会根据各代表团的审议意见进行修改,提出法律草案表决稿,由主席团提请大会全体会议表决,由全体代表的过半数通过。法律草案修改稿经常务委员会会议审议,并经法律委员会根据常务委员会组成人员的审议意见进行修改,提出法律草案表决稿,由委员长会议提请常务委员会全体会议表决,由常务委员会全体组成人员的过半数通过。关于表决的方式,全国人大及其常委会的议事规则规定,表决采用投票方式、举手方式或者其他方式。现在,全国人大和常委会会议都装了电子表决器,对一般法律案采用按电钮无记名方式表决。这样,能够方便代表和委员按自己的意见进行表决,对发扬民主是有好处的。

法律案经审议,如有重大问题需要进一步研究怎么办?立法法规定,大会审议法律案,认为有重大问题需要进一步研究的,经主席团提出,由大会全体会议决定,可以授权常委会根据代表的意见进一步审议,作出决定,并将决定情况向全国人大下次会议报告;也可以授权常委会根据代表意见进一步审议,提出修改方案,提请下次大会审议决定。常委会会议对法律案三次审议后,认为仍有重大问题需要进一步研究的,由委员长会议提出,经联组会议或者全体会议同意,可以暂不付表决,交法律委员会和有关的专门委员会进一步审议。

如果各方面对制定该法律的必要性、可行性等重大问题存在较大意见分歧怎么办?一是提案人可以要求撤回,但应说明理由,经委员长会议同意,并向常务委员会报告,会议对该法律案的审议即行终止。二是因上述原因搁置审议满两年的,或者因暂不付表决经过两年没有再列入常委会会议议程审议的,由委员长会议向常务委员会报告,该法律案终止审议。

法律案表决时,如果因没有超过全体代表或常委会组成人员的半数而未被通过,提案人是否可以重新提出?在现实生活中碰到这个问题,怎么办?法律案表决时未获通过,有各种情况和原因,有的是因出席人数少了;有的是因代表或委员对某个问题有不同意见,如果稍加修改或说明,代表或委员是会同意的;也有的表决时条件还不成熟,经过一段时间条件成熟了,可以再提出。为了解决这个问题,立法法规定,交付全国人民代表大会及其常务委员会全体会议表决未获得通过的法律案,如果提案人认为必须制定该法律,可以按照法律规定的程序重新提出。但是,是否列入议程,由大会主席团或委员长会议决定,也就是说,重新提出后,大会主席团或委员长会议根据情况可以决定列入议程,也可以决定不列入议程。未获得全国人民代表大会通过的法律案,应当提请全国人民代表大会审议决定,不能因大会未通过,而提请常委会审议决定。

第四,法律案的公布。

法律案经全国人民代表大会或者常务委员会通过,还不能说完成了立法程序,必须经国家主席签发主席令公布,才算完成立法程序。宪法规定,中华人民共和国主席根据全国人民代表大会或者全国人民代表大会常务委员会的决定,公布法律。立法法对此也作了规定。西方三权分立国家,法律由总统公布,总统有否决权。我国法律由国家主席公布,没有规定有否决权。我们实行人民代表大会制度,不是三权分立,国家主席是全国人大选举产生的,国家主席根据全国人民代表大会或常务委员会的决定公布法律。法律经国家主席令公布,就发生法律效力。

法律公布是重要的程序,因为法律是要人人遵守的,要大家遵守,就要大家知道,法律签署公布后,应当及时在常务委员会公报和在全国范围内发行的报纸上刊登。

法律经国家主席令公布,就发生法律效力,但发生法律效力和法律实施时间并不都完全一样。有的法律自公布之日起施行,但多数法律要经过一段时间再实施,一般经过半年左右,短的几个月,长的一年之后再实施。经过一段时间再实施,有以下好处:第一,可以使大家了解法律规定。第二,可以为法律实施进行准备,包括思想、组织、制度、物质等各方面的准备,以保证法律更好地实施。因此,立法法专门规定,法律应当明确规定其施行时间。签署公布法律的主席令载明该法律的制定机关、通过日期和施行时间。

立法法还对行政法规、地方性法规和规章的制定程序作了规定。地方性法规案的提出、审议和表决程序,根据地方组织法,参照立法法关于法律制定程序的规定,由本级人民代表大会规定,强调要有统一的审议环节,由负责统一审议的机构提出审议结果的报告和草案修改稿,以进一步提高地方性法规的质量,保证法制的统一。

(四)授权立法

宪法规定,法律由全国人民代表大会及其常务委员会制定。属于全国人民代表大会及其常务委员会专属立法权的事项,也就是只能制定法律的事项,如果需要国务院先制定行政法规，那么必须由全国人民代表大会或常务委员会授权，这就是授权立法。

1979年以来，根据改革开放的需要，全国人民代表大会及其常务委员会两次对国务院作出授权决定。一次是六届全国人大常委会第七次会议决定，“授权国务院在实施国营企业利改税和改革工商税制的过程中，拟定有关税收条例，以草案形式发布试行，再根据试行的经验加以修订，提请全国人民代表大会常务委员会审议”。一次是六届全国人大三次会议决定，“授权国务院对于有关经济体制改革和对外开放方面的问题，必要时可以根据宪法，在同有关法律和全国人民代表大会及其常务委员会的有关决定的基本原则不相抵触的前提下，制定暂行的规定或者条例，颁布实施，并报全国人民代表大会常务委员会备案，经过实践检验，条件成熟时由全国人民代表大会或者全国人民代表大会常务委员会制定法律”。国务院根据这两个授权决定，制定了一系列税收条例和有关行政法规，其中有些成熟后，已制定为法律。这两个授权决定对适应改革开放的需要，加快立法步伐，健全社会主义法制，起到了积极的重要作用。

立法法要不要规定授权立法，有不同的意见。有一种意见主张今后不再授权立法了，凡是应由法律规定的事项都制定法律，不成熟，可以修改。经过反复研究，从实际出发，授权立法还是有必要的。的确，现在与过去有很大发展，二十年来，立法工作取得显著成就，有中国特色的社会主义法律体系框架已经形成。但是，到2010年要形成有中国特色社会主义法律体系的任务还是很繁重的，改革已进入攻坚阶段，有些问题现在就制定法律的条件还不成熟，需要由国务院先制定行政法规，条件经验成熟后再上升为法律。因此，当前保留授权立法是必要的。

授权立法需要加以完善，立法法总结这一段的经验，对授权立法作了进一步的明确规定，主要有以下几点：

第一，明确了什么事项需要授权，什么事项不得授权。立法法规定，属于只能制定法律的事项，尚未制定法律的，全国人民代表大会及其常务委员会有权作出决定，授权国务院可以根据实际需要，对其中的部分事项先制定行政法规。同时明确规定，有关犯罪和刑法、对公民政治权利的剥夺、限制人身自由的强制措施和处罚、司法制度等事项不得授权。

第二，授权决定应当明确授权的目的、范围。

第三，被授权机关应当严格按照授权目的和范围行使该项权力，不得将该项权力转授给其他机关。也就是说，国务院不得将授权事项再转授给部、委制定规章。

第四，备案制度。根据授权制定的法规应当报授权决定规定的机关备案。

第五，成熟后要及时制定法律。授权立法事项，经过实践检验，制定法律的条件成熟时，由全国人民代表大会及其常务委员会及时制定法律。国务院认为成熟了，要及时提请制定法律，全国人大及其常委会认为成熟了，也可以制定法律。

第六,关于授权的终止。立法法明确规定,授权立法事项制定法律后,相应立法事项的授权终止。今后,随着法律的不断制定和完善,授权的范围自然就会不断缩小,到 2010 年形成有中国特色社会主义法律体系后,授权立法问题自然就解决了。

立法法还对经济特区的授权作了规定。改革开放以来,我国建立了经济特区,有些改革先在经济特区试验,成熟后再推广。为了适应改革的需要,全国人大通过了几个授权决定,授权广东省、福建省、海南省、深圳市、厦门市、汕头市和珠海市的人大及其常委会根据经济特区的具体情况和实际需要,遵循宪法的规定以及法律和行政法规的基本原则,制定法规,在经济特区实施。根据授权决定,经济特区制定的法规,可以对法律、行政法规的某些规定,作出变通。这在当时是需要的,因为有些改革还没有在全国展开,先在经济特区试验,所以应当允许有些变通。

现在情况与过去有很大发展变化,改革已在全国全面推进,有些已经制定了法律、行政法规,如证券法、公司法等,这些法律在经济特区也要实行,不能变通,不然形成不了统一的市场。经济特区是否还要变通?哪些可以变通?需要根据现有情况予以研究。对这个问题,也有不同的看法和主张。因此,立法法对经济特区的授权是这样规定的:"经济特区所在地的省、市的人民代表大会及其常务委员会根据全国人民代表大会的授权决定,制定法规,在经济特区范围内实施。"至于是否可以变通,没有具体明确。这样规定,既能适应现在需要有些变通的情况,也为今后的发展变化,留下了空间和余地。具体的怎么办,可在授权决定中解决。

在起草过程中,有的提出,对地方人大也要规定授权立法问题。经过研究,立法法只对国务院和经济特区的授权专门作了规定,对地方人大的授权没有特别规定,主要考虑是:第一,除全国人大及其常委会专属立法权外的事项,如果没有制定法律、行政法规时,可以先制定地方性法规,这个问题已有规定。第二,只能由法律规定的事项,都是政治、经济等基本制度,如果制定法律条件不成熟,那么可以授权国务院制定行政法规。因为现在改革已在全国全面推进,由国务院制定,有利于中央对改革的领导,也有利于法制的统一。第三,有的提出,有些法律、行政法规的某些规定不适用了,所以要求授权地方可以制定地方性法规予以变通。这要区分不同情况来处理,如果是由于情况的发展,原法律、行政法规的某些规定不适用了,那么应当对不适用的规定及时加以修改、完善,而不是授权地方可以变通。如果是因个别地方特殊情况的需要,可以作为个案处理,但不要与对国务院和经济特区的授权那样,作为一种制度,这样,有利于法制的健全和统一。

授权立法问题,随着法制的不断健全、完善,授权立法的范围会不断缩小,授权的内容也会发生变化,最后自然而然的可以得到解决。现在立法法的规定,既符合现在的实际情况和需要,也为今后发展留下了余地。通过不断完善、健全法制来逐步缩小授权立法的范围,这比硬性限制规定要好,因为硬性限制是不符合实际的,也是行不通的。

(五)法律解释

法律制定以后,在实施过程中,往往会产生对法律某些条文规定应如何理解的问题,由于实际情况十分复杂,在实际执行中,也会提出这样那样的问题,这就需要对法律进行解释。因此,法律解释是一项十分重要的工作,对正确理解和实施法律有着重要意义。

宪法规定,解释法律属于全国人大常委会的职权。1955 年 6 月全国人大常委会通过了《关于解释法律问题的决议》,1981 年 6 月全国人大常委会通过了《关于加强法律解释工作的决议》。根据这两个决议,对法律的解释根据不同性质,分为立法解释、司法解释、应用法律的解释、常识性解释、学术性解释等,宪法规定属于全国人大常委会职权的法律解释,是指的立法解释。立法解释的内容、程序、效力等,与其他性质的解释是不一样的。

哪些情况需要由全国人大常委会进行立法解释,1955 年、1981 年全国人大常委会关于法律解释的两个决议中作了规定,凡关于法律条文本身需要进一步明确界限或作补充规定的,由全国人大常委会分别进行解释或规定。立法法根据这两个决定的精神规定,法律有以下情况之一的,由全国人民代表大会常务委员会解释:第一,法律的规定需要进一步明确具体含义的;第二,法律制定后出现新的情况,需要明确适用法律依据的。这两种情况实际上属于立法的延伸,因此,解释权只能由全国人大常委会行使。全国人大常委会的立法解释,同法律具有同等的法律效力。

二十年来,我国立法工作取得显著成就,制定了一系列法律,在实施过程中,要求法律解释的越来越多,为了保障法律正确的实施,加强法律解释工作是十分必要的。法律解释的程序与制定法律的程序不完全一样,立法法对立法解释的程序作了规定:第一,哪些机关有权向全国人大常委会提出法律解释的要求,立法法规定,国务院、中央军委、最高人民法院、最高人民检察院和全国人大各专门委员会以及省、自治区、直辖市的人大常委会可以向全国人大常委会提出法律解释的要求。第二,由常务委员会工作机构研究拟定法律解释草案。常委会的立法工作机构,参与了每部法律案的审议制定过程,对法律规定的背景、含义比较了解,统一由工作机构研究拟定法律解释草案,有利于更好地符合立法的原意,也有利于保持法制的统一。第三,法律解释草案由委员长会议决定列入常务委员会会议议程,经常务委员会审议,由法律委员会根据常务委员会组成人员的审议意见进行审议、修改,提出法律解释草案表决稿。第四,法律解释草案表决稿以常务委员会全体成员的过半数通过,由常务委员会发布公告予以公布。

在实际工作中,有关部门、地方往往提出一些法律询问,内容并不属于需要进行立法解释的两种情况。但对这些询问的答复,对正确理解执行法律也是十分重要的。这些询问很多,量很大,有的时间也比较急,都要常委会答复没有必要,也不可能。针对这个问题,立法法根据现在实际做法对此作了规定,全国人大常委会工作机构可以对有关具体问题的法律询问进行研究予以答复,并报常务委员会备案。有几个问题,一是这里讲的是对法律询问的答复。至于在工作中从法律角度交换意见,不属于这个范围。二是法律询问由常委会工作机构统一答复,可以避免因多头答复可能造成不一致的问题。三是常委会工作机构对法律询问的答复是要经过一定程序上报批准后,才能正式答复。四是对法律询问的答复要报常委会备案,如果发现有些答复不正确,可以予以纠正。五是关于法律询问答复的效力问题。常委会工作机构对法律询问的答复应当说是比较权威的,各部门、地方也是非常重视的,如果有不同的看法,可以通过法定程序要求法律解释。

全国人大常委会关于加强法律解释的决定,除立法解释外,还对司法解释、适用法律的解释、常识性解释、学术性解释等作了规定。在实际执行过程中,对这些解释也提出了一些问题和意见,立法法仅对立法解释作出了规定,对司法解释、适用法律的解释等,没有规定。这方面存在的一些问题,可以在时机成熟后,另行解决。

(六)法的适用规则

现在,各种法律、行政法规、地方性法规、自治条例和单行条例、规章越来越多,执行中提出了许多问题,需要确定适用规则,明确它们相互间的效力等级。根据宪法和有关法律的规定,立法法进一步明确了法律、行政法规、地方性法规、自治条例和单行条例、规章的适用规则,基本原则是:

第一,上位法的效力高于下位法。宪法具有最高的法律效力,法律、行政法规、地方性法规、自治条例和单行条例、规章同宪法相抵触的规定无效。法律的效力高于行政法规、地方性法规、规章。行政法规的效力高于地方性法规、规章。地方性法规的效力高于本级和下级政府规章。省、自治区人民政府制定的规章的效力高于本行政区域内较大市的人民政府制定的规章。下位法的规定如果与上位法的规定不一致,要适用上位法的规定,以维护法制的统一。

第二,同位法中特别规定与一般规定不一致的,适用特别规定。因为,特别规定是根据特殊情况和需要专门规定的。例如,合同法规定:“其他法律对合同另有规定的,依照其规定。”海商法、铁路法、航空法对海上运输、铁路运输、航空运输合同,专门作了规定,那么铁路、航空、海上运输合同适用海商法、铁路法、航空法的有关规定。当然,这里讲的是同位法中的特别规定,如果下位法的特别规定与上位法的一般规定不一致,那么就要按上位法的效力高于下位法的原则,适用上位法的规定。

第三,同位法中新的规定与旧的规定不一致的,适用新的规定,也就是前法服从后法。因为,情况是在不断发展变化的,新的规定是根据发展后的情况规定的。

第四,原则不溯及既往。法律规定生效后,要严格依法执行,但法律的规定不能溯及过去的行为,过去的行为要依行为时的法律规定执行。但为了更好地保护公民、法人和其他组织的权利和利益而作的特别规定除外,这是为了保护公民、法人和其他组织的权益。例如,我国刑法就采取从旧兼从轻的原则。也就是说,对犯罪者处刑,要依照行为时的法律规定执行,但如果新的规定不认为是犯罪或者处罚比过去法律规定要轻的,则依照轻的规定。

第五,自治条例和单行条例依法对法律、行政法规、地方性法规作变通规定的,在本自治地方适用自治条例和单行条例的规定,经济特区法规根据授权对法律、行政法规、地方性法规作变通的,在本经济特区适用经济特区法规的规定。因为这是根据授权或批准变通的,所以适用变通规定,但有地域限制,只能在本区域内适用。

如果法律、行政法规、地方性法规、规章之间不一致,执行机关不能根据效力高低确定如何适用时怎么办?由哪个机关来裁决?立法法针对现实存在的问题,专门作了规定,以保障法的正确适用。立法法的规定是:

第一,同一机关制定的新的一般规定与旧的特别规定不一致时,由制定机关裁决。根据前面讲的适用规则,同一机关制定的新的规定与旧的规定不一致的,适用新的规定,但如果特殊规定与一般规定不一致的则要适用特殊规定。那么新的一般规定与旧的特别规定不一致,怎么办,发生这种情况,由制定机关裁决。

第二,根据授权制定的法规与法律规定不一致,不能确定如何适用时,由全国人民代表大会常务委员会裁决。

第三,地方性法规与部门规章之间对同一事项的规定不一致,不能确定如何适用时,由国务院提出意见,国务院认为应当适用地方性法规的,应当决定在该地方适用地方性法规的规定;认为应当适用部门规章的,应当提请全国人民代表大会常务委员会裁决。因为,国务院无权改变或撤销地方性法规,这个权是属于全国人大常委会的。

第四,部门规章之间、部门规章与地方政府规章之间具有同等效力,在各自的权限范围内施行,如果对同一事项的规定不一致,在适用时发生问题怎么办,由国务院裁决。因为国务院统一领导各部和各委员会的工作,统一领导全国地方各级国家行政机关的工作,全国地方各级人民政府都是国务院统一领导下的国家行政机关,都服从国务院。

立法法对法适用的基本原则和发生争议的裁决作出规定,有利于对法的正确适用,发生问题时,也可以有一定渠道加以解决,这对维护法制的统一有重要意义。

(七)法规、规章的备案

为了严格依照法定权限和程序进行立法活动,维护法制的统一,立法法规定,法律、行政法规、地方性法规、自治条例和单行条例、规章有下列情形之一的，由有关机关依法予以改变或者撤销：1. 超越权限的，如法规未经授权规定了应由法律规定的事项。2. 下位法违反上位法规定的，如地方性法规、规章与法律、行政法规抵触的。3. 规章之间对同一事项的规定不一致，经裁决应当改变或者撤销一方的规定的。4. 规章的规定被认为不适当，应当予以改变或者撤销的。5. 违背法定程序的。

根据宪法和有关法律的规定，立法法对改变或者撤销法律、行政法规、地方性法规、自治条例和单行条例、规章的权限作了规定：1. 全国人民代表大会有权改变或者撤销它的常务委员会制定的不适当的法律，有权撤销全国人大常委会批准的自治条例和单行条例违法的。2. 全国人民代表大会常务委员会有权撤销同宪法和法律相抵触的行政法规，有权撤销同宪法、法律和行政法规相抵触的地方性法规，有权撤销省、自治区、直辖市的人民代表大会常务委员会批准的自治条例和单行条例违法的。3. 国务院有权改变或者撤销不适当的部门规章和地方政府规章。4. 省、自治区、直辖市的人民代表大会有权改变或者撤销它的常务委员会制定的和批准的不适当的地方性法规。5. 地方人民代表大会常务委员会有权撤销本级人民政府制定的不适当的规章。6. 省、自治区的人民政府有权改变或者撤销下一级人民政府制定的不适当的规章。7. 授权机关有权撤销被授权机关制定的超过授权范围或者违背授权目的的法规，必要时可以撤销授权。

对撤销权作出规定，不仅是授予有关机关能够撤销的权限，也是对这些机关增加了维护法制统一的责任。现在制定的法律、行政法规、地方性法规、自治条例和单行条例、规章越来越多，如何加强备案和审查工作就越来越重要。为此，立法法对备案和审查制度作了规定。

关于备案，立法法对向哪个机关备案、报送备案的时间等，作了明确规定。制定后应当在公布后的30日内向有关机关备案：1. 行政法规报全国人民代表大会常务委员会备案。2. 省、自治区、直辖市的人民代表大会及其常务委员会制定的地方性法规，报全国人民代表大会常务委员会和国务院备案。较大的市的人民代表大会及其常务委员会制定的地方性法规，由省、自治区的人民代表大会常务委员会报全国人民代表大会常务委员会和国务院备案。3. 自治州、自治县制定的自治条例和单行条例，由省、自治区、直辖市的人民代表大会常务委员会报全国人民代表大会常务委员会和国务院备案。4. 部门规章和地方政府规章报国务院备案。地方政府规章应当同时报本级人民代表大会常务委员会备案；较大的市的人民政府制定的规章应当同时报省、自治区的人民代表大会常务委员会和人民政府备案。5. 根据授权制定的法规应当报授权决定规定的机关备案。

备案的目的是为了加强审查，这方面目前虽然做了，但还比较薄弱，立法法对备案的行政法规、地方性法规、自治条例和单行条例、规章的审查和处理程序，专门作了规定，以便加强备案的审查工作。主要是：

第一，国务院、中央军委、最高人民法院、最高人民检察院和各省、自治区、直辖市的人民代表大会常务委员会认为行政法规、地方性法规、自治条例和单行条例同宪法或者法律相抵触的，可以向全国人民代表大会常务委员会书面提出进行审查的要求，由常务委员会工作机构分送有关的专门委员会进行审查、提出意见。其他国家机关、社会团体、企事业组织以及公民认为行政法规、地方性法规、自治条例和单行条例同宪法或者法律相抵触的，可以向全国人民代表大会常务委员会书面提出进行审查的建议，由常务委员会工作机构进行研究，必要时，送有关的专门委员会进行审查、提出意见。这些规定，有利于推动对备案法规的审查。

第二，全国人民代表大会专门委员会在审查中认为同宪法或者法律相抵触的，可以向制定机关提出书面审查意见；也可以由法律委员会与有关专门委员会召开联合审查会议，要求制定机关到会说明情况，再向制定机关提出书面审查意见。制定机关应当在两个月内研究提出是否修改的意见，并向全国人民代表大会法律委员会和有关的专门委员会反馈。经专门委员会提出书面审查意见，制定机关如果认为确有问题，可以自己主动予以修改。这样做，比较简便。

第三，制定机关如果不修改，全国人民代表大会法律委员会和有关的专门委员会经审查，认为行政法规、地方性法规、自治条例和单行条例同宪法或者法律相抵触，而制定机关不予修改的，可以向委员长会议提出书面审查意见和予以撤销的议案，由委员长会议决定是否提请常务委员会会议审议决定。经常委会审议决定撤销的，该行政法规、地方性法规、自治条例和单行条例被撤销。

介绍“民族区域自治法”主要内容和制定过程中的一些情况和问题(提纲)

(1984年6月8日　向政法院校教学人员作介绍)

六届全国人大二次会议通过了“民族区域自治法”,这是一部十分重要的国家机构的基本法律。这个法已公布,大家看到了。我只作一些介绍:第一部分,法的主要内容;第二部分,制定过程中研究过的几个问题。

一、民族区域自治法的主要内容(略)

二、制定过程中研究过的几个问题

1980年开始起草,近四年。与起草宪法同时进行,广泛调查研究,征求各地、各部门、各方面、各民族的意见。1984年3月,人大民委向全国人大常委会第四次会议提出了民族区域自治法(草案),常委会听取了说明,进行审议。法工委征求各省、市、区和中央各部委意见。人大常委会第四次会议初步审议后,决定交人大法律委员会会同民族委员会结合各方面意见,研究修改。人大法委召开两次座谈会,专门座谈民族地区经济和文教方面的问题,后又召开了五次会议,对法逐条进行了审议修改。在修改过程中,存在一些不同意见。

4月24日,彭真同志召集法委、民委、法工委负责同志谈了对修改“民族区域自治法(草案)”的几点意见。王汉斌同志向乌兰夫同志和委员长会议作了汇报。5月,召开人大常委会第五次会议,对法委修改稿(提出七条主要修改意见)和审议结果报告进行审议。5月8日,彭真、陈丕显同志召集起草领导小组、民委、法委的负责同志开会,乌兰夫、阿沛、杨静仁同志参加,听取常委会审议情况的汇报,进行商议。5月9日,人大常委会召开联组会议,进行了讨论,张友渔等同志发了言。人大常委会第五次会议原则同意修改稿,提请六届全国人大二次会议审议。

5月22日,阿沛副委员长在六届全国人大二次会上作了说明,大会分组审议。法委召开三次会,逐条审议,提出十条主要修改意见。5月29日,大会主席团二次会议对审议报告修改通过,提请大会表决。

经过反复讨论、协商,修改意见逐步一致。这是民主集中的产物,反映了各民族人民的共同意志和根本利益。通过后,一些少数民族地方代表团要求庆祝,召开了庆祝会。

在制定过程中，曾有过一些不同的意见和看法，这是十分自然的，是正常的。我把几个主要问题讨论的情况，做一个介绍，可以使同志们更正确、深刻地了解、掌握民族区域自治法。

在制定过程中，有一些不同意见，怎么办？首先要根据宪法。第二，要有利于五十六个民族的团结。

对民族问题，马恩列斯和毛主席讲过不少话，这个人与那个人讲的有时不完全一样，就是一个人讲的，前后有的也不完全一样，因为讲话都有当时的历史背景，是针对当时一定问题讲的。宪法是根本法，具有最高法律效力，是党和人民意志的统一。起草什么法，都要根据宪法，所以，还是要根据宪法来统一思想。

第一，是否要写民族间事实上不平等。

解放后，民族间政治上是平等的。民族平等，是党和国家的一贯政策。宪法规定，平等、团结、互助的社会主义民族关系已经确立。

由于历史上的原因，少数民族地区经济、文化一般比较落后，这种历史上遗留下来的民族间事实上不平等是存在的。新中国成立后，为了帮助少数民族地区加速经济、文化发展，逐步缩小差距，做了大量工作。今后还要继续加强这方面的工作，这是一个根本性的、长期的任务。

是否要在法律中写消除“事实不平等”？起草宪法时就研究过这个问题，这次又进行了研究。觉得法里面不这样写，还是从正面写，加速各少数民族经济、文化的发展好。为什么？主要考虑：

消除经济、文化方面的差距，要经过长期、艰巨的工作，要一个世纪、几个世纪才能完全办到。现在汉族地区各地发展也很不平衡。法律规定的是社会主义阶段的纲领，要在这个时期能办到的。有些提法，如缩小三大差别，为共产主义奋斗、国家消亡，从理论上讲都对，但现阶段办不到，所以宪法中没写。如法中写了，短期内办不到，怎么办，就有问题。因为法与理论、政策不同，是行动纲领。五二年制定的民族区域自治实施纲要、五四年宪法，都没有这样写。

宪法写了“平等、团结、互助的社会主义关系已经确立”，又讲要消除“事实上不平等”，会被有些人说成政治上也不平等。至少是对宪法规定冲淡了，可能产生误解。

法律规定民族间一律平等，那么，如果发生不平等，就要解决。规定逐步消除“不平等”，反而在法律上承认可以“不平等”，反而不能管了。正如，我们规定“男女一律平等”，如果歧视妇女，就是不平等，就要管。我们不能写逐步消除男女不平等，这样写，就等于认可目前男女可以不平等，消除不平等，可以慢慢来。道理是一样的。

要解决历史上遗留下来的经济、文化方面的差距，关键是要大力帮助少数民族加速经济、文化发展。这方面，宪法、民族区域自治法都作了充分规定。写“事实上不平等”,什么问题也没解决。只有把经济,主要是生产搞上去,发展文化,主要是搞好教育,大力抓好培养少数民族干部、人才,那么就实际上真正可以解决差距的问题。

第二,自治权谁行使。

有两种意见,一种意见主张,由实行区域自治的民族行使自治权,一种意见认为,应由自治机关行使自治权。最后通过的法是规定,“由自治机关行使自治权”。为什么?主要根据和考虑是:

要根据宪法。1952 年民族区域自治实施纲要、1954 年宪法、1982 年宪法都规定的是自治机关行使自治权。宪法规定,“各少数民族聚居的地方实行区域自治,设立自治机关,行使自治权”(第四条第三款),“自治区、自治州、自治县的自治机关行使……地方国家机关的职权,同时……行使自治权……”(第一百一十五条)。

如果规定由实行区域自治的民族行使自治权,那就是说,在新疆由维吾尔族、广西由壮族当家作主。民族自治地方,有的主要是以一个少数民族聚居区建立的,但多数都有其他少数民族,有的是以几个少数民族聚居区为基础建立的。新疆除维吾尔族外,还有回、蒙、柯尔克孜、哈萨克、塔吉克、乌孜别克、锡泊、俄罗斯、满、达翰尔、塔塔尔、汉等十二个民族,广西除壮族外,还有瑶、苗、侗、仫佬、毛难、京、彝、水、仫佬、汉等民族,内蒙除蒙族外,还有满、回、鄂温克、鄂伦春、达翰尔、朝鲜、汉等民族,宁夏除回族外,还有满、蒙、朝鲜、壮、藏、土、汉等民族。不能说,新疆只是维吾尔族、广西只是壮族、宁夏只是回族当家作主,其他民族不当家作主。自治机关是由自治地方各族人民选举产生的,要对各族人民负责,而不是仅对实行区域自治的民族负责。就如同全国来说,不能说只有汉族是主人,应当说各族人民都是主人一样。这样,才符合民主原则、平等原则,才能调动各族人民的积极性。

宪法中是有“实行区域自治的民族”的提法,但都是讲自治机关组成的,一共三处。一是,“自治区、自治州、自治县的人民代表大会中,除实行区域自治的民族的代表外,其他居住在本行政区域内的民族也应当有适当名额的代表”(第一百一十三条第一款);二是,“自治区、自治州、自治县的人民代表大会常务委员会中应当有实行区域自治的民族的公民担任主任或者副主任”(第一百一十三条第三款);三是,“自治区主席、自治州州长、自治县县长由实行区域自治的民族的公民担任”(第一百一十四条)。而讲到行使自治权利时,都是明确规定为由自治机关行使。宪法第一百一十六到一百二十一条关于自治地方经济、文化等方面六条有关自治权的规定,都是规定由“自治机关”行使。

民族区域自治法要考虑五十六个民族包括汉族、各少数民族在内的,要考虑各民族的意志,照顾到各个民族。

第三,关于自治机关配备少数民族干部问题。

在讨论中有各种不同意见。有的认为现在关于“尽量配备”的规定好,有的主张要规定“实行区域自治的民族占绝对多数”，有的主张要规定“与人口比例相当”，也有的认为规定“尽量配备”太绝对，应包括汉族干部。研究后，大家认为还是规定“尽量配备”好。

为什么不能规定自治机关的干部要由实行区域自治的民族占绝大多数。民族自治地方的各民族人口比例构成很不一样，有的实行区域自治的民族是多数，如西藏，藏族占94%；而有的较少，新疆维吾尔族占40%多，宁夏回族、广西壮族占30%多，内蒙古蒙古族占12%多；而有的自治地方，只占百分之几。现在已规定，政府首脑由实行区域自治的民族担任，还要规定机关干部占绝对多数，不尽适宜。自治地方人民政府和各工作部门，要领导、组织经济、文化等建设事业，担任这些工作，需要具有一定条件，有的需要较多专业知识。民族自治地方少数民族干部成长情况不平衡，关键是要大力加强培养，帮助少数民族干部很快成长起来。

有的认为，“尽量配备”少数民族干部不合适，主张应包括汉族，这也没有接受。尽量配备是什么意思？“即对基本符合条件的少数民族干部，优先予以配备”，不是只配备少数民族干部，而不配备汉族干部，也不是不考虑干部条件。目前，一些民族自治地方少数民族干部较少，规定尽量配备各少数民族干部还是必要的。

第四，自治地方法院、检察院问题。

宪法规定，自治机关是人民代表大会和人民政府，而不包括法院、检察院，因此将法院、检察院单列一章。为什么不包括法院、检察院？

因为法制要统一。法院、检察院要依法办事，检察长还要上级人大常委会批准。法院、检察院的组成、职权，依法院和检察院组织法规定。

第五，语言、文字问题。

少数民族有使用和发展自己语言文字的自由，这是宪法规定的少数民族的权利。有的地方不注意这个问题是不对的。但也要区别不同情况。

创造文字问题，有的主张规定创造文字，曾写了，后来又去掉了。少数民族的语言文字有不同的情况，有的少数民族人数很少，或者已通用汉文，原本没有自己民族的文字，如再创造文字，实际用处不大，反而增加他们学习文化的负担。所以法中对此不专门规定。由于法已规定了，“民族自治地方的自治机关保障本地方各民族都有使用和发展自己语言文字的自由”，有的少数民族根据本民族人民意愿创造或者改革文字，是可以的。

为了有利于少数民族学生学习文化、科学技术知识，培养少数民族干部和适合现代化建设人才，增加规定了，小学高年级或中学设汉文课，推广全国通用的普通话。这不是大汉族主义，语言是工具，学普通话是为了更好地学习、提高，这与我们提倡学外文是一样的道理。

村民委员会组织法(试行)的基本内容

(1987 年 12 月)

一、农村基层民主生活制度化的重要法律

村民委员会组织法(试行)是一个十分重要的法律。为什么?

第一,是涉及8亿农村人口的大法。

我国国民经济以工业为主导、农业为基础。全国10亿多人口有8亿在农村。我国人口众多,但在旧社会是一盘散沙。建国后,10亿人民怎么组织起来?城市居民成立了居民委员会。8亿农民,开始实行农业合作化,1958年成立人民公社,党政合一,1982年政社分开。在农村实行家庭联产承包责任制后,村民的公共事务、公益事业、民间纠纷的调解等,怎么解决?广西农村最先成立了村民委员会。村民委员会是农村经济体制改革中,适应实行家庭联产承包责任制后出现的新情况,根据实际需要产生的,是村民自己组织起来,自我管理、自我教育、自我服务的群众性自治组织。1982年宪法肯定了这个经验,第一次把居民委员会、村民委员会在宪法中做了规定。村民委员会是8亿农村人口实行社会生活自治的基层社会组织。村民委员会是农村社会的细胞。村民委员会办好了,健全了,农村工作就有了基础。

第二,有利于保障和促进农村社会生活实行村民自治。

村民委员会是群众性自治组织,村民自己的事情由村民自己来办,是一个重要的改革。在人民公社时期,政社合一,村民的事情,往往采取行政办法来解决。现在,政社分开了,村民的公共事务、公益事业,由谁来办?是政府来办,还是群众自己来办。如何办?是采取行政手段来办,还是村民自己决定。党的十三大报告提出,要"逐步做到群众的事情由群众自己依法去办"。成立村民委员会,村民大家的事情大家来办,办什么,怎么办,都由村民自己决定,采取自治的办法,由群众自我管理、自我教育、自我服务。

党的十三大报告指出,"社会主义民主政治的本质和核心,是人民当家作主"。村民自己的事由村民自己来办,实行村民自治,是村民当家作主的重要权力,是社会主义民主的一个基本特征,有利于发扬基层社会生活的民主。同时,群众自己的事自己办,可以调动村民的积极性,许多事情要比由政府自上而下采取行政办法来包办代替,更合适、更有效。例如,封建迷信属于思想认识问题,靠行政办法

解决不了,要进行教育,提高认识。是修庙好,还是修学校好,由群众自己讨论,自己教育自己。又如,禁止赌博问题,由村民自己制定村规民约,共同遵守,就可以比较有效的解决。

第三,关系到国家社会主义民主制度建设。

办好村民委员会,不仅是村民在社会生活方面实行直接民主的问题,而且关系到整个国家社会主义民主制度建设。在旧中国长期是封建社会,封建思想影响很深,缺乏民主传统。党的十一届三中全会,总结建国几十年经验教训,特别是“文化大革命”的教训,提出要发展社会主义民主,健全社会主义法制,把直接民主扩大到政治、经济和社会生活各个方面。

党的十三大提出,现阶段社会主义民主政治建设,必须着眼于调动基层和群众的积极性。我国民主习惯不够,不仅表现在有些国家工作人员的民主习惯不够,老百姓的民主习惯也不够。在我国,一切权利属于人民,人民是国家的主人。但是,人民自己如何更好地行使民主权力,这个问题并没有完全解决。村民委员会对8亿农村人口来说,是个很好的民主训练班。村民委员会办好了,8亿农村人口增强民主观念,养成民主习惯,学会民主管理,那么整个国家的社会主义民主,就有了可靠的、坚实的基础。

第四,有利于密切人民政府和村民之间的联系。

共产党和人民政府是为人民服务的,应当与人民保持密切的联系。党的十三大报告指出,“各级领导机关的工作,只有建立在倾听群众意见的基础上,才能切合实际,避免失误。领导机关的活动和面临的困难,也只有为群众所了解,才能被群众所理解。群众的要求和呼声,必须有渠道经常地反映上来,建议有地方提,委屈有地方说”“及时地、畅通地、准确地做到下情上达,上情下达,彼此沟通,互相理解”。村民委员会是政府和广大村民之间的纽带和桥梁。一方面,村民委员会向政府反映村民们的意见和要求,使人民政府可以及时了解村民的意愿,更好地为人民服务,另一方面,通过村民委员会向村民宣传法律、法规和国家的政策,使村民了解,自觉遵守和执行。群众路线是党和国家的根本路线,通过村民委员会,是政府从群众中来到群众中去,下情上达,上情下达的一种好的途径。

二、村民自我管理、自我教育、自我服务的基层群众性自治组织

村民委员会是什么性质的组织?宪法明确规定:“城市和农村按居民居住地区设立的居民委员会或者村民委员会是基层群众性自治组织。”也就是说,村民委员会不是政权组织,不是行政机构,不是经济组织,而是村民自己组织起来,办理自己事情的群众性自治组织。因此,村民委员会组织法(试行)规定:“村民委员会是村民自我管理、自我教育、自我服务的基层群众性自治组织。”

正确认识和把握村民委员会是群众性自治组织这个性质,十分重要。村民委

员会的任务,村民委员会的设置,村民委员会的产生和组织,村民委员会与政府之间的关系,以及村民委员会进行工作的方法等等,都是由村民委员会是群众性自治组织这个性质决定的。

村民委员会的任务是什么?自我管理、自我教育、自我服务,最根本、最主要的是办理村民大家需要办的事情。村民委员会组织法(试行)规定,村民委员会“办理本村的公共事务和公益事业,调解民间纠纷,协助维护社会治安,向人民政府反映村民的意见、要求和提出建议”。

第一,办理本村的公共事务和公益事业。例如,本村道路、桥梁的修建,整顿村容、搞好公共卫生,疾病的预防,照顾“五保户”,办好托儿事业,组织文化、技术学习,开展群众性文化娱乐活动等。村民委员会要从本村的实际出发,根据村民的需要,办好本村的公共事务和公益事业,以满足村民生产、生活、学习、文化娱乐等方面的需要。这是村民委员会首要的任务。

第二,调解民间纠纷。在日常生活中,邻里之间、家庭之间,常常会发生一些纠纷,例如水利纠纷,山林纠纷,土地纠纷,房屋纠纷,财产纠纷,夫妻不合,婆媳吵架等。这些纠纷,影响着人民之间的和睦团结,妨碍生产,如果不能及时正确地处理,还往往会使矛盾激化,发生刑事案件,危害社会治安。调解是我国的优良传统,调解民间纠纷是村民委员会的一项重要的、经常的工作。调解委员会成员是村民自己选举的,在村民中享有威信,对本村的情况和人员比较熟悉,教育和调解纠纷也能够做到比较及时。大量民间纠纷,经过调解委员会的调解,就可以及时得到解决。做好这项工作,对于增强人民内部团结,维护社会安定,预防和减少犯罪,发扬社会主义道德风尚,保障社会主义四化建设,都有重要意义。

第三,协助维护社会治安。一个安定团结的环境,良好的社会秩序,是广大村民日常生活、进行生产必不可少的条件。如果社会治安不好,发生强奸、抢劫、流氓、盗卖耕牛、偷盗财产、打架斗殴、故意毁坏他人承包的果树和鱼塘等犯罪活动,就会严重危害村民的人身和财产安全,影响农村的生产。为了维护社会治安,人民政府、法院、检察院对违法犯罪分子应当依法予以制裁。同时,必须加强基层组织,村民委员会设立治安保卫委员会,协助政府维护社会治安。基层治安保卫委员会健全了,加强了,维护好社会治安才有可靠的基础。

第四,向人民政府反映村民的意见、要求和提出建议。村民委员会要维护村民的合法权益,村民有什么意见、要求和建议,例如,有些地方买化肥难、卖粮难,又如价格是否合理,学生上学有什么困难,对干部有什么意见等,村民委员会最了解,应当向人民政府及时反映和提出。村民委员会向人民政府反映意见和要求,实际上是广大村民参加国家管理的一种重要方式,是对基层干部的一种很好的监督。人民政府是为人民服务的,通过村民委员会了解群众的意见和要求,有利于克服官僚主义,改进工作,更好地为人民服务。

村民委员会是群众性自治组织,不是乡政府的下级组织,因此乡政府与村民委员会的关系，不是领导，而是指导。村民委员会组织法（试行）规定："乡、民族乡、镇的人民政府对村民委员会的工作给予指导、支持和帮助。"党的十三大提出："在党和政府群众组织的关系上，要充分发挥群众团体和基层群众性自治组织的作用，逐步做到群众的事情由群众自己依法去办。"村民自己的事，办什么，怎么办，要由村民自己决定，乡政府不要自上而下采取行政手段去包办代替，而是从法律上、政策上、工作上给以指导。村民委员会应当接受乡政府的指导。乡政府对村民委员会的工作应当支持和帮助，首先是要支持村民在社会生活方面的自治权利。

三、村民委员会协助政府工作

村民委员会组织法（试行）规定："村民委员会协助乡、民族乡、镇的人民政府开展工作。"村民委员会是群众性自治组织，主要办理村民自己的事情，政府的工作由政府来进行。但是，村民委员会对政府的工作不是不管，而是要进行协助。因为，乡、镇人民政府是人民自己的政府，是为人民服务的，许多工作与村民直接有关。人民政府在工作时，要依靠人民，特别是现在有些地方基层政权机构还不够健全，在这种情况下，更需要村民委员会予以协助，村民委员会也应当予以协助。有的同志以为，既然是"协助"，那么就可以协助，也可以不协助。这是一种误解，村民委员会组织法（试行）规定的不是"可以协助"，而是"协助"。因此，不是可以协助也可以不协助，而是应当协助。如何协助？要采取自治的方式，主要是宣传、教育、说服、动员，向政府反映情况和意见等，用这种方式协助政府去完成国家任务，而不是由村民委员会去直接行使权力。

根据村民委员会组织法（试行）的规定，村民委员会应当：

第一，宣传宪法、法律、法规和国家的政策。

遵守宪法和法律是公民的义务。我们是工人阶级领导的、工农联盟为基础的人民民主专政的社会主义国家，我国的法律是代表广大人民的根本利益的，我国法律的遵守和执行，是建立在人民自觉的基础上的。村民委员会应当向广大村民宣传宪法、法律、法规和国家的政策，特别是要宣传与村民关系密切的法律、法规，如土地管理法、森林法、婚姻法、继承法、民法通则、经济合同法、治安管理处罚条例等等。通过宣传，村民可以知法，懂法，增强法制观念，提高遵守和执行法律的自觉性，所以这也是协助政府工作的一个基本的重要的方式。更重要的是，广大村民掌握了法律，可以用法律来维护自己的合法权益，与违法现象进行斗争。人人养成依法办事的习惯，我国的社会主义法制建设，就有了可靠的保障。

第二，教育和推动村民履行依法应尽的义务。

我国公民享有广泛的权利，但也应当依法履行应尽的义务。宪法规定，公民有依照法律纳税的义务，有服兵役、参加民兵组织的义务。还规定，夫妻双方有实行计划生育的义务，等等。征税、征兵、计划生育等，是关系到国家经济建设和保卫祖国的重要任务。村民委员会应当向广大村民宣传法律和国家政策,教育村民履行依法应尽的义务,依法按时纳税,积极应征入伍,实行计划生育,有什么情况、问题和意见,及时向政府反映和提出,通过这些方式,来协助政府去完成国家的任务。

第三,搞好生产是农村的根本任务,是村民最关心的一个问题。村民委员会本身不是经济组织,但村民委员会的工作要为生产建设这个根本任务服务。村民委员会组织法(试行)对此作了规定。一是,"村民委员会应当支持和组织村民发展生产、供销、信用、消费等各种形式的合作经济,承担本村生产服务和协调工作,促进农村社会主义生产建设和社会主义商品经济的发展"。二是,"村民委员会应当尊重集体经济组织依照法律规定独立进行经济活动的自主权,维护集体经济组织和村民、承包经营户、联户或者合伙的合法财产权和其他合法的权力和利益"。三是,"村民委员会依照法律规定,管理本村属于村农民集体所有的土地和其他财产,教育村民合理利用自然资源,保护和改善生态环境"。要说明的是,根据民法通则和土地管理法的规定,属于原来生产队农民集体所有的土地仍属原生产队范围的农民集体所有,原来属大队或公社范围所有的土地,所有权也不要变动。不要因为村民委员会范围的变化,而改变土地的所有权。现在,各地都在健全和完善农业合作组织,有的单独设立了合作管理机构,有的由村民委员会的成员兼任,在管理土地和生产服务、协调工作问题上如何进行,各地可以根据自己的实际情况决定。

第四,开展多种形式的社会主义精神文明建设活动。

社会主义精神文明建设是社会主义建设的重要组成部分。村民委员会要通过各种形式,向广大村民进行爱祖国、爱人民、爱劳动、爱科学、爱社会主义的教育,使村民成为有理想、有道德、有文化、有纪律的社会主义公民。在社会公共生活中,要大力发扬和提倡社会主义人道主义精神,尊重人,关心人,特别要注意保护儿童,尊重妇女,尊敬老人,尊敬烈军属和荣誉军人,关心帮助鳏寡孤独和残疾人。在家庭内部、邻里之间和村与村之间,要发扬平等、团结、友爱、互助的社会主义新型关系。要教育村民遵守公共秩序,讲文明礼貌,提倡人人爱护公共财物。要积极开展移风易俗的活动,克服社会风俗习惯中还存在的愚昧落后的东西,改革婚嫁丧葬中的陋习,提倡勤俭办红白喜事,反对铺张浪费。

四、按照便于群众自治的原则设立

村民委员会的范围多大,根据什么原则设立?村民委员会组织法(试行)规定:"村民委员会根据村民居住状况、人口多少,按照便于群众自治的原则设立。"

村民委员会是村民实行社会生活自治的群众性自治组织,因此村民委员会范围多大,要以便于群众实行自治为原则。考虑的条件,一是居住状况,分散还是集中,相距远近;二是人口多少。同时,也要考虑经济情况和历史习惯,例如有一些村历史上就是几个村的村民共饮一条水,有共同的利害等。

根据便于群众自治的原则,村民委员会组织法(试行)规定,“村民委员会一般设在自然村”。为什么要一般设在自然村呢,有以下好处:

第一,便于村民实行自治。自然村是历史长期以来形成的一个社会单位,一个村的村民共同居住在一起,有共同的利害要求,便于办理公共事务。不同的自然村,由于情况不同,利害和要求不同,在办理公共事务上可能发生矛盾,有的村希望办这件事,有的村希望办那件事,由于意见分歧,较难办好。

第二,便于发扬民主。一个村里,大家住在一起,比较集中,看得见,摸得着,管得了,有事情便于开会商议,彼此都了解,有利于把大家信任的人选入村民委员会,也便于监督他们的工作。

第三,由于在一个自然村,范围不大,人口不太多,村民委员会的成员可以利用早晚等间歇时间进行工作,不必脱离生产。这样,可以减少补贴,减轻村民的负担。

但是,我国农村情况很不一样,山区和平原不同,南方和北方不同,所以也不能“一刀切”,一律建在自然村。因此,村民委员会组织法(试行)又规定:“几个自然村可以联合设立村民委员会,大的自然村可以设立几个村民委员会。”

第一,有的自然村很大,特别在北方平原,有几百户甚至上千户的,历史上就分成几片管理。像这样大的自然村,根据村民意愿,可以设立几个村民委员会。

第二,有些地方,特别是山区或南方,一些自然村太小,有的只有十多户,甚至五六户,一个自然村设一个村民委员会有困难。这种小的自然村,可以几个联合成立一个村民委员会,也可以与临近的自然村成立一个村民委员会。

第三,有些地方村民委员会建立在原大队,包括几个自然村。自然村虽然不算小,但村办企业比较发达,有经济实力,几年来搞得比较好,村民不愿分开,也可以不分。例如,江苏无锡县村民委员会设在原大队,一般有五六个自然村,相距不算远,每村有五六个村办企业,平均年产值四百万元,利润三十多万元,每个村民委员会平均每年有十多万元用于办公共事务和公益事业,村民不愿意分开。像这样的村民委员会,村民不愿分的,可以不变。

总之,各地要从自己那里的实际情况出发。村民委员会组织法(试行)规定:“村民委员会的设立、撤销、范围调整,由乡、民族乡、镇的人民政府提出,经村民会议讨论同意后,报县级人民政府批准。”最重要的是,要尊重多数村民的意愿。

五、实行民主集中制的原则

民主集中制是党和国家机构的组织原则,也是社会组织的组织原则。村民委员会是按照民主集中制的原则建立起来的,主要表现在以下几个方面:

第一,村民委员会由村民选举产生。村民委员会组织法(试行)规定:“村民委员会主任、副主任和委员,由村民直接选举产生。”村民委员会是群众性自治组织,村民委员会成员不是任命的,不是上级委派的,而是由村民直接选举产生的。年满十八周岁的村民,不分民族、种族、性别、职业、家庭出身、宗教信仰、教育程度、财产状况、居住期限,都有选举权和被选举权,但是,依照法律被剥夺政治权利的人除外。在选举时,不要从宗族观念出发,注意防止宗派活动,要把大家信任的、能热心为大家服务的人选进村民委员会来。在民主选举基础上产生的村民委员会,才能具有广泛的群众性和民主性,得到村民的拥护和支持。

第二,村民委员会向村民会议负责。村民委员会与村民是什么关系?与村民会议是什么关系?村民委员会是由村民选举产生的,它对村民会议负责。有的同志认为,村社会生活方面的自治就是村民委员会自治,没有搞清村民委员会与村民之间的关系。宪法第二条规定:“人民通过各种途径和形式,管理国家事务,管理经济和文化事业,管理社会事务。”社会生活实行自治,是村民自治,因此村民委员会组织法(试行)对村民会议作了规定,“村民会议由本村十八周岁以上的村民组成”“村民委员会向村民会议负责并报告工作”。涉及全村村民利益的问题,村民委员会不能自己决定,而“必须提请村民会议讨论决定”。这就从制度上保证群众的事情由群众大家来决定,防止少数人说了算。例如,村规民约,要由村民会议讨论制定,而不是由村民委员会几个成员规定。实践证明,村规民约经村民会议讨论制定,大家就能自觉地遵守,执行得就比较好;没有经过村民讨论而由几个人规定的村规民约,执行起来就缺乏群众基础。

第三,村民会议、村民委员会决定问题,实行民主集中制的原则。村民委员会组织法(试行)规定,“村民会议的决定,由十八周岁以上的村民的过半数通过,或者由户的代表的过半数通过”“村民委员会决定问题的时候,采取少数服从多数的原则”。村民会议在讨论决定问题时,要注意防止封建的家长制,一个家庭中的不同成员,都有表达自己意愿的充分权利。

第四,村民会议有权撤换村民委员会的成员。村民委员会组织法(试行)规定,“村民委员会每届任期三年,其成员可以连选连任”“村民会议有权撤换和补选村民委员会的成员”。村民委员会成员如果不能为村民服务,村民会议可以随时撤换,这样就从制度上保证村民委员会成员要努力听取村民意见,为村民服务。

六、根据精简的原则健全组织

要搞好村民委员会的工作,一个重要的问题,就是组织要健全。建立和健全组织根据什么原则?要根据精简的原则,机构不宜太多,人员也不宜太多。如果太多,补贴就会多,必然要过多地增加村民负担。总之,组织要健全,机构、人员要精干。村民委员会组织法(试行)对村民委员会的各种组织作了规定:

第一,村民委员会由主任、副主任和委员组成。人数不要太多,村民委员会组织法(试行)规定为三至七人。村民委员会成员中妇女应当有适当的名额,妇女是"半边天",有妇女成员,可以反映和代表妇女的意见,也便于对妇女进行工作。多民族居住的村,村民委员会成员应当有人数较少的民族的成员,这样可以反映各民族的意见,有利于加强民族间的团结。

第二,村民委员会根据需要设人民调解、治安保卫、公共卫生等委员会。人民调解委员会是群众性调解组织,任务是调解一般民间纠纷,通过调解进行法律宣传教育。治安保卫委员会是群众性治安保卫组织,任务是协助维护社会治安。有些地方还设有其他委员会。设什么委员会,要根据实际需要,不一定都设,需要设什么就设什么。村民委员会的成员可以兼任下属委员会的成员。有些人口少的村,事情较少,村民委员会可以不设下属委员会,由村民委员会成员分工负责人民调解、治安保卫、公共卫生等工作。

第三,村民委员会可以分设若干村民小组。有些村民委员会人口较多,什么事情都召开村民会议不太方便,也没有必要,可以按居住地方设立若干村民小组。小组长由村民小组会议推选,村民委员会成员可以兼任小组长。

依照法律被剥夺政治权利的人没有选举权和被选举权,但应当编入村民小组。因为,他们的政治权利虽然被剥夺了,但还有社会生活的权利,有关社会生活方面的问题,应当吸收他们参加。同时,他们编入村民小组,也便于村民对他们进行监督、教育和帮助。

第四,村民委员会成员为村民服务,往往要影响生产和收入,对因进行工作而耽误生产的成员,应当给以适当补贴。解决好补贴,是健全村委会组织的一个重要问题,应当落实。村民委员会是群众性自治组织,是为村民大家办事的,所以对他们的误工补贴,应当由村民共同承担。各地由于情况不同,补贴的标准和补贴的方式,很不一样,可以根据自己的情况来决定。

七、进行工作要坚持群众路线发扬民主

村民委员会组织法(试行)对村民委员会成员的要求以及工作方式等,有一系列十分重要的规定:

第一,村民委员会是群众性自治组织,是为广大村民办事的,办什么,怎么办,都要广泛听取村民的意见,由村民来决定。广大村民愿意办的就办,如果多数村民不同意的,就不办或缓办,不要勉强,不得强迫命令。当然,法律义务,如纳税、服兵役等,每个公民应当依法履行,如果不履行,政府是要强制执行的。但作为村民委员会,在协助政府工作时,应当采取宣传教育的方式,深入群众,多做思想教育工作,而不是直接去行使政府的行政手段。群众路线是党和政府的优良传统,只要干部带头,多做宣传、教育工作,把道理说清楚,绝大多数村民是会自觉完成

的。这样,当个别人经过教育仍不依法履行应尽的义务,政府对他采取行政手段强制执行时,也就能得到广大村民的拥护和支持。

第二,村民委员会成员应当遵守宪法、法律、法规和国家的政策。村民委员会要办什么事、怎么办,由村民自己决定,但决不是说想怎么办就怎么办,村民委员会在工作中不得违犯法律和法规。遵守宪法、法律是每个公民的义务。例如,在占用耕地建房或砍伐林木时,要遵守土地管理法和森林法的规定,经过批准,不得乱占耕地,不得滥伐林木。又如,村规民约由村民会议讨论、制定,但村规民约的内容不得与宪法、法律和法规相抵触。再如,调解委员会进行调解要依照法律。村民委员会的成员应当成为遵守法律的模范,不然怎么向村民进行法制教育,怎么要求村民遵守法律呢?实践证明,凡是村民委员会成员带头遵守法律、带头完成国家任务的,那里的工作就搞得好,任务就完成得好。

第三,村民委员会成员应当热心为村民服务,办事要公道。广大村民选举我们为村民委员会成员,是村民的信任,应当热心为村民服务。在进行工作时,调解纠纷也好,处理问题也好,一定要公道,不能有亲有疏,不能有偏向,更不允许打击报复。只有热心为村民服务,办事公道,才能有威信,才能得到村民的拥护和支持。

第四,经济上要民主。村民委员会办理本村的公共事务和公益事业所需的费用,可以向本村经济组织或者村民筹集,但必须经村民会议讨论决定,而不能个人决定。收支账目应当按期公布,接受村民和本村经济组织的监督。绝不允许公私不分、多吃多占,更不允许非法侵吞。

全国都要学习、遵守香港特别行政区基本法

（1997 年 《民主与法制》）

1997 年 7 月 1 日，我国政府将对香港恢复行使主权，香港即将重新回到祖国的怀抱。这是中华民族的一件盛事，也是世界瞩目的大事。香港回归祖国的实现，彻底洗雪了中华民族这段百年耻辱，使我们完成祖国统一大业，迈出了历史性的重要一步。

为了妥善解决香港、澳门、台湾的问题，邓小平同志提出了“一个国家，两种制度”的伟大构想。“一国两制”的方针是完成祖国统一大业的基本国策，是建设有中国特色社会主义理论的重要组成部分。

1982 年修改宪法时，在总纲中专门规定，“国家在必要时得设立特别行政区。在特别行政区内实行的制度按照具体情况由全国人民代表大会以法律规定”（宪法第三十一条）。1990 年第七届全国人大第三次会议根据宪法，制定了《中华人民共和国香港特别行政区基本法》，香港特别行政区基本法（以下简称基本法）把“一国两制”的伟大构想用法律形式固定下来，是“一国两制”方针和中央关于香港各项方针政策的具体化、法律化。

第一，一国两制。基本法规定，“香港特别行政区是中华人民共和国不可分离的部分”（第一条）；“香港特别行政区不实行社会主义制度和政策，保持原有的资本主义制度和生活方式，五十年不变”（第五条）。

第二，高度自治。基本法规定，“香港特别行政区是中华人民共和国的一个享有高度自治权的地方行政区域，直辖于中央人民政府”（第十二条）；“全国人民代表大会授权香港特别行政区依照基本法的规定实行高度自治，享有行政管理权、立法权、独立的司法权和终审权”（第二条）。并规定，“中央人民政府所属各部门、各省、自治区、直辖市均不得干预香港特别行政区根据本法自行管理的事务”（第二十二条第一款）。

第三，港人治港。基本法规定，“香港特别行政区的行政机关和立法机关由香港永久性居民依照本法有关规定组成”（第三条）。

基本法为保持香港平稳过渡和长期繁荣稳定，维护香港同胞的利益和民主自由权利，奠定了坚实的法律基础。基本法的实施，对保持和发展香港的长期繁荣和稳定，必将发挥重大作用，这对祖国内地的社会主义现代化建设是有利的；并将

对进一步完成祖国统一大业产生深远的影响。

为了全面贯彻基本法,首先,要学习和了解基本法。全国人民都要学习基本法,各级干部尤其是领导干部必须完整、准确地领会"一国两制"的方针,认真学习基本法。

其次,要严格遵守基本法。基本法是一部全国性的法律,不仅香港特别行政区要严格遵守,中央各部门,各省、自治区、直辖市都要严格遵守,必须尊重香港特别行政区的自治权范围内的高度自治权,不得干预香港特别行政区自行管理的事务。除了外交部驻港机构和驻军外,中央各部门,各省、自治区、直辖市如需要在香港特别行政区设立机构,要征得香港特别行政区政府同意,并经中央批准。中国其他地区的人进入香港特别行政区,须办理批准手续,并有遵守香港特别行政区实行的法律的义务。

我们相信,在以江泽民同志为核心的党中央领导下,"一国两制"的方针一定能够在香港得到全面的贯彻落实;基本法一定能够得到认真贯彻执行。香港回归祖国后,有基本法的保证,依靠全国人民的支持,香港的明天一定会更加美好、更加繁荣昌盛。

关于民事法律

民法通则的制定情况和主要问题

（1986 年 7 月 28 日　最高人民法院民法通则培训班）

第六届全国人民代表大会第四次会议通过了民法通则，这是我国社会主义法制建设上的一件大事。为了便于同志们学习、了解和掌握民法通则的精神，我把民法通则制定过程中的情况和个人对一些问题的理解，向同志们作些介绍，与大家共同学习和研究。

一、民法通则制定的情况

（一）制定民法的必要性和重要性

新中国成立以来，国家根据需要和可能，制定了一些单行的民事法律。关于民法的起草工作，先后有过三次。

第一次抓民法起草工作是 1954 年。

1949 年中华人民共和国成立。建国后头三年，主要是继续进行肃清帝国主义、封建主义、官僚资本主义残余势力的社会改革，恢复在旧中国遭到严重破坏的国民经济。那个时候，没有条件和可能起草民法。

1953 年，社会改革运动基本完成，国民经济从恢复时期进入大规模的有计划的建设时期。1954 年，召开第一届全国人民代表大会，制定了新中国的第一部宪法。一届全国人大一次会议后，全国人大常委会办公厅研究室着手研究起草民法的工作。那时起草民法还有一定困难，因为 1952 年提出过渡时期的总路线，要逐步实现国家的社会主义工业化，逐步实现国家对农业、手工业和资本主义工商业的社会主义改造。法律是上层建筑，由经济基础决定，在过渡时期，生产资料私有制的社会主义改造还没有完成，要制定一部相对长期稳定的社会主义民法当然有困难。

1956 年，生产资料私有制的社会主义改造基本完成，确立了社会主义制度。从经济基础来讲，制定社会主义民法有了条件。1956 年召开了党的第八次全国代表大会，提出：“我们目前在国家工作中的迫切任务之一，是着手系统地制定比较完备的法律，健全我们国家的法制。”八大的决议是正确的，可惜后来没能很好坚持贯彻，不久进行了反右派的斗争，民法的起草工作停了下来。1958 年提出了建设社会主义的总路线，发动了“大跃进”运动和人民公社化运动。在农村人民公社化的实际工作中，许多地区，在一个时期内，违反了按劳分配和等价交换的原则。以陈伯达为代表，主张废除商品、货币，在他们看来，商品生产、商品交换没有存在的必要了，否定商品、价值、货币、价格的积极作用。在这种情况下，民法的起草工作当然不可能再继续进行了。

第二次抓民法起草工作是在 1962 年。

由于大跃进、农村人民公社化运动中的错误，加上当时的自然灾害和苏联政府背信弃义地撕毁合同，我国国民经济在 1959 年到 1961 年发生严重困难。1960 年冬，中央开始纠正农村工作中的“左”倾错误，决定对国民经济实行调整、巩固、充实、提高的方针。1962 年，中央在北京举行扩大的工作会议，总结了建国以来，特别是 1958 年“大跃进”以来，我国社会主义经济建设的基本经验教训，提出在社会主义阶段必须充分发展商品生产、进行等价交换，必须实行按劳分配的原则。在这种情况下，毛主席 1962 年提出，不仅刑法要制定，民法也需要制定。全国人大常委会办公厅法律室又一次进行民法的起草工作。但是时间不长，开展城乡社教运动，1966 年发生了十年“文化大革命”，使社会主义法制遭到严重破坏，民法的制定工作又停了下来。

回顾这段历史，从民法的两次起草中断的情况可以看出，凡是国家进行经济建设，重视商品生产，强调法制的时候，就重视民法的起草工作。民法起草工作的两次中断，除客观条件和其他原因外，主观思想上的一个重要问题，就是对商品经济如何认识。

第三次起草民法是在 1979 年。

粉碎“四人帮”以后，党和国家对制定民法的工作非常重视。党的十一届三中全会总结了建国三十年来，特别是“文化大革命”的经验教训，提出要发展社会主义民主，健全社会主义法制。在十一届三中全会前夕，中央召开了工作会议，邓小平同志作了重要讲话，实际上就是十一届三中全会的主题报告。邓小平同志提出：“应该集中力量制定刑法、民法、诉讼法和其他各种必要的法律。”十一届三中全会以后，为了加快我国法制建设的步伐，1979 年 2 月全国人大常委会成立了法制委员会，当时彭真同志刚恢复工作，中央决定由他来领导法制工作，彭真同志出任法制委员会主任。同年，法制委员会成立了民法起草小组，开始民法的起草工作。1982 年制定的新宪法，在全国人民代表大会的职权中专门有一项规定，即制定和修改刑事、民事、国家机构的和其他的基本法律。民事方面的基本法律，就是指民法。

为什么这时党和国家对民法的制定这样重视呢？有以下几方面原因：

第一，进行社会主义现代化建设的需要。

党的十一届三中全会把党和国家工作重点转移到经济建设方面来。1982 年宪法规定，今后国家的根本任务是进行社会主义四化建设。这是最根本的拨乱反正。法律是上层建筑，由经济基础决定，要为经济基础服务，要为国家建设的根本任务服务。因此，制定保障经济建设方面的法律，就提到重要的议事日程上来。法制如何保障社会主义四化建设的顺利进行呢？一方面，要打击破坏经济建设的经济犯罪行为；另一方面，要把经济关系、经济活动的准则，用法律的形式规定下来。经济关系、经济活动的准则可以分为两个方面，一个是国家对经济的行政管理；一个是平等主体之间的横向的经济关系。民法调整平等主体之间的横向的经济关系，是经济活动中非常重要的一个方面，因此需要制定民法。

第二，社会主义经济体制改革的需要。

民法是调整商品经济的基本法律。为什么要有民法？最根本的是因为社会主义国家还有商品，要发展社会主义商品经济。彭真同志在1985年12月召开的全国民法通则座谈会上讲，我国所以要制定民法，主要因为还有商品。他说，我们是社会主义国家，生产资料的社会主义公有制是社会主义经济制度的基础，但还存在着三种经济。不同经济之间，各种经济自身之间，以及消费者和生产者之间，都要有商品交换，要有市场。同时还有人和人之间的复杂的社会关系，这就需要制定民法。

社会主义国家要不要发展商品，商品经济的作用多大，民法的作用如何，对这些问题，并不是所有人的认识都完全一致。过去，我们对社会主义国家商品、价值、市场的作用，认识是不够的，习惯于用行政手段来管理经济，如指令性计划、调拨等，因而对民法的重要性也就认识不足。这个问题，我们过去没有解决好，在国际上社会主义国家过去也没有很好的解决。在五十年代，斯大林有一部《苏联社会主义经济问题》的著作，他在著作中肯定了在社会主义社会还需要商品生产，但他又认为，社会主义条件下商品生产活动的范围只限于个人消费品，生产资料不属于商品。党的十一届三中全会以后，我们总结了历史上的经验教训，认识到必须大力发展社会主义商品经济。《关于第七个五年计划的报告》中提出，改革的基本方向必须符合发展商品经济的要求，在社会主义这个历史时期，尤其是在像我们这样一个经济不发达的社会主义国家，要实现生产的高度社会化和现代化，迅速发展生产力，不断改善人民的物质文化生活，必须大力发展商品经济，这是不以人们的意志为转移的客观规律。我国的商品经济从总体上讲，是社会主义商品经济，与资本主义的商品经济有本质上的不同。但既然是商品经济，必然有共性，如平等、自愿、等价有偿等，需要有民法来调整。社会主义经济体制改革要大力发展社会主义商品经济，在农村要进一步向专业化、商品化、现代化发展；要适当缩小指令性计划，适当减少调拨物资的种类和数量；要建立统一的社会主义市场；鼓励横向的经济联合，等等。因此，随着经济体制改革的不断深入，社会主义商品经济的不断发展，民法适用的范围不是越来越缩小，而是越来越扩大，民法的作用不是越来越减弱，而是越来越重要。

现在，我国正处在新旧经济体制改革的转换过程，新的经济体制要逐步地形成，对旧体制要进行变革，在这种情况下，不可避免地在客观上出现一些漏洞。这几年，经济搞活了，发展了，由于有些规定跟不上，出现了一些问题，甚至被有些不法分子钻了空子，这就需要赶紧制定这方面的法律。1985 年，彭真同志在委员长会议上说，现在发生经济纠纷，谁负责，负什么责任，不太清楚，法院在审判工作中也缺乏依据，所以需要制定民法通则。

总之，随着经济体制改革的发展，越来越迫切地需要制定民法。

第三，实行对外开放的需要。

实行对外开放是我国的一项基本政策。我国同外国进一步开展经济、贸易、技术、文化各方面的交流，就需要健全法制。1985 年全国人大会议后，日本邀请彭真同志去访问，彭真同志在日本访问期间，中心讲了一个问题，即中日之间的友好，必须有经济上的合作为基础，而经济方面的合作，应当是全面的经济合作。就是说，经济合作不仅是贸易合作，还有技术合作、资金合作等。彭真同志在日本国会上的讲话，对关东、关西财团的讲话，都谈到这个问题。日本方面提了两个问题，一是通讯、交通等基础设施环境，二是法制。关于通讯、交通等基础设施，是由政府解决的问题。关于法制方面，要进一步健全。外国人希望我们制定有关的法律是可以理解的，因为他们在我国投资，要与我国进行经济、贸易和技术合作，他们希望他们的合法利益能够得到法律的保护。比如，外国人关心的一个问题是，在中国投资，搞合资经营或者独资经营，会不会被收归国有？这个问题，国家领导人在美国访问时作过回答，我们不收归国有。彭真同志在日本也讲了这个问题。讲是讲了，但外国人还不放心，因为他们重视的是法律有没有规定。彭真同志提出，我们要加快涉外经济立法工作，从法制角度推动和保证对外开放政策的贯彻执行。在从日本回国的途中，他在飞机上就谈这个问题，回国后，又在常委会会议上、委员长会议上，以及在各省、自治区、直辖市人大常委会负责人的会议上，专门谈到这个问题，一起研究需要制定哪些法律。大家提出要制定这个法那个法，民法就是其中重要的一个。会后，彭真同志向邓小平同志谈了搞民法通则的问题，决定力争在 1985 年秋、冬提出草案。

第四，健全社会主义法制的需要。

宪法是法制建设的基础，宪法规定了国家的根本制度和根本任务。有了宪法，还需要有各方面的基本法律，如刑法、民法、行政法、诉讼法等。民法是法制建设中的重要组成部分，从立法方面讲，健全社会主义法制，就必须制定民法。

从司法角度讲，也迫切需要制定民法。这几年审理的民事案件数量很大，经济纠纷案件发展很快。1985 年全国各级法院审理的刑事案件 24 万件，审理的民事案件是 84 万件，比刑事案件多两倍，其中还未包括调解的民间纠纷。如果把全国人民调解委员会调解的民间纠纷都算上，那就更多了，每年全国人民调解委员会调解的民间纠纷，大概是 600 万件到 700 万件，1985 年是 600 多万件。从经济纠纷案件来讲，这些年增加得非常快，1983 年全国法院受理的经济纠纷案件是

44000件,1984年增加一倍,达85000件,1985年为22万件,相当于1983年受理经济纠纷案件的五倍。这个数字,还不能完全反映实际存在的客观情况,因为有很多经济纠纷没有到法院,而是由仲裁机关仲裁或者当事人双方协商解决了,实际上发生的经济纠纷大大超过了这个数字。从这些年的变化可以看出,经济纠纷增长的速度非常快。

制定民法,经济活动、民事活动就有了依据,法院在审理民事案件、经济纠纷案件时,也就可以有法可依。

(二)制定民法的原则

制定民法根据什么原则,彭真同志一贯强调,要从我国实际情况出发,制定有中国特色的社会主义民法。彭真同志说:"我们的民法是中华人民共和国的民法,不是苏联、东欧国家的民法,也不是英、美、欧洲大陆或者日本的民法。我国的民法从哪里产生?要从中国的实际产生。首先要从中国现实的实际情况出发,这是立法的根据。"他还说:"如果说什么是民法的母亲的话,就法律体系本身来说是宪法,但归根到底,还是中国实际是母亲。"

强调要从中国现实的实际出发,那么中国的实际是什么?中国是社会主义国家,这与资本主义国家根本不同。宪法第一条规定,社会主义制度是中华人民共和国的根本制度。我们在起草民法时,必须根据宪法,坚持社会主义原则。

我国的社会主义是有中国特色的社会主义。宪法体现了改革精神,提出了改革任务。宪法序言中写到,要"坚持社会主义道路",同时又提出要"不断完善社会主义的各项制度"。"不断完善"就是要不断改革。从中国实际出发,就一定要很好地总结、研究经济体制改革出现的新情况、新问题和新经验,把经济体制改革中的成熟经验,用法律的形式肯定下来。民法充分总结经济体制改革的经验,以保证和促进经济体制改革的顺利进行。大力发展社会主义商品经济,加强企业之间的横向联合,所有权和经营权分离,扩大国有企业的经营自主权、政企分开,在公有制基础上发展各种经济形式,这些经济体制改革的成果,在民法通则中都有所体现。

从中国实际出发,不但要研究我们现在的实际,而且要研究中国历史的实际。彭真同志讲:"研究问题、立法,不能割断历史。民法一方面要以现实的经济关系为基础,另一方面法律本身又有自己的发展历史和体系。起草民法,除研究现实的社会经济关系外,还要研究我国历史的实际,研究我国的民法史,批判地吸取其中好的有用的东西。"他还特别提出,要注意研究群众的风俗习惯。他说:"对群众中的风俗习惯、传统,不要小看,也要很好地调查研究,忽略了就很难行得通,特别是在农村。当然,对风俗习惯,要站在无产阶级立场,站在最大多数人民最大利益的立场上,进行具体分析,抛弃其中封建的、落后的东西,吸取好的、有用的东西。"我们有些传统的优良习惯,在民法通则里有体现,如监护的某些内容等。

从中国的实际出发，是不是就不要研究国外的经验？不是。对外国的经验、外国的民法，也要研究和借鉴。彭真同志说："对国外的经验，不管是社会主义国家的，还是资本主义国家的，不管是英美法系，还是大陆法系，都要参考、借鉴。"为什么要这样？民法要调整商品生产，商品生产是有共性的，资本主义民法的历史要比我们长，我们可以研究、借鉴。比如法人制度，外国就比我们有经验，有些经验可以吸收。我们有关法人的规定，是根据我国实际情况，总结我国的实践经验做出的，但也吸收了不少外国这方面对我们有用的经验。又比如，专利权、著作权（版权）等，外国发展得也比我们早，也要借鉴。同时，我们实行对外开放，要进行国际交往，不考虑国际上的经验和惯例是不成的。当然，参考、借鉴外国的经验，要根据我国的实际情况，吸收其中对我们有益的东西，吸收精华，抛弃糟粕，而不是照抄照搬。从民法起草小组一成立，对法国民法典、日本民法典、苏俄民法典以及其他一些国家的民法，进行了研究。民法通则吸收了不少国外有益的经验。

从中国的实际出发，主要是内容。要制定有中国特色的社会主义民法，在内容上就要从中国的实际出发，这是最根本的。还有，制定民法的步骤和形式，是一下子就搞民法典，还是搞民法通则和单行法，以及民法起草的步骤，也要从我国的实际出发。

制定民法采取什么步骤？是一下子就搞个完整的民法典，还是根据需要和可能先制定单行法？建国初就遇到这个问题，那时就有人主张搞一部完整的民法典。1979 年成立民法起草小组时，也碰到这样的问题。同年 11 月，彭真同志在对民法起草小组中心组的同志谈话时，讲了这个问题，提出要两条腿并行。他说："你们的任务（指起草小组）是搞个总的民法，单行法也可以搞。"

民法起草小组成立后，集中了有关部门的同志，包括法院的同志，实际部门的同志，还有些专家，做了大量调查研究。到 1982 年就搞了民法四稿，有成绩。这时候发生一个问题，就是当时制定一部完整的民法典的条件是否已经成熟。由于民法涉及到各个方面，情况很复杂，那时我国的经济体制改革还正在发展，当时就要制定一部完整的民法典有困难，条件还不成熟。所以，彭真同志、习仲勋同志（当时是法制委员会主任）决定，采取"零售"的方针，即先制定单行法，根据需要，哪个成熟了，就先制定哪个。

为什么说当时制定完整民法典的条件还不成熟呢？制定民法要从实际出发，那就要体现经济体制改革的新经验。而经济体制改革首先是从农村开始的，城市大规模的体制改革是在党的十二届三中全会以后。1982 年时，城市的经济体制改革还没有全面开展，有些问题还没有底。不是同志们对民法的起草工作不重视、不努力、不抓紧，而是客观条件还不成熟。例如科技改革，党的十二届三中全会以后才有科技改革的决定，1982 年时还没有明确提出技术成果是商品，民法四稿里有发明权、发现权，但没有规定专利权，因为当时的科技改革还没有到现在这种程度。现在看，如果当时就制定完整的民法典，这一段经济体制改革的经验，科技改革的经验，不可能完全体现进去，搞得不好，甚至有可能束缚改革的手脚。如果等所有问题都成熟以后再制定民法典，那么可能到 1986 年也制定不出来，因为现在也还没有制定版权法。

根据中央“零售”的方针，从需要和可能出发，把已经成熟的部分，用单行法的形式先制定出来。几年来，先后制定了一批单行民事法律，1986 年又制定民法通则，民法四稿中的主要内容，基本上有了。实践证明，采取“零售”的方针是正确的，这样做，民事立法不是慢了，而是快了。所以，彭真同志在委员长会议上讲：“民法典和单行法同时搞，哪一部分成熟了就先制定哪一个，这几年搞了一批单行法。”现在看来，这个决定是对的。如果等整个民法典都成熟了再制定，那么民事立法到现在还可能是一篇白纸。

这几年制定了一批单行民事法律，但还缺少民事关系、民事活动需要共同遵守的规范。例如，民事诉讼法规定了认定公民无民事行为能力的程序，但什么是有民事行为能力，什么是无民事行为能力，缺少规定。经济合同法中提到法人，但法人需要什么条件，也还没有规定。因此，需要对民事关系、民事活动应当共同遵循的规范作出规定。在起草中碰到一个问题，是搞民法总则，还是搞民法通则？开始想搞民法总则，但是根据实际情况，需要规定的内容，比传统的民法总则要广。例如，民事权利问题，我们那时虽然有了一批单行的法律，如继承法规定了继承权，专利法规定了专利权，但是，有必要把公民和法人的主要民事权利给予概括的规定。这样有两点好处：一是可以使大家一目了然，有利于公民、法人正确行使民事权利，也有利于保护自己的民事权利。二是已有单行法并没有把所有的民事权利都加以规定。比如，那时版权法还没有制定，而著作权（版权）是重要的民事权利。又如名誉权，总结“文化大革命”的教训，1982 年宪法专门规定了一条，即“人格尊严不受侵犯”。在刑法里体现了这个精神，刑法规定，禁止以暴力或者其他方法，包括用“大字报”“小字报”公然侮辱他人或者捏造事实诽谤他人。但侮辱、诽谤并不都构成犯罪，有一些不够刑事处分的怎么办，就是说还有一些是属于民事方面的问题，要由民法来保护，我们不可能专为保护名誉权制定一个单行法。民法通则对基本的民事权利作出规定，可以补充单行法中还没有规定的内容。这么一来，就与传统的民法总则的内容不完全一样了，传统的民法总则不包括这些内容，所以称民法总则有问题。曾想叫民法总纲，向委员长汇报后，委员长提出可否称民法通则。经研究认为，称民法通则好，更符合实际。所以，最后就叫民法通则，这是根据需要规定的内容作出的决定。

（三）民法通则是在充分发扬民主的基础上制定的

彭真同志讲，要认真听取不同的意见，制定法律要坚持民主集中制，在高度民主的基础上集中；要坚持群众路线，从群众中来，再回到群众中去，反复用实践检验。

在起草民法通则时,我们从实际出发,首先是进行调查,研究问题,而不是一开始就去写条文。在调查研究的基础上,提出了若干问题,请有关部门和专家开会,共同讨论研究,然后共同起草。起草以后,两次印发各省、市、自治区和中央各部门,广泛征求意见。我们先后到七个省、市、自治区进行调查,听取意见。1985年11月,提请六届全国人大常委会第十三次会议审议。人大常委会初步审议后,认为民法通则草案符合宪法,体现了改革精神,反映了我国的实际,基本上是好的,同时也提出了不少好的修改意见。

根据委员长会议的提议,全国人大常委会决定,由全国人大法律委员会和全国人大常委会法制工作委员会于1985年12月,共同召开了全国民法通则座谈会。各省、自治区、直辖市人大常委会从事法律工作的负责同志,有关实际工作部门和法院的同志,从事法学研究和教学的同志,共180多人参加了座谈会,对民法通则草案进行逐章逐条的讨论。彭真同志说:"请专家和实际工作的同志来参加,这不是简单的技术问题,是立法方面很好的一种理论联系实际和民主集中制的组织形式。"会后,根据常委会委员的意见、实际部门和专家的意见,作了较大的修改,原草案是一百三十一条,修改后为一百五十六条,其中增加四十条,合并三条,删去十二条。修改补充后,由常委会决定提请1986年召开的六届全国人大四次会议审议。经过全国人大会议审议,根据代表们的意见又作了30多处内容方面的修改,如果连对标点文字的修改都算上的话,90%的条文都作了改动。

民法通则经过反复征求意见,反复修改,先后26稿,最后由六届全国人大四次会议通过。

二、民法调整的范围和民事活动的基本原则

(一)民法调整的范围

关于民法调整的范围,民法通则第二条规定:"中华人民共和国民法调整平等主体的公民之间、法人之间、公民和法人之间的财产关系和人身关系。"对这个问题,历来争论很大,不仅国内,国际上也有争论。主要一个问题是,民法调整经济关系的范围多大,是调整全部经济关系,还是调整一部分经济关系。经济活动、经济关系十分复杂,多种多样,性质不同,要想由任何一个法律部门来全部调整,都是不可能的。既不能由民法来全部调整,也不可能由经济法、行政法来全部调整。哪一部分经济关系由民法调整呢?苏联的民法规定,调整一定的财产关系。"一定"是指什么,还是不清楚。在这个问题上,有各种不同的主张,有的主张民法只调整公民之间或者公民与法人之间的财产关系,有的主张公民之间、法人之间、公民和法人之间的横向的经济关系由民法调整。法律部门的调整范围是按经济关系、社会活动的不同性质来划分的。经济关系、经济活动大体上可以分为两类,一

类是政府对经济的行政管理,如工商管理、指令性计划、税收、财政等,还有企业内部的管理,我们通常称为纵向的经济关系。还有一类,是平等主体之间的横向经济关系,包括买卖、租赁、运输等各种经济合同关系。用通俗的话说,称为横向的经济关系。这两类经济关系和经济活动,性质不同,当事人的地位和处理的原则也不一样。在横向的经济关系中,当事人的法律地位是平等的,纵向的经济关系就不是这样。例如,工商局在行使工商管理职权时,与工商户之间是管理与被管理的关系,但工商局去买工商户的东西时,在民事活动中地位是平等的。这两种不同性质的经济关系、经济活动,遵循的原则也不一样。行政管理不能采取自愿原则,对依法进行的行政管理是要服从和执行的,不能说不同意就不执行,但是民事活动要遵循自愿的原则。所以,民法通则规定,平等主体的公民之间、法人之间、公民和法人之间的财产关系和人身关系,由民法调整。也就是说,横向的经济关系,不管是公民之间的,还是企业之间的,都要由民法来调整,这是符合经济体制改革的精神的,有利于商品经济的发展。关于纵向的经济关系,则由行政法、经济法去调整。

在实际生活中,这两类不同的经济关系又往往互有联系。拿专利权来说,专利权的保护属于民法内容,但对于专利的登记、管理,属于行政管理。商标也是这样。这两类经济关系往往有联系,有交叉。但是不管怎么样,应该有分工。中央讲,要有更多的经济关系和经济活动准则用法律形式肯定下来,要加强经济方面的立法。应该包括两个方面:一方面,属于纵向的经济关系,要制定经济法、行政法;另一方面,属于横向的经济关系,要制定民法。民法和经济法、行政法,都是不可少的,谁也代替不了谁。这两个方面的法律,是相互补充、相互促进的。为了加强经济方面的立法,民法要加强,经济法、行政法也要加强。

(二)民事活动的基本原则

民事活动的基本原则,民法通则第一章作了规定,主要有以下几点:

第一,当事人在民事活动中的地位平等,民事活动应当遵循自愿、等价有偿的原则。

我国民法调整平等主体之间的财产关系和人身关系。民法通则规定,当事人在民事活动中的地位平等。这是民事活动的重要原则,"平等"是指当事人无论具有什么身份,在民事活动中,相互之间的法律地位是平等的,都是以独立的、平等的民事主体参加民事活动,没有高低、从属之分。就是说,无论是国家机关还是普通百姓,无论是领导还是被领导,无论是中央单位还是地方单位,也无论是国有企业、集体企业还是个体工商户,只要在民事活动中,法律地位都是平等的,任何一方都不能以自己的地位、身份、权利,来命令、强迫对方。平等原则是自愿、等价有偿原则的前提,因为如果当事人的地位不平等,就谈不上什么自愿、等价有偿。

自愿原则是指当事人之间根据自己的意愿,来从事民事活动,任何一方都不得把自己的意志强加于对方。例如,婚姻法规定,结婚必须男女双方完全自愿,不允许任何一方对他方加以强迫或任何第三者加以干涉。经济合同法规定,订立经济合同,必须协商一致,任何一方不得把自己的意志强加给对方,任何单位和个人不得非法干涉。

等价有偿原则是商品生产价值规律在民事关系上的反映,商品交换应当贯彻权利和义务对等的原则,不能无偿调拨。当然,一些人身关系如婚姻家庭关系,不适用这个原则。这里讲的等价有偿是指,除法律另有规定或者合同另有约定的外,取得他人的财产利益或者得到他人的劳动服务,应当向对方支付相应的价款或者报酬。

平等、自愿、等价有偿是民事活动必须遵循的重要原则。它反映了社会主义商品经济的客观规律和要求,是民法区别于经济法、行政法的重要标准。遵循这些原则,对于社会主义经济体制改革,发展社会主义商品经济,具有重要意义。

第二,民事活动必须遵守法律,法律没有规定的,应当遵守国家政策。

遵守法律是民事活动的又一个十分重要的原则。民事活动应当自愿,但决不是当事人想怎么样就怎么样。资本主义国家视民法为私法,说什么民事活动是当事人之间的个人私事,国家不能干涉。我们说,民事活动不能说完全是属于个人之间的私事,尤其是经济方面的民事活动,往往涉及到国家、集体和其他人的利益,为了维护国家和社会的公共利益,不能说国家不能干预,当然也不能随便什么都干预。国家的干预体现在哪里,怎么干预,必须遵守法律。我国法律是代表全国各族人民共同的根本利益的,遵守法律是每个公民的基本义务,民事活动也必须遵守法律。

由于民事活动十分广泛,法制还在完善过程中,法律不可能对所有的问题都做出规定。还没有法律规定的怎么办,依照国家的政策。这里有两点要注意,一是,有法律的必须依照法律。法律和政策原则上说是统一的,法律是国家将社会实践证明正确的政策,通过法定程序,予以具体化、法律化。如果由于情况发生变化,政策需要调整与法律发生矛盾时,应当通过法定程序,对法律进行修改。二是,这里讲的政策是国家的政策,而不是那些违背法律、法规和国家政策的土政策。

民事活动必须遵守法律,包含了坚持社会主义原则的问题。有人提出,为什么民事活动的基本原则中没有特别写出要坚持社会主义原则呢? 第一,民事活动必须遵守法律包含了这个内容。宪法第一条就明确规定了,社会主义制度是中华人民共和国的根本制度。民法通则和其他法律的规定,都体现了社会主义原则。例如,我国的自然资源归国家所有、集体所有,不能私人所有。第二,民事活动包括国内的民事活动,也包括涉外的民事活动,我们要引进外资,外国人到我国投资,对我国的社会主义四化建设事业是有利的,但外国资本家到我国办企业,性质是资本主义的,对他们不能要求必须坚持社会主义原则。规定民事活动必须遵守法律,可以适应不同的情况。

一条平等、自愿、等价有偿,一条遵守法律,两者是互为补充、缺一不可的。如果不讲平等、自愿、等价有偿,那么就与经济法、行政法划不清界线,不符合社会主义经济体制改革的精神,不利于发展社会主义商品经济;如果不强调遵守法律,不利于维护国家和社会公共利益,不利于维护社会经济秩序和保障社会主义四化建设的顺利进行。

第三,公民、法人的合法民事权益受法律保护,任何组织和个人不得侵犯。

民法的一个重要任务,就是要保护公民、法人的合法民事权益。我们是社会主义国家,人民是国家的主人,我国公民享有广泛的民事权利。但是,过去有一段时期由于法制观念不强,发生过侵犯公民合法民事权益的情况,特别是“文化大革命”期间,公民的民事权益被任意侵犯。因此,强调保护公民、法人合法的民事权益,是很重要的,不仅关系到保护公民、法人的权利问题,而且直接关系到四化建设的问题。例如,保护集体和公民的财产所有权,保护农、牧民的承包经营权,可以激发劳动群众的生产积极性;保护专利权和著作权(版权),有利于繁荣社会主义文化,促进科学技术的发展等。

有的同志提出,处理民事活动时要把兼顾国家、集体和个人三者的利益作为一个原则,主张对此作出明确规定。经研究认为,处理民事案件时,应该保护公民和法人的民事权益,不管谁的民事权益受到侵害,就要保护谁的民事权益。如果强调“三兼顾”,可能会发生为了兼顾侵害者的利益,而忽略保护被侵害者合法权益的偏向。因此,没有这样规定。

第四,尊重社会公德,遵循公平、诚实信用的原则。

民事活动应当尊重社会公德。建设社会主义精神文明是一项很重要的战略任务。宪法规定,国家提倡爱祖国、爱人民、爱劳动、爱科学、爱社会主义的公德。在民事活动中要体现这种精神。当然,道德规范和法律规范不完全一样,因此民法通则中用的是“尊重”社会公德。“尊重”有提倡的意思。对社会公德有两种情况,一种是必须这么办的,例如法律规定,成年子女有赡养父母的义务,必须给赡养费,不得虐待老人。还有一些是属于提倡性的,如夫妻间要团结和睦,在家庭中要尊老爱幼,邻里之间要团结互助等。

公平是指在享有民事权利和承担民事义务方面要公平,在承担民事责任方面要合理。如果显失公平,有权依法请求变更或者撤销。

诚实信用是指当事人在从事民事活动时,要诚实,表里如一,不得欺诈;在履行民事义务时,要守信用,不食言。

第五,民事活动不得损害社会公共利益,扰乱社会经济秩序。

这是不得滥用民事权利的原则。我国公民、法人有广泛的民事权利,国家保护公民、法人的合法民事权益不受侵犯。但是,公民、法人在行使民事权利时,不得危害国家的、社会的公共利益和他人的合法权益,不得扰乱社会经济秩序。

三、公民

任何民事关系、民事活动都要有参加者，依法享受民事权利，承担民事义务和责任。如结婚有男女双方，承包有发包方和承包方，遗嘱有立遗嘱人，这就是民事主体。民事主体包括公民(自然人)和机关、团体、企业、事业单位等组织。

是不是所有的人和组织在民事活动中，都可以作为民事主体呢？不是。作为民事主体，需要有一定的资格，也就是民法通则规定的必须具有民事权利能力和民事行为能力。"能力"是指的资格。民法通则对公民、个体工商户、农村承包经营户，国有企业、集体企业、机关、团体等法人，个人合伙、企业之间的联营等，在民事关系、民事活动中的法律地位，都作了规定。

公民(自然人)是民事活动、民事关系的参加者，是重要的民事主体。宪法规定，"凡具有中华人民共和国国籍的人都是中华人民共和国公民"。公民和人民是两个不同的概念，人民是同敌人相对而言的，公民是国民在法律上的名称，比人民的范围广，凡具有中国国籍的都是公民。自然人的范围比公民还要广，不仅包括我国公民，而且包括外国人和无国籍人在内。

(一)公民的民事权利能力

公民的民事权利能力，是指公民享有民事权利、承担民事义务的资格。公民的民事权利能力是公民取得具体民事权利的前提或基础，而不是指公民的某种具体的民事权利。民法通则规定，公民从出生时起到死亡时止，具有民事权利能力，依法享有民事权利，承担民事义务。民法通则关于民事权利能力的规定，体现了两个精神。一是，公民的民事权利能力一律平等。就是说，不分性别、年龄、出身、民族、财产、文化程度、居住年限等，都有平等的民事权力能力。二是，权利和义务是一致的。权利能力包括依法享有民事权利和依法承担民事义务两个方面。任何公民都没有只享受权利、不承担义务的特权，也没有只承担义务、不能享受权力的公民。

在制定过程中，有的同志提出，权利能力从出生时开始到死亡时止，那么对出生前胎儿的利益怎么保护，还有对作者去世后的署名权的保护问题，因此建议，在民事权利"从出生时起到死亡时止"后面，加上一个尾巴，即"法律另有规定的除外"。经研究，这个方案没有采纳。因为，增加这句话容易产生误解，本来公民从出生时起到死亡时止无例外的都有民事权利能力，如果加上"法律另有规定的除外"，可能产生认为有一些人没有权利能力的误解。民事权利能力是指公民取得整个民事权利、承担民事义务的资格，而不是指某项具体的民事权利，对胎儿出生前保留遗产份额和作者去世后署名权不变的问题，可由有关的单行法律去做具体规定。例如，继承法规定了，遗产分割时，应当保留胎儿的继承份额。胎儿出生是死体的,保留的份额按照法定继承办理。

关于公民民事权利能力的限制和剥夺问题。资本主义国家把公民享有的权利,分为公权和私权。早期的资产阶级民法,对公民的私权是可以终身剥夺的,即所谓"民事死亡"。民事权利能力是公民生存的基础,如果失去全部民事权利能力,也就失去了生存的条件,所以近世各国已废除剥夺整个民事权利能力的作法,但有时可以对某些民事权利能力予以限制。在我国,依法可以限制公民享受某些特定的民事权利的资格。例如,继承法规定,如果故意杀害被继承人或者虐待被继承人情节严重的,丧失继承权。

(二)公民的民事行为能力

公民的民事行为能力,就是指公民能够以自己的行为取得民事权利、承担民事义务的能力,也是讲的资格。每个公民都有民事权利能力,但不一定就有民事行为能力。例如,小孩出生就具有民事权利能力,但并没有民事行为能力,小孩不能以自己的行为处理所继承的遗产。公民的民事行为能力分为三种:一是具有完全民事行为能力人;二是限制民事行为能力人;三是无民事行为能力人。划分的原则是,以行为人对自己行为的法律后果能否有正确的认识为标准,主要是从行为人的年龄和精神健康状况来考虑的。划分的目的是,为了保护未成年人和精神病人的合法权益,同时,也是为了更好地维护正常的社会、经济秩序。

民法通则规定,十八周岁以上的公民是成年人,具有完全民事行为能力,可以独立进行民事活动,是完全民事行为能力人。十六周岁以上不满十八周岁的公民,以自己的劳动收入为主要生活来源的,视为完全民事行为能力人。为什么这么规定?从我国的实际情况来看,十六岁可以当社员、可以到工厂当徒工,从义务教育来讲,七岁上学学完九年是十六岁,就可以就业。如果已就业并以自己的劳动收入为主要生活来源,那么实际上基本具备了独立生活的能力,已经能够独立处理自己的事务。法律上把他们视为完全民事行为能力人,赋予独立进行民事活动的资格,是符合我国实际情况的。

限制民事行为能力人包括两种,一是从年龄上划分的,十周岁以上不满十八周岁的未成年人是限制民事行为能力人,二是不能完全辨认自己行为的精神病人。限制民事行为能力人可以进行与他的年龄、智力或者与他的精神健康状况相适应的民事活动。其他民事活动,由他的法定代理人代理,或者征得他的法定代理人的同意。

无民事行为能力人也包括两种,一是按年龄划分的,不满十周岁的未成年人是无民事行为能力人。无民事行为能力人的年龄界限定在几岁?各国规定不一样,多数定在六岁、七岁,个别的也有定在十二岁的。我国历史上对这个问题的规定也不一样。我们没有法律规定时,法院定在六岁。为什么民法通则规定,不满十周岁的未成年人是无民事行为能力人?因为,不满十周岁还是初小学生,这样规定对保护儿童的利益是有好处的。再一种无民事行为能力人，是不能辨认自己行为的精神病人。无民事行为能力人由他的法定代理人代理民事活动。

关于痴呆人。民法通则规定，精神病人是无民事行为能力人或者限制民事行为能力人。有人主张应该把痴呆人写进去，痴呆人完全不能辨认自己行为或者不能完全辨认自己行为的，应当是无民事行为能力人或者是限制民事行为能力人。为什么没有明确写痴呆人呢，因为涉及到法律用语统一的问题。我国选举法规定，精神病人不列入选民名单，这里规定的精神病人包括了痴呆人，如果民法通则把痴呆人单列出来，法律用语就不统一了，会产生选举法所规定的精神病人是否包括痴呆人的问题。彭冲副委员长代表法律委员会所作的审议报告里，专门讲了这个问题，这里规定的精神病人包括痴呆人。

（三）监护

民法通则对精神病人和未成年人的监护作了规定。设置监护人的主要目的，是为了保护被监护人的合法权益；同时也有一个管理、教育被监护人，防止发生精神病人和未成年人对社会或他人造成损害的情况，所以也是社会的需要。民法通则关于监护各方面的规定，都是从这个目的出发的。

关于监护人的范围。什么人可以当监护人，民法通则规定了三类。

首先是，有监护能力的近亲属。按照婚姻法的规定，近亲属有互相扶养的义务，因此近亲属当监护人是法律义务，不是愿意当就当、不愿意当就可以不当。近亲属当监护人，一方面是对被监护人应尽的义务，另一方面也是对社会应尽的义务。

第二类是，除近亲属以外的其他关系密切的亲属和朋友。这一点是继承了我国的优良传统，在战争年代，有些人给战友的家属当监护人，比其近亲属监护的并不差。这一类监护人与第一类监护人有哪些区别？一是，近亲属当监护人是法律上的义务，而这一类监护人是自愿担任的；二是，这些人当监护人要经所在单位、村民委员会、居民委员会的同意，这是从保护被监护人的权益出发的，防止有些不适于当监护人的当了监护人。

第三类是，如果没有以上两类监护人的，社会、国家负责，由未成年人的父、母的所在单位、或者未成年人住所地的居民委员会、村民委员会或者民政部门担任监护人。在实际生活中，有些精神病人的近亲属不愿当监护人。在起草过程中曾有一种主张，对精神病人的监护由国家包起来。这种意见没有采纳。我们是社会主义国家，社会和国家是要负责的，但不能采取国家包下来的办法。如果规定由国家包下来，那么会使那些本来有能力监护的近亲属，也推卸责任，反而会造成困难。

关于监护人的顺序问题。现在有争当监护人的，也有推脱的。争当监护人的，一般是对小孩比较多，特别是男孩，独生子女。父母离婚后，父母争，祖父母、外祖父母也争当监护人。对当监护人推脱的，主要是有些精神病人的近亲属。民法通则对监护人的规定，大体有一个顺序：未成年人的父母是未成年人的监护人。未成年人的父母已经死亡或者没有监护能力的，由下列人员中有监护能力的人当监护人：（一）祖父母、外祖父母；（二）兄、姐；（三）关系密切的其他亲属、朋友。无民事行为能力人或者限制民事行为能力的精神病人，由下列人员担任监护人：（一）配偶；（二）父母；（三）成年子女；（四）其他近亲属；（五）关系密切的其他亲属、朋友。有的同志建议，在“由下列人员”之前，加上“依次”两字。经过研究，“依次”两字没有加。因为加上“依次”，就定死了。要有个顺序，但又不是完全绝对的。近亲属各方面的条件不完全一样，如果条件差不多，就可以按这个顺序办，如果条件差得很多，在确定监护人有争议时，就要考虑怎样对被监护人有利。如果规定得太死，处理时好像容易，实际上不能适应各种实际情况，可能对被监护人不利。

担任监护人如果发生争议，由谁来指定？民法通则规定，由居民委员会、村民委员会指定。有的同志建议，由乡政府、街道办事处指定。这个意见没有采纳。一是，因为村民委员会、居民委员会是群众性自治组织，群众自己的事情，还是由群众自治组织管比较好。二是，有些街道办事处或乡政府管辖的范围比较大，由乡政府、街道办事处指定监护人，不太方便，乡政府、街道办事处并不一定完全了解具体情况，在指定时也要听取村民委员会、居民委员会的意见。有人担心由村民委员会、居民委员会指定，是否会发生问题。这种担心是不必要的，如果对村民委员会、居民委员会的指定不服，还可以向人民法院提出，由法院裁决。

关于监护人的职责。民法通则规定，监护人应当履行监护职责。监护人的职责是什么？根据民法通则和其他法律规定，主要有以下几点：

第一，保护被监护人的人身、财产及其他合法权益。

第二，作为监护人的法定代理人，代理被监护人进行民事活动。为了保护被监护人的利益，民法通则特别规定，除为被监护人的利益外，不得处理被监护人的财产。

第三，教育、管好被监护人。婚姻法规定，父母对未成年人子女有教育的义务。有些父母对子女“只养不教”，发生不少问题，没有尽到责任。民法通则规定，如果被监护人造成他人损害，由监护人承担民事责任。监护人尽了监护责任的，可以适当减轻他的民事责任。

监护人依法履行监护的权利，受法律保护。如果监护人不履行监护职责，应当承担责任。例如，义务教育法规定，父母或者其他监护人不让适龄子女或者被监护人入学，接受规定年限的义务教育的，应当给予批评，责令送其子女或者被监护人入学。民法通则规定，如果侵犯被监护人的合法权益的，应当承担责任。如果给被监护人造成财产损失的，应当赔偿损失。人民法院可以根据有关人员或者有关单位的申请，撤销监护人的资格。

(四)宣告失踪和宣告死亡

在实际生活中,有些公民下落不明、没有音讯,在战争期间,这种情况比较多,就是和平期间也存在这种情况。据各地反映,下落不明有各种各样的情况和原因,例如,因灾荒(地震、水灾)而离家,精神病人走失,也有的因家庭纠纷或者为躲债、逃避计划生育而出走,等等。短期内下落不明问题不大,如果长期下落不明,就会发生一系列问题。例如,他们的财产如何管理和处理,配偶是否可以再婚等等。为了解决由于公民长期下落不明而造成的民事权利长期不确定的状况,需要规定宣告失踪和宣告死亡的制度。这里我介绍几点。

第一,宣告失踪和宣告死亡是两种都规定,还是只规定一种。

各国不完全一样,不少国家只规定宣告死亡,不规定宣告失踪。日本规定宣告失踪,但实际上是宣告死亡。也有的国家对宣告死亡和宣告失踪两方面都做了规定。我国如何规定?大家对规定宣告死亡没有不同意见,对是否要再规定宣告失踪,有不同的看法。经研究认为,规定宣告失踪是有必要的。公民如果被宣告死亡,是有严重的法律后果的,他的民事权利能力就要终止,他的财产成为遗产由继承人继承,他的配偶可以再婚,因此对宣告死亡要十分慎重,一般要经过比较长的期限才能宣告。那么有的人下落不明虽然还不到宣告死亡的期限,但也已经不短了,在这段时间里,他的财产由谁管理,他的债务和应交的税款等,由谁来进行清偿;他的债权,谁来替他接受。如果他有近亲属给他代管,当然没问题了,如果没有近亲属,或者近亲属不管的,怎么办?在这种情况下,有宣告失踪制度就比较好。利害关系人提出来,法院可以宣告失踪,指定代管人,由代管人管理失踪人的财产,以失踪人的财产来交纳税款,归还货款,清算债务。这样做,有利于及时清理债权债务,维护正常的经济秩序和生产经营活动,同时,对保护失踪人的合法权益也是有好处的。

第二,宣告失踪和宣告死亡的程序。

宣告失踪和宣告死亡,必须是当公民下落不明达到法律规定的年限,由利害关系人向人民法院申请,由人民法院宣告。

下落不明多长时间可以宣告死亡和宣告失踪,民法通则规定,一般是下落不明满二年的可以申请宣告失踪,下落不明满四年的或者因意外事故下落不明,从事故发生之日起满二年的,可以申请宣告死亡,申请后还要公告一年。现在,我们与世界各国建立了外交关系,又是和平环境,由于经济发展,交通、通讯也比过去方便多了,因此这样规定是合适的。征求部队意见时,部队提出一个问题,如抗美援朝期间,有的战士被俘了,被俘期间表现很好,好多年下落不明,如果规定的时间短了,对于保护军人的合法权益不利。这个意见是对的,考虑到他们的意见,民法通则增加规定,“战争期间下落不明的,下落不明的时间从战争结束之日起计算”。

第三,宣告失踪和宣告死亡的法律后果。

被宣告失踪后，失踪人的民事权利能力没有改变，但失踪人的财产由他的配偶、父母、成年子女或者关系密切的其他亲属、朋友代管。代管有争议的，没有以上规定的人或者以上规定的人无能力代管的，由人民法院指定的人代管。失踪人所欠税款、债务和应付的其他费用，由代管人从失踪人的财产中支付。

公民被宣告死亡后，公民的民事权利能力终止，他的财产作为遗产，按继承法由继承人继承，他的婚姻关系终止，配偶可以另行结婚。

第四，被宣告失踪和被宣告死亡的人重新出现怎么办？

民法通则规定，被宣告失踪的人或者被宣告死亡的人重新出现，或者确知他的下落，经本人或者利害关系人申请，人民法院应当撤销对他的失踪或者死亡的宣告。

被宣告失踪的人重新出现比较好办，因为在被宣告失踪期间，他的民事权利并没有改变。被宣告死亡人又重新出现就比较复杂，因为已宣告他的民事权利能力终止了。这就出现两个问题：一是，他在被宣告死亡期间实施的法律行为是否有效。民法通则规定，有民事行为能力人在被宣告死亡期间实施的民事法律行为有效。民事法律行为是指合法的行为，如果他有配偶，在这期间又结婚，那是非法的。二是，被宣告死亡人的财产权利和人身关系怎么办？关于财产权利，民法通则规定，被撤销死亡宣告的人有权请求返还财产。依照继承法得到他的财产的公民或者组织应当返还原物，原物不存在的，给予适当补偿。关于人身关系，父母、子女关系、兄弟姐妹关系，应当恢复；配偶如果没有再婚，也应恢复；如果已再婚了，主要应当考虑配偶的意愿，如果恢复关系，就应当依法解除后来的婚姻关系。

（五）个体工商户和农村承包经营户

民法通则在公民这一章中专门列了一节，规定了个体工商户、农村承包经营户在民事活动中的法律地位。这里讲的农村承包经营户，是指“农村集体经济组织的成员，在法律允许的范围内，按照承包合同规定从事商品经营的”。（民法通则第二十七条）

为什么专门搞这一节呢？社会主义公有制是我国社会主义经济的基础，在公有制为基础的前提下，要发展多种经济形式，才能繁荣城乡经济、方便人民生活。劳动者个体经济是社会主义公有制的必要补充，这几年，个体工商户发展比较快。农村承包经营户是农村改革的一项重要成果，成为农村的一种重要的经营形式。个体工商户、农村承包经营户大量专门从事生产、经营活动，规定他们在民事活动中的法律地位，有利于个体工商户、农村承包经营户的健康发展。民法通则对个体工商户和农村承包经营户的规定，主要有两方面。一方面规定，个体工商户和农村承包经营户的合法权益，受法律保护；另一方面，对这两户的债务如何承担的问题作了规定。

我着重介绍债务如何承担的问题。个体工商户和农村承包经营户的情况比较复杂，两户的债务如何承担呢？

第一，民法通则规定，个人经营的以个人财产承担，家庭经营的以家庭财产承担。个体工商户和农村承包经营户，有个人经营的，有家庭经营的，也有部分家庭成员经营的。有的同志提出，个人和家庭财产不好分清，主张都以家庭财产或者共同生活的家庭成员的财产承担。但有的同志对此提出异议，认为个人经营、全家承担风险不合理，并且可能影响搞活。反复研究，这条的规定是划清由谁承担责任的界限，因此规定为，个人经营的以个人财产承担，家庭经营的以家庭财产承担。

第二，如何清偿，民法通则第一百零八条规定：债务应当清偿。暂时无力偿还的，经债权人同意或经人民法院裁决，可以由债务人分期偿还。不是可以不还，而是分期偿还。有的同志提出，如果有的人为拖延或逃避清偿债务，把他的财产分散在其他人的名下怎么办？这个问题，第五十八条有规定，“以合法形式掩盖非法目的的”民事行为无效。如果为了逃避债务，把个人财产分散在其他人名下，是无效的。同时，第一百零八条还规定，有能力偿还不偿还的，由人民法院判决强制偿还。

在具体执行中，要把这些条文联系起来，根据不同的具体情况来处理。

（六）个人合伙

民法通则规定了个人合伙在民事活动中的法律地位。个人合伙是指两个以上公民按照协议，各自提供资金、实物、技术等，合伙经营、共同劳动，可以起字号。有两点需要说明，第一，这里指的合伙，不是单纯的合伙活动，而是合伙组织，如果只是在从事某项活动时进行合伙，应当适用合同的有关规定。第二，合伙组织有不同的性质，民法通则规定的合伙，是指个体劳动者之间的合伙。（注：1997 年 2 月八届全国人大常委会制定了合伙企业法，对合伙企业的设立、合伙企业的财产、合伙企业事务的执行、合伙企业债务的承担等作了规定。）

现在，个人合伙组织大量存在，数量很多。据调查的情况看，叫合作经济和联合体的有各种各样情况，其中有相当大的一部分实际上属于个人合伙的性质。个人合伙这种形式，无论在乡村还是城市，比较受个体劳动者的欢迎，但是发生了问题，纠纷也比较多，因此需要对个人合伙做出规范。

民法通则对合伙人之间的权利义务，个人合伙的组织、经营以及债务的承担等，做了规定。主要有以下几点：第一，合伙人之间应当订立书面协议，对出资数额、盈余分配、债务承担、入伙、退伙、合伙终止等事项，作出规定。第二，合伙人投入的财产，由合伙人统一管理和使用。合伙经营积累的财产，归合伙人共有。第三，个人合伙的经营活动，由合伙人共同决定，合伙人有执行和监督的权利。合伙人可以推举负责人，合伙负责人和其他人员的经营活动，由全体合伙人承担民事责任。第四，关于合伙的债务如何承担责任的问题，主要有三点：一是从合伙人之间来讲，有协议的，按协议承担，没有协议的，按出资比例承担；二是承担无限责任，合伙人以各自的财产承担责任，这就是说，不仅是以投入的财产承担责任，而是以自己的全部财产承担责任，负无限责任；三是合伙人对合伙的债务承担连带责任，法律另有规定的除外。也就是说，每个合伙人都有清偿全部债务的责任，偿还合伙债务超过自己应当承担数额的合伙人，有权向其他合伙人追偿。

四、法人

（一）建立法人制度的意义

法人制度是资本主义为了适应资本的集中和资本的发展而发展起来的，它随着有限股份公司的出现而逐步完善。法人制度有利于资本主义的发展：一是，有利于集资（利用股份形式）；二是，有利于稳定地发展，因为它具有独立的财产，不因投资者或股东的变化而影响企业的发展；三是，承担的风险小，投资者只以投入的资本为限来承担责任。

党的十二届三中全会决定，要给国有企业以法人资格。在我国建立法人制度，给国有企业以法人地位，有什么好处呢？给国有企业以法人地位，有利于扩大企业的经营自主权，解决企业吃国家大锅饭的问题。国有企业以国家委托给他经营管理的财产承担责任，自主经营、自负盈亏，国家财政一般不再负责，这样就可以促使企业改善经营管理，也有利于扩大企业自主权，搞活经济。建立法人制度也有利于对外交往，明确国有企业是法人，以国家委托他经营管理的财产承担责任，可以使外商更加放心；把国有企业与国库划开，也可免得承担无限责任，改变外国企业承担有限责任，而我国企业要承担无限责任的状况。（注：1993 年 12 月八届全国人大常委会制定了公司法，对有限责任公司、股份有限公司和国有独资公司有关问题作了规定。）

（二）法人应当具备的条件

什么是法人？法人是具有民事权利能力和民事行为能力，依法独立享有民事权力和承担民事义务的组织。民法通则规定的法人包括两类，一类是企业法人；另一类的机关、事业单位和社会团体法人，重点规定的是企业法人。法人应当具备四个条件。

第一，依法成立。依法成立包含两层意思，一是允许不允许成立要根据法律，二是必须按照法定程序设立。

第二，要有必要的财产或者经费。这是法人条件的一个核心问题，因为有必要的财产或经费，是法人进行民事活动、承担民事责任的物质基础。曾有人主张规定，要有独立的财产，后来改成有必要的财产。为什么呢？因为对“独立”可以有各种理解，一种理解是“独立处分的财产”，再一种理解是“独立承担责任”，也就是国有企业以国家交他经营管理的财产独立承担责任。应是后一种理解，所以把“独立”移到第四个条件“承担民事责任”之前了，规定要能“独立承担民事责任”。把“有独立”改成“有必要”，还有另一层意思，因为“有独立”只讲了质，没有规定量。只有一元钱，也可以说“有独立财产”，而“有必要的财产”，就有量的要求了。企业法人要有国家规定的跟企业相适应的最低限度的自有资金。前几年各地成立公司、中心，一方面搞活了经济，另一方面也出现了一些问题，有些没有自有资金，负了债没法清偿，结果是要钱没有要命有一条。规定企业法人要有必要的自有资金，就可以防止出现上述情况。

第三，要有自己的名称、组织机构和场所。现在有一些公司乱起名称，什么“环球公司”“中华公司”，什么大叫什么。法人的名称应当反映法人的性质和业务、经营范围。组织机构包括有必要的管理机构和必要的人员。

社会上有一种“四无”公司，一无自有资金，二无固定的经营场地，三无确定的经营范围，四无固定的管理人员，发生了不少问题。所以，民法通则强调，法人必须具备上述条件。

第四，能够独立承担民事责任。所谓“独立承担民事责任”，就是投资者以他投入的财产承担责任，另外不再承担责任了。企业自负盈亏，能独立承担民事责任，是法人，而企业的科室不能独立承担民事责任，所以科室不是法人。

关于法人条件的规定，是总结我国的经验提出来的。有了这些规定，哪些组织具备法人条件，哪些不具备法人条件，就有了客观标准，法人登记机关在审核登记时就有了依据。有了这些规定，还可以促使那些不够法人条件的组织，积极去创造条件，有利于企业的整顿和健全。

（三）法人如何承担责任

这是法人制度的一个核心问题。承担有限责任还是无限责任，如果是有限责任，责任的范围划多大，世界各国规定不一样。法人制度是随着有限公司才完善的，在英、美，有限公司是法人，无限公司不是法人；在德国和日本，法人包括有限和无限公司。根据我国的情况，所以要建立法人制度，给国有企业以法人地位，就是为了使国有企业跟国库划开。民法通则规定，全民所有制企业和集体所有制企业都是负有限责任。这对集体企业来讲，也是比较合适的，有利于集体所有制企业吸收资金、健康稳定的发展。

关于有限责任的范围如何划，特别是国有企业。起草时提出过三种方案，一是以国有企业能够独立处分的财产来承担责任；二是以注册资金来承担责任；三是以国家委托他经营管理的全部财产来承担责任。第一种方案没有采纳，因为国有企业的有些生产资料，企业自己不能独立处分，还要经过主管部门批准。看起来这样规定承担的责任小，好像是对我们国有企业有利，其实不是这样。因为外国人与国有企业订合同，如果是以能够独立处分的财产承担责任，那么他就要了解国有企业能够独立处分的财产有多少，如果很少，就会出现两种情况，一种是人家不同你订合同了，另一种是要求国家担保。国家担保就等于要负无限责任了，因此，这种方案不适合。第二种方案，以注册资金来承担责任行不行呢？这种意见好处是比较清楚，其实也不行。因为注册资金与企业资不抵债时的实有资产往往是不一致的，有时多有时少。例如，注册资金是十万元，欠债务十五万元，企业所剩的财产如果折价是十三万元，你说我负有限责任，只还十万元，人家会说，你还不起十五万元，可也不能只还十万元，自己剩三万元。反过来，如果实有资产比注册资金少了，如欠债十五万元，注册资金十万元，而最后资产只值八万元，怎么办呢？还得再出两万元，那两万元到哪里去要呢？因此，用注册资金偿还看起来清楚，实际上也不行。因此，民法通则是按第三种方案规定的，即国有企业以国家授予他经营管理的财产承担民事责任。有的同志问，不是说国有企业对有一些固定资产自己不能独立处理吗，怎么承担呢？民法通则讲的承担责任，是指的价值，即是以国家授予他经营管理的全部财产的价值来偿还。至于固定资产能不能卖，怎么卖，还要按规定办，如果不能卖，可以折价出钱。

（四）对企业法人的监督管理

民法通则对企业法人的监督管理，作了一系列规定：

第一，企业法人经核准登记才能取得法人资格。登记机关要对企业的资金进行审查，企业要向登记机关如实说明情况，不得隐瞒真实情况、弄虚作假。

第二，企业法人应当在核准登记的经营范围内从事经营，不得超出登记机关核准登记的范围从事非法经营。要接受登记机关、税务机关等有关部门的监督，对登记机关、税务机关等有关部门，不得隐瞒真实情况、弄虚作假。

第三，不得抽逃资金，隐匿财产逃避债务。一些国家对有限责任公司规定，不盈利不能分红，因为如果不盈利还分红，等于是利用分红的形式把资金抽逃了。如果抽逃资金，那么对企业法人必须具有必要的财产的要求，不就落空了吗。

第四，企业法人分立、合并或者有其他重要事项变更，应当向登记机关办理登记并公告。因为分立、合并，会发生债权、债务如何清理和承担的问题。现在有些企业分立、合并后，原企业承担的债务没有清偿，分立或合并后的企业不认账，法院不好处理。民法通则规定，企业法人分立、合并，它的权利和义务由变更后的法人享有和承担。

第五，企业法人终止，应当向登记机关办理撤销登记并公告。企业法人解散，应当进行清算。解散、被撤销、被宣告破产后，不能擅自处理财产。因为如果资不抵债，对债权人不能全部偿还，清偿债务要按一定顺序，如果企业法人擅自处理，有的债权人就要受损失。

如有上述情形的，企业法人要承担责任。

（五）企业法人法定代表人的责任

民法通则规定，代表法人行使职权的负责人是法人的法定代表人。企业法人对它的法定代表人和其他的工作人员的经营活动，承担民事责任。现在，有些企业法定代表人换了，新上任的厂长对老厂长订的合同不负责任，说什么“新人不理旧账”，这是不对的。因为老厂长订的合同不是他个人订的，而是代表企业法人订的，法人应当负责，老厂长换了，企业法人还是要负责，不能因为厂长换了，企业就可以不负责。

法定代表人代表企业行使职权，民法通则专门规定，企业法人如果有下列行为，包括：从事非法经营；隐瞒真实情况、弄虚作假；抽逃资金、隐匿财产逃避债务；解散、被撤销、被宣告破产后，擅自处理财产；变更、终止时不及时申请办理登记和公告，使利害关系人遭受重大损失；从事法律禁止的其他活动，损害国家利益或者社会公共利益等，除法人承担责任外，对法定代表人给予行政处分、罚款，构成犯罪的，依法追究刑事责任。这样规定企业法人法定代表人的责任，对于国家加强对企业的管理、监督，是十分必要的。

（六）关于联营

民法通则在法人一章中专门有一节，规定了联营。发展企业之间横向的经济联合，是社会主义经济体制改革的一个重要内容。现在，各种形式、各种层次的联合正在不断地发展，有关部门希望对各种联营怎样承担责任，加以规定。根据联营有紧密的、半紧密的、比较松散的各种情况，分别作了规定：

第一，成立新的法人。民法通则第五十一条规定，企业之间或者企业、事业单位之间联营，组成新的经济实体，独立承担民事责任、具备法人条件的，经主管机关核准登记，取得法人资格。这种联营如何承担责任，按企业法人的规定办。

第二，法人之间的合伙组织。民法通则第五十二条规定，企业之间或者企业、事业单位之间联营，共同经营，但又不具备法人条件的，由联营各方按照出资比例或者协议的规定，以各自所有的或者经营管理的财产承担民事责任。依照法律的规定或者协议的约定负连带责任的，承担连带责任。

第三，法人之间的合伙活动。民法通则第五十三条规定，企业之间或者企业、事业单位之间联营，按照合同的约定各自独立经营，它的权利和义务由合同约定，各自承担民事责任。

五、民事法律行为

公民或者法人设立、变更、终止民事权利和民事义务的行为，比如办理结婚登记、签订合同等，都是民事行为。合法的民事行为，叫做民事法律行为。这就是民事行为和民事法律行为的区别，民事行为比民事法律行为要宽，包括民事法律行为、无效民事行为和可撤销的民事行为。

在日常生活中，公民、法人进行着各种民事法律行为。从不同角度和标准来划分，民事法律行为可分为单务民事法律行为和双务民事法律行为；有偿的民事法律行为（如买卖）和无偿的民事法律行为（如赠与）；诺成性民事法律行为（即双方意思表示一致就发生法律效力）和实践性民事法律行为（除双方意思表示一致外，要交付实物才成立）；要式民事法律行为（必须履行一定方式才能成立，如房屋买卖必须经房屋管理部门办理房屋所有权转移手续）和不要式民事法律行为；附条件的民事法律行为和不附条件的民事法律行为；独立的民事法律行为和辅助的民事法律行为等。

随着商品经济日益发展，当事人为了保护自己的合法权益，维护社会、经济的正常秩序，要求把民事行为纳入法律轨道，为民事活动提供共同遵循的准则，划清有效和无效的界限，明确哪些情况可以撤销、变更等，使当事人的权利和义务受到法律保障，因此，民事法律行为制度越来越被世界各国所重视，成为民法中一项重要的制度。

最早在民法典中专门规定民事法律行为的是德国，但是德国民法典没有区分民事行为和民事法律行为，这就出现一个问题，既然叫民事法律行为，就应当有法律约束力，法律就要予以保护，但又说有些民事法律行为无效，这就矛盾了。因此，我们把民事行为和民事法律行为加以区别，概念就准确了。

（一）民事法律行为应当具备的条件

这是民事法律行为首先应当解决的一个问题。各种各样民事法律行为的具体要求不同，但有共同的必须具备的条件。民法通则规定，民事法律行为应当具备三个条件。

第一，行为人应当具有相应的民事行为能力。拿公民来说，必须是具有完全民事行为能力的人进行的民事行为，或者是限制民事行为能力人依法能够独立进行的民事行为，才有效。如果以法人资格订立合同，那么必须具备法人条件，取得法人资格。

现在有些单位和个人在经济活动中所以上当吃亏，发生问题，一个重要原因，就是在签订合同时，不考察对方的资格。有经验的人在签订合同时，不仅要看对方的资格，是不是法人，是法人还是合伙组织，并且要看他们的资信如何，到底有多少资金，经营的情况如何，能不能履行义务、承担责任，都要了解清楚。如果不注意了解这些情况，一听说是什么大公司，不管他是否登记，是否具备法人资格，有多少资金，有没有履行合同的条件，一切都不问，当然要上当受骗。

第二，意思表示必须真实。当事人从事民事法律行为时，都要有意思表示，如男女双方结婚，要表示同意或不同意，买卖要表示同意买或不同意买，买多少，什么规格,价格多少,什么时间交货等。意思表示真实是民事法律行为的一个基本条件。因为,民事活动的一项基本原则,就是平等、自愿。如果一方以欺诈、胁迫的手段或者乘人之危,使对方在违背真实意思的情况下所为的民事行为是无效的。

第三,不违反法律或者社会公共利益。民事法律行为是合法的民事行为,因此必须不违反法律和社会公共利益。这是民事法律行为必须具备的一个重要条件。

(二)民事法律行为的法律效力

民法通则规定,民事法律行为从成立时起具有法律约束力,行为人非依法律规定或者取得对方同意,不得擅自变更或者解除。现在,有些人法制观念不强,签订合同后,随便不履行,随便变更。强调民事法律行为的法律约束力,有以下好处:第一,有利于保护当事人的合法权益。订了合同,一方不履行合同,就侵犯了对方的权益;第二,有利于维护正常的经济秩序,保障四化建设的顺利进行;第三,从对外开放来讲,也有必要强调这一点。因为搞交易要讲信用,如果没有信用,订了合同随便不履行,随便撕毁,谁还愿意同你订合同。所以说,强调民事法律行为从成立时起具有法律约束力,是有重要现实意义的。

(三)无效的和可撤销的民事行为

民法通则对什么是无效民事行为作了具体规定,主要是:无民事行为能力人实施的或者限制民事行为能力人依法不能独立实施的民事行为;一方以欺诈、胁迫的手段或者乘人之危,使对方在违背真实意思的情况下所为的民事行为;恶意串通,损害国家、集体或者第三人利益的民事行为;违反法律或者社会公共利益的民事行为;以合法形式掩盖非法目的的民事行为,等等。

把以欺诈、胁迫手段或者乘人之危,使对方在违背真实意思的情况下所做的表示,作为无效的民事行为,这一点我们与其他国家的规定是不同的。传统的民法把欺诈、胁迫、乘人之危作为可撤销的民事行为,而不是作为无效的民事行为。我们为什么把这种情况作为无效的民事行为呢? 这是从保护当事人的合法权益考虑的。欺诈也好,胁迫或乘人之危也好,都是违背自愿原则的,如果作为可撤销的民事行为,那么首先要由当事人提出申请,法院、仲裁机关才能裁决是否撤销。既然是胁迫、乘人之危,处于被胁迫或者危难情况下的当事人,有可能不敢申请。因此,把这种情况作为无效的民事行为,就不一定要先由本人提出申请,这有利于保护当事人的合法权益,真正体现自愿的原则。

关于可以撤销的民事行为,民法通则规定了两种情况,一是行为人对行为内容有重大误解;二是显失公平。不是有点小的误解,而是“重大误解”,不是有点不公平,而是“显失公平”,这两种情况可以依法变更或撤销,是为了体现公平的原则。但是,变更或撤销要经过一定程序,不是当事人一方自己就可以决定,如果双方不能达成协议,一方当事人有权向法院或者仲裁机关提出请求,由法院或者仲裁机关决定是否予以变更或者撤销。这样规定,既可以防止随便撕毁合同,维护合同的严肃性;又可以真正体现公平的原则,维护当事人的合法权益。

关于无效民事行为和被撤销民事行为的后果。无效的民事行为,从行为开始起就没有法律约束力。被撤销的民事行为,从行为开始起无效。民事行为被确认为无效或者被撤销后的法律后果是:第一,返还财产。当事人因该行为取得的财产,应当返还给受损失的一方。第二,赔偿损失。有过错的一方应当赔偿对方因此所受到的损失,双方都有过错的,应当各自承担相应的责任。第三,双方恶意串通,实施民事行为损害国家的、集体的或者第三人的利益的,应当追缴双方取得的财产,收归国家、集体所有或者返还第三人。

(四)附条件的民事法律行为

通常情况下,民事法律行为从成立时起生效,但也有一些民事法律行为是附有条件的。民法通则规定,民事法律行为可以附条件,附条件的民事法律行为在符合所附条件时生效。附条件是指当事人明确约定,民事行为的效力取决于将来一定情况的发生或不发生。例如,某机关招待所与某单位约定,如果在一定期间内上级主管部门不在招待所召开会议,租给某单位若干房间的协议就生效。那么,在这个期间内上级主管部门没有召开会议,这个合同就生效了;相反,如果在这个期间上级主管部门在招待所召开会议,那么这个合同就不能生效。

六、代理

社会生活很复杂,民事活动有各式各样,要求所有的民事活动都由当事人亲自行使不大可能,由于健康、地点、时间、专业知识等原因,有的当事人往往要委托他人去代理,代理人在代理权限内,以被代理人的名义实施民事法律行为,被代理人对代理人的代理行为,承担民事责任。民事活动的代理很早就有,但作为一种独立的法律制度,是商品经济高度发达的产物。随着商品经济的发展,代理制度越来越需要,公民为了实现自己的民事权利,法人开展经营活动,开展对外经济、文化、科学技术交流,都不能缺少代理制度。代理制度对于发展社会主义商品经济,促进社会主义建设,有重要意义。近年来,我国随着经济的发展,代理有了发展,但是由于有关法律规定不完备,在代理活动中也出现了不少问题,发生纠纷后,权限不明、责任不清,不好处理。因此,民法通则对代理专门作了规定,对代理的种类、代理的要求,代理人、被代理人和第三者在各种情况下如何承担责任,都作了明确的规定。

（一）代理的范围和种类

什么民事活动可以代理，民法通则规定，公民、法人可以通过代理人实施民事法律行为，依照法律规定或者按照双方当事人约定，应当由本人实施的民事法律行为，不得代理。也就是说，一般的民事法律行为都可以通过代理人代理，这是原则；但也有例外，那些具有严格人身性质的民事行为不能代理。不能代理的有两种情况，一是法律规定必须亲自实施的，例如婚姻法规定。要求结婚的男女双方必须亲自到婚姻登记机关进行结婚登记。按继承法规定，遗嘱的设立、变更或撤销，只能由遗嘱人本人施行，遗嘱人不会写字的，可以请人代书，但代书人不是设立遗嘱人的代理人。另一种情况是，双方当事人约定必须由本人亲自进行的，不得委托他人代理。

根据代理权产生的不同，民法通则将代理分为三种：

第一，委托代理。委托代理是根据被代理人的委托，而发生的代理关系。委托代理可以用书面形式，也可以用口头形式，法律规定用书面形式的，应当用书面形式。书面委托代理的授权委托书，是代理资格的证明，是代理人有权代理被代理人进行民事活动的依据。为了防止事后发生纠纷，民法通则规定，书面委托代理的授权委托书应当载明代理人的姓名或者名称、代理事项、权限和期间，并由委托人签名或者盖章。

第二，法定代理。法定代理是根据法律的规定而产生代理权的代理。例如，民法通则规定，无民事行为能力人、限制民事行为能力人的监护人是他的法定代理人。法定代理人依照法律规定行使代理权。无民事行为能力人的民事活动、限制民事行为能力人依法不能独立进行的民事活动，应由法定代理人代理。

第三，指定代理。根据人民法院或者指定单位的指定而产生的代理，就是指定代理。指定代理人按照人民法院或者指定单位的指定，行使代理权。

（二）代理权的行使

根据民法通则的规定，代理人行使代理权，应当注意以下几个问题：

第一，在代理权限内进行代理活动。委托代理人应按照被代理人的委托，法定代理人依照法律规定，指定代理人应在指定权限内，进行代理。如果超越代理权限，则为越权代理。

第二，应当履行代理职责。民法通则规定，代理人不履行职责而给被代理人造成损害的，应当承担民事责任。

第三，亲自进行代理。委托代理是建立在被代理人对代理人信任的基础上的。因此，代理人应该运用自己的知识和经验，亲自完成被代理人委托的工作。民法通则对转委托是有限制的，委托代理人为被代理人的利益需要转托他人代理的，应当事先取得被代理人的同意。事先没有取得被代理人同意的，应当在事后及时告诉被代理人，如果被代理人不同意，由代理人对自己所转托的人的行为负民事责任，但在紧急情况下，为了保护被代理人的利益而转托他人代理的除外。

第四，不得滥用代理权。一是，不得以被代理人的名义与自己实施法律行为；二是，一人不得同时代表双方当事人实施同一法律行为；三是，不得与第三人串通损害被代理人利益；四是，不得通过代理进行违法活动。

（三）无权代理、越权代理

代理人应依据代理权进行代理活动，没有代理权或代理人不依据代理权的范围进行代理，是无权代理或越权代理，有以下三种情况：一，没有代理权而以被代理人名义进行民事活动，是无权代理；二，超越代理权限进行代理活动，是越权代理；三，代理权终止后，还以被代理人名义进行民事活动。

无权代理、超越代理权或者代理权终止后的行为，只有经过被代理人的追认，被代理人才承担民事责任。未经追认的行为，由行为人承担民事责任。本人知道他人以本人名义实施民事行为而不作否认表示的，视为同意。

（四）代理关系中的连带责任

民法通则规定了四种情况要负连带责任。一是，委托代理受权不明的，被代理人应当向第三人承担民事责任，代理人负连带责任；二是，代理人和第三人串通，损害被代理人利益的，由代理人和第三人负连带责任；三是，第三人知道行为人没有代理权、超越代理权或者代理权已终止，还与行为人实施民事行为给他人造成损害的，由第三人和行为人负连带责任；四是，代理人知道被委托代理的事项违法仍然进行代理活动的，或者被代理人知道代理人的代理行为违法不表示反对的，由被代理人和代理人负连带责任。

传统的民法，对代理一般没有规定要负连带责任，民法通则为什么要规定承担连带责任呢？这几种情况，代理人、被代理人或者第三人都是有错误的，规定承担连带责任，有以下几个好处：

第一，有利于维护受损害人的利益，防止不法分子钻空子。代理人有的是企业法人，也有个体工商户，但往往是公民个人。我国公民个人财产一般有限，如果完全由个人承担责任，可能无力全部承担，那么受害人的权益便得不到保证。例如，某个企业知道代理人甲已经越权了，还与他签订合同，给被代理人造成损失。如果只由代理人甲个人承担全部责任，那么被代理人的损失就可能得不到全部补偿，同时也会被这个企业钻了空子。

第二，有利于预防违法活动。在实际代理活动中，存在进行违法活动的情况，按照民法通则的规定，代理人如果明知代理的事项是违法的，就不应给他代理，否则要负连带责任。反过来，委托他人进行代理活动时，如果发现代理人是以违法手段进行代理活动,那就应当表示反对,如果不表示反对,被代理人也要负连带责任。有了这条规定,可以加强相互间的监督,防止在代理中进行违法活动。

第三,有利于改进和完善代理制度。现在存在的一个问题是,有些委托书写得不清楚,委托代理什么事项、多大权限、期限多长,都不清楚,有的甚至给代理人空白介绍信,由代理人自己随便填写,结果发生不少问题。根据民法通则规定,如果委托书写得不清楚,发生问题,被代理人应当向第三者承担民事责任,代理人负连带责任。这样规定,不仅有利于保护第三者的权益;同时也可以促使被代理人在委托代理时,把授权委托书写明白,有利于委托代理的完善。

七、财产所有权和与财产所有权有关的财产权

民法通则专门有一章,对公民、法人的民事权利做了规定,可以使大家一目了然,知道自己有哪些民事权利,应当如何正确行使和维护这些权利。民法通则规定的民事权利包括:财产所有权和与财产所有权有关的财产权、债权、知识产权和人身权。

在社会生活中,人类从事生产和生活都离不开物。例如,工业生产要有机器、厂房、原材料;农业生产要有土地、化肥、种子;经营商业要有商品;人们日常生活要住房子、穿衣服、吃东西等。这就产生了对财产的所有权和与财产所有权有关的财产权问题,它在民法中占有重要地位,是一项基本的民事权利。

各国民法将财产所有权、财产使用权等一般概括称为物权,作为民法的重要的基本内容。民法学者将物权分为自物权和他物权两类。自物权就是所有权,是指所有人对自己的财产享有占有、使用、收益和处分的权利。他物权是指非财产所有人对他人财产所享有的物权。他物权又分为用益物权和担保物权两种。用益物权是指对他人的物有使用和收益的权利,包括典权、永佃权、地上权、地役权等。担保物权是指以保证债务履行为目的的物权,如抵押权、留置权等。

财产所有权和与财产所有权有关的财产权作为上层建筑的法律,是由经济基础决定的,又为经济基础服务。世界上不同社会制度国家的财产所有权制度,是不同的。民法通则根据我国的情况,规定了财产所有权和使用权、承包经营权、国有企业的经营权、相邻关系等,在债权一章关于债务的担保中,对抵押、留置做了规定。这些都是在总结我国社会主义经济体制改革经验的基础上,将改革的成果,用法律形式肯定下来。

(一)国家的财产、劳动群众集体组织的财产、公民的个人财产,受法律保护

民法通则规定,国家财产属于全民所有。我着重介绍一个问题,根据宪法规定,自然资源属国家所有和劳动群众集体所有,而不得个人所有。这一点非常重要,体现社会主义原则,与资本主义国家不同。在自然资源中,矿藏和水流又与其

他自然资源不同,森林、草原、土地、荒山等其他自然资源属于国家所有,依照法律属于集体所有的归集体所有,而矿藏、水流是国家专有的。根据宪法、矿产资源法规定,矿藏归国家所有,不因依附的土地所有权、使用权而改变。也就是说,集体所有的土地下面的矿藏并不是集体所有的,仍然是国家所有。现在,有些人以为,集体所有土地下面的矿藏,甚至集体使用的国家所有土地下面的矿藏,也属集体所有了,这是不对的。有些农村社队甚至个人卖矿位,是违法行为。

关于集体所有财产,民法通则规定,劳动群众集体组织的财产属于劳动群众集体所有,包括:(一)法律规定为集体所有的土地和森林、山岭、草原、荒地、滩涂等;(二)集体经济组织的财产;(三)集体所有的建筑物、水库、农田水利设施和教育、科学、文化、卫生、体育等设施;(四)集体所有的其他财产。集体所有的土地依照法律属于村农民集体所有,由村农业生产合作社等农业集体经济组织或者村民委员会经营、管理。已经属于乡、镇农民集体经济组织所有的,可以属于乡、镇农民集体所有。这个规定的精神是,为适应原公社三级所有、队为基础的状况,稳定土地所有权,原来属于生产队所有的还属于生产队农民集体所有,原来是大队所有的仍属原大队农民集体所有,有的原来已经属于乡所有的还属乡农民集体所有。由于各地农村集体经济组织采取的形式不完全一样,因此规定,由村农业生产合作社等农业集体经济组织或者村民委员会经营、管理,以适应各种不同的情况。

关于公民个人财产,民法通则规定,公民个人财产,包括公民的合法收入、房屋、储蓄、生活用品、文物、图书资料、林木、牲畜和法律允许公民所有的生产资料以及其他合法财产。有两点需要说明。一是写的合法收入,1975 年宪法写的是劳动收入,现在宪法改为合法收入,合法收入包括劳动收入、合法经营取得的利润等。二是生产资料,过去对生产资料能不能归个人所有,能否当遗产,有不同看法,现在明确,凡是法律允许个人所有的生产资料可以是个人财产。

民法通则规定,国家财产神圣不可侵犯,集体所有的财产、公民的合法财产受法律保护。如何保护国家、集体和个人的财产所有权,根据过去实践中存在的问题,民法通则有针对性地作了具体规定。对国家、集体和个人的财产,都规定了禁止任何组织或者个人侵占、哄抢、破坏。根据实际情况,对集体所有的财产,增加了禁止私分,对国家所有的财产,除了增加禁止私分外,还规定了禁止截留。对公民和集体所有的财产,还规定了禁止非法查封、扣押、冻结、没收。

(二)所有权的取得和转移

民法通则规定,财产所有权的取得,不得违反法律规定。例如,劳动收入、合法经营取得的利润、存款利息、继承的遗产、接受的赠与等,都是合法收入。对合法取得财产的所有权,法律予以保护。但是,如果所有权的取得违反法律,例如采取诈骗手段取得的财产,或者哄抢国有林场的林木和国有企业的资产等,都是违反法律的，不是合法财产，不但不予保护，而且还要没收，返还原主；构成犯罪的，还要依法追究刑事责任。拾得遗失物、漂流物或者失散的饲养动物，应当归还失主（因此而支出的费用由失主偿还），发掘他人的埋藏物、隐藏物，也应当归还原主，所有人不明的归国家所有（接收单位应当对上交的单位或个人，给予表扬或者物质奖励）。

财产所有权的取得分为原始取得和传来取得，传来取得有一个原所有人与新所有人之间权利转让的问题，从什么时候，在什么情况下，算财产所有权转移了。由于合同成立起到将财产交付当事人，中间往往要有一段时间，在这段时间里，可能出现两个问题，一是原财产所有人能否再将它卖给别人；二是在这段时间里财产如果发生风险，责任由谁承担。确定所有权转移的时间，就可以明确解决以上两个问题。

过去，在所有权转移的时间问题上，对种类物和特定物是加以区别对待的，种类物从交付时起所有权转移，特定物从合同成立时起所有权转移。民法通则没有区分种类物和特定物，而规定为“财产所有权从财产交付时起转移”。这是因为，第一，社会生活中生产和交换的商品，绝大多数是种类物；第二，可以解决合同成立后甲未将货物交付当事人乙手中之前，如果发生风险责任由甲承担的问题。问题是如何防止将特定物“一物二卖”，对这个问题，可以由合同加以约束，正因为考虑到所有权转移的情况比较复杂，所以民法通则还规定，“法律另有规定或者当事人另有约定的除外”。

（三）财产所有权在法律上包括哪些内容

民法通则第七十一条规定，财产所有权是指所有人依法对自己的财产享有占有、使用、收益和处分的权利。

第一，占有权。什么是占有，有人搞不太清楚，以为占有就是所有。实际上，民法中说的占有，是实际控制的意思，占有权就是对财产实际掌握和控制的权利。在实际生活中，所有和占有是可以分离的。如机关宿舍，属国家所有，给职工住了，职工就占有使用了，但所有权并没有变，还是国家所有。所有与占有、使用、收益是可以适当分离的。

第二，使用权。使用权就是对财产按它的性能和用途加以利用的权利。人们占有财产的目的，在于满足生产和生活上的需要，就要使用。使用总是和占有相关联的，不占有就无法使用。

第三，收益权。是指收取财产所产生的果实或利益的权利。如房屋出租可以得到租金，在土地上种粮食可以取得收获。不论是法定孳息，还是自然孳息，都是收益。收益与使用是有关系的，但在某种情况下使用并没有收益。例如，住自己的房子是使用，但没有收益，如果将房子出租，则可以有收益。因此，民法通则将收益权从使用权中单独分了出来。

第四,处分权。是指所有人能决定财产事实上或法律上的命运的权利。也就是在法律许可范围内,处置自己财产的权利,如出卖、赠与等。处分权是所有权中最核心的内容,一般情况下,处分权是由所有人行使的。在某些特定情况下,如财产被抵押或留置时,债权人有权根据抵押合同,在债务人到期不清偿债务的时候,对抵押物或留置物行使处分权。

要强调的是,权利人在行使占有、使用、收益、处分的权利时,一定要依照法律,不是自己想怎么干就怎么干。拿土地来说,农村集体经济组织在集体所有的土地上从事农业生产,但是如果要建房,就要依照土地管理法的规定,经过批准。农村集体经济组织对集体所有的土地当然有处分权,但按照宪法规定,不能买卖。再如,有些林木是集体所有的,但能不能想砍就砍呢？不行。采伐林木要根据森林法的规定,申请采伐许可证。文物保护法规定,私人可以将自己收藏的文物卖给别人,但不得私自卖给外国人。矿产资源法规定,有一些矿(主要是有色金属、稀有金属)由国家指定一定的单位收购,因此开采这种矿石,只能卖给国家指定的单位,不能卖给国家指定单位以外的单位或个人。

(四)共有财产

在社会、经济生活中,经常存在一件财产由两个以上公民或者单位共同所有的情况,这就是共有财产。例如,婚姻法规定,夫妻在婚姻关系存续期间所得的财产,归夫妻共同所有,双方另有约定的除外。又如,个人合伙组织合伙经营积累的财产,归合伙人共有。共有可以分为两种:

一是按份共有。按份共有人按照各自的份额,对共有财产分享权利,分担义务。按份共有财产的每个共有人,有权要求将自己的份额分出或者转让。但是在出售时,其他共有人在同等条件下,有优先购买的权利;如果这个财产是不可分割的,或者分割后会损害该财产的使用价值,那么可以折价给要求分割的那个共有人。

二是,共同共有。共同共有就是两个以上所有人对共有财产不分份额,平等地、共同享有所有权。如夫妻共有财产是共同所有,婚姻法规定,夫妻对共同所有的财产,有平等的处理权。家庭成员共同劳动收入积累、购置的财产,属家庭成员共同所有。夫妻财产,一般情况是在夫妻离婚时进行分割;家庭共有财产,在分家时进行分割。

(五)与财产所有权有关的财产权

民法通则在与财产所有权有关的财产权中,对使用权、承包经营权、全民所有制企业的经营权等作了规定。这里规定的使用权、经营权等,不是指财产所有人对自己所有财产的使用、收益权,而是指非财产所有人对国家或集体财产的使用权、经营权。这是根据我国实际情况规定的,体现了所有权与经营权可以适当分离的精神,反映了农村经济体制改革、国有企业改革的成果,对于巩固和促进城乡经济体制改革,有重要意义。

第一,对自然资源的使用权。

国家所有的土地、森林、山岭、草原、荒地、滩涂、水面等自然资源可以依法由全民所有制单位或者集体所有制单位使用。根据有关法律规定,对使用单位要确定其使用权,发给使用证,国家保护他们使用、收益的权利。民法通则同时规定,使用单位有管理、保护、合理利用的义务。

第二,承包经营权。

这是经济体制改革的重大成果。民法通则规定的承包经营权,指的是公民、集体依法对集体所有的或者国家所有由集体使用的土地、草原、森林、山岭、荒地、滩涂、水面的承包经营权。至于乡镇企业的承包,国有企业内部的承包,这里没有规定。

对使用权、承包经营权的保护,关系到我国人口百分之八十的农、牧民,可以激发他们的生产积极性,是非常重要的。

第三,全民所有制企业的经营权。

民法通则规定,全民所有制企业对国家授予它经营管理的财产依法享有经营权,受法律保护。扩大全民所有制企业经营自主权,是经济体制改革中的重要内容。全民所有制企业在我国经济中起主导作用,规定保护全民所有制企业的经营权,对我国社会主义建设有十分重要的意义。全民所有制企业经营自主权包括人、财、物、供、产、销各个方面,随着经济体制改革的深入,还在不断发展。

第四,相邻关系。

民法通则对相邻关系作了规定。在实际生活中,公民、法人在行使对财产的占有、使用、收益、处分权时,会发生与其他公民、法人之间的关系。这方面存在的问题很多,如农村实行承包责任制之后,地边的纠纷、水利的纠纷增多。城市里邻里之间在采光、通道等方面的纠纷也不少。这些大量存在的人民内部纠纷,如果不能及时得到正确的处理,有可能使矛盾激化。现在,刑事案件中有相当一部分,是由于人民内部的纠纷没有及时得到处理而激化了的。民法通则总结处理相邻关系的经验,规定了四条处理原则:有利生产、方便生活、团结互助、公平合理。不动产的相邻各方,应当按照这些精神,正确处理截水、排水、通行、通风、采光等方面的相邻关系。给相邻方造成妨碍或者损失的,应当停止侵害,排除妨碍,赔偿损失。有了这些规定,处理这类纠纷就有了依据,有利于及时地正确地解决,防止矛盾激化,对增强人民之间的团结,维护社会秩序,有重要作用。

第五,继承权。

民法通则规定,公民依法享有财产继承权。继承法对法定继承人的范围和顺序、什么属遗产、遗产继承的份额、遗嘱继承和遗赠、遗产的分割等等,作了具体规定。

八、债权

（一）债权在民法中的地位

什么是债？有些人以为“债”就是欠钱。民法中的债权含义要宽得多，不仅仅是欠钱问题。民法通则第八十四条规定，债是按照合同的约定或者依照法律的规定，在当事人之间产生的特定的权利和义务关系。享有权利的人是债权人，负有义务的人是债务人。在多数情况下，当事人往往既是债权人又是债务人。例如买卖，卖方要向买方交付货物，这时买方是债权人，卖方是债务人，但在给付货款问题上，买方是债务人，而卖方是债权人。

在民法中，债权是非常重要的组成部分。确定和保护财产所有权十分重要，但只解决所有权问题还不够，还要解决财产在转移中发生的问题。我们要充分发展社会主义商品经济，民法是调整商品关系的基本法律，商品必须通过交换才能实现，商品交换就要有债权制度。物权是解决财产静态的权利问题，债权是解决商品动态的权利问题。

债的产生和种类。根据民法通则规定，债的产生，一是根据合同；二是依照法律规定。债权人有要求债务人按照合同的约定或者依照法律的规定履行义务的权利，这就是债权。债权有单一的债和多数人的债，多数人的债中，又有按份的债和连带的债。按份的债是指债权人或债务人为二人以上，按照确定的份额分享权利或者分担义务。连带的债是指享有连带权利的每个债权人，都有权要求债务人履行义务；负有连带义务的每个债务人，都有清偿全部债务的义务，履行了义务的人，有权要求其他负有连带义务的人偿付他应当承担的份额。

（二）合同的债

合同是产生债的最重要、最基本的原因。据说，我国一年大约要签订十亿份经济合同，国家计划的实现要由合同来落实，各企业间的协作要由合同来保证，公民物质文化的需要，要通过合同来实现，对外经济、技术、贸易交往，也要通过合同来进行。因此，合同对于发展社会主义商品经济，维护经济秩序，满足公民的需要，开展对外交往，都有着重要作用。

关于合同的概念，民法通则规定，合同是当事人之间设立、变更、终止民事关系的协议。合同的特点是：第一，合同是双方或多方的，这与单方的民事法律行为不同，单方的民事法律行为不是合同。第二，必须是当事人达成协议。协议是合同的基本特征，当事人依法就合同内容协商一致，合同成立。民法通则规定，依法成立的合同受法律保护。

合同的履行，民法通则规定，合同的当事人应当按照合同的约定，全部履行自己的义务。当事人一方不履行合同义务或者履行合同义务不符合约定条件的，另一方有权要求履行。如果合同中有关质量、期限、地点或者价款约定不明确，按照合同有关条款内容不能确定，当事人又不能通过协商达成协议的，怎么办？为了促使问题解决，《民法通则》专门对此作了规定，遇到这种情况时，适用下列规定：一，质量要求不明确的，按照国家质量标准履行，没有国家质量标准的，按照通常标准履行。二，履行期限不明确的，债务人可以随时向债权人履行义务，债权人也可以随时要求债务人履行义务，但应当给对方必要的准备时间。三，履行地点不明确的，给付货币的，在接受给付一方的所在地履行，其他标的在履行义务一方的所在地履行。四，价款约定不明确的，按照国家规定的价格履行；没有国家规定价格的，参照市场价格或者同类物品的价格或者同类劳务的报酬标准履行。

关于合同的转让。在调查中，不少地方特别是农村反映，有些建筑队本来没有力量承包某些建筑工程，但他承包了，承包以后就转包给别人，从中牟利，有的甚至多次转包，每转包一次扒一层皮，结果盖出来的房子质量很差。工商管理局同志强烈要求，对这个问题作出规定。民法通则规定，合同的一方将合同的权利、义务全部或者部分转给第三人的，应当取得合同另一方的同意，并不得牟利，但是法律另有规定或合同另有约定的除外。这就是说，不是不可以转包，如果要转包，第一必须取得对方的同意，第二不得牟利。这是针对现实存在的问题作出的规定。

(三)债的担保

民法通则第八十九条对担保专门作了规定，有四种担保的方式：

第一，保证人。保证人向债权人保证债务人履行债务，债务人如果不履行债务，按照约定由保证人履行或者承担民事责任。保证人履行债务后，有权向债务人追偿。因此，为他人当保证人应当慎重，对被保证人要有了解，要督促被保证人及时履行债务，而且保证人本人应当有能够承担责任的物质条件。现在，有些单位或个人，对被保证人情况不甚了解，随便担保，结果被保证人不履行债务时，保证人受到损失。也有些人本来没有承担责任的物质条件，却为他人当保证人，结果无力承担责任，使保证落空，债权人遭受损失。

第二，抵押。债务人或者第三人可以提供一定的财产，作为抵押物。债务人不履行债务的，债权人有权依照法律的规定，以抵押物折价或者以变卖抵押物的价款优先得到偿还。要说明的是，禁止流通和强制执行的物品不能作为抵押物。在抵押期间，除有约定的以外，不得将抵押物转让他人，也不得就同一抵押物的担保价值再行抵押。

第三，定金。当事人一方在法律规定的范围内，可以向对方给付定金。债务人履行债务后，定金应当抵作价款或者收回。给付定金的一方不履行债务的，无权要求返还定金；接受定金的一方不履行债务的，应当双倍返还定金。

第四,留置。按照合同约定一方占有对方的财产,对方不按照合同给付款项超过约定期限的,占有人有权留置该财产,依照法律规定,以留置财产折价或者以变卖该财产的价款优先得到偿还。

(四)非合同的债

产生债的另一个根据是依照法律的规定。民法通则规定了两种情况:

第一,不当得利。没有合法根据,取得不当利益,造成他人损失的,应当将取得的不当利益返还受损失的人。

第二,无因管理。没有法定的或者约定的义务,为避免他人利益受损失进行管理或者服务的,有权要求受益人偿付由此而支付的必要费用。

九、知识产权

知识产权是重要的民事权利。人类劳动分为体力劳动和脑力劳动,知识产权是对脑力劳动成果享有的权利。知识产权是随着科学技术的发展,把精神产品作为商品的情况下发展起来的。最早提出“知识产权”的是法国学者,现已为各国所采用。1980 年我国参加了世界知识产权组织。知识产权分为工业产权和版权,工业产权包括专利权、商标专用权。

保护知识产权,是最近二三百年发展起来的,一些资本主义国家的民法典,对知识产权并没有多少规定,而是另外制定专门的单行法律来规定的。我国民法通则把知识产权专门作为一节,与财产所有权、债权、人身权并列,反映我国对保护脑力劳动成果权利的重视。民法通则规定的知识产权,包括著作权(版权)、专利权、发明权、发现权、科技成果权和商标专用权,是比较全面的,这对于保护脑力劳动者的合法权益,促进社会主义文化事业的繁荣、科学技术的进步和发展,引进外国的先进技术,有着重要意义。

(一)著作权(版权)

宪法规定,中华人民共和国公民有进行科学研究、文学艺术创作和其他文化活动的自由。国家对从事教育、科学、技术、文学、艺术和其他文化事业等有益于人民的创造性工作的公民,给以鼓励和帮助。民法通则规定,公民、法人享有著作权(版权)。保护著作权(版权)的目的是,保护作者(包括出版者)的正当权益,鼓励创作和传播优秀的作品。

著作权(版权)的产生和发展,与印刷和音响设备等的出现和发展有着密切关系。十五世纪末,德国人古登堡运用活字印刷术,随着欧洲文艺复兴,图书印刷出版业迅速发展,印刷商为垄断某些图书印刷销售权,请求给予印刷图书的特权。在这种情况下,英国于 1662 年颁布第一个许可证法,这是最早的版权形式,它着重保护皇家和出版商的权利。十八世纪欧洲资产阶级革命,版权从着重保护出版商的权利,发展成着重保护作者的权利。1710 年 4 月美国议会通过安娜法令,规定作者拥有为期 20 年的重印独占权。1710 年英国制定版权法,承认作者是版权保护的主体。后来,随着广播、电影、录音、录像等的出现和发展,版权保护的范围和内容,又有了新的发展。

著作权的主体,根据民法通则的规定,包括公民和法人。著作权的客体,按各国通例,是文学、艺术、科学作品,不仅文字作品,还包括口述、音乐、戏剧、舞蹈、美术、摄影等作品。著作权的内容,民法通则的规定是,依法有署名、发表、出版、获得报酬等权利。具体的将由著作权法规定。

是称著作权还是称版权,有不同的意见。制定继承法时,草案原来写的是版权,讨论中有的同志提出,对作者的权利强调不够,建议改成著作权,也有的同志提出,对出版者的权利也应保护。世界各国有的称著作权,有的称版权,但实际上都包括作者和出版者的权利。所以,我们后来写成著作权(版权),既包括作者的权利,也包括出版者的权利,彭冲同志在审议报告中特别讲到了这个问题。

(二)专利权、发明权、发现权和其他科技成果权

保护发明创造,是为了鼓励发明创造,有利于发明创造的推广应用,促进科学技术的发展,适应社会主义现代化建设的需要。从民法通则的规定可以看出,我国对发明创造采取双轨制的办法,有些可以申请专利,取得专利权;有些发明、发现,不申请专利,给予物质的、精神的奖励。

世界上最早建立专利制度的是意大利。1474 年,威尼斯制定了世界上第一个专利法。1627 年,英国制定垄断法,规定对“本国新制造品”,可以向“真正的第一个发明人”授予专有的权利,在“14 年以内”,“其他的人不得使用”。法国 1789 年宣布,作者和发明人的权利是“公民的不可剥夺的权利”,并于 1791 年制定了专利法。美国 1787 年宪法中规定,“为促进科学和有用技术的进步,在一定期间内,保障著作者和发明人对其作品和发明享有独占权”,并于 1790 年制定了专利法。现在,世界上已有 150 多个国家实行专利制度。

1984 年,我国制定了专利法,从我国实际出发,参考吸收了世界各国的经验,对专利的种类和条件、专利权的申请、专利权的归属、专利权的内容和期限、专利的保护和限制等,都作了具体规定。

专利的种类和条件。专利法规定,我国专利包括发明、实用新型和外观设计三种。关于授予专利的条件,专利法规定,授予专利发明和实用新型,应当具备新颖性、创造性和实用性。同时,参照各国做法,规定下列各项不授予专利权:1. 科学发现;2. 智力活动的规则和方法;3. 疾病的诊断和治疗方法;4. 动物和植物品种;5. 用原子核变换方法获得的物质(其中 4 所列产品的生产方法,可以授予专利)。

专利的申请和归属。发明创造有职务发明和非职务发明之分。非职务发明创造,申请专利权属发明人或者设计人,申请被批准后,专利权属于个人所有。职务发明,也就是执行本单位的任务或者主要利用本单位的物质条件所完成的发明创造,申请专利权属于该单位。关于所有权,全民所有制单位申请的,专利权归该单位持有;集体所有制单位、在中国境内的外资企业和中外合资企业申请的,专利权归该单位所有。

专利权的内容。我国专利法关于专利权内容的规定,包括两个方面:一是身份权,专利权人有权在其专利产品或者该产品的包装上标明专利标记和专利号,发明人或者设计人有在专利文件中写明自己是发明人或者设计人的权利。二是财产权,除法律另有规定的外,任何单位或者个人未经专利权人许可,不得为生产经营目的,制造、使用、销售其专利产品,或者使用其专利方法,以及使用、销售依照该专利方法直接获得的产品。如果要实施他人专利,必须与专利权人订立书面实施许可合同,向专利权人支付专利使用费。针对外国担心我们"一家引进、百家使用",专利被侵犯,专利法特别规定,被许可实施他人专利的人,无权允许合同规定以外的任何单位或者个人实施该专利,以解决外国人存在的疑虑,有利于引进外国先进技术。

关于发明创造的推广应用。保护发明创造的最终目的,是为了发明创造的推广应用,为社会主义四化建设服务。对国内的专利,应当与对外国的专利有所区别,要考虑有利于先进技术的推广应用。因此,专利法对国内的专利专门做出规定,国务院有关主管部门和省、自治区、直辖市人民政府根据国家计划,有权决定本系统内或者所管辖的全民所有制单位持有的重要发明创造专利,允许指定的单位实施,由实施单位按照国家规定,向持有专利权的单位支付使用费。并规定,中国集体所有制单位和个人的专利,对国家利益和公共利益具有重大意义,需要推广应用的,由国务院有关主管部门报国务院批准后,参照上述规定办理。

关于专利权的期限,专利法规定,发明专利权的期限为 20 年,实用新型和外观设计专利权的期限为 10 年。

民法通则还对发现权、发明权和科技成果权作了规定。发现权是指发现人对过去未被认识的物质世界的现象、性质、特征或规律,作出前所未有的阐述、解释、说明,而享有的权利。牛顿三大定律、门捷列夫元素周期表等,都是发现。科学的发现是技术发明的理论基础。民法通则规定,公民对自己的发现享有发现权。发现人有权申请领取发现证书、奖金或者其他奖励。对发明,我国采取双轨制,申请专利的授予专利权;不申请专利或者不够申请专利条件的,享有发明权。民法通则规定,公民对自己的发明或者其他科技成果,有权申请领取荣誉证书、奖金或者其他奖励。发明权与专利权相同的是,发明人有注明这项发明是自己发明的权利;两者不同的是,取得专利权的,他人如果要使用其专利,应当取得所有人同意,并且支付报酬,而发明奖励是一次性的,各单位可以依法利用。这方面,国务院行政法规有专门的具体规定。

(三)商标专用权

民法通则规定,法人、个体工商户、个人合伙依法取得的商标专用权受法律保护。

商标是区别不同企业的商品和商品不同质量的标志,对企业的生产和经营有重大关系,商标有信誉,产品就畅销,企业就可以得到更多的利润;商标信誉不好,产品就会滞销,影响企业的经济效益。保护商标专用权,不但可以保护商标专用权人的合法权益,同时有利于促使生产者为了维护商品信誉,保证和提高商品质量,从而保障消费者的利益,促进社会主义商品经济的发展。1982 年,我国制定了商标法,对商标的注册、商标专用权的保护等,作了明确规定。

我国采取自愿注册的原则,辅之以某些商标强制注册。商标法规定,企业、事业单位和个体工商业者对其生产、制造、加工、拣选或者经销的商品,需要取得商标专用权的,应当向商标局申请商标注册,经核准注册,取得商标专用权。没有注册的商标,没有专用权,法律不予保护。但是,国家规定必须使用注册商标的商品,主要是与人民有较大利害关系的,如药品等,必须申请商标注册,未经核准注册的,不得在市场销售。

商标专用权是商标注册人独立地排他地使用处分商标的权利。商标法规定,经商标局核准注册的商标为注册商标,商标注册人享有商标专用权,受法律保护。未经注册商标所有人的许可,在同一种商品或者类似商品上使用与其注册商标相同或者近似的商标的;销售明知是假冒注册商标的商品的;伪造、擅自制造他人注册商标标识或者销售伪造、擅自制造的注册商标标识的,均属侵犯注册商标专用权的行为,要承担相应的法律责任。

十、人身权

人身权是指公民、法人依法享有的与人身不可分离的不具有直接经济内容的民事权利。我国是工人阶级领导的、以工农联盟为基础的人民民主专政的社会主义国家,人民是国家和社会的主人,一切权利属于人民。我国人民享有广泛的权利,保护公民在民事活动中的人身权,是我国社会主义性质决定的。人身权由多种法律保护,我国宪法、刑法和其他有关法律,对公民人身权的保护都有规定,除刑法、行政法保护以外,还要由民法进行保护。民法通则对人身权作了比较全面的规定。

第一,生命健康权。

生命健康权是指法律保护公民依法享有的生命和身体健康不受非法侵犯。公民的生命健康是人身权中最重要的权利。公民的民事权利能力从出生开始,到死亡终止,如果死亡了,民事权利能力就没有了,就不可能享有其他的民事权利。因此,生命权是享有其他民事权利的前提和基础。公民的生命健康,不仅刑法要保护,民法也要保护。侵害公民身体造成伤害的,应当赔偿医疗费、因误工减少的收入、残废者生活补助费等费用;造成死亡的,并且应当支付丧葬费、死者生前抚养的人必要的生活等费用。

第二,姓名权。

姓名权是公民依法享有的决定、使用和改变自己姓名的权利。姓名是一个公民区别于他人的标志。在制定民法通则时,翻来覆去的考虑要不要规定姓名权?中国那么多人,老百姓重名的不少,特别是农村,如果重名都算侵犯他人姓名权,问题就大了。民法通则规定的姓名权,不是指的这个意思。姓名权主要是三个方面:一是,公民有权决定、使用和依照规定改变自己的姓名。我国过去长期是封建社会,封建思想的影响很深,在旧社会,不少妇女没有自己的姓名,因此婚姻法特别规定,夫妇双方都可以使用自己姓名。规定姓名权是有现实意义的。二是,禁止盗用他人姓名。三是,禁止假冒他人的姓名。这种情况在实际生活中是存在的,例如,有的人冒充别人的姓名去干什么事情,这就构成侵犯他人的姓名权。盗用指什么呢?例如,有的人写了一本著作,为了抬高自己的身价,就说这本书是经过某某专家看过的,专家非常赞赏。实际上,那位专家根本不知道,这就是盗用那位专家的姓名,侵犯了那位专家的姓名权。

第三,肖像权。

肖像权是指未经本人同意,不得以营利为目的使用公民的肖像。这种情况在现实生活中也是存在的,例如不经本人同意,就用某人的肖像搞日历、做广告,这就构成了侵犯公民的肖像权。

第四,名誉权、荣誉权。

公民、法人享有名誉权。名誉就是声誉,是社会对公民和法人的评价,涉及人格和尊严,关系到社会对他的信赖,以及他们从事的事业。民法通则规定,公民的人格尊严受法律保护,禁止用侮辱、诽谤等方式损害公民、法人的名誉。公民、法人享有荣誉权。荣誉称号是国家和组织为表彰先进或有重大贡献的公民或法人,而授予的荣誉称号。民法通则规定,禁止非法剥夺公民、法人的荣誉称号。名誉权、荣誉权受到侵害,有权要求停止侵害,恢复名誉,消除影响,赔礼道歉,并且可以要求赔偿损失。

第五,其他人身权。

公民享有婚姻自主权,禁止买卖、包办婚姻和其他干涉婚姻自由的行为。婚姻、家庭、老人、母亲和儿童受法律保护。妇女享有同男子平等的民事权利。民法通则还专门规定了,残废人的合法权益受法律保护。

婚姻法对婚姻、家庭、老人、母亲和儿童,作了以下规定:

一、婚姻自主权。结婚必须男女双方完全自愿,不许任何一方对他方加以强迫或者任何第三者加以干涉。禁止包办、买卖婚姻和其他干涉婚姻自由的行为。禁止借婚姻索取财物。

二、男女平等。夫妻在家庭中地位平等,夫妻双方都有各用自己姓名的权利,都有参加生产、工作、学习和社会活动的自由,一方不得对他方加以限制或干涉。

三、夫妻有互相扶养的义务。父母对子女有抚养教育的义务,子女对父母有赡养扶助的义务。有负担能力的祖父母、外祖父母,对父母已经死亡的未成年孙子女、外孙子女,有抚养的义务。有负担能力的孙子女、外孙子女,对于子女已经死亡的祖父母、外祖父母,有赡养的义务。有负担能力的兄姐,对于父母已经死亡或者父母无力抚养的未成年弟妹,有抚养的义务。禁止家庭成员间的虐待和遗弃。

四、保护妇女、儿童和老人的合法权益。禁止溺婴和其他残害婴儿的行为。

十一、民事责任

民事责任问题,是民法中非常重要的内容。世界各国关于民事责任的规定,多是分散在各个章节里的,缺乏独立完整的体系。民法通则把民事责任作为专门的一章来规定,这是我国民法的创造。为什么把民事责任作为专门一章来规定呢?民法的重要任务是要保护公民和法人的合法民事权益,公民和法人的民事权益如果受到了侵害怎么办?侵害人要承担民事责任,通过承担民事责任,使公民、法人受到侵害的民事权益得到恢复或补偿,以此达到保护公民和法人合法民事权益的目的。如果没有民事责任的规定,所谓保护是空的。规定民事责任,一方面可以保护被侵权人的民事权益,另一方面可以教育人们增强法制观念,自觉依法履行义务,预防、减少民事纠纷,增强人民内部的团结,维护正常的社会、经济秩序,促进社会主义商品生产的发展,保障社会主义建设事业的顺利进行。民法通则对承担民事责任的原则、民事责任的方式和具体运用,都作了规定。

(一)承担民事责任的原则

什么情况下承担民事责任?我们采取的是过错原则,也就是说,有过错的才承担民事责任。民法通则规定,由于过错侵害国家的、集体的财产,侵害他人财产、人身的,应当承担民事责任。有过错才承担民事责任,这个原则是资产阶级在反封建斗争中提出来的。在封建社会,承担责任是按身份、特权来区分的,有一部分人因为是贵族,有特权,有过错也不承担责任,而广大老百姓无过错也要承担民事责任。资产阶级在反封建斗争中,从平等原则引申出过错责任原则,是一个进步,目前已为世界各国普遍采用。

我们采取的原则是过错责任,但作为补充,法律也规定了对某些情况采取无过错责任。随着科学技术的发展,现在世界上对某些情况,主要是那些有高度危险的作业,采取无过错责任,就是说虽然没有过错,也要承担责任。民法通则规定,没有过错,但法律规定应该承担民事责任的,应当承担民事责任。例如,从事高空、高压、易燃、易爆、剧毒、放射性、高速运输工具等对周围环境有高度危险的作业造成他人损害的,除证明是由受害人故意造成的以外,没有过错,也要承担民事责任。为什么对这种情况要采取无过错责任?因为这类作业对周围有高度危险,采取无过错责任,可以充分保护受害人的权益,也可以促使经营者、管理者注意采取预防措施。

关于免除和减轻民事责任,有三种情况:

第一,不可抗力。民法通则规定,因不可抗力不能履行合同或者造成他人损害的,不承担民事责任,法律另有规定的除外。这是各国普遍采取的免责原则,但对什么是不可抗力,解释不完全一样。民法通则规定,本法所称"不可抗力",是指不能预见、不能避免并不能克服的客观情况。这里强调的是"客观情况",不能把主观原因说成是不可抗力,而且这种客观情况需要是"三不",即不能预见、不能避免并不能克服。大体包括两个方面:一是自然灾害,如地震、洪水、瘟疫等;二是社会原因,如发生战争。不能把某些上级机关工作人员的干涉作为不可抗力,这个问题,民法通则在违反合同的民事责任中,明确作了规定。如果把"不可抗力"的范围解释过宽,对于维护当事人的合法权益是不利的。

第二,正当防卫。正当防卫是法律赋予的一种自卫权利。为了使公共利益、他人或者本人的人身和其他利益,免受正在受到的不法侵害,采取正确适当的防卫措施,是有利于社会和人民的。因此,民法通则规定,因正当防卫造成损害的,不承担民事责任。但是,如果正当防卫超过必要的限度,造成不应有的损害的,应当承担适当的民事责任。

第三,紧急避险。紧急避险是在遇到紧急危险的情况下,为使公共利益、本人或者他人的人身和其他权利免受正在发生的危险,不得已采取的避险行为。如轮船在航行中遇有危急情况,船长为了保全船舶及旅客安全,下令将部分货物投入大海,就是紧急避险行为。民法通则根据引起紧急避险的不同原因而实施紧急避险的不同情况,对如何承担民事责任,分别作了规定。一是,如果危险是由自然原因引起的,紧急避险人不承担民事责任或承担适当的民事责任;二是,因紧急避险采取措施不当或超过必要的限度,造成不应有的损失的,紧急避险人应当承担适当的民事责任;三是,因紧急避险造成损害的,由引起险情发生的人承担民事责任。

(二)违反合同的民事责任

依法成立的合同,自成立时起具有法律约束力,受法律保护,当事人享有合同约定的权利,也有应当履行合同约定的义务。民法通则规定,当事人一方不履行合同义务或者履行义务不符合约定条件的,另一方有权要求履行或者采取补救措施,并有权要求赔偿损失。根据民法通则的规定,不履行或者不完全履行合同义务的,应当如何承担民事责任呢?

第一，继续履行。强调要求继续履行，是我国合同不同于资本主义违约责任的一个重要特征。资产阶级签订和履行合同，主要是为了取得最大的利润，因此当对方不履行合同时，能得到赔偿就达到目的了。我国是社会主义国家，合同的履行关系到社会主义建设，关系到广大人民的物质、文化需要，如果定了合同不履行，就会影响国家、集体和广大人民的利益。对方要求履行，又有可能履行的，应当履行，不能以赔偿来代替。如果全部或部分不能履行，就应当通知对方，协商解决，并采取相应措施，予以补救，防止或尽量减少损失。

第二，赔偿损失。违约人要对因没有履行或没有全部履行义务给对方造成的损失，给予赔偿。赔偿损失的标准是什么？民法通则作了原则规定，当事人一方违反合同的赔偿责任，应当相当于另一方因此所受到的损失。损失包括了两部分，一部分是财产上的直接减少，另一部分是实际上可以获得的利益。关于可以获得的利益怎么计算，世界各国差异很大。有些国家把可获得的利益搞得大得不得了。涉外经济合同法中对此规定了最高的法定限额，即不得超过违反合同一方订立合同时应当预见到的损失。为了防止事后发生纠纷，民法通则规定，可以在合同中约定对于违反合同而产生的损失赔偿的计算方法。

第三，支付违约金。民法通则规定，当事人可以在合同中约定，一方违反合同时，向另一方支付一定的违约金。民事责任的一个重要特点是赔偿性，而有一些支付违约金是带有惩罚性的。支付违约金制度有利于促使当事人全面严格地履行合同约定的义务。

由于上级机关的责任造成违约如何办？有些合同不能履行或不能完全履行是因为上级机关的原因造成的。这个问题在制定经济合同法时，专门讨论过。违约由于上级造成的，上级要承担责任。这条原则定下来，有利于分清责任，督促上级机关改进工作，不要随便干涉，有利于扩大全民所有制企业的经营自主权。民法通则规定，当事人一方由于上级机关的原因，不能履行合同义务的，应当按照合同约定向另一方赔偿损失或者采取其他补救措施，再由上级机关对它因此而受到的损失负责处理。

（三）侵权的民事责任

侵权的民事责任，就是侵害国家的、集体的财产，侵害他人财产、人身等民事权益，而应当承担的民事法律责任。民法通则关于侵权民事责任的规定，大体分为两类，一类是一般的侵权民事责任，再一类是特殊的侵权民事责任。

关于一般的侵权民事责任。一般的侵权民事责任采取过错责任原则，需要具备四个条件。一是，必须有损害事实的存在，如财产或者人身等受到损害，这是一切侵权民事责任必须具备的。二是，损害行为必须是违法的，也就是法律不允许的行为。如果是为了保护国家、集体和公民更大的利益，有些行为虽然使他人造成损害，但不是违法的，不承担民事责任。这些合法的行为，包括合法执行职务的行为、正当防卫和紧急避险。三是,违法行为与损害事实之间必须有因果关系。四是,行为人必须有过错,也就是有故意或者过失。一般的侵权民事行为大体可以分为以下四类:

第一,侵犯财产所有权的民事责任。一种是侵占国家的、集体的财产或者他人的财产,应当返还财产,不能返还的,应当折价赔偿。也就是说,原物在的,首先要返还财产,不能采取折价赔偿的办法,不能返还时折价赔偿。另一种是损害国家的、集体的或者他人财产的,应当恢复原状或者折价赔偿。侵占或者损害国家、集体或他人财产,受害人因此遭受其他重大损失的,侵害人并应当赔偿损失。也就是说,不仅要承担对财产本身的直接损失责任,而且要赔偿因此而造成的其他重大损失。例如,正在防旱紧张时期,非法损坏排灌设备,造成严重减产,那么不仅要负责修复排灌设备,而且要对因此而减产造成的损失承担赔偿责任。

第二,侵害知识产权的民事责任。民法通则规定,公民、法人的著作权(版权)、专利权、商标专用权、发现权、发明权和其他科技成果权受到剽窃、篡改、假冒等侵害的,有权要求停止侵害,消除影响,赔偿损失。对这个问题,其他有关法律有进一步的具体规定。

第三,侵害公民生命健康权的民事责任。侵害公民身体造成伤害的,应当赔偿医疗费、因误工减少的收入、残废者生活补助费等费用,造成死亡的,并应当支付丧葬费、死者生前抚养的人必要的生活费等费用。

第四,侵害公民姓名权、肖像权、名誉权、荣誉权的民事责任。民法通则规定,公民的姓名权、肖像权、名誉权、荣誉权受到侵害的,有权要求停止侵害,恢复名誉,消除影响,赔礼道歉,并可以要求赔偿损失。

关于特殊的侵权民事责任。特殊的侵权民事责任是区别于采取过错原则的侵权民事责任来说的,不是必须以有过错作为承担民事责任的前提。主要有以下几种:

第一,因产品质量不合格造成损害的责任。民法通则规定,因产品质量不合格造成他人财产、人身损害的,产品制造者、销售者应当依法承担民事责任。产品责任与产品质量有关,但不是一般的产品质量问题。比如,买了个电视机,质量不符合要求,那么买者要求退换产品或者补偿损失就行了。而产品责任是指因为产品质量问题,造成他人人身或者财产损失。比如,某厂生产的天线不合格,因漏电把一个小孩电死了,这就是产品责任,不仅要对不合格的天线承担责任,而且要对电死小孩承担责任。规定产品责任,对维护消费者的利益,促进企业提高产品质量是非常必要的。按民法通则规定,因产品责任受到损害的人,可以向产品制造者提出赔偿损失,也可以向产品销售者提出赔偿损失,因为受害人搞不清是生产者还是销售者或者其他环节的责任,受害者找谁都可以,不管是谁的过错,产品制造者、销售者都应当承担责任。如果是储存者或者是运输者的责任,那么制造者、销售者在承担赔偿责任后,还可以向有责任的储存者或者运输者追偿。

第二,从事高度危险作业造成损害的民事责任。民法通则规定,从事高空、高压、易燃、易爆、剧毒、放射性、高速运输工具等对周围环境有高度危险的作业造成他人损害的,应当承担民事责任,如果能证明损害是由受害人故意造成的,不承担民事责任。也就是说,除了由受害人故意造成的以外,例如卧轨自杀,哪怕受害人有过失,致害人没有过错的,也要承担民事责任,这就是无过错责任。

第三,建筑物、搁置物塌落造成损害的民事责任。民法通则规定,建筑物或者其他设施以及建筑物上的搁置物、悬挂物发生倒塌、脱落、坠落造成他人损害的,它的所有人或者管理人应当承担民事责任,但能够证明自己没有过错的除外。

这种责任介于过错责任与无过错责任之间。在确定是否承担责任时,有一个由谁举证的问题。一般情况是由受害人举证,例如作品被剽窃、财产被损坏,受害人提出保护请求时,应当举证。但上面所说建筑物、搁置物塌落造成损害,由所有人或者管理人举证,如果不能证明自己无过错,则应当承担民事责任。

第四,饲养动物造成损害的责任。民法通则规定,饲养的动物造成他人损害的,动物饲养人或者管理人应当承担民事责任;由于受害人的过错造成损害的,动物饲养人或者管理人不承担民事责任;由于第三人的过错造成损害的,第三人应当承担民事责任。

对第三人来说,采取过错责任原则,对动物饲养人或者管理人来讲,除由于受害人的过错造成损害的以外,不管是否有过错,也要承担民事责任。在这一点上,与从事对周围环境有高度危险的作业造成他人损害的民事责任是一样的。不同的是,受害人有过失的,动物管理人或者饲养人则不承担责任,而从事对周围环境有高度危险的作业造成他人损害的,只有受害人是故意的,才不承担责任。

第五,因环境污染造成损害的民事责任。随着工业科学技术的发达,环境污染问题越来越严重,防治环境污染关系到广大人民、子孙后代的健康。在工业发达国家,这种损害赔偿在侵权赔偿中占有很大比重。我国对防治环境污染是很重视的,制定了环境保护法、海洋环境保护法、水污染防治法、大气污染防治法等。

民法通则规定,违反国家保护环境防治污染的规定,污染环境造成他人损害的,应当依法承担民事责任。

(四)承担民事责任的方式及其适用

第一个问题,承担民事责任的方式。

民法通则根据法院审判民事案件的经验,规定承担民事责任的方式,主要有十种:(一)停止侵害;(二)排除妨碍;(三)消除危险;(四)返还财产;(五)恢复原状;(六)修理、重作、更换;(七)赔偿损失;(八)支付违约金;(九)消除影响、恢复名誉;(十)赔礼道歉。以上承担民事责任的方式,可以单独适用,也可以合并适用。

法院同志提出，在处理民事纠纷时没有一些手段不好办。根据法院的意见，民法通则规定，人民法院审理民事案件，除适用上述十种承担民事责任的方式外，还可以予以训诫、责令具结悔过、收缴进行非法活动的财物和非法所得，并且可以依照法律规定处以罚款、拘留。对这个问题，有一些不同的看法。有的说，具结悔过，训诫，有什么用呀，不管用。从实践来看，这些是有效的，有些民事纠纷本来事情不大，但当事人为了赌那口气，就是没完，如果给有过错的一方予以训诫或者责令具结悔过，问题就好解决了。也有的说，民事纠纷为什么还要罚款和拘留？是不是会发生手段滥用的情况。经过研究认为，如果不给法院一定的手段不行，但又要防止滥用，所以民法通则规定的是，依照法律规定处以罚款、拘留。不是对什么民事案件、在什么情况下，都可以罚款、拘留。只有法律规定可以罚款、拘留的，才可以依法罚款、拘留。

第二个问题，民事责任方式的适用。

侵害民事权益有各种各样的情况，在适用民事责任方式时，一定要根据被侵害民事权益的性质、情况，采取不同的办法。为了正确地适用民事责任，民法通则还对以下问题作了规定：

第一，划清民事责任和其他法律责任的界限。

有些行为，既侵犯了他人的民事权益，同时又违反了行政法，甚至触犯了刑律。例如，把人打伤了，侵犯了他人的健康权，要给以民事赔偿，如果违反了治安管理或者触犯刑律构成犯罪，那么还要依法给以行政处罚或者处以刑罚。民事责任、行政责任和刑事责任是不能相互代替或抵消的。根据代表们的意见，民法通则中专门规定了一条，对承担民事责任的公民、法人需要追究行政责任的，应当追究行政责任；构成犯罪的，对公民、法人的法定代表人应当依法追究刑事责任。实际工作中有一种偏向，就是“赔了不罚、罚了不赔”，有的把人打成重伤构成犯罪，判了徒刑，但没有判决还要赔偿受害者的医疗费用等，这样做是不对的。

第二，多人共同侵权的民事责任。

侵权有各种不同情况，个人侵害他人合法民事权益的，由侵权个人承担民事责任，不能株连他人。而有些损害，是由几个人共同的侵权行为造成的，二人以上共同侵权造成他人损害的，应当承担连带责任。连带责任是指负有连带责任的每个人都有承担全部赔偿的责任。这样规定，主要是为了保护受害人的利益，使受害人有更多的保障能够获得赔偿；同时，也可以使侵权人得到教育。

第三，双方都有过错的民事责任。

有时造成损害，不仅侵害人有过错，受害人自己也有一些过错。对双方都有过错的情况，双方应当按照自己过错的大小分担责任。民法通则规定，当事人双方都违反合同的，应当分别承担各自应负的民事责任。在侵权的民事责任中，受害人对于损害的发生也有过错的，可以减轻侵害人的民事责任。

第四，当事人都无过错造成损害的民事责任。

有些损害的发生，当事人都没有过错。在这种情况下，民法通则规定，可以根据实际情况，由当事人分担民事责任。

第五，没有或限制民事行为能力人造成损害的民事责任。

民法通则规定，无民事行为能力人、限制民事行为能力人造成他人损害的，由监护人承担民事责任。监护人尽了监护责任的，可以适当减轻他的民事责任。有财产的无民事行为能力人、限制民事行为能力人造成他人损害的，从本人财产中支付赔偿费用。不足部分，由监护人适当赔偿，但单位担任监护人的除外。

第六，因社会公益受到损害的怎么办。

有些人因为防止、制止国家的、集体的财产或者他人的财产、人身遭受侵害而使自己受到损害，例如为了救火自己受伤，或者为了防止不法分子的违法行为而受了伤。对这种情况，民法通则规定，由侵害人承担损害责任，受益人也可以给予适当的补偿。这样规定，是为了鼓励提倡社会主义道德风尚，使因社会公益而受损害的人不致受到严重的损失。

第七，债务的清偿。

债务的清偿是一个重要的问题，在现实生活中问题不少，不能清偿的原因有各种各样，有的是无力偿还，有的是拒绝偿还，还有的是隐瞒或转移财产逃避债务。针对这些情况，民法通则专门作了规定，首先规定，债务应当清偿；如果暂时无力偿还，那么经债权人同意或者法院裁决，可以由债务人分期偿还；如果有能力偿还拒不偿还，由人民法院判决强制偿还。依照民事诉讼法的规定，人民法院可以依法扣留、提取债务人的储蓄或者收入，可以查封、扣押、冻结、变卖债务人的财产，但是应当保留债务人必要的生产工具和他本人及其所供养家属的生活必需品。

十二、诉讼时效

（一）规定诉讼时效的意义

在民事权利、义务的设立、变更、终止中，时间是一个重要的因素。各国民法对时效都有专门规定。西方资本主义国家民法在时效问题上，规定了两种，一是取得时效，一是消灭时效。所谓取得时效，就是公开的、善意的占有不属于自己所有的财产，经过一定时间，就可以取得对该财产的所有权。所谓消灭时效，就是权利人经过一定时间不行使自己的权利，该权利则消灭。苏联十月革命后，1922 年制定苏俄民法典，否定了取得时效，因为这与社会主义精神不符，而采用诉讼时效，也就是当事人请求法院保护其民事权利的有效期间。

制定民法通则时，法院同志建议对诉讼时效问题作出规定。他们反映，有些已经过多年的民事纠纷当事人还到法院打官司，甚至有清朝、明朝时的案子，不受理吧,没有根据,受理吧,那么久了,审理起来有许多困难。规定诉讼时效有以下意义:第一,有利于稳定社会、经济秩序。民事权利长期处于不稳定状态,对生产不利,对安定团结也不利。第二,可以促使权利人早日行使权利。第三,有利法院核查证据,便于进行审理。民法通则对诉讼时效作了规定。

(二)诉讼时效的期间

诉讼时效期间规定多长?过去,各国对诉讼时效的规定一般比较长,现在的趋势是往短里发展,因为现在生活的节奏都快了,经济发展要求及时解决问题。诉讼时效期间规定得太长,不利于问题的及时解决,对经济建设、安定团结不利;如果太短也不合适,不利于保护被侵权人的合法权益,所以要定得适当。

由于民事法律关系很复杂,情况不完全一样,民法通则对不同的情况,规定了不同的诉讼时效。

第一,一般诉讼时效。如果知道权利被侵害或者应当知道权利被侵害的,向法院请求保护民事权利的诉讼时效期间为两年。

第二,短期诉讼时效。民法通则规定,下列诉讼时效期间为一年:(一)身体受到伤害要求赔偿的;(二)出售质量不合格的商品未声明的;(三)延付或者拒付租金的;(四)寄存财物被丢失或者损毁的。

第三,另由法律特别规定的时效。由于民事案件的情况很复杂,一般诉讼时效对有一些特殊情况的案件来讲短了,怎么办?要有特殊时效,特殊时效可以由有关法律特别规定。

如果不知道或者不能知道权利被侵害的怎么办?民法通则规定,从权利被侵害之日起超过二十年的,人民法院不予保护。以上这些规定能够适应各种不同情况,既能促使民事纠纷早点解决,又能充分保护被侵权者的合法权利。

(三)诉讼时效的开始、中止、中断和延长

诉讼时效期间从什么时候开始起算。民法通则规定,诉讼时效期间从知道或者应当知道权利被侵害时起计算。具体如何计算,大体有以下几种情况:

第一,有约定履行期限的债务关系,到期不履行的,从期限届满起计算。

第二,债务关系没有约定履行期限的,从权利人提出要求履行之日起算。

第三,附条件的债权,从条件成立之日起算。

第四,因侵权行为而发生的损害赔偿,如果是侵害身体健康,从损害发生之日起算;如果侵害的是其他权利,从被侵权人知道或者应当知道之日起算。

第五,关于不作为的债,一般是从债权人知道债务人违反了不作为义务之日起算。

为了适应各种复杂的不同情况,保护被侵权人的合法权益,民法通则还对诉

讼时效的中止、中断和延长作了规定。

诉讼时效的中止。民法通则规定,在诉讼时效期间的最后6个月内,因不可抗力或者其他障碍不能行使请求权的,诉讼时效中止。

社会生活中可能出现一种情况,被侵权人在诉讼时效期间内,准备请求法院保护其合法民事权益,但由于不可抗力或者其他障碍,如天灾、生病、交通阻断等,无法行使请求权。造成这种情况的原因,不是权利人放弃权利,也不是由于权利人的过错造成的,而是客观原因使他不能行使权利,因此这段期间不应计入诉讼时效期间,否则不利于保护权利人的权益。为什么要规定在最后6个月期间内因不可抗力或其他障碍不能行使请求权的,才中止呢?因为如果发生在6个月以前,权利人还有足够的时间行使向法院请求保护的权利。这里所说的最后6个月内,包括在6个月前发生而延误到最后6个月的。在不可抗力或其他障碍不能行使请求权的期间,停止计算诉讼时间,当中止时效的原因消除之日起,诉讼时效期间继续计算。

诉讼时效的中断。民法通则规定,有以下情况之一的,诉讼时效中断:

第一,提请诉讼。权利人向仲裁机关申请仲裁,向法院申请强制执行,与起诉具有相同的效力,也应引起时效的中断。

第二,当事人一方提出要求。权利人向义务人提出要求其履行义务,事实上改变了不行使权利的状态,因此诉讼时效应当中断。提出要求,包括书面的、口头的,直接的、间接的。当事人要求调解委员会进行调解,也是主张行使权利的表示,因此也应当视为是诉讼时效的中断。

第三,一方同意履行义务。同意履行义务,包括部分履行、请求延期、支付利息、提供担保等。

中断与中止不同的是,诉讼时效中止时,发生中止以前的时间还要计算;诉讼时效中断时,诉讼时效期间从中断时起重新计算。

诉讼时效的延长。民法通则规定,有特殊情况的,人民法院可以延长诉讼时效期间。当时主要是考虑祖国还没有实现完全统一,还有在“文化大革命”期间发生的一些特殊情况也要考虑,当然,在实际执行中,要根据实际情况,从严掌握。

十三、涉外民事关系的法律适用

(一)涉外民事关系法律适用的概念和意义

对外开放是我国的一项基本政策,现在对外交往越来越多,涉外民事纠纷也就越来越多。民法通则专门有一章,规定了涉外民事关系的法律适用,这是很有必要的:第一,法院在审理涉外民事关系的案件时,可以有法可依。第二,有利于对外开放。我们实行对外开放,涉外民事纠纷越来越多,外国人关心怎么适用法律。民法通则作了规定,外国人就可以知道我们的法律是怎么规定的,对他们的权利如何保障。第三,对外交涉可以有法律根据。比如,按规定要适用中国法的,外国法院在审判时就要考虑考虑我国法律的规定,如果外国判决违反了我国法律规定,我们不能承认,在对外交涉中就有了法律武器,有利于维护我国公民和法人的权益。

什么是涉外民事关系,有的同志理解得比较窄,以为涉外民事关系只是中国人和外国人之间发生的民事关系,如中国人和外国人结婚,中国人和外国人做买卖订合同。民事关系一般都有主体、客体、权利义务三个方面,只要有一方面有涉外因素,就是涉外民事关系。比如,两个中国人在外国结婚,虽然都是中国人,但由于行为地在外国,也是涉外民事关系,因为外国关于结婚的规定,与我国婚姻法不完全一样。还有一些民事关系的标的物在国外,如某位华侨去世了,国内的继承人继承他的遗产,如果遗产是不动产又在国外,虽然双方都是中国人,也是涉外民事关系。

涉外民事关系在实际生活中发生三个问题:一是,外国人在我国民事活动中的法律地位问题。二是,法院审理时适用哪国法律,是适用中国法,还是适用外国法,或者适用第三国的法。三是,民事诉讼程序问题,由中国法院管辖,按中国民事诉讼程序办,还是由外国法院管辖,按外国民事诉讼程序办,还有司法协助问题。有关民事诉讼程序的问题,在民事诉讼法中已作了规定,关于外国人的法律地位和涉外民事关系适用什么法的问题,需要由民法通则来规定。

(二)涉外民事关系适用法律的原则

涉外民事关系的法律适用根据什么原则?主要是四条:

第一,主权原则。要维护国家的主权,维护我国公民、法人的合法权益。民法通则第一章就规定了,在中华人民共和国领域内的民事活动,除了法律另有规定的以外,适用中华人民共和国法律。并规定,适用外国法律或者国际惯例的,不得违背中华人民共和国的社会公共利益。

第二,要符合国际上的惯例。既然是涉外民事关系,不能一相情愿,要符合国际上的惯例,这样才能行得通。因此规定,中华人民共和国缔结或者参加的国际条约同中华人民共和国的民事法律有不同规定的,适用国际条约的规定,但中华人民共和国声明保留的条款除外。还规定,中华人民共和国法律和中华人民共和国缔结或者参加的国际条约没有规定的,可以适用国际惯例。

第三,平等、互利,有利于开展对外交往。与各国开展经济往来,是以平等互利为基础的,平等、自愿、等价有偿是民事活动的基本原则,只有坚持平等互利的原则,才能更好地开展对外经济、贸易、技术和文化的交流和合作。

第四,鼓励华侨遵守所在国的法律。这是我国政府一贯的政策。既然侨居在那里,就要鼓励他们遵守当地的法律。

民法通则根据这些原则，对涉外民事关系的主要方面，如公民的民事行为能力、法人的法律地位、涉外经济合同、侵权赔偿、结婚、离婚、收养等涉外民事关系如何适用法律，作了规定。

（三）自然人、法人的法律适用

宪法、民法通则和其他法律，对外国人、外资企业在我国民事活动中的法律地位，作了规定。宪法规定，中华人民共和国允许外国企业和其他经济组织或者个人依照中华人民共和国法律的规定，在中国投资，同中国的企业或者其他经济组织进行各种形式的经济合作，它们的合法权利和利益受中华人民共和国法律的保护。民法通则规定，本法关于公民的规定，适用于在中华人民共和国领域内的外国人、无国籍人，法律另有规定的除外。民法通则在法人一章中专门规定，中华人民共和国领域内设立的中外合资经营企业、中外合作经营企业和外资企业，具备法人条件的，依法经工商行政管理机关核准登记，取得中国法人资格。这些规定，一方面从法律上肯定了外国人、外资企业在民事活动中的法律地位，保护他们的合法民事权益；另一方面也明确了他们要遵守和履行我国的法律。

我国在世界各地的华侨很多，他们的民事行为能力适用什么法律？民法通则规定，中华人民共和国公民定居国外的，他的民事行为能力可以适用定居国法律。华侨在侨居国生活、居住，他们的民事行为能力适用所在国法律，才便于他们从事民事活动。为什么不规定“适用”，而是“可以适用”呢？因为如果华侨在国内从事民事活动，就要适用我国法律的规定。

（四）财产所有权的法律适用

财产所有权是民事权利中一项最重要的权利。在涉外民事关系中，往往涉及到财产所有权的问题。由于各国的社会制度不同，因而对财产所有权的规定，如所有权客体的范围，所有权取得、转移、变更和消灭的条件、方式以及程序，所有人对财产的占有、使用、收益、处分，所有权的保护方法等，往往有差别，这就遇到适用哪国法律的问题。

关于不动产的所有权，民法通则规定，不动产的所有权，适用不动产所在地法律。这个原则是意大利在 13 世纪提出来的，因为不动产如土地、森林、厂矿等所有权，对所在国的经济发展有重要关系，同时不适用所在国法律也无法执行。这个原则，目前已为世界各国普遍采用。

至于动产所有权适用法律问题，在 19 世纪中叶以前，很多国家采取“动产随人”的原则，适用动产所有人住所地法。19 世纪末 20 世纪初，不少国家不分动产、不动产，都适用“物所在地法”。动产所有权的变化，存在各种不同的情况，如买卖、赠与、继承等，需要根据不同情况，采取不同的办法。民法通则对涉外合同、继承等已作了规定，可以根据不同情况分别适用。

（五）涉外合同的法律适用

不同国家的公民、法人之间签订的合同如何适用法律，在国际上有两种不同的主张。一种主张，适用合同缔结地或合同履行地国家的法律，理由是缔结地或履行地与合同有自然的联系，这种主张称为“客观标准说”。另一种主张，由合同双方当事人选择，由于是双方协议签订的，适用哪国法律，也应当由双方选择，这种主张被称为“意思自治说”。

民法通则规定，涉外合同的当事人可以选择处理合同争议所适用的法律，法律另有规定的除外。按这个规定，涉外合同当事人可以选择适用中国法律，可以选择适用对方国家的法律，也可以选择适用第三国的法律。可以在签订合同时选择，也可以事后双方选择。但是，我们也有保护条款，这就是法律另有规定的除外，比如在中国境内履行的中外合资经营企业合同、中外合作经营企业合同、中外合作开发自然资源合同，必须适用中国法律。如果涉外合同的当事人没有选择怎么办？民法通则规定，适用与合同有最密切联系的国家的法律。这样，我们把国际上的两种主张结合起来了。

（六）侵权行为损害赔偿的法律适用

各国法律对什么是侵权行为以及赔偿的责任、标准，不完全一样。涉外侵权行为如何适用法律，在19世纪以前，大多采取适用侵权行为地法，但对什么是侵权行为地也有不同的解释。有的说是加害地，有的说是损害发生地。近几十年来，对这个问题的看法有变化，一些国家规定适用当事人本国法、当事人住所地法或者法院地法。

民法通则关于这个问题的规定，有三层意思：

第一，侵权行为的损害赔偿，适用侵权行为地法律。例如，我国公民在外国被汽车撞伤了，那么就要按所在国的法律予以赔偿。

第二，当事人双方国籍相同或者在同一国家有住所的，也可以适用当事人本国法律或者住所地法律。例如，两个中国留学生在国外，一个留学生把另一个留学生的东西损坏了，可以适用中国的法律，也可以适用所在国法律。

第三，中华人民共和国法律不认为在中华人民共和国领域外发生的行为是侵权行为的，不作为侵权行为处理。这是为了防止有的国家借口所谓“侵权行为”，而要求巨额赔偿，以保护我国公民和法人的合法权益。

（七）涉外的婚姻、家庭关系和继承的法律适用

涉外婚姻、家庭关系或者涉外继承，随着对外交往的增加而越来越多。民法通则总结我国过去处理这方面的经验，参照国际上的做法，作了规定。

关于涉外结婚、离婚问题。民法通则只对中国公民与外国人的结婚、离婚适

用法律问题作了规定，中华人民共和国公民和外国人结婚适用婚姻缔结地法律，离婚适用受理案件的法院所在地法律。按这个规定，中国公民和外国人在我国结婚的，适用我国法律，在外国结婚的，适用外国法律；我国法院受理的离婚案件，按我国法律，外国法院审理的离婚案件，适用该外国法律。至于两个中国人在外国结婚、离婚，或者国内的公民与在国外的华侨结婚、离婚怎么办，民法通则没有直接规定，可参照中国公民和外国人结婚、离婚的规定办。

关于涉外抚养关系。民法通则规定，扶养适用与被扶养人有最密切联系的国家的法律。这是根据保护弱者的原则规定的，从对被扶养人有利的原则出发，确定适用哪个国家的法律。

关于涉外继承适用法律问题。民法通则规定，遗产的法定继承，动产适用被继承人死亡时住所地法律，不动产适用不动产所在地法律。这个问题，继承法有进一步具体的规定：中国公民继承在中华人民共和国境外的遗产或者继承在中华人民共和国境内的外国人的遗产，动产适用被继承人住所地法律，不动产适用不动产所在地法律。外国人继承在中华人民共和国境内的遗产或者继承在中华人民共和国境外的中国公民的遗产，动产适用被继承人住所地法律，不动产适用不动产所在地法律。中华人民共和国与外国订有条约、协定的，按照条约、协定办理。

民法通则只是对一些主要的涉外民事关系法律适用的问题作了规定，没有规定的，可以根据本章的原则予以处理。

最后讲几句，现在应该说，民法的主要内容基本有了规定，不能说没有民法了。但是也不能说很完备了。立法工作有一个原则，就是社会实践证明成熟的订到法律里面，暂时不成熟的，就先不规定。因此，民法通则对有些问题没有规定，有些问题定得比较原则。今后还需要不断总结经验，予以补充、修改和完善。

《中华人民共和国合同法》概述

（1999年3月）

一、制定合同法的意义

制定一部统一的、比较完备的合同法，是我国社会主义法制建设的一件大事。因为合同法是规范市场交易的基本法律，是民商法的重要组成部分。合同法涉及各个领域和方方面面，与生产和生活密切相关。公民的衣食住行，如买房、租车、修房、买东西、定做家具、乘车以及文化生活等，往往涉及合同；企业的生产经营，从资金的筹措，原材料的购进，零部件的加工，一直到产品的销售，都离不开合同；科学技术的开发和科技成果的转化，包括合作或委托开发技术、科技成果使用权的转让、技术咨询和技术服务，要通过合同来进行；对外经济贸易的往来，也都离不开合同。据不完全统计，全国每年订立的合同大约有40亿份。法院每年要受理大量的合同纠纷案件，1997年全国法院受理的经济案件约150万件（其中涉外经济案件一千多件），多数与合同有关；全国法院受理的民事案件约300万件，其中涉及到合同纠纷的约140万件，也就是说，全国法院一年受理的合同纠纷案件，大约近300万件。因此，制定统一的合同法，规范各类合同的订立、履行和违约责任等，对保护合同当事人的合法权益，维护社会经济秩序，促进国内经济、技术和对外经济贸易的发展，保障社会主义建设事业的顺利进行，具有十分重要的作用。

党的十一届三中全会以来，党和国家十分重视民事立法，把民事立法放在十分突出的地位。邓小平同志在1978年中共中央工作会议闭幕会的讲话中就提出，要抓紧制定民法。1979年，全国人大常委会法制委员会成立不久，就开始民法的起草工作。由于民法的问题十分复杂，加上体制正在改革，马上就制定一部完整的民法典有困难。为了适应需要，加快民事立法步伐，采取民法和民事单行法同时并进的方针，成熟的先制定。1981年，五届全国人大四次会议首先制定了经济合同法。由于当时对外开放刚刚开始，有关涉外经济合同的经验尚不够，因此，经济合同法仅适用于国内法人之间订立的经济合同，至于涉外经济合同，经济合同法规定，“涉外经济合同参照本法的原则和国际惯例另行规定”。随着对外开放的扩大，我们积累了一些经验，全国人大常委会于1985年及时地制定了涉外经济合同法。1985年，中共中央发布了关于科学技术体制改革的决定，技术市场大大发展。经济合同法是包括技术合同的，但由于制定经济合同法时经验还不多，对技术合同只规定了两条。随着科技体制改革的深化、技术市场的发展,全国人大常委会于1987年专门制定了技术合同法,对技术开发、技术转让、技术咨询和技术服务等合同作了具体规定。实践证明,这三部合同法对保护当事人的合法权益,维护社会经济秩序,促进经济、技术和对外经济贸易关系的发展,发挥了重要作用。

有了三部合同法,为什么还要制定统一的合同法呢?这三部合同法制定到现在,已有十多年了,随着改革开放的不断深入和扩大,经济、社会的不断发展,这三部合同法的调整范围和有些规定不能完全适应了。我国在合同法律制度上存在的主要问题是:第一,国内经济合同、涉外经济合同、技术合同分别适用不同的合同法,有些共性的问题不统一,规定不尽一致,某些规定较为原则。根据发展社会主义市场经济的要求,需要制定统一的合同法。第二,近年来,在市场交易中利用合同形式搞欺诈,损害国家、集体和他人利益的情况较为突出,在防范合同欺诈、维护社会经济秩序方面,需要作出补充规定。第三,随着社会主义市场经济的发展,出现了一些新的合同,如融资租赁、委托、行纪等合同,需要相应作出规定。因此,全国人大常委会把制定统一的合同法列入立法规划,作为1998年立法工作的重点。

制定统一的合同法要达到什么要求?目的是什么?经过反复研究考虑,提出了四条:第一,要能更好地符合和适应建立社会主义市场经济体制的需要,规范市场交易行为,保障市场经济统一、有序、健康地发展。第二,能更好地与国际衔接,有利于促进对外经济、贸易、技术的交流与合作。第三,能够更好地维护合同当事人的合法权益。第四,为维护国家利益和社会公共利益,必须由国家管的,要给予相应的法律手段和依据,不该干预的不要干预。

为了达到以上目的,在起草工作中注意了以下原则:

第一,以邓小平理论和党的基本路线为指导,制定一部统一的、较为完备的合同法。

过去所以先后形成了三部合同法,不是不要搞统一的合同法,而是由于当时经验不够,制定统一合同法的条件还不成熟,如果等成熟了再制定,又不能适应市场对法律的迫切需要。为了加快立法步伐,成熟的先制定,这样做是完全正确的。现在情况不同了,经过十多年的实践,我们已积累了大量经验,有条件制定一部统一的、比较完备的合同法。这个问题,在1993年修改经济合同法时就反复考虑并提出来了。根据党的十四大关于建立社会主义市场经济体制的要求,1993年对经济合同法进行了修改,当时曾考虑过几个方案,原想改的多一些,除了必须改的以外,还想多补充增加一些内容。经过研究,觉得这样做还不能根本解决问题,需要制定统一的合同法。因此,1993年,全国人大常委会只对必须改的地方做了修改,同时,开始着手研究起草统一的合同法。

第二,注意保持法律的连续性和稳定性,以三部合同法为基础,总结实践经验,加以补充完善。

实践证明，三部合同法总的原则和规定是正确的、可行的。制定统一的合同法，不是将现有的合同法律推倒重来，而是在总结实践经验的基础上，结合新的情况，进行修改、补充和完善。注重可操作性，把近十年来行之有效的有关合同的行政法规和司法解释的规定，尽量吸收进来，对需要增加的，尽可能作出具体规定。

第三，从我国实际出发，借鉴国外合同法律的有益经验。

合同与物权有所不同，关于物权，对国外的法律也要借鉴，但由于社会制度不同，主要应从我国实际出发，根据社会主义制度来规定。而合同是规范流通的，相对来讲共性问题要多些，我们要开展对外经济、技术、贸易，不考虑国际通行的做法也是行不通的。1986 年，我国批准参加了《联合国国际货物销售公约》。在制定合同法时，要认真研究、充分借鉴国际上通行的做法。除《联合国国际货物销售公约》外，还参考了《国际商事合同通则》，这个通则是 1994 年制定的，不是国际公约，而是作为示范文本，这个通则是考虑了大陆法系、英美法系的不同做法后，在双方可以接受的基础上作出的折衷规定。在起草时，还借鉴了一些国家合同方面的法律。当然，借鉴国外经验，要从我国实际出发，不能离开我国实际。例如，我国以公有制经济为主体，这一点与西方资本主义国家是不同的；还有，我国企业、公民的法律意识和市场经验相对来说还是不够的，上当受骗的情况不断发生，应着重考虑如何防范。这些特点，我们在起草合同法时都充分给予了注意。

二、合同法的适用范围

合同法第二条规定："本法所称合同是平等主体的自然人、法人、其他组织之间设立、变更、终止民事权利义务关系的协议。"这是根据民法通则的规定作出的。关于合同法的适用范围有以下几个问题：

第一，扩大了适用范围。经济合同法、涉外经济合同法和技术合同法适用范围各有侧重。经济合同法适用范围是平等民事主体的法人、其他经济组织、个体工商户、农村承包经营户相互之间，为实现一定经济目的，明确相互权利义务关系而订立的合同，不包括公民之间以及公民与法人、其他组织之间的合同。涉外经济合同法适用范围是中国的企业或者其他经济组织同外国企业和其他经济组织或者个人之间订立的经济合同，不包括我国公民同外国企业和其他组织或者个人之间的经济合同。技术合同法适用范围是法人之间、公民之间以及公民同法人相互之间订立的技术合同，但不包括涉外技术合同。这次合同法的适用范围扩大了，一是合同主体，包括中国、外国的自然人之间、组织之间以及自然人与组织之间订立的合同；二是合同的种类，不仅是经济合同、技术合同，而且包括其他民事合同。

第二，合同是平等主体之间的民事法律关系。政府依法维护经济秩序的管理活动，属于行政关系，不适用合同法；法人、其他组织内部的管理活动，是管理和被管理之间的关系，也不适用合同法。例如，贷款、租赁、买卖等民事合同关系，适用合同法,而财政拨款、征用、征购等,是政府行使行政管理职权,属行政关系,适用有关行政法,不适用合同法。又如,加工承揽是民事关系,适用合同法,而工厂车间内的生产责任制,是企业的一种管理措施,不适用合同法。再一点,民法通则是把合同放在债权关系中规定的,至于收养等有关身份关系的问题,虽然有的也采用协议的方式,但不适用合同法。因此,合同法规定,“婚姻、收养、监护等有关身份关系的协议,适用其他法律的规定”。

第三,关于政府机关参与的合同,有各种不同的情况,应当区别不同情况分别处理。一是政府机关作为平等的主体与对方签订合同的,如购买办公用品,属于一般的合同关系,适用合同法。二是属于行政管理的协议,如有关综合治理、计划生育、环境保护等协议,这些是行政管理关系,不是民事合同,不适用合同法。三是政府的采购活动。对政府的采购行为应当加以规范,目的是为了防止浪费,杜绝腐败,保护民族工业等。但这种规范,仅是对政府方的采购行为加以约束,并不是约束对方,对政府的采购行为,要专门制定政府采购法来规范。四是关于指令性任务或国家订货任务问题。我们实行社会主义市场经济体制,指令性计划不是合同法普遍适用的基本原则,1993 年对经济合同法的修改主要就是这个问题。但为了保证国防重点建设以及国家战略储备等的需要,有的需要下达指令性任务或国家订货任务,为此,在合同法关于合同订立的一章中规定:“国家根据需要下达指令性任务或者国家订货任务的,有关法人、其他组织之间应当依照有关法律、行政法规规定的权利和义务订立合同。”

三、合同法的基本原则

合同法的基本原则是合同当事人在合同活动中应当遵守的基本准则,也是人民法院、仲裁机构在审理、仲裁合同纠纷时应当遵循的原则。合同法关于合同的订立、效力、履行、违约责任等等以及各个分则的内容,都是根据这些基本原则规定的。了解和掌握合同法的基本原则,对于正确理解合同法的有关规定,有着十分重要的意义。合同法总则第一章对合同法的基本原则作了规定,有以下几条:

第一,平等、自愿。

自愿原则是合同法的重要基本原则。合同当事人通过协商,自愿决定和调整相互权利义务关系。自愿原则体现了民事活动的基本特征,是民事法律关系区别于行政法律关系、刑事法律关系的特有原则。民事活动除法律强制性的规定外,由当事人自愿约定。自愿原则也是发展社会主义市场经济的客观要求,随着社会主义市场经济的发展,合同自愿原则就越来越显得重要。

自愿原则体现在以下两个方面。一方面是合同当事人之间的关系,合同法规定,“合同当事人的法律地位平等,一方不得将自己的意志强加给另一方”。再一个重要方面是,关于合同当事人与其他人之间的关系,合同法规定,“当事人依法享有自愿订立合同的权利,任何单位和个人不得非法干预”。

平等是自愿的前提。合同法规定,“合同当事人的法律地位平等”。也就是说,当事人无论具有什么身份,在合同关系中相互之间的法律地位是平等的,都是独立的、平等的合同当事人,没有高低、从属之分。例如,工商行政管理部门在依法维护市场秩序时,与企业之间是管理与被管理的关系,但在购买商品时,与企业的法律地位是平等的,不能因为是工商行政管理部门就可以不管企业愿不愿意,将自己的意志强加给企业。法律地位平等是自愿原则的前提,如果当事人的法律地位不平等,就说不上协商一致,说不上什么自愿。

自愿原则是贯彻合同活动全过程的,包括:第一,订不订合同自愿,当事人依自己意愿自主决定是否订立合同。第二,与谁订合同自愿,在订立合同时,有权选择对方当事人。第三,合同内容由当事人在不违法的情况下自愿约定。第四,在合同履行过程中,当事人可以协议补充、协议变更有关内容。第五,双方也可以协议解除合同。第六,可以约定违约责任,在发生争议时,当事人可以自愿选择解决争议的方式。总之,只要不违背法律、行政法规的强制性规定,合同当事人有权自愿约定。

当然,自愿也不是绝对的,不是想怎么样就怎么样,当事人订立、履行合同,应当遵守法律、行政法规,尊重社会公德,不得扰乱社会经济秩序,损害社会公共利益。

第二,公平、诚实信用。

合同法规定,“当事人应当遵循公平原则确定各方的权利和义务”“当事人行使权利、履行义务应当遵循诚实信用原则”。公平、诚实信用是民事活动应当遵循的基本原则,在一些国家把它视为合同法的最高准则。

公平、诚实信用原则,要求当事人在订立、履行合同,以及合同终止后的全过程中,都要心怀善意,要诚实,讲信用,相互协作,不得滥用权利。具体包括:第一,在订立合同时,应当遵循公平原则确定双方的权利和义务,不得欺诈,不得假借订立合同恶意进行磋商或有其他违背诚实信用的行为。第二,在履行合同义务时,当事人应当遵循诚实信用的原则,根据合同的性质、目的和交易习惯履行通知、协助、提供必要的条件、防止损失扩大、保密等义务。第三,合同终止后,当事人应当遵循诚实信用的原则,根据交易习惯履行通知、协助、保密等义务,称为后契约义务。第四,根据公平原则确定违约责任。

将公平、诚实信用作为合同法基本原则的意义和作用,主要有以下几个方面:第一,民法通则规定,“民事活动应当尊重社会公德”。公平、诚实信用是社会公德的体现,符合商业道德的要求。第二,将公平、诚实信用作为合同当事人的行为准则,可以防止当事人滥用权力,有利于保护当事人的合法权益,维护和平衡当事人之间的利益,对更好地履行合同义务,实现合同目的,也是有利的。第三,合同没有约定或约定不明确时,可以根据公平、诚实信用原则进行解释,法院、仲裁机构在审理、仲裁案件时,可以根据这个原则进行审理和仲裁。

第三,守法,不得损害社会公共利益。

合同法规定,“当事人订立、履行合同,应当遵守法律、行政法规,尊重社会公德,不得扰乱社会经济秩序,损害社会公共利益”。遵守法律,不得损害社会公共利益,是合同法的重要基本原则。

一般来讲,合同的订立和履行,属于合同当事人之间的民事权利义务关系,主要涉及当事人的利益,因此,国家一般不予干预,由当事人自主约定,采取自愿的原则。但是,合同绝不仅仅只是当事人之间的问题,有时可能涉及社会公共利益,涉及维护经济秩序。因此,自愿原则也不是绝对的,不是想怎么样就怎么样。为了维护社会公共利益,维护正常的社会经济秩序,对于损害社会公共利益、扰乱社会经济秩序的行为,国家应当予以干预。至于哪些要干预,怎么干预,都要依法进行,由法律、行政法规作出规定。因此,遵守法律、行政法规,不得损害社会公共利益,是合同法的重要原则,自愿不是绝对的,是在不违背法律、行政法规强制性规定的前提下的自愿。

必须遵守法律的原则与自愿原则是不是矛盾呢?如何正确理解和把握这两个原则的关系呢?法律、行政法规有关合同条文的规定,有不同的情况:一种是强制性的规定,这是当事人必须遵守的。例如,不得恶意串通损害国家、集体或者第三人利益等,主要是涉及社会公共利益和维护经济秩序所需要的。另一种情况是属于倡导性的。凡是仅仅关系合同当事人之间利益关系的,合同法一般没有作强制性规定,而是倡导性的,由当事人选择。例如,合同法规定,合同的内容由当事人约定,合同生效后当事人就质量、价款或者报酬、履行地点等内容没有约定或者约定不明确的,首先是由当事人协议补充。所以说,遵守法律和自愿原则是不矛盾的,自愿是以遵守法律、不损害社会公共利益为前提的;同时,只有遵守合同法,依法来办,才能更好地体现和保护当事人在合同活动中的自愿原则。

第四,依法成立的合同对当事人具有法律约束力。

订立不订立合同,与谁订立合同,合同的内容等,由当事人自愿约定。但是,依法成立的合同,对当事人具有法律约束力,受法律保护。什么是“法律约束力”,法律如何保护呢?就是说,当事人应当按照合同的约定履行自己的义务,非依法律规定或者取得对方同意,不得擅自变更或者解除,如果不履行合同义务或者履行合同义务不符合约定,就要承担违约责任。如果受损害方向法院起诉,法院就要依法维护,这对提高合同安全、促进合同履行,保护合同当事人的合法权益,有重要意义。

四、合同的订立

合同的订立是一个非常重要的阶段,因为依法订立合同是合同生效的前提,是履行义务、享有权利,解决纠纷和请求法律保护的依据。在订立合同时,要认真考虑,尽量订得周全,这对维护自己的合法权益,实现订立合同的目的,有着十分重要的关系。同时,订得周全,在履行时可以减少纠纷;产生了纠纷也便于及时、合理解决。在现实生活中,有些当事人所以上当受骗,或者在合同履行过程中产生纠纷,往往与在订立合同时草率从事,或者选择缔约当事人不当,或者对合同内容没有很好认真研究有关。因此,在合同订立阶段,一定要十分慎重,认真对待。在订立合同时,要注意以下几个问题:

第一,关于合同当事人。

合同当事人可以是公民(自然人),也可以是法人或者其他组织。合同法规定,“当事人订立合同,应当具有相应的民事权利能力和民事行为能力”。也就是说,应当具有相应的主体资格。

公民从出生时起到死亡时止,具有民事权利能力,依法享有民事权利,承担民事义务。但不是所有的公民都具有民事行为能力,根据不同年龄和精神健康状况,可分为完全民事行为能力人、限制民事行为能力人和无民事行为能力人,民法通则对此作了具体规定。18 周岁以上的公民具有完全民事行为能力,可以独立进行民事活动,是完全民事行为能力人。16 周岁以上不满 18 周岁的公民,以自己的劳动收入为主要生活来源的,视为完全民事行为能力人。10 周岁以上的未成年人是限制民事行为能力人。不满 10 周岁的未成年人是无民事行为能力人。不能辨认自己行为的精神病人是无民事行为能力人,不能完全辨认自己行为的精神病人是限制民事行为能力人。限制民事行为能力人可以进行与他的年龄、智力或者精神健康状况相适应的民事活动,其他民事活动由他的法定代理人代理,或者征得他的法定代理人的同意。无民事行为能力人,由他的法定代理人代理民事活动。

法人包括企业法人以及机关、事业单位和团体等法人。企业和其他组织必须依法成立,才能取得法人资格,要有符合规定的财产或者经费,有自己的名称、组织机构和场所,能够独立承担民事责任。法人具有民事权利能力和民事行为能力,依法独立享有民事权利和承担民事义务。法人的民事权利能力和民事行为能力,从法人成立时产生,到法人终止时消灭。

除了自己订立合同的以外,还有些是委托代理人来订立合同的。在现实生活中,有些当事人由于地点或健康等原因,不能自己去订立合同,也有些合同需要由具有法律、业务等方面专业知识的人去订立。在这种情况下,当事人往往委托代理人去订立合同。代理人在代理权限内,以被代理人的名义订立合同,被代理人对代理人的代理行为,承担民事责任。代理包括委托代理、法定代理等。前面提到的无民事行为能力人、限制民事行为能力人的监护人是法定代理人。委托代理是当事人委托的代理人,代理人按照被代理人的委托行使代理权。委托代理可以用书面形式,也可以用口头形式,委托的事项、权限等应当明确,以免产生问题。书面委托代理的授权委托书应当载明代理人的姓名或者名称、代理事项、权限和期间,并由委托人签名或者盖章。如果委托书授权不明确的,被代理人应当向第三人承担民事责任,代理人负连带责任。

在订立合同时,应当注意了解对方是否具有相应的民事权利能力和民事行为能力,是否受委托以及委托代理的事项、权限等。

第二,合同内容。

合同内容如何确定,是订立合同的一个最重要的问题。因为订立合同就是要设立、变更、终止民事权利义务关系,涉及享有哪些权利,应当履行什么义务,关系到合同当事人的利益和订立合同的目的,只有对合同内容协商一致,合同才能成立。

合同内容包括哪些?合同各种各样,有买卖、承揽、委托、建设工程、租赁等等,由于性质、种类不同,合同的具体条款是不一样的,但概括起来,一般包括以下条款:第一,当事人的名称或者姓名和住所。也就是说,要明确合同的主体,谁来承担合同约定的义务。例如,建筑工程,由哪一个建筑公司承包建设,是否具有法定的资质。第二,标的。也就是合同权利义务指向的对象,标的可以是物,如买卖合同;可以是行为,如承包合同、委托合同。这个问题不明确,就失去了订立合同的目的,因此,这是一切合同的主要条款。第三,数量。第四,质量。质量包括规格、性质、款式、标准等。第五,价款或者报酬。价款是取得标的物应当支付的代价,报酬是获得服务应当支付的代价。这是有偿合同的一个重要问题。第六,履行期限、地点和方式。例如,是即时履行,还是定期履行;付款是一次支付还是分期支付;交货是交付实物还是交付标的物的所有权凭证;运输是铁路运输还是空运或水运等。第七,违约责任。可以约定违约金、约定损失赔偿额的计算方法等。第八,解决争议的方法。例如,是否仲裁,由哪个仲裁机构仲裁等。

在订立合同时,要对以上内容认真考虑。但也不是说,每个合同只有具备以上所有条款才算成立。经济合同法的规定是,经济合同"应当具备"以上条款。结果,在实践中产生了仅因有些条款没有约定而被宣告合同不成立。制定涉外经济合同法时,加了个"一般",改为"一般应当具备";技术合同法进一步将"具备"改为"包括",规定为"一般应当包括",这就活一点了。民法通则针对这种情况和问题,专门就合同如果对质量、期限等没约定的,怎么补救,作了规定。这次合同法没有用"应当",改为"一般包括"以上条款。这样就可以防止因缺少某个条款,而过多地造成合同不成立的情况,以有利于促进交易。当然,如果连基本主要条款如标的、数量等都没约定,合同自然不能成立,我们在订立合同时,要尽量订得周到一些。

在订立合同时,要考虑分则以及其他法律有关各类合同的规定。由于经济贸易活动的多样性,当事人如果缺乏经验,所订合同常常容易发生难以处理的纠纷。在实践中,我们采取了宣传推广合同示范文本的做法,对于提示当事人在订立合同时更好地明确各自的权利义务，防止合同纠纷，起到了积极作用。因此，合同法特别规定，“当事人可以参照各类合同的示范文本订立合同”。这里有两点需要明确：一是这里讲的示范文本不是某单位自己定的格式条款，指的是由一定的综合部门主持，在广泛听取各方面意见、特别是消费者意见之后，按一定程序形成的示范文本。二是这里讲的是“参照”，供当事人参考，不具有法律约束力。

关于格式条款，是指当事人（特别是一些垄断性的企业）为了重复使用而预先拟定，并在订立合同时未与对方协商的条款。为了维护公平、保护弱者，合同法对格式条款从三方面予以限制：第一，提供格式条款的一方有提示、说明的义务，应当采取合理的方式提请对方注意免除或者限制其责任的条款，并按照对方的要求，对该条款予以说明。第二，提供格式条款的一方免除其责任、加重对方责任、排除对方主要权利的条款无效。第三，对格式条款有两种以上解释的，应当作出不利于提供格式条款一方的解释。

第三，合同的形式。

合同的形式主要有书面形式和口头形式。口头形式比较简便、迅速，缺点是发生了纠纷，取证困难，不易分清是非和责任。书面形式没有口头形式迅速、简便，但好处是有据可查，不易发生纠纷，发生了纠纷也便于查明是非、分清责任。

原来三部合同法都强调采用书面形式。经济合同法规定，除即时清结者外，“应当”采用书面形式，涉外经济合同法、技术合同法也都规定，订立合同“应当”采用书面形式。在司法实践中，有的将未采用书面形式订立的合同，虽然已经履行，也认定为无效。考虑到各种合同情况很复杂，提倡采用书面形式有好处，有利于合同的规范化，有利于减少合同纠纷和解决合同纠纷，但现实生活中不少民间合同是采用口头形式订立的，同时随着经济建设的发展，越来越要求能够迅速交易，如果强调一律必须采取书面形式，未采用书面形式的一律认定为无效，也不能完全适应现实情况和市场经济发展的需要。因此，既要考虑现实情况和需要，又要引导当事人多采用书面形式，对某些合同应规定采用书面形式，使订立的合同规范化，免得口说无凭，以便保障交易安全、减少纠纷。合同法规定，“当事人订立合同，有书面形式、口头形式和其他形式”“法律、行政法规规定采用书面形式的，应当采用书面形式。当事人约定采用书面形式的，应当采用书面形式”。

应当采用书面形式，当事人未采用书面形式怎么办？如何认定其效力？合同法规定，“法律、行政法规规定或者当事人约定采用书面形式订立合同，当事人未采用书面形式但一方已经履行主要义务，对方接受的，该合同成立”。如果当事人未履行主要义务，该合同不成立，应当采取补救措施加以解决。

随着信息技术的发展，电子商务发展很快，为了适应这种情况，合同法对此作了规定，书面形式是指合同书、信件以及数据电文（包括电报、电传、传真、电子数据交换和电子邮件）等可以有形地表现所载内容的形式。由于这方面经验不足，合同法只作了原则规定，有些问题需要在实践中不断加以研究解决。

第四，要约、承诺。

当事人订立合同的过程也就是对内容协商的过程。采取什么方式？合同法规定，“当事人订立合同，采取要约、承诺方式”。订立合同的具体方式各不相同，有的是通过口头或者书面往来协商谈判，有的是采取拍卖、投标等方式，但不管采取什么具体方式，都必然经过两个步骤，就是要约和承诺，这是订立合同的基本规则。过去三部合同法对要约、承诺没有规定，需要加以规范，这次合同法借鉴国际上的一般做法，对要约、承诺作了具体规定。

要约又称发盘、出盘、发价、出价或报价等。要约是希望和他人订立合同的意思表示，必须具备以下要件：一是内容具体明确；二是表明经受要约人承诺，要约人即受该意思表示约束。要约什么时候生效？我们采取到达主义，即要约到达受要约人时生效。要约生效后，在有效期内要约人不得随便反悔。有效期限多长？要约确定承诺期限的，依确定的期限，如果没有确定期限，以对话方式作出的，应当即时作出承诺；要约以非对话方式作出的，应当在合理期限承诺，所谓合理期限，就是要考虑给承诺必要的时间。

要约能不能撤回？可以撤回，但撤回要约的通知应当在要约到达受要约人之前或者与要约同时到达受要约人。要约到达受要约人生效后，就不能撤回了。能不能撤销呢？对撤销要约是严格加以限制的，因为这会直接影响到受要约人的利益。例如，受要约人收到要约后可能拒绝了其他人的同种要约，如果撤销了，便会对其造成损失。再如，受要约人收到要约后，可能为承诺做了准备工作，如为付款而向银行贷了款，或者为准备接受来货而租赁了仓库等，如果要约一撤销，受要约人就会受到损失。因此，合同法规定，有下列情形之一的，要约不得撤销：一是要约人确定了承诺期限或者以其他形式明示要约不可撤销；二是受要约人有理由认为要约是不可撤销的，并已经为履行合同做了准备工作。除以上情况外，要约可以撤销，但撤销要约的通知应当在受要约人发出承诺通知之前到达受要约人。

那么，要约在什么情况下失效呢？有下列情形之一的，要约失效：一是拒绝要约的通知到达要约人；二是要约人依法撤销要约；三是承诺期限届满，受要约人未做出承诺；四是受要约人对要约的内容作出实质性变更。

承诺是受要约人同意要约的意思表示。承诺应当以通知的方式作出，但根据交易习惯或者要约表明可以通过行为作出承诺的，可以用行为表示承诺，如买卖合同一方实际发了货，或者汇了价款等行为。承诺应当在要约确定的期限内到达要约人，要约没有确定承诺期限的，应当在合理期限内到达要约人。承诺通知到达要约人时生效。

承诺可以撤回，但撤回承诺的通知应当在承诺通知到达要约人之前或者与承诺通知同时到达要约人。逾期承诺的怎么办？逾期承诺是指受要约人超过承诺期限发出承诺的，是否有效由要约人决定，要约人及时通知受要约人该承诺有效的，合同成立，否则为新要约。承诺逾期到达的怎么办？承诺逾期到达是指受要约人在承诺期限内发出承诺,按照通常情形能够及时到达要约人,但因其他原因如邮局或电报局的原因,承诺到达要约人时超过了承诺期限,怎么办? 除要约人及时通知受要约人因承诺超过期限不接受该承诺的以外,该承诺有效。

承诺的内容应当与要约的内容一致,受要约人对要约的内容作出实质性变更的,为新要约。一般合同谈判成立的过程,往往就是要约——新要约——更新的要约——直到承诺的过程。承诺生效时合同成立,当事人采用书面形式订立合同的,自双方当事人签字或者盖章时合同成立。

第五,关于缔约过失。

订立合同时,要根据诚实信用的原则,遵守要约承诺的规则。承诺通知到达要约人时合同就成立了,如果当事人反悔,那么就是违约,要承担违约责任。如果合同还没有成立,一方当事人在订立过程中有过错,给对方造成损失的怎么办? 因为合同还没成立,不能按违约责任来追究,这就需要规定缔约过失责任。过去三部合同法对此没有规定,为了解决这个问题,保护当事人的合法权益,合同法对缔约过失作了规定。当事人在订立合同过程中有下列情形之一,给对方造成损失的,应当承担损害赔偿责任:一是假借订立合同,恶意进行磋商;二是故意隐瞒与订立合同有关的重要事实或者提供虚假情况;三是有其他违背诚实信用原则的行为。当事人在订立合同过程中知悉的商业秘密,无论合同是否成立,都不得泄露或者不正当地使用,泄露或者不正当地使用该商业秘密给对方造成损失的,应当承担损害赔偿责任。

五、合同的效力

合同的效力问题是指合同是否有效,有效合同对当事人具有法律约束力,国家给予法律保护。合同成立后是否一定都有效呢? 不是,根据不同情况可能有几种结果:一是依法成立的合同是有效合同;二是无效合同;三是可撤销合同;四是效力待定。什么情况是有效合同,什么情况是无效合同或者是可撤销合同,如何确定,需要经过什么程序,后果又是怎么样的,合同法分别作了具体规定。

第一,有效合同。

合同法规定,“依法成立的合同,自成立时生效”。有效合同需要具备哪些条件呢? 这个问题,民法通则有规定。民法通则把合法的民事行为称为民事法律行为,民事法律行为应当具备三个条件:第一,行为人具有相应的民事行为能力。也就是主体要合法,签订合同的当事人应当具有相应的民事权力能力和民事行为能力。第二,意思表示真实。也就是说合同当事人订立合同是真正自愿的,不是强加的,不是在违背真实意思的情况下订立的。第三,不违反法律或者社会公共利益,也就是要合法,不得损害国家和社会公共利益。

合同什么时候生效? 依法成立的合同,自成立时生效。也就是说,合同成立的时间就是生效的时间，一般合同生效时间就是这样的。但也有两种特殊的情况。一是法律、行政法规规定应当办理批准、登记等手续生效的，自批准、登记时生效。例如，担保法规定，以土地使用权、城市房地产、航空器、船舶、车辆等抵押的，应当办理抵押物登记，抵押合同自登记之日起生效。再一种情况是，当事人对合同的效力可以约定附条件或者附期限，那么自条件成就或者期限届至时生效。

合同生效后，对合同当事人就具有法律约束力，当事人应当按照合同的约定履行自己的义务，不得擅自变更或者解除合同，如果不履行合同义务或者履行合同义务不符合约定，应当承担违约责任。受损害方向法院提起诉讼的，法院应当依法审理，给以法律保护。

第二，无效合同。

建立无效合同制度的根本目的，是为了保护国家和社会公共利益。合同由当事人自愿订立，但不得危害国家和社会公共利益，如果危害国家和社会公共利益，那是不允许的，国家要主动干预。合同法规定，有下列情形之一的，合同无效：第一，一方以欺诈、胁迫的手段订立合同，损害国家利益；第二，恶意串通，损害国家、集体或者第三人利益；第三，以合法形式掩盖非法目的；第四，损害社会公共利益；第五，违反法律、行政法规的强制性规定。凡是有以上情形之一的合同，都是无效的。合同法关于无效合同的规定，与民法通则、三部合同法规定的基本精神是一致的，同时根据新的情况和经验，进一步予以完善，主要在两个方面：

一是，一方以欺诈、胁迫手段订立的合同问题。以欺诈、胁迫的手段订立的合同，在国外都是作为可撤销的合同，而不作为无效合同。我国制定民法通则、三部合同法时，将一方以欺诈、胁迫手段使对方在违背真实意思的情况下订立的合同，作为无效合同。为什么作为无效合同？我国是社会主义国家，当时主要是国有企业和集体企业，如果将这种情况作为可撤销合同，那么必须由当事人主动提出来才能撤销，既然是在被胁迫下签订的，受胁迫方有时不敢提出来，那么国家就不能主动干预了，就会损害国家利益。将这种情况作为无效合同，有利于维护国家和集体的利益，也是为了更好地维护当事人自愿、协商一致的原则。

制定统一合同法时，一些同志主张把这种情况改为可撤销合同。经过研究，考虑到我们与西方国家不同，西方国家基本是私人企业，而我国是以社会主义公有制为主体，如果损害国家利益，国家对此要保留能够主动干预的法律手段。同时考虑到现在与过去有所不同，除国有企业外，还有私营企业、外资企业等。因此，区分两种情况，一方以欺诈、胁迫的手段订立合同，损害国家利益的，合同无效；如果不是损害国家利益，那么作为可撤销合同，由当事人选择如何办，受损害方有权请求人民法院或者仲裁机构变更或者撤销。这样，既保留了国家为维护国家利益可以主动干预的法律手段，又能适应各种不同情况。

再一点是，关于违反法律、行政法规的强制性规定无效的问题。民法通则和三部合同法对这个问题的规定，基本精神是一样的，即违法的无效，但具体规定又不完全一样。民法通则的规定是,违反法律的无效;经济合同法的规定是,违反法律和行政法规的合同无效;技术合同法的规定是,违反法律、法规的无效。这次制定统一合同法怎么办?经研究规定为,违反法律、行政法规强制性规定的无效。一是明确为法律、行政法规,二是增加了"强制性规定"。

为什么加"强制性规定"?因为法律、行政法规关于合同的规定,根据自愿原则,多数是倡导性的,只有违反强制性规定的才是无效合同。过去由于对这个问题不明确,在执行中产生无效合同过多、干预过多的情况。为什么把范围划在违反"法律、行政法规"的强制性规定?作为民事问题,基本上应由法律来规定,根据我国情况,有些需要国务院以行政法规来规定。为更好地体现合同自愿的原则,如果必须强制执行的,由法律、行政法规来规定,地方和部门不作规定,这样也有利于法制的统一。

合同无效分为整个合同无效和部分无效。合同部分无效的,不影响其他部分的效力,其他部分仍然有效。无效合同自始没有法律约束力。合同无效,不影响合同中独立存在的有关解决争议方法条款的效力。有过错的一方应当赔偿对方因此所受到的损失。

第三,可撤销合同。

合同法规定,下列合同可以变更或者撤销:第一,因重大误解订立的。第二,在订立合同时显失公平的。这里讲的是"显失公平",而不是有点不公平,而且是"订立合同时"显失公平。从事商贸活动总是会有风险的,总是有的赚有的赔,这是正常的。在履行中产生的风险,不属于这个范围,要把显失公平与正常的风险加以区别。第三,一方以欺诈、胁迫的手段或者乘人之危,使对方在违背真实意思的情况下订立的合同。规定合同可撤销制度,是为了体现和维护公平、自愿的原则,给当事人一种补救的手段。

与过去规定不同的是,将第三种情况从无效合同中分解出来,作为可撤销合同,这一点前面已经说了。还有一点是,这次明确规定,只有受损害方才有权提出变更或撤销,有过错的一方不能提出,而且还要赔偿对方因此所受到的损失。

可撤销合同与无效合同是不同的,无效合同是损害了国家和社会公共利益,可撤销合同是对一方当事人显失公平。因此,在程序、后果等方面,是不完全一样的。可撤销合同与无效合同不同的是:第一,可撤销合同必须由当事人提出,变更还是撤销当事人可以选择。第二,提出的当事人负有举证责任。是否是重大误解,是否显失公平,对方是否采取欺诈、胁迫手段或者乘人之危,请求人要举证。第三,由人民法院或者仲裁机构作出裁决。在作出裁决前,该合同还是有效的。裁决对合同内容予以变更的,按裁决履行,如果被撤销,那么自始没有法律约束力。第四,撤销权的行使有一定期限。具有撤销权的当事人自知道或者应当知道撤销事由之日起一年内没有行使撤销权,或者知道撤销事由后明确表示或者以自己的行为放弃撤销权的,撤销权消灭。所以要规定期限,因为民事关系长期处于不稳定状态，不利于社会稳定，同时，时间相隔太长了，也不易处理。

第四，合同效力待定。

订立的合同还有另一种情况，即某些方面不符合生效的要件，但并不属于无效合同或可撤销合同。怎么办？不要随便宣布无效，应当采取补救的办法，有条件的尽量促使其成就。主要有以下几种情况：

一是主体有问题。例如，限制民事行为能力人订立的合同。在这种情况下，相对人可以催告法定代理人在一个月内予以追认，如果法定代理人追认了，该合同有效，否则，合同不发生效力。但是纯获利益的合同或者与其年龄、智力、精神健康状况相适应而订立的合同，不必经法定代理人追认。

代理方面发生的问题，往往有三种情况：一是行为人没有代理权；二是超越代理权；三是原来有代理权，在代理权终止后还以被代理人名义订立合同。产生这些情况时，相对人可以催告被代理人在一个月内予以追认，未经被代理人追认，对被代理人不发生效力，而由行为人承担责任。在实际生活中，有的时候被代理人是有过错的。例如，被代理人知道行为人以他的名义订立合同而不作否认表示，或者委托代理书中对委托权限没有写清楚，还有的本来是代理人，后来不要他作代理人了，但没有通知长期有来往的客户。在这几种情况下，相对人有理由相信行为人有代理权，是善意相对人，所以把这种情况称为表见代理。为了保护善意相对人，在这几种情况下，该代理推定为有效，至于被代理人与行为人相互之间的责任问题，是另一个法律关系，由他们之间去解决。

二是客体有问题。例如，无处分权的人处分他人财产，或者未经其他共有人同意处分共有财产。怎么办？如果经权利人追认或者无处分权人订立合同后取得处分权的，该合同有效。

六、合同的履行

合同的履行是合同法中一个极为重要、关键的问题。当事人所以要订立合同，是为了实现一定的目的。合同的订立是很重要的，因为要设立、变更、终止当事人的权利、义务，但这些权利、义务的实现，只有通过履行才能达到。所以说，合同的订立是前提，合同的履行是关键，订了合同如果不能履行，那么就会落空。合同的担保、违约责任制度，都是为了保障合同履行的。可见，合同的履行可以说是合同活动中的一个关键问题。合同订立后能否很好履行，关系到合同目的能否实现，关系到保护合同当事人的合法权益，关系到维护正常的经济社会秩序，关系到经济建设和对外开放。

为了合同能够得到很好履行，合同法对合同的履行问题专门作了规定。履行合同应当遵守以下原则：

第一，全面、适当履行。当事人应当按照约定全面履行自己的义务，包括履行义务的主体、标的、数量、质量、价款或者报酬以及履行的方式、地点、期限等，都要按合同的约定全面履行。

第二，遵循诚实信用的原则。在订立合同时，要诚实信用，在履行合同义务时，也要强调诚实信用，要守信用，要善意，双方当事人要互相协作，只有这样，合同才能更好地履行。合同法规定，当事人应当遵循诚实信用原则，根据合同的性质、目的和交易习惯履行通知、协助、保密等义务。例如，有的需要及时通知对方，以便做好准备；有的需要提供必要的条件和说明；有的需要协作；有的需要保密等。

第三，公平合理，促使合同履行。为了合同能够很好履行，在订立合同时要尽量想得周到、订得具体，如果订立合同时对有些问题没有约定，或者约定的不太明确，怎么办？总的原则是，应当加以补救，不要因此而妨碍合同的履行。首先是由当事人协议补充，不能达成补充协议的，按照合同有关条款或者交易习惯确定。如果还不能确定怎么办？为此，合同法根据公平合理的原则，专门作了规定：（一）质量要求不明确的，按照国家标准、行业标准履行；没有国家标准、行业标准的，按照通常标准或者符合合同目的的特定标准履行。（二）价款或者报酬不明确的，按照订立合同时履行地的市场价格履行；依法应当执行政府定价或者政府指导价的，按照规定履行。（三）履行地点不明确，给付货币的，在接受货币一方所在地履行；交付不动产的，在不动产所在地履行；其他标的，在履行义务一方所在地履行。（四）履行期限不明确的，债务人可以随时履行，债权人也可以随时要求履行，但应当给对方必要的准备时间。（五）履行方式不明确的，按照有利于实现合同目的的方式履行。（六）履行费用的负担不明确的，由履行义务一方负担。

第四，不得擅自变更。合同订立后在履行过程中，有时会发生需要变更的情况，怎么办？为了保障依法成立合同的严肃性，根据当事人自愿的原则，一方当事人不得擅自变更或擅自将权利义务转让。如果需要变更或者转让时，要取得对方当事人同意，并且不得违背法律、行政法规强制性的规定。

为了保护当事人的合法权益，维护社会经济秩序，促使债权能够实现，防范合同欺诈，防止有的企业利用合并、分立来逃避债务，在合同履行过程中，需要给受损害一方的当事人一定的法律手段，以维护自己的合法权益。为此，合同法专门增加了当事人的抗辩权、保全措施的规定，同时还对当事人订立合同后法定代表人的变更或者分立、合并后如何承担责任的问题，作了规定。

第一，关于抗辩权。

合同分为双务合同和单务合同。一般来讲，绝大部分合同都是双务合同，也就是说合同各方当事人既享有权利，也负有义务。前面说了，当事人应当按照合同的约定履行义务，如果不履行义务或者履行义务不符合约定，债权人有权要求履行。所谓抗辩权，就是指在双务合同中，一方当事人有依法对抗对方要求或否认对方权力主张的权利。合同法规定了同时履行抗辩权、不安抗辩权。

什么是同时履行抗辩权呢？当事人互负债务，没有先后履行顺序的，应当同时履行，一方在对方履行之前有权拒绝其履行要求；在对方履行债务不符合约定时，有权拒绝其相应的履行要求。有先后履行顺序的，先履行一方未履行的，后履行一方有权拒绝其履行要求；先履行一方履行债务不符合约定的，后履行一方有权拒绝其相应的履行要求。例如，合同约定在什么时间同时交货和支付价款，如果一方没在这个时间交货，相对方有权拒绝对方要其支付价款的要求，这样可以防止付款后收不到货。

还有一种是不安抗辩权。当事人互负债务，合同约定有先后履行顺序的，先履行债务的当事人应当先履行。但是，如果应当先履行债务的当事人，有确切证据证明对方有丧失或者可能丧失履行债务能力的情形时，可以中止履行，这就是不安抗辩权。规定不安抗辩权是为了保护当事人的合法权益，防止借合同进行欺诈，也可以促使对方履行义务。但是对不安抗辩权要严格加以限制，一定要依法行使，决不能滥用。为了防止滥用，合同法对不安抗辩权的条件、程序、后果等，都作了明确具体的规定。

在什么情况下才可以行使不安抗辩权？合同法规定，应当先履行债务的当事人，有确切证据证明对方有下列情形之一的，可以中止履行：(一)经营状况严重恶化；(二)转移财产、抽逃资金，以逃避债务；(三)丧失商业信誉；(四)有丧失或者可能丧失履行债务能力的其他情形。从这个规定可以看出，不是一般的违约，而是丧失或者可能丧失履行债务能力，也就是根本违约，而且要有确切证据，才能行使不安抗辩权。行使不安抗辩权时要按一定的程序来办。合同法规定，当事人行使不安抗辩权中止履行的，应当及时通知对方，对方提供适当担保时，应当恢复履行。当事人没有确切证据中止履行的，应当承担违约责任。

第二，关于保全措施。

保全措施是指，为防止因债务人的财产不当减少而给债权人的债权带来危害时，允许债权人为保全其债权的实现而采取的法律措施。保全措施包括代位权和撤销权两种。

什么是代位权？因债务人怠于行使其到期债权，对债权人造成损害的，债权人可以向人民法院请求以自己的名义代位行使债务人的债权。例如，某甲与某乙订有货物买卖合同，甲交付了货物，乙应当履行向甲支付货款的义务。另一方面，丙向乙借款，丙应向乙返还本金和利息。如果丙不还乙的借款，就可能影响乙向甲支付货款，也就是现在大量存在的所谓“三角债”。在这种情况下，乙应当积极向丙追索到期借款，以便向甲支付货款。如果乙怠于行使向丙追索到期借款的债权，就会对甲造成损害，在这种情况下，甲可以请求人民法院以甲的名义向丙行使债权。本来在借款合同中，乙是债权人，只有乙才能向丙行使债权，所以将甲向丙行使债权称为代位权。当然，代位权的行使范围以债权人的债权为限，债权人行使代位权的必要费用，由债务人负担。

撤销权是什么呢？因债务人放弃其到期债权或者无偿转让财产，对债权人造成损害的，或者债务人以明显不合理的低价转让财产，对债权人造成损害的，并且受让人知道该情形的，债权人可以请求人民法院撤销债务人的行为。例如，某甲欠某乙钱无力偿还，但甲还有其他财产如汽车等，本来可以用这些财产抵债，但甲将这些财产以明显不合理的低价卖给丙或者无偿送给丙，丙也知道这情况，那么乙可以请求人民法院撤销甲的行为。

关于抗辩权，三部合同法中只有涉外经济合同法规定了不安抗辩权，其他两部合同法没有规定。关于代位权和撤销权，三部合同法都没有规定。这次制定统一的合同法，根据实际存在的问题，为保护合同当事人的合法权益，借鉴国外经验，对此作了规定，这是完善合同法的一个重要内容。

第三，合同订立后，订立合同一方当事人发生变化如何承担责任的问题。

在实践中存在着这样一些情况，有的当事人因法定代表人的变动而拒绝承担责任，也有的借分立、合并来逃避债务。为了解决这个问题，根据民法通则的有关条文，合同法对此专门作了规定，并进一步加以充实。一是合同生效后，当事人不得因姓名、名称的变更或者法定代表人、负责人、承办人的变动而不履行合同义务。有的单位负责人变动了，后任负责人说什么“新人不理旧账”，合同是前任定的，自己不负责任，这是不成的。因为法定代表人、负责人、承办人订立合同时是代表法人订的，不是个人行为，法人应当承担责任，不能因人员变动而不负责。再一种是，当事人订立合同后合并的，由合并后的法人或者其他组织行使合同权利，履行合同义务。当事人订立合同后分立的，除债权人和债务人另有约定的以外，由分立的法人或者其他组织对合同的权利和义务享有连带债权，承担连带债务。民法通则的规定是，“企业法人分立、合并，它的权利和义务由变更后的法人享有和承担”。这次合同法进一步规定，除债权人和债务人另有约定的以外，由分立的法人或者其他组织“承担连带债务”。也就是说，除债权人同意的以外，分立后的法人或其他组织都要承担连带债务。这就在民法通则规定的基础上进一步完善了，可以防止有的法人假借分立，把亏损的部分剥离出去，把债务推给这个单位，以此来逃避债务。

七、合同的终止

合同终止是指合同当事人双方终止合同关系，合同确立的权利、义务关系消灭。合同终止的原因和情况有各种各样，后果也不完全一样。合同法规定，有下列情形之一的，合同终止：

第一，债务已经按照约定履行。

合同生效后，当事人应当按照约定履行自己的义务。如果债务人完全履行了自己的义务，债权人实现了自己全部的权利，订立合同的目的已经实现，合同确立的权利义务关系就消灭了，合同因此而终止。例如，买卖合同，出卖人按合同约定交付了货物，买受人支付了价款，货款两清，该买卖合同就终止了。

第二，合同解除。

合同解除有两种情况，一是协议解除，二是法定解除。

协议解除是指当事人双方协议解除的，有的是在订立合同时就在合同中约定了解除合同的条件，当解除合同的条件成就时，合同就解除了；有的是在履行过程中，双方经协商一致同意解除合同的。

法定解除是合同成立后，没有履行或没有履行完毕以前，当事人一方行使法定解除权而使合同终止。总的来说，合同生效后，当事人一方是不得擅自解除合同的，但在履行过程中，有时会产生某些特定情况。例如，因不可抗力而无法履行，或者由于对方当事人根本违约，相对方为了维护合法权益，应当允许其解除合同。但对什么情况下允许一方当事人解除，合同法规定了十分严格的条件和程序，以防止解除权的滥用。

关于法定解除的条件，合同法规定，有下列情形之一的，当事人可以解除合同：（一）因不可抗力致使不能实现合同目的；（二）在履行期限届满之前，当事人一方明确表示或者以自己的行为表明不履行主要债务；（三）当事人一方迟延履行主要债务，经催告后在合理期限内仍未履行的；（四）当事人一方迟延履行债务或者有其他违约行为致使不能实现合同目的；（五）法律规定的其他情形。从这个规定可以看出，只有不履行主要债务，不能实现合同目的的情况，也就是根本违约，才能依法解除合同。如果只是部分不能实现，或者部分违约，如迟延或者有部分质量不合格，一方是不能行使解除权解除合同的，而应按违约责任来处理，可以要求违约方实际履行，采取补救措施，赔偿损失。解除的程序是，当事人一方依照规定主张解除合同的，应当通知对方，对方有异议的，可以请求人民法院或者仲裁机构确认解除合同的效力。法律、行政法规规定解除合同应当办理批准、登记等手续的，应当办理批准、登记等手续。

合同的解除与无效合同、可撤销合同是不同的。无效合同、可撤销合同撤销后，该合同自始无效。而合同解除是合同生效后解除，不能都溯及既往，要区分不同的情况来处理，尚未履行的终止履行，已经履行的怎么办？根据履行情况和合同性质，当事人可以要求恢复原状，采取其他补救措施，并有权要求赔偿损失。

第三，债务相互抵销。

当事人互负到期债务，该债务的标的物种类、品质相同的，任何一方可以将自己的债务与对方的债务抵销。但依照法律规定或者按照合同性质不得抵销的除外。债务相互抵销，需要符合以下条件：一是必须是当事人之间互负债务的。二是两项债务标的物种类、品质相同。如果不同，除当事人双方协商一致的以外，不得抵销。三是两项债务都已到履行期。如果一项债务到期，另一项债务尚未到期，不得抵销。

第四,债务人依法将标的物提存。

当债权人没有正当理由拒绝受领标的物或者查找不到债权人而无法履行时,债务人可以依法将标的物提存。合同法规定,有下列情形之一,难以履行债务的,债务人可以将标的物提存:(一)债务人无正当理由拒绝受领。例如,仓储合同,存储期届满,仓单持有人不提取仓储物,仓管人应告其在合理期限内提取,逾期不提取的,仓管人可以提存该物。(二)债权人下落不明。如货物运输,收货人不明的,承运人可以提存货物。(三)债权人死亡未确定继承人或者丧失行为能力未确定监护人。(四)法律规定的其他情形。标的物提存后,除债权人下落不明的以外,债务人应当及时通知债权人或者债权人的继承人、监护人。

标的物提存后,原合同终止。标的物提存,毁损、灭失的风险由债权人承担,提存费用由债权人负担。债权人可以随时领取提存物,如果自提存之日起 5 年内不提取,提存物扣除提存费用后归国家所有。

第五,债权人免除债务。

债权人免除债务人部分或者全部债务的,合同的权利义务部分或者全部终止。债权人免除债务,实际是债权人自愿放弃了债权。

第六,债权债务同归于一人。

例如原合同双方当事人订立合同后,合并为一个法人了,债权债务同归合并后的法人,原合同终止。

八、违约责任

违约责任即违反合同的民事责任,是指合同当事人违反合同约定所应承担的责任。依法成立的合同,对当事人具有法律约束力。当事人应当按照合同的约定履行自己的义务。如果不履行义务或者履行义务不符合约定怎么办?要承担违约责任。没有违约责任制度,所谓“具有法律约束力”便成为空的了。违约责任制度,是保证当事人履行合同义务的重要措施,有利于促进合同的履行和弥补违约造成的损失,对合同当事人和整个社会都是有益的。

违约责任是民事责任的一种。法律责任包括刑事责任、行政责任和民事责任。民事责任又分为违约责任和侵权责任。民事责任和行政责任、刑事责任性质不同,因此,在构成要件、处理的原则、责任方式以及程序等方面,都有自己的特点,违约责任与侵权民事责任也有所不同。关于违反合同的民事责任有以下几个问题。

第一个问题是,违反合同民事责任的构成要件。

什么情况下要承担违约责任,也就是承担违约责任的要件是什么?合同法规定,当事人不履行合同义务或者履行合同义务不符合约定的,应当承担违约责任。我们知道,构成法律责任的要件,一般包括客观要件和主观要件两个方面。例如,构成犯罪的要件是，客观上有触犯刑法规定的具有社会危害性的行为，主观上是故意的，过失犯罪只有法律有规定的才负刑事责任。如果主观上不是故意或过失，即使行为有危害性也不能给以刑事处分。构成行政责任的要件是，客观上有违反行政法律的行为，主观上是故意或者过失。侵权的民事责任按民法通则规定是过错责任，其中有一些是严格过错责任。而违约责任按合同法的规定，只要“不履行合同义务或者履行合同义务不符合约定”，就要承担违约责任。也就是说，不管主观上是否有过错，除不可抗力可以免责外，都要承担违约责任。

在这个问题上，我国法律的规定有个发展的过程。最早制定的经济合同法采取的是过错责任。经济合同法规定，“由于当事人一方的过错，造成经济合同不能履行或者不能完全履行，由有过错的一方承担违约责任”。后来制定的民法通则、涉外经济合同法、技术合同法对此有发展，民法通则对民事责任来讲，总的是过错责任，同时规定了“没有过错，但法律规定应当承担民事责任的，应当承担民事责任”。在第六章“民事责任”第二节“违反合同的民事责任”中专门规定，“当事人一方不履行合同义务或者履行合同义务不符合约定条件的”，要承担民事责任。涉外经济合同法、技术合同法都是这么规定的，没有规定“过错”。由于经济合同法后来对此没有修改，所以在实践中产生了各种不同的理解和做法，有的说是过错责任，有的说是严格过错责任，有的说是严格责任。这次制定统一的合同法，对违约责任采取严格责任原则，只有不可抗力可以免责。至于缔约过失、无效合同或可撤销合同，采取过错责任，分则中个别特别规定了过错责任的，按过错责任。

为什么原则上采取严格责任？第一，有利于促使合同当事人认真履行合同义务。现在合同履行率不高，有的债务人说起来还振振有词，不是我不付款，因为别人欠我的不还我，我没钱付，不是我的过错。采取严格责任，不管是不是你的原因，不按期履行债务的，都要承担违约责任，至于你与第三人的纠纷，那是另一个法律关系。第二，有利于保护受损失人的合法权益。第三，也符合国际的一般做法，各国多采取严格责任。

第二个问题是，承担违反合同民事责任的方式。

关于承担民事责任的方式，民法通则规定主要有十种。合同法规定，“当事人一方不履行合同义务或者履行合同义务不符合约定的，应当承担继续履行、采取补救措施或者赔偿损失等违约责任”。同时还对违约金、定金等作了规定。根据合同法律关系的特点，承担违反合同的责任方式主要是：第一，实际履行；第二，采取补救措施，如质量不符合约定的，可以要求修理、更换、重作、退货、减少价款或者报酬等；第三，赔偿损失；第四，约定违约金，还有定金。定金属担保性质。

这几种责任方式以哪种为主？经济合同法强调实际全面履行。那时我国实行计划经济，合同能否履行关系到计划的实现，合同当事人如果不履行约定的义务，不仅损害对方的权益，而且会影响计划的落实，影响整个经济建设和人民的生活。在国际上就不同了，外国企业目的是谋利，只要经济上给以补偿，不受损失就成了,一般把损害赔偿作为违约的首要补救措施。因此,涉外经济合同法没有强调实际履行,而是规定“有权要求赔偿损失或者采取其他合理的补救措施”。这次统一的合同法,不仅国内合同适用,涉外合同也适用;不仅经济合同适用,一般民事合同也适用。因此,按民法通则规定为,“应当承担继续履行、采取补救措施或者赔偿损失等违约责任”,由不同当事人根据自己的要求加以选择,这样可以适应各种不同的情况。

采取由当事人选择的原则,但合同法把实际履行和采取补救措施放在前面了。从国内的合同来讲,提倡实际履行、采取补救措施还是有好处的,这样有利于合同的实现。我们签订合同的目的就是为了实现合同的约定,有些经济合同如果不履行,会涉及国家经济建设的完成。但也不是什么情况都必须实际履行才成,所以,合同法规定:“当事人一方不履行非金钱债务或者履行非金钱债务不符合约定的,对方可以要求履行,但有下列情形之一的除外:(一)法律上或者事实上不能履行;(二)债务的标的不适于强制履行或者履行费用过高;(三)债权人在合理期限内未要求履行。”这样规定,既符合我国实际情况,也符合国际上的要求。

第三个问题是,承担违反合同民事责任的原则。

违反合同民事责任是补偿性还是惩罚性?这一点与刑事责任、行政责任是不同的。刑事责任、行政责任都具有惩罚性,所以叫刑罚、行政处罚。而民事责任原则是补偿性,但在某些特殊情况下,同时具有补偿性和惩罚性。补偿性是指违约责任旨在弥补或补偿因违约行为给对方所造成的损害。为什么民事责任与行政责任、刑事责任不同?因为违反的法律造成的后果不同。补偿性是平等、等价原则的体现,是商品交易关系在法律上的内在要求。

民事责任原则是补偿性,但不能使受损失方吃亏。一方违约,相对方有权要求实际履行或者采取补救措施,并且有权要求赔偿损失。实际履行、采取补救措施和赔偿损失可以并用,总之不能让受损害方受到损失。赔偿损失如何计算?合同法规定,“损失赔偿额应当相当于因违约所造成的损失,包括合同履行后可以获得的利益”,也就是包括直接损失和可得利益。当事人也可以在订立合同时约定因违约产生的损失赔偿额的计算方法,这样,在发生纠纷后,有利于及时解决。

原则是补偿性,但有些也同时具有一定的惩罚性,以利于促使当事人认真全面履行合同约定的义务,主要表现在以下几个方面:

一是违约金。合同法规定,当事人可以约定违约金。只要一方违约,另一方就是没有损失,违约方也要按约定支付违约金。在这种情况下,违约金同时具有补偿性和惩罚性。如果约定的违约金高于或低于损失的怎么办?涉外经济合同法的规定是,“约定的违约金过分高于或者低于违反合同所造成的损失的,当事人可以请求仲裁机构或者法院予以适当减少或者增加”。经济合同法的规定是,“如果由于违约已给对方造成的损失超过违约金的,还应进行赔偿,补偿违约金不足的部分”,对高于损失的没有规定可以减。这次制定合同法时,吸收了两部合同法中的合理部分。为了保护受损害方利益,按经济合同法规定为,“约定的违约金低于造成的损失的,当事人可以请求人民法院或者仲裁机构予以增加”。如果约定的违约金高于损失的,按涉外经济合同法规定为,“约定的违约金过分高于造成的损失的,当事人可以请求人民法院或者仲裁机构予以适当减少”,这是为了体现公平原则,但如果不是“过分”高于,则不能要求减少,这又体现了一定的惩罚性,有利对违约者制约。

二是为了保护消费者的合法权益,合同法特别规定,“经营者对消费者提供商品或者服务有欺诈行为的,依照《中华人民共和国消费者权益保护法》的规定承担损害赔偿责任”。消费者权益保护法规定,“经营者提供商品或者服务有欺诈行为的,应当按照消费者的要求增加赔偿其受到的损失,增加赔偿的金额为消费者购置商品的价款或者接受服务的费用的一倍”。

三是当事人可以约定一方向对方给付定金作为债权的担保,给付定金的一方不履行约定的债务的,无权要求返还定金;收受定金的一方不履行约定的债务的,应当双倍返还定金。

第四个问题,如果一个行为既违反了合同约定,又触犯了行政法律甚至刑事法律怎么办?

产生这种情况,既要承担民事责任,又要依法追究其行政责任或者刑事责任,不能赔了就不受行政处罚或者判刑;也不能因为受了刑事或行政处罚就能免除民事责任。为此,合同法专门规定,“工商行政管理部门和其他有关行政主管部门在各自的职权范围内,依照法律、行政法规的规定,对利用合同危害国家利益、社会公共利益的违法行为,负责监督处理;构成犯罪的,依法追究刑事责任”。

第五个问题是,如何保证民事责任得以实现。

违约责任与行政责任、刑事责任的另一个不同是,民事责任具有任意性,表现在两个方面:一是当事人可以在订立合同时约定违约责任,如约定违约金、定金,约定损失额的计算方法等。二是发生违约情况时,当事人可以协商如何解决,可以调解,受损失方也可以放弃要求赔偿。法院对民事案件是不告不理。这种任意性与行政处罚、刑罚是不同的,行政处罚和刑罚是法定的,要依法给以行政处罚或刑事处罚,不得改变;受害人就是不告,行政机关和司法机关也要对违法者依法追究,依法给以行政处罚或刑事处罚。

违约民事责任具有任意性,但也有强制性的一面。有些当事人就是不履行债务,怎么办?如果协商、调解不成,那么可以约定由仲裁机关仲裁,或者向人民法院提起诉讼。仲裁机关的仲裁和法院发生法律效力的判决,当事人应当执行。不执行怎么办?可以申请法院强制执行,这些问题在民事诉讼法中都是有规定的。民事诉讼法规定,“发生法律效力的民事判决、裁定,当事人必须履行。一方拒绝履行的,对方当事人可以向人民法院申请执行”“受申请的人民法院应当执行”。民事诉讼法还针对执行难的情况,专门对执行措施作了规定:人民法院有权向银行、信用合作社和其他有储蓄业务的单位查询被执行人的存款;人民法院有权查封、扣押、冻结、拍卖、变卖被执行人应当履行义务部分的财产;被执行人隐匿财产的,人民法院有权发出搜查令,进行搜查;人民法院采取执行措施后,被执行人仍不能偿还债务的,应当继续履行债务,债权人发现被执行人有其他财产的,可以随时请求人民法院执行。同时,还对财产保全作了规定。当事人应当善于运用这些法律手段,来保护自己的合法权益。

九、各类合同的法律适用问题

在现实生活中存在着多种多样的合同,相当复杂,而且随着社会经济的发展,还会不断产生一些新的合同。因此,要想在合同法中对所有合同加以规范,是不可能的。怎么办?大体有以下几种情况:

第一,列名合同,也就是在合同法分则中规定的合同。

合同法对买卖、供用电(水、气、热力)、赠与、借款、租赁、融资租赁、承揽、建设工程、运输、技术、保管、仓储、委托、行纪、居间等15类合同作了规定。这些是企业、事业单位和公民在生产经营和生活中普遍发生的合同。三部合同法规定的合同,多数保留了,并且增加了一些新的合同,如融资租赁合同等。在每一类合同中,也还有各种各样不同的情况,如买卖合同中,工矿产品的买卖和农副产品的买卖就各有特点。合同法分则只能对基本合同,对每类合同的共性问题作出规范。具体的,当事人还可以参照各类合同的示范文本。

第二,无名合同,也就是合同法和其他法律没有具体规定的合同。

前面说了,合同多种多样,不可能都由法律作出规定。法律没有规定的如何适用法律?合同法规定,"本法分则或者其他法律没有明文规定的合同,适用本法总则的规定,并可以参照分则或者其他法律最相类似的规定"。在合同法分则中没有规定的合同,有的是由于条件尚不成熟;有的是因为涉及的方面多,需要由专门法律来规范。有些合同成熟后,可以在合同法分则中增加规定,成为列名合同。

第三,其他法律规定的合同。

商标法、专利法、著作权法、保险法、担保法等法律对有关合同的特殊性问题,作了具体规定。海商法、铁路法、航空法对海上运输、铁路运输、航空运输合同,专门作了规定。合同法总则的规定,对所有合同包括无名合同、其他法律规定的合同,都适用。至于分则,其他法律对有关合同另有规定的,依照该法律的规定。

如何适用法律,还有以下几个问题:

第一,合同法的规定可以分为三类:(1)属于强制性的规定,是必须履行的,违反了,国家就要主动干预,如有关无效合同的规定。(2)倡导性的,合同法根据自愿原则,大部分条文是倡导性的,由当事人双方约定。当事人约定只要不违反法律、行政法规强制性规定的,国家不予干预。(3)给当事人选择权的,如可撤销合同、法定解除、抗辩权、代位权、撤销权等,当事人有权依法提请法院审理或裁决。

第二,关于对合同条款的解释。当事人对合同条款的理解有争议时怎么办?合同法规定,当事人对合同条款的理解有争议的,应当按照合同所使用的词句、合同的有关条款、合同的目的、交易习惯以及诚实信用的原则,确定该条款的真实意思。

第三,关于涉外合同适用法律问题。一是我国缔结或者参加的国际条约同我国的民事法律有不同规定的,适用国际条约的规定,但我国声明保留的条款除外。我国法律和我国缔结或参加的国际条约没有规定的,可以适用国际惯例。二是涉外合同的当事人可以选择处理合同争议所适用的法律,但是法律另有规定的除外。例如,在我国境内履行的中外合资经营企业合同、中外合作经营企业合同、中外合作勘探开发自然资源合同等要适用我国法律。涉外合同的当事人没有选择的,适用与合同有最密切联系的国家的法律。

第四,在订立、履行合同过程中,如果既违反了合同法,又触犯了行政法、刑法,如何适用法律?发生这种情况时,既要承担民事责任,又要依法追究其行政责任、刑事责任。违约责任适用合同法;追究其行政责任、刑事责任,要依照有关行政法和刑事法律来进行。

第五,合同法通过后,自施行之日起,经济合同法、涉外经济合同法和技术合同法同时废止。对过去根据三个合同法制定的行政法规、地方性法规、规章有关合同的规定,要进行清理。凡是与合同法规定不符合的,要加以修改,有些要废除。

十、合同法分则的主要内容

(一)买卖合同

1. 买卖合同概述

买卖行为在社会经济、生活中是普遍、大量和经常发生的,买卖合同是商品流转基本的、重要的法律行为,对经济建设的发展、企业的生产经营活动和满足广大老百姓日常生活的需要,有着十分重要的作用。

什么是买卖合同?合同法规定,“买卖合同是出卖人转移标的物的所有权于买受人,买受人支付价款的合同”。有偿转移标的物所有权是买卖合同最基本的法律特征,一是转移所有权,二是有偿。这是与租赁合同、赠与合同的主要区别。在租赁合同中,出租人要将租赁物交付承租人使用和收益,但所有权没有转移;在赠与合同中,赠与人将自己的财产给予受赠人,所有权转移给受赠人了,但这种赠与是无偿的。

买卖的标的物指什么?买卖的标的物最主要的是实物。随着社会经济和科学技术的不断发展,买卖的标的物不仅仅是实物了,而且出现了如知识产权的转让等权利的买卖。合同法“买卖合同”这一章是针对实物买卖规定的,没有包括知识产权的转让等合同,知识产权的转让等有自己的特点,需要另外专门规定。没有规定的,可以参照买卖合同的有关规定。

实物有各种各样,如工矿产品、农副产品,大到飞机、船舶、房屋,小到油盐酱醋,这些都是买卖的标的物。是否什么都可以作为买卖的标的物呢?不是。有的是不能买卖的,如矿藏属国家所有,矿藏的所有权是不能出卖的,矿山企业只能有偿取得采矿权;还有些是有限制的,如国家对枪支的制造、配售是严格管制的,实行特别许可制度。为此,合同法专门规定,“法律、行政法规禁止或者限制转让的标的物,依照其规定”。

2. 当事人的义务和责任

买卖合同中的当事人是出卖人和买受人。交付标的物的一方称为出卖人,取得标的物、支付价款的一方称为买受人。规定各方当事人的权利、义务,是合同法的一个重要内容。出卖人、买受人的权利义务是对应的,一方所享有的权利也就是对方应承担的义务,所以说买卖合同是双务合同。

(1)出卖人的义务和责任,主要是:

第一,交付标的物。

出卖人应当按照约定的数量、期限、地点、包装方式,向买受人交付标的物或者交付提取标的物的单证,并转移标的物所有权。同时还应当按照约定或者交易习惯,交付其他有关单证和资料,如产品合格证、质量保证书、使用说明书、产品检验书、产品进出口检疫证书等。出卖人不交付标的物或者交付不符合约定的,要承担违约责任。

第二,交付的标的物要符合质量要求。

出卖人交付的标的物应当符合约定的质量要求,出卖人提供有关标的物质量说明的,应当符合该说明的质量要求。

交付的标的物不符合质量要求的,按照约定承担违约责任。没有约定或者约定不明确,又不能确定的,受损害方根据标的物的性质以及损失的大小,可以合理选择,要求对方承担修理、更换、重做、退货、减少价款等违约责任。如果标的物质量不符合质量要求,致使不能实现合同目的,买受人可以拒绝接受标的物或者解除合同。因标的物的主物不符合约定而解除合同的,解除合同的效力及于从物。标的物为数物,其中一物不符合约定的,买受人可以就该物解除,但该物与他物分离使标的物的价值显受损害的,买受人可以就数物解除合同。

第三,保证第三人不得向买受人主张权利。

出卖人就交付的标的物,负有保证第三人不得向买受人主张任何权利的义务。因此,出卖的标的物应当属于出卖人所有或者出卖人有权处分。买受人有确切证据证明第三人可能就标的物主张权利的,可以中止支付相应的价款,但出卖人提供适当担保的除外。

(2)买受人的义务和责任,主要是:

第一,支付价款。

买受人应当按照约定的数额、时间、地点支付价款。这是买受人的主要义务。

分期付款的买受人未支付到期价款的金额达到全部价款的1/5的,出卖人可以要求买受人支付全部价款或者解除合同。买受人逾期付款的,要承担违约责任,执行政府定价或者政府指导价的,遇价格涨时,按照新价格执行;价格下降时,按照原价格执行。

第二,检验和接受标的物。

买受人收到标的物时应当在约定的检验期间内检验,发现数量或者质量不符合约定的情形时,应当通知出卖人;符合约定的,应当接受。

3. 标的物所有权转移与风险责任

买卖合同中标的物所有权从什么时候转移?合同法是按民法通则规定的,“标的物的所有权自标的物交付时起转移,但法律另有规定或者当事人另有约定的除外”。原则是标的物的所有权自标的物交付时起转移,但也有例外:一是法律另有规定的。例如,房屋买卖合同,只有在房地产管理部门办理登记手续后,所有权才转移。二是当事人另有约定的。当事人可以在买卖合同中约定买受人未履行支付价款或者其他义务的,标的物的所有权属于出卖人。这实际是附条件的合同,只有在买受人按约定履行支付价款或其他约定义务时,标的物所有权才转移。

关于标的物意外风险的责任问题。意外风险责任是指买卖合同订立后,发生不是由于当事人双方的故意或过失而造成的标的物的毁损、灭失由谁承担的问题,这是买卖合同履行过程中可能产生、需要解决的一个问题。过去,我国法律对此没有明确规定,这次合同法专门作了规定。对这个问题,世界各国的规定不完全一样,主要有两种做法:一种是按照“物主承担风险”的原则,以所有权的转移时间作为标的物风险转移的时间;另一种是按“交付转移风险”的原则,以标的物的交付作为标的物风险转移的时间。

我国买卖合同标的物的所有权自交付时转移,风险责任也自交付时转移。合同法规定,“标的物毁损、灭失的风险,在标的物交付之前由出卖人承担,交付之后由买受人承担,但法律另有规定或者当事人另有约定的除外”。

但是,也有例外的情况,合同法专门作了规定:一是因买受人的原因致使标的物不能按照约定的期限交付的,或者出卖人按照约定将标的物置于交付地点,买受人违反约定没有收取的,那么,买受人应当自违反约定之日起承担标的物毁损、灭失的风险。因为这是因买受人违约未能交付的。二是在运输途中发生的意外风险。出卖人出卖交由承运人运输的在途标的物,除当事人另有约定的以外,毁损、灭失的风险自合同成立时起由买受人承担。当事人没有约定交付地点或约定不明确,标的物需要运输的,出卖人将标的物交付给第一承运人后,标的物毁损、灭失的风险由买受人承担。

4. 特种买卖

合同法对几种特殊买卖专门作了规定,主要有:

第一,凭样品买卖。凭样品买卖的当事人应当封存样品,并且可以对样品质量予以说明。出卖人交付的标的物应当与样品及其说明的质量相同。凭样品买卖的买受人不知道样品有隐蔽瑕疵的,即使交付的标的物与样品相同,出卖人交付的标的物的质量仍然应当符合同种物的通常标准。

第二,试用买卖。试用买卖的当事人可以约定标的物的试用期间。对试用期间没有约定或者约定不明确,可以协议补充,协议不成的,依合同有关条款确定,仍不能确定的,由出卖人确定。试用买卖的买受人在试用期内可以购买标的物,也可以拒绝购买。试用期间届满,买受人对是否购买标的物未作表示的,视为购买。

第三,招标投标买卖。招标投标买卖的当事人的权利和义务以及招标投标程序等,依照有关法律、行政法规的规定。

第四,拍卖。拍卖的当事人的权利和义务以及拍卖程序等,依照有关法律、行政法规的规定。全国人大常委会已制定了拍卖法。

第五,易货交易。当事人约定易货交易,转移标的物的所有权的,参照买卖合同的有关规定。

(二)供用电、水、气、热力合同

1. 供用电合同的概述

供用电合同是供电人向用电人供电,用电人支付电费的合同。供电企业是供电人,用户是用电人。供电合同主要有两种:一是工农业和其他生产经营用电的供电合同;二是生活消费用电的供电合同。

供电合同的内容包括供电的方式、质量、时间,用电容量、地址、性质,计量方式,电价、电费的结算方式,供用电设施的维护责任等条款。

2. 当事人的义务和责任

(1)供电人的义务和责任,主要是:

第一,安全供电。

供电人应当按照国家规定的供电质量标准和约定安全供电。未按照国家规定的供电质量标准和约定安全供电,造成用电人损失的,应当承担损害赔偿责任。

第二,需要中断供电时,应事先通知用电人。

供电人因供电设施计划检修、临时检修、依法限电或者用电人违法用电等原因,需要中断供电时,应当按照国家有关规定事先通知用电人。未事先通知用电人中断供电,造成用电人损失的,应当承担损害赔偿责任。

第三,及时抢修。

因自然灾害等原因断电,供电人应当按照国家有关规定及时抢修。未及时抢修，造成用电人损失的，应当承担损害赔偿责任。

(2)用电人的义务和责任，主要是：

第一，交付电费。

用电人应当按照国家有关规定和当事人的约定及时交付电费。用电人逾期不交付电费的，应当按照约定支付违约金。经催告用电人在合理期限内仍不交付电费和违约金的，供电人可以按照国家规定的程序中止供电。现在，有的企业欠交电费的问题很严重，欠交的情况也很复杂。为了解决这个问题，一方面规定了，经催告用电人在合理期限内仍不交付电费的，供电人可以中止供电；另一方面又规定了，中止供电时要按国家规定的程序办。

第二，安全用电。

用电人应当按照国家有关规定和当事人的约定安全用电。未按照国家有关规定和当事人的约定安全用电，造成供电人损失的，应当承担损害赔偿责任。

(3)供用水、供用气、供用热力合同，参照供用电合同的有关规定。

(三)赠与合同

1. 赠与合同的概述

赠与合同是赠与人将自己的财产无偿给予受赠人，受赠人表示接受赠与的合同。将自己的财产无偿给予受赠人是赠与合同的基本法律特征。一是把自己的财产给受赠人，这一点与借用合同、租赁合同相区别；二是无偿，这一点与买卖合同不同。赠与合同是单务合同，一般不附义务，但有的也可以附义务。赠与可分为一般的赠与和具有救灾、扶贫等社会公益、道德义务性质的赠与。

赠与合同什么时候生效，有些国家把赠与合同作为实践合同，也就是说，当赠与人将财产交给受赠人时合同才生效。我们没有采取这种制度，而是从合同依法成立时生效，以防止有些人表示赠与后又反悔不履行赠与。但考虑到民间一般赠与的情况，开了个小口子，赠与人在赠与财产的权利转移之前可以撤销赠与。但是，具有救灾、扶贫等社会公益、道德义务性质的赠与合同或者经过公证的赠与合同，不适用这个规定。

2. 当事人的义务

第一，赠与人应当交付赠与财产。具有救灾、扶贫等社会公益、道德义务性质的赠与合同或者经过公证的赠与合同，赠与人不交付赠与财产的，受赠人可以要求交付。因赠与人故意或者重大过失致使赠与的财产毁损、灭失的，赠与人应当承担损害赔偿责任。

第二，赠与附义务的，受赠人应当按照约定履行义务。如赠与合同约定，受赠人应当将赠与的钱办教育。受赠人如果不履行约定的义务的，赠与人可以撤销赠与。

3. 关于撤销赠与和不再履行赠与义务问题

赠与合同生效，赠与人不得反悔。能不能撤销赠与或者不再履行赠与义务呢？在什么情况下可以撤销或不再履行呢？合同法对此作了严格的规定。

合同法规定，受赠人有下列情形之一的，赠与人可以撤销赠与：(1)严重侵害赠与人或者赠与人的近亲属；(2)对赠与人有扶养义务而不履行；(3)不履行赠与合同约定的义务。赠与人的撤销权，自知道或者应当知道撤销原因之日起一年内行使。撤销赠与的，撤销权人可以向受赠人要求返还赠与的财产。

关于不再履行赠与义务，合同法规定，赠与人的经济状况显著恶化，严重影响其生产经营或者家庭生活的，可以不再履行赠与义务。但已经履行的，不再返还，这一点与撤销赠与不同。

(四)借款合同

1. 借款合同的概述

借款合同是借款人向贷款人借款，到期返还借款并支付利息的合同。借款是日常生活中常发生的，对融通资金，互通有无，满足生产经营和生活需要，有重要作用。

借款分为银行等金融机构的借款和民间借款。对这两种借款的某些要求和规定，是不一样的。关于合同的形式，借款合同采用书面形式，但自然人之间借款另有约定的除外。借款合同的内容包括借款种类、币种、用途、数额、利率、期限和还款方式等条款。借款合同自合同成立时生效，但自然人之间的借款合同，自贷款人提供借款时生效。借款合同是有偿合同，借款人应当支付利息，但自然人之间的借款可以是无息的，自然人之间的借款合同对支付利息没有约定或者约定不明确的，视为不支付利息。

为了防止高利贷，合同法对借款的利息问题作了规定：一是借款的利息不得预先在本金中扣除。利息预先在本金中扣除的，应当按照实际借款数额返还借款并计算利息。二是关于利率，合同法规定，办理贷款业务的金融机构贷款的利率，应当按照中国人民银行规定的贷款利率的上下限确定。自然人之间的借款合同约定支付利息的，借款的利率不得违反国家有关限制借款利率的规定。

为了防止有些人借了款不还，合同法特别规定，订立借款合同，贷款人可以要求借款人提供担保，担保依照担保法的规定。

2. 当事人的义务和责任

(1)借款人的义务和责任，主要是：

第一，如实提供与借款有关的情况。

订立借款合同，借款人应当按照贷款人的要求，提供与借款有关的业务活动和财务状况的真实情况。在使用借款期间，借款人应当按照约定向贷款人定期提供有关财务会计报表等资料。

第二，按约定使用借款。

借款人应当按照约定的日期、数额收取借款，按照约定的借款用途使用借款。

借款人未按照约定的日期、数额收取借款的，应当按照约定的日期、数额支付利息。未按约定的借款用途使用借款的，贷款人可以停止发放借款、提前收回借款或者解除合同。

第三，支付利息。

借款人应当按照约定的期限支付利息。对支付利息的期限没有约定或者约定不明确的，双方可以补充协议，协议不成的，借款期间不满一年的，应当在返还借款时一并支付；借款期间一年以上的，应当在每届满一年时支付，剩余期间不满一年的，应当在返还借款时一并支付。

第四，按期返还借款。

借款人应当按照约定的期限返还借款。未按照约定的期限返还借款的，应当按照约定或者国家有关规定支付逾期利息。

(2)贷款人的义务和责任，主要是：

贷款人应当按照约定的日期、数额提供借款。未按照约定的日期、数额提供借款，造成借款人损失的，应当赔偿损失。

(五)租赁合同

1. 租赁合同的概述

租赁在人们的生产和生活中是很普通的，如由于生产上的需要租赁机器，为了生活需要租赁房屋、车子等。租赁合同是公民、法人之间调剂余缺，发挥现有物资作用，促进生产和满足生活需要所不可少的法律形式。现在，不仅原有的租赁关系有很大发展，而且出现了专门经营租赁业务的租赁企业。

什么是租赁合同？租赁合同是出租人将租赁物交付承租人使用、收益，承租人支付租金的合同。租赁合同的标的是物的使用、收益，而不是所有权，这一点与买卖合同相区别。租赁是要付租金的，是有偿合同，这一点与借用不同。

合同法对租赁合同的内容、期限和形式作了规定。租赁合同的内容包括租赁物的名称、数量、用途、租赁期限、租金及其支付期限和方式、租赁物的维修等条款。租赁期限不得超过 20 年。超过 20 年的，超过部分无效。租赁期间届满，当事人可以续订租赁合同。租赁期限 6 个月以上的，应当采用书面形式。

2. 当事人的义务和责任

(1)出租人的义务和责任，主要是：

第一，将租赁物移交承租人使用、收益。

出租人应当按照约定将租赁物交付承租人使用、收益，并在租赁期间保持租赁物符合约定的用途。租赁物危及承租人的安全或者健康的，承租人可随时解除合同。因第三人主张权利，致使承租人不能对租赁物使用、收益的，承租人可以要求减少租金或者不支付租金。

因不可归责于承租人的事由，致使租赁物部分或者全部毁损、灭失的，承租人可以要求减少租金或者不支付租金；因租赁物部分或者全部毁损、灭失，致使不能实现合同目的的，承租人可以解除合同。

第二，维修义务。

出租人应当履行租赁物的维修义务，但当事人另有约定的除外。承租人在租赁物需要维修时可以要求出租人在合理期限内维修。出租人未履行维修义务的，承租人可以自行维修，维修费用由出租人负担。因维修租赁物影响承租人使用的，应当相应减少租金或者延长租期。

(2)承租人的义务和责任，主要是：

第一，按约定使用租赁物。

承租人应当按照约定的方法使用租赁物。没有约定或者约定不明确，可以协议补充，仍不能确定的，按租赁物的性质使用。未按约定的方法或者租赁物的性质使用租赁物，致使租赁物受到损失的，出租人可以解除合同并要求赔偿损失。

第二，妥善保管。

承租人应当妥善保管租赁物，因保管不善造成租赁物毁损、灭失的，应当承担损害赔偿责任。

第三，对租赁物不得擅自改变或转租。

承租人未经出租人同意，对租赁物进行改善或者增设他物的，出租人可以要求承租人恢复原状或者赔偿损失。承租人未经出租人同意将租赁物转租给第三人的，出租人可以解除合同。

第四，支付租金。

承租人应当按约定期限支付租金。没有约定或者约定不明确的，可以协议补充，仍不能确定的，租赁期间不满一年的，应当在租赁期间届满时支付；租赁期间一年以上的，应当在每届满一年时支付，剩余期间不满一年的，应当在租赁期间届满时支付。承租人无正当理由未支付或者迟延支付租金的，出租人可以要求承租人在合理期限内支付。承租人逾期不支付的，出租人可以解除合同。

第五，租赁期届满返还租赁物。

租赁期间届满，承租人应当返还租赁物。返还的租赁物应当符合按照约定或者租赁物的性质使用后的状态。

3. 几个问题

合同法对使用租赁物收益的归属，租赁物所有权发生变动和转租等问题作了规定。

第一，在租赁期间因占有、使用租赁物获得的收益，归承租人所有，但当事人另有约定的除外。

第二，租赁物在租赁期间发生所有权变动的，不影响租赁合同的效力。出租人出卖租赁房屋的，应当在出卖之前的合理期限内通知承租人，承租人享有以同等条件优先购买的权利。承租人在房屋租赁期间死亡的，与其生前共同居住的人可以按照原租赁合同租赁该房屋。

第三,转租。承租人经出租人同意,可以将租赁物转租给第三人。承租人转租的,承租人与出租人之间的租赁合同继续有效,第三人对租赁物造成损失的,承租人应当赔偿损失。

(六)融资租赁合同

1. 融资租赁合同的概述

融资租赁是一种新型交易方式,例如,有的企业因技术改造需要进口先进机器设备,自己没有资金,找融资租赁公司,由融资租赁公司筹集资金购置,然后租给企业。这对企业引进先进技术设备,促进企业技术改造和利用外资,有重要作用。我国从1981年成立第一家融资租赁公司以来,目前已有300多家专营或兼营融资租赁公司。

融资租赁包括两个合同,三方当事人。一个是融资租赁合同,由融资出租人与承租人签订,一个是买卖合同,由出租人与出卖人签订,但与一般买卖合同、融资或租赁合同又不完全一样。

2. 融资租赁合同

融资租赁首先由出租人与承租人签订融资租赁合同。融资租赁合同是出租人根据承租人对出卖人、租赁物的选择,向出卖人购买租赁物,提供给承租人使用,承租人支付租金的合同。融资租赁合同的内容包括租赁物名称、数量、规格、技术性能、检验方法、租赁期限、租金构成及其支付期限和方式、币种、租赁期届满租赁物的归属等条款。

融资租赁合同与一般租赁合同不同的是:

第一,租赁物是出租人根据承租人对出卖人、租赁物的选择购买的。

第二,融资租赁合同的租金,除当事人另有约定的以外,应当根据购买租赁物的大部分或者全部成本以及出租人的合理利润确定。

第三,因为租赁物是根据承租人对出卖人、租赁物的选择购买的,因此,租赁物不符合约定或者不符合使用目的的,出租人不承担责任,但承租人依赖出租人的技能确定租赁物或者出租人干预选择租赁物的除外。

第四,承租人占有租赁物期间,租赁物造成第三人的人身伤害或者财产损害的,出租人不承担责任。

第五,承租人应当履行占有租赁物期间的维修义务,而一般租赁合同,维修是出租人的义务。

第六,当事人可以约定租赁期间届满租赁物归承租人所有。因为租赁物是承租人特别需要的,同时租金中已包含了融资的利润。对租赁物的归属没有约定或者约定不明确,可补充协议,不能达成补充协议,按照合同有关条款也不能确定的,租赁物的所有权归出租人。

第七，当事人约定租赁期间届满租赁物归承租人所有，承租人已经支付大部分租金，但无力支付剩余租金，出租人因此解除合同收回租赁物的，收回的租赁物的价值超过承租人欠付的租金以及其他费用的，承租人可以要求部分返还。

3. 购买租赁物的买卖合同

融资租赁的出租人筹集资金与出卖人订立买卖合同，与一般买卖合同不同的是：

第一，出卖人、租赁物是承租人选择的。出租人根据承租人对出卖人、租赁物的选择订立的买卖合同，未经承租人同意，出租人不得变更与承租人有关的合同内容。一般买卖合同，是买受人选择出卖人和购买物。

第二，出卖人应当按照约定向承租人交付标的物，承租人享有与受领标的物有关的买受人的权利。一般买卖合同，受领标的物的权利属买受人。

第三，出租人、出卖人、承租人可以约定，出卖人不履行买卖合同义务的，由承租人行使索赔的权利。承租人行使索赔权利的，出租人应当协助。一般买卖合同，对出卖人不履行合同义务的索赔权属买受人。

（七）承揽合同

1. 承揽合同的概述

承揽合同是承揽人按照定作人的要求完成工作，交付工作成果，定作人给付报酬的合同。承揽合同属劳务合同，在完成工作中，双方当事人注意的是承揽人的人力、技术、设备等工作条件，因为这对工作成果的质量关系重大。承揽合同反映了商品经济条件下，民事主体之间分工协作的经济关系，是双务合同，有偿合同。

承揽合同是一大类合同的名称，在实践中有各种各样的承揽，包括：加工合同，定作人提供原料，由承揽人加工成成品，如公民拿料子找裁缝做衣服，企业提供原料、半成品交另一企业加工成产品或成品；定作合同，承揽人根据定作人的要求，用自己的材料为定作人制成成品；还有修理、复制、测试、检验等合同。

承揽合同的内容包括：（1）承揽的标的；（2）数量；（3）质量；（4）报酬；（5）承揽方式；（6）材料的提供（由定作方提供，还是由承揽方提供）；（7）履行期限（主要指交付工作的期限，也包括原材料、配件、器材的交付期限）；（8）验收标准和方法等。

2. 当事人的义务和责任

（1）承揽人的义务和责任，主要是：

第一，亲自完成工作的义务。

承揽人应当以自己的设备、技术和劳力，完成主要工作，但当事人另有约定的除外。未经定作人同意将主要工作交由第三人，定作人可以解除合同。承揽人可以将其承揽的辅助工作交由第三人完成，应当就该第三人完成的工作成果向定作人负责。

第二，按约定使用符合标准的材料。

承揽人提供材料的，承揽人应当按照约定选用材料，并接受定作人检验。定作人提供材料的，承揽人应当及时检验，发现不符合约定时，应当及时通知定作人更换、补齐或者采取其他补救措施。承揽人不得擅自更换定作人提供的材料，不得更换不需要修理的零部件。

第三，交付工作成果，并保证符合质量要求。

承揽人完成工作后，应当向定作人交付工作成果，并提交必要的技术资料和有关质量证明。交付的工作成果不符合质量要求的，定作人可以要求承揽人承担修理、重作、减少报酬、赔偿损失等违约责任。

第四，妥善保管。

承揽人应当妥善保管定作人提供的材料以及完成的工作成果，因保管不善造成毁损、灭失的，承揽人应当承担损害赔偿责任。

第五，保密义务。

承揽人应当按照定作人的要求保守秘密，未经定作人许可，不得留存复制品或者技术资料。共同承揽人对定作人承担连带责任，但当事人另有约定的除外。

(2)定作人的义务和责任，主要是：

第一，按约定提供材料、图纸或技术要求。

定作人提供材料的，应当按照约定提供材料。定作人提供的图纸或者技术要求不合理的，承揽人发现后应当及时通知定作人，定作人怠于答复造成承揽人损失的，应当赔偿损失。

第二，协作的义务。

承揽工作需要定作人协助的，定作人有协助的义务。定作人不履行协助义务致使承揽工作不能完成的，承揽人可以催告定作人在合理期限内履行义务，并可以顺延履行期限；定作人逾期不履行的，承揽人可以解除合同。

第三，验收工作成果。

承揽人完成工作后，应当向定作人交付该工作成果，并提交必要的技术资料和有关质量证明，定作人应当验收该工作成果。定作人中途变更承揽工作要求，或者解除承揽合同的，应当赔偿损失。

第四，支付报酬。

定作人应当按照约定的期限支付报酬。对支付报酬的期限没有约定或者约定不明确的，可以协议补充，仍不能确定的，定作人应当在承揽人交付工作成果时支付；工作成果部分交付的，定作人应当相应支付。定作人未向承揽人支付报酬或者材料等价款的，承揽人对完成的工作成果享有留置权，但当事人另有约定的除外。

(八)建设工程合同

1. 建设工程合同的概述

建设工程合同是承包人进行工程建设，发包人支付价款的合同。从广义讲，建设工程合同属承揽合同这一大类,与其他承揽合同不同的是,建设工程合同的标的是工程建设,包括公路、铁路、桥梁、隧洞、水库等,因此,要求更加严格。

建设工程合同包括工程勘察、设计、施工合同。建设工程合同应当采用书面形式。勘察、设计合同的内容包括:提交有关基础资料和文件(包括概预算)的期限、质量要求、费用以及其他协作条件等条款。施工合同的内容包括:工程范围、建设工期、中间交工工程的开工和竣工时间、工程质量、工程造价、技术资料交付时间、材料和设备供应责任、拨款和结算、竣工验收、质量保修范围和质量保证期、双方相互协作等条款。

2. 建设工程合同的几个问题

由于建设工程合同与承揽加工合同属同类,因此,建设工程合同一章没有规定的,适用承揽合同的有关规定。合同法“建设工程合同”一章对总包、分包、转包、工程质量等,专门作了规定。

(1)关于总包、分包、转包。

发包人可以与总承包人订立建设工程合同,也可以分别与勘察人、设计人、施工人订立勘察、设计、施工承包合同。发包人不得将应当由一个承包人完成的建设工程肢解成若干部分发包给几个承包人。

在实际生活中,一些承包人层层转包,造成工程质量问题十分严重,对此,合同法作了规定。

第一,主要部分要由承包人自己完成。建设工程主体结构的施工必须由承包人自行完成。

第二,总承包人或者勘察、设计、施工承包人经发包人同意,可以将自己承包的部分工作交由第三人完成。第三人就其完成的工作成果与总承包人或者勘察、设计、施工承包人向发包人承担连带责任。承包人不得将其承包的全部建设工程转包给第三人或者将其承包的全部建设工程肢解以后以分包的名义分别转包给第三人。

第三,禁止承包人将工程分包给不具备相应资质条件的单位。

第四,禁止分包单位将其承包的工程再分包。

(2)关于监理。

工程建设实行监理制度,对保证工程质量关系重大。合同法专门规定,建设工程实行监理的,发包人应当与监理人采用书面形式订立委托监理合同。发包人与监理人的权利和义务以及法律责任,应当依照合同法委托合同以及其他有关法律(如建筑法)、行政法规的规定。

(3)关于工程质量。

合同法对建设工程质量问题,专门作了规定:

第一,发包人可以检查。发包人在不妨碍承包人正常作业的情况下,可以随时对作业进度、质量进行检查。

第二，隐蔽工程在隐蔽以前，承包人应当通知发包人检查。发包人没有及时检查的，承包人可以顺延工程日期，并有权要求赔偿停工、窝工等损失。

第三，建设工程竣工后，发包人应当根据施工图纸及说明书、国家颁发的施工验收规范和质量检验标准及时进行验收。建设工程竣工经验收合格后，方可交付使用；未经验收或者验收不合格的，不得交付使用。

第四，勘察、设计的质量不符合要求的，勘察人、设计人应当继续完善勘察、设计，减收或者免收勘察、设计费，并赔偿损失。

第五，因施工人的原因致使建设工程质量不符合约定的，发包人有权要求施工人在合理期限内无偿修理或者返工、改建。经过修理或者返工、改建后，造成逾期交付的，施工人应当承担违约责任。

因承包人的原因致使建设工程在合理使用期限内造成人身和财产损害的，承包人应当承担损害赔偿责任。

（九）运输合同

1. 运输合同的概述

交通运输在国民经济和社会生活中具有重要的地位，是生产、分配、流通所不可少的。运输合同是社会生活中常见的、重要的合同之一，是承运人将旅客或者货物从起运地点运输到约定地点，旅客、托运人或者收货人支付票款或者运输费用的合同。

运输合同的种类很多，根据运输的对象不同，可分为旅客运输合同和货物运输合同；根据运输方式的不同，可分为公路运输合同、水上运输合同、铁路运输合同、航空运输合同；根据是否具有两个以上的承运人，可分为单一运输合同、联合运输合同，如果是二个以上不同类交通工具运输的，又成为多式联运合同。1990年制定的铁路法、1992 年制定的海商法、1995 年制定的民用航空法，对铁路运输、海上运输和航空运输的问题，专门作了规定。合同法对运输合同的共性问题作出规定。

2. 客运合同

客运合同是承运人将旅客从起运地点运输到约定地点，旅客支付票款的合同。一方是旅客，一方是承运人。

（1）旅客的义务和责任，主要是：

第一，支付票款，持有效客票乘运。

旅客应当持有效客票乘运。无票乘运、超程乘运、越级乘运或者持失效客票乘运的，应当补交票款，承运人可以按照规定加收票款。旅客不交付票款的，承运人可以拒绝运输。

第二，按客票记载的时间乘坐。

旅客因自己的原因不能按照客票记载的时间乘坐的，应当在约定的时间内办理退票或者变更手续。逾期办理的，承运人可以不退票款，并不再承担运输义务。

第三，携带行李要符合规定。

旅客在运输中应当按照约定的限量携带行李，超过限量携带行李的，应当办理托运手续。

旅客不得随身携带或者在行李中夹带易燃、易爆、有毒、有腐蚀性、有放射性以及有可能危及运输工具上人身和财产安全的危险物品或者其他违禁物品。旅客违反以上规定的，承运人可以将违禁物品卸下、销毁或者送交有关部门。旅客坚持携带或者夹带违禁物品的，承运人应当拒绝运输。

(2)承运人的义务和责任，主要是：

第一，从事公共运输的承运人不得拒绝旅客通常、合理的运输要求。

第二，按约定将旅客送到目的地。

承运人应当按照客票载明的时间和班次将旅客安全运输到约定地点。承运人迟延运输的，应当根据旅客的要求安排改乘其他班次或者退票。承运人擅自变更运输工具而降低服务标准的，应当根据旅客的要求退票或者减收票款；提高服务标准的，不应当加收票款。

第三，告知义务。

承运人应当向旅客及时告知有关不能正常运输的重要事由和安全运输应当注意的事项。

第四，安全运送和救助义务。

承运人在运输过程中，应当尽力救助患有急病、分娩、遇险的旅客。承运人应当对运输过程中旅客的伤亡承担损害赔偿责任，但伤亡是旅客自身健康原因造成的或者承运人证明伤亡是旅客故意、重大过失造成的除外。

在运输过程中旅客自带物品毁损、灭失，承运人有过错的，应当承担损害赔偿责任。

3. 货运合同

货运合同是承运人将货物从起运地点运输到约定地点，托运人或者收货人支付运输费用的合同。货运合同一般涉及承运人、托运人和收货人。

(1)托运人、收货人的义务和责任，主要是：

第一，如实报告托运货物的情况。

托运人办理货物运输，应当向承运人准确表明收货人的名称或者姓名或者凭指示的收货人，货物的名称、性质、重量、数量，收货地点等有关货物运输的必要情况。因托运人申报不实或者遗漏重要情况，造成承运人损失的，托运人应当承担损害赔偿责任。

托运人托运易燃、易爆、有毒、有腐蚀性、有放射性等危险物品的，应当按照国家有关危险物品运输的规定对危险物品妥善包装，作出危险物标志和标签，并将有关危险物品的名称、性质和防范措施的书面材料提交承运人。托运人违反以上规定的，承运人可以拒绝运输，也可以采取相应措施以避免损失的发生，因此产生的费用由托运人承担。

第二，办理必要手续。

货物运输需要办理审批、检验等手续的，托运人应当将办理完有关手续的文件提交承运人。

第三，按约定的方式包装货物。

托运人应当按照约定的方式包装货物。对包装方式没有约定或者约定不明确的，可以协议补充；不能达成补充协议，按照合同有关条款或者习惯确定；仍不能确定的，应当按照通用的方式包装；没有通用方式的，应当采取足以保护标的物的包装方式。托运人违反以上规定的，承运人可以拒绝运输。

第四，中止、变更运输的责任。

在承运人将货物交付收货人之前，托运人可以要求承运人中止运输、返还货物、变更到达地或者将货物交给其他收货人，但应当赔偿承运人因此受到的损失。

第五，及时提货。

收货人应当及时提货，提货时应当按照约定的期限检验货物。逾期提货的，应当向承运人支付保管费等费用。收货人不明或者收货人拒绝受领货物的，承运人可以提存货物。

第六，支付运费。

托运人或者收货人应当支付运费。不支付运费、保管费以及其他运输费用的，承运人对相应的运输货物享有留置权，但当事人另有约定的除外。

（2）承运人的义务和责任，主要是：

第一，从事公共运输的承运人不得拒绝托运人通常、合理的运输要求。

第二，按约定将货物运送到目的地。

承运人应当按照约定的或者通常的运输路线，在约定期间或者合理期间内，将货物安全运输到约定地点。承运人未按照约定路线或者通常路线运输增加运输费用的，托运人或者收货人可以拒绝支付增加部分的运输费用。

第三，通知收货人。

货物运输到达后，承运人知道收货人的，应当及时通知收货人。

第四，赔偿货物毁损、灭失责任。

承运人对运输过程中货物的毁损、灭失承担损害赔偿责任，但承运人证明货物的毁损、灭失是因不可抗力、货物本身的自然性质或者合理损耗以及托运人、收货人的过错造成的，不承担损害赔偿责任。

货物的毁损、灭失的赔偿额，当事人有约定的，按照其约定；没有约定或者约定不明确，可以协议补充；协议不成的，按照合同有关条款或者习惯确定；仍不能确定的，按照交付或者应当交付时货物到达地的市场价格计算。法律、行政法规对损害赔偿额的计算方法和赔偿限额另有规定的，依照其规定。

(3)同一运输方式联运的责任:

两个以上承运人以同一运输方式联运的,与托运人订立合同的承运人应当对全程运输承担责任。损失发生在某一运输区段的,与托运人订立合同的承运人和该区段的承运人承担连带责任。

4. 多式联运合同

多式联运是指需要通过铁路、航空、船舶等多种方式联合运输,涉及铁路、航空、海运等多个承运人。在这种情况下,如何承担责任,合同法作了规定。

第一,多式联运经营人负责履行或者组织履行多式联运合同,对全程运输享有承运人的权利,承担承运人的义务。

多式联运经营人可以与参加多式联运的各区段承运人就多式联运合同的各区段运输约定相互之间的责任,但该约定不影响多式联运经营人对全程运输承担的义务。

第二,因托运人托运货物时的过错造成多式联运经营人损失的,即使托运人已经转让多式联运单据,托运人仍然应当承担损害赔偿责任。

第三,货物的毁损、灭失发生于多式联运的某一运输区段的,多式联运经营人的赔偿责任和责任限额,适用调整该区段运输方式的有关法律规定。也就是说,发生在铁路运输区段的,按铁路法规定赔偿,发生在海运区段的,按海商法规定赔偿。

(十)技术合同

1. 技术合同的概述

技术合同是随着我国科学技术体制的改革而出现和发展起来的。经济建设必须依靠科学技术,科学技术必须面向经济建设,技术市场是社会主义商品市场的重要组成部分,通过技术合同在科学技术和经济建设之间的媒介作用,使科研成果迅速应用于生产实践,有利于科学技术成果不断地转化为新的生产能力。

合同法有关技术合同的规定,包括了原技术合同法的内容,并予以补充完善,为技术合同提供了更加完备的、统一的法律依据。

技术合同是当事人就技术开发、转让、咨询或者服务订立的确立相互之间权利义务的合同。技术合同可以分为技术开发合同、技术转让合同和技术服务合同三类。

2. 技术开发合同

技术开发合同是指当事人之间就新技术、新产品、新工艺或者新材料及其系统的研究开发所订立的合同。技术开发合同应当采用书面形式。技术开发合同包括委托开发合同和合作开发合同。

委托开发合同的委托人应当按照约定支付研究开发经费和报酬;提供技术资料、原始数据;完成协作事项;接受研究开发成果。委托开发合同的研究开发人应当按照约定制定和实施研究开发计划；合理使用研究开发经费；按期完成研究开发工作，交付研究开发成果，提供有关的技术资料和必要的技术指导，帮助委托人掌握研究开发成果。

合作开发合同的当事人应当按照约定进行投资，包括以技术进行投资；分工参与研究开发工作；协作配合研究开发工作。

3. 技术转让合同

技术转让合同可以约定让与人和受让人实施专利或者使用技术秘密的范围，但不得限制技术竞争和技术发展。让与人应当保证自己是所提供的技术的合法拥有者，并保证所提供的技术完整、无误、有效，能够达到约定的目标。受让人应当按照约定的范围和期限，对尚未公开的秘密部分，承担保密义务。技术转让合同应当采用书面形式。技术转让合同包括专利权转让、专利申请权转让、技术秘密转让和专利实施许可合同。

专利实施许可合同的让与人应当按照约定许可受让人实施专利，交付实施专利有关的技术资料，提供必要的技术指导。受让人应当按照约定实施专利，不得许可约定以外的第三人实施该专利，并按照约定支付使用费。

技术秘密转让合同的让与人应当按照约定提供技术资料，进行技术指导，保证技术的实用性、可靠性，承担保密义务。受让人应当按照约定使用技术，支付使用费，承担保密义务。

4. 技术咨询合同和技术服务合同

技术咨询合同包括就特定技术项目提供可行性论证、技术预测、专题技术调查、分析评价报告等合同。技术咨询合同的委托人应当按照约定阐明咨询的问题，提供技术背景材料及有关技术资料、数据；接受受托人的工作成果；支付报酬。受托人应当按照约定的期限完成咨询报告或者解答问题；提出的咨询报告应当达到约定的要求。

技术服务合同是指当事人一方以技术知识为另一方解决特定技术问题所订立的合同，不包括建设工程合同和承揽合同。技术服务合同的委托人应当按照约定提供工作条件，完成配合事项；接受工作成果并支付报酬。受托人应当按照约定完成服务项目，解决技术问题，保证工作质量，并传授解决技术问题的知识。

法律、行政法规对技术中介合同、技术培训合同另有规定的，依照其规定。

（十一）保管合同

1. 保管合同的概述

在商品生产、流通领域和人们的日常生活中，存在着各种形式的保管，如存车、在车站寄存小件行李等。保管合同是保管人保管寄存人交付的保管物，并返还该物的合同。一般保管合同自保管物交付时成立，当事人另有约定的除外。是否要交保管费,由当事人约定。没约定或约定不明确的,保管是无偿的。

2. 当事人的义务和责任

(1)保管人的义务和责任,主要是:

第一,妥善保管保管物。

保管人应当妥善保管保管物。当事人可以约定保管场所或者方法。除紧急情况或者为了维护寄存人利益的以外,不得擅自改变保管场所或者方法。保管期间,因保管人保管不善造成保管物毁损、灭失的,保管人应当承担损害赔偿责任。但保管是无偿的,保管人证明自己没有重大过失的,不承担损害赔偿责任。

第二,亲自保管。

保管人不得将保管物转交第三人保管,但当事人另有约定的除外。保管人违反以上规定,将保管物转交第三人保管,对保管物造成损失的,应当承担损害赔偿责任。

第三,不得使用保管物。

保管人不得使用或者许可第三人使用保管物,但当事人另有约定的除外。

第四,将原物及其孳息归还寄存人。

保管期间届满或者寄存人提前领取保管物的,保管人应当将原物及其孳息归还寄存人。约定保管期间的,保管人无特别事由,不得要求寄存人提前领取保管物。

(2)寄存人的义务和责任,主要是:

第一,寄存贵重物品、有瑕疵或者要特殊保管的物品要告知。

寄存人交付的保管物有瑕疵或者按照保管物的性质需要采取特殊保管措施的,寄存人应当将有关情况告知保管人。寄存人未告知,致使保管物受损失的,保管人不承担损害赔偿责任;保管人因此受损失的,除保管人知道或者应当知道并未采取补救措施的以外,寄存人应当承担损害赔偿责任。

寄存人寄存货币、有价证券或者其他贵重物品的,应当向保管人声明,由保管人验收或者封存。寄存人未声明的,该物品毁损、灭失后,保管人可以按照一般物品予以赔偿。

第二,支付保管费。

有偿的保管合同,寄存人应当按照约定的期限向保管人支付保管费,未按照约定支付保管费以及其他费用的,保管人对保管物享有留置权,但当事人另有约定的除外。

3. 第三人对保管物主张权利

第三人对保管物主张权利的怎么办?除依法对保管物采取保全或者执行的以外,保管人应当履行向寄存人返还保管物的义务。第三人对保管人提起诉讼或者对保管物申请扣押的,保管人应当及时通知寄存人。

（十二）仓储合同

1. 仓储合同的概述

仓储合同是一种特殊的保管合同，随着社会分工的深化，商品经济的发展，出现了专业仓库储存业务。仓储合同是保管人储存存货人交付的仓储物，存货人支付仓储费的合同。仓储合同与一般的保管合同有不同的要求：一是仓储合同自成立时起生效，而一般保管合同是自保管物交付时生效；二是有偿合同，存货人要支付仓储费，而一般保管合同是否交保管费由当事人约定。

合同法“仓储合同”一章对仓储合同有特殊要求的问题作了规定，没有规定的，适用保管合同的有关规定。

2. 仓储合同的特别规定

（1）仓单。

存货人交付仓储物的，保管人应当给付仓单。保管人应当在仓单上签字或者盖章。仓单是提取仓储物的凭证。存货人或者仓单持有人在仓单上背书并经保管人签字或者盖章的，可以转让提取仓储物的权利。

（2）关于危险物品的储存。

储存易燃、易爆、有毒、有腐蚀性、有放射性等危险物品或者易变质物品，存货人应当说明该物的性质，提供有关资料。存货人违反以上规定的，保管人可以拒收仓储物，也可以采取相应措施以避免损失的发生，因此产生的费用由存货人承担。

保管人储存易燃、易爆、有毒、有腐蚀性、有放射性等危险物品的，应当具备相应的保管条件。

（3）保管人验收。

保管人应当按照约定对入库仓储物进行验收。保管人验收时发现入库仓储物与约定不符合的，应当及时通知存货人。保管人验收后，发生仓储物的品种、数量、质量不符合约定的，保管人应当承担损害赔偿责任。

（4）存货人或者仓单持有人可以检查。

保管人根据存货人或者仓单持有人的要求，应当同意其检查仓储物或者提取样品。

（5）仓储物变质或损坏。

保管人对入库仓储物发现有变质或者其他损坏，危及其他仓储物的安全和正常保管的，应当催告存货人或者仓单持有人作出必要的处置。因情况紧急，保管人可以作出必要的处置，但事后应当将该情况及时通知存货人或者仓单持有人。

（6）提取时间。

当事人对储存期间没有约定或者约定不明确的，存货人或者仓单持有人可以随时提取仓储物，保管人也可以随时要求存货人或者仓单持有人提取仓储物，但应当给予必要的准备时间。储存期间届满,存货人或者仓单持有人应当凭仓单提取仓储物。存货人或者仓单持有人逾期提取的,应当加收仓储费;提前提取的,不减收仓储费。

(7)提存。

储存期间届满,存货人或者仓单持有人不提取仓储物的,保管人可以催告其在合理期限内提取,逾期不提取的,保管人可以提存该物。

(十三)委托合同

1. 委托合同的概述

委托合同是委托人和受托人约定,由受托人处理委托人事务的合同。在现实生活中,有的公民、法人由于身体、专业知识、地点等原因,不能亲自处理某些事物,需要委托他所信赖的人代为处理。委托处理的事务是很广泛的,委托人可以特别委托受托人处理一项或者数项事务,也可以概括委托受托人处理一切事务。

2. 当事人的义务和责任

(1)受托人的义务和责任,主要是:

第一,按照委托人的指示处理委托事务。

受托人应当按照委托人的指示处理委托事务。需要变更委托人指示的,应当经委托人同意;因情况紧急,难以和委托人取得联系的,受托人应当妥善处理委托事务,但事后应当将该情况及时报告委托人。受托人超越权限给委托人造成损失的,应当赔偿损失。

第二,亲自处理委托事务。

受托人应当亲自处理委托事务。经委托人同意,受托人可以转委托。转委托经同意的,委托人可以就委托事务直接指示转委托的第三人,受托人仅就第三人的选任及其对第三人的指示承担责任。转委托未经同意的,受托人应当对转委托的第三人的行为承担责任,但在紧急情况下受托人为维护委托人的利益要转委托的除外。

第三,应尽力办理委托事务。

有偿的委托合同,因受托人的过错给委托人造成损失的,委托人可以请求赔偿损失。无偿的委托合同,因受托人的故意或者重大过失给委托人造成损失的,委托人可以要求赔偿损失。

第四,报告处理情况和结果。

受托人应当按照委托人的要求,报告委托事务的处理情况。委托合同终止时,受托人应当报告委托事务的结果。受托人处理委托事务取得的财产,应当转交给委托人。

(2)委托人的义务和责任,主要是:

第一,预付处理委托事务的费用。

委托人应当预付处理委托事务的费用。受托人为处理委托事务垫付的必要费用,委托人应当偿还该费用及其利息。

第二,支付报酬。

受托人完成委托事务的,委托人应当向其支付报酬。因不可归责于受托人的事由,委托合同解除或者委托事务不能完成的,委托人应当向受托人支付相应的报酬。当事人另有约定的,按照其约定。

第三,委托人经受托人同意,可以在受托人之外委托第三人处理委托事务。因此给受托人造成损失的,受托人可以向委托人要求赔偿损失。

(十四)行纪合同

1. 行纪合同的概述

行纪又称为信托,对活跃商品经济,调剂余缺,促进物资交流,有重要意义。行纪合同是行纪人以自己的名义为委托人从事贸易活动,委托人支付报酬的合同。

行纪合同与委托合同的区别是:(1)行纪人只能以自己名义进行活动,行纪人与第三人订立合同的,行纪人对该合同直接享有权利、承担义务。而委托合同的委托人多是以委托人名义进行活动。(2)行纪合同处理的事务,限于购销、寄售等贸易活动,而委托合同中委托处理的事务,要比这个范围宽。(3)行纪合同是有偿合同,委托人要支付报酬,而委托合同可以有偿,也可以无偿。

2. 当事人的义务和责任

(1)行纪人的义务和责任,主要是:

第一,负担费用。

行纪人处理委托事务支出的费用,由行纪人负担,但当事人另有约定的除外。这一点与委托合同不同,委托合同是由委托人负担费用。

第二,妥善保管委托物。

行纪人占有委托物的,应当妥善保管委托物。委托物交付给行纪人时有瑕疵或者容易腐烂、变质的,经委托人同意,行纪人可以处分该物;和委托人不能及时取得联系的,行纪人可以合理处分。

第三,按委托人对价格的要求办。

委托人对价格有特别指示的,行纪人不得违背该指示卖出或者买入。

行纪人低于委托人指定的价格卖出或者高于委托人指定的价格买入的,应当经委托人同意。未经委托人同意,行纪人补偿其差额的,该买卖对委托人发生效力。

行纪人高于委托人指定的价格卖出或者低于委托人指定的价格买入的,可以按照约定增加报酬。没有约定或者约定不明确,可以补充协议,协议不成的,该利益属于委托人。

第四,第三人不履行义务致使委托人受到损害的,行纪人应当承担损害赔偿责任,但行纪人与委托人另有约定的除外。

(2)委托人的义务和责任,主要是:

第一,及时受领买入的委托物。

行纪人按照约定买入委托物,委托人应当及时受领。经行纪人催告,委托人无正当理由拒绝受领的,行纪人可以提存。

第二,不能卖出或撤回出卖的,要取回。

委托物不能卖出或者委托人撤回出卖,经行纪人催告,委托人不取回或者不处分该物的,行纪人可以提存。

第三,支付报酬。

行纪人完成或者部分完成委托事务的,委托人应当向其支付相应的报酬。逾期不支付报酬的,行纪人对委托物享有留置权,但当事人另有约定的除外。

(十五)居间合同

1. 居间合同的概述

居间合同是居间人向委托人报告订立合同的机会或者提供订立合同的媒介服务,委托人支付报酬的合同。居间合同与委托合同、行纪合同的不同之处主要是:居间人是提供媒介服务,而受托人、行纪人要按委托人的意志签订合同和履行合同。

2. 当事人的义务和责任

(1)居间人的义务和责任,主要是:

第一,向委托人报告订立合同的机会,或者提供订立合同的媒介服务。居间人应当就有关订立合同的事项向委托人如实报告。

居间人故意隐瞒与订立合同有关的重要事实或者提供虚假情况,损害委托人利益的,不得要求支付报酬,并应当承担损害赔偿责任。

第二,居间人促成合同成立的,居间活动的费用,由居间人负担。

(2)委托人的义务和责任:

居间人促成合同成立的,委托人应当按照约定支付报酬。没有约定或者约定不明确的,可以补充协议;协议不成仍不能确定的,根据居间人的劳务合理确定。因居间人提供订立合同的媒介服务而促成合同成立的,由该合同的当事人平均负担居间人的报酬。居间人未促成合同成立的,不得要求支付报酬,但可以要求委托人支付从事居间活动支出的必要费用。

著作权立法精神概述

（1991 年 4 月　最高人民法院全国
法院系统著作权法培训班）

著作权法起草制定的过程比较长，我接触这部法也有好几年了。从接触中，我深感这部法非常重要，这部法非常复杂。

所以说著作权法是一部非常重要的法，这是因为：第一，这部法关系到我们国家的社会主义精神文明建设，对于繁荣和发展我国的社会主义文化事业和科学事业，有着非常重大的关系。第二，这部法跟广大知识分子的关系非常密切，它保护广大知识分子脑力劳动成果产生的合法权益，有利于激发他们的创作积极性。第三，这部法能促进对外引进先进的科学技术，发展对外文化方面的交流。我去美国访问过，在科技文化交往问题上，他们特别关心的有两个问题，一个是专利法，一个是著作权法。著作权法的制定，有利于对外的文化技术交流。第四，我们已先后制定了专利法、商标法，现在再制定著作权法，可以使我国作为知识产权方面的民事法律基本上完备，这是我国法制建设方面的一个重大成果。

所以说著作权法非常复杂，这是因为：第一，这部法比其他知识产权的法律要复杂，如专利法只涉及自然科学，而著作权法不仅涉及自然科学，而且涉及社会科学、文学艺术等等意识形态、上层建筑的广阔领域。第二，这部法调整的作品各种各样，不仅是文字作品，还包括口头作品、美术作品、音乐作品等。这些不同的作品使用方式也各不相同。如文学作品主要是出版，而音乐作品则不一样了，它的使用方式主要是演唱，而且是反复的、多次的演唱。科技作品又不一样，它既有著作权问题，又有专利权问题，如果是专利技术的转让，则属于专利权了。因此，我深感，这部法调整作品的范围非常宽广，包括各类作品，各类作品的使用又不一样，各有各的特点，既要把它们共性的东西规定下来，又要能够适应各种不同类型的作品的不同特点，这的确不是一件容易的事。第三，作品使用起来关系很复杂。专利的使用，双方订个合同就可以了，权利义务比较清楚。而有些作品的使用，关系就很复杂了。比如，甲写了一篇小说，乙把它译成另一国的文字，丙又把它改编成剧本，一个剧团采用这个剧本演出，演出后又被广播、录像了。从这个作品的使用中可看出，它牵涉到多少关系！牵涉到表演者、改编者、翻译者、录音录像制作者与原作者的关系，以及他们相互之间的关系，这些权利义务关系怎么理清楚，非常非常复杂。

几年前，我开始接触这部法与版权局的同志研究讨论时提出的一些问题，到最后通过前对这些问题还是有各种不同意见，反复磋商研究。我们到国外考察，有些问题问他们，他们也谈不清，也没有解决。草案提交全国人大常委会审议后，常委会审议过好几次，对各种各样意见，反复讨论、研究修改。所以说，我总的感受是，这部法非常重要，而又非常复杂。

对这样复杂的问题，我们怎么来规定？对各方面的不同意见，根据什么精神、什么原则来解决？在制定过程中，我们研究了一些国家的著作权法和有关著作权的国际公约。在著作权问题上，世界各国是有共性的东西的，对国外的、世界上的有益的经验，我们要借鉴吸收，但是我觉得要充分考虑到我们中国的实际情况。对一些问题，有这种意见、那种意见，怎么解决？关键是从我们中国的实际情况出发，把国外的有益的经验与我们中国的实际相结合。不然，思想就统一不了。对著作权问题，国外也有各派的不同主张，在法理上争论不休。有大陆法系，英美法系；还有发达国家、发展中国家，各不相同。如果各谈各的，争不清楚，没法解决。所以，要从中国的实际出发来研究问题，来考虑问题。我一直在考虑一个问题，我们的实际是什么？怎么解决著作权法中的问题？反映到我们中国制定的著作权法里面，应当有哪些中国的特点。我觉得，应从以下几个基本的方面去考虑。

第一，首先要考虑的是，我们的国家是社会主义国家。这一点是我们中国一个基本的现实。著作权立法涉及到意识形态方面的问题，我们跟西方资本主义国家不一样。在资本主义国家，作品完全商品化了，在我们这儿，不能完全商品化。我们立这个法要有利于社会主义精神文明建设，考虑作品的社会效益等等问题。

第二，另一个基本的事实是，我们是一个发展中国家。在著作权问题上，发达国家与发展中国家，由于情况不同，因此有不同的利害关系，有不同的主张。为什么会产生“突尼斯样版法”？这主要是因为在著作权问题上，发展中国家跟发达国家有不同的利害关系。发展中国家科学、技术、文化，一般说来比较的不发达，因此，为了本国科学技术和文化的发展，经济的发展，就需要多用外国的著作。而发达国家，由于科技、经济发达，其作品被人使用得就多。因此，发达国家与发展中国家所考虑的就必然不同。这不是从什么理论出发的，而是从实践中产生的。那么，我们国家是一个发展中国家，我们现在使用外国的东西就比较多。为什么在立法过程中，科学家们反应那么强烈、那么关心，科学界担心使用那么多国外的材料怎么办，得增加支付多少费用！我们在制定著作权法时，不能不考虑如何解决好这个问题。

第三，还有一个事实是，我们国家是一个文化历史悠久的国家。应该说这是我们的一个优势，一个特点，一个长处。这一点涉及到民间文学艺术作品的保护问题，对我们丰富的民间文学艺术要不要把它作为作品用著作权法来保护？不少第三世界国家，在自己的著作权立法中，就考虑要充分发挥自己民间文学艺术相当丰富这个优势。我们的立法也要考虑发挥我们的优势。

第四,改革开放是我们国家的一个基本国策。这也是一个基本的事实。我们不考虑这一点也不行。现在跟建国初期不一样了,那时候外国封锁我们,我们先关起门来打扫干净,搞建设。现在我们对外开放,与外国有好多经济、贸易、技术、文化方面的交流合作。在这种情况下,不能不考虑到国际上的惯例,不考虑是行不通的。

第五,在著作权保护这个问题上,我国是一个比较年轻的国家,起步比较晚。这也是一个实际情况。建国后,我们很早就保护著作权,但过去主要在文字作品的出版方面。民法通则颁布以后,陆陆续续对音乐、美术、戏剧等方面的保护搞了一些行政性法规。也就是说我们国家起步比较晚。西方有些国家发展到现在这种情况,经过了一二百年的时间。有些同志一谈起人家,就说现在人家已经如何如何了。要知道,人家发展到现在,那是经过了一二百年时间的呀!起步比较晚,这是我们国家的实际情况。在制定著作权法时,必须考虑这个情况。

因此,各种不同意见到底应该根据什么精神、什么原则来统一,怎样在我们的法里边作出规定,关键是要从我们的实际出发。制定著作权法,对以上几个方面的基本现实,几个基本因素必须考虑,不考虑不行。根据中国的实际情况,我们应当考虑遵循以下几个原则:

第一,我们制定的著作权法一定要有利于我们社会主义的精神文明建设。正如我刚刚讲过的,著作权跟技术不一样,跟自然科学不一样,有一些作品是属于上层建筑、意识形态领域的东西。我们是社会主义国家,这就决定了我们在制定著作权法的时候,一定要考虑如何鼓励和促进有利于社会主义精神文明的作品的创作和传播。立法过程中争论的一个问题,就是法律禁止出版、传播的作品有没有著作权?要不要保护?经过研究增加了一条,明确规定依法禁止出版、传播的作品,著作权法不予保护。从争论中可以看出一个问题,就是对公民权、公民的政治权、著作权,这三个权利和它们之间的关系没有搞清楚。创作是我国宪法里规定的公民的基本权利之一。公民有合法创作作品的自由,这是政治权。著作权是对于创作的作品享有的民事权利。它们有区别,又有联系。例如,哪些作品禁止出版、传播,哪些不禁止,应该由出版法等去规定,著作权法不具体规定,因为这是属于政治权利的问题,而著作权法规定的是民事权利。又如,被剥夺政治权利的罪犯有没有著作权?有。因为剥夺的是政治权利,而没有剥夺他的民事权利。他有创作的自由,如果他创作的作品是好的,譬如画张画,画得很好,为什么没有著作权?一样有著作权。如果说被剥夺政治权利的人没有著作权,那就是把政治权利跟民事权利搞混了。民事权利与政治权利有区别,但是又有联系。法律禁止出版、传播的反动的或淫秽的作品,著作权法保护不保护?对这个问题,著作权法有明确规定。对法律禁止出版、传播的反动、淫秽作品,著作权法当然不保护。民法通则还有合法性的规定,法律保护的是合法的民事权利。法律所禁止的,不仅不让传播,还要没收,不仅不予保护,而且要追究法律责任。

第二,制定著作权法要强调保护作者的合法权益,同时又要考虑到国家、社会的需要。要处理好这两者的关系。首先,我们要强调保护作者的著作权。因为从我们国家情况来看,作者的地位一般说是比较弱的,对作者的权利保障不够。作者创作作品付出了辛勤的智力劳动,对作者因创作作品而享有的民事权利,应当予以保护。保护作者的著作权,有利于提高他们的创作积极性,有利于我们国家的文化繁荣、科学发展。因此,著作权保护的客体,不能仅仅是文字作品,而应当包括各类作品;著作权的内容既要包括精神权利,又要包括因使用作品而产生的财产权利;对作品的使用,不能仅规定出版,而且要包括表演等各种使用。在著作权的归属等问题上,也都要考虑保护作者的权益。同时,我们也不能不考虑广大人民群众对文化生活和学习的需求,不能不考虑国家经济建设的需要,科学文化发展的需要。因此,又要对著作权有一定的限制,对合理使用、法定许可等作出规定。

第三,在制定这个法律的时候,我们一定要考虑使它能够有利于我国的文化、广播、电视事业和整个国家科学文化的发展。这个问题,在法的制定过程中,各方面反映比较强烈。拿广播、电视来说,当时的实际作法是,使用未发表的作品制作节目,向作者支付报酬,使用已发表的作品就不向作者支付报酬了。广播、电视组织提出,有相当多的节目是使用已发表的作品,如果要向作者支付报酬,那么要增加多少开支!要求解决经费来源,不然负担不了。而有些作者则主张,不仅制作节目时要向作者支付报酬,而且在重播节目时,也要支付报酬,每播一次应当支付一次。怎么办?反复研究,广播、电视组织使用已发表的作品制作节目时,向表演者支付不少报酬,而不向作者支付报酬,认为这是不合理的。为保护作者权益,应向作者支付报酬。为什么广播、电视节目贫乏,一个重要原因,就是对作者权益保护不够。使用作品向作者支付报酬,保护作者的合法权益,虽然增加一些支出,但有利于创作出更多更好的作品。但是,我们国家的电视、广播事业与西方国家又不一样,西方的电视、广播基本是商业性的,而我们国家的广播、电视事业不是商业性的,承担着宣传、教育、促进社会主义精神文明建设这样的任务。据广播电台统计,广播节目平均要播放6次,也就是说,如果播一次支付一次报酬,要增加6倍的开支。有的歌曲甚至天天播放。如果这样,就需要解决大量经费来源问题。怎么解决?无非几个办法,一是由国家增加经费,或者向听众、观众收费。由国家增加经费,财政部门受不了,我们经费本来就紧张。向观众、听众收费成不成,有的同志算了一笔账,说全国有多少台电视机,每台电视机交不了多少钱就够中央台支出了。可是,电视台有中央台、还有地方台,一个市,一个省可能还有几个台,大家都收起费来,老百姓受得了受不了?所以说,这个办法起码现在行不通。我们立法的本来目的,是为了更好地繁荣科学、文化事业。如果立法后使电视台、广播电台节目少了,老百姓允许吗?所以规定,广播、电视组织使用已发表的作品,要向作者支付报酬。支付报酬后,广播电台、电视台就取得这个节目的播放权,再播放就可以不支付报酬了。这样规定,符合我国的现实情况,在保护作者的权益上前进了一步，同时又不致于使广播电台、电视台承受不了，有利于广播电视事业的发展。

第四，从我们国家的著作权保护起步晚这个现实出发，在制定著作权法的时候，对于作者的权利，要强调保护，保护的水平一定要在现有的基础上前进，要一步一步来，逐步提高。拿法定许可来说，就有很大争论。使用已发表的作品要不要经作者事先许可，有的作家主张，使用已发表的作品，也要经作者许可。而广播电台、电视台、表演者、录音录像制作者则提出来说，一台文艺演出或者一盒录音带，如果唱 10 首歌，那么就有 10 个作曲的，10 个作词的，有些作家还不知在哪里，都得跟他们事先联系取得许可，这就无法及时演出或录音。有的同志说，可以成立代理机构，全国这么大，不是一下子就可以建立起来的。经过反复研究，最后考虑规定，使用已发表的作品，要支付报酬，但不必事先经过许可。这样会不会侵犯作者权利呢？不会。因为一般来说，作品发表后作者是希望他人使用、传播的，报酬标准国家有规定，不会损害作者权益，而有利作品的传播。有的同志提出，有的是过去年轻时创作的歌曲，已经发表，但后来觉得有问题，不愿传播了，怎么办？这种情况是存在的，因此在使用他人已发表的作品可以不经著作权人许可之后，增加了"著作权人声明不许使用的不得使用"一句。这就可以解决不愿再传播的问题了。但是，加了这句后，有的同志把它理解成，我可以声明所有使用的都得经过我允许。这就变样了，不是立法的原意了。如果那样的话，等于没有法定许可。著作权法要处理好作者和使用者，包括传播者的权利义务关系，还要处理好个人跟单位的关系。我国的作者与国外的作者不一样，国外的作者绝大多数都是自由职业者，而我们的作者多数是国家工作人员，不少作品是职务作品，这一点是很不一样的。因此，研究、解决好职务作品著作权的归属，是一个极为重要的问题。在这个问题上，既要考虑保护作者权利，又要考虑单位的利益。总之，一定要从我国的现实情况出发，在著作权保护水平问题上，要前进一步，但是不可能一下子什么问题都能得到解决。应该说，在我国目前情况下，著作权法对作者著作权的保护水平是比较充分的，比起过去的实际保护程度大大提高了一步，今后随着国家的发展，还可以逐步发展提高。

许多同志已介绍了著作权法的内容，本来我没有什么更多要讲的了。最高人民法院的同志一定还要我来讲讲，我就把制定这个法的一些情况，对一些问题是如何考虑的，给同志们做点介绍，也许对大家学习、理解这个法的精神，正确执行这个法，会有点帮助。《中国法学》编辑部副主任郭道晖同志在著作权法快要通过的时候，约我写篇东西，建议把研究制定过程中争论的问题写一写。我考虑再三，没有采取这种形式写，而是从正面对著作权法的主要问题进行阐述，对这个法中一些不大好理解的问题作了解释，对争论的一些问题，实际上从正面作了回答。这篇文章题目是"新中国第一部著作权法概述"[①]，如果大家感兴趣，可以参阅。

---

① 原载《中国法学》1990 年第 6 期。

最后，我想讲一个问题。我们立法的一个重要原则是，广泛发扬民主，在高度民主的基础上集中。著作权法制定过程中，作者、传播者，主管部门和有关部门，各个方面，提出了许多好的意见，在一些问题上，也存在着这样那样不同的看法，这对制定这个法很有好处。因为，只有广泛倾听各方面意见，特别是不同的意见，才可以从中比较，集中好的意见，使我们的法定得比较符合实际，比较好一些。著作权法吸收了各方面好的意见。但是，这个法律定下来以后，就应当按照法律规定很好宣传，严格依照法律的规定执行。不要按照个人的意见去解释，更不能按个人的意见去执行。人民法院是国家审判机关，同志们是审判人员，在保证法律的实施上，担负着极为重要的责任。因此，一定要正确理解和掌握立法精神，严格依照法律的规定进行审判工作，保证国家法制的统一和贯彻。

我的讲话供同志们参考。

新中国第一部著作权法概述

（1990年 《中国法学》）

七届全国人大常委会第十五次会议通过了《中华人民共和国著作权法》，这是新中国第一部著作权法。著作权法是根据宪法和民法通则制定的。过去，已经制定了专利法、商标法等，现在又制定了著作权法。这样，我国有关知识产权的民事法律已趋于完备了。

我国著作权法中所称的著作权与版权系同义语。著作权从根本上说，是作者对其创作的作品所享有的民事权利。著作权法对作者和著作权的归属、著作权的客体、著作权的内容、著作权的保护和限制作了规定。同时，对出版者、表演者、录音录像制作者、广播电台电视台与著作权有关的权利，作者、传播者和广大人民群众在使用作品时产生的权利义务等，也作了规定。

一、保护作者对作品享有的著作权

保护作者对作品享有的著作权，是制定著作权法的基本目的之一。著作权法关于著作权的客体、著作权的内容、著作权的归属等方面的规定，都体现了保护作者著作权的精神。

（一）著作权法保护的客体是比较广泛的

著作权法规定，“中国公民、法人或者非法人单位的作品，不论是否发表，依照本法享有著作权”“本法所称的作品，包括以下列形式创作的文学、艺术和自然科学、社会科学、工程技术等作品”。一共列举了九项：

第一，文字作品。历史上最早的著作权是从文字著作开始的。它包括文学、艺术方面的文字作品，如小说、散文、诗词等，也包括社会科学和自然科学方面的文字作品，如各种科学论文、专著等。

第二，口述作品。如没有形成文字的报告、讲学等，也受著作权法保护。

第三，音乐、戏剧、曲艺、舞蹈作品。音乐作品是能够演唱或演奏的带词或不带词的作品。戏剧作品包括话剧、京剧和各种地方戏剧等。舞蹈作品是以舞谱形式表现，或者以艺术加工的动作、姿势、表情等舞蹈动作表现的作品。

第四，美术、摄影作品。美术作品包括各种绘画（如水彩画、油画、水墨画、漫画等)、书法、雕塑等。

第五,电影、电视、录像作品。电影是综合性艺术,是以拷贝形式固定下来的作品。对电视节目、录像,要区分作品和制品。作品是有创作的,如电视剧;如果只是把某人的报告录下来,没有创作,是制品,不是作品。

第六,工程设计、产品设计图纸及其说明。

第七,地图、示意图等图形作品。即以图形表现的作品。

第八,计算机软件。由于计算机软件存在着与一般作品不同的特点,因此,对计算机软件的保护办法,由国务院另行规定。

第九,法律、行政法规规定的其他作品。从发展来看,著作权保护的客体,随着科学技术和社会的发展,还在不断增加,是列举不尽的。有了这项规定,可以为今后的发展提供法律依据。但是,著作权的客体需要增加哪些作品;只能由法律或行政法规来规定。

我国是一个多民族国家,各民族有丰富多彩的民间文学艺术,著作权法规定,民间文学艺术作品有著作权,但民间文学艺术作品与一般作品不同,因此保护的办法也不一样,对民间文学艺术作品的著作权保护办法,由国务院另行规定。

(二)著作权内容的规定是比较充分的

著作权包含的内容,在不同国家、不同时期,是不一样的。从发展来看,著作权的内容在不断扩大。我国著作权法关于著作权内容的规定,是比较充分的,可以分为人身权即精神方面的权利和财产方面的权利。

著作权中精神方面的权利,是与作者的人身分不开的,对作者精神权利的保护,是对知识分子的尊重,对智力劳动的尊重,著作权法重视保护作者精神方面的权利,主要是:

第一,发表权。发表权就是决定作品是否公之于众的权利。作者创作作品,一般来讲是要发表的,但有一些作品,由于各种原因,作者也可能不愿意公之于众。同时,一部作品在什么时间、什么情况下、用什么方式发表,作者也是要考虑的。未经作者许可,将作者未发表的作品公之于众,是对著作权的侵犯。当然,作者发表作品不得违反法律,如果违反法律是要承担法律责任的。

第二,署名权。署名权就是表明作者身份,在作品上署名的权利。署名权包括署名、不署名、署真名或笔名的权利。当对一部作品谁是作者发生争议时,创作作品的人有权要求确认该作品是自己创作的。确认作者身份,不仅是精神方面的权利,而且与财产方面的权利有关,因为著作权首先是属于作者的。将他人作品说成是自己的作品发表,或者将自己的作品假冒是他人的作品,都是侵权行为。

第三,修改权,即修改或者授权他人修改作品的权利。一部作品反映作者的观点、思想,如果作者的观点、思想发生变化,有权予以修改或者授权他人修改。出版社对一部作品,往往会进行文字甚至内容的修改,但这种修改应当经作者同意或者授权。对已经印刷出版的作品,作者如果要求加以修改,由于会给出版者的经济利益造成损失,因此应当给出版者以赔偿。但是,作品再版或者转载时,作者要修改,出版者或者报刊应当同意。

第四,保护作品完整权,即保护作品不受歪曲、篡改的权利。一部作品不仅反映作者的观点、思想,也反映作者的风格和水平,篡改作品的观点,进行歪曲,就是把作者不同意的观点强加给作者,就会损害作者的形象和荣誉。

著作权中财产方面的权利,是许可他人对作品使用而获得报酬的权利。由于作品的种类很多,不同作品的使用方式是不完全相同的,随着科学技术的不断发展,对作品使用的方式也越来越多。著作权法规定了对作品的使用权,即自己使用作品的权利和许可他人使用作品并由此获得报酬的权利。著作权法规定作品使用的方式主要是:

第一,复制。印刷是复制的重要方式,版权就是随着印刷术的出现而产生的。随着现代技术的发展,复制的方式越来越多,除印刷以外,还可以复印、录音、录像、翻录、翻拍等,临摹、拓印也是复制的方式。用以上方式,将作品制作一份或者多份的行为,都是复制。复制是使用作品最大量的一种方式,也是各种作品都可以使用的方式。

要注意分清科学作品的技术成果权和著作权。科学作品既产生技术成果权,又产生著作权。以工程设计、产品设计图纸和说明为例,将设计图纸和说明印刷或复制出版,属于著作权中所说的复制,适用著作权法;如果许可他人按照工程设计、产品设计图纸和说明进行施工、生产工业品,则不属于著作权法中所称的复制。科学技术作品中应当由专利法、技术合同法等法律保护的,适用专利法、技术合同法等法律的规定。

第二,表演。这主要是音乐、戏剧、曲艺、舞蹈作品使用的方式。表演是指以动作、声音、姿势、表情公开表现作品。音乐词曲、戏剧剧本、舞谱也可以出版,但更多的使用是表演。现在,有些表演者获得很高的收入,而作者却收入很少,这是不合理的。对音乐、戏剧、曲艺、舞蹈作品作者的权益,应当保护,作者有许可他人表演并获得报酬的权利。表演他人作品,不向作者支付报酬,是侵犯作者著作权的。

第三,播放。播放是指通过电波或电视向公众传播作品。例如,通过广播、电视向公众播放文章、小说、音乐、舞蹈、戏剧等作品。播放作品,与作者、表演者都是有关系的。目前存在的问题是,在播放时,往往只向表演者付酬,而忽略了向作者付酬。许可播放并获得报酬,是作者对作品享有的著作权内容之一。

第四,展览。展览是指公开陈列作品的原件或者复制品。进行展览的主要是绘画、书法、雕塑等美术作品和摄影作品。作品被出售后所有权转移了,所有权的转移不视为著作权的转移,例如画出售后,画的所有权转移给收藏者了,但这幅画的著作权仍是画家的,要出版画册,需经画家许可并支付报酬,但美术作品原件的展览权例外,从实际考虑,美术作品原件的展览权由美术作品原件的所有人享有。

第五，摄制电影、电视、录像。著作权法已将电影等列为作品，这里指的是，将某个剧本制成电影、电视或者录像，应取得剧本作者的许可，并支付报酬。

第六，改编、翻译、注释、编辑。改编是指在不改变作品基本内容的情况下，将作品由一种类型创作成另一种类型，或者不改变作品原来类型而改写作品。例如，将小说改编成剧本，将京剧改成昆曲。翻译是将某种文字的作品翻译成其他文字。注释是对作品的含意等加以注释，如对古文、诗词加以注释。编辑是将已有的若干作品编辑在一起。对作品进行改编、翻译、注释、编辑，要经原作品作者许可并支付报酬。改编、翻译、注释、编辑产生的作品，称为二次作品，改编者、翻译者、注释者、编辑者对其改编、翻译、注释、编辑的作品享有著作权。

第七，发行。发行包括发行的方式、地区等。从著作权来讲，发行是属于作者的著作权内容之一，但实际上，发行往往与出版联系在一起，作者在许可出版者出版图书时，往往将发行权同时许可给出版者了。

作者的署名权、修改权、保护作品完整权的保护期不受限制。发表权、使用权和获得报酬权的保护期，现行的规定是30年，著作权法延长为50年。公民作品的保护期为作者终身及其死亡后50年；电影、电视、录像作品、摄影作品，法人或者非法人单位的作品，著作权由法人或者非法人单位享有的职务作品，保护期为作品首次发表后50年。

（三）著作权首先属于作者

著作权法规定，“著作权属于作者，本法另有规定的除外”。这就确定了著作权首先是属于作者的，作者是原始著作权人。

一般来讲，作品是公民按照自己意志创作的，创作作品的公民是作者。两人以上合作创作的作品，著作权由合作作者共同享有，没有参加创作的人不能成为合作作者。也就是说，虽然对创作提供了资金、服务，但没有参加创作，不能说是合作作者。编辑作品作为一个整体，由编辑人享有著作权，其中可以单独使用的作品，其作者有权单独行使其著作权。电影、电视、录像作品中音乐等可以单独使用的部分，该部分作品的作者有权单独行使其著作权。

法人或者非法人单位能否成为作者，这个问题在法理上有争论。但实际情况是，在少数特定情况下，有一些作品的执笔人并不是按自己的观点、思想创作的，而是代表法人或者非法人单位的意志创作的，只能由法人或者非法人单位修改，由法人或者非法人单位承担责任。因此，著作权法规定，“由法人或者非法人单位主持，代表法人或者非法人单位意志创作，并由法人或者非法人单位承担责任的作品，法人或者非法人单位视为作者”。这个规定，从实际出发，肯定了在某种特定情况下，法人或者非法人单位可以视为作者，同时对此又规定了严格的条件，核心是“代表法人或者非法人单位意志创作”。

我国的作者，多数是职工，不少作品是为完成法人或者非法人单位工作任务所创作的职务作品。职务作品著作权的归属，是一个极为重要的问题。著作权法对职务作品著作权的归属，根据不同作品、不同情况，有区别地作了规定：

第一，区别著作权中的人身权利和财产权利。职务作品的署名权，由作者享有；著作权的其他权利，则可以分别情况由作者或者法人、非法人单位享有。

第二，区别不同作品。职务作品的著作权，原则上属于作者，但主要是利用法人或者非法人单位的物质技术条件创作，并由法人或者非法人单位承担责任的工程设计、产品设计图纸的说明、计算机软件、地图，以及法律、行政法规规定或者合同约定著作权由法人或者非法人单位享有的职务作品，著作权由法人或者非法人单位享有。

第三，兼顾双方利益。著作权由作者享有的职务作品，法人或者非法人单位有权在其业务范围内优先使用，作品完成两年内，未经单位同意，作者不得许可第三人以与单位使用的相同方式使用该作品；著作权由法人或者非法人单位享有的职务作品，署名权由作者享有，法人或者非法人单位可以给作者奖励。这样，既考虑了法人或者非法人单位的利益，又保护了作者的权益。

为了保护作者和其他著作权人的著作权，著作权法还特别规定，使用他人作品应当同著作权人订立合同或者取得许可，但著作权法规定可以不经许可的除外；合同中著作权人未明确许可的权利，未经著作权人许可，另一方当事人不得行使。

二、加强社会主义精神文明和物质文明建设，满足社会的需要

（一）鼓励有益于社会主义的作品的创作和传播

文学、艺术属于意识形态领域，我国是社会主义国家，鼓励创作和传播优秀作品的根本目的，是为了满足社会对文化科学的需求，加强社会主义精神文明和物质文明建设。这是我国著作权法的一个重要指导思想。著作权法明确规定，“鼓励有益于社会主义精神文明、物质文明建设的作品的创作和传播，促进社会主义文化和科学事业的发展与繁荣”。

著作权法同时规定，“依法禁止出版、传播的作品，不受本法保护”“著作权人行使著作权，不得违反宪法和法律，不得损害公共利益”。所以这样规定，是因为：

第一，我国是社会主义国家，制定著作权法必须有利于社会主义精神文明建设，对依法禁止出版、传播的反动、淫秽作品，不能予以保护，而且要依法追究法律责任。

第二，民事权利应当是合法的。民法通则规定，遵守法律是民事活动的基本原则之一，国家保护合法的民事权益。违法的，国家不予保护。

第三，著作权包括发表权，许可出版、播放等，但法律规定，对反革命宣传，对

制作、传播淫秽作品的,要追究法律责任,并予以没收、销毁,对这类作品,当然就谈不上什么保护著作权。

第四,著作权是民事权利,与政治权利有区别,又有联系。禁止哪些作品出版、传播,由出版法和其他有关法律规定,而不是由作为民事法律的著作权法规定。但对已被依法禁止出版、传播的作品,是否予以保护,著作权法应当明确。

第五,从国际上看,《伯尔尼公约》第 17 条规定:不妨碍各国“主管当局认为有必要时对于任何作品或复制品的发行、演出、展出,通过法律或治安条例行使许可、监督或禁止的权利”。

(二)为适应社会需要,对著作权进行必要的限制

对著作权应当保护,但各国又都有一定的限制。著作权法对著作权内容的规定是比较充分的,但是还必须考虑广大人民群众对文化生活的需求;考虑国家文化、科学、教育事业的发展,提高全民族文化科学水平的需要;考虑国家经济发展的需要。因此,对著作权又需要给以必要的限制。对著作权的限制,包括合理使用和法定许可。

合理使用是指在某些情况下,使用他人作品可以不经著作权人许可,不向其支付报酬。为了保护著作权人的利益,合理使用应当是限于已经发表的作品,同时一般以不牟利为原则。同时,不得侵犯著作权的其他权利。著作权法规定属于合理使用的情况主要是:

第一,为个人学习、研究或者欣赏,使用他人已经发表的作品。

第二,为介绍、评论某一作品或者说明某一问题,在作品中适当引用他人已经发表的作品,但应当指明作者姓名、作品名称。

第三,从新闻报导宣传的需要考虑,报纸、期刊、广播、电视节目或者新闻纪录片中引用已经发表的作品;报纸、期刊、广播电台、电视台刊登或者播放其他报纸、期刊、广播电台、电视台已经发表的社论、评论员文章,以及在公众集会上发表的讲话(作者声明不许刊登、播放的除外),都是合理使用。

第四,为供学校教学或科研人员使用,而翻译或者少量复制已经发表的作品,但不得出版发行。

第五,国家机关为执行公务使用已经发表的作品。

第六,免费表演已经发表的作品。农村、工厂、学校、部队开展群众性文化活动,表演已经发表的作品,或者专业文艺团体免费表演已经发表的作品,可以不经著作权人许可,不支付报酬。这样,有利于群众性文化活动的开展。

第七,将已经发表的汉族文字作品翻译成少数民族文字在国内出版发行,可以不经著作权人许可和不支付报酬。这对于促进少数民族文化、科学发展是有益的。

法定许可是指在某种情况下,使用他人作品可以不经著作权人许可,但应当支付报酬。作者已经发表的作品,一般来讲是希望他人使用的。对使用已经发表

的作品和未发表的作品，应当有所区别。著作权法规定，下列情况属法定许可，可以不经著作权人许可（著作权人声明不得使用的，不得使用），但应当按照规定支付报酬，同时不得侵犯著作权的其他权利：

第一，报刊转载或者作为文摘、资料刊登已在其他报刊刊登的作品。

第二，表演者使用他人已发表的作品进行营业性演出。

第三，录音制作者使用他人已发表的作品制作录音制品。

第四，广播电台、电视台使用他人已发表的作品制作广播、电视节目。

三、保护传播者的权利，调整作者、传播者之间的关系

出版者、表演者、录音录像制作者、广播电台、电视台，是文学、艺术和科学作品的主要传播者。作品的广泛传播是离不开传播者的。作品的传播十分重要，因为：

第一，一般讲，只有传播才能实现创作作品的目的。创作作品是“源”，传播是“流”，没有源就没有流，因此创作非常重要，但如果不能很好传播，也就不能完全实现创作作品的目的和意义，不能很好发挥作品的社会效益。

第二，只有传播，才能满足人民群众学习和对文化生活的需要。一部好的文字作品，如果不出版，读者就不容易看到；舞蹈、音乐作品如果没有表演者表演，人们就不能很好欣赏。

第三，传播者担负着宣传、教育，建设社会主义精神文明的重要任务。

同时，传播者在传播作品时，也付出了创造性劳动，使被传播的作品，以一种新的方式表现出来。因此，对传播者的权利也应当予以保护。传播者的权利可以分为两类，一类是对付出的创造性劳动所应享有的权利，如表演者的表演，称为与著作权有关的权利，或者称为邻接权；再一类是被许可使用作品时所具有的权利，如图书专有出版权。

（一）出版

著作权法规定，图书出版者出版图书应当和著作权人订立出版合同，并支付报酬。如果出版改编、翻译、注释、整理、编辑的作品，应当向改编、翻译、注释、整理、编辑作品的著作权人和原作品的著作权人支付报酬。

图书出版者享有一定期间的专有出版权。著作权法规定，图书出版者对著作权人交付出版的作品，在合同约定期间享有专有出版权。图书出版者为出版一部作品，特别是优秀的、高质量的作品，要付出很多投资和很大努力，如果没有专有出版权，其他出版社都可以随便出版，那么势必会影响出版社的利益，从社会来说，也可能会造成浪费。为了保护出版者的利益，给图书出版者享有一定期间的专有出版权是必要的。为了保护作者的权利，著作权法作了以下规定：第一，限制

专有出版权的期限。合同约定图书出版者享有专有出版权的期限不得超过10年,合同期满可以续订;第二,图书出版者应当按照合同约定的出版质量、期限出版图书,不按照合同约定的期限出版,应当依法承担民事责任;图书脱销后拒绝重印、再版的,著作权人有权终止合同;第三,图书出版者重印、再版作品,应当通知著作权人,并支付报酬。

关于一稿多投问题,著作权法规定,著作权人向报社、杂志社投稿的,自稿件发出之日起15日内未收到报社通知决定刊登的,或者自稿件发出之日起30日内未收到杂志社通知决定刊登的,可以将同一作品向其他报社、杂志社进行投稿,双方另有约定的除外。这个规定,明确不许一稿多投,但又对报社、杂志社进行一定期限的约束。这样可以促使报社、杂志社认真地、及时地处理稿件,保护投稿者的利益。同时,著作权法根据报纸、杂志的特点,还规定了报社、杂志社可以对作品作文字性修改、删节,但内容的修改,应当经作者许可。

(二)表演

表演是音乐、戏剧、曲艺、舞蹈作品的重要传播方式。著作权法明确规定了表演者与作者的关系。表演者(演员、演出单位)使用他人未发表的作品演出,应当取得著作权人许可,并支付报酬;使用他人已发表的作品进行营业性演出,可以不经著作权人许可,但应当按照规定支付报酬,著作权人声明不许使用的不得使用;使用改编、翻译、注释、整理的作品进行营业性演出,应当按照规定,向改编、翻译、注释、整理作品的著作权人和原作品的著作权人支付报酬。

表演者以动作、声音、姿势、表情表现作品,是艺术上的创造,反映表演者的水平,同样一首歌曲,不同的演唱者演唱的水平就不一样。表演者对其表演,享有以下权利:

第一,表明表演者身份。

第二,保护表演形象不受歪曲。如果歪曲表演形象,会损坏表演者的声誉。

第三,许可他人从现场直播。广播电台、电视台要从现场直播,应取得表演者的许可。至于是否付酬,著作权法没有硬性规定,因为从现场直播有各种不同的情况和目的,由表演者与广播电台、电视台分别情况协商决定。

第四,许可他人为营利目的录音录像,并获得报酬。

(三)录音录像

录音录像制作者制作录音录像,与作者、表演者都要发生关系,著作权法对此作了规定:

第一,与作者的关系。录音录像制作者应向作者支付报酬,制作录像或者使用未发表的作品制作录音制品,应当经著作权人许可。

第二,与表演者的关系。录音录像制作者应当与表演者订立合同,并支付报酬。

为保护录音录像制作者的权利，著作权法规定，录音录像制作者对其制作的录音录像制品，享有许可他人复制、发行并获得报酬的权利，保护期为该制品首次出版后50年。在保护期内，未经录音录像制作者许可，复制发行其制作的录音录像，属侵权行为，要承担民事和行政责任。录音录像制作者在行使此项权利时，不得侵犯作者、表演者的权利。

（四）广播电台、电视台播放

我国的广播电台、电视台担负着宣传、教育，满足人民群众文化生活、建设社会主义精神文明的任务，播放节目并不收费，这与一些国家的商业性电台、电视台不同。根据我国的实际情况和特点，为了有利于广播、电视事业的发展，保护作者、表演者的权利，著作权法对广播电台、电视台与作者、表演者的关系，分别各种情况做了规定：

第一，制作广播、电视节目。广播电台、电视台播放的广播、电视节目，大量是自己制作的。为了保护作者、表演者的权利，在制作节目时，应当向作者、表演者支付报酬。如果是使用未发表的作品，并应取得著作权人的许可。广播电台、电视台再次播放自己制作的广播、电视节目时，不需要再向著作权人、表演者支付报酬，因为在制作节目时，已经取得了许可播放的权利，并已支付过报酬。

第二，播放他人的电影、电视和录音、录像。广播电台、电视台播放的节目中，有相当一部分是播放他人制作的作品或制品。著作权法根据不同的情况，分别作出规定。广播电台、电视台非营利播放已经出版的录音制品，可以不经著作权人、表演者、录音制作者的许可，不向他们支付报酬。为了鼓励广播电台、电视台制作新的节目，播放其他广播电台、电视台制作的节目，要经制作节目的广播电台、电视台许可，并支付报酬，目前一般采取各电台、电视台交换节目的办法。考虑到电视台播放电影、录像，会影响电影的放映和录像带的发行，因此电视台播放电影、录像，应取得制作者的许可，并支付报酬。

第三，现场直播。现场直播表演节目，要经表演者许可，前面讲了，是否支付报酬，与表演者商定。

广播电台、电视台有权许可他人复制发行其制作的广播、电视节目，并获得报酬。被许可复制发行广播、电视节目的复制者，同时还应当按照规定，向著作权人和表演者支付报酬。

著作权法的制定和实施，是法制建设上的一件大事，有利于加强保护作者对其作品享有的民事权利，鼓励他们的创作积极性，依法保护出版者、表演者、音像制作者、广播电台、电视台等传播者的权利，正确调整作者、传播者和广大人民群众在使用作品中的权利义务，促进优秀作品的传播。这对于繁荣我国社会主义文化事业和科学事业，进一步开展对外文化、技术交流与合作，加强我国社会主义精神文明建设和物质文明建设，都将起积极的促进作用。

关于著作权法(草案)初步修改意见的说明

(1990 年 4 月 4 日)

根据委员和有关部门、地方、专家的意见,我们对著作权法(草案)进行了研究,提出初步修改意见,现将几个主要问题说明如下:

一、关于法的名称

有的同志主张改为“版权法”,有的主张仍用著作权法。我们意见仍用“著作权法”加“(版权)”。理由是:第一,与民法通则的用语一致。在制定继承法、民法通则时,对称版权还是著作权,就有争论,最后采用了“著作权(版权)”。这个法起草时原称“版权法”,因为有意见,后来改称“著作权法”,如改回用“版权法”,又会引起另一方面的意见。第二,“版权”“著作权”现在已有特定的含意(版权不只是出版权,著作权也不仅是指文字著作),在国际上是通用的。

二、关于对反动、淫秽作品不保护问题

一些委员强烈主张明确规定,对反动、淫秽作品不予保护。法制局、版权局不同意规定。我们意见,增加一条,规定:“依法禁止出版、传播的作品,本法不予保护”。理由是:第一,制定这个法必须有利于社会主义精神文明建设。对反动、淫秽的作品,不能予以保护。第二,民法通则规定,遵守法律是民事活动的基本原则之一,对合法的民事权益,国家予以保护。而反动、淫秽作品是违法的,不能保护。第三,刑法规定,对进行反革命宣传、制作传播淫秽作品的,要依法追究刑事责任。以复制、表演、播放等各种方式使用作品,是著作权的重要内容,如果禁止出版、传播,作者实际上不能行使这些权利。第四,《伯尔尼公约》第 17 条规定,不妨碍各国“主管当局认为有必要时对于任何作品或复制品的发行、演出、展出,通过法律或治安条例行使许可、监督或禁止的权利”。可见,国际上也是承认的。但是,由于著作权法是民事法律,哪些作品禁止出版、传播,应由行政法(出版法等)规定,因此,在著作权法中不具体规定哪些作品禁止出版、传播。

有的委员建议增加规定,被剥夺政治权利的人,不享有著作权。我们考虑,著作权是民事权利,与政治权利性质不同,法院判决剥夺政治权利,但没有剥夺民事

权利,被剥夺政治权利的人对其合法的作品,还是享有著作权的。因此,这个意见没有采纳。

三、哪些作品有著作权

关于著作权法保护的客体,根据一些委员和部门的意见,做了以下修改:第一,对文字、口述、音乐、舞蹈、美术等作品,表述的更具体化了;第二,增加了“地图、示意图、设计图”、“民间文学艺术”和“计算机软件”;第二,将“其他作品”加以限定,改为“法律、行政法规规定的其他作品”。

有的委员认为,草案关于作品的范围规定得太宽,太复杂,主张只保护文字著作的著作权,其他作品,可由电影法、电视法等其他法律另外规定。经过研究,对这个意见没有采纳。主要理由是:第一,著作权法是根据民法通则制定的,是有关著作权的全面的法律,而不单是图书期刊条例。第二,现在我国不仅对文字作品的著作权保护,对音乐、戏剧、美术、摄影、电影、舞蹈、地图、示意图、设计图等的著作权也是保护的,有些还制定了行政法规或规章,著作权法草案增加的只是计算机软件和民间文学艺术。因此,著作权法不宜比现在实际保护的范围缩小。第三,由于各种作品不同,情况比较复杂,这对著作权法的制定带来一些困难。但是,总结这几年的实践经验,著作权法对一些重要的原则、共同要遵守的规范加以规定,还是可以办到的。有些特殊的问题,如计算机软件、民间文学艺术等的保护,可以根据著作权法制定单行条例,具体加以规定。如果著作权法不包括这些作品,那么制定具体条例也就缺乏法律依据。第四,从国际上考虑,著作权的客体,随着技术的进步,文化艺术的发展,不断发展、扩大。世界上各国对保护作品的范围,虽然不完全一样,但对文字、音乐、舞蹈、戏剧、美术、摄影、电影、地图、建筑等作品,都是加以保护的。第五,著作权是民事权利,出版法、电影法、电视法等是行政法,不宜规定民事权利,著作权应当由著作权法规定。

四、关于法人可否成为作者

国家科委等一些部门提出,有的作品法人是作者,建议对此明确规定。法制局、版权局不同意规定,主要理由是,著作权是保护智力成果,而只有自然人才能创作,法人没有意志,不能创作,因此不能成为作者。

我们对这个问题的意见是:应首先肯定,一般来讲,作者应当是“创作作品的公民”;同时,也要承认在个别情况下,法人可以是作者,但要规定严格条件,即“依法或者依照章程,由法人机关或法定代表人代表法人意志创作的,并由法人承担责任的作品,该作品的作者是法人”。主要理由是:第一,有的作品(如工会代表大会通过的决议),虽然也是由自然人执笔的,但并不完全是执笔人的观点(甚至可能与执笔人的观点相反），而是法人的意志。因而，不能由执笔人承担责任，执笔人也无权修改，而只能由法人承担责任，也只有法人才能享有发表、修改等权利。因此，法人可以是某些作品的作者，这是客观存在。如果不承认法人可以是作者，那么代表法人意志的作品由谁来承担责任？由谁来享有和行使著作权中的精神权利？在实践中就会发生问题。第二，对法人在什么情况下可以是作者，要规定严格的条件，即“代表法人意志创作的”。这样就划清了与职务作品的界限（职务作品，单位可以是著作权人，但不是作者，作者是创作作品的公民），可以防止一些单位侵犯公民享有的著作权。

五、关于职务作品著作权的归属

不少委员、地方提出，职务作品情况十分复杂，草案现在的规定不能完全适应各种不同情况，与专利法、技术合同法关于职务发明的归属不一致，建议分别不同作品，不同情况，对职务作品著作权的归属，作出不同的规定。

职务作品著作权的归属，情况十分复杂，在起草过程中，曾考虑过多种方案，都不太理想。我们意见，对这个问题，可以根据以下几点来考虑：第一，区分精神权和财产权。对精神权利中的署名权，可以由作者享有；对著作权中的其他权利，可以区别不同情况，分别由作者或单位享有。第二，根据不同作品（文学艺术作品还是科技作品）、不同情况（创作的目的）作不同规定。最主要的划分标准，应当是对单位的权益是否会造成损害。因此，建议规定，下列作品的著作权（除署名权可以由作者享有的以外）由单位享有：（一）电影、电视、地图、计算机软件、设计图等主要利用单位的资金、设备、技术条件创作，并由单位承担责任的作品；（二）作者许可他人使用会损害单位享有专利权、技术成果权的作品；（三）法律、行政法规规定著作权由单位享有的其他作品。其他职务作品，如专业作家、画家、作曲家的作品，科学研究部门、学校教师的作品，著作权原则上归作者享有。第三，要保护作者的权益，同时也要兼顾单位的利益，因为作者的工资、工作条件等是由国家和单位提供的。著作权属作者享有的，单位应当有权在业务活动范围内优先使用，无须作者同意（草案原规定是“无偿”使用，根据一些部门的意见，改为“优先”使用，因为现在有些单位实际上对作者给了奖励，这有利于鼓励职工为本单位进行创作）。著作权由单位享有的，作者可以享有署名权，单位可以给予适当奖励，经单位同意，作者也可以行使著作权。

六、关于出版者的权利

不少委员和出版部门的同志认为，草案对出版部门的权利规定得不够。他们的意见主要是，要求规定出版社有至少十年以上的专有出版权。现在出版社对出版图书是有专有出版权的，我们认为可以在书刊出版者的权利中增加规定，“出版图书在合同约定的期限内，享有专有出版权”。至于期限，草案规定，合同的有效期限，一次不得超过十年，合同期满可以续订。出版社主张将不得“超过”十年，改为不得“少于”十年。我们意见，可以不改，因为图书出版发行的社会经济效益，一般来讲，有十年足够了；同时也要考虑作者的权益，期限太长，对作者不利。

七、关于表演者的权利

文化部规定，文艺团体演出，应当给作者支付报酬。但几年来，并没有很好地严格执行。原因之一是，许多文艺团体经费紧张。这些年来，国家对文艺团体的体制进行了改革，改变了过去不管演出多少，经费全部由国家财政包下来的做法，改为国家给一定的事业费，其余的从文艺团体的演出收入解决。目前由于多方面原因，许多文艺演出团体收入不多，甚至演出越多赔钱越多。著作权法草案规定，除“免费表演已经发表的作品”外，进行演出，要向作者支付报酬。如果严格按此执行，可能出现演出减少，或者片面为了追求收入而出现多演那些低级趣味的作品的情况。文艺团体担负着满足人民群众文化生活要求、建设社会主义精神文明的任务，为了活跃群众性文化活动，鼓励文艺团体下乡、下厂、下部队多演好的作品，我们认为，应将以下三种情况的演出，作为合理使用，不需支付报酬，一是群众性的文化活动，二是专业文艺团体下乡、下厂、下部队非营利性的演出，三是为公益事业进行的义演。因此，建议将做为合理使用的“免费表演已经发表的作品”改为“非营利目的表演已经发表的作品”。

草案规定了表演者对其表演享有许可他人从现场直播、摄影或者录音录像并因此获得报酬等四项权利。有些委员和文艺团体的同志建议，应当对表演团体与表演者的关系做出规定。因此，我们建议增加一款，“表演团体的演出，本条规定的权利，由表演团体行使”。

八、广播电视组织播放已发表作品付酬问题

广播、电视组织现在的做法是，自己制作广播、电视节目时，对表演者和作者是支付报酬的，但播放已经发表的作品（包括重复播放自己制作的节目），除电影作品外，是不向作者支付报酬的。按照草案规定，播放已经发表的作品，也应向作者、表演者支付报酬，如果多次播放，就要多次支付。

广播，电视组织对此反映强烈。他们表示，可以同意播放已发表的作品时向作者、表演者支付报酬，但希望解决费用来源，或者由国家财政支出，或者向观众收取费用，否则不好执行。

我们与版权局、法制局同志研究，认为目前采取由国家财政支付（财政部不同

意,国家财政有困难)和由群众负担(因为有中央、省、市电台、电视台,作为观众要同时收看、收听好多台的节目,加起来负担就多了)都不成。

我们认为,我国与西方资本主义国家不同,广播、电视都是国家办的,是非营利性的(虽然有些广告收入和社会赞助),担负着宣传、教育、满足人民群众文化生活、建设社会主义精神文明的任务,这个问题如果不能很好解决,可能出现广播,电视节目贫乏,对国家不利,广大群众也会有意见。

这个问题如何解决? 可以有两个方案:一个方案是,原则上规定,播放已发表的作品,对表演者、作者要支付报酬,支付报酬的标准另外规定,只是象征性的给一点。再一种方案是,维持现在的实际做法,在合理使用中增加规定,“广播电台、电视台非营利的播放已经发表的作品,但播放电影、电视作品除外”。我们倾向第二种方案,因为第一种方案,作者并未得到实惠,而且要增加大量工作,为此还要增加机构和人员。第二种方案规定的是“非营利的播放”,那么对广告中使用的作品,营利性播放的作品(如许可其他组织播放收取费用),要向作者支付报酬。同时,这也可以适应今后电台、电视台的改革、发展和多样化。

九、关于著作权与专利权、技术成果权、商标专用权的关系

知识产权包括专利权、技术成果权、商标专用权、著作权等。一个作品,有时涉及著作权、专利权、商标专用权等各种权利。国家科委、专利局、工商行政管理局和一些部门、委员建议,对这几个权的关系应作出明确规定。经过研究,建议对以下几个问题作出规定:

第一,划清科技作品中著作权与专利权、技术成果权的界限。科技作品的出版、复制(例如,将设计图纸复印出版)属于著作权;依照科技作品去生产(例如,按设计图纸去建筑、制造产品),则属于专利权或技术成果权,而不适用著作权法。因此,建议增加规定,“专利权、技术成果权的转让和许可,不适用本法,适用专利法和技术合同法”。

第二,有些科技作品,如果出版,就会泄露技术秘密,因此规定,“科学作品的著作权人在行使著作权时,不得妨碍作品涉及的专利权、技术成果权的行使”。

第三,美术作品、摄影作品、影视作品,有的往往被用于工业品外观设计或做为商标文字、图案,在这种情况下,产生运用哪个法律的问题。为了解决这个问题,建议增加规定,“美术作品、摄影作品、影视作品被用于工业品外观设计或者用于商标文字、图案,应征得著作权人许可并支付报酬;对于工业品的外观设计和商标的管理和权利保护,不适用著作权法,而适用专利法和商标法”。

十、关于法定许可

表演、播放和录制已经发表的作品,是否要事先经过作者同意的问题,按草案

规定，需要事先经过同意并签定合同。文艺团体、音响制作组织都提出，表演一台音乐或录制一盒磁带，涉及几十位作者（作曲、作词），如果都要事先经过同意，有困难，主张对作者要支付报酬，但不需经过作者同意。

法制局、版权局的同志坚持要事先经作者同意，他们认为，不事先经作者同意，对作者保护自己权益不利。他们主张，建立各种作者的代理机构，表演团体和音响制作组织可以与代理机构签合同。

我们考虑，保护作者权益是应当强调的，为了简便易行，又不损害作者的权益，建议规定：表演已经发表的作品，应当经过作者许可，但作者在许可表演的同时应当授予表演者享有通过表演许可他人直播、录音录像的权利，被许可人应当向作者付酬。也可以考虑规定，“营利性的表演、播放和录制已经发表的作品”，属于法定许可，无需事先经作者同意，但必须支付报酬。

十一、法律责任

根据一些地方和委员的意见，对法律责任作了以下修改：

第一，对侵犯著作权的民事责任，根据民法通则作了具体规定。

第二，是否规定刑事责任，世界上不少国家对严重侵犯著作权的，要追究刑事责任。我国著作权保护起步较晚，经验还不多，对侵犯著作权的，目前应主要采取民事手段来解决。但也不排除今后对某些严重的，追究刑事责任。因此，建议著作权法中不作具体规定，只原则规定：“侵犯著作权，情节严重构成犯罪的，依法追究刑事责任。”至于哪些情况构成犯罪、如何处刑，待有实践经验后，在修改刑法时予以补充。

著作权法(草案)修改稿情况和几个问题

(1990年6月24日)

去年12月,国务院将著作权法草案提请七届全国人大常委会第十一次会议进行审议。我们将草案送各地、中央有关部门征求意见。法律委员会、教科文卫委员会、法工委联合召开五次会议,请有关方面、有关部门、地方和一些专家参加,听取意见。我们还到云南、四川、黑龙江等地,到文化部、广电部、中央电台电视台、作协、美协、音协等部门和单位,召开了一系列调查会,听取作者(作家、音乐家、美术家)、表演者(包括文艺团体)、出版社(包括音像出版社)、电台、电视台,有关部门和单位(包括版权部门、政府法制部门、法院、科技部门、机电、建筑、轻工等工业部门,科研单位、学校)、专家(包括版权专家、民法专家、刑法、诉讼法专家)的意见。

由于这个法比较复杂,涉及的方面多,各方面对有些问题的看法不完全一样。我们根据委员和有关方面意见,对著作权法草案进行研究,提出修改建议。在修改过程中,与国务院法制局、国家版权局的同志多次进行商议,请他们共同考虑如何具体修改。研究修改时,我们注意了以下几个原则:第一,要有利于加强社会主义精神文明和物质文明的建设。第二,注意保护作者的著作权,同时考虑国家、社会和人民群众的需要。第三,要能够促进文化、广播电视、出版事业的发展。第四,我们是一个发展中国家,要解决好翻译、复制外国作品的问题。第五,我国是一个文化历史悠久的国家,各民族有丰富的文化遗产,要发挥我们这方面的优势。第六,要从我国实际情况出发,也要考虑国际的通常做法。第七,在总结我国保护著作权经验的基础上,要有前进,但要考虑实际情况,有些问题不能一下子都解决。

现对著作权法修改稿中的几个问题说明如下:

一、关于著作权法与出版法同时制定问题

委员们在审议时,十分关心禁止反动、淫秽作品出版传播问题,强调著作权法应当有利于加强社会主义精神文明建设。这个意见十分重要,根据委员的意见,修改稿作了以下修改:第一,在第一条宗旨中明确规定,鼓励有益于社会主义精神文明、物质文明建设的作品的制作和传播。第二,增加了一条规定,依法禁止出

版、传播的作品,不受本法保护。哪些作品禁止出版、传播,由出版法等有关行政管理方面的法律来具体规定,对出版、传播反动、淫秽作品的法律责任,由刑法、治安管理处罚条例等规定。

一些委员建议,先制定出版法或者著作权法与出版法同时出台。我们赞成出版法早些制定,以便更好地解决出版方面存在的问题。新闻出版署正在抓紧拟定工作,已有草案。现在出版法虽然还没有正式制定,但哪些作品是违法的、禁止出版传播,对制作传播反动、淫秽作品违法犯罪行为的处罚等,不是没有法律规定。全国人大常委会 1955 年通过了《关于处理违法的图书杂志的决定》,这个决定现在还是有效的。“决定”规定,反对人民民主政权的,煽动对民族和种族的歧视和压迫,破坏国内各民族团结的,宣扬盗窃、淫秽、凶杀、纵火及其他犯罪行为,危害人民身体健康,败坏社会公德,破坏公共秩序的;其他违反宪法、法律的图书、杂志,都是违法的,按照违法情节,分别作停止发行、停止出卖、停止出租或者没收等处理。刑法、治安管理处罚条例规定,对反革命宣传和制作、传播淫秽物品的违法犯罪行为,要依法予以刑事处罚、行政处罚。在出版法没有制定前,可以依照现有的法律、行政法规来处理。因此,不一定必须先制定了出版法,再制定著作权法。

二、关于保护作者的著作权问题

保护作者的著作权,是制定著作权法的基本目的之一,是制定这个法的一条重要原则。因为:第一,作者进行创作是智力劳动,创作出的作品是智力劳动的成果。对作者创作作品而享有的民事权利,应当予以保护。第二,保护作者的著作权,可以鼓励作者创作的积极性,有利于我国社会主义文化和科学事业的繁荣和发展。第三,作者的地位还比较弱,现实生活中侵犯作者著作权的现象还不断发生。

著作权法对作者著作权的保护,在现有的基础上,大大前进了。从著作权保护的客体来看,是比较全面的,不仅仅是文字著作,而且包括了音乐、戏剧、美术等等作品。从著作权的内容看,也是比较充分的,包括精神方面的权利(发表权、署名权、修改权、保护作品完整权)和经济方面的权利,即许可他人使用作品,由此获得报酬的权利。许可他人使用的方式,不仅是出版,而且包括表演、播放、录音录像、翻译、改编等。从著作权的归属看,除法律规定的外(如某些职务作品等),著作权属于创作作品的作者。

以音乐作品的作者为例。现在,唱歌的收入很高,但词曲作者收入很少,这是非常不合理的。创作一首歌要付出辛勤的智力劳动,只有先创作出音乐作品,才能有演唱。因此,对音乐作品词曲作者的权益应当保护。为此,著作权法规定,词曲作者有许可他人以表演、播放、录音录像等方式使用其作品,并由此获得报酬的权利(第十条第五项)。音乐作品可以出版,但稿酬太低,一首歌词十多元,所以说“‘十五的月亮’十六元”。对音乐作品的使用,主要是表演、录音录像和播放。现在的实际情况是，演唱时，只给表演者报酬，而往往不给词曲作家报酬。按著作权法规定，表演者演唱他人创作的音乐作品，要向词曲作者支付报酬（第三十四条）；使用他人作品制作录音录像，录音录像制作者要向词曲作者支付报酬（第三十六条）；广播电台、电视台使用他人作品制作广播、电视节目，要向词曲作者支付报酬。应当说，著作权法对词曲作家权益的保护，比现在大大提高了。

现在有些同志还有意见，主要是三个问题：

第一，使用音乐作品都必须事先取得词曲作家许可。国务院送来的草案是这么规定的，要经词曲作家许可，并订立合同。在征求意见过程中，不少同志提出，都要事先经词曲作者许可，并订立合同，有困难。全国那么多表演者经常演唱歌曲，如果都要事先订合同，不好办。音像出版社提出，录一盒歌曲磁带，一般是十二首歌，那么就有二十四位词、曲作家，对词、曲作家应当给报酬，但要事先定合同，不好办。根据这些意见，修改稿在许可问题上作了修改，对使用已发表的作品和未发表的作品区别对待。使用未发表的作品，要事先经词曲作者许可；使用已发表的作品，可以不经词曲作者许可，但应按规定支付报酬。一般来说，作品发表后是希望他人使用传播的，报酬标准由国家规定，因此这样办，有利作品的传播，并不会损害作者的利益。根据这次常委会一些委员的意见，在这个问题上，还可以做一些修改。一是，制作录音制品也可以规定需经词曲作者许可，因为录音与一般演唱有所不同。二是，在使用他人已发表的作品可不经著作权人许可之后，增加但著作权人声明不得再使用的作品除外。

第二，对修改稿规定广播电台、电视台播放已经出版的录音制品，可以不经许可，不支付报酬，有意见。这个规定是修改稿根据广电部的意见增加规定的。中央和各地广播电台播放的歌曲中，有相当一部分是买的录音带、激光唱片播放的，现在都不支付报酬。如果每次播放都要向词曲作者、表演者付酬，电台难以承受，搞不好会使广播节目贫乏。考虑到广播电台、电视台有宣传教育、满足人民群众的文化生活需要的任务，播放并不收费，同时，在制作录音带时，录音制作者已向词曲作者付了酬，因此，这样规定还是比较合适的。

第三，对有些表演者篡改歌词有意见。这个问题，著作权法中已有规定，作者有保护作品完整权，即保护作品不受歪曲、篡改的权利（第十条第四项）；歪曲、篡改他人作品是侵权行为，应当承担停止侵害、消除影响、公开赔礼道歉、赔偿损失等民事责任（第四十四条第四项）。

我们认为，在我国目前情况下，著作权法对作者权益的保护水平，应当说是比较充分的，比现在的实际保护程度大大提高了，有利于进一步保护作者的著作权。

三、广播电台、电视台制作、播放节目支付报酬问题

广播电台、电视台现在的实际做法是：1. 使用他人未发表的作品制作节目，向

表演者、作者都支付报酬。2. 使用他人已发表的作品制作节目,如请表演者演唱已发表的作品,只向表演者支付报酬,不向作者支付报酬。3. 再次播放自己制作的节目,不再向表演者、作者支付报酬。4. 播放录音录像制品,不支付报酬。按照国务院送来的著作权法草案规定,广播电台、电视台制作、播放节目,播放录音录像制品,都要向作者、表演者支付报酬,而且每播一次,要付一次酬,多次播放要多次付酬。

在征求意见过程中,广播电台、电视台提出,如果按草案规定付酬,经费难以承担,或者国家增加经费,或者向收看、收听者收费。现在,我国财政比较紧张,增加经费有困难,财政部不同意。向观众收费也有问题,因为中央台就有好几个,还有省台、县台等,如果每个台都收费,人民群众难以承受。但是,经费来源如果得不到解决,那么就会影响广播电视事业的发展。

我国广播电视与西方国家的商业台不同,我国的电台、电视台都是国家办的,承担着宣传教育、满足人民群众文化生活需要、加强社会主义精神文明建设的任务,播放节目并不收费。从我国实际情况出发,根据既要保护作者的权益,又要有利我国广播电视事业的发展的原则,对广播电台、电视台支付报酬问题,修改稿对草案做了以下修改:第一,广播电台、电视台再次播放自己制作的广播、电视节目,不再支付报酬。据中央广播电台同志介绍,中央台对自己制作的广播节目,平均每个节目要重复播放六次,如果每次都要付酬,支出就要增加六倍。由于广播电台、电视台在制作节目时,已向作者支付了报酬,取得了播放权,因此再次播放时,不用付酬。第二,广播电台、电视台播放录音制品,不向作者支付报酬。这是考虑到,在制作录音制品时,已向作者支付了报酬。

为了保护作者的权利,著作权法规定,广播电台、电视台使用他人作品制作广播电视节目,要向作者支付报酬。使用他人未发表的作品制作节目要向作者支付报酬,现在就是这么办的,没有问题,使用他人已发表的作品制作节目按著作权法规定,也要向作者支付报酬,这一点,广播电台、电视台还有意见。我们认为,既然可以向表演者付酬,也可以从中拿出一部分向作者付酬。考虑到录像带与录音带不同,如果电视台播放录像带,会使录像带的销售受到影响,因此,著作权法规定,播放录像带应当向录像制作者支付报酬。

广电部和广播电台、音像出版社另一个意见是,要求在作品中增加广播、录音作品。国务院送来的草案,作品中有电影、电视作品,但不包括广播、录音作品,对广播、录音制品是作邻接权来保护的。世界各国对广播录音制品的保护办法不完全一样,有的作为作品来保护,有的作为邻接权来保护。我们与法制局、版权局商议,他们主张维持国务院送来的草案,对广播录音制品按邻接权保护。广电部要求把广播录音制品也作为作品,有一定的理由,但考虑到对这个问题还有不同意见,因此对原草案没有变。虽然没有把广播、录音制品列为作品,但对录音制作者、广播电台对制作的录音制品、广播节目的权利,已经保护。著作权法规定,录音制作者对其制作的录音制品,广播电台对其制作的广播节目,享有许可他人复制发行,并取得报酬的权利。该权利的保护期为五十年,与作品的保护期是一样的(第三十八条、第四十条)。同时还规定,未经录音制作者、广播电台许可,复制发行其制作的录音制品、电视节目,是侵权行为,应当承担停止侵害、消除影响、公开赔礼道歉、赔偿损失等民事责任,并可以由著作权行政管理部门给予没收非法所得、罚款等行政处罚(第四十五条)。

四、出版者的权利义务问题

在常委会审议和征求意见过程中,不少人提出,著作权法草案对出版者的权利义务规定得不够。主要是三个问题,一是专有出版权问题;二是一稿多投问题;三是修改问题。修改稿增加了出版一节,对出版者与作者的关系,双方的权利和义务,作了规定。在上述几个问题上,作者和出版者的意见不一样。我们是根据要保护作者的著作权,也要考虑出版者的权利的原则解决这些问题的。

关于专有出版权问题。修改稿规定,图书出版者对著作权人交付出版的作品,享有一定期间的专有出版权。图书出版者出版一部作品,要付出投资和劳动,如果允许其他出版社可以随便同时出版,就会影响出版社的利益。因此,给图书出版者一定期限的专有出版权是必要的。为了保护作者的权益,著作权法同时规定:第一,每次合同约定的专有出版权期限不得超过十年。第二,图书出版者应当按照约定的出版质量、期限出版图书,不按照合同约定的期限出版或图书脱销后拒绝重印、再版,作者有权终止合同。有的委员提出,要对出版者不按期出版如何办作出规定。这个问题,在出版合同中可以解决。著作权法规定,出版图书应当订立出版合同(第二十八条),合同内容包括违约责任(第二十四条)。第三,图书出版者重印、再版作品的,应当通知著作权人,并支付报酬。但合同另有约定的除外。

关于一稿多投问题,报社、杂志社要求规定不许一稿多投,而作者对报社、杂志社不及时处理稿件很有意见,有些主张应允许一稿多投。修改稿考虑了两方面的意见规定,著作权人向报社、杂志社投稿的,自稿件发出之日起十五日内未收到报社通知决定刊登的,或者自稿件发出之日起三十日内未收到杂志社决定刊登的,可以向其他报社、杂志社投稿。这样规定,明确不许一稿多投,但又对报社、杂志社以一定期限的约束,以促使报社、杂志社认真及时地处理稿件,保护投稿人的合法权利。有些委员提出,有些稿件在十五日或三十日内很难决定是否刊登,有点灵活性为好,因此建议增加"双方另有约定的除外"。

编辑对稿件修改问题。现在出版社、报纸、杂志社编辑对稿件要从政治上把关,往往要进行修改。应当说,编辑对作品进行修改是必要的,可以使作品改得更好。但是,对作品的修改,特别是内容的修改,应当经作者同意或许可。因为,作品反映作者的观点、思想,如果把内容修改了,不经作者许可,等于是把某些观点强加给作者。根据作者的意见,著作权法规定了作者有保护作品完整权,即保护作品不受歪曲、篡改的权利(第九条)。考虑到编辑需要对作品进行修改,因此著作权法规定,图书出版者经作者许可,可以对作品进行修改、删节。报社、杂志社时间性要求强,根据这个特点,著作权法规定,报社、杂志社可以对作品进行文字性修改、删节,但内容的修改,应当经作者许可。这样规定,既保护了作者的精神权利,又不会妨碍编辑对作品进行修改。

五、为适应社会需要,对著作权给予必要的限制

著作权法对作者著作权的保护是比较充分的,使用他人作品,要经著作权人许可并支付报酬。如果不论什么情况都要这么办,必然会影响作品的传播。著作权法在保护著作权的同时,考虑广大人民群众对文化生活的需求,考虑国家文化、科学、教育事业的发展,提高全民族文化科学水平的需要;考虑国家科学、经济发展的需要,对著作权做了必要的限制。世界各国对著作权都有一定的限制。著作权法专门有一节规定对权利的限制,规定了在十二种情况下,使用作品,可以不经著作权人许可,不向其支付报酬,属合理使用,当然不能侵犯著作权的其他内容。这十二种情况包括,为了个人欣赏,翻录电影、电视、录音,为介绍、评论某一作品,或者说明某一问题,引用他人已经发表的作品;免费表演已经发表的作品等(第二十二条)。为了保护著作权人的利益,合理使用限于已发表的作品,同时一般以不营利为原则。

六、关于科学作品问题

一些委员提出,草案对文学、艺术作品列的多,而对科学作品突出得不够。科学作品的著作权是一个重要问题,科学作品包括社会科学作品、自然科学作品。文字、口述作品中有科学作品,建筑、工程、设计图是科学作品,地图、示意图、计算机软件都是科学作品。我们根据委员的意见做了修改,突出了科学作品。有些还可以在实施条例中具体规定。

一些委员意见大的是出版难,特别是有些科学作品,出版更难。有一些优秀的、高水平的作品不能出版。这是存在的,应当采取措施认真加以解决。要解决这个问题,出版社应有一定的基金,国家、社会团体应当有专门的基金,来支持一些销量不大的优秀作品出版。主要不是著作权法能解决得了的。

七、关于使用外国人作品问题

为了教学和科研需要,我国翻译、复制外国的图书、期刊和文献资料是不少

的。一些委员担心,制定著作权法后,翻译、复制外国人作品要经原作者许可、支付报酬,如果外国人不许可怎么办,支付报酬我们在经济上是否承受得了,会不会妨碍我们取得外国的科学资料。

我国是发展中国家,需要翻译、复制外国有关科学方面的期刊、资料。在制定著作权法时,研究考虑了这个问题。第一,著作权法规定,外国人在中国境外发表的作品,根据其所属国同中国签订的协议或者共同参加的国际条约后,依照本法享有著作权(第三条)。也就是说,我们虽然制定了著作权法,只在与外国签订协议或者参加国际条约,才对外国人作品的著作权予以保护。在我们没有签订协议或参加国际条约前,还可以翻译、复制外国人的作品。第二,著作权法规定,为学校课堂教学或者科学研究,翻译或者少量复制已经发表的作品,供教学或者科研人员使用,可以不经作者许可,不向其支付报酬(第二十二条第六项)。我们参加国际公约或者与外国签订协议后,可以利用这条规定。第三,使用外国人作品需要多少钱,曾有人估计要6亿美元。有关部门经过反复测算,一年大约要300万美元,是我国一年进口外国书刊费用的5%,我国是可以承受得了的。第四,关于计算机软件的保护问题。在当前来看,要多支出一些费用。但我国有大量软件人才,发展计算机软件的潜力很大,从长远看,可以促进我国计算机软件事业的发展。第五,在著作权法中暂时没有规定刑事责任。从各国来看,不经著作权人许可大量复制、翻译他人作品牟利,是要给以刑事处罚的。考虑到我国由于教学和科研需要,还需要翻译、复制外国人的作品,包括计算机软件。如果把这些规定为犯罪,那么外国人来起诉,就不好办了,对我国不利。因此,在著作权法中对刑事责任没有规定,待条件成熟后,再作专门决定或者在修改刑法时规定。

八、有关少数民族问题

有的委员提出,为什么要规定将已经发表的汉族文字作品翻译成少数民族文字在国内传播,可不经作者许可,不向其支付报酬(第二十二条第十一项)。宪法规定,国家帮助各少数民族地区加强经济和文化的发展。这样规定,对提高少数民族的文化、科学水平,培养少数民族的技术人才是有益的。有的委员提出,将少数民族优秀的作品翻译成汉字,也应规定为合理使用。应当鼓励把少数民族优秀的作品翻译成汉字,但如果不给少数民族的作者支付报酬,不利于保护少数民族作者的权益。保护少数民族作者权利,有利于鼓励少数民族作者创作更多更好的作品。

有些委员提出,应当鼓励创作有利于民族团结的作品,对一些破坏民族团结的作品应当制止,不然对民族团结不利。这个意见是很重要的。全国人大常委会1955年通过的《关于处理违法的图书杂志的决定》明确规定,煽动对民族和种族的歧视和压迫,破坏国内各民族团结的图书杂志,是违法的。这个问题,在制定出版法时应予以考虑。

九、建议常委会对著作权法修改后通过

著作权法起草已经八年了,国务院去年 12 月提出,人大常委会已经几次会议审议,在修改过程中吸收了各方面的意见,进行了反复的研究修改。著作权法早日通过有以下好处:第一,有利于保护作者的合法权益,调动广大知识分子的积极性,正确调整作者、传播者和人民群众之间的权利义务关系。第二,可以鼓励和激发作家、学者、科学家创作的积极性,促进我国社会主义文化和科学事业的繁荣和发展,有利于加强社会主义精神文明和物质文明的建设。第三,有利于进一步发展与外国的经济、技术、文化合作和交流,有利于引进外国技术、资金。第四,有利于我国法制建设的进一步完善。我国已经制定了专利法、商标法,如果通过著作权法,那么我国有关知识产权的民事法律,可以说比较完善了。我们认为,著作权法经过多次修改,已经基本成熟,有些问题可以待以后逐步完善。建议根据委员们提出的意见,进一步修改后,予以通过。

《中华人民共和国继承法》讲话

（1985 年 5 月 《人民日报》）

一、制定继承法有什么意义？

六届全国人大三次会议通过了继承法。继承法是继婚姻法、经济合同法、专利法、商标法等单行民事法律之后制定的又一个重要的民事法律。

继承法是根据宪法制定的。宪法规定："国家依照法律规定保护公民的私有财产的继承权。"继承权是与个人所有权相联系的，是由个人所有权决定的。既然保护公民个人合法财产的所有权，就必然要发生继承问题，就要允许公民继承，并依法予以保护。

依法保护公民合法财产的继承权十分重要。第一，从我国来看，遗产大量的、主要的是生活资料，允许继承，可以养老育幼，使家庭生活稳定。这样也可以减少社会负担，有利于社会安定。第二，有利于调动公民劳动生产和从事经营活动的积极性，促进生产的发展，对于社会主义四化建设是有利的。

建国以来，公民的继承问题一直大量的、客观的存在着。近几年来，由于经济体制改革，生产发展，公民收入增加，继承问题在群众中越来越受重视，继承纠纷也相应增加。根据宪法规定，总结我国继承的实践经验和优良传统，制定继承法，对继承的原则、继承人、遗产、份额、遗嘱等作出规定，处理继承问题就有了规范，可以更好地保护公民的继承权，发生纠纷，法院审理时也就有法可依。

二、继承法主要精神是什么？

继承法是根据宪法制定的，主要精神有以下几点：

第一，依法保护公民合法财产的继承权。建国以来，国家对公民个人合法财产的继承权是依法保护的。这个问题，1954 年制定的第一部宪法有明确规定。但是，有一段时间，在"文化大革命"期间，没有得到很好保护。1982 年制定新宪法时，重新规定了国家依法保护公民个人合法财产的所有权和继承权。继承法具体规定了遗产的范围，规定了哪些人有继承权，规定了如果继承权受到侵害可以向法院提起诉讼，这就可以更好地保护公民的继承权。

第二，男女继承权平等，特别是保护妇女的继承权。宪法规定，妇女在政治、经济、文化、社会和家庭的生活等各方面享有同男子平等的权利。但是,由于我国长期封建思想影响还没有完全肃清,在某些地区,特别是农村,妇女的继承权还得不到保障。例如,有些地方,女儿的继承权得不到实现。有些丧偶的妇女的继承权得不到保障,寡妇再嫁带产往往受到阻挠。针对这些问题,继承法作了相应的规定,以保护妇女的继承权。要真正做到男女继承权平等,还需要做大量的宣传教育工作。

第三,有利于对老人的赡养,保护老人的利益。宪法规定,成年子女有赡养扶助父母的义务,禁止虐待老人。扶养、尊敬父母,是我国人民的优良传统。继承法规定,遗弃被继承人的,或者虐待被继承人情节严重的,丧失继承权;对被继承人尽了主要扶养义务的继承人可以多分遗产;有扶养义务和条件不尽扶养义务的不分或者少分遗产;肯定公民与集体所有制组织签订遗赠扶养协议的方式等,都是为了保护老人的利益,使老人能够过幸福的晚年。

第四,提倡社会主义精神文明。继承法规定,继承人应当本着互谅互让、和睦团结的精神,协商处理继承问题;任何人不得侵吞或者争抢遗产;为了鼓励父母一方尚在时不要急于分割遗产,规定了分割遗产的时间、办法和份额,由继承人协商确定等。贯彻继承法时,要大力宣传社会主义精神文明,对少数不好好照顾老人、争夺遗产等不符合社会主义精神文明的行为,要进行批评教育。

第五,有利于生活需要和发展生产。继承法规定,对生活有特殊困难缺乏劳动能力的继承人,分配遗产时,应当予以照顾;法律允许公民个人所有的生产资料,可以继承;遗产分割应当有利于生产和生活需要,不损害遗产的效用。

三、什么人可以继承?

一个人死亡后,如果没有遗嘱,遗产首先由他的配偶、子女、父母继承。所以,配偶、子女、父母称为第一顺序继承人。如果他的子女比他死亡得早,那么便由他子女的晚辈直系血亲代位继承,例如由孙子女、外孙子女代他的父母来继承。

如果没有以上继承人的,那么由被继承人的兄弟姐妹、祖父母、外祖父母继承,叫作第二顺序继承人。有第一顺序继承人时,第二顺序继承人是不能继承的。

配偶、子女、父母、兄弟姐妹、祖父母、外祖父母,被称为法定继承人。按照婚姻法规定,他们相互之间是负有扶养或者赡养义务的。法定继承人如果有下列情形之一的,就丧失继承权:第一,故意杀害被继承人的;第二,为争夺遗产而杀害其他继承人的;第三,遗弃被继承人的,或者虐待被继承人情节严重的;第四,伪造、篡改或者销毁遗嘱,情节严重的。

还有几种人,虽然不是法定继承人,但是要分给适当的遗产,这几种人是:第一,丧偶儿媳对公、婆,丧偶女婿对岳父、岳母尽了主要赡养义务的,作为第一顺序继承人;第二,依靠被继承人扶养的缺乏劳动能力又没有生活来源的人;第三,对被继承人扶养较多的人。

四、哪些遗产可以继承?

公民死亡时遗留的个人合法财产是遗产,都可以继承,包括:

第一,公民的合法收入。如劳动收入、从事合法经营的收入以及存款利息等。

第二,公民的房屋、储蓄和生活用品。

第三,公民的林木、牲畜和家禽。

第四,公民的文物、图书资料。当然,文物的处理要按文物保护法,例如不得私自卖给外国人,珍贵文物不得运出国境。凡资料属于机关、单位的,当然不算个人遗产,个人所有的资料,涉及保密的,也要按有关保密规定处理。

第五,法律允许公民个人所有的生产资料。宪法规定,土地、矿藏、水流、森林、山岭、草原等属全民和集体所有,不允许归个人所有。凡是法律允许公民个人所有的生产资料,都允许继承。

第六,公民的著作权、专利权中的财产权利。著作权、专利权包括的内容较多,如作者、发明人的署名权、修改权等,这些是作者和发明人专有的,不能继承。可以继承的,只是著作权、专利权中的财产权利,也就是稿费、专利费。同时,按照规定,稿费、专利费是有期限的。例如,按专利法规定,发明专利的期限是二十年,实用新型专利权和外观设计专利权的期限是十年,均自申请日起计算。

第七,公民的其他合法财产。

在确定和处理遗产时,有两点要注意:第一,有些遗产是在家庭共有财产中的,那么首先要将别人的财产分出,只有被继承人个人的那一部分才是遗产。婚姻法规定,夫妻在婚姻关系存续期间所得的财产为夫妻共同所有,另有约定的除外。因此,其中有一半是属配偶所有的,应当先将这一半分出,其余的一半才是遗产。对属于被继承人的那一部分遗产,配偶和其他继承人再按照继承法规定继承。第二,应当清偿被继承人依法应当缴纳的税款和债务。

五、继承人继承的份额如何确定?

继承人继承遗产的份额,有遗嘱的,按照遗嘱办;没有遗嘱的,同一顺序继承人继承遗产的份额,一般均等,有以下情况的,可以不均等。

第一,确定遗产份额时,首先应当对生活有特殊困难的缺乏劳动能力的继承人予以照顾,应继承的遗产份额,根据遗产和继承人的情况具体确定。

第二,对被继承人尽了主要扶养义务或者与被继承人共同生活的继承人,分配遗产时,可以多分。例如,如果被继承人与某个儿子共同生活,这个儿子对被继承人尽了主要赡养义务,那么这个儿子就可以多分遗产,同样,如果女儿对被继承人尽了主要赡养义务,那么女儿也可以多分。当然,如果尽主要赡养义务的继承人收入比其他继承人高得多,也不一定必须多分。

第三,有赡养能力和有赡养条件的继承人,不尽赡养义务的,应当不分或者少分。

第四,继承人协商同意的,可以不均等。

在分割遗产时,应当有利于生产和生活的需要,不损害遗产的效用。例如,住房的分配,应当尽量照顾分给缺房的继承人;生产工具的继承,应当尽量分给生产需要的继承人,不要妨碍生产;有价值的科学图书,应当尽量照顾从事这方面业务的继承人等。具体处理时,可以采取折价、适当补偿或者共有等方法来解决。

六、承包如何继承?

随着经济体制的改革,城乡都出现了各种形式的承包。对于承包如何继承,有以下几点需要分清。

第一,如果是以户为单位承包的,不因个人死亡而影响户继续承包,不发生承包继承问题。

第二,承包的山林、土地、草原、鱼塘等,所有权属全民或者集体所有的,不属个人所有,因此所有权不得继承。

第三,承包应得的个人收益,包括已取得的或者应当取得的个人的收益,如承包的山林,规定应属承包人的收益,这些是被继承人的合法收入或财产,应当由继承人按继承法规定继承。

第四,至于承包权,性质是合同,不是继承,而是继续承包的问题。由于承包的情况很不一样,凡是法律允许由继承人继续承包的,如承包荒山植树,由于收益期限长,承包期限长,应当允许继承人继续承包。而由继承人继续承包,也不是按照继承一般遗产的办法,因为如果按继承办法,那么不管继承人是否有条件,都要平均承包,而且对没劳动能力的还要予以照顾,这样对生产是不利的。因此,继续承包的办法和期限,按照承包合同办理。现在的问题是,有些承包合同,没有作出具体规定。没有规定的,应当予以补充,以免以后发生纠纷。

七、什么时候开始继承?

继承法规定,继承从被继承人死亡时开始。这是从法律关系上讲的,也就是说,未死亡时不发生继承问题,只有被继承人死亡时,才开始发生继承。但是,决不是说,被继承人一死亡,就必须分割遗产。

我国民间有优良的传统,往往是父母一方死亡后,子女并不分割遗产,而由尚在的父或母管理遗产,到父母双亡后才开始分割。这种传统是好的,应当鼓励、提倡。所以，继承法规定，遗产分割的时间，由继承人协商确定。一般来讲，都要等父母双亡后才开始分遗产。由于有少数家庭组成比较复杂，例如，有前妻子女等，因此法律不好作出统一的规定。有少数子女在父母一方尚在时，就争夺遗产，这是很不好的，应当通过宣传教育，提高思想觉悟，建立优良的社会主义道德风尚。

八、对遗嘱继承和遗赠有些什么规定？

公民用遗嘱方式处理遗产，越来越多，而且还有发展的趋势。用遗嘱将个人财产指定由法定继承人的一人或者数人继承，叫遗嘱继承。用遗嘱将个人财产给国家、集体或者法定继承人以外的人，叫遗赠。

用遗嘱处理遗产，一般说来比较好，立遗嘱人可以考虑照顾各种情况，特别是家庭组成比较复杂的，采取遗嘱的办法，可以避免发生纠纷。公民可以办理公证遗嘱，可以自书遗嘱，可以请人代书遗嘱，可以以录音形式立遗嘱。公民在危急情况下，还可以立口头遗嘱。代书遗嘱、录音遗嘱、口头遗嘱，都要有两个以上见证人在场。遗嘱人可以将遗产给某一个人，也可以不给某一个法定继承人；可以多给，也可以少给。但是，对缺乏劳动能力又没有生活来源的继承人，应当保留必要的遗产份额。

随着经济的发展，人民文化水平的提高，遗嘱继承将会进一步得到发展。

九、继承纠纷如何处理？

继承人在处理继承问题时，应当本着互谅互让、和睦团结的精神，通过协商解决。遗产分割的时间，分割的办法和份额，由继承人协商确定。凡是继承人协商同意的，不予干涉。如果协商不成、发生纠纷的，可以由亲属或者人民调解委员会进行调解。

继承人没有得到依法应得的遗产的，向人民法院提起诉讼的期限为二年，从知道或者应当知道权利被侵害时计算，但是从继承开始超过二十年的，不得再提起诉讼。

在继承法公布实施以前遗产已经做了处理的，不再重新处理。

十、对少数民族和华侨的继承有些什么规定？

一般来讲，继承法规定的原则，对少数民族是适用的。但是，少数民族风俗习惯很不相同，在继承关系上有一些不同的问题和特点。这些问题，在继承法中不可能一一都作出规定。继承法规定，各民族自治地方的人民代表大会可以根据继承法的原则，结合当地民族财产继承的具体情况，制定变通的或者补充的规定。

这样可以更好地适合各民族的具体情况。

涉及华侨的继承，按照继承法的规定，不动产适用不动产地法律，动产适用被继承人所在地法律。那么，被继承人为华侨，居住在国外的，动产适用侨居国的法律；国外华侨继承国内被继承人的遗产，动产则适用我国的法律。

十一、继承法公布后应当做些什么事情？

继承法于1985年10月1日起施行。它是一个十分重要的民事法律，对每个人都有切身关系。继承法的贯彻，不仅影响到公民个人的权益，而且关系到社会主义四化建设和社会主义精神文明建设。为了使继承法得到很好的贯彻，首先，各级国家机关、国家机关工作人员，特别是司法机关、司法工作人员，应当很好地进行学习，掌握继承法的精神。第二，要广泛深入地进行宣传。继承法的真正贯彻，并不是那么轻而易举的事，关系到肃清封建的、资产阶级的思想，改变那些不符合社会主义精神文明的风俗习惯。因而要采取各种方式，向广大人民群众进行宣传教育。第三，各级司法机关在调解处理继承纠纷时，应当努力贯彻继承法的精神，各级法院在审理继承案件时，应当依法办事。

婚姻法修改的几点考虑

（2002 年 10 月）

一、婚姻法是与男女老幼人人密切相关的重要基本法律

婚姻法是与男女老幼人人密切相关的重要的民事基本法律，是规范婚姻家庭关系的基本准则。

每个社会都是由家庭组成的，可以说家庭是社会的细胞。家庭是人们生活的单位，每个人，不管男女老少，都生活在家庭中。某些家庭又是生产的单位，如广大农村家庭承包土地从事农业生产，有些家庭经营个体工商业。家庭教育又是社会教育的一个重要方面。因此，家庭与人人都有密切关系。家庭是由男女结婚组成的，婚姻关系是建立家庭的前提，也是家庭关系好坏的基础。建立平等、和睦、文明的家庭，能够使家庭成员生活愉快、美满，不仅对维护家庭所有成员，特别是妇女、儿童和老年人的合法权益有着重要意义，而且也有利于家庭教育，使儿童后一代健康成长，有利于保持社会稳定，使大家能够集中精力从事生产和事业，搞好工作。这对国家建设事业的发展和社会进步，都有十分重要的作用。

婚姻家庭制度是社会制度的组成部分，实行什么样的婚姻家庭制度，是由一个国家的社会性质所决定的，同时，也与一个国家的风俗、道德以及民族等有关。在新中国成立前，特别是在广大农村，实行的是封建主义的婚姻家庭制度。党中央对婚姻家庭制度的改革十分重视，把它作为社会改革的一个重要组成部分。1931 年 11 月，中华苏维埃共和国中央执行委员会第一次会议就制定了《中华苏维埃共和国婚姻条例》。新中国成立后，中央人民政府委员会于 1950 年 4 月根据共同纲领，制定了新中国成立后的第一部《中华人民共和国婚姻法》，明确规定，“废除包办强迫、男尊女卑、漠视子女利益的封建主义婚姻家庭制度。实行男女婚姻自由，一夫一妻，男女权利平等，保护妇女和子女合法权益的新民主主义婚姻家庭制度”。1980 年，五届全国人大三次会议根据建国三十年来在婚姻家庭方面出现的新情况和新问题，对 1950 年的婚姻法进行了一些修改，制定了新的婚姻法。实践证明，婚姻法规定实行婚姻自由、一夫一妻、男女平等的婚姻制度，保护妇女、儿童和老人的合法权益，禁止重婚，禁止家庭成员间的虐待和遗弃等基本原则是正确的，有关夫妻、家庭成员间的权利义务的规定也是基本可行的，对于建立和维护平等、和睦、文明的婚姻家庭关系，维护社会稳定，促进社会主义精神文明建设和

社会进步,发挥了积极作用。

为了进一步完善我国的社会主义婚姻家庭制度,2002 年 10 月,全国人大常委会委员长会议向常委会提出了婚姻法修正案(草案)。对婚姻法的修改,各个方面都十分关注。这次修改,是十分重要的,但要明确一个问题,原婚姻法规定的婚姻家庭制度的基本原则,以及结婚和离婚的条件,夫妻财产基本制度的规定,没有改变。前面已经说了,实践证明,这些原则和基本规定是正确的,仍然是合适的,必须坚持。那么为什么要修改呢?修改是否无关紧要了呢?也不是。为什么要修改?说明中说了,"随着经济、社会的发展,人们的思想观念也发生变化,在婚姻家庭关系方面出现了一些新问题。为了进一步完善我国的社会主义婚姻制度,有必要总结婚姻法的实践经验,针对存在的问题,对婚姻法做修改补充"。

现在与 20 世纪 80 年代特别是建国初期的情况有了很大变化。建国初期,当时的家庭绝大多数是在建国前封建婚姻制度下形成的,现在的家庭,绝大多数是建国后在新婚姻法颁布后形成的。但是应当看到,封建思想的影响,对一些地方、一些人,特别是在农村,还有相当影响;同时,随着改革开放,资产阶级思想在一些人中有所滋长。这就给婚姻、家庭带来一些新问题,如"包二奶"、家庭暴力、轻率结婚离婚、干涉老年人婚姻等。对于这些问题,原婚姻法规定的原则是正确的,但有些规定比较原则,需要针对存在的问题,总结经验,加以具体化。这次修改就是针对这些问题,总结审判实践的经验,把司法解释和行政法规的有关规定,上升为法律,具体加以规定。同时,为了使广大人民群众了解其他法律已有的规定,在修改时予以衔接。修改的目的,不是改变婚姻法规定的制度和原则,而是为了更好地贯彻和实施这些制度,更好地贯彻婚姻法。

婚姻法对婚姻家庭的基本原则,对结婚、家庭关系、离婚等作了规定。所以说,它是婚姻家庭关系的基本准则,是调整规范婚姻家庭关系的基本法律。但是,并不是说婚姻法是婚姻家庭唯一的法律。在婚姻家庭方面,还有一些问题是在其他的法律、法规和法律解释中规定的。这些法律、法规和法律解释的规定,与婚姻法是配套的。主要有以下几个方面:第一,其他民事法律。如父母对未成年人子女的监护权问题,涉外婚姻的法律适用问题,在民法通则中有明确规定。又如,收养形成父母子女关系,这方面已有收养法。又如,继承问题,在继承法中作了规定。第二,保护未成年人、妇女、老年人权益方面相关的法律。未成年人权益保护法、预防未成年人犯罪法、妇女权益保护法、老年人权益保护法,对相关问题作了进一步的具体规定。第三,有关犯罪和行政处罚,刑法、治安管理处罚条例等作了规定。例如,重婚罪、拐卖妇女儿童罪、组织卖淫罪、伤害罪、虐待罪等,刑法都有明确规定;不构成犯罪需要给以治安管理处罚的,治安管理处罚条例作了规定。又如,涉及违反纪律的,有关国家工作人员奖惩条例等都有规定。第四,有的是属于行政管理方面的问题,如结婚登记等,有行政法规或规章的具体规定。有关婚姻家庭方面的法律问题,不可能在一部婚姻法中都加以规定,婚姻法只是规定最基本的,有些问题要在其他法律中予以规定。

婚姻法规定的社会主义婚姻家庭制度是十分重要的,这次又针对存在的问题,作了具体的规定。如何才能保证贯彻,解决实际生活中发生的问题?有两点要注意,一是,要根据问题的不同性质,采取不同手段。对违反婚姻法的,要根据不同性质,分别采取舆论、法律、行政处罚、刑罚等多种手段。刑罚只能对个别犯罪的适用,多数要采用舆论监督和纪律处分的办法,有些采取行政处罚的手段。二是,要靠各方面力量,从多方面做工作,进行综合治理。第一,大力宣传和学习婚姻法和有关法律,使广大人民群众能够了解和掌握。只有这样,才能自觉遵守,才能利用法律武器来维护自己的合法权益。第二,加强社会主义精神文明建设。贯彻婚姻法,单靠法律是不成的,更重要的是要加强社会主义道德教育。正如《中共中央关于制定国民经济和社会发展第十个五年计划的建议》中所提出的,在改革日益深入,开放不断扩大,各种思想文化相互激励的背景下,必须坚持两手抓、两手都要硬,切实加强精神文明建设,大力倡导社会公德、家庭美德。第三,有关方面都要加强工作。例如,村委会、居委会要加强调解教育工作。妇联、青年团要维护妇女、儿童的合法权益。各单位要加强干部教育,对违反道德纪律的,应当及时进行教育和给予纪律处分。对违反治安管理和触犯刑法的,公安、法院要认真负起职责,依法予以打击,保护受害者的合法权益。只有这样,采用多种方式,各部门、单位依法加强工作,才能使婚姻法的规定得到更好的贯彻。

二、婚姻法修改几个问题

婚姻法修改常委会已初审,由于与人民密切相关,大家十分关注。这次修改,总的是根据发展,针对新出现的问题,具体补充规定,以更好地贯彻婚姻法规定的婚姻家庭制度的基本原则和规定。大家总的认为,修改的可以,但对一些问题如何解决,还有不同的看法和意见。为了解决好这些问题,需要广泛听取各方面意见。不同的人(男、女,老人、青年,城、乡,不同职业等)由于所处地位和观念的差异,有不同的主张和看法,需要深入研究。如何解决?根据是什么?一是,要坚持社会主义婚姻家庭制度;二是,分清各种不同情况,根据不同性质(民事关系、行政关系,刑事),采取不同的办法;三是,从我国实际出发,都有哪些情况,规定了是否行得通,实际效果如何,全面加以考虑。主要有以下几个问题:

(一)关于"包二奶"、姘居、通奸、嫖娼问题

这种现象近期有发展,与一夫一妻制抵触,不符合社会主义道德,影响家庭、社会稳定,是不允许的。为此,在禁止重婚之后,专门增加规定了"禁止其他一切破坏一夫一妻制的行为",就是进一步明确这些行为是违法的。

对这些问题如何解决?采取什么办法?要根据不同情况和性质,采取不同的

办法。主要是进行教育,有的行政处罚,个别构成犯罪的依法判刑。

"包二奶"问题很复杂,大体有三种人,一是港澳台商人到内地投资,"包二奶";二是,一些暴发户、大款有了钱,对原婚姻不满足,"养二奶";三是,有些干部腐化堕落,"包二奶",要"包二奶"仅工资是不够的,往往与贪污、受贿有关。"包二奶"的情况也不相同,有的对原家庭遗弃、虐待;有的是两方面都保持关系;个别还有共同一起生活的。从原配的态度来看也不相同,有的要求离婚,给以补偿;有的要男方与"二奶"断决关系,但不离婚;有的迁就,只要男方供养,不离婚。

对干部来讲,"包二奶"是绝对不允许的。应当给以纪律处分,要其改正,如果重婚、贪污、受贿了,是要依法判刑的,贪污受贿罪最高可判死刑。对于港商、暴发户来讲,怎么办?如果重婚,或对原配遗弃不管、暴力虐待,构成犯罪的,要判刑;不构成犯罪的,给以治安处罚。原配要求离婚的,应准予离婚。这次具体明确规定,可以要求赔偿,给以赔偿,可以使原配得到生活方面的保证,同时心理也可以平衡,对男方是教育。如果没有以上犯罪的情况,要不要都判刑?如判刑会有什么影响?对原配原家庭关系如何?那么必然要拆散,或勉强保持,增加家庭矛盾,对家庭以及子女会有什么影响?这些问题要认真考虑。

还有一个问题,为什么会产生通奸、"包二奶"、姘居等?是否靠判刑就能完全解决问题?从法律上讲,民事、行政、刑罚的界限是要区分的,对民事关系,主要是道德舆论,以及民事赔偿。违反了行政关系,有危害的,给以行政处罚,危害国家和社会方面利益或侵害公民生命安全、财产,构成犯罪的,要依法判刑。如果没有重婚、贪污、受贿、虐待、遗弃等,是否要判刑?产生这种现象,是随着私企的发展而产生的,或是受了资产阶级思想的影响,对此我们是绝对不允许的。对广大干部和人民来讲,要加强道德教育,这个问题,不是仅判刑就能解决得了的。有一种说法,认为所以发生这些情况,是因为没有判刑,如何才能解决?必须判刑。这种说法欠全面。

(二)关于夫妻财产制度如何规定

夫妻财产关系是一个重要问题。男女平等是婚姻家庭制度的一个重要原则。男女平等体现在人身、财产、对子女监护等各个方面。这个问题,对保护妇女权益有重大关系。所以规定,男女婚姻关系存续期间的收入夫妻共同所有。共同所有,包括共同占有、使用、管理、处分。这是针对封建时期妇女经济不独立,为保护妇女权益所作的规定。男方在外面工作,妇女从事家务是有功劳的。

财产关系有两个问题,一是以法定为主,还是约定为主;二是,哪些是共同财产,哪些是个人特有财产。

关于法定还是约定,1950 年婚姻法规定的是法定。1980 年修改时,以法定为基本形式,约定补充。因为,1980 年与新中国成立之初不同,妇女工作的多了,特别是城市,收入多了。现在要不要改为以约定为主?从我国实际出发,但还应以法定为主,约定为补充。法定为主对保护妇女权益有好处,因为总的讲,还是男方从事工作的多,随着改革深入,下岗就业发生变化,可能妇女就业要受到一些影响。二是,从习惯上讲,一结婚时就约定财产,不太好理解,因为不离婚不会发生财产分割问题。所以,不能以约定为主。

这里还有一个如何约定问题,要规定约定的程序等,如公证、登记、公示,才有效?从道理讲,既然约定,那就要完善程序,不然容易发生分歧,也容易损害第三人合法权益。但从实际考虑,都要约定,都要公证、公示,目前从组织、人员来讲都不可能办到。那么损害善意第三人权益怎么办?专为此作了规定。

法定分三种情况,一是,婚前财产,不是共有。如男方原有的,女方带来的财产等。二是,婚姻关系存续期间的财产共有。现在有经济收入、知识产权,还有期权等,怎么算,这次具体明确了。还有农村承包土地、房基地使用权等,把主要的写了,有利执行,但也不可能都列出。三是,要不要有个人特有财产。个人特有财产指什么?婚前个人财产,生产资料,贵重物品,如共同生活到一定期限,要不要成为共有?对这些作了规定,实际上经过多年,可能有修缮等支出。再是对弱者保护,有扶养义务,如房屋,离婚后住房问题要解决好。

(三)关于无效婚姻问题

婚姻法规定了登记制度,登记后婚姻关系成立。现在有一些事实婚不去登记,怎么办?要不要规定为无效婚姻?如何规定?

登记制度要坚持。实行登记制度有两个好处,一是,结婚自由但也有一定条件,有些是禁止结婚的。有登记制度,有利于法的贯彻。二是,对男女方来讲,登记有利于保护他们的合法权益。所以,登记制度要坚持。

既然实行婚姻登记制度,那么就有无效婚姻问题,对无效婚姻要不要规定?原来没有规定,这次规定了。问题是哪些规定为无效?现在禁止结婚的,如重婚、三代内结婚,有禁止结婚的疾病,这些是禁止的,是无效的。其他没有登记的,要不要都规定为无效?没有。为什么?现在没登记的情况不少,特别是农村。不登记的原因很多,有的是禁止结婚的情况,为了规避法律,不去登记,这种情况已规定为无效婚姻了。而多数情况是,实质条件符合,但没有登记。所以产生这种情况,有的是不懂法,有的是怕登记麻烦,有的是因收费太多,也有的是老年人怕子女干涉。对这些没有登记的,我们不能说合法,否则不能实行登记制度了。但如果实质条件符合,没登记的一律视为无效,也不成,这样对保护妇女、子女利益并不利,应当让他们去补登记。登记问题如何解决,应当加强法制宣传,让广大人民群众认识到,办理登记对保护自己合法权益有好处,同时,要改进和加强登记工作,使老百姓方便。

（四）离婚损害赔偿问题

这个问题原来没有规定，这次明确规定了过错赔偿。对此也有各种不同意见和主张，在实施中也有各种不同情况和利弊。

要不要规定过错赔偿制度？利弊如何？这次规定了，为什么？一方面，可以使无过错方得到补偿照顾，也可以在心理上得到安慰。另一方面，对有过错方是个训诫，这对社会舆论、明辨是非也有好处。

问题是规定过错的范围多大？现在规定是指重婚、暴力、虐待等情况，其他没有规定。因为其他过错如何定，难说，定不好还可能更激发矛盾，有些情况也不好分清。

还有些问题，如第三者要不要赔？赔多少？如何赔？这些问题能否一下子定下来？赔偿要考虑到各种不同的情况，如过错大小，还有当事人经济条件和状况等。所以只能定个原则，要由法院根据实际情况，个案处理，双方当事人可以协商解决，协商解决了，法院不要主动干预。

（五）关于离婚条件

婚姻自由包括结婚自由和离婚自由。婚姻是双方以感情为基础结合的。结婚必须双方自愿，这是前提，也只有这样才能保护家庭和睦、幸福。离婚自由，是针对封建社会从一而终，嫁鸡随鸡、嫁狗随狗的封建道德提出来的。

婚姻法规定，感情确已破裂调解无效的，准予离婚。有的主张实行过错原则，对离婚要限制，也就是说，只有对方有过错的才能离婚，并规定有过错方不得提出离婚。理由是，如果不限制有过错方提出离婚，就为有过错方离婚提供了法律依据，不利于家庭稳定，对子女不利等。离婚问题，从不许离婚，只能男方休妻，到允许离婚是一个进步。允许离婚，从过错原则，有过错才能离婚，到离婚自由又是一个进步。当然，有过错方是不对的，是不好的，但如果勉强不准离，把已死亡的婚姻强行维持，效果如何？这样做有以下几个问题。一是，对无过错方的生活并不利。二是，可能因此使矛盾激化，甚至造成伤害等。三是，如果长期不离，经常处于矛盾状态，对子女也会造成不利影响。对社会、对家庭，对子女都没有好处。

这样是否便宜了过错方，是否会造成轻率离婚。这个问题，可以采取过错赔偿的办法。有些无过错方所以不同意离，主要有三方面原因，一是封建思想，从一而终的思想，怕不好看。对这种情况，要说明道理，这样对家庭子女并不利。二是怕生活没有着落。这个问题要解决，如何解决，一是在分割财产时给予照顾，同时对方有扶养义务，这次又增加了有过错方要赔偿。这就可以解决生活着落问题。三是，知道不可能和好，为了赌气而不离，不让你再婚。这次规定了赔偿，也就表明对方有错，是不道德的，对有过错方是一个教训，可以使无过错方心中比较平静。

是提感情破裂还是婚姻关系破裂，这是经过多次反复研究的，1980 年时用了感情破裂。为什么用感情确已破裂，因为我们婚姻的基础是感情，这与封建时期门当户对，与资产阶级以金钱为基础是不同的。我们主张婚姻应以男方、女方双方感情为基础，有共同理想和事业，这样结合才能有利于家庭的幸福和美满。主张用婚姻关系破裂的一个理由是，感情是主观的，不好确定，关系破裂是客观的，好确定。其实这两者是相互关联的，反映在客观上就是关系破裂，不存在不好确定的问题。这次把司法解释中有关造成破裂的几种常见情况在法律中具体规定了，但也不可能列全，所以还有个其他。

离婚自由不是主张轻率离婚。现在，草率结婚、轻率离婚的情况有发展，离婚率上升。为什么造成这种情况，一是，有些年轻人结婚时不慎重，结婚后发现感情不合。如何解决这个问题，不是限制离婚，而是要加强教育，使青年人正确认识婚姻自由原则，婚姻自由不是随随便便，因为结婚后要建立家庭，因此结婚时要慎重考虑。二是，喜新厌旧，受资产阶级思想影响。对此要加强社会主义道德教育，加强社会主义精神文明来解决。三是，造成提出离婚的原因，有些是可以解决合好的。所以，婚姻法规定，一方提出离婚的，要进行调解，就是要根据情况做两方面的工作。要教育他们这样会对子女造成不良影响，教育他们要能宽容对方，要有对家庭、社会负责的态度，使因一时冲动提出离婚的，重归于好。同时，对确实不能和好的，也要劝不愿离的一方，不要受从一而终的影响，不要赌气，这样对家庭、对子女、对本人都没有好处。调解合好无效，并对财产分割、生活安置、子女教育抚养等妥善解决了的，才准予离婚。

关于刑法

关于刑法起草的一些情况和问题

（1985 年 5 月　在第一期立法干部培训班上）

刑法、刑事诉讼法（以下简称“两法”）是重要的基本法律，是所谓“六法”（六法是指宪法、国家机构组织法、刑法、民法、刑事诉讼法和民事诉讼法）中的两个。刑法是实体法，刑诉法是程序法。任何国家的统治阶级都要以刑法来巩固政权和保障社会经济制度，同时涉及公民的权利。我国刑法的重要任务，就是要保卫人民民主专政制度，保障社会主义建设事业的顺利进行，保障公民的人身权利和民主权利不受侵犯。

一、刑法起草的一些情况

“两法”是 1979 年 7 月五届全国人大二次会议通过的。全国人大常委会为了加强立法工作，于 1979 年 2 月 23 日成立全国人大常委会法制委员会。2 月底成立，7 月就制定了 7 个法律，包括“两法”。从 2 月到 7 月才 4 个多月，怎么这么短的时间就制定了“两法”？是不是制定“两法”很容易，或者太仓促了呢？不是。“两法”的制定，经过了长期的准备、起草过程，是长期与犯罪分子进行斗争的实践经验的总结。

在新中国成立前夕，中央宣布废除国民党的“六法全书”。1949 年 2 月，中共中央发布了《关于废除国民党的六法全书与确定解放区的司法原则的指示》，指出在“人民民主专政的政权下，国民党的六法全书应该废除，人民司法工作不能再以国民党的六法全书为依据”。人民司法机关根据什么进行司法工作呢？中央指示指出，“在人民新的法律还没有制定发布以前，应该以共产党政策以及人民政府与人民解放军已发布的各种纲领、法律、条例、决议作依据。目前在人民的法律还不完备的情况下，司法机关的办事原则应该是：有纲领、法律、命令、条例、决议规定的，从纲领、法律、命令、条例、决议之规定；无纲领、法律、命令、条例、决议规定者，从新民主主义的政策”。

在新中国成立初期，对立法工作采取什么方针呢？1951 年彭真同志《关于政法工作的情况和目前任务》指出，“应该按照当前的中心任务和人民急需解决的问题，根据可能与必要，把成功的经验定型化，由通报典型经验并综合各地经验逐渐形成制度和法律条文，逐步地由简而繁，由通则而细则，由单行法规而形成整套的刑法、民法”。

我们就是这样做的。根据中心任务和急需解决的问题，根据可能与必要，在总结经验的基础上，先制定单行条例。例如，根据《共同纲领》的规定和政策，开展了镇反运动。镇反运动到了后期，在总结经验的基础上，于1951年制定了《中华人民共和国惩治反革命条例》，1952年制定了《管制反革命分子暂行办法》。没有镇反运动，惩治反革命条例就制定不出来。当时有人提出，“法无明文规定不为罪”“法律不追究既往”，也就是说镇反、对反革命分子判刑，没有法律依据。法国资产阶级革命时把路易十六送上断头台，是先有法吗？是根据什么法？在革命时期与掌握政权以后，以及建国初期和以后建设时期，是不能一样的。惩治贪污条例的制定也是这样。《共同纲领》规定，要严惩贪污（第十八条）。我们开展了“三反五反”运动，在各地开展运动的基础上，制定了惩治贪污条例。同时，我们还根据需要，总结了某些案件的审判经验，例如，中央政法小组就总结了奸淫幼女的审判经验。最高人民法院对审判程序的经验作了总结。

新中国成立初期，我们强调学习马克思列宁主义理论，批判旧的法律观念，建立人民的立法、司法观念，划清新旧法律的思想界限。例如，批判了“一案不再审”“官无悔判”的观点，我们是“坚持真理，随时纠正错误”，应当“有错必纠”，怎么能“官无悔判”呢？批判了“有利被告”，提出“以事实为根据，以法律为准绳”等。批判旧法观念，建立人民的司法观念，根据需要和可能，制定单行条例，总结案件审判经验，为“两法”的制定，从思想和实践经验上，作了重要的准备工作。

1953年提出，要逐步建立比较完备的法制。彭真同志在《关于政治法律工作的报告》中提出：“现在，肃清帝国主义、封建主义、官僚资本主义残余势力的社会改革运动已经基本完成，国民经济已经从恢复时期进入大规模的有计划的建设时期。”“今后我们政法工作的主要任务，就是要逐步实行比较完备的人民民主的法制，来保护和促进社会生产力的发展。因此，我们就应该加强全体国家工作人员和全体国民的守法教育，加强立法工作和司法工作、侦查工作和惩罚工作。”1953年全国进行普选，1954年召开了一届全国人大一次会议，制定了第一部宪法，产生了全国人大常委会。从1954年开始，全国人大常委会办公厅法律室在武新宇同志的主持下，着手刑法的起草工作。1956年中央八大政治报告提出，“我们目前在国家工作中的迫切任务之一，是着手系统地制定比较完备的法律，健全我们国家的法制”“为了正常的社会生活和社会生活的利益，必须使全国每一个人都明了并且确信，只要他没有违反法律，他的公民权利就是有保障的，他就不会受到任何机关和任何人的侵犯，如果有人非法地侵犯他，国家就必然出来加以干涉”。到1957年，刑法已经搞了二十二稿。

起草刑法根据什么方针呢？第一，以马克思列宁主义、毛泽东思想为指针。马克思列宁主义、毛泽东思想是我们党和国家的指导思想，刑法的制定必须以此为指导。刑法第一条、刑诉法第一条都明确指出了这一点。第二,总结自己的实践经验。总结人民民主专政的具体经验,总结我们长期以来与犯罪斗争的实践经验。同时,也参考外国的经验。人大常委会办公厅法律室起草刑法时,一方面学习马列主义有关国家和法律的理论,学习苏联和其他国家关于刑法的理论,另一方面收集大批的案例,并到各地进行调查研究,与最高人民法院一起作了"关于刑事案件的罪名、刑种和量刑幅度的初步总结"。到 1957 年,刑法搞了二十二稿,彭真同志亲自主持讨论,在讨论到某一个问题时,最根本的是从我国实际情况出发,同时了解外国的有关规定,一方面问苏联东欧社会主义国家对这个问题是怎么规定的,一方面问西方资本主义国家是怎么规定的,根据我国的情况,吸收对我国有用的东西。刑法二十二稿报请中央书记处审核后,印发一届全国人大四次会议征求意见。到 1963 年,刑法搞了三十三稿,毛主席、中央政治局常委同志审查过。所以,到"文化大革命"以前,刑法已经有了三十三稿。最高人民法院对刑事案件审判程序也作出了总结。这就为后来制定"两法"打下了基础。

1979 年 2 月全国人大常委会法制委员会成立,决定以刑法三十三稿为基础,根据新情况、新问题、新经验,进行修改、补充。新情况、新问题、新经验是什么?主要是两条:第一,"文化大革命"的教训。"文化大革命"是坏事,有沉痛的教训。要总结这些教训,在法律中予以规定,从法律上防止这类事情再发生。彭真同志说,他在被关押期间,反复考虑了这些问题。第二,是社会主义四化建设。党的十一届三中全会决定,党和国家把工作重点放到经济建设方面来,国家的根本任务是四化建设。因此,刑法就要考虑如何保障四化建设事业的顺利进行。彭真同志亲自主持召集中央公、检、法负责同志和法制委员会,对"两法"草案逐条研究、讨论修改。中央开了两次会,对 7 个法进行了审议。1979 年 7 月,提请五届全国人大二次会议审议通过。从以上情况可以说明,"两法"的制定,是经过长期准备和工作的。

"两法"制定以后,国内国外反映都很好。例如,外国的记者评论,刑法、刑诉法"充分运用了研究西方刑典的成果和中国自身的经验,尤其是对'文化大革命'以来的情况反省""从整体看,内容是极为民主的""不仅是司法的成果,而且是和政治现代化有联系的成果""充分反映了民意"。从"两法"公布后几年来实施的情况看,也证明"两法"是好的,关于原则、基本问题的规定,是正确的、适宜的。同时,全国人大常委会根据公布后新的情况和问题,进一步总结执法中的经验,对"两法"作了一些修改和补充。

二、关于刑法主要内容

刑法是重要的基本法律,规定什么是犯罪和如何处以刑罚。犯罪和刑罚是刑法的两个问题。分三个方面介绍:一,关于犯罪;二,关于刑罚;三,几个问题。

（一）关于犯罪

1. **什么是犯罪？** 犯罪和刑罚是刑法的两个问题。在这两个问题中，犯罪又是刑法中的核心问题。因为，什么行为算犯罪，什么行为不算犯罪，是最重要的。确定是否犯罪，是判不判刑的前提，确定犯罪的性质、情节、后果，又是量刑的根据。冤案、假案，就是把没有罪的说成有罪，混淆了罪与非罪的界限。

什么是犯罪？一切危害国家主权和领土完整，危害无产阶级专政制度，破坏社会主义革命和社会主义建设，破坏社会秩序，侵犯全民所有的财产或者劳动群众集体所有财产，侵犯公民私人所有的合法财产，侵犯公民的人身权利、民主权利和其他权利，以及其他危害社会的行为，依照法律应当受刑罚处罚的，都是犯罪。这个定义，一下子把犯罪的阶级实质点出来了，"危害无产阶级专政制度，破坏社会主义革命和社会主义建设"。资产阶级是不讲犯罪的阶级实质的。马列主义认为，犯罪是有阶级性的，任何国家都是把危害统治阶级统治的行为列为重要的犯罪，不同性质的国家有着不同的标准。例如，国民党统治时期，革命是犯罪，1949年中华人民共和国成立，人民掌握了政权，要推翻人民民主专政则是反革命罪。说犯罪有阶级性，最主要是指政治性的犯罪，在整个刑事案件中，从数量上讲，只占少数，但从地位上来说，是最重要的。当然，还有一些严重的刑事犯罪也是有阶级性的，如投机倒把等严重经济犯罪。至于其他一般犯罪，各国有共同性。

刑法有阶级性，那么对外国的刑法理论是否什么都没有可以借鉴、吸收的呢？不是。有些是可以借鉴、吸收的。犯罪有各种各样，杀人、放火、强奸、贪污、责任事故、渎职等，很不相同，但有共同性，加以科学的抽象，犯罪构成包括四个方面。一是主体，所有犯罪都有主体，例如必须达到一定年龄才负刑事责任，精神病人不负刑事责任等；二是主观要件，必须是出于故意或者过失，才负刑事责任；三是客体，也就是被侵害的法律所保护的社会关系；四是客观要件，必须有具有危害性的行为。从几个人共同犯罪角度来分析，根据每个人在犯罪中所起的作用、所处的地位不同，可以分为主犯、从犯、协从犯；组织者、执行者，等等。从犯罪的过程和程度来分析，又可分为预备、未遂、中止、既遂等。这些区分，对于确定构不构成犯罪，确定犯罪轻重，正确适用法律，有着十分重要的意义。例如，一个事故，由于犯罪的主观要件不同，性质就不同，可以是反革命破坏罪（如果是以推翻人民民主专政和社会主义制度为目的），可以是破坏事故（如果由于对某些事情不满而故意制造的），也可以是责任事故（有过失）。如果既不是故意，也没有过失，而是由于自然原因造成的，那就不构成犯罪，不负刑事责任。又如，同样是偷电线，由于危害的客体不同，定罪也就不一样，如果是从仓库中偷的，是偷窃罪，如果是把电线杆上的电话线割下来偷走，则是破坏通讯罪了。上面所说的关于犯罪构成的理论，关于共同犯罪的理论等，是有些共同性的，我们可以学习、继承、借鉴。在起草刑法时，我们学习、借鉴了各国这方面的经验。

2. **刑法打击锋芒是什么?** 刑法的打击锋芒是针对反革命和其他犯罪行为的。刑法对现行的重大的反革命罪,规定了较重的刑罚。在起草过程中,彭真同志向我们提出,其他犯罪,情节恶劣、危害社会后果严重、群众痛恨的,也要规定比较重的刑罚。刑法对杀人、抢劫、放火、决水、爆炸、投毒等犯罪的最高刑,都规定了死刑。

联系刑法打击锋芒,有一个要分清党纪、政纪、法纪的问题。在起草过程中,有的同志提出,破坏计划综合平衡也是犯罪,对计划的制定者、批准者要判刑。计划是谁制定的,是谁批准的?由于林彪、"四人帮"反革命集团的破坏,当时国民经济处在崩溃的边缘,计划中问题不少,如果要判刑怎么成?有的同志提出,连续三年未完成计划的要判刑。一些厂长看后说,如果这样规定,那么我们是一脚在工厂,一脚在法院了。针对这种情况,彭真同志提出,刑法是解决刑事犯罪问题,决不能把应该属于党纪、政纪和民法处理的问题列入刑法,追究刑事责任。尤其不能企图用刑法解决一切问题。如果把应由党纪、政纪处理的问题,也列入刑法,要追究刑事责任,那样势必会使打击面过宽,并且有把打击锋芒引向人民内部的危险。这是一个十分重要的原则问题。在起草法律草案规定刑事处分时,在处理案件时,都要严格把党纪、政纪、法纪分清。

3. **关于反革命罪**。我们与反革命斗争是有丰富经验的。但是,在十年动乱中,林彪、"四人帮"颠倒敌我,滥用反革命罪陷害好人,制造了大量冤案、假案、错案,有沉痛的教训。刑法打击锋芒是针对反革命和其他刑事犯罪行为的,同时,又必须特别防止扩大化。因此,刑法对反革命罪作了严格的明确的规定,以推翻无产阶级专政的政权和社会主义制度为目的的、危害中华人民共和国的行为,都是反革命罪。从这个定义可以看出:第一,没有用"破坏""反对",而用的是"推翻";第二,在"社会主义"后加上"制度"两字,明确是推翻无产阶级专政的政权和社会主义制度。因为"反对""破坏"社会主义,可以解释得很宽,在"文化大革命"中把有些不同意见都说成是反对社会主义了。

反革命罪是以反革命为目的的,有人提出,怎样判断是否以反革命为目的?有一些与反革命挂钩案,犯罪分子的目的不是为了推翻无产阶级专政和社会主义制度,而是为了要钱,或者说是由于对某某人不满,有私愤。这种情况不是没有。判断目的和行为不可分。有的人向敌特写信,要枪,要活动经费,而且把军事情报都投寄去了,怎么还能说不是反革命目的呢?!

有人说,反革命言论不是行为,不能治罪。刑法是没有思想罪的,只要没有危害社会的行为,不判罪。但是,不能说言论不是行为。例如,诽谤是言论,但也是行为,向大家散布推翻无产阶级专政和社会主义制度的言论,就是反革命煽动行为。所以,刑法规定了诽谤罪、反革命宣传罪。

4. **总结"文化大革命"教训,刑法在三十三稿基础上,增加了一系列新的内容**。特别在保障公民人身权利和维护社会秩序方面作了规定,主要有:

第一，严禁用任何方法、手段诬告、陷害干部、群众。诬告陷害是林彪、“四人帮”迫害干部、群众的一个重要手段。诬陷某人是大叛徒，某人是特务，某人里通外国，加以迫害。广大干部、群众强烈要求规定诬陷罪。刑法规定，凡捏造事实诬告陷害他人（包括犯人）的，参照所诬陷的罪行的性质、情节、后果和量刑标准给予刑事处分。为了区分诬陷与错告的界限，又规定，不是有意诬陷，而是错告，或者检举失实的，不适用诬告陷害的规定。在审判林彪、“四人帮”反革命集团时，诬告陷害是他们的重要罪行。因此，诬告陷害不仅是一个公民的人身权利受到侵害的问题，还是林彪、“四人帮”篡党夺权的一个重要手段。规定严禁诬告陷害，就是从法律上防止“文化大革命”一类事再发生。

第二，严禁聚众“打砸抢”。这也是“文化大革命”中的一个严重问题。有人说，“打砸抢”不是法律语言，实际上经过“文化大革命”，一提“打砸抢”都知道是指什么。

第三，严禁刑讯逼供。刑讯逼供是几千年封建社会遗留下来的恶习，流毒很广、很深、很顽固。虽然早在中央苏区时代就再三提出，要严禁逼、供、信，但问题一直没有彻底解决，特别是在“文化大革命”中，林彪、“四人帮”大搞刑讯逼供，造成了极为严重的后果。刑法对此提出“严禁”是完全必要的。

第四，严禁非法拘禁他人，或者以其他方法剥夺他人的人身自由。这个罪名，原三十三稿有规定，这次规定得更加具体了。

第五，增加规定，以暴力或者其他方法，包括用“大字报”“小字报”公然侮辱他人或者捏造事实诽谤他人，是侮辱、诽谤罪。

第六，增加规定，禁止任何人利用任何手段扰乱社会秩序。扰乱社会秩序情节严重，致使工作、生产、营业和教学科研无法进行的、国家和社会遭受严重损失的，对首要分子要处刑。

第七，增加规定，聚众扰乱车站、码头、民用航空站、商场、公园、影剧院、展览会、运动场或者其他公共场所的秩序、聚众堵塞交通或者破坏交通秩序，抗拒阻碍国家治安管理工作人员依法执行职务，情节严重的，对首要分子要处刑。

以上这些规定，都是吸收了“文化大革命”的教训，把这些行为规定为犯罪，就可以用法律的形式，保护人民的人身权利、民主权利和其他权利，防止“文化大革命”一类事再发生。没“文化大革命”，写不出这些规定。有人提出，刑法规定的都是“严禁”的，所以不同意规定“严禁”什么什么，主张只规定什么样行为是什么罪，怎么量刑，就可以了。这几个“严禁”，都是“文化大革命”中的严重问题，明确规定，使大家一看就知道，可以给人民以法律武器，谁要再搞“文化大革命”这一套，人民就可以以此进行斗争。

5. 刑法是上层建筑的一部分，是由社会主义经济基础决定的，反过来又为经济基础服务。保护社会主义的公共财产和个人合法财产，是刑法的一个重要任务。刑法规定，保护社会主义的全民所有制的财产和劳动群众集体所有的财产，也保护公民私人所有的合法财产,包括公民的合法收入、储蓄、房屋和其他生活资料,依法归个人、家庭的自留地、自留畜、自留树等生产资料。当时有的同志不赞成在刑法中写保护“私有”“私人所有”,总想把“私”字去掉。我们认为,必须明确保护私人所有的合法财产,这是社会主义经济发展和广大人民群众所必需的,是党和国家政策明确规定的。特别是“文化大革命”期间,由于林彪、“四人帮”反革命集团的破坏,任意侵犯公民所有的合法财产,不仅强收社员自留地,乱砍社员房前屋后的树木、果树,而且蛮横地侵犯他们各种合法财产和家庭副业等,造成很大危害。刑法明确规定保护公民私人所有的合法财产,有重大意义。在侵犯财产罪中,刑法对抢劫罪、贪污罪,最高刑都规定了死刑。

6. **刑法只能解决成熟了的问题**。在讨论过程中,有些同志主张规定得全一些。但有些问题,如医疗事故等,经验不成熟,多方意见极不一致。怎么办?有的同志认为,现在不能实行而将来可以实行的,也应写上。我们认为,要加强社会主义法制,定了法律必须严格遵守,刑法只能解决成熟的问题,凡是经验不成熟,各方意见分歧很大的问题,刑法中都不规定。待将来经验成熟后,再予以补充。

有些犯罪行为刑法分则中没有规定,怎么办?刑法保留了有严格限制的类推。刑法规定,分则没有明文规定的犯罪可以类推,但必须:第一,要比照分则最相类似的条文定罪判刑。第二,应当报请最高人民法院核准。过去,对适用类推解决一些问题,注意不够。有些同志遇到刑法没有规定但需要判罪的犯罪问题时,就不知怎么办好了,往往就埋怨刑法规定的“不完善”,而不去注意适用类推的办法。

现在,各部门在起草单行法律时,常常遇到这样的问题,要规定惩罚,但违反法律规定的行为,哪些应当定为犯罪,却缺乏实践经验。能不能没有实践经验就急忙定上呢?我认为,这是与我们从实际出发的立法原则不符合的,定了也可能行不通。应当按照制定刑法的原则办,凡是经验不成熟的,暂不要规定,发生问题时可先采用类推的办法,等有了案例,有了经验,再予以补充。

7. **关于责任年龄**。刑法规定,不满十四岁的不负刑事责任,不满十八岁的不适用死刑。这是根据我国的情况,总结我国过去的经验,并参考了各国的规定确定的。

有的同志对不满十八岁的不适用死刑,有不同看法。他们说,有些十六、七岁的人犯罪,十分严重,应当允许判处死刑。现在,青少年成熟早,是否要对责任年龄适当降低一些,可以根据情况进行研究。但是,在考虑这个问题时,决不能根据个别或少数的情况,而要考虑普遍的情况;不能只考虑一方面,而要全面考虑。个别的案例总可以找得出来,例如有个地方发生一个十二岁的小男孩杀了个小女孩,而且煮肉吃。这还不残酷,还不严重?!要不要判死刑呢?刑法能不能根据一时、一事的情况来规定?不成。如果根据这一案例规定十二岁就可以判处死刑,是不成的,肯定会引起另一方面的意见。有人说,规定不满十八岁不适用死刑,等于是鼓励青少年犯罪。不满十八岁不适用死刑，并不是就不处刑，刑法规定，可以判处无期，可以判处死缓。无期、死缓是很重的，怎么能说是鼓励他们犯罪呢？还有人说，满十八岁就可以判死刑，不满十八岁，只差几个月、甚至几天，就不能适用死刑，不公平。法律总是要有一个界限，不管这个界限定在哪里，都会发生差几个月、差几天的问题。

有的同志对不满十四岁不负刑事责任也有意见。同样，由于现在犯罪向低龄化发展，青少年比过去成熟早，责任年龄问题可以研究，但不能降得太低。不满十四岁不负刑事责任，但对他们不是就不管了。刑法规定，他们的家长、监护人要对他们加以管教，必要时政府可以收容教养。

(二)关于刑罚

1. **什么是刑罚？**刑罚与党纪处分、政纪处分不同，是国家与犯罪斗争的一种手段。违犯了党纪，由党的一定组织处分，有警告、严重警告、记过、留党察看以至开除。违反政纪，由一定的行政组织给予处分，有警告、记过、降职、撤职、开除留用，直至开除。违反刑法的犯罪分子，由法院判决给予徒刑、管制等刑罚。

为什么要给犯罪分子刑事处分？人们通常说，因为他们犯了罪，所以要判刑。或者说，因为他杀了人，所以判死刑。这种说法有理由，因为如果不犯罪不会被判刑，不杀人不会被判死刑。但是，这种说法并没有说出社会主义国家判处刑罚的目的。目的是什么？是不是为了报复？不是。是不是为了惩办？判刑对犯罪分子来说，是一种惩罚，但不能说目的单纯是为了惩罚。有人说，判刑的目的是为了预防犯罪。我认为这是一面，但只说预防犯罪似乎还不够完全，还不够积极。我认为，判刑的目的，第一为了防止他们继续危害社会。把反革命分子捉起来，使他不能继续进行反革命活动，把偷窃犯罪分子捉起来，使他不能继续偷窃。这是一个方面。还有第二个方面，要通过劳动，把犯罪分子改造成为新人。对犯罪分子判刑，同时也可以教育其他公民遵守法纪。对社会来说，是为了防止犯罪分子继续危害社会，对犯罪分子来说，要通过劳动把他们改造成为新人。把犯罪分子改造好了，也才能从根本上预防犯罪。

正确认识刑罚的目的，对于如何正确运用刑罚，对于如何正确地对待犯罪分子的劳改工作，都有重要意义。如果说，要通过惩罚、通过劳动，把犯人改造成为新人，那么就不能单纯惩办，单纯劳动，而要把惩办与改造相结合，把劳动与教育相结合，改造第一，这是我们历来劳改工作的方针。不少劳改机关认真贯彻了这个方针，在劳改工作中取得了很大成绩，但也有的劳改场所搞得不好，结果成了"黑染缸"，犯人进去后，不仅没有改造好，而成了犯罪的"多面手"。为什么没有很好贯彻党和国家的劳改工作方针呢？从思想上来说，有一个对刑罚的目的认识不全面、不正确的问题。劳改工作是十分重要的，1979 年整顿城市社会治安时，中央就提出了要加强改进劳改工作。为了维护社会治安，对那些杀人、强奸等严重危害社会治安的犯罪分子，要抓起来依法审判，把犯罪分子抓起来判刑后，就要搞好劳改工作，不然过几年刑满释放了，还会继续危害社会。正确、全面认识刑罚的目的，对于正确贯彻党和国家关于劳改工作的方针，搞好劳改工作，是十分重要的。

刑罚分主刑和附加刑，主刑有管制、拘役、有期徒刑、无期徒刑和死刑。附加刑有罚金、剥夺政治权利和没收财产，附加刑也可以独立适用。此外，对外国人还适用驱逐出境。规定这些刑罚，是总结我国经验制定的，有一些是我们独创的。我就这几种刑罚作一些介绍。

2. **死刑**。对死刑，一要保留。我们现在不能也不应该废除死刑。因为，还存在严重的反革命罪和一些极为严重的其他刑事犯罪。毛泽东同志说过，我们在这里开会，如果有一个人在这里放一个炸弹，炸死了许多人，能不判死刑吗？从世界经验看，死刑也不宜废除。苏联 1920 年废除死刑，1922 年恢复了，1947 年又废除，1950 年又恢复了，几次废除，几次恢复。据联合国统计资料，世界上有 119 个国家保留死刑，有 20 多个国家废除了死刑，主要是一些小国和欧洲国家。已经废除死刑的英国、法国、加拿大等，最近也有许多人要求恢复。

另一方面，适用死刑要慎重。刑法规定：死刑只适用于罪大恶极的犯罪分子。刑法规定可以判死刑的有反革命罪，除反革命外，对杀人、放火、决水、爆炸、投毒、抢劫、强奸，破坏交通工具、交通设备、电力煤气设备、易燃易爆设备、贪污等罪，最高刑都规定了死刑。后来，根据刑法公布后出现的一些新情况，全国人大常委会 1982 年通过《全国人民代表大会常务委员会关于严惩严重破坏经济的罪犯的决定》，1983 年通过《全国人民代表大会常务委员会关于严惩严重危害社会治安的犯罪分子的决定》。这两个决定，根据形势需要，补充了十四条死刑。

判有期徒刑、无期徒刑，如果判错了，还可以纠正，如果判死刑，处死了，发生错误，无法复活。所以，对死刑案件要十分慎重。刑法、刑诉法对死刑案件的程序作了严格的限制，把死刑决定权集中在最高人民法院，这是必要的。在打击严重危害社会治安的犯罪分子的活动中，对杀人、放火、强奸等应判死刑的案件都集中在最高人民法院复核，影响及时打击。所以后来修改法院组织法时，把一部分死刑案件，在最高人民法院认为必要时，可以授权高级人民法院决定。这个修改的精神是：第一，原则上死刑案件的决定权，还是保留在最高人民法院，只是在必要时可以授权高级人民法院决定。第二，可以授权的死刑案件仅限于杀人、强奸、抢劫、爆炸以及其他严重危害公共安全和社会治安判处死刑的案件。因为，这类案件一般比较清楚，不容易错，群众痛恨，需要及时镇压。讨论时，也有的同志主张规定，所有死刑案件都可以授权下放。由于其他死刑案件，如反革命死刑案件、经济犯罪死刑案件，情况比较复杂，需要慎重对待，因此不能授权下放，必须由最高人民法院复核。

刑法规定了我国长期使用的死缓制度。死缓是我国独创的。对于判死刑的犯罪分子，只要不是罪大恶极、必须立即执行的，采取判处死刑缓期二年执行的办法。在缓刑期间,如果确有悔改表现,可以改判为无期徒刑。有人说,死缓实际多数改为无期,与无期还有什么区别?为什么不干脆判无期?判死缓和判无期是有区别的,也是有必要的。第一,有些罪应判死刑,不一定立即执行,但如果判无期,又觉得轻了。对这种犯罪,就可以判处死缓。第二,判处死缓,虽然绝大多数有悔改表现,改判为无期,但如果抗拒改造,情节恶劣查证属实的,最高人民法院裁定或者核准,还要执行死刑。

3. **管制**。管制也是我国根据实际情况创造的。过去,对贪污分子、一般反革命分子实行管制,是行之有效的一种办法。管制的好处是:第一,可以使那些不必关起来的犯罪分子,得到应有的刑事处分。第二,可以减少判处徒刑的犯罪分子,进行管制、监督。第三,被管制分子可以在家生产或劳动,不致影响他们的家庭生活。

在讨论中,有的同志主张不要管制,主要是因为过去在管制工作中发生了不少严重问题,例如有些地方随便管制,有些地方管制无期。刑法根据情况变化和过去发生的问题,对管制作了一些变动和补充,主要是:第一,重申规定管制一律由人民法院判决,由公安机关执行,其他机关团体单位和个人都无权决定,防止发生随便管制的问题。第二,规定了管制的期限,为三个月以上二年以下,数罪并罚时不能超过三年。取消了可以延长的规定。如果再犯新罪,可根据所犯罪行另行判刑。第三,管制期间,参加劳动要给报酬、实行同工同酬。第四,期满后,执行机关应即向本人和有关的群众宣布解除管制,防止再发生"管制无期"的现象。第五,改变了管制必须剥夺政治权利的规定(但要限制一部分自由)。

4. **拘役**。拘役是一种轻刑,期间为十五天至六个月。在刑期上,下与治安管理处罚的行政拘留的期限(十五天以下)衔接,上与徒刑的刑期相衔接(有期徒刑是六个月至十五年)。对那些较轻的罪犯,不需要判处有期徒刑,但又需要剥夺短期自由的,可以拘役。这样既可减少有期徒刑,又可以使这些犯罪分子得到必要的刑事处分。

拘役和有期徒刑的区别,不仅是刑期长短不同,在执行上也不相同:第一,判处拘役的犯罪分子,就近执行;第二,每月可以回家一至两次;第三,参加劳动的,可以酌量给予报酬。规定拘役的目的,是为了将判处拘役和有期徒刑的人区别对待,以有利于对他们的改造。但是,这种刑罚,在一些地方还没有很好使用。

5. **剥夺政治权利**。这是一种比较重的附加刑。刑法规定,对反革命分子应附加剥夺政治权利,对判处死刑、无期徒刑的应剥夺政治权利。对严重破坏社会秩序的犯罪分子,在必要时可以剥夺政治权利。对严重破坏社会秩序的犯罪分子,过去对判处附加剥夺政治权利注意不够,因而在选举中,就出现了一些问题。有些严重危害社会治安的犯罪分子,刚刚抓起来判了刑,没有剥夺政治权利,选举要参加投票,群众有意见。因此,对严重破坏社会秩序的犯罪分子,凡是不宜给选举权的,法院在判决时,要注意及时判处附加剥夺政治权利。

剥夺政治权利过去只是作为附加刑,不能单独适用。在制定刑法时,有的同志建议,剥夺政治权利也可以单独适用。经过研究,认为这个意见有道理。例如,对打砸抢、诽谤、扰乱社会秩序等犯罪,可以单独适用剥夺政治权利。刑法采纳了这个意见。哪些犯罪可以单独适用剥夺政治权利,刑法分则作了具体规定。有人提出,为什么分则条文中有的定了可以剥夺政治权利,有些没有规定,没有规定的,是否不能附加剥夺政治权利了?不是。对于附加剥夺政治权利,刑法总则已有规定,分则规定,可以剥夺政治权利是指那些可以单独剥夺政治权利的犯罪。

(三)几个问题

1. **惩办与宽大相结合,是党和国家的基本刑事政策**。刑法第一条规定,刑法是依照惩办与宽大相结合的政策制定的。对各种犯罪分子根据不同情况,区别对待,可以分化瓦解犯罪分子,争取多数,孤立、打击少数,促使犯罪分子改造。根据这个政策,有关条文作了一系列规定,例如:对不同性质、不同情节、不同后果的犯罪,规定不同的量刑;对主犯从重,对从犯从轻、减轻或免除;对教唆不满十八岁人犯罪的从重,被胁迫、被欺骗参加犯罪的,比照从犯减轻或免除;在犯罪过程中自动中止或自动有效防止犯罪结果发生的,免除或减轻处罚;对累犯和惯犯从严。同时,根据犯罪后不同的态度和表现,也作了一系列不同的规定:犯罪后自首的,可以从轻,有立功表现的,可以减轻或免除;被判处管制、拘役、有期徒刑、无期徒刑的犯罪分子,在服刑期间确有悔改或立功表现的,可以减刑、假释;被判处死缓的,如果确有悔改,可减为无期徒刑,如确有悔改并有立功表现的,可减为十年以上二十年以下有期徒刑,如抗拒改造情节恶劣、查证属实的,执行死刑。

"坦白从宽、抗拒从严",这个问题在制定刑法时研究过。这个政策在"镇反""三反五反"运动中发挥了很大的威力。但是,在"文化大革命"中,被林彪、"四人帮"滥用了,他们把这个口号当成逼供、诱供、整人的手段。我们定罪量刑,要不要考虑悔罪的态度,是要考虑的一个因素,但最根本的是要根据犯罪的事实,即性质、情节和后果,在这基础上考虑悔改的情况。不能说,犯了严重的罪,因为说了,就可以说没罪;犯了轻罪,也不能因为没说就按重罪判刑。什么叫坦白,什么叫抗拒,也要以事实为标准。有犯罪事实,不交代,这是态度不好;胡交代、乱交代也是态度不好。刑法中关于中止、自首、立功、悔改表现等规定,体现了坦白从宽的精神,这样规定,从法律上讲,比写"坦白从宽"更准确、具体。关于"抗拒从严",在工作中掌握起来往往会发生问题,有的把申辩、上诉说成是"抗拒",辩护、上诉是被告的合法权利,不要把上诉、辩护说成是抗拒。

2. **关于"依法从重从快"惩处问题**。1979 年底,在打击严重危害社会治安的犯罪活动的形势下,提出了对杀人、放火、强奸、抢劫、爆炸等严重危害社会治安的犯罪分子,依法从重从快惩处。有几个问题我说一下。

第一,这个政策是在什么情况下提出来的?1979 年底社会治安乱象十分严重，一些犯罪分子在光天化日之下杀人、强奸、抢劫等，上海发生控江路事件，广州发生滨江路事件，北京发生北海公园事件，严重危害社会治安，严重危害人民的人身自由和权利。刑事犯罪活动嚣张的城市，群众恐慌不安，生产、工作和生活受到严重干扰，强烈要求政府采取有力措施，严厉打击犯罪分子。形势决定政策，在这种形势下，提出依法从重从快的政策。

第二，依法从重从快打击的对象是有范围的，即对那些杀人、放火、抢劫、强奸、爆炸等严重危害社会治安的严重犯罪分子，并不是指对所有的犯罪分子都要从重从快。

第三，从重从快是以法律为依据的。有人说，提出依法从重从快，是以政策代替法律，是不重视法制的表现。这样说法是不对的。什么叫“依法从重从快”？就是要在法律规定的量刑幅度内从重，在刑诉法规定的期限内从快。这是法律上的常识。对犯罪分子如何量刑，刑法是有规定的，“对犯罪分子决定刑罚的时候，应当根据犯罪的事实、犯罪的性质、情节和对社会的危害程度，依照本法的有关规定判处”。同一种犯罪，在不同的情况下，对社会的危害程度是不同的。例如，在治安情况较好和治安情况十分严重的情况下，危害的后果是不同的。因此，在社会治安乱象十分严重的情况下，对严重危害社会治安的严重犯罪分子依法从重惩处，正是更好地贯彻、执行刑法的规定。

第四，是不是以后永远都要从重？不是。前面讲了，形势决定政策。如果社会治安根本好转了，那么就不需要这样提了。

3. **关于情节和量刑幅度问题**。有人认为，刑法规定的太笼统了，如什么数额大、数额巨大，怎么算数额大，怎么算巨大，希望在刑法中具体规定。希望规定具体数额，司法人员好执行，这是可以理解的。但是，刑法不能规定得那么具体，因为全国各地情况很不相同，沿海地区与内地不相同，城乡也不相同。同时，情况也在不断变化。如果在刑法中作出具体的规定，不能适应不同地方、不同时期的情况，因而也是行不通的。怎么办？需要由司法机关根据不同地方不同时期的实际情况，自行确定。

有人说，量刑幅度为什么这么大？这是因为；第一，实际情况十分复杂，没有一定量刑幅度，就不能适应各种复杂的情况。第二，由于形势不同，对社会危害不同，也需要有一定的量刑幅度。所以，作为审判员、检察员，可以在法律规定的相当的幅度内决定量刑，权是很大的，责任是重大的。要当好审判员、检察员是不容易的。要判得对，判得好，不仅要熟悉法律，而且要有相当的政策、业务水平。

关于修改刑法的几点意见

（1996 年 4 月 30 日　在刑法修改座谈会上的讲话）

今天请大家来，是研究刑法的修改问题。高西江同志向同志们介绍了在修改过程中，各方面提出的一些要研究的重大问题，我对刑法如何进行修改，讲几点初步的考虑。

一、把刑法修改摆到日程上来，抓住时机，切实做好工作

我讲的把刑法修改摆到日程上来，是指摆到领导的日程上来。4 月 19 日，中政委、人大常委会办公厅、法工委联合召开了学习、贯彻修改后的刑事诉讼法的座谈会，在这个会上，王汉斌同志、任建新同志都讲了，请公、检、法和专家们抓紧进行刑法的修改工作。刑法是国家重要的基本法律之一，刑法的修改涉及一系列重大的问题，摆到领导的日程上，是做好刑法修改的一个十分关键的问题。

刑法是 1979 年制定的，到现在已经十七年了。十多年来，随着改革不断深化，情况不断发展，刑事犯罪方面出现了许多新情况，提出了许多新问题，在司法实践中也积累了不少经验。对刑法需要进行修改，这一点大家认识是一致的。

现在修改，提到日程上，是否有条件？应当说，是有条件的。因为：一是，十多年来，特别是党的十四大确定实行社会主义市场经济以来，各种犯罪情况的变化发展，比较清楚；二是，人大常委会已经根据情况发展的需要，作了二十多个补充规定，司法实践取得了经验；三是，1989 年以来，一直在研究刑法的修改工作，大的有三次，第一次是 1989 年，第二次是 1991 年，第三次是从 1993 年开始的，一直没断。各方面做了大量的工作，总结经验，进行研究，提出了各种各样的建议和方案。1990 年时，各种修改刑法的论著，就有八百多篇，现在更多了。所以说，现在提到日程上来，是有一定工作基础的，是有条件的。

要提到日程上来，对我们来说，还要抓紧工作，要有紧迫感。刑诉法修改后，领导把注意力放到刑法的修改上来了，我们要抓住这个时机，按计划提到明年八届全国人大五次会议进行修改，来安排我们的工作。这就要求公、检、法和专家同志，集中力量，切实抓紧工作。今天的会，也可以说是落实抓紧刑法修改工作的重要会议。

二、刑法修改根据什么原则和精神

刑法修改根据什么原则和精神,这是首先要明确的。我先讲点个人不成熟的看法,请同志们考虑。

第一,坚持1979年刑法的原则,随着情况的发展,结合新的情况,向前推进。

首先,要坚持1979年刑法的原则。1979年制定刑法所依据的基本原则,怎么样?刑法的基本原则,虽然没有集中在总则中规定,但在各章中都有体现。刑法的基本原则是什么呢?主要有:一,罪刑法定原则。第十条规定,犯罪必须是“依照法律应当受刑罚处罚的”,第九条规定了从旧兼从轻的原则。二,主、客观条件相统一的刑事责任原则。主观上必须具有故意或过失,第十三条规定,“行为虽然造成了损害结果,但不是出于故意或过失”“不认为是犯罪”。客观上必须有危害社会的行为,第十条规定,“情节显著轻微,危害不大的,不认为是犯罪”。三,惩办与宽大相结合(总则第一条)。四,罪刑相当和罪责自负原则。第五十七条规定,决定刑罚“应当根据犯罪的事实、犯罪的性质、情节和对于社会的危害程度”依刑法有关规定判处。五,惩罚与教育相结合,把罪犯改造成为自食其力的公民。六,死刑不废除,但适用时要十分慎重等。这些原则对不对,司法实践证明,是正确的。这次修改,要坚持这些原则。

坚持这些原则,不是不改了,而是要随着情况的发展,结合新的情况,加以发展,以便更好地体现这些原则。例如,我们是罪刑法定原则,但1979年制定刑法时,由于对有些犯罪经验还不成熟,因而没有规定,所以还保留了严格的类推制度。这次修改,能否取消类推。刑诉法的修改也是这样,1979年刑诉法规定的任务和基本原则是正确的,这次修改是根据情况的变化,向前推进,对刑诉制度作了一系列改革,以便在新情况下更好地体现这些原则。例如,保障被告人的诉讼权利特别是辩护权问题,是1979年制定刑事诉讼法的一条基本原则,这次修改,把请辩护人的时间提前到侦查终结、移送审查起诉之日起。又如,这次规定,未经法院判决有罪,不得确定任何人有罪,将“人犯”改称“犯罪嫌疑人”。本来,1979年的刑诉法也是这个精神,只有法院判决有罪的才称为“罪犯”,在此之前都称为“人犯”,就是这个原则。这次修改后更明确了,同时扩大不予起诉的范围,不再使用免诉,就能更好地体现这个原则。

我们修改刑法,要坚持1979年刑法确定的原则,结合发展,向前推进。

第二,修改成能够适应建立社会主义市场经济后与犯罪斗争需要的刑法。

为什么要修改?前面说了,因为情况有了发展变化。什么变化?最根本的是党的十四大确定要实行社会主义市场经济,由于改革深化,实行社会主义市场经济体制,在犯罪方面发生了一系列变化,原来有些规定不完全适应了,如“投机倒把”罪。要实行市场经济,一些企业就是投机,搞股票没有投机?罪与非罪界限如何划。在1979年后，法工委就起草几个规定，一个是贪污贿赂犯罪的补充规定，一个是投机倒把犯罪的规定，还有其他的。当时就觉得，投机倒把犯罪有些界限不太清，所以后来就放下了。实行市场经济，出现了一系列新的经济方面的犯罪，有些经济方面的犯罪情况更严重了，要具体规定，但是否叫“投机倒把”，值得研究。不仅经济方面犯罪，还涉及上层领域，如渎职犯罪，政企分开，对国家工作人员的范围怎么定；还有精神文明方面，也出现新的犯罪等。修改后，要能适应建立市场经济后与犯罪斗争的需要。这是我们修改的一个重要任务。

法律是上层建筑，由经济基础决定，为经济基础服务。党的十一届三中全会后，我国进入了一个新的历史时期，法制建设也进入新的历史时期。我们制定了宪法、刑法、民法、诉讼法等，为社会主义法制建设奠定了基础。随着改革深化，特别是党的十四大确定实行社会主义市场经济，我国进入一个新的阶段，是新时期中的一个新阶段，是过去的继续，又是发展。法制建设，刑法也是如此，中央提出要建立适应社会主义市场经济的法制体系，不是推倒重来，而是在过去法制建设的基础上，补充完善，向前推进。刑法修改，就是在原来刑法的基础上，总结经验，适应社会主义经济与犯罪斗争的需要进行修改补充，最主要的是对分则进行修改补充。

这次修改，要使刑法能够适应社会主义市场经济与犯罪斗争的需要，为完成这个任务，在修改时要注意，一是要全面考虑，二是要从长远考虑。十七年来，刑法修改最多，有二十多个补充规定，还有许多单行法中有依照、比照的规定。这次修改与那时不同，那时是，就某个方面的犯罪作修改补充，这次要全面考虑，修改后不能说完全完备，但要比较完备，要有些预见性。现在已发生的新的犯罪，要补充规定，还可能出现什么犯罪，也要研究，尽可能做些规定，哪怕原则些。民诉法修改时，我们就是这样做的。民诉法的修改，主要是补充有关经济案件方面的程序，增加规定了督促程序、破产程序、公示催告程序等。开始时，对是否规定这些程序，存在不同意见，提请常委会审议的草稿没有规定。后来研究，从发展看有需要，提请全国人大审议的草案对这些程序作了规定，有的虽然比较原则。现在看来，这些规定是非常必要的，例如制定票据法后，公示催告程序就十分必要了。这次刑法修改后，起码要适应一段相当的时期。因此，我们在考虑修改时，不要就事论事，不要只看当前，要全面考虑，要看得远一点。

第三，从实际出发，做到三个有利。

修改刑法，对犯罪的形势不能不考虑。对当前形势如何估计？如何解决？有各种不同的意见。有的认为，当前社会治安和经济犯罪都十分严峻，主张要严，处刑要重；有的认为，根据现在世界刑法的潮流，应当强调轻刑化、非罪化。

对当前形势怎么估计？应当承认，犯罪是相当严峻的，包括社会治安和经济方面犯罪。1979年时估计，“文化大革命”后经过一段，社会治安可能会平稳。但随着改革深化，在转变过程中，社会矛盾增加，犯罪严重，这种情况还要相当一段时期。在这种情况下，讲轻刑化、非罪化，不太现实。形势是严峻的，如何解决？是否只是靠判刑、靠重刑？不是，要综合治理，犯罪情况所以严峻，有社会各方面的原因。要从重，是否只有判死刑才算重？判死刑就能解决问题？也不能这么说。

我觉得，在这个问题上，还是要坚持刑法的原则，惩办与宽大相结合；罪罚相当；惩办与教育改造相结合，不是只讲惩办，要教育改造，特别是对未成年人。所以，我认为应当考虑要三个有利，一是要有利于惩治犯罪，维护社会、经济秩序；二是要区别对待，有利于分化瓦解；三是要有利于将罪犯改造成为新人。这三个有利于是相辅相成的，不惩办犯罪，不能维护秩序，保护国家、企业、公民的合法权益，也不利于教育改造罪犯，不利于分化瓦解。惩办与宽大相结合，才有利于分化瓦解，促使悔过自新，检举立功，这对破案和与犯罪斗争，有重要意义。最终目的，是要把罪犯改造成为守法的公民，如果改造不好，刑满出来后又继续犯罪，不利于维护秩序。

第四，敞开思想，全面考虑，实事求是。

1979 年的刑法是我国与犯罪斗争长期经验的总结，是长期形成的。有些问题要解决，是有相当大的难度的。如果知难而退，不提出来，问题就解决不了。当然，重大问题，要由中央来决策，但我们研究时，要把问题提出来，正反利弊如何，全面考虑，实事求是地提出解决方案。如果觉得难就不提了，那么中央不知道，就无法解决。

刑诉法的修改就是如此。例如，收审问题，1979 年制定刑法后，就想逐步解决，把收审纳入劳教。现在，社会治安相当严峻，在这种情况下，能否解决？如何解决？一方面，要适应与犯罪斗争的需要，一方面又要强调法制。这次修改，将收审中与犯罪斗争有需要的纳入刑诉，不再使用收审。我们开始也没底，到福建专门调查研究，为什么现在可以解决，因为法制发展，给了一系列手段，可以解决。修改后，收审的四种对象，可以先拘留，有证据证明犯罪符合逮捕条件的，可以提请逮捕。拘留期限延长一个月，后又增加规定，可判十年以上徒刑的侦查羁押期限可再延长两个月，把收审的三个月期限都给了。这样，既能适应与犯罪斗争的需要，又符合法制，把老大难问题解决了。中央政治局常委会讨论时，都同意。我谈这个例子是想说，在考虑修改时感到有问题，不管多难，都要提出来研究，当然，最后要从实际出发，请中央决策。

刑法修改，也有类似的一些重大问题要研究，要敞开思想，全面考虑，实事求是。

以上几点是否合适，请同志们考虑。

三、如何进行修改

指导思想明确、任务提出来了，要具体做好工作。工作如何进行，我提几点：

第一，首先要把主要问题，认真研究清楚。只有把这些问题研究清楚了，思想明确了，才好修改。高西江同志已把遇到的重要问题提出来了，请大家考虑如何处理好，还有什么重大问题要研究，也请提出来。

例如，类推问题，要不要取消？是否有条件取消？取消了有什么问题要解决？

又如，死刑问题，现在死刑已有七十多个罪名。这次修改，是否都编入刑法？过去所以不直接修改刑法，而采取补充规定的形式，就是因为从长远看，死刑太多不好。这次修改刑法，回避不了这个问题，现在犯罪情况严重，从重的呼声很高，一讨论就要加死刑。怎么办？死刑适用范围是什么，我们一贯的方针是少杀长判，只对暴力型犯罪、危害国家安全和危害公共安全的犯罪适用死刑，经济犯罪要不要判死刑？要研究利弊，如何定，怎么解决？

又如，保安处分问题，联系劳动教养怎么办。手段不能没有，但又要符合法制，怎么解决好。

这些重大问题，只有研究清楚，才能统一思想，才好具体修改，也才能向中央请示报告，由中央决策。

第二，从实际出发，总结案例。修改刑法的一个重要任务，就是对犯罪要规定得具体。当时对有些犯罪所以规定得较原则，因为那时经验还不够。要具体，就要总结案例。

这次修改，凡能具体的要尽量具体，王汉斌同志在刑诉法座谈会上提出，“三个大口袋”的问题要解决。“三个大口袋”就是投机倒把罪、流氓罪、玩忽职守罪。他说，把这几年发生的案例集中起来，研究、分析，把这几个罪具体化。其他犯罪也要如此。

第三，采取三结合的办法，即立法部门、实务部门和专家三结合。这是我们起草制定法律的一贯做法。邓小平同志、彭真同志都提出，立法要采取三结合的办法。民法通则等重大法律，刑诉法的修改，都是这样。王汉斌、任建新同志在刑诉法座谈会上，也特别谈到这个问题。王汉斌同志说，请实务部门、专家，积极参与刑法的修改工作。

各位除了要全面参加研究外，有些问题，有关部门还要着重研究。如反革命罪，安全部、公安部多研究，提出方案；贪污罪、贿赂罪，检察院要多研究，提出方案；流氓罪，公安部要多研究，提出方案；有些经济方面犯罪，法院要多考虑。

第四，坚持民主集中制原则。要充分发扬民主，在民主基础上集中。要修改得好，必须广泛发扬民主，有不同意见是必然的，是好事，经过讨论，把各方面好的意见集中起来。刑诉法的修改就是这样，我当时说，我们提出的征求意见稿，不是法工委的，而是根据各方面的意见搞出来的。这不是客气，是实事求是，不是哪一家的，而是大家的。有的是采取了法院的意见，有的是采取了公安的意见，有的是采取了检察院的意见，有的是这些专家的意见，有的又是另一些专家的意见。

刑法修改也要如此，欢迎大家提出意见和方案。

第五，按明年大会审议来安排工作。

王汉斌、任建新同志提出要抓紧修改，有条件，但应当看到难度也是不小的。有不同认识，有些问题还看不太清。我们的工作，要按争取明年上大会来安排，关键是要抓紧时间，切实做好工作。希望大家共同努力，集中力量，按计划抓紧工作。我们为什么五一前开这个会，就是为了争取时间。会后，请大家准备意见，对这些重大问题进行研究。同时，请有关部门集中案例，提出分则的修改方案。我们想争取在七月份，能提到领导讨论，同时发一定范围征求意见。在广泛征求意见的基础上再修改，然后报党组和中央审定。至迟要在十二月份以前提请常委会审议，这样明年初大会才好讨论。

刑法修改，是继刑诉法修改后的又一项十分重要的任务，希望我们共同努力，来完成这项任务。

刑法修订的原则和重点问题

（1996 年 11 月 22 日　在全国刑法修订座谈会上的讲话）

这次刑法修订座谈会是一次十分重要的会议，开得很好，开始时王汉斌副委员长作了重要讲话，同志们对征求意见稿认真讨论，敞开思想，积极发言，提出了不少好意见，对修订好刑法有着十分重要的意义。会后，我们要很好地研究大家的意见，对刑法修订稿进一步修改，争取能提出一个比较好的草案。同时，将大家的意见向上反映。

刑法是 1979 年五届全国人大二次会议通过的，是新中国第一部刑法。刑法的制定，经过了长期的准备、起草过程。再早的不说，1954 年一届全国人大产生后，全国人大常委会办公厅法律室就着手刑法的起草工作，到 1957 年搞了二十二稿，报中央书记处审核后，印发一届全国人大四次会议代表征求意见。到 1963 年，刑法搞到三十三稿，毛主席、中央政治局常委同志审查过。1979 年通过的刑法，是以刑法三十三稿为基础，根据新情况、新问题、新经验，修改、补充制定的。

1979 年制定的刑法，总结了我国长期以来与犯罪斗争的实践经验，同时也参考了外国的经验。1957 年，彭真同志亲自主持讨论刑法草稿，在讨论到某一个问题时，总是要了解外国的有关规定，一方面问苏联东欧是怎么规定的，一方面问西方资本主义国家是怎么规定的，根据我国的实际，吸收对我国有用的东西。1979 年，以刑法三十三稿为基础，认真总结了“文化大革命”教训，对刑法草稿作了补充、修改。彭真同志说，他在“文化大革命”被关押期间，反复考虑了这些问题，怎么从法律上防止今后再发生“文化大革命”这类事情。应当说，我国刑法是一部好刑法，总结了实践经验，从我国实际出发，研究、借鉴了外国的经验教训，吸收了对我国有益的东西。

刑法施行以来，对于惩治犯罪，保护人民，维护社会秩序，维护国家安全，保卫人民民主专政政权和社会主义制度，保障改革开放和社会主义现代化建设事业的顺利进行，发挥了重要作用。实践证明，刑法规定的任务、遵循的原则是正确的，是一部好的、现代化的刑法。但是，十多年来，情况有很大发展：一是，随着改革的深化、对外开放的扩大，刑事犯罪日趋复杂，出现了一些新的犯罪。刑法制定后，十七年来，根据与犯罪斗争的需要，全国人大常委会制定了二十多个惩罚犯罪的补充规定，还有不少单行法中有依照、比照刑法处罚的规定。二是，我国社会主义民主和法制建设取得很大进展，与犯罪斗争取得不少经验。因此，需要对刑法进行修订，根据法制建设发展的要求，适应新情况，总结经验，进一步补充、修改和完善。

我参加这次座谈会，听了同志们的意见，很有收益，现在就刑法修订的原则和重点问题，谈点个人的看法。

一、刑法修订的原则

对刑法的修订工作，根据什么原则？我个人认为有以下几点：

（一）要更好地实现刑法提出的任务。

刑法是重要的基本法律，规定什么是犯罪和如何处以刑罚。刑法的任务是，用刑罚与犯罪行为作斗争，各国的刑法都是如此。但是，由于各国性质不同，保卫的对象不同，具有鲜明的阶级性。1979 年刑法明确提出，刑法的任务是五个保卫或者保护、维护。

第一，保卫人民民主专政。

第二，保障社会主义革命和社会主义建设事业的顺利进行。

第三，保护社会主义全民所有的财产和劳动群众集体所有的财产。

第四，保护公民的人身权利、民主权利、合法财产和其他权利。

第五，维护社会秩序、生产秩序、工作秩序、教学科研秩序和人民群众生活秩序。

刑法的修订，要根据情况的发展，总结经验，补充修改，以便更好地实现这五个保卫或保护。

（二）要根据 1979 年刑法所遵循的基本原则。

1979 年制定刑法时所遵循的关于刑法的基本原则，主要有以下几点。

第一，以罪刑法定为原则。

关于罪刑法定原则，1979 年刑法是从两个方面规定的。一是，什么行为是犯罪行为和处以什么刑罚，要法律作出规定。刑法规定，犯罪是“依照法律应当受刑罚处罚的”危害社会的行为（第十条），“依照本法的有关规定判处”（第五十七条）。这就是说，犯罪和处以什么刑罚，要由法律规定。二是，不溯及既往，刑法“施行以前的行为，如果当时的法律、法令、政策不认为是犯罪的，适用当时的法律、法令、政策”；但是，当时法律认为是犯罪，而刑法“不认为是犯罪或者处刑较轻的”，则适用刑法（第九条），也就是从旧兼从轻的原则。

第二，对刑事责任采取主、客观条件相统一的原则和罪责自负、不株连的原则。

什么情况构成犯罪，应当追究刑事责任？客观上，必须有危害社会的行为，“情节显著轻微危害不大的，不认为是犯罪”（第十条）；主观上，必须具有故意或过失,“行为在客观上虽然造成了损害结果,但是不是出于故意或者过失”,“不认为是犯罪”(第十三条);“精神病人在不能辨认或者不能控制自己行为的时候造成危害结果的,不负刑事责任”(第十五条)。同时,刑法规定了刑事责任年龄,以及不负刑事责任的正当防卫行为和紧急避险行为等。

罪责自负,不株连。刑法规定,“没收财产是没收犯罪分子个人所有财产的一部或全部”,1979 年制定刑法时,针对“文化大革命”中发生的问题,特别增加规定了,“不得没收属于犯罪分子家属所有或者应有的财产”(第五十五条)。

第三,惩办与宽大相结合的政策,实行罪罚相当的原则。

惩办与宽大相结合是党和国家的基本刑事政策,刑法第一条就明确规定,刑法是依照惩办与宽大相结合的政策制定的。采取这个政策,对各种犯罪分子,根据不同情况,区别对待,可以分化瓦解犯罪分子,争取多数,孤立、打击少数,促使犯罪分子改造。实践证明,这个政策是正确的、有效的。

惩办与宽大相结合的政策,与罪罚相当的原则、惩罚与教育改造相结合的原则是一致的。刑法规定,决定刑罚,“应当根据犯罪的事实、犯罪的性质、情节和对于社会的危害程度,依照本法的有关规定判处”。主要体现在这么几个方面:一,刑法对不同性质的犯罪,规定了不同的刑罚,对同一种犯罪,根据不同情节、后果,规定了不同的量刑档次;二,对共同犯罪、集团犯罪中的主犯、从犯、协从犯,分别做了依法从重、从轻、减轻、免除刑罚的规定;三,对犯罪不同阶段中的预备犯、实行犯、中止犯、未遂犯等,规定了不同的量刑原则;四,对自首、立功的,作了减轻、免除刑罚的规定,对累犯应当从重处罚。这些规定,就是根据惩办与宽大相结合的政策,把这个政策具体化、法律化了。对什么是惩办与宽大相结合,有各种理解,在不同时期也有所不同,应当依照前面说的刑法的有关规定,根据不同的情况,依法判处,决定刑罚。

第四,惩罚与教育改造相结合的原则。

对犯罪分子判刑的目的是什么?不单纯是惩办,更不是为了报复。判刑的目的,一是防止犯罪分子继续危害社会;二是对社会有震慑作用,可以减少、预防犯罪;三是通过对犯罪分子的惩罚,对其进行教育改造,使其悔过自新,改造成为守法的公民。新中国建立后,我们对战犯和末代皇帝的教育改造,取得了很大的成效,这在世界上是有目共睹的。因此,必须坚持惩罚与教育改造相结合的原则。为此,刑法对犯罪分子确有悔改或者立功的,规定了减刑、假释制度。这也是体现惩办与宽大相结合政策的一个重要方面。

第五,法律面前人人平等。

彭真同志在《关于七个法律草案的说明》(其中有刑法、刑诉法)中强调指出,“在法律面前人人平等,是我国全体人民、全体共产党员和革命干部的口号,是反对任何搞特权的思想武器”“对于违法犯罪的人,不管他资格多老,地位多高,功劳多大,都不能加以纵容和包庇,都应当依法制裁”。

刑法第三十三稿中，对如何决定刑罚，原来还有“参照犯罪分子的个人情况”一句。这句话的原意是指，要考虑责任年龄、是否是精神病人、聋哑人，以及是否自首、有无立功等。但这句话的表述，容易使人误解为还要考虑犯罪分子的出身、地位等，如果这样理解就有问题了，就不是法律面前人人平等了。为了防止产生歧意，体现法律面前人人平等的原则，1979 年制定刑法时，特别把这一句删去了。至于责任年龄、自首等，在法律中已有明确具体的规定，“依照本法的有关规定判处”，就已经包括了这些内容。

实践证明，刑法的这些原则是正确的，刑法的修订，要根据这些原则，随着社会主义法制建设的发展，结合新的情况，予以完善、提高，以便更好地体现这些原则。

（三）以 1979 年刑法为基础，修订成为一部能够适应建立社会主义市场经济体制后与犯罪斗争需要的统一的刑法。

刑法是国家的基本法律，要有稳定性和连续性。为什么叫修订？修订不是另行起草，而是以 1979 年刑法为基础，将这些年全国人大常委会通过的补充规定，吸收到刑法中来。修订也不是汇编，不是将补充规定原封不动的搬到刑法中，而是要根据情况加以修改调整。

从我国的实际出发，是我们立法的一条基本原则。十多年来情况有很大发展，党的十四大确定建立社会主义市场经济体制，我国进入一个新的阶段。要研究与犯罪斗争出现的新情况、新经验、新问题，对刑法的有关内容进行补充、修改，以适应在社会主义市场经济体制条件下与犯罪斗争的需要。

（四）根据社会主义法制建设发展的要求，进一步完善、提高。

加强和健全社会主义法制，是党和国家的一条重要基本方针。今年，中央进一步提出，实行和坚持依法治国，建设社会主义法治国家，对我国的社会主义法制建设提出了更高的要求。对刑法的修订，是我国社会主义法制建设的一个重要方面，要从建设社会主义法治国家的高度来考虑，修订后的刑法要管今后相当时期，不仅要考虑当前，而且要以长远的观点，全面加以考虑。

同时，还要研究、借鉴世界上与犯罪斗争的经验，特别是要很好地研究，近年来世界各国与犯罪斗争的趋势，从我国实际出发，借鉴、吸收对我们有益的经验。

二、刑法修订的重点问题

对刑法修订的重点，我认为有以下几个方面。

（一）关于刑法的基本原则

第一，最重要的是明确规定，法无明文规定不得处刑，取消类推，进一步完善罪刑法定的原则。

罪刑法定是刑法的一条基本原则。我国对这个问题,在不同的历史阶段,是不一样的,有个发展的过程。在新中国成立以前,人民没有掌握政权,新中国成立后,为了镇压反革命,肃清残余反动势力,不能采取不溯及既往的原则,否则就不能镇压反革命,保卫人民政权了。同时,新中国成立初由于不可能马上制定完备的法律,因此有法律的依法律,没法律的依政策。1954年制定第一部宪法,特别是中共八大以后,情况不同了。刑法第二十二稿就提出不溯及既往的原则,什么是犯罪行为和处什么刑罚要由法律规定,这是很大的变化。到1979年制定刑法时,增加了从轻的原则,又前进了一步。但是,由于分则对有些罪规定得比较原则,对有些犯罪因经验不成熟没能规定,同时考虑到今后随着改革的深入、对外开放的扩大,还会出现一些新的重大的犯罪,所以在以法定为原则的前提下,保留了有非常严格程序的类推,刑法"分则没有明文规定的犯罪可以比照本法分则最相类似的条文定罪判刑,但是应当报请最高人民法院核准"(第七十九条)。

这次研究修订,大家比较一致的意见是,取消类推,明确规定法无明文规定不得处刑。这样,在法定原则上又前进了一步,是符合法制发展的要求的。现在取消类推的条件基本具备:一、这些年来,制定了一系列惩治犯罪的补充规定,特别是惩治经济方面的犯罪,虽然不能说全包括了,但基本上有了。二、刑法实施十多年来,实际适用类推的很少,并且主要是破坏婚姻家庭罪,取消类推影响不大。刑法修订后,会不会出现一些分则没有规定的新的犯罪?随着情况的发展、变化,出现一些新的犯罪是不可避免的。但只要刑法能对重大的犯罪基本上作出规定,就不致影响大局。因此,这次修订时,在分则中,对各种犯罪要规定得周密些。同时,今后要加强立法和司法解释工作。

第二,对1979年刑法遵循的其他几条关于刑法的基本原则,如在法律面前人人平等,任何人没有超越法律的特权;刑事责任采取主、客观条件相统一的原则和罪责自负、不株连的原则;罪罚相当的原则;惩罚与教育改造相结合的原则,在总则第一章中明文加以规定。

(二)充实、完善分则有关犯罪的规定

1979年刑法分则只有一百零三条,对有些犯罪的规定比较原则,有的犯罪没有规定。这次修订刑法的一个重要任务,就是要根据情况的发展,大量充实刑法分则中有关各种犯罪的规定。只有这样,才能更好地与各种犯罪进行斗争,实现刑法关于五个保卫的任务。同时,这也是罪刑法定原则的要求。

这次刑法修订稿中分则大大增加了,把全国人大常委会二十多个关于惩治犯罪的补充规定,吸收到刑法分则中来。座谈中,大家提出,还要增加一些罪名,对现有罪名如何规定得更科学、准确,也提出了一些好意见。

根据罪刑法定原则,各种犯罪要规定得明确具体。当然,也不是绝对的,要考

虑实际情况，例如，什么是数额较大，什么是数额巨大，如何具体规定，有没有条件具体规定，这次座谈中就有两种不同的意见。我看，从实际出发，首先要强调，凡是能具体的应当尽量具体，有些实在具体不了的，只好较原则的规定。这是我们历来的指导思想。

重点是要充实、完善有关反革命罪、经济方面犯罪、贪污贿赂罪和渎职罪、危害社会治安方面的犯罪。

第一，关于反革命罪。

保卫人民民主专政政权和社会主义制度，是刑法的首要任务。刑法关于反革命罪的规定，对保卫人民民主专政政权，保障社会主义制度，维护国家的统一、主权和安全，发挥了重要作用。现在，国内外敌对势力相互勾结，图谋颠覆我国人民民主专政政权，推翻社会主义制度，分裂我们的国家。因此，这章的规定是十分重要的，绝不能削弱。这一点，首先要十分明确和坚定，不能有任何丝毫的含糊和动摇。

刑法关于反革命罪一章，是以五十年代惩治反革命条例为基础制定的。现在，敌对势力颠覆我国政权活动的重点、手法等，与新中国成立初相比，有很大发展和变化。在修订时，要结合这些变化，加以补充修改，以便能更好地与危害国家的犯罪进行斗争。例如，间谍罪，刑法规定的是给敌人提供情报，“敌人”的范围就小了，在和平时期，不是敌国，给境外组织、人员提供情报，也是间谍罪，要判刑，国家安全法对此作了补充。还有哪些问题需要补充，应很好结合实际进行研究。

这章的罪名如何规定更合适，也要进行研究。在国民党统治时期，人民没有掌握政权，在共产党领导下进行革命，推翻帝国主义、封建主义、官僚资本主义的反动统治，国民党反动派镇压革命，是反革命。在新中国成立初，为巩固人民民主专政政权，要继续肃清反动派残余势力，在新民主主义革命完成后，还要进行社会主义革命。那时，罪名称反革命罪是正确的，后来就一直沿用这个罪名。现在，新中国建立已经四十多年了，人民取得了政权，建立了人民民主专政的社会主义国家，宪法对此作了明确规定。现在的任务是，要维护我们的人民民主专政的社会主义国家，凡是颠覆人民民主专政政权和推翻社会主义制度的，都是危害国家的犯罪。罪名如何定更合适，可以研究，这个问题要请示中央决定。

第二，关于经济方面的犯罪。

法律是上层建筑，要为经济基础服务。维护经济秩序，保障社会主义建设的顺利进行，是刑法的一项重要任务。关于经济方面犯罪的补充修改，是这次刑法修订的一个重要方面。1979 年刑法原第三章破坏社会主义经济秩序罪的规定，比较概括，只有 15 条，投机倒把罪是个大口袋。1979 年以来，随着改革开放，特别是实行社会主义市场经济，出现了一系列新的经济方面的犯罪，为了维护社会主义市场经济秩序，保障社会主义建设的顺利进行，需要大量补充和完善经济方面的犯罪，将投机倒把罪予以分解，具体作出规定。同时，需要对单位犯罪作出规定。

第三,关于贪污贿赂罪和渎职罪。

惩治腐败,廉政、勤政建设,是当前一个重大问题,关系到党和国家的生死存亡,中央十分重视,老百姓也十分关注,这是刑法修订的又一个重要方面。

关于贪污贿赂,全国人大常委会通过了《全国人民代表大会常务委员会关于惩治贪污罪贿赂罪的补充规定》。经过这些年的实践,有什么问题需要修改、补充。一是主体,现在政企分开,经济形式也多样化了,犯罪主体的范围如何确定为好?是否只限于国家机关工作人员,要不要包括国有企业、单位的工作人员?还有,国家或国有企业派到其他单位从事公务的人员,是否也要包括?集体经济组织的人员,是否就按侵占罪处罚?二是,客体,贿赂罪的客体,除财物外,要不要包括财产性利益,界限如何划。三是,还要补充一些罪名。

关于渎职罪,主要问题是:一,如何规定得具体、明确,以便更好地适用。规定哪些,如何规定,要划清政纪与犯罪的界限。二,刑罚要适当提高,提高多少。

第四,关于危害社会治安的犯罪。

这也是大家十分关心的,因为这些犯罪的直接受害者往往是广大老百姓。有以下几个问题需要研究:一是,对严重危害社会治安的犯罪,根据这些年实践经验,有什么需要补充、修改或具体化的。二是,流氓罪是一个大口袋,需要分解具体作出规定。三是,一些地方出现了黑社会性质的犯罪,出现了高科技的犯罪(如计算机方面的犯罪),对这些应当作出规定。

(三)调整、完善刑罚

刑法关于刑罚种类的规定,基本是合适的,有些需要进一步完善。问题是,分则中对各种犯罪的具体量刑,需要统一平衡、调整。前面说了,我们实行罪刑相适应的原则,惩办与宽大相结合、惩办与教育改造相结合的原则。这些原则,要具体落实到分则关于对各种犯罪处以什么刑罚的规定中。对不同性质的犯罪(如暴力型犯罪与一般经济犯罪,性质不同)、不同情节、后果,应当规定不同的刑罚、不同的量刑。全国人大常委会关于惩治犯罪的相关补充规定中,有关罪名的规定,不能说没有问题,但总的讲问题不是太大,但有关各种罪的量刑,就需要进一步平衡、调整。对刑罚的完善、调整,有以下几个问题。

第一,扩大管制刑的适用范围,根据新的情况,对管制刑予以完善。

我国五种主刑(管制、拘役、有期徒刑、无期徒刑、死刑)中,只有管制是不关起来的刑种,我国长期以来,对犯罪分子,针对不同情况,采取杀、关、管的办法,对那些不是必须关起来的犯罪较轻的犯罪分子,放在社会上,加以管制。1979 年刑法规定适用管制刑的范围较少,今后应当扩大管制刑的适用范围,对一些犯罪较轻的,可以不关起来,而判管制。这样做有以下好处:一,体现区别对待;二,可以少关,可关可不关的不关;三,有利改造;四,被管制分子能够参加劳动,不妨碍家庭生活(如劳役,没有报酬,家庭生活可能发生问题)。

现在,由于执法环境发生很大变化,管制刑执行起来比较困难。因此,必须根据新的情况,对管制刑予以完善。应当从两方面来解决,一是从制度上完善,例如,规定被判处管制的应当遵守什么,如果违反了怎么办;二是从组织上完善,必须健全和加强执行机构。除健全基层治保组织外,基层公安机关要充实和加强,配备专人负责管制的执行,这样,才能发挥管制的作用。不仅管制需要解决这个问题,对缓刑、假释、监视居住的,也有这个问题。

第二,多用财产刑,有的可以单独适用。特别是对经济方面的犯罪,要加重财产刑。同时,对资格刑也要考虑。

第三,徒刑刑期适当延长,这样有利对不同犯罪区别对待,更重要的是,有利于压缩无期徒刑、减少死刑。

第四,减少死刑的适用范围。

关于死刑问题,是这次刑法修订工作中的一个重大问题,也是难度最大的问题。

我们对死刑的一贯方针是,不废除,但适用一定要十分慎重。对此,毛泽东同志有一系列论述。1979 年刑法规定最高刑为死刑的有七条,其中反革命罪一条(第一百零三条)可以管九条,所以是十六条,主要是对反革命罪和暴力犯罪适用死刑。这些年来,由于社会治安形势严峻,经济方面犯罪情况严重,在一些关于惩治犯罪的规定中,增加了死刑。初步统计,现在适用死刑的,已有七十多个罪名。全国人大常委会 1982 年通过《全国人民代表大会常务委员会关于严惩严重破坏经济的罪犯的决定》、1983 年通过《全国人民代表大会常务委员会关于严惩严重危害社会治安的犯罪分子的决定》时,所以不直接修改刑法,而是通过决定,就是因为,从长远看,国家的刑法典不能规定那么多死刑,拟在社会治安、经济秩序情况有所好转后,这两个决定就不适用了。

这次刑法修订遇到一个问题,是否将人大常委会补充规定中增加的死刑,都编入刑法?是否要减少?适用死刑的范围应是什么,一般纯经济犯罪要不要判死刑?

有一种意见认为,现在社会治安形势相当严峻,经济犯罪十分突出,"严打"不是短期的方针,要管今后相当一个时期,因此主张将现有的死刑,全部编入修订后的刑法,不能减少,有的提出还要增加一些死刑。

座谈中多数同志认为,在修订刑法时,现有死刑不能都编入,要减少。刑法是国家的重要基本法律之一,修订后的刑法要稳定一段,不要轻易修改,死刑这么多,不合适。关于死刑适用范围,应当是危害国家安全、危害公共安全和暴力型犯罪,纯经济方面的犯罪,原则上不要适用死刑(贪污、受贿、走私武器等保留死刑),可以长判,在经济上使其倾家荡产,不使其有利可图,同时增加资格刑,剥夺其从事某种职业的资格。理由是:

一,我们党和国家的一贯方针是,死刑不废除,但不能多,适用要十分慎重。

减少死刑,符合党和国家关于死刑的方针。

二,符合罪罚相当的原则。重大经济犯罪,应当依法严惩。如何处罚,应当根据罪罚相当的原则,对不同性质的犯罪采取不同的刑罚。经济犯罪与暴力犯罪不同,杀人罪是非法剥夺公民的生命,经济犯罪侵害的客体是财产,目的是迷恋享受。针对经济犯罪的这个特点,把他关起来,长判,严重的判无期徒刑,一辈子不让出来,在经济上没收财产,使其倾家荡产,不使其有利可图,符合罪罚相当的原则,也足以起到震慑的作用。

三,为了维护社会秩序和经济秩序,对严重犯罪应当依法严惩,但要根本解决问题,关键是要做好各方面工作,进行综合治理。例如,要减少经济诈骗犯罪,一是要建立、健全各项制度,加强管理,减少漏洞,使犯罪分子无机可乘,以防止、减少犯罪。二是对已发生的犯罪,能够及时破案,严格依法追究。如果不做好各方面工作,对犯罪案件不能及时破案依法追究,规定死刑再多,也不能解决问题。相反,如果做好各方面工作,减少死刑,对经济秩序不会有大的影响。

四,有利我们要求引渡,将罪犯捉拿归案,挽回损失。有些重大经济犯罪分子,往往携款逃往外国,或者将赃款向外转移。为了捉拿归案,挽回损失,需要采取引渡的办法。现在,世界各国保留死刑的国家,没有对纯经济犯罪规定死刑的,我们如果规定死刑,有的国家就会找借口,不予引渡,反而不利我们要求引渡,捉拿归案,挽回损失。如果不能引渡,一些重大经济犯罪分子反而不会害怕,因为有了避风港,只要逃到外国,你就拿他没有办法了。

五,有利于深挖,侦破其他经济案件。经济犯罪案件,特别是重大经济案件,往往涉及一系列人,破一个案,可以挖出一串案件。判处死刑,有的线索就可能断了,保留活证据,有利于深挖其他犯罪分子。

六,死刑太多会有副作用。一个人判死刑,对其家庭有影响,太多了,可能形成一个对政府不满的社会因素。

七,与世界趋势符合。世界上保留死刑的国家,适用死刑的范围也是极少的。当然,我们要从我国实际出发,但对世界趋势也不能不考虑。

(四)关于正当防卫、累犯、自首、立功等问题的完善

1979 年刑法总则的规定,体现了刑法的基本原则,实践证明是合适的。这次修订,要在原有规定的基础上,根据法制建设发展的要求,总结经验,针对存在的问题,对某些规定予以完善。

第一,正当防卫。

刑法关于正当防卫的规定,是十分重要的,有利于制止犯罪行为,维护国家和公共利益,维护公民个人的合法权益,免受非法侵害。现在,有些犯罪分子在光天化日之下,进行抢劫、行凶等犯罪活动,而被侵害人或者在场的人,不敢与犯罪斗争。

所以出现这种现象,有各种原因,要解决这个问题,也要采取各种办法,如依法打击犯罪分子的嚣张气焰;加强社会主义精神文明建设,提倡和发扬见义勇为的精神;设立见义勇为基金,对见义勇为的人进行奖励,对因此受伤害的给以救助,等等。同时,对刑法关于正当防卫的规定,也需要完善,为了使公民敢于进行正当防卫,制止犯罪行为,放宽正当防卫的界限。

第二,累犯和犯罪集团。

累犯和犯罪集团对社会危害极大,重大的犯罪案件中,不少犯罪分子是几进宫的累犯,或者是犯罪集团有组织进行的。因此,如何更好地与累犯和犯罪集团斗争,是一个重要问题。

关于累犯,提出的主要意见是:一,原规定,刑罚执行完毕或者赦免后在三年以内,再犯应当判处有期徒刑以上刑罚的是累犯,是否将“三年”改为“五年”。二,除原规定的对累犯不适用缓刑外,是否在减刑、假释方面,规定与一般犯罪不同的条件。

关于犯罪集团,对组织领导犯罪集团的首要分子,如何更好地体现从重从严的方针。

第三,关于自首、立功。

具体明确什么是自首、什么是立功。同时增加规定,被采取强制措施的犯罪嫌疑人和正在服刑的罪犯,供述司法机关还未掌握的本人其他罪行的,以自首论。为了鼓励犯罪分子检举立功,在分则中规定,犯有间谍罪、行贿罪、毒品罪的犯罪分子揭发他人立功的,可以免除刑事处分。

第四,关于减刑和假释。

减刑和假释制度,是根据惩罚与教育改造相结合的原则制定的,体现了刑罚的目的,对促使犯罪分子悔过自新,有重大作用。但是,在执行中也存在不少问题,有的地方,对一些不该减刑、假释的严重的刑事犯罪分子,违法进行减刑、假释,没关多久便放出监狱,出来后继续进行犯罪,危害社会。如何针对存在的问题,予以完善。

以上是我个人的一些看法,是否合适,请同志们考虑。这次座谈会对做好刑法的修订工作,很有意义,但修订的工作量还相当大,任务十分艰巨。同志们回去后,还有什么意见和建议,欢迎告诉我们。有些问题,我们也还要进一步与大家商议。

《中华人民共和国刑法》讲话

（1997 年 3 月 28 日　在中央国家机关干部培训班上）

八届全国人大五次会议对刑法进行了修订，这是我国社会主义法制建设的一件大事。我准备从七个方面对刑法的主要内容和修订的情况，作一些介绍，供同志们参考。

一、刑法是国家的基本法律

这次对刑法进行修订，各方面都十分重视，国际上也很关注。为什么？因为刑法是国家的基本法律，这次修订是继 1996 年全国人大通过修改刑事诉讼法的决定之后，进一步完善我国刑事法律的重大步骤，对依法治国，建设社会主义法治国家，具有重要的意义。

刑法是国家的基本法律。一个国家的法律是很多的，从国家的基本法律制度来看，包括什么？宪法是根本大法，是法制的基础。国家机构、民事、刑事、诉讼和其他方面的基本法律，构成国家的基本法律制度。国家机构的法律，关系国家的国体、政体和国家的结构，规范权力机关、政府、审判机关、检察机关的组织和职权。民事法律调整平等主体的公民之间、法人之间、公民和法人之间的财产关系和人身关系，包括民事主体、民事行为、民事权利、民事责任等。一切民事活动，都必须遵守民事法律。商事活动，首先是民事活动，所以也必须遵守民事法律，是以民事法律为基础的。刑法规定什么是犯罪，处以什么刑罚，历来是一个国家的重要基本法律。还有诉讼法律制度等。以上这些，组成一个国家的基本法律制度。

邓小平同志 1978 年 12 月在中央工作会议上有一个重要讲话，提出必须加强法制。他说，“为了保障人民民主，必须加强法制。必须使民主制度化、法律化，使这种制度和法律不因领导人的改变而改变，不因领导人的看法和注意力的改变而改变。现在的问题是法律很不完备，很多法律还没有制定出来”。因此必须加强立法工作，首先要制定什么法呢？小平同志说，“应该集中力量制定刑法、民法、诉讼法和其他各种必要的法律”。特别点出了刑法。1982 年制定的宪法，把法律分为基本法律和一般法律，专门规定，制定刑事、民事、国家机构和其他的基本法律，属于全国人大的职权，把刑法列为国家的基本法律。

这次对刑法的修订，是完善刑事法律的重大步骤。刑法是 1979 年五届全国人大二次会议通过的，是新中国第一部刑法。在这以前，有没有刑事方面的法律呢？有。新中国建立以后，五十年代就制定了惩治反革命条例、惩治贪污条例等，但这些都是规定某一个方面犯罪的单行刑事法律，作为全面规定各种犯罪的刑法典来说，1979 年制定的刑法是第一部。

刑法的制定，经过了长期的准备起草过程。再早的不说，1954 年一届全国人大产生后，全国人大常委会法律室就着手刑法的起草工作，到 1957 年搞了二十二稿，报中央书记处审核后，印发一届全国人大四次会议代表征求意见。后来，又进行修改，到 1963 年搞到三十三稿，毛主席、中央政治局常委审查过。1979 年通过的刑法，就是以刑法三十三稿为基础，修改、补充制定的。

1979 年制定的刑法，总结了我国长期以来与犯罪斗争的实践经验，同时也参考了外国的经验。1957 年，彭真同志亲自主持讨论刑法草稿，在讨论到某一个问题时，总是要了解外国的有关规定，一方面问苏联、东欧国家是怎么规定的，一方面问资本主义国家是怎么规定的，根据我国的实际，吸收对我国有用的东西。1979 年，以三十三稿为基础，认真总结了“文化大革命”教训，对刑法草稿做了补充、修改。彭真同志说，他在“文化大革命”被关押期间，反复考虑了这些问题，怎么从法律上防止今后再发生“文化大革命”这类事情。所以说，这部刑法总结了实践经验，从我国实际出发，研究、借鉴了外国的经验教训，吸收了对我国有益的东西。刑法施行以来，对于惩治犯罪，保护人民，维护社会秩序，维护国家安全，保卫人民民主专政政权和社会主义制度，保障改革开放和社会主义现代化建设事业的顺利进行，发挥了重要作用。实践证明，刑法规定的任务、遵循的原则，是正确的，是一部好的、现代化的刑法。

1979 年制定刑法到现在，已经 18 年了，十多年来，情况有很大发展。一是，随着改革的深化、对外开放的扩大，刑事犯罪日趋复杂，出现了一些新的犯罪，如证券犯罪，需要补充；有些犯罪发展得很严重，原来的有些规定不完全适应了。二是，我国社会主义民主和法制建设取得很大进展，在与犯罪斗争中积累了不少经验。1979 年时对有些犯罪，由于经验不多，或者相关的法律还没有制定，因而规定得比较原则，如投机倒把罪。十多年来，随着一些相关法律的制定，全国人大常委会陆续对刑法作出了二十二个修改、补充规定或决定，同时，在一些单行法律中规定了“依照”“比照”刑法有关规定追究刑事责任，一共有一百三十条。因此，现在需要，也有条件，对刑法全面进行修订。

为什么叫修订？修订不是另外起草，而是以 1979 年刑法为基础；修订与前些年的修改不同，过去每次只对某一方面的犯罪，如走私罪、毒品犯罪，作出修改、补充的决定，这次是全面修订。修订也不是将 17 年来全国人大常委会作出的有关刑法的修改补充规定，简单地汇编进去，而是总结实施的实践经验，适应在新情况下与犯罪斗争的需要，将这些修改、补充规定研究修改后纳入刑法，对新出现的需要追究刑事责任的犯罪行为，尽量加以补充规定，制定一部统一的、比较完备、能够更好地适应新阶段与犯罪斗争需要的刑法典。1979年刑法一百九十二条,修订后增加到四百五十二条,将军职罪纳入统一的刑法中。所以说,这次修订与过去不同,是完善刑事法律的重大步骤,有着十分重要的意义。

二、罪刑法定是刑法的重要基本原则

加强和健全社会主义法制,必须做到有法可依,有法必依,执法必严,违法必究。这个要求体现在刑法上,重要的是罪刑法定,适用法律人人平等。

罪刑法定是刑法的重要基本原则,是资产阶级革命时针对封建社会的罪刑擅断而提出来的。罪刑法定原则,要体现在三个方面。一是,什么行为是犯罪行为,处以什么刑罚,必须有法律明文规定,没有法律明文规定的,不得定罪处刑,这是最根本的。二是,不溯及既往,这是根据前面的要求,引申出来的。三是,要求对罪状和量刑的规定,具体、明确。

1979年刑法基本上是按照罪刑法定原则的精神制定的,当时就规定了,犯罪是"依照法律应当受刑罚处罚的"危害社会的行为,要"依照本法的有关规定判处"。这就是说,什么是犯罪和处以什么刑罚,要由法律明文规定,依法判处。但是,当时由于对有些罪规定得比较原则,对有些罪因不成熟没能规定,同时考虑到今后随着改革的深入、对外开放的扩大,还会出现一些新的重大的犯罪,所以在以法定为原则的前提下,保留了程序非常严格的类推。刑法分则没有明文规定的犯罪,可以比照最相类似的条文定罪判刑,在程序上应当报请最高人民法院核准。

这次修订,对类推问题进行了专门研究。取消类推是符合法制发展要求的,问题是条件是否具备。经过研究,大家认为取消类推的条件已经具备,因为:一,这些年来,制定了一系列惩治犯罪的补充规定,特别是惩治经济方面的犯罪,虽然不能说全包括了,但基本上有了。二,刑法实施十多年来,实际适用类推很少,并且主要是像破坏婚姻家庭这类犯罪,取消类推影响不大。今后,会不会出现一些分则没有规定的新的犯罪?随着情况的发展、变化,出现一些新的犯罪是不可避免的。但只要刑法能对重大的犯罪基本上作出规定,就不致影响大局。所以,这次在刑法总则中明确规定,"法律明文规定为犯罪行为的,依照法律定罪处刑;法律没有明文规定为犯罪行为的,不得定罪处刑",取消了类推。这样,在罪刑法定原则方面,又大大前进了一步。

关于不溯及既往,对这个问题,在不同的历史阶段是不一样的,有个发展的过程。在新中国成立以前,人民没有掌握政权,新中国成立后,为了镇压反革命,肃清残余反动势力,不能采取不溯及既往的原则,否则就不能镇压反革命,保卫人民政权了。资产阶级革命初期也是如此,法国资产阶级革命取得政权后,将法国皇帝送上断头台,当时是根据什么法律?同时,我们在新中国成立初,由于不可能马上制定完备的法律,因此,有法律的依法律,没有法律的依政策。1954年制定第一部宪法,特别是1956年中共八大以后,情况不同了。刑法第二十二稿就已经采取不溯及既往的原则,犯罪行为时的法律、法令、政策不认为是犯罪的,适用当时的法律、法令、政策;如果当时的法律认为是犯罪的,按照当时的法律追究刑事责任。也就是从旧的原则。

1979年制定刑法时,又提出了一个问题,如果行为时的法律认为是犯罪,而刑法不认为是犯罪,要不要追究?或者刑法规定的处刑比行为时法律规定的处刑要轻,是否要按重的判处?既然现在不认为是犯罪了,或者处刑轻了,还要按当时法律追究或者处重的刑罚,是不合适的。因此规定,如果行为时的法律、法令、政策认为是犯罪,而刑法不认为是犯罪或者处刑较轻的,适用刑法。这就是从旧兼从轻的原则。

罪刑法定就要求,对各种犯罪的罪状和量刑,要规定得具体明确。法律与政策不同,应当具体明确,这样才有利于遵守和执行。1979年制定刑法时,也是想尽量规定得具体明确,正如前面说的,对有些犯罪由于经验不够或者相关法律还没有制定,具体不了,只能比较概括、原则。这次修订刑法的一个重要任务,就是要对有关犯罪的罪状和量刑,加以补充、完善,作出具体、明确的规定。1979年刑法分则是一百零三条,修订后增加到三百五十条。

这次把类推取消了,今后如发生新的犯罪怎么办?这就给立法和司法解释工作提出了任务,能够适用司法解释的,要及时进行司法解释,需要补充规定的,要及时通过立法解决。

关于法律面前人人平等,这是社会主义法制的一条重要基本原则,在宪法中作了明确规定。当然,这也是刑法的一条重要原则,彭真同志1979年在《关于七个法律草案的说明》(其中有刑法、刑诉法)中,专门讲了这个问题。他强调指出,"在法律面前人人平等,是我国全体人民、全体共产党员和革命干部的口号,是反对任何搞特权的思想武器""对于违法犯罪的人,不管他资格多老,地位多高,功劳多大,都不能加以纵容和包庇,都应当依法制裁"。这是个十分重要的原则,现在强调这个原则,是有重大现实意义的。因此,这次修订刑法时,在总则中专门对此作出明确规定:"任何人犯罪,在适用法律上一律平等。不允许任何人有超越法律的特权。"

三、刑法的任务是五个保卫

刑法的任务是什么?是用刑罚同一切犯罪行为作斗争。各国都是如此,但由于各国的社会制度不同,情况不同,保卫的对象、性质是不一样的。我国刑法明确提出,刑法的任务是五个保卫或者保护、维护。

第一,保卫国家安全,保卫人民民主专政政权和社会主义制度。

宪法总纲第一条就明确规定:中华人民共和国是工人阶级领导的、以工农联盟为基础的人民民主专政的社会主义国家。社会主义制度是中华人民共和国的根本制度。禁止任何组织或者个人破坏社会主义制度。

第二,保护国有财产和劳动群众集体所有的财产。

宪法总纲第六条规定:中华人民共和国的社会主义经济制度的基础是生产资料的社会主义公有制,即全民所有制和劳动群众集体所有制。第十二条规定:社会主义的公共财产神圣不可侵犯。国家保护社会主义的公共财产。禁止任何组织或者个人用任何手段侵占或者破坏国家的和集体的财产。

第三,保护公民的人身权利、民主权利、合法财产和其他权利。

第四,维护社会秩序、经济秩序。

第五,保障社会主义建设事业的顺利进行。

刑法是有鲜明的阶级性的,从刑法的任务可以看得很清楚。现在,对法律的阶级性问题,有各种各样的认识,思想比较混乱。马克思主义关于法律是统治阶级的意志的论断,揭示了法律的阶级实质。这一点至关重要,一定要坚持,保持清醒的认识。法律是统治阶级的意志,有阶级性,是从国家法律的总体上说的。法律涉及政治、经济、文化、社会生活各个方面,有实体法、程序法,有政治、经济、社会制度方面的,也有一般问题的,每部法中的条文也不同,有的涉及原则问题,有的属于一般问题。不同社会制度国家的法律,性质不同,但也有一些是有共同性的,并不是说每一部法律,每部法律的每一个条文,都具有阶级性。因此,坚持和正确认识马克思主义关于法律阶级实质的论断,极为重要。只有坚持马克思主义历史唯物主义的观点,认识法律的阶级实质,才能对法律有清醒的认识,不致迷失方向;同时,也不绝对化,如果绝对化了,会影响我们借鉴各国有益的经验。

根据刑法提出的任务,刑法分则对各种犯罪行为,作了具体规定。这次修订的一个重要任务,就是要根据情况的发展,大量充实刑法分则中有关各种犯罪的规定。这不仅是罪刑法定的要求,也是为了能够在建设社会主义市场经济体制这样一个新的历史阶段,更好地与各种犯罪进行斗争,更有效地落实刑法关于五个保卫的任务。

1979 年刑法分则是八章、一百零三条,修订后的刑法分则是十章、三百五十条。各章是按犯罪行为侵犯的客体来分类的。第一章是危害国家安全罪。第二章是危害公共安全罪。规定了放火、决水、爆炸、投毒罪,破坏交通工具、交通设施、电力设备、燃气设备、易燃易爆设备罪,劫持航空器、船只、汽车罪,非法制造、买卖、抢劫、盗窃枪支、弹药、爆炸物罪,等等。第三章是破坏社会主义市场经济秩序罪。第四章是侵犯公民人身权利、民主权利罪。规定了杀人、伤害、强奸、非法拘禁、绑架、拐卖妇女儿童罪。还有,诽谤罪,国家机关工作人员滥用职权、假公济私,对控告人、申诉人、批评人、举报人实施报复陷害罪,破坏选举罪,以及虐待罪,暴力干涉他人婚姻自由罪,等等。第五章是侵犯财产罪。规定了抢劫、盗窃、诈骗、抢夺、聚众哄抢、侵占、敲诈勒索、故意毁坏公私财物、破坏生产经营罪等。第六章是妨害社会管理秩序罪。这章分为九节,包括:扰乱公共秩序罪,妨害司法罪,妨害国(边)境管理罪,妨害文物管理罪,危害公共卫生罪,破坏环境资源保护罪,走私、贩卖、运输、制造毒品罪,组织、强迫、引诱、容留、介绍卖淫罪,制作、贩卖、传播淫秽物品罪。第七章是危害国防利益罪。这一章是新增加的,将以暴力、威胁方法阻碍军人依法执行职务,故意阻碍武装部队军事行动,破坏武器装备、军事设施或者军事通信,明知是不合格的武器装备、军事设施而提供给武装部队,聚众冲击军事禁区和聚众扰乱军事管理区秩序,冒充军人招摇撞骗,煽动军人逃离部队,在征兵工作中徇私舞弊,接送不合格兵员,伪造、变造、买卖或者盗窃、抢夺武装部队公文、证件、印章的,非法生产、买卖武装部队制式服装、车辆号牌等专用标志,以及在战时拒绝、逃避征召、服役等十四种危害国防利益的犯罪作了规定。第八章是贪污贿赂罪。第九章是渎职罪。第十章是军人违反职责罪。1979 年刑法中没有军职罪,后来制定了惩治军职罪的暂行条例,这次纳入刑法,作为一章,除保留原惩治军职罪暂行条例中规定的各种犯罪外,根据新的情况,补充增加规定了一些新的犯罪。

这次修订的重点是,充实、完善有关危害国家安全罪、经济方面犯罪、贪污贿赂罪和渎职罪,以及严重危害社会治安方面的犯罪。我对这几个方面的犯罪,分别作一点介绍。

(一)关于危害国家安全罪

保卫人民民主专政政权和社会主义制度,是刑法的首要任务。新中国建立四十多年了,我国政权是巩固的,也要看到,国内外敌对势力相互勾结,图谋颠覆我国人民民主专政政权、推翻社会主义制度,进行分裂活动,一刻也没有停止,有的时候还相当严重。危害国家安全罪一章条文最少,一共十二条,但极为重要。关于这一章,有四个问题需要说明。

一是,罪名。这章原来是“反革命罪”,这次改为“危害国家安全罪”。为什么改?实质有没有变?实质没有变。1979 年刑法第九十条规定,“以推翻无产阶级专政的政权和社会主义制度为目的、危害中华人民共和国的行为,都是反革命罪”。要保卫人民民主专政的政权和社会主义制度,这个问题没有变,修订后的刑法,在刑法的任务、什么是犯罪行为的规定中,对此都有明确规定。

那么为什么要改为危害国家安全罪?反革命罪是沿用过去的,在国民党统治时期,人民没有掌握政权,在共产党领导下进行革命,国民党反动政府镇压革命,是反革命。新中国成立后,为巩固人民民主专政政权,要继续肃清反动派残余势力,在新民主主义革命完成后,还要进行社会主义革命。那时,罪名称反革命罪是确切的,后来就一直沿用这个罪名。现在,新中国建立已经四十多年了,人民掌握了政权,建立了人民民主专政的社会主义国家,宪法对此作了明确规定。现在的任务是,要维护、保卫我们的人民民主专政的社会主义国家,凡是颠覆人民民主专政政权和推翻社会主义制度的,都是危害国家安全的犯罪。所以,王汉斌同志在说明中说,“我们国家已经从革命时期进入集中力量进行社会主义现代化建设的历史新时期,宪法确定了中国共产党对国家事务的领导作用,从国家体制和保卫国家整体利益考虑,从法律角度来看,对危害中华人民共和国的犯罪行为,规定适用危害国家安全罪……更合适”。

二是,对客观存在的最严重的危害国家安全的犯罪行为,是否管得住?修订后的刑法,这一章的条文减少了,有些罪名,如反革命组织、反革命宣传煽动罪没有专门规定,会不会管不住?不会。最严重危害国家安全的犯罪是三个。一,勾结外国,危害国家的主权、领土完整和安全罪。通常称卖国罪,这条仍然有。二,分裂国家、破坏国家统一罪。三,颠覆国家政权、推翻社会主义制度罪。1979 年刑法对这两个罪,是规定在一条中的,这次分列两个罪,并且具体为:组织、策划、实施、煽动分裂国家、破坏国家统一罪;组织、策划、实施、煽动颠覆国家政权、推翻社会主义制度罪。虽然反革命组织、反革命煽动,不作为单独的罪名,但已经包括在前面两条中了,这样更加科学。同时,还规定了组织、策划、实施武装叛乱或者武装暴乱罪,并增加规定,与境外机构、组织、个人相勾结实施这些犯罪,要从重处罚。所以说,是管得住的。

三是,根据现在危害国家安全犯罪的新情况,作了一些修改。例如,1979 年刑法规定的间谍罪,是“为敌人”窃取、刺探、提供情报。在和平时期,很难说是“敌”,这就窄了。同时,有的人出卖情报,并不一定都是“以反革命为目的”,而是为了钱。如果主观必须是“以反革命为目的”,对象必须是“敌人”,那么有些就管不住了。所以,在制定国家安全法时,扩大到为境外的机构、组织、人员窃取、刺探、收买或者非法提供国家秘密或者情报,都是危害国家安全罪。这次刑法修订时,就这么改了。另外,还增加了叛逃罪,“国家机关工作人员在履行公务期间,擅离岗位,叛逃境外或者在境外叛逃,危害中华人民共和国国家安全的”。修改、补充后,能够更好地适应新情况,与危害国家安全的犯罪进行斗争。

四是,有的犯罪适用其他罪名。将聚众劫狱或者组织越狱罪,移到其他章节。原刑法规定,以反革命为目的进行爆炸、放火、决水、劫机、杀人的,是反革命破坏罪和反革命杀人罪。在实践中,是否“以反革命为目的”,有些不好确认,同时,这些犯罪,其他章节都有规定,而且量刑也是很重的,最高都有死刑。所以,可以按有关犯罪判处。这样,既不会放纵这些罪犯,又有利于及时判处。

(二)关于经济方面的犯罪

法律是上层建筑,要为经济基础服务,我国现在的根本任务是进行社会主义现代化建设。因此,维护经济秩序,保障社会主义建设的顺利进行,是刑法的重要任务。

1979 年刑法原第三章破坏社会主义经济秩序罪的规定,比较概括,只有十五条,投机倒把罪是一个“大口袋”。1979 年以来,随着改革不断深化、开放不断扩大,特别是党的十四大确立实行社会主义市场经济体制以来,出现了一系列新的经济犯罪。为了维护社会主义市场经济秩序,保障社会主义建设的顺利进行,这次修订刑法,对经济犯罪进行了大量的补充和完善。修订后的破坏社会主义经济秩序罪,分为八节,一共九十二条,是分则中最多的一章。(妨害社会管理秩序罪是九十一条)

第一节是生产、销售伪劣商品罪。原来是包括在投机倒把罪中的。随着商品经济的发展,这个问题越来越严重,严重的损害消费者、用户的合法权益,危害人体健康和人身、财产的安全。1993 年,全国人大常委会制定了产品质量法,对产品质量作了规范,后来又制定了消费者权益保障法。根据产品质量法,全国人大常委会 1993 年通过了《全国民代表大会常务委员会关于惩治生产、销售伪劣商品犯罪的决定》,修订刑法时,把这个决定的内容修改补充为一节。对生产、销售伪劣商品,特别是生产、销售假药、劣药、不符合卫生标准的食品、不符合保障人体健康标准的医疗器械和医用卫生材料、不符合保障安全标准的电器、压力容器、易燃易爆产品,以及不符合卫生标准的化妆品等犯罪,作了规定。对坑农、害农的生产、销售假农药、假兽药、假化肥犯罪,规定了严厉的刑罚。这次修改,主要是对一般伪劣商品区分违法与犯罪的界限问题,原规定是按违法所得多少来划分的,实践中发生对违法所得如何计算,是否要扣除成本等,有时不好办,因而使一些案件拖了下来。为解决这个问题,这次修改为,以生产、销售伪劣商品的销售金额来计算。对有些生产、销售伪劣商品的犯罪案件,所以打击不利,往往与某些地方、部门的保护主义有关,这次特别在渎职罪中规定,对生产、销售伪劣商品犯罪行为负有追究责任的国家机关工作人员,徇私舞弊,不履行法律规定的追究职责,情节严重的,要追究他们的刑事责任。

第二节是走私罪。原来走私罪只有一条,什么行为算走私,没有具体规定。1987 年制定了海关法,对什么是走私,作了具体规定。根据海关法,1988 年全国人大常委会通过了《全国民代表大会常务委员会关于惩治走私罪的补充规定》,这次改为一节。对走私武器、弹药、核材料或者伪造的货币,走私国家禁止出口的文物、黄金、白银和其他贵重金属或者国家禁止进出口的珍贵动物及其制品,走私国家禁止进出口的珍稀植物及其制品,以牟利或传播的目的,走私淫秽的影片、录像带、录音带、图片、书刊或者其他淫秽物品,以及走私一般物品犯罪,分别作了规定。同时,对单位走私、武装走私作了规定。

这次修改主要有两点:一是,走私一般物品,原来是按走私物品价额计算的,这次修改为以偷逃应缴税额计算,因为不同物品,征收的税额是不同的。二是,过去对单位走私,构成犯罪的标准比个人走私要宽,处刑比个人走私要轻。为了打击单位走私,这次将单位走私构成犯罪的标准,对直接责任人员的处刑,与个人一样。

第三节是妨害对公司、企业的管理秩序罪。1986 年制定的民法通则就规定了企业法人向登记机关隐瞒真实情况、弄虚作假，抽逃资金，逃避债务，解散、被撤销、被宣告破产后擅自处理财产，“构成犯罪的，依法追究刑事责任”。但是，在刑法中对此没有具体规定，所以对这种犯罪没有追究。1995 年制定了公司法，全国人大常委会据此通过了《全国民代表大会常务委员会关于惩治违反公司法的犯罪的决定》。这一节规定了：虚报注册资本，欺骗公司登记主管部门，取得公司登记的犯罪；虚假出资或者抽逃出资罪；向股东和社会公众提供虚假的或者隐瞒重要事实的财务会计报告，严重损害股东或他人利益罪；清算时隐匿财产罪，等等。

第四节是破坏金融管理秩序罪，第五节是金融诈骗罪。随着金融制度的改革，金融方面的犯罪情况突出，危害十分严重。1995 年以来，相继制定了人民银行法、商业银行法、保险法、票据法，以及担保法。根据这些法律，人大常委会制定了《全国民代表大会常务委员会关于惩治破坏金融秩序犯罪的决定》。这两节规定了：未经中国人民银行批准，擅自设立商业银行或者其他金融机构罪；非法吸收或变相吸收公众存款罪；非法集资罪；违法发放贷款罪；伪造、变造金融票证罪；利用金融票据、信用证、信用卡诈骗罪；保险欺诈罪等。修订刑法时，还针对出现的一些情况，增加规定了：以转贷牟利为目的，套取信贷资金，高利转贷他人罪；银行或者其他金融机构工作人员以牟利为目的，采取吸收客户资金不入账的方式，将资金用于非法拆借、发放贷款罪；未经批准，擅自发行股票或者公司、企业债券罪；以及证券交易的犯罪，包括内幕交易罪，编造传播虚假信息，扰乱证券交易市场罪和操纵证券交易罪。同时，还对洗钱犯罪，作了规定。

第六节是危害税收征管罪。1992 年随着税收征管法的制定，通过了《全国民代表大会常务委员会关于惩治偷税、抗税犯罪的补充规定》。1995 年针对随着税制改革出现的新问题，对虚开、伪造和非法出售增值税专用发票进行偷税、骗税等犯罪，作了规定。

第七节是侵犯知识产权罪。1979 年刑法只对侵犯注册商标专用权犯罪有规定。随着专利法、著作权法的制定，对侵犯专利权、侵犯著作权的犯罪，作了规定。这次修订，还根据反不正当竞争法，规定了侵犯商业秘密罪。

第八节是扰乱市场秩序罪。对虚假广告、串通投标、合同诈骗、非法转让、倒卖土地使用权等犯罪，作了规定。原来投机倒把罪是一个“大口袋”，这次修订，对投机倒把罪加以分解，除前面几节所规定的犯罪外，规定了非法经营罪，包括：未经许可，经营法律、行政法规规定的专营、专卖物品或者其他限制买卖的物品；买卖进出口许可证、进出口原产地证明以及其他法律、行政法规规定的经营许可证或者批准文件；以及其他严重扰乱市场秩序的非法经营行为。今后，是什么罪，就定什么罪，不再使用投机倒把的罪名。

（三）关于贪污贿赂罪和渎职罪

惩治腐败，加强廉政、勤政建设，是当前的一个重大问题，关系到党和国家的生死存亡,中央对此十分重视,老百姓也十分关注,这是这次修订刑法的又一重大问题。

关于贪污贿赂犯罪。这次,将贪污罪、贿赂罪从侵犯财产罪中拿出来,单列一章,就表明对惩治贪污罪、贿赂罪的重视。1988 年全国人大常委会通过了《全国民代表大会常务委员会关于惩治贪污罪贿赂罪的补充规定》,对贪污、贿赂、挪用、财产来源不明等犯罪,作了规定。规定中明确指出,国家工作人员、集体经济组织工作人员或者其他经手、管理公共财物的人员,利用职务上的便利,侵吞、盗窃、骗取或者以其他手段非法占有公共财物的,是贪污罪。由于政企分开,以及出现多种经济成分的企业,在实践中就提出了一些问题。例如,中外合资企业的财产算不算公共财产,政企分开了,国家工作人员范围多大,国家派到中外合资企业的人员,算不算国家工作人员。同时,一些私营企业、外资企业提出,私营企业、外资企业的财物被管理、经营人员侵占了,怎么办,对私人企业财产如何保护。

对私人的合法财产,我们是保护的。过去侵犯私人合法财产的犯罪,主要是抢劫、盗窃、诈骗、故意毁坏,这些在刑法中都有规定。随着经济改革深入,非公有制企业越来越多,贪污罪管不了,按盗窃罪也不确切,这就发生侵占罪的问题。为了解决这个问题,1995 年在通过《全国民代表大会常务委员会关于惩治违反公司法的犯罪的决定》时,规定了侵占罪。公司董事、监事或者职工利用职务或者工作上的便利,侵占本公司财物的,是侵占罪,但刑罚最高为十五年,比贪污罪要轻些。对国有公司怎么办?这个决定明确规定,国家工作人员犯以上罪,按贪污罪处罚,也就是说,国有公司、企业的经营、管理人员犯以上罪,按贪污罪处罚。那么,国有公司派到合资企业中的人员,算不算国家工作人员,是按侵占罪还是按贪污罪处理,在实践中产生不同意见。

这次修订刑法,对国家工作人员的范围应如何确定?有各种各样意见。经过研究,国家工作人员的范围基本按原刑法规定的范围,刑法所称国家工作人员,是指国家机关中从事公务的人员。同时规定,国有公司、企业、事业单位、人民团体中从事公务的人员和国家机关、国有公司、企业、事业单位委派到非国有公司、企业、事业单位、社会团体从事公务的人员,以及其他依照法律从事公务的人员,以国家工作人员论。这就明确了,国家机关、国有公司、企业、事业单位委派到非国有公司、企业、事业单位、社会团体从事经营、管理的人员,以国家工作人员论。

关于什么是公共财产?除了原规定的国有财产、劳动群众集体所有的财产外,又增加一项,用于扶贫和其他公益事业的社会捐助或者专项基金的财产,也属公共财产。

根据这些规定,按贪污罪定罪的有以下几种情况。一是,国家机关中从事公务的人员利用职务便利,非法占有公共财物的。二是,国有公司、企业、事业单位、人民团体中从事公务的人员利用职务便利,非法占有公共财物的。三是,国有公司、企业或者其他国有单位委派到非国有公司、企业、以及其他单位从事公务的人员,非法占有单位财物的,依照贪污罪定罪处罚。非国有公司、企业中的其他人员，则按侵占罪定罪处刑。四是，还有一种人，即在国家机关、国有公司、企业、事业单位、人民团体中受委托管理、经营国有财产的人员，利用职务上的便利，非法占有国有财物的，怎么办？这次规定，以贪污罪论。这种人，虽然不是国家工作人员，但是，为了保护国有财产，对他们也按贪污罪处罚。其他的，包括集体经济组织的经营、管理人员，都按侵占罪处罚。

关于贿赂罪，这次增加规定了介绍贿赂罪和斡旋贿赂罪。向国家工作人员介绍贿赂，情节严重的，是介绍贿赂罪。介绍贿赂人在被追诉前主动交待介绍贿赂行为的，可以减轻处罚或者免除处罚。国家工作人员利用本人职权或者地位形成的便利条件，通过其他国家工作人员职务上的行为，为请托人谋取不正当利益，索取请托人财物或者收受请托人财物的，以受贿论处，即斡旋贿赂罪。

关于渎职罪。这次修改主要有以下几点：

1. 将原来的玩忽职守，区分为玩忽职守、滥用职权、徇私舞弊几种情况。

2. 量刑提高。原规定是五年以下，这次修改，一般的三年以下；严重的三年以上七年以下；对某些徇私舞弊、徇私枉法、徇情枉法，情节特别严重的，最高刑可到十五年。

3. 具体化。对一些重要部门、重要方面常出现的一些玩忽职守的犯罪行为，具体作出规定。

除保留了司法工作人员枉法裁判、私放罪犯和徇私舞弊，对不符合减刑、假释条件的予以减刑、假释的犯罪外，增加规定的有：行政执法人员徇私舞弊，对应移交司法机关追究刑事责任而不移交，情节严重的；徇私舞弊，滥用职权，对不符合法律规定条件的公司设立、登记申请或者股票、债券发行、上市申请，予以批准或者登记，致使公共财产、国家和人民利益遭受重大损失的；税务机关工作人员徇私舞弊，不征或少征应征税款，致使国家税收遭受重大损失的；在签订、履行合同过程中，因严重不负责任被诈骗，致使国家利益遭受重大损失的；违反森林法的规定，滥发林木采伐许可证，情节严重，致使森林遭受严重破坏的；负有环境保护监督管理职责的国家机关工作人员严重不负责任，导致发生重大环境污染事故的；卫生行政部门的工作人员严重不负责任，导致传染病传播或流行，情节严重的；徇私舞弊，违反土地管理法规，滥用职权，非法批准征用、占用土地，或者非法低价出让国有土地使用权，情节严重的；海关工作人员徇私舞弊，放纵走私，情节严重的；国家商检部门、商检机构的工作人员，动植物检疫机关的检疫人员，徇私舞弊，伪造检验结果的；负责办理护照、签证以及其他出入境证件的国家机关工作人员，对明知是企图偷越国（边）境的人员，予以办理出入境证件的，或者边防、海关等国家机关工作人员，对明知是偷越国（边）境的人员，予以放行的；有查禁犯罪活动职责的国家机关工作人员，向犯罪分子通风报信、提供便利，帮助犯罪分子逃避处罚的；国家机关工作人员在招收公务员、学生工作中，徇私舞弊，情节严重的；国家机关工作人员严重不负责任，造成珍贵文物损毁或者流失，后果严重的，等等。有了这些具体明确的规定,有利于对这些渎职犯罪的查处和惩办。

4. 渎职犯罪的主体,只限于国家机关工作人员。企业等人员的业务渎职,在其他章节中规定。

再一个问题是,现在国有资产流失是一个大问题。为了保护国有财产,惩治有关犯罪分子,除规定贪污、挪用等犯罪外,增加规定了以下犯罪:一,国有公司、企业的董事、经理利用职务便利,自己经营或者为他人经营与其任职公司、企业同类的营业,获取非法利益,数额较大的;二,国有公司、企业、事业单位的工作人员,利用职务便利,将本单位的盈利业务交由自己的亲友经营,以明显高于市场的价格向自己的亲友经营管理的单位采购商品,或者以明显低于市场的价格向自己的亲友经营管理的单位销售商品,向自己的亲友经营管理的单位采购不合格商品,使国家利益遭受重大损失的;三,国有公司、企业、事业单位直接负责的主管人员,在签订、履行合同过程中,因严重不负责任被诈骗,致使国家利益遭受特别重大损失的;四,国有公司、企业直接负责的主管人员,徇私舞弊,造成国有公司、企业破产或者严重亏损,致使国家利益遭受重大损失的;五,徇私舞弊,将国有资产低价折股或者低价出售,致使国家利益遭受重大损失的;六,承担资产评估、验资、验证、会计、审计、法律服务等职责的中介组织的人员,故意提供虚假证明文件,情节严重的,等等。

(四)关于严重危害社会治安的犯罪

这也是大家十分关心的,因为这些犯罪扰乱治安,侵害公民的人身、财产安全,广大老百姓往往是直接受害者。这次修改,一是对一些传统的犯罪,根据经验,完善有关法律规定;二是针对出现的一些新的犯罪,作出规定。

关于毒品犯罪。毒品犯罪对国家、对人民危害极大,同毒品犯罪斗争,直接关系到民族的兴旺、国家的昌盛。为了严厉打击毒品犯罪,这次规定,走私、贩卖、运输、制造毒品,无论数量多少,都应当追究刑事责任,予以刑事处罚;毒品的数量以查证属实的走私、贩卖、运输、制造、非法持有的毒品的数量计算,不以纯度折算。同时,将冰毒明确列出来,并规定按海洛因的数量计算。

这次修订,对黑社会犯罪、计算机犯罪、恐怖活动等犯罪,也都作了规定。

四、关于犯罪和刑事责任的几个问题

犯罪和刑罚是刑法的两大问题。什么行为构成犯罪,要承担刑事责任,是两大问题中首先要解决的。关于犯罪和刑事责任,分四个问题介绍。

(一)对刑事责任采取主、客观条件相统一的原则和罪责自负原则

在什么情况下构成犯罪,应当追究刑事责任?客观上,必须有危害社会并依

照法律应当受到刑事处罚的行为，情节显著轻微危害不大的，不认为是犯罪，主观上，必须是故意或者过失，行为在客观上虽然造成了损害结果，但不是出于故意或过失，而是由于不能抗拒或者不能预见的原因引起的，不是犯罪。这就是对刑事责任采取主、客观条件相统一的原则，缺少哪一个条件，都不构成犯罪。

什么行为是犯罪行为？刑法规定，一切危害国家主权、领土完整和安全，分裂国家、颠覆人民民主专政的政权和推翻社会主义制度，破坏社会秩序和经济秩序，侵犯国有财产或者劳动群众集体所有的财产，侵犯公民私人所有的财产，侵犯公民的人身权利、民主权利和其他权利，以及其他危害社会的行为，依照法律应当受刑罚处罚的，都是犯罪。

从这个规定可以看出：一，哪些行为是犯罪行为，与刑法任务关于五个保卫的规定是一致的。二，必须是应当受刑罚处罚的。违法行为，对社会都是有危害的，但危害的程度不同，不一定都构成犯罪，都要给以刑罚处罚，只有达到一定程度，才构成犯罪。有的要达到一定数量，如数额较大、数额巨大、数额特别巨大；有的要具有一定后果，如致人重伤死亡，使国家、人民利益遭受重大损失等；有的要考虑情节，如情节严重，情节特别严重等。这就有一个区分一般违法与犯罪的问题，一般违法行为，有的要依法给予行政处罚或者行政处分，对构成犯罪的，应当处以刑罚。例如，走私罪，走私武器与违禁品，都是犯罪，不管数量多少。而走私一般物品，只有偷逃应交税额达到一定数量，才构成犯罪，没有达到这个数额，给予行政处罚。刑法分则对各种犯罪的界限，都有具体规定。在实践中，要根据事实，依照法律规定，注意区分政纪和法纪；区分一般违法行为和犯罪行为。

构成犯罪的主观要件，包括故意和过失。明知自己的行为会发生危害社会的结果，并且希望或者放任这种结果发生，是故意犯罪。应当预见自己的行为可能发生危害社会的结果，因为疏忽大意而没有预见，或者已预见而轻信能避免，以致发生这种结果的，是过失犯罪。故意犯罪，应当负刑事责任；过失犯罪，法律有规定的才负刑事责任。在分则中关于犯罪的具体规定，凡是没有特别写明过失的，都必须是故意行为。查明行为人主观上是故意还是过失，或者是由于不能抗拒、不能预见的原因所引起的，十分重要，因为这涉及到是否构成犯罪，是故意犯罪还是过失犯罪。对故意犯罪与过失犯罪，在处刑上也是不一样的。

关于罪责自负，不株连。这是刑法关于犯罪和刑事责任的一条重要原则。在封建社会是株连的，一人犯罪，“满门抄斩”，甚至“灭九族”，在伪满时期有“连坐”，等等。我国刑法采取罪责自负、不株连的原则，谁犯罪谁承担刑事责任，没有参与犯罪的家属或其他人，不负刑事责任。刑法规定，没收财产是没收犯罪分子个人所有财产的一部或全部。1979 年制定刑法时，针对“文化大革命”中发生的问题，特别规定了“不得没收属于犯罪分子家属所有或者应有的财产”，就是为了体现罪责自负，不株连的原则。

罪责自负，没有犯罪的不负刑事责任，但不得包庇。刑法分则规定，如果对明知是犯罪的人,帮助其逃匿或作虚假证明包庇的,是包庇罪;明知是犯罪所得的赃物,予以窝藏、转移的,是窝赃罪。如果事先通谋,就要以共同犯罪论处。

(二)刑事责任年龄和刑事责任能力问题

第一,关于刑事责任年龄。

承担刑事责任,必须是达到法定刑事责任年龄的人,未达到法定责任年龄的,就不负刑事责任。这是各国刑法普遍采用的原则。

我国刑法关于刑事责任年龄的规定是:一,未满十四周岁的人,不负刑事责任。二,已满十四周岁不满十六周岁的人,犯法定的几种严重犯罪,应承担刑事责任。刑法规定,犯故意杀人、故意伤害致人重伤或者死亡、强奸、抢劫、贩卖毒品、放火、爆炸、投毒罪的,应当负刑事责任。三,已满十六周岁的人犯罪,应当负刑事责任。四,已满十四周岁不满十八周岁的人犯罪,应当从轻或者减轻处罚。

目前犯罪低龄化情况严重,一些未成年人进行犯罪活动,有的相当严重。在这种情况下,刑事责任年龄是否要修改?经过反复考虑,1979 年刑法关于刑事责任年龄的规定是合适的,符合我国对未成年人犯罪的政策,没有修改,主要考虑是:

(1)未成年人与成年人不同,正处在生长发育阶段,对问题的认识能力还不完全,与成年人应当加以区别。

(2)现在未成年人犯罪情况严重,的确是个非常大的、应当引起重视的问题,但绝不是降低刑事责任年龄就能解决的。所以产生这种情况,有各方面的原因,有社会不良现象的影响,有犯罪分子的教唆,也有的是因为管教不当等。这个问题,应当引起党、国家以及全社会的高度重视。要解决这个问题,最关键的是要对青少年加强教育;对社会加强管理,禁止一些对未成年人有害的设施、场所,如赌博游戏机、淫秽电影、书刊;严厉打击教唆犯等。

(3)未成年人正在成长过程中,对他们应当着重教育,要像家长、老师、医生一样对待他们,使他们成为好公民。的确,有个别年龄很小的人作案,并且手段残酷,令人气愤。但是,这样个别的事例总是会存在的,不能因个别的事例来降低责任年龄。

对因不满十六周岁不予刑事处罚的,不是放任不管了,而是要责令他们的家长或者监护人加以管教;必要的时候,也可以由政府收容教养。对已满十四周岁未满十八周岁犯罪的,在执行时,也应与成年犯罪相区别。对未成年人的问题,如何引导教育,对违法的未成年人如何帮助,通过什么形式,要做好哪些方面工作,应作为一个战略性的问题,认真予以研究解决。这个问题,不仅关系到社会治安,而且是关系到国家未来的大问题。

第二,关于刑事责任能力。

要承担刑事责任,除要达到刑事责任年龄外,还有一个是要具有刑事责任能力的问题。精神病人在不能辨认或者不能控制自己行为时造成危害结果的,不负刑事责任。但是,间歇性的精神病人在精神正常时犯罪,应当负刑事责任;尚未完全丧失辨认或控制自己行为能力的精神病人犯罪,应负刑事责任,但可以从轻或者减刑处罚。有些人喝醉了酒,不能控制自己的行为,怎么办?这与精神病人不能控制自己行为的情况是根本不同的,刑法特别规定,醉酒的人犯罪,应当负刑事责任。

现在的问题是有些人犯罪后,伪造自己有精神病,以此来逃避刑事责任。这个问题怎么解决?这次刑法修订时,作了一系列规定:

(1)明确规定,是否具有精神病,犯罪时是否有辨认和控制自己行为的能力,必须是"经法定程序鉴定确认的",不是自己随便找哪个医院,找哪个大夫开个证明就成了。刑事诉讼法专门规定,对精神病的医学鉴定,由省级人民政府指定的医院进行。

(2)加强鉴定人的责任。刑事诉讼法规定,鉴定人进行鉴定后,应当写出鉴定结论,并且由鉴定人签名,医院加盖公章。鉴定人故意作虚假鉴定的,应当承担法律责任。这次刑法专门规定了故意作虚假鉴定罪。

(三)不负刑事责任的行为

不负刑事责任的行为,包括正当防卫行为、紧急避险行为和国家机关工作人员依法执行职务的行为。

第一,关于正当防卫行为。

追究惩罚犯罪,是国家侦查、司法机关的职权。针对"文化大革命"期间,什么单位、什么人都可以捉人、定罪,1979 年制定刑事诉讼法时特别规定了,对刑事案件的侦查、拘留、执行逮捕、预审,由公安机关负责;检察、批准逮捕、提起公诉,由检察院负责;审判由法院负责。除法律有特别规定的外,其他任何机关、团体和个人都无权行使这些权力。

但是,为了保护国家和公共利益、保护公民的合法权益,制止犯罪分子正在进行的不法侵害,被害人和其他人,有权进行正当防卫。1979 年刑法对正当防卫作了规定,"为了使公共利益、本人或者他人的人身和其他权利免受正在进行的不法侵害,而采取的正当防卫行为,不负刑事责任。正当防卫超过必要限度造成不应有的危害的,应当负刑事责任;但是应当酌情减轻或者免除处罚"。什么情况下可以采取正当防卫呢?一是,为了维护公共利益、本人或他人的合法权益免受不法侵害。二是,制止正在进行的不法侵害行为。正当防卫要有一定限度,也是必要的。但是,什么是"必要限度"?什么是"不应有的危害"?在实践中不好掌握,出现了一些问题,使得有些人存在顾虑,不敢进行正当防卫。

现在,有些犯罪分子在光天化日之下,进行抢劫、行凶等犯罪活动,被害人或者在场的人不敢与犯罪斗争。所以出现这种情况,有各种原因,要解决这个问题,也要采取各种办法，如依法惩办犯罪分子，打击犯罪分子的嚣张气焰；加强社会主义精神文明建设，提倡和发扬见义勇为的精神；设立见义勇为基金，对见义勇为的人进行奖励，对因此受到伤害的给以救助，等等。同时，为了使公民敢于进行正当防卫，制止犯罪行为，也需要对正当防卫的规定，予以完善，明确和放宽正当防卫的界限。

这次修改刑法，首先肯定“采取的制止不法侵害的行为，对不法侵害人造成损害的，属于正当防卫，不负刑事责任”；将“超过必要限度”改为“明显超过必要限度”；将“不应有的危害”改为“重大损害”；将“酌情”减轻或者免除处罚，改为“应当”。特别是对危及人身安全的暴力犯罪，增加了无限度防卫，“对正在进行行凶、杀人、抢劫、强奸、绑架以及其他严重危及人身安全的暴力犯罪，采取防卫行为，造成不法侵害人伤亡的，不属于防卫过当，不负刑事责任”。这样修改，有利于保护被害人利益，鼓励见义勇为，敢于与犯罪分子做斗争，制止犯罪。

第二，关于紧急避险行为。

什么是紧急避险？为了使国家、公共利益、个人或者他人的人身、财产和其他权利免受正在发生的危险，不得已采取的紧急避险行为，造成损害的，不负刑事责任。超过必要限度造成不应有的损害的，应当负刑事责任，但是应当减轻或者免除处罚。关于避免本人危险的规定，不适用于职务上、业务上负有特定责任的人。这是 1979 年刑法就有的规定。

第三，关于依法执行职务的行为。

国家机关工作人员依法执行职务的行为，造成人员伤亡的，不负刑事责任。世界各国刑法都是如此的。拿人民警察来说，人民警察负有维护国家安全，维护社会治安秩序，保护公民的人身安全、人身自由和合法财产，保护公共财产，预防、制止和惩治违法犯罪活动的任务。人民警察在依法执行职务时，为制止严重违法犯罪活动的需要，或者遇有拒捕、暴乱、越狱、抢夺枪支以及其他暴力行为的紧急情况，可以依法使用警械、武器。依法使用警械和武器的行为，造成人员伤亡的，要不要负刑事责任？当然不能负刑事责任，因为他是在依法执行职务，如果要负刑事责任，那么谁还敢严格执行职务？这对制止严重犯罪、打击犯罪是不利的。当然，如果是违法使用武器、警械，那是要承担法律责任的，界限是依法执行职务。

现在出现的问题是，有的地方把执行职务行为与正当防卫行为混淆了，有的人民警察在抓捕罪犯受到暴力攻击时开枪把人犯打伤了，不仅得不到保护，反而被以防卫过当追究。执行职务的行为与正当防卫是不同的。执行职务的行为，是履行国家赋予的职责，正当防卫是为了免受不法侵害；执行职务的行为，不仅是制止正在进行的违法犯罪，而且有追捕、惩治犯罪等职责，而正当防卫仅限于制止正在发生的不法侵害；正当防卫的界限是否过当，执行职务是否违法，是依法执行职务，还是违法执行职务。要把这两种情况区分清楚。

1979 年刑法没有对依法执行职务行为作规定。这次修订刑法时，对此要不要规定？修订草案对人民警察依法使用警械、武器的职务行为作了规定，但最后没有写入刑法。没有写，不是说依法执行职务的行为要负刑事责任。依法执行职务的行为不负刑事责任，是明确的，那为什么在刑法中没写呢？一是，依法执行职务的不仅是人民警察，还有其他人员，例如，海关提出缉私人员，军队提出军人等。如只规定人民警察，那么对其他依法执行职务的行为怎么办，怕产生误解。二是，其他法律已经有明确规定了。人民警察法规定，"人民警察依法执行职务，受法律保护"，人民警察法和根据人民警察法制定的人民警察使用警械和武器条例，对什么情况下可以使用警械、武器，使用警械、武器时要遵守什么，都有规定，可依照这些规定执行。三是，国外同种情况也不是都在刑法中规定，有些是在其他法中规定的。

就这个问题作一个说明，刑法虽然没有规定，但是，国家机关工作人员依法执行职务的行为，受法律保护，不负刑事责任，是明确的，按有关法律规定去办。当然，如果违反使用警械和武器的规定，造成他人损害的，依照有关规定处罚。

（四）单位犯罪、犯罪集团等问题

第一，关于单位犯罪。

犯罪主体，一般来讲是自然人，1979 年刑法没有对单位犯罪作规定。近年来，出现了单位犯罪（或称法人犯罪）的问题，主要是经济方面的犯罪。最早是在 1987 年海关法和 1988 年关于惩治走私犯罪的补充规定中，规定了单位走私罪。后来陆续在一些补充规定中规定了单位犯罪，如偷税、生产、销售伪劣商品罪等。

这次修订刑法时，在总则中专门对单位犯罪作了规定。同时，在分则中，分别作了具体规定。什么是单位犯罪？刑法规定，公司、企业、事业单位、机关、团体实施的危害社会的行为，法律规定为单位犯罪的，应当负刑事责任。单位犯罪构成的要件，与自然人犯罪的区别，主要有三个方面：一是单位决定的，或者是单位集体研究决定，或者是负责人决定的；二是由单位实施的犯罪行为；三是非法利益是属单位而不是给某个个人的。过去有一种说法，只要不进个人腰包，就不是犯罪，这种说法不对。例如，单位走私，虽然没有进个人腰包，也是犯罪。这样规定，对打击经济犯罪，维护社会主义市场经济秩序，保障社会主义建设事业的顺利进行，有着重要意义。

对单位犯罪如何处刑？对单位犯罪，原则上采取双罚制，对单位判处罚金，对其直接负责的主管人员和其他直接责任人员，也要判处刑罚，法律另有规定的，依照规定。

第二，关于共同犯罪和犯罪集团问题。

共同犯罪是二人以上共同故意犯罪。这次修订，对什么是犯罪集团，明确作了规定，三人以上为共同实施犯罪而组成的较为固定的犯罪组织，是犯罪集团。

近些年来，出现了犯罪集团，对社会的危害极大。对组织、领导犯罪集团的首要分子应当严厉打击。1979 年刑法规定，对主犯应当从重处罚。在实践中往往发生这样的情况，一般来讲，直接实施抢劫、杀人等犯罪，往往是犯罪集团的一般成员去进行的，在追究时，要把所有犯罪都查清是否是犯罪集团头头组织、策划、指使的，有时有困难，如查不清，又不好处理。为了严厉打击犯罪集团的头头，这次规定，“对组织、领导犯罪集团的首要分子，按照集团所犯的全部罪行处罚”。就是说，不管是不是你组织、指使的，都要全部负责。

共同犯罪和犯罪集团的成员中，有主犯、从犯、胁从犯的区别。根据惩办与宽大相结合的刑事政策和罪刑相当的原则，应当区别对待。

第三，关于犯罪的预备、未遂和中止。

故意犯罪一般可分为犯罪预备、实施犯罪两个阶段。实施犯罪的结果有两种可能，一是既遂，一是未遂。在实施犯罪阶段，还可能出现中止犯罪。刑法对此作了规定。

为了犯罪，准备工具、制造条件的，是犯罪预备。着手实施犯罪的，是实行犯。已经着手实施犯罪，由于犯罪分子意志以外的原因而没得逞的，是犯罪未遂。在犯罪过程中，自动放弃犯罪或者自动有效地防止犯罪结果发生的，是犯罪中止。

预备犯罪、未遂、既遂和中止，由于情况不同，后果不同，根据罪刑相当的原则，应当区别对待。对预备犯，也应当承担刑事责任，但可以比照既遂犯从轻、减轻或者免除处罚；对于未遂犯，可以比照既遂犯从轻或者减轻处罚；对于中止犯，没有造成损害的，应当免除处罚，造成损害的，应当减轻处罚。

五、关于刑罚的种类

刑法的另一个问题是刑罚。一个国家采取哪些刑种，是与对犯罪分子判处刑罚的目的联系在一起的。在远古是同态复仇，封建社会广施体刑。现代社会废除体刑，建立了以自由刑为主的刑罚体系。

我国对犯罪分子历来采取杀、关、管、罚的办法。刑罚分为主刑和附加刑。刑法规定，主刑有五种：管制（三个月以上到二年以下）、拘役（一个月以上到六个月以下）、有期徒刑（六个月以上到十五年以下）、无期徒刑和死刑。附加刑有三种：罚金、剥夺政治权利、没收财产。附加刑也可以独立适用。对犯罪的外国人，可以独立适用或附加适用驱逐出境。

刑法关于刑罚种类的规定，总结了我国长期以来的经验，从实践看，基本上是合适的。这次修订后的刑法，保留了这些刑种，根据经验和问题，予以完善。主要修改是：一，扩大管制刑的适用范围；二，更多地使用财产刑。

第一，扩大管制刑的适用范围。

新中国成立后，管制刑发挥了重要作用。但近年来，实际判处管制的很少。这次修订刑法，对管制刑要不要保留，有不同意见，经过反复研究，认为管制刑应当保留，并且要扩大管制刑的适用范围。主要考虑是：

(1)我国五种主刑中,管制是唯一不剥夺自由的开放型的刑种。保留这种刑种,对一些犯罪较轻的,可以不关起来,而判管制,以体现区别对待,也符合世界目前关于刑罚的潮流。

(2)判处管制,放在社会上,可以运用群众的力量进行教育,有利于对其改造。

(3)被管制的犯罪分子,能够从事劳动或工作,不致妨害家庭的生活,如果关起来,有些家庭生活可能发生问题。

(4)刑满后,回归社会比较容易。同时,可以少关,减少监狱的压力。

新中国成立初期,管制对象是地、富、反、坏、右,后来对贪污分子实行机关管制。现在,适用管制的范围有所变化,要扩大适用管制的范围,凡是犯罪较轻,可以不关起来的,判管制。刑法在分则中,对此作了规定。

存在的问题是,这些年来情况发生变化,基层组织不如过去健全,人口流动性较大,由于执法环境发生很大变化,管制刑执行起来比较困难,这是这些年来判处管制刑较少的原因,也是有些同志主张取消管制刑的理由。为了发挥管制刑的作用,这个问题必须解决,要根据情况的变化,对管制刑予以完善。一是从制度上完善,这次修订刑法,对被判处管制的犯罪分子,在执行期间应当遵守哪些规定,根据新的情况,予以修改完善。二是从组织上加强,必须健全和加强执法机关。除健全基层组织外,基层公安机关必须充实和加强,配备专人负责管制的执行,这样,才能发挥管制的作用。不仅管制需要解决这个问题,对缓刑、假释、监视居住的,都有这个问题。

第二,充分使用财产刑。

1979 年刑法规定了罚金、没收财产的财产刑,但是用得不够,没有充分发挥财产刑的作用。随着经济犯罪的增加,越来越看出财产刑的作用。这次修订,注意了充分使用财产刑,特别是对经济犯罪。

(1)罚金刑独立适用。对一些较轻的经济方面的犯罪,可以独立适用罚金。有一种意见,主张将罚金改为主刑。经研究,罚金独立适用有些是必要的,但也还要附加适用,如果改为主刑,就不能附加适用了。现在虽然列为附加刑,但已明确附加刑也可以独立适用。

(2)增加了财产刑的力度,凡是经济方面的犯罪,要重罚,大多规定了并处罚金,不是可罚可不罚,而是要并处。同时,对罚多少,如何计算,能具体规定的,尽量作出规定,有的是违法所得的多少倍,有的是绝对金额。

(3)罚金刑的执行问题,如果不交怎么办?这次规定,除了因不可抗力的原因,如天灾、人祸等可以减免外,必须收缴,什么时候发现有财产,什么时候就收缴,决不能让犯罪分子“坐牢一阵子,享受一辈子”!同时,分则中还特别规定,如果有意转移、隐匿财产、逃避法院判决执行的,构成拒不执行法院判决罪。

第三,关于死刑。

我们党和国家对死刑的一贯方针是,一不废除,二在适用时要十分慎重。

首先,对死刑不能废除,特别是我国目前的治安形势还相当严重。因此,刑法对危害国家安全的犯罪、暴力犯罪以及特别严重的其他一些犯罪,最高刑规定了死刑。对这些危害极其严重的犯罪分子,判处死刑,正是为了维护国家的安全,保护公民的权利。

同时,在适用死刑时,一定要十分慎重。刑法规定,“死刑只适用于罪行极其严重的犯罪分子。对于应当判处死刑的犯罪分子,如果不是必须立即执行的,可以判处死刑同时宣告缓期二年执行”。为什么要十分慎重?

(1)死刑与其他刑罚不同,其他刑罚错了,可以纠正,而死了无法复活。

(2)保留活证据,有利深挖、侦破其他案件。有些重大犯罪,特别是经济犯罪案件,往往涉及一系列人,破一个案,可以挖出一串案件。判处死刑,有的线索就可能断了,保留活证据,有利深挖其他犯罪分子。

(3)一个人判死刑,对其家属有影响,太多了,有副作用,可能形成一个对政府不满的社会基础。

对死刑的作用,要正确认识。对罪行极其严重的犯罪分子依法判处死刑,对打击犯罪、震慑罪犯,维护治安,是有重要作用的。但是,不能说只有死刑才能起震慑作用,无期徒刑、有期徒刑,也是很重的,也可以起到预防犯罪和震慑的作用。为了根本解决社会治安和经济犯罪严重的问题,不是单靠判处死刑就能解决问题的,必须综合治理,做好各方面的工作。

死缓是我国特有的制度,是在长期斗争实践中建立起来的,可以减少执行死刑的人数。原来规定,在死刑缓期执行期间,如果确有悔改,二年期满以后,减为无期徒刑;如果确有悔改并有立功表现,二年期满以后,减为十五年以上二十年以下有期徒刑;如果抗拒改造情节恶劣、查证属实的,由最高人民法院裁定或者核准,执行死刑。在实践中发生一个问题,有的犯人既不能说“确有悔改”,也不是“抗拒改造情节恶劣”,怎么办?去年修改刑事诉讼法时就提出这个问题,将执行死刑还是改判的界限改为是否有“故意犯罪”,在死缓执行期间,如果没有“故意犯罪”,二年期满后减为无期徒刑;如果有“故意犯罪”,执行死刑。这样比较明确,好执行。实际上,条件也放宽了,在缓刑执行期间故意犯罪的,不能说没有(如越狱),但只是极个别的,实际上被判处死缓的,基本上不执行死刑了,这也是符合设立死缓制度的初衷的。这次修订刑法,就按上述意见作了修改。

有两种人不能判死刑,一是审判时怀孕的妇女,一是犯罪时不满十八周岁的人。1979 年刑法规定是,不满十八岁的人不适用死刑,但已满十六岁不满十八岁的,如果所犯罪行特别严重,可以判处死缓。1979 年提出的刑法草案中,原来也没有可以判死缓的规定。有一些人强烈要求,对已满十六岁未满十八岁的人犯特别严重罪行的也要判死刑。后来研究,对未成年人不能判死刑,就加了一个可以判处死缓。这次修改时,经过与公、检、法等部门共同研究,把可以判死缓去掉了。因为:一,国际公约规定,对未成年人不得判死刑,死缓是死刑的一种执行方法,我国参加了这个国际公约,是要遵守的。二,对未成年人应当与成年人有区别,这是符合对未成年人的政策的。

最后,谈谈保安处分。有些情况虽然不构成犯罪,不给予刑事处罚,但为社会安全,需要采取保安处分。关于保安处分,有的在刑法中作了规定,有的是在其他法中规定的。我国现有的保安处分,主要有:一,收容教养。刑法规定,因不满十六周岁不予刑事处罚的,责令他的家长或者监护人加以管教,在必要的时候,也可以由政府收容教养。二,强制医疗。刑法规定,精神病人在不能辨认或者不能控制自己行为的时候,造成危害结果的,不负刑事责任,但是应当责令他的家属或者监护人严加看管和医疗,必要的时候,由政府强制医疗。三,强制戒毒。关于禁毒的决定规定,对吸食、注射毒品成瘾的,除给予行政处罚外,予以强制戒除,进行治疗、教育。刑法修订后,对这个问题的规定,仍然有效。四,劳动教养。治安管理处罚条例规定,对违反社会治安,多次行政处罚不改的,可以劳动教养。关于保安处分的问题,这次修订刑法没有涉及,需要专题研究。

六、掌握刑事政策,依照法律定罪处刑

法律是政策的具体化、法律化。刑法是根据党和国家的刑事政策制定的。我国的刑事政策是什么?主要是惩办与宽大相结合、惩办与教育改造相结合。

惩办与宽大相结合是党和国家的基本刑事政策。采取这个政策,对各种犯罪分子,根据不同情况,区别对待,可以分化瓦解犯罪分子,争取多数,孤立、打击少数,促使犯罪分子改造。对犯罪分子判刑的目的是什么?不单纯是惩办,更不是为了报复。判刑的目的,一是防止犯罪分子继续危害社会;二是对社会有震慑作用,可以减少、预防犯罪;三是通过对犯罪分子的惩罚,对其进行教育改造,促使其悔过自新,成为守法的公民。新中国建立以后,我们对战犯和末代皇帝的教育改造,取得很大成效,这在世界上是有目共睹的。实践证明,党和国家的刑事政策是正确的,有效的。

我国刑法就是根据党和国家的刑事政策制定的,是刑事政策的具体化、法律化。政策是法律的灵魂,只有掌握政策,才能正确地执行法律;只有严格的执行法律规定,才能更好地贯彻党的政策,这两者是统一的。对犯罪分子定罪判刑,以及在判刑后的执行过程中,对犯罪分子的教育改造,都要掌握好党和国家的刑事政策,依照刑法及有关法律的规定来进行。对这个问题,刑法是怎么规定的,要注意哪些问题?

第一,罪罚相当原则。

什么是罪罚相当?“对于犯罪分子决定刑罚的时候,应当根据犯罪的事实、犯罪的性质、情节和对于社会的危害程度,依照本法的有关规定判处”。这次修订,专门对此加以概括,增加规定一条:“刑罚的轻重,应当与犯罪分子所犯罪行和承

担的刑事责任相适应。”罪罚要相当，是刑法的又一条重要原则。就是说，罪重的量刑要重，罪轻的量刑要轻，各个法律条文之间对犯罪量刑要统一平衡，不能罪重的量刑比罪轻的轻，也不能罪轻的量刑比罪重的重。

罪刑相当的原则和惩办与宽大相结合的政策是一致的，是这个政策的具体化，主要表现在以下几个方面：一，刑法对不同性质的犯罪，规定了不同的刑罚。对暴力型犯罪与贪利性犯罪、一般犯罪与危害国家安全的犯罪，适用的刑罚是不一样的。例如，对贪利性犯罪，就要强调使用财产刑，使其无利可图。对同一种犯罪，根据不同情节、后果，规定了不同的量刑档次，有的是三年以下有期徒刑、拘役或者管制，有的是三年以上七年以下，特别严重的七年以上，等等。二，对共同犯罪、集团犯罪中的主犯、从犯、胁从犯，分别作了依法从重、从轻、减轻、免除刑罚的规定。三，对未成年人犯罪从轻，对累犯从重。四，对犯罪不同阶段中的预备犯、实行犯、未遂犯等，规定了不同的量刑原则，等等。

第二，要考虑是否悔改，有无自首和立功。

犯罪的性质、情节、后果，是定罪量刑的基础。在这个基础上，是否还要考虑犯罪分子个人的情况呢？要考虑。考虑犯罪分子个人的情况，不是指身份、地位，而是要考虑其是否悔改，有无自首、立功，是偶犯还是累犯。

我们历来讲坦白从宽。1979 年刑法对自首作了规定。为了更好地体现和执行这一刑事政策，鼓励犯罪分子自首、立功，这次修订时，对自首、立功做了一些修改完善。

对自首的修改，主要是：一，明确什么是自首。“犯罪以后自动投案，如实供述自己的罪行的”，是自首。二，为鼓励自首，处刑更加放宽。原规定，“自首的，可以从轻处罚，其中犯罪较轻的，可以减轻或者免除处罚”，修改为“可以从轻或者减轻处罚，其中犯罪较轻的，可以免除处罚”。三，增加规定，“被采取强制措施的犯罪嫌疑人、被告人和正在服刑的罪犯，如实供述司法机关还未掌握的本人其他罪行的，以自首论”。

关于对立功的修改，主要是：一，明确什么是立功。“犯罪分子有揭发他人犯罪行为，查证属实的，或者提供重要线索，从而得以侦破其他案件等”，是立功。二，原规定，犯罪“自首并有立功”表现的，可以减轻或者免除处罚，是以自首为前提的。这次修改为，立功的“可以从轻或者减轻处罚；有重大立功表现的，可以减轻或者免除处罚”“犯罪后自首又有重大立功表现的，应当减轻或者免除处罚”。为了鼓励行贿人揭发受贿，在分则中专门规定，“行贿人在被追诉前主动交待行贿行为的，可以减轻或者免除处罚”。国家安全法专门规定，“犯间谍罪自首或有立功表现的，可以从轻、减轻或者免除处罚；有重大立功表现的，给以奖励”。

现在有一种说法，“坦白从宽，狱底坐穿”。就是说，不坦白你不知道，坦白交待了，要判刑，判得更重。这种说法是建立在我不说你掌握不了罪证的前提下的，是一种侥幸心理。这种说法，也应引起我们的重视，要进一步加强侦破工作，提高侦破案件的能力。同时,要体现政策,鼓励那些犯罪分子,特别是犯罪集团的成员,将所知道的案情检举揭发出来,戴罪立功。

关于累犯。在犯罪分子中,有相当一些是累犯,特别是重大犯罪案件,不少犯罪分子是几进宫的累犯,对社会危害严重。同时,累犯恶习深,对累犯的改造教育,比一般罪犯要难。这次对累犯的规定做了修改,主要是:一,原规定,被判处有期徒刑以上的犯罪分子,刑罚执行完毕或赦免以后,“在三年以内”再犯应当判处有期徒刑以上刑罚之罪的,是累犯。这次将“三年以内”改为“五年以内”。二,除继续保留了对累犯“不适用缓刑”外,增加规定,对累犯“不得假释”。这是为了防止他们危害社会,同时也是告诫犯罪分子,要好好改造,重新做人,不要再犯罪。

第三,改造好的要给出路,依法减刑、假释。

对于改造好的犯罪分子要给他出路,根据惩办与教育改造相结合的政策,刑法规定了缓刑、减刑和假释制度。“对于被判处拘役、三年以下有期徒刑的犯罪分子,根据犯罪分子的犯罪情节和悔罪表现,适用缓刑确实不致再危害社会的,可以宣告缓刑”,也就是缓期执行。“被判处管制、拘役、有期徒刑、无期徒刑的犯罪分子,在执行期间,如果认真遵守监规,接受教育改造,确有悔改表现的,或者有立功表现的,可以减刑;有下列重大立功表现之一的,应当减刑”“减刑以后实际执行的刑期,判处管制、拘役、有期徒刑的,不能少于原判刑期的二分之一;判处无期徒刑的,不能少于十年”“被判处有期徒刑的犯罪分子,执行原判刑期二分之一以上,被判处无期徒刑的犯罪分子,实际执行十年以上,如果认真遵守监规,接受教育改造,确有悔改表现,假释后不致再危害社会的,可以假释”。缓刑、减刑、假释制度,对于促使犯罪分子认罪改造,重新做人,有重要意义。

但是,在实践中也存在不少问题。一是有些不应该减刑、假释的,予以减刑、假释了。有的重刑犯,虽然判得很重,但经过一段时间很快就出来了,有些罪犯出来后,继续危害社会。二是对缓刑、假释的监管不力。这次修订,总结经验,针对存在的问题,对缓刑、减刑、假释予以完善,作了一系列规定,主要是:

(1)严格程序。特别规定,减刑、假释由执行机关向中级以上人民法院提出减刑、假释建议书,人民法院应当组成合议庭进行审理,对确有悔改或者立功事实的,裁定予以减刑、假释。

(2)限制对象。增加规定,“对累犯以及因杀人、爆炸、抢劫、强奸、绑架等暴力性犯罪被判处十年以上有期徒刑、无期徒刑的犯罪分子,不得假释”。

(3)明确应遵守哪些规定。被缓刑、假释的,应遵守以下规定:①遵守法律、行政法规,服从监督。②按照规定报告自己活动的情况。③遵守关于会客的规定。不是说,所有会客都要批准、报告,但对会见某些人,如新闻记者、外国人等,要经批准。④离开所居住的市、县或迁居,应报批准。

(4)要求严格。原规定,撤销缓刑、假释的条件是,在缓刑或假释期间“再犯新罪”。这在实践中发生一些问题,有些被缓刑、假释的犯罪分子,严重违反监督管理规定,或者有违法行为,但尚未构成犯罪,怎么办?不好管。为了解决这个问题,1994年对治安管理处罚条例作了修改,在第二十四条妨害社会秩序行为中,增加了一项,“被依法执行管制、剥夺政治权利或者缓刑、假释、保外就医和其他监外执行中的罪犯,或者被依法采取刑事强制措施的人,有违反法律、行政法规和国务院公安部门有关监督管理规定的行为,尚未构成新的犯罪的”,给予拘留等行政处罚。这次修订刑法时,对撤销缓刑、假释的条件作了修改,除“再犯新罪”外,增加了:违反法律、行政法规或者国务院公安部门有关监督管理规定,情节严重的,可以撤销缓刑、假释。

(5)组织落实。缓刑、假释后,不是不管了,要加强监督管理。为了解决这个问题,必须从组织上加强,予以落实。原规定,被假释的,由公安机关监督,被缓刑的,“由公安机关交所在单位或基层组织予以考察”。这次修改为,对缓刑的,也“由公安机关考察,所在单位或者基层组织予以配合”,加强了公安机关的责任。对管制、剥夺政治权利的,都有这个问题。在国外,有专门的考察组织。我国是否要专门成立这种组织?不要,还是由公安机关监督考察。这就要加强、充实公安机关的基层组织,要配专人负责这项工作。

(6)防止在减刑、假释工作中徇私舞弊。在分则中专门规定,“司法工作人员徇私舞弊,对不符合减刑、假释、暂予监外执行条件的罪犯,予以减刑、假释或者暂予监外执行的”,要追究刑事责任。

以上对缓刑、减刑、假释制度的修改完善,既可以更好地发挥缓刑、减刑、假释的积极作用,促使犯罪分子好好改造,重新做人;又可以防止滥用,避免放纵罪犯,危害社会。

第四,从重、从轻都要严格依法。

刑法对各种犯罪的量刑规定,是分档次的,每一档次都有一定的幅度,而没有规定绝对刑。这是因为,犯罪情况十分复杂,情节、后果是不同的,没有一定幅度,不能适应各种不同的复杂情况。同时,决定量刑时还要考虑整个形势,在治安形势比较好的情况下,量刑可以轻些,如果治安形势严峻,为了打击犯罪,维护社会治安秩序,量刑就要从重,规定幅度,就考虑了这个问题。

1997年的政府工作报告提出,“一年来开展的声势浩大的‘严打’斗争,取得了较好的效果,但当前治安形势依然不容乐观。要继续采取有力措施,集中打击严重暴力犯罪、涉毒犯罪、带黑社会性质的犯罪团伙和流氓恶势力,提高大案要案侦破能力,把‘严打’斗争深入持久地开展下去”;“经济犯罪近年来有增加的趋势,必须加强防范,严厉打击”。

开展“严打”斗争,从重、从快,当然必须“依法”,是依法从重、从快,这一点历来是明确的。1979年1月,彭真同志在全国城市治安会议上讲,“要依法办事”“以事实为根据,以法律为准绳,宽和严都不能离开这条原则”。1980年2月,彭真同志在广东省和广州市公检法汇报会上,又专门指出,“当然,从重、从快,要搞准,要依法”。我们一直是这样的。

刑法对什么情节从重,什么情节从轻、减轻或免除,都有具体明确的规定。同时规定,“具有本法规定的从重处罚、从轻处罚情节的,应当在法定刑的限度以内判处刑罚”“具有本法规定的减轻处罚情节的,应当在法定刑以下判处刑罚”。不能一讲“从重”“从轻”,就不顾法律的规定,在法定刑幅度以上或以下判处。在现实中,这两种情况都是存在的,应当按法律规定办,在法定刑的限度内判处。

1979 年刑法对减轻、免除作了规定,但没有规定可以加重。1981 年全国人大常委会通过《全国人民代表大会常务委员会关于处理逃跑或者重新犯罪的劳改犯和劳教人员的决定》中规定,劳改犯逃跑的,加处五年以下有期徒刑,又犯罪的,从重处罚或者加重处罚。这次对刑法修订后,常委会的这个决定就废除了,今后不再适用加重处罚的规定。

关于在法定刑以下判处的问题,1979 年刑法规定,“犯罪分子虽然不具有本法规定的减轻处罚情节,如果根据案件的具体情况,判处法定刑的最低刑还是过重的,经人民法院审判委员会决定,也可以在法定刑以下判处刑罚”。对这个规定,实践中存在一些问题,有的地方对不应减刑的,也减刑了,放纵了罪犯。这次修订时,有的主张取消,有的主张维持,有不同意见。经过研究,考虑到实际生活中,有个别特殊需要这么办的,因此决定予以保留,但要严格限制。一,这是极个别特殊需要时才能使用,不是对一般刑事案件讲的,所以将“判处法定刑的最低刑还是过重”,改为“根据案件的特殊情况”。二,将核准权提高,改为必须“经最高人民法院核准”,地方法院无权决定。这样,既可以适应个别特殊情况的需要,又可以防止滥用。

总之,法律是政策的具体化、法律化,执行法律与贯彻政策是一致的,要严格依法办事。如果法律的某些规定不合适了,那么要经一定程序予以修改,在没有修改之前,还是要遵守法律的规定。

七、刑法的适用范围和实施问题

(一)关于刑法的适用范围

刑法的适用范围是指发生效力的范围,包括刑法在什么地域内、对什么人的什么犯罪适用,以及对过去行为的效力问题。

我国刑法采取的是以属地原则为主,兼采属人原则、保护原则和普遍管辖原则。

第一,属地管辖。刑法规定,“凡在中华人民共和国领域内犯罪的,除法律有特别规定的以外,都适用本法”“凡在中华人民共和国船舶或者航空器内犯罪的,也适用本法”“犯罪的行为或者结果有一项发生在中华人民共和国领域内,就认为是在中华人民共和国领域内犯罪”。

法律有特别规定指什么？一是，在香港特别行政区不适用。七届全国人大三次会议通过的香港特别行政区基本法规定，“全国性法律除列本法附件三者外，不在香港特别行政区实施”“任何列入附件三的法律，限于有关国防、外交和其他按本法规定不属于香港特别行政区自治范围内的法律”。附件三没有刑法。因此，刑法在香港特别行政区不适用。当然，中央人民政府派驻香港特别行政区的驻军人员，既要遵守香港特别行政区的法律，也要遵守全国性的法律，违反全国性的法律和香港特别行政区的法律的，要依法追究法律责任。也就是说，刑法对香港驻军人员是适用的。二是，“享有外交特权和豁免权的外国人的刑事责任，通过外交途径解决”。

第二，属人原则。刑法规定，“中华人民共和国公民在中华人民共和国领域外犯本法规定之罪的，适用本法，但是按本法规定的最高刑为三年以下有期徒刑的，可以不予追究”“中华人民共和国国家工作人员和军人在中华人民共和国领域外犯本法规定之罪的，适用本法”。

在这个问题上，1979 年刑法规定适用的范围是比较窄的，只对涉及国家的几种犯罪，以及最低法定刑为三年以上的犯罪适用。因为，那个时候在外国的主要是华侨。现在情况不同了，随着对外开放扩大，出国的越来越多，经商的、务工的、探亲的、读书的、旅游的，等等，在国外犯罪的不少。按照 1979 年刑法的规定，对某些犯罪就管不了，如盗窃罪、伤害罪，所以这次修订时作了修改，对国家工作人员和军人在国外犯罪，都要适用刑法；对其他公民，原则上也适用，但开了个口子，法定最高刑为三年以下的，可以不予追究。在国外的中国人，不仅要遵守当地国家的法律，也必须遵守我国的法律。

第三，保护原则。刑法规定，“外国人在中华人民共和国领域外对中华人民共和国国家或者公民犯罪，而按本法规定最低刑为三年以上有期徒刑的，可以适用本法，但是按照犯罪地的法律不受处罚的除外”。这是根据保护原则，为了保护国家和我国公民的权益规定的。就是说，外国人在中国领域外，对我国国家或公民的犯罪，按刑法规定最低法定刑是三年以上的，可以适用我国刑法。首先肯定可以适用，要追究，有权追究。但是，也不是说所有的一定都要追究，因此用的是“可以”，这点与我国公民在国外犯罪要“适用”刑法的规定是不一样的，并且还规定了“按照犯罪地的法律不受处罚的除外”。

第四，普遍管辖权。普遍管辖权是指对于某些国际公认为普遍危害国际和平与安全、破坏国际社会良好秩序和损害人类利益的罪行，不论发生在何地，也不论犯罪人具有哪一国国籍或者没有国籍，各国均有权对该罪行适用本国刑法予以惩处。1987 年 6 月，全国人大常委会通过了《全国人民代表大会常务委员会关于对中华人民共和国缔结或者参加的国际条约所规定的罪行行使刑事管辖权的决定》中规定：“对于中华人民共和国缔结或者参加的国际条约所规定的罪行，中华人民共和国在所承担条约义务的范围内,行使刑事管辖权。”因此,这次修订刑法,对普遍管辖权专门作了规定。

修订后的刑法于1997年10月1日起实施。那么,在实施前怎么办?

在10月1日实施以前,仍然应当适用原来的刑法和全国人大常委会的有关补充修改的决定。根据从旧兼从轻的原则,对原刑法不认为是犯罪,修订后刑法新增加的犯罪,在修订后刑法正式实施前,不能适用;如果修订后的刑法比原刑法处刑要轻的,虽然修订后的刑法还没有正式实施,但是在定罪处刑时,需要适当予以考虑。1997年10月1日修订后的刑法正式实施后,还未审结的案件,当然就按修订后的刑法,根据不溯及既往,从旧兼从轻的原则,定罪处刑。

在修订后刑法施行以前,依照当时法律已经作出的生效判决怎么办?为了保持法律的连续性和法院判决的稳定性,刑法专门规定,“本法施行以前,依照当时的法律已经作出的生效判决,继续有效”。

(二)为修订后刑法的实施作好准备工作

修订后的刑法1997年10月1日就要实施了,还有半年,时间是很紧迫的。为了能够很好的实施,第一,对修订后的刑法要广泛进行宣传,使大家知道刑法是怎么规定的,提高法制观念,自觉遵守,也有利于广大人民掌握刑法武器,同犯罪进行斗争。第二,各有关部门,特别是司法部门,要做好各项准备工作,包括组织干部学习刑法,培训司法执法人员,以及从制度上、组织上、工作上做好各个方面的准备。例如,公安机关如何加强基层组织,切实落实对缓刑、管制、假释等人员的考察监督工作。

刑法是国家的基本法律,修改后的刑法为在新阶段更好地与犯罪斗争,提供了法律武器。修改后刑法的实施,一定会对打击犯罪,保护人民,维护社会秩序、经济秩序,保障社会主义建设的顺利进行,发挥重要作用。但是,刑法也不是万能的,社会治安的好转,犯罪的减少,不是光靠刑法就能解决的。这一点,一定要有正确的认识。要从根本上解决问题,除依法打击犯罪外,要认真研究犯罪产生的原因,有哪些社会原因,哪些工作上的问题,要加强综合治理,做好各方面的工作。例如,要加强思想道德教育,加强精神文明建设;建立、健全各项制度,健全监督制约机制,堵塞漏洞,完善管理,加强防范,预防和减少犯罪;做好基层基础工作,发动和依靠群众,提高基层治安防范能力;研究治安工作中的新情况、新问题,正确处理人民内部矛盾,加强调解工作,依法调解处理各种纠纷,化解社会不稳定因素,等等。总之,对刑法的作用,要有全面、正确的认识,必须同时做好各方面的工作。

职务犯罪的若干问题

（2001年5月　省部级干部依法行政专题研究班）

一、反腐败斗争的重要意义

今年三月，九届全国人大四次会议批准了国务院根据中共中央建议提出的《中华人民共和国国民经济和社会发展第十个五年计划纲要》（以下称《纲要》）。《纲要》对“九五”时期的工作进行了总结，提出了今后五年经济和社会发展的奋斗目标、指导方针和主要任务。这是进入新世纪的第一个五年计划，也是实现我国现代化建设第三步战略目标的第一个五年计划。做好工作，实现《纲要》提出的任务，意义十分重大。

《纲要》规定，国民经济和社会发展的指导方针是“五个坚持”，其中一个就是“坚持经济和社会协调发展”，要“把依法治国与以德治国结合起来”，切实加强“民主法制建设”。《纲要》在“依法治国，建设社会主义法治国家”一章中明确提出，要“推进政府工作法制化，依法行政，从严治政”“依法办案，反对地方保护主义，严格执法，公正司法”“健全依法行使权力的制约机制”。特别提出，要“加快廉政建设法制化步伐，深入开展反腐败斗争，严肃查办违法违纪案件”。实现“十五”计划，需要各方面创造条件，其中包括要深入开展反腐败斗争，这是顺利实施“十五”计划的一个重要保证。

江泽民同志多次强调反腐败斗争的重要性、艰巨性和长期性。他说，“党风廉政建设与反腐败斗争关系党和国家的生死存亡”“进入新世纪，按照‘三个代表’的要求，把党建设得更加坚强，推动党风廉政建设和反腐败斗争深入开展，是全党同志需要进一步思考和解决的重大课题”。他说，必须“一手抓改革开放，一手抓惩治腐败”，只有“严惩各种腐败行为，把腐败分子的猖獗活动抑制下去，才能为反腐败治本创造前提条件”。

我国的干部队伍总的来讲是好的。同时，又要看到，有些腐败现象仍有蔓延之势，在一些地方、一些领域和部门还相当严重。随着我党地位的变化，从一个为夺取全国政权而奋斗的党成为一个掌握着全国政权的执政党；随着改革的深入和开放的扩大，从计划经济转向建立市场经济，多种所有制、多种分配方式，给我国经济生活和社会生活带来了一系列新情况和新问题。适应市场经济要求的管理体制、监督制约机制尚未完善起来，还存在着不少漏洞和薄弱环节。在实行对外开放的条件下,西方资本主义的腐朽思想和生活方式也乘隙而入,侵蚀我们的干部队伍,使一些干部经不起权、钱、色的考验而腐化堕落,贪污受贿,玩忽职守,滥用职权,违纪违法,使国家、人民的利益受到重大损害。对于在新的历史环境下腐败滋生的客观条件和易发多发的可能性,邓小平同志早在改革开放初期就指出了,他说"我们自从实行对外开放和对内搞活经济两个方面的政策以来,不过一两年时间,就有相当多的干部被腐蚀了""这股风来得很猛,如果我们党不严重注意,不坚决刹住这股风,那么,我们党和国家确实要发生会不会'改变面貌'的问题。这不是危言耸听"。

根据最高人民检察院向全国人大作的工作报告,2000 年检察机关全年立案侦查的贪污贿赂、渎职犯罪案件有 45000 多件。贪污受贿 5 万元以上的 18000 多件,其中 100 万元以上的特大案件 1300 多件。因职务犯罪被立案侦查的处级干部 2600 多人,厅局级 184 人,省部级以上 7 人。这仅是检察机关已立案侦查的,还有未立案的,实际情况要比这严重。

国家机关工作人员与普通老百姓不同,是代表政府、司法机关依法行使权力的。如果国家机关工作人员腐败,贪污受贿,玩忽职守、滥用职权,徇私枉法,后果是极为严重的。腐败的问题不解决,关系到能否依法行政、公正司法,能否依法治国的问题。依法治国,建设社会主义法治国家,必须做到有法可依,有法必依,执法必严,违法必究。如果国家机关工作人员腐败,贪污受贿,徇私枉法,国家制定的法律怎么能得到贯彻执行?厦门特大走私等案件可以充分说明这个问题。腐败的问题不解决,关系到党和国家的方针政策能否得到贯彻,改革开放能否顺利进行,社会主义建设事业能否取得胜利的问题。例如,当前市场经济秩序混乱,一些破坏市场经济秩序的违法活动猖獗,屡禁不止,为什么?重要原因之一,就是与一些国家机关和工作人员利用职权违法经商,徇私枉法,放纵甚至保护社会上扰乱破坏市场经济秩序活动等腐败问题有关。这对改革开放和社会主义经济建设产生极大的消极影响和破坏作用。腐败的问题不解决,关系到能否代表和维护人民根本利益的问题。共产党和人民政府是代表人民利益的,如果腐化堕落,以权谋私,就会侵害人民利益,脱离人民群众,严重损害政府形象,发展下去,甚至会亡党亡国。江泽民同志在全国社会治安工作会议上告诫我们,"坚决从严治党,坚决克服党内存在的突出问题和消极腐败现象""如果脱离了群众,人心向背就会发生变化。中央告诫全党同志要认真借鉴近年来世界上一些老牌执政党垮台的教训,就是这个意思"。

在改革开放过程中,我们党一贯高度重视反腐败斗争。邓小平同志早就指出:"开放、搞活政策延续多久,端正党风的工作就得干多久,纠正不正之风、打击犯罪活动就得干多久,这是一项长期的工作,要贯穿在整个改革过程之中。"他还指出:"纠正不正之风、打击犯罪活动中属于法律范围的问题,要用法制来解决。"江泽民同志在中纪委第五次全体会议上的讲话中也提出,党风廉政建设与反腐败斗争,必须"实行标本兼治、综合治理,教育是基础,法制是保证,监督是关键""努力从源头上预防和治理腐败"。他提出,"制定法律、法规和规章,都要把反腐倡廉做为有机组成部分考虑进去""要依靠发展民主、健全法制来预防和治理腐败现象"。产生腐败的原因是多方面的,解决腐败问题也要从多方面入手,标本兼治。一个重要的方面,就是江泽民同志提出的,"法制是保证",要"通过健全法制来预防和治理腐败现象"。

如何通过健全法制来预防和治理腐败现象呢?从立法方面看,我认为应当注意以下几个问题:

第一,在制定法律、法规、规章时,要体现行政管理体制改革的精神和原则,健全监督管理制度,从制度上、机制上遏制腐败现象。这是贯彻江泽民同志和中纪委关于要从源头上预防和治理腐败的重要措施。近年来,在制定或修改有关海关、税务、工商、质量监督、药品管理、土地管理、建筑管理以及银行、证券、保险等方面的法律时,都把对执法机关的监督和制约作为一个重要内容,在制度上、机制上加强制约、监督。例如,修改海关法时专门增加了第七章"执法监督",对关长定期轮换制度和向上级海关述职制度、上级海关对下级海关执法活动实施监督制度、对海关的专项审计制度、海关关员任职和考核制度等,作出了专门规定。又如,修改产品质量法、药品管理法等法律时,有针对性地增加规定:监督管理部门及其设置的检验机构不得参与产品的生产经营活动,不得对所监督管理的产品以监制、监销等方式参与经营活动等,从源头上防止政府机关和工作人员利用执法权力参与市场营利活动,预防腐败发生。

第二,对执法机关,既要赋予必要的执法手段,以加强执法力度,又要严格执法程序,强化执法机关和执法人员的责任。全国人大通过的立法法针对有的地方和部门在立法工作中对公民的义务强调多,对保护其合法权益注意不够,对部门的权力强调的多,而应负什么责任则往往不规定的情况,特别规定:"立法应当从实际出发,科学合理地规定公民、法人和其他组织的权利与义务、国家机关的权力与责任。"(第六条)把国家机关权力与责任相统一作为立法的一个基本原则。这些年来,国家制定的行政处罚法、行政复议法等法律,都强调执法必须严格依法办事,防止滥用职权,侵犯公民、企业以及其他组织的合法权益。这次修改税收征收管理法时,不仅给税务部门加强了执法手段,以保证更好地完成税收任务,同时也对税务机关、税务人员的责任要求,作了充分的规定。

第三,对国家机关工作人员的纪律要作出规定。国家公务员暂行条例(1993年4月国务院第二次常务会议通过)、法官法、检察官法、人民警察法(以上三部法是1995年2月八届全国人大常委会第十二次会议通过的),对国家公务员、法官、检察官、人民警察应当遵守的纪律,都作了明确规定。国家公务员暂行条例规定,国家公务员必须履行下列义务:遵守宪法、法律和法规;依照国家法律、法规和政策执行公务;忠于职守,勤奋工作、尽职尽责,服从命令;公正廉洁、克己奉公,等等。还规定,国家公务员必须严格遵守纪律,不得有下列行为:玩忽职守、贻误工作;贪污、盗窃、行贿、受贿或者利用职权为自己和他人谋取私利;滥用职权,侵犯群众利益,损害政府和人民群众的关系,等等。法官法、检察官法、人民警察法也有类似的规定。在一些单行法中,还根据该法的特点,对执法人员进一步规定了具体的要求。

第四,对违纪违法的要依法惩处,法律对此要提供依据。关于纪律处分,有《国务院关于国家行政机关工作人员的奖惩暂行规定》(1957 年 10 月一届全国人大常委会第八十二次会议批准)。《国家行政机关工作人员贪污贿赂行政处分暂行规定》(1988 年 9 月 9 日国务院第二十一次常务会议通过)。有关贪污、渎职方面的犯罪问题,我国刑法专门作了规定。这些法律、行政法规为惩处违纪违法人员,提供了法律依据。

二、刑法为惩治贪污、受贿、渎职等职务犯罪提供了法律依据

中国共产党中央纪律检查委员会第五次全体会议总结了 2000 年党风廉政建设和反腐败工作,分析了当前反腐败斗争的形势,研究部署了 2001 年党风廉政建设和反腐败工作。会议提出,要"继续加大查办违纪案件的力度,严厉惩办腐败分子。在继续查办贪污、贿赂、挪用公款以及走私、骗税骗汇、金融诈骗等案件的同时,要注意查办领导干部严重违反政治纪律、组织人事纪律的案件,严重失职渎职案件,领导干部配偶、子女和亲属利用该领导干部职权和职务上的影响谋取非法利益的案件,司法干警贪赃枉法、徇私舞弊的案件。要查办国有企业领导人员在企业改制、股票上市、产权变动过程中私分、侵吞、转移国有资产的案件,个人擅自决定重大事项给国家、企业造成严重损失的案件"。对违法违纪人员应当依法惩处,给以行政处分;构成犯罪的,依法追究刑事责任。

惩治腐败,一项重要的法律手段是刑罚,这是最严厉的法律制裁措施。关于什么情况构成犯罪,应当判什么刑罚,是由刑法统一规定的。

新中国第一部刑法是在党的十一届三中全会后,于 1979 年由五届全国人大二次会议通过的。在这以前,有没有刑事方面的法律呢?有。新中国建立以后,五十年代就制定了惩治反革命条例、惩治贪污条例,但这些都是规定某一个方面犯罪的单行法律,作为全面规定各种犯罪的刑法典来说,1979 年制定的刑法是第一部。刑法的制定,经过了长期的准备起草过程。再早的不说,1954 年一届全国人大产生后,全国人大常委会法律室就着手刑法的起草工作,到 1957 年搞了二十二稿,报中央书记处审核后,在一届全国人大四次会议上印发代表征求意见。后来,又进行修改,到 1963 年搞到三十三稿,毛主席、中央政治局常委同志审查过。1979 年通过的刑法就是以刑法三十三稿为基础,总结我国长期以来与犯罪斗争的实践经验,以及"文化大革命"的教训,修改、补充制定的。

刑法的实施,对于惩治犯罪,保护人民,维护社会秩序,维护国家安全,保卫人民民主专政政权和社会主义制度,保障改革开放和社会主义现代化建设事业的顺利进行,发挥了重要作用。由于当时有些相关的法律还没有制定,对某些犯罪的规定比较原则;同时,随着改革的深化、开放的扩大,刑事犯罪日趋复杂,也出现了一些新的犯罪。随着一些相关法律的制定,十多年来全国人大常委会对刑法作出了二十二个修改、补充规定或决定,还在一些单行法律中规定了“依照”“比照”刑法有关规定追究刑事责任,一共有一百三十条。为了适应新情况下与犯罪斗争的需要,总结刑法实施以来的实践经验,1997 年八届全国人大五次会议对刑法全面进行了修订,从原来的一百九十二条,增加到四百五十二条。充实、完善对贪污贿赂罪、渎职罪和经济方面犯罪的惩处规定,是这次修订的一个重点。

刑法最重要的基本原则是罪刑法定原则。罪刑法定原则,是资产阶级革命时针对封建社会的罪刑擅断而提出来的。罪刑法定原则体现在三个方面:一是什么行为是犯罪行为,处以什么刑罚,必须有法律明文规定。刑法第三条规定,“法律明文规定为犯罪行为的,依照法律定罪处刑;法律没有明文规定为犯罪行为的,不得定罪处刑”。二是不溯及既往。这是根据上述要求引伸出来的。刑法第十二条规定,“中华人民共和国成立以后本法施行以前的行为,如果当时的法律不认为是犯罪,适用当时的法律;如果当时的法律认为是犯罪的,依照本法总则第四章第八节的规定应当追究的,按照当时的法律追究刑事责任,但是如果本法不认为是犯罪或者处刑较轻的,适用本法”。也就是从旧兼从轻的原则。三是对罪状和量刑的规定要具体明确。1997 年修订刑法的一个重要任务,就是根据情况的发展,大量充实了刑法分则中有关各种犯罪的规定。1979 年刑法分则是八章、一百零三条,1997 年修订后的刑法分则是十章、三百五十条。将贪污、贿赂罪单列一章,对渎职罪大大加以充实。在“破坏社会主义市场经济秩序罪”一章中,专门规定了“妨害对公司、企业的管理秩序罪”“破坏金融管理秩序罪”等。下面我分别作些介绍。

第一,关于贪污贿赂罪。

新中国成立后,党和国家对惩治贪污贿赂一贯是十分重视的。经过“三反五反”运动,为了惩治和打击贪污贿赂,专门制定了惩治贪污条例。1979 年刑法在“侵犯财产罪”一章中规定了贪污罪,在“渎职罪”一章中规定了受贿罪。1988 年全国人大常委会又通过了《全国人民代表大会常务委员会关于惩治贪污罪贿赂罪的补充规定》。1997 年修订刑法时,将贪污罪、贿赂罪专列一章,这对严厉惩治贪污贿赂犯罪,促进反腐倡廉,具有重要意义。“贪污贿赂罪”一章对贪污罪、挪用公款罪、私分国有资产罪、私分罚没收入罪,对受贿罪、行贿罪、介绍贿赂罪、斡旋贿赂罪等,都作了规定。同时,还规定了巨额财产来源不明罪、隐瞒境外存款罪等。

1. 关于贪污罪。刑法规定,国家工作人员利用职务上的便利,侵吞、窃取、骗取或者以其他手段非法占有公共财物的是贪污罪。从贪污罪的规定可以看出:第一，主体是国家工作人员。这是与侵占罪的主要区别。第二，利用职务上的便利。这是与盗窃罪的区别。第三，侵吞、窃取、骗取或者以其他手段非法占有。这是与挪用罪的区别。第四，非法占有公共财物。刑法对什么是公共财产作了规定。同时规定，在国家机关、国有公司、企业、集体企业和人民团体管理、使用或者运输中的私人财产，以公共财产论。

2. 刑法专门规定了挪用公款罪。为什么要增加规定挪用公款罪？什么情况构成挪用公款罪？改革开放以来，有些国家工作人员利用职务上的便利挪用公款，有的相当严重。挪用与贪污不同，虽然主观上并不是侵吞，准备以后归还，但危害是极为严重的。因此，需要增加规定挪用公款罪。什么情况构成犯罪呢？刑法对国家工作人员利用职务上的便利挪用公款的三种情况规定为犯罪：一是挪用公款归个人使用，进行非法活动的；二是挪用公款数额较大，进行营利活动的；三是挪用公款数额较大、超过三个月未还的。

3. 刑法针对有的国家机关、国有公司、企业、事业单位、人民团体，违反国家规定，以单位名义集体将国有资产私分给个人；有的司法机关、行政执法机关违反国家规定，将应当上缴国家的罚没财物，以单位名义集体私分给个人，专门规定了私分国有资产罪。

4. 关于贿赂罪，包括受贿罪、行贿罪。国家工作人员利用职务上的便利，索取他人财物的，或者非法收受他人财物，为他人谋取利益的，是受贿罪。为谋取不正当利益，给予国家工作人员以财物的，是行贿罪。1997 年修订的刑法，根据出现的新情况，又增加规定了介绍贿赂罪和斡旋贿赂罪。向国家工作人员介绍贿赂情节严重的，是介绍贿赂罪。为了鼓励介绍贿赂人自首、立功，特别规定，介绍贿赂人在被追诉前主动交代介绍贿赂行为的，可以减轻处罚或者免除处罚。国家工作人员利用本人职权或者地位形成的便利条件，通过其他国家工作人员职务上的行为，为请托人谋取不正当利益，索取请托人财物或者收受请托人财物的，以受贿论处，即斡旋贿赂罪。

5. 在查处贪污、受贿案件时，往往发现有的犯罪嫌疑人巨额财产来源不明，有的上百万，甚至上千万。有些定为贪污或受贿，证据不足，但本人又说不出合法来源。怎么办？针对这种情况，我们借鉴香港和一些国外的做法，规定了巨额财产来源不明罪。刑法规定，国家工作人员的财产或者支出明显超过合法收入，差额巨大的，可以责令说明来源。本人不能说明其来源是合法的，差额部分以非法所得论，构成巨额财产来源不明罪。

第二，关于渎职罪。

渎职罪的主体是国家机关工作人员。由于国家机关工作人员是代表国家行使权力的，这一点与企业等其他组织不同。玩忽职守、滥用职权是渎职罪中最典型的两种表现形式。刑法规定，国家机关工作人员滥用职权或者玩忽职守，致使公共财产、国家和人民利益遭受重大损失的，构成犯罪。同时，刑法还规定了国家机关工作人员徇私舞弊罪。

玩忽职守罪、滥用职权罪和徇私舞弊罪对一切国家机关工作人员，对各种职务行为都是适用的。刑法除这些概括的规定外，还对一些重要部门、重要方面经常出现的一些玩忽职守的犯罪行为，作了具体规定，主要有：(1)国家机关工作人员违反保守国家秘密法的规定，故意或者过失泄露国家秘密，情节严重的；(2)司法工作人员枉法裁判、私放罪犯或徇私舞弊，对不符合减刑、假释条件的予以减刑、假释的；(3)行政执法人员徇私舞弊，对应移交司法机关追究刑事责任而不移交，情节严重的；(4)对被拐卖、绑架的妇女、儿童负有解救职责的国家机关工作人员，接到被拐卖、绑架的妇女、儿童及其家属的解救要求或者接到其他人的举报，而对被拐卖、绑架的妇女、儿童不进行解救，造成严重后果的；(5)有查禁犯罪活动职责的国家机关工作人员，向犯罪分子通风报信、提供便利，帮助犯罪分子逃避处罚的；(6)有关主管部门的国家机关工作人员，徇私舞弊，滥用职权，对不符合法律规定条件的公司设立、登记申请或者股票、债券发行、上市申请，予以批准或者登记，致使公共财产、国家和人民利益遭受重大损失的；(7)税务机关工作人员徇私舞弊，不征或少征应征税款，致使国家税收遭受重大损失的；(8)税务机关工作人员违反法律、行政法规的规定，在办理发售发票、抵扣税款、出口退税工作中，徇私舞弊，致使国家利益遭受重大损失的；其他国家机关工作人员违反国家规定，在提供出口货物报关单、出口收汇核销单等出口退税凭证的工作中，徇私舞弊，致使国家利益遭受重大损失的；(9)在签订、履行合同过程中，由于严重不负责任被诈骗，致使国家利益遭受重大损失的；(10)林业主管部门的工作人员违反森林法的规定，超过批准的年采伐限额发放林木采伐许可证或者违反规定滥发林木采伐许可证，情节严重，致使森林遭受严重破坏的；(11)徇私舞弊，违反土地管理法规，滥用职权，非法批准征用、占用土地，或者非法低价出让国有土地使用权，情节严重的；(12)负有环境保护监督管理职责的国家机关工作人员严重不负责任，导致发生重大环境污染事故，致使公私财产遭受重大损失或者造成人身伤亡严重后果的；(13)从事传染病防治的政府卫生行政部门的工作人员严重不负责任，导致传染病传播或流行，情节严重的；(14)海关工作人员徇私舞弊，放纵走私，情节严重的；(15)对生产、销售伪劣商品犯罪行为负有追究责任的国家机关工作人员，徇私舞弊，不履行法律规定的追究职责，情节严重的；(16)国家商检部门、商检机构的工作人员，动植物检疫机关的检疫人员，徇私舞弊，伪造检查结果的；或者严重不负责任，对应当检验的物品或检疫物不检疫，或者延误检验出证、错误出证，致使国家利益遭受重大损失的；(17)负责办理护照、签证以及其他出入境证件的国家机关工作人员，对明知是偷越国(边)境的人员，予以办理出入境证件的，或者边防、海关等国家机关工作人员，对明知是偷越国(边)境的人员，予以放行的；(18)国家机关工作人员在招收公务员、学生工作中徇私舞弊，情节严重的；(19)国家机关工作人员严重不负责任，造成珍贵文物损毁或者流失，后果严重的，等等。有了这些具体、明确的规定,更有利于对这些渎职犯罪的查处和惩办。

从刑法关于渎职犯罪的规定可以看出:(1)渎职犯罪的主体是国家机关工作人员,因为国家机关工作人员是代表国家行使权力的,与其他组织、企业不同。那么,企业等也有业务方面的渎职怎么办?刑法对业务渎职是另外规定的。(2)从犯罪主观方面看,有故意,也有过失。刑法规定,构成犯罪的主观要件,包括故意和过失。明知自己的行为会发生危害社会的结果,并且希望或者放任这种结果发生,是故意犯罪。应当预见自己的行为可能发生危害社会的结果,因为疏忽大意而没有预见,或者已预见而轻信能避免,以致发生这种结果的,是过失犯罪。刑法规定,故意犯罪,应当负刑事责任;过失犯罪,法律有规定的才负刑事责任。刑法关于渎职罪的规定中,有的是过失犯罪,如"严重不负责任"。(3)从行为来看,主要是作为,但也有不作为。例如,刑法规定,对被拐卖、绑架的妇女、儿童负有解救职责的国家机关工作人员不进行解救,就是不作为。

第三,关于国有公司、企业工作人员腐败的规定。

贪污、受贿罪的主体是国家工作人员。那么,国有公司、企业的工作人员侵吞公共财产,或者接受贿赂,怎么办呢?刑法规定,国有公司、企业从事公务的人员和国家机关、国有公司、企业委派到非国有公司、企业从事公务的人员,以国家工作人员论。因此,刑法规定,国有公司、企业工作人员利用职务便利,非法占有公共财物或者索取、收受贿赂的,国家机关、国有公司、企业委派到非国有公司、企业的工作人员,非法占有单位财物或者索取、收受贿赂的,依照贪污罪、受贿罪定罪处罚。

渎职罪的主体是国家机关工作人员。那么,国有企业工作人员玩忽职守,怎么办?刑法对此另外作了规定,国有公司、企业的工作人员,由于严重不负责任或者滥用职权、徇私舞弊,造成国有公司、企业破产或者严重损失,致使国家利益遭受重大损失的,构成业务渎职罪。同时,刑法还针对国有企业、公司工作人员容易发生腐败的行为,在"破坏社会主义市场经济秩序罪"一章中关于"妨害对公司、企业的管理秩序罪""破坏金融管理秩序罪"两节中,规定了以下犯罪:(1)国有公司、企业的董事、经理利用职务便利,自己经营或者为他人经营与其所任职公司、企业同类的营业,获取非法利益,数额巨大的;(2)国有公司、企业的工作人员利用职务便利,将本单位的盈利业务交由自己的亲友经营,以明显高于市场的价格向自己的亲友经营管理的单位采购商品,或者以明显低于市场的价格向自己的亲友经营管理的单位销售商品,向自己的亲友经营管理的单位采购不合格商品,致使国家利益遭受特别重大损失的;(3)国有公司、企业直接负责的主管人员,在签订、履行合同过程中,因严重不负责任被诈骗,致使国家利益遭受重大损失的;(4)国有公司、企业或者其上级主管部门直接负责的主管人员,徇私舞弊,将国有资产低价折股或者低价出售,致使国家利益遭受重大损失的;(5)未经国家有关主管部门批准,擅自发行股票或者公司、企业债券,数额巨大、后果严重或者有其他严重情节的；(6)银行或者其他金融机构的工作人员违反法律、行政法规规定，向关系人发放信用贷款或者发放担保贷款的条件优于其他借款人同类贷款的条件，造成较大损失的；(7)银行或者其他金融机构的工作人员以牟利为目的，采取吸收客户资金不入账的方式，将资金用于非法拆借、发放贷款，造成重大损失的；(8)银行或者其他金融机构的工作人员违反规定，为他人出具信用证或者其他保函、票据、存单、资信证明，造成较大损失的；(9)银行或者其他金融机构的工作人员在票据业务中，对违反票据法规定的票据予以承兑、付款或者保证，造成重大损失的；(10)国有公司、企业违反国家规定，擅自将外汇存放境外，或者将境内的外汇非法转移到境外，情节严重的，等等。

从以上介绍可以看出，我国刑法关于贪污、贿赂和渎职等犯罪的规定，是比较全面的，惩治贪污腐败分子是有法律依据的。当然，随着情况的发展，经验的积累，还需要在实践中不断地予以补充、完善。重要的是，应当很好地学习刑法有关规定，广泛宣传，提高国家工作人员的法制观念，自觉遵守法律。同时，对贪污、受贿、渎职等犯罪，要抓紧查处，坚决依法惩处。

三、对腐败犯罪分子依法定罪处刑

刑法是根据党和国家的刑事政策制定的。我国的刑事政策是什么？主要的是惩办与宽大相结合、惩办与教育改造相结合。刑法根据党和国家的刑事政策，专门把“刑罚的具体运用”作为一章加以规定。在查处犯罪定罪量刑时，要注意以下几个原则：

第一，法律面前人人平等。

法律面前人人平等是社会主义法制的一条重要基本原则，宪法作了明确规定，“一切违反宪法和法律的行为，必须予以追究”“任何组织或者个人都不得有超越宪法和法律的特权”。当然，这也是刑法的一条重要原则。刑法在总则中专门对此作了明确规定：“任何人犯罪，在适用法律上一律平等。不允许任何人有超越法律的特权。”彭真同志 1979 年在《关于七个法律草案的说明》(其中有刑法、刑事诉讼法)中，专门讲了这个问题。他强调指出，“在法律面前人人平等，是我国全体人民、全体共产党员和革命干部的口号，是反对任何搞特权的思想武器”“对于违法犯罪的人，不管他资格多老，地位多高，功劳多大，都不能加以纵容和包庇，都应当依法制裁”。这是一个十分重要的原则，现在强调这个原则，是有重大现实意义的。中央领导同志最近一再强调，在查处犯罪案件时，不管涉及什么人，都要一查到底，依法严惩，决不手软。

第二，罪罚相当。

什么是罪罚相当呢？刑法规定：“对于犯罪分子决定刑罚的时候，应当根据犯罪的事实、犯罪的性质、情节和对社会的危害程度，依照本法的有关规定判处。”

1997 年修订刑法时又专门增加规定了一条:“刑罚的轻重,应当与犯罪分子所犯罪行和承担的刑事责任相适应。”就是说,罪重的量刑要重,罪轻的量刑要轻,各个法律条文之间对犯罪量刑要统一平衡,不能罪重的量刑比罪轻的轻,也不能罪轻的量刑比罪重的重。

在刑罚方面我国历来采取杀、关、管、罚的办法。刑罚分为主刑和附加刑。刑法规定,主刑有五种:管制(三个月以上二年以下)、拘役(一个月以上六个月以下)、有期徒刑(六个月以上十五年以下)、无期徒刑和死刑。附加刑有三种:罚金、剥夺政治权利、没收财产。附加刑也可以独立适用。对犯罪的外国人,可以独立适用或附加适用驱逐出境。

刑法对贪污受贿、渎职等各种犯罪如何处刑,根据罪罚相当的原则,作了具体规定,主要有三点:第一,总的精神是,要严惩腐败,加大惩处的力度。因此,对贪污、渎职等犯罪处刑的规定是比较重的。例如,贪污、受贿数额在十万元以上的,可以判处死刑。对渎职犯罪的量刑也提高了,1979 年刑法规定是五年以下,1997 年修改后,一般的三年以下;严重的三年以上七年以下;对某些徇私舞弊、徇私枉法、徇情枉法的犯罪,情节特别严重的,最高刑可判到十五年。第二,加大了财产刑的力度。对贪污受贿等犯罪,规定要没收财产。有的犯罪分子说什么,“坐牢一阵子,享受一辈子”,或者说什么,自己坐牢,但家属有了钱,可以享受,等等。刑法规定,要并处没收财产,除了贪污、受贿的赃款追缴国库外,还要判处没收财产,决不能让腐败分子谋取私利得逞。第三,各种犯罪的性质、情节、危害后果不完全一样,因此,刑法分别对不同的犯罪规定了不同的刑罚。同时,每一个犯罪也有各种不同的情节,因此,对每个犯罪,还根据不同的情节,规定了数个量刑幅度。

第三,惩办与宽大相结合。

前面说了,根据罪罚相当原则,“对于犯罪分子决定刑罚的时候应当根据犯罪的事实、犯罪的性质、情节和对于社会的危害程度,依照本法的有关规定判处”。犯罪的性质、情节、后果,是定罪量刑的基础。在这个基础上,是否还要考虑犯罪分子个人的情况呢? 要考虑。考虑犯罪分子个人的情况,不是指身份、地位,而是要考虑其是否悔改,有无自首、立功情节,是偶犯还是累犯等。

惩办与宽大相结合是党和国家的一项基本刑事政策。采取这个政策,对各种犯罪分子,根据不同情况,区别对待,可以分化瓦解犯罪分子,争取多数,孤立打击少数,促使犯罪分子改造。我们历来讲坦白从宽。1979 年刑法对自首作了规定。为了更好地体现和执行这一刑事政策,鼓励犯罪分子自首、立功,1997 年修订刑法时,对自首、立功的规定,进一步作了完善。

关于自首,刑法明确规定,“犯罪以后自动投案,如实供述自己的罪行的”,是自首。“被采取强制措施的犯罪嫌疑人、被告人和正在服刑的罪犯,如实供述司法机关还未掌握的本人其他罪行的,以自首论”。1979 年刑法规定,“自首的,可以从轻处罚,其中犯罪较轻的,可以减轻或免除处罚”,为了鼓励自首,1997 年修改为

"可以从轻或者减轻处罚,其中犯罪较轻的,可以免除处罚"。

关于立功,明确规定了什么是立功,"犯罪分子有揭发他人犯罪行为,查证属实的,或者提供重要线索,从而得以侦破其他案件等",是立功。1979年刑法规定,犯罪"自首并有立功"表现的,可以减轻或者免除处罚,是以自首为前提的。1997年修订时改为,立功的"可以从轻或者减轻处罚;有重大立功表现的,可以减轻或者免除处罚""犯罪后自首又有重大立功表现的,应当减轻或者免除处罚"。为了鼓励行贿人揭发受贿分子,在分则中专门规定,"行贿人在被追诉前主动交待行贿行为的,可以减轻或者免除处罚"。

现在有一种说法,"坦白从宽,狱底坐穿"。就是说,不坦白你不知道,坦白交待了,要判刑,判得很重。这种说法是建立在我不说你掌握不了罪证的前提下,是一种侥幸心理。这种说法,也应引起我们的重视,要进一步加强侦破工作,提高侦破案件的能力。同时,要体现政策,鼓励犯罪分子,特别是犯罪集团成员,将所知道的案情检举揭发出来,戴罪立功。

第四,惩办与教育改造相结合。

我们历来实行惩办与教育改造相结合的政策。对犯罪分子判刑的目的是什么?不单纯是惩办,更不是为了报复。判刑的目的,一是防止犯罪分子继续危害社会;二是有震慑作用,可以减少、预防犯罪;三是通过对犯罪分子的惩罚,对其进行教育改造,促使其悔过自新,成为守法的公民。新中国建立以后,我们对战犯和末代皇帝的教育改造,取得很大成效,这在世界上是有目共睹的。实践证明,党和国家的这一刑事政策是正确的、有效的。

根据惩办与教育改造相结合的政策,对于改造好的犯罪分子要给以出路,刑法规定了缓刑、减刑和假释制度。"对于被判处拘役、三年以下有期徒刑的犯罪分子,根据犯罪分子的犯罪情节和悔罪表现,适用缓刑确实不致再危害社会的,可以宣告缓刑",也就是缓期执行。"被判处管制、拘役、有期徒刑、无期徒刑的犯罪分子,在执行期间,如果认真遵守监规,接受教育改造,确有悔改表现的,或者有立功表现的,可以减刑;有下列重大立功表现之一的,应当减刑"。"减刑以后实际执行的刑期,判处管制、拘役、有期徒刑的,不能少于原判刑期的二分之一;判处无期徒刑的,不能少于十年"。"被判处有期徒刑的犯罪分子,执行原判刑期二分之一以上,被判处无期徒刑的犯罪分子,实际执行十年以上,如果认真遵守监规,接受教育改造,确有悔改表现,假释后不致再危害社会的,可以假释"。缓刑、减刑、假释制度,对于促使犯罪分子认罪改造,重新做人,有重要意义。

第五,法律是准绳。

以事实为根据、法律为准绳,这是我国历来在刑事诉讼中坚持的一条重要原则。刑法对各种犯罪的量刑规定,是分档次的,每一档次都有一定的幅度,而没有规定绝对刑。这是因为,犯罪情况十分复杂,情节、后果是不同的,没有一定幅度,不能适应各种不同的复杂情况。同时,决定量刑时还要考虑整个形势,在形势比较好的情况下，量刑可以轻些，如果形势严峻，为了打击、遏制犯罪，量刑就要重些。规定幅度就考虑了这些情况。

刑法对什么情节从重，什么情节从轻、减轻或免除，都有具体明确的规定。同时规定，“具有本法规定的从重处罚、从轻处罚情节的，应当在法定刑的限度以内判处刑罚”；“具有本法规定的减轻处罚情节的，应当在法定刑以下判处刑罚”。不能一讲“从重”“从轻”，就不顾法律的规定，在法定刑幅度以上或以下判处。所以，中央的提法是“依法从重从快”。

还有一个问题，就是有些犯罪分子贪污、受贿后，携款逃出国境；我国派往国外工作的有些人员在国外侵吞国家财产。对这些犯罪分子怎么办？法律是否管得了？对此是如何规定的？这就涉及到我国刑法的适用范围问题。我国刑法采取的是以属地原则为主，兼采属人原则、保护原则和普遍管辖原则。刑法规定，“凡在中华人民共和国领域内犯罪的，除法律有特别规定的以外，都适用本法”；“凡在中华人民共和国船舶或者航空器内犯罪的，也适用本法”；“犯罪的行为或者结果有一项发生在中华人民共和国领域内的，就认为是在中华人民共和国领域内犯罪”。这就是属地管辖。刑法规定，“中华人民共和国公民在中华人民共和国领域外犯本法规定之罪的，适用本法，但是按本法规定的最高刑为三年以下有期徒刑的，可以不予追究”；同时，对国家工作人员另外作了更为严格的规定，“中华人民共和国国家工作人员和军人在中华人民共和国领域外犯本法规定之罪的，适用本法”，不分轻罪重罪都要管。这就是属人管辖原则。为了保护我国国家和公民的权益，刑法规定，“外国人在中华人民共和国领域外对中华人民共和国国家或者公民犯罪，而按本法规定最低刑为三年以上有期徒刑的，可以适用本法”。这就是保护原则。关于普遍管辖原则是指，对于某些国际公认的普遍危害国际和平与安全、破坏国际社会良好秩序和损害人类利益的罪行，不论发生在何地，也不论犯罪人具有哪一国国籍或者没有国籍，各国均有权对该罪行适用本国刑法予以惩处。刑法规定，“对于中华人民共和国缔结或者参加的国际条约所规定的罪行，中华人民共和国在所承担条约义务的范围内行使刑事管辖权的，适用本法”。所以说，在国内犯罪逃往国外，或者在国外侵吞国家财产，我国刑法都是要管的。对逃往国外的犯罪分子，可通过国际刑警组织或者依照双边引渡条约，捉拿归案。

关于诉讼程序法律

民事诉讼法制定修改情况和主要内容

（1991 年 4 月　在最高人民法院主办的全国法院系统培训班上）

1991 年 4 月 9 日，第七届全国人民代表大会第四次会议通过了《中华人民共和国民事诉讼法》。民事诉讼法是国家的一个重要基本法律，它从司法程序方面，来保障有关民事方面实体法的贯彻实施，对于保护当事人的合法民事权益，维护社会秩序、经济秩序，保障社会主义建设事业的进行，具有重要意义。

在日常社会生活、经济生活中，公民之间、法人之间、其他组织之间，以及他们相互之间，存在着大量的各种各样的民事关系。在民事关系方面，国家制定了民法通则和一系列单行的民事实体法律。这些法律，对公民、法人和其他组织有些什么民事权利，从事民事活动应当遵循什么原则和规范，侵犯他人民事权益怎样承担民事责任等，都有规定。

但是，如果有人违法侵犯他人民事权益，发生了民事纠纷，怎么办？双方如果协商解决不了，无非通过这么几个途径来解决：一个是由调解委员会进行调解；一个是仲裁；再一个很重要的途径，就是向法院起诉，通过民事诉讼来解决。所以说，民事诉讼法是从司法程序方面，来保障民事实体法律的贯彻实施。1981 年五届全国人大四次会议审议了民事诉讼法草案，全国人大常委会在工作报告中专门讲了这个问题："民事诉讼法是我们国家重要的基本法律。它的任务是从司法程序方面，保障所有的民事法律、经济法律、商事法律，以及有关的行政法律的贯彻实施。"

法院每年要审理大量的民事案件、经济案件，全国各级法院每年受理的一审民事案件，大约有一百七八十万件，每年受理的一审经济案件，大约有六七十万件，合起来就有二百多万件。法院对这些案件正确审判，可以保护当事人的合法民事权益。不仅可以保护当事人的合法民事权益，而且有利于维护社会秩序、经济秩序，关系到保障社会主义四化建设事业的顺利进行。为什么？

拿社会秩序来说，现在发生的刑事案件中，有相当一部分，是由于民事纠纷没有能够得到及时、妥善解决而引起来的。如果对民事纠纷能够及时、妥善地予以解决，有利于增强人民之间的谅解和团结，防止矛盾激化，维护社会安定和秩序，也有利于精神文明建设。

拿经济建设来说，经济建设是国家的根本任务，七届全国人大四次会议批准了十年发展规划和第八个五年计划纲要，为我们今后的建设提供了蓝图。为了实现这个蓝图,必须要有良好的社会秩序和经济秩序。在经济建设和经济活动中,大量是通过合同来进行的,国家的许多计划,要通过合同来落实,企业的生产经营活动,大量要通过合同来保证,公民对于文化、物质生活的一些需求,要通过合同来实现,对外经济、技术、贸易往来,也要通过合同来进行。如果签订了合同,一方当事人不履行,或者履行合同义务不符合要求,不仅相对一方当事人的权益将受到损害,而且国家的经济建设也会受到影响。

一、民事诉讼法制定修改的情况

民事诉讼法是在1982年制定的民事诉讼法(试行)的基础上,补充修改而成的。1979年党的十一届三中全会以后,就开始起草民事诉讼法。1981年12月,五届全国人大四次会议对民事诉讼法草案进行了审议,那次大会讨论得非常热烈,提出了各种各样的问题和意见。全国人大常委会在工作报告中提出:"民事诉讼法从1979年开始起草以来,虽然经过几次比较大的修改,并广泛征求了各方面的意见,但由于法的内容涉及面很广,而且我们国家正处于经济调整时期,有些问题还一时定不下来。鉴于民事诉讼法涉及的问题比较复杂,我们的经验还不足,建议大会原则批准中华人民共和国民事诉讼法草案,并授权常务委员会根据代表和其他方面所提的意见,在修改后公布试行。在试行中总结经验,再做必要的修订,提请全国人民代表大会审议通过公布施行。"这里说的"涉及的问题比较复杂""经验还不足",主要是指经济方面的问题比较复杂,当时对经济案件的审判经验还不足。1982年3月,五届全国人大常委会第二十二次会议,根据大会的授权,制定了民事诉讼法(试行),于10月1日起试行。

在民事立法方面,我们是先制定程序法,1982年制定民事诉讼法(试行)时,许多民事方面的实体法还没有制定。有人主张先制定实体法,然后才能制定程序法。我们没有这样做,因为实体法比较复杂,不是很短时间都能够制定出来的。当时虽然民事方面的实体法还不多,但是在实际生活中,存在着大量的民事纠纷,法院进行审理时,需要有程序方面的规定。再说,我们对民事审判工作是有一定经验的,所以先制定了民事诉讼法(试行)。

民事诉讼法的制定,对制定民事方面的实体法,是一个很大的促进。1982年以来,制定了相当一批民事方面的实体法律,特别是1986年制定了民法通则。实体法的制定,反过来又促进对民事诉讼法的补充修改。

民事诉讼法试行以来,最高人民法院、法制工作委员会不断地对试行情况和问题,进行调查研究,总结实践经验。1986年4月,六届全国人大四次会议通过民法通则后,我们就把修改民事诉讼法的任务提到日程上来了。为此我们召开了一系列座谈会,进行了一系列的调查研究。

经过几年的工作,多方征求意见,法制工作委员会于1990年12月,将民事诉讼法的修改草案,提请七届全国人大常委会第十七次会议审议。修改草案比民事诉讼法(试行)有较大变动,从原来的二十三章、二百零五条,增加到二十五章、二百四十三条。

七届全国人大常委会第十七次会议初步审议后,法律委员会、法制工作委员会于 1991 年 1 月 15 日至 26 日,在北京召开了全国性的民事诉讼法修改座谈会,有各级法院的负责同志、法律专家、一些地方人大常委会的有关负责同志和有关部门的同志参加,共九十多人。这是一次非常重要的会议,对民事诉讼法的修改草案逐章逐条地研究修改。会后,根据常委会的审议意见、座谈会和各方面的意见,提出了一个修改稿,于 1991 年 2 月向七届全国人大常委会第十八次会议作了汇报。修改稿为二十九章、二百六十一条,有些重要的问题,包括诉前保全、督促程序、公示催告程序、破产还债程序、再审程序等,都是修改稿增加规定的。

七届全国人大常委会第十八次会议审议后,又作了一些修改,形成向七届全国人大四次会议提出的修改草案,为二十九章、二百七十一条。经过七届全国人大四次会议审议,法律委员会又作了若干修改,二十九章没动,删了一条,为二百七十条,最后由大会审议通过。制定修改的过程,大概就是这样。

1982 年制定民事诉讼法(试行),经过九年试行,情况怎么样? 应该说,实践证明,民事诉讼法(试行)规定的民事诉讼的基本原则和诉讼制度,是正确的,有关程序的具体规定,总的说来也是可行的,对人民法院依法审理民事案件,包括经济案件、海事案件,发挥了很大的作用。

但是,1982 年以来,情况有了较多变化,出现了一些新的情况和新的问题,积累了一些新的经验。民事诉讼法(试行)的规定,对有些问题不能完全适应了,需要补充修改,主要是补充。有哪些新情况、新问题呢? 主要有以下几个方面:

第一,随着改革开放,社会主义商品经济有了很大发展。

1982 年制定民事诉讼法(试行)时,商品经济还不是很发达。我们对民事审判工作有没有经验? 不能说完全没有经验。对审理一般的、传统的民事案件,应当说,我们是有经验的。新中国成立前,在根据地时就有经验,有马锡五审判方式,新中国成立以后,又进一步积累了经验。

但是,由于商品经济不发达,因此审理经济案件的经验还不多。1979 年制定的人民法院组织法规定,只有高级人民法院、直辖市的中级人民法院和省、自治区辖的市中级人民法院设立经济审判庭,基层人民法院不设经济审判庭。1983 年 9 月,对人民法院组织法进行修改,改为中级人民法院都要设立经济审判庭,基层人民法院可以设立经济审判庭。实际上,到 1983 年,各级人民法院普遍设了经济审判庭。从法院受理经济案件的数量来看,1979 年到 1982 年底,将近四年时间,全国法院共受理经济案件四万九千件,而现在一年,就要受理六七十万件。

由于商品经济的发展,经济案件的审判对民事诉讼提出了一系列新的问题,需要对这些问题作出补充修改。

第二,制定了一大批民事的实体法律。

1982 制定民事诉讼法(试行)时,在实体法方面,只有婚姻法和经济合同法。1982 年以来,先后制定了继承法、涉外经济合同法、技术合同法、专利法、商标法、著作权法等一大批民事方面的实体法律,特别是 1986 年制定了民法通则。我国民事方面的实体法,虽然还不能说很完善,有些规定还比较原则,但应当说,在基本方面是有了,不能说无法可依了。

这些民事实体法律的制定,对民事审判、经济审判,提出了一些新的问题。这几年来,出现了一些新类型的案件,如侵害名誉权案件、知识产权案件、因环境污染要求赔偿的案件等。由于实体法的制定,需要在程序方面作一些补充。拿特别程序来讲,民事诉讼法(试行)只规定了宣告死亡的程序,没有规定宣告失踪的程序,而民法通则既规定了宣告死亡,也规定了宣告失踪,那么宣告失踪适用什么程序呢? 需要规定。又如,民事诉讼法(试行)规定了认定无民事行为能力的程序,但对民法通则规定的限制民事行为能力的认定程序,缺乏相应的规定。由于这几年一批实体法的制定,法制的进一步健全,民事诉讼程序方面,需要有些补充修改,以便与实体法配套衔接。

第三,九年来,民事审判工作、经济审判工作进一步积累了经验。

最高人民法院为适用民事诉讼法(试行),作了不少司法解释,这些司法解释实际是经验的总结。同时,在审判工作中,也出现了一些问题,比如告状难、争管辖、审理难、执行难等。需要针对存在的问题,总结实践经验,肯定好的做法,用法律作出规定。

情况发展了,怎么办? 我们要从实际出发,根据新的情况,适应改革开放和商品经济发展的需要,进一步总结经验,参照国外的规定,针对实际存在的问题,对民事诉讼法(试行)进行补充修改。

二、制定民事诉讼法时着重研究的几个问题

民事诉讼法保持了民事诉讼法(试行)的基本内容,适应新的情况,总结经验,作了必要的补充修改,特别是有关经济案件和涉外案件的程序。在制定时,着重研究了以下几个问题。

(一)适应社会主义商品经济发展的需要,保障社会主义建设事业的顺利进行

法律是上层建筑,要为经济基础服务。法院的审判工作,要为经济建设服务。法院怎样来保障社会主义建设事业的顺利进行呢? 一是从刑事方面,打击走私、投机倒把、偷税抗税等经济犯罪;再一个是从民事方面,通过对经济案件的审理,保障当事人的合法民事权益,维护经济秩序,保障社会主义建设事业的顺利进行,

这是民事诉讼法的一个重要任务。

这些年来,随着改革开放,社会主义商品经济有了很大发展,对民事诉讼程序提出了一系列新的问题,为适应商品经济发展的需要,对这些问题,应当予以补充修改。这是民事诉讼法补充修改的一个重要方面。

有一种意见认为,民事诉讼法对审理经济案件不适用,主张专门制定一部经济诉讼法。另一种意见认为,民事诉讼法对经济案件原则上是适用的,可以对审理经济案件的一些问题加以补充,不必单制定经济诉讼法。经过研究,我们采纳了第二种意见。为什么?

第一,经济案件从性质上讲,无非是两类,一类是经济行政案件,一类是平等主体之间的经济纠纷。经济行政案件,过去也适用民事诉讼法,现在我们已制定了行政诉讼法,这些就适用行政诉讼程序了。剩下的这一类,是作为平等主体之间的经济权益纠纷,当事人是平等的民事主体,争议的是民事权益,与婚姻纠纷等普通民事案件,在基本原则上是一样的。

第二,法院对经济案件的审判,过去一直是适用民事诉讼程序的,实践证明,民事诉讼法对经济案件的审判是适用的。

第三,从各国情况来看,我不敢说绝对没有,但绝大多数国家,对经济案件的审理,是适用民事诉讼程序的。

所以,我们不单独制定经济诉讼法,普通民事案件、经济案件、海事案件,都适用民事诉讼程序。民事诉讼法规定,人民法院受理公民之间、法人之间、其他组织之间以及他们相互之间,因财产关系和人身关系提起的民事诉讼,适用民事诉讼法的规定(第三条)。这就是说,凡是公民、法人、其他组织作为平等主体发生的民事权益纠纷,都适用民事诉讼法。这里包括一般的民事案件,如婚姻、继承、赔偿等案件,也包括企业之间的经济纠纷案件、海事案件等。不单独制定经济诉讼法,而是在民事诉讼法中,对经济案件审判方面的问题,予以补充规定。

由于商品经济的发展,对诉讼程序提出需要解决的新问题,主要有以下几个问题。

第一个问题,当事人人数太多的案件如何进行诉讼。

民事案件的当事人一方或双方在两人以上,其诉讼标的是共同的,或者诉讼标的是同一种类可以合并审理的,是共同诉讼。民事诉讼法(试行)对共同诉讼,是有规定的,现在出现的新问题是,有些共同诉讼的当事人人数众多。

过去,一般民事案件的原告或者被告,有的虽然不止一人,譬如有三四人或更多些,但也不会太多。随着商品经济的发展,有些案件共同诉讼的当事人,人数就很多了,不是三四人,而是几十人、几百人,甚至上千人,像广西的债权案、四川的种子案、北京的彩电赊购案,还有因环境污染要求赔偿的案件等。

共同诉讼的当事人太多,怎么办?几十、几百、甚至上千当事人,不可能都到法庭。这么多当事人都要参加诉讼,也不方便,而且要耽误很多时间,影响生产、工作。这就产生选代表进行诉讼的问题,国外也有这种情况。民事诉讼法增加了关于代表诉讼的规定(第五十四条),共同诉讼人数众多的,可以选几个人为代表,由代表为大家进行诉讼。这样,既可以方便法院对案件的审理,也可以方便当事人,其他当事人就可以不必出席法庭审理了。对代表诉讼问题如何规定,研究了几个问题:

第一,代表怎么产生。

由当事人推选,还是由法院指定?研究结果,还是由当事人推选,不要由法院指定。因为,这样才能更好地代表当事人的意愿。有人担心,这么多当事人不好选。推选的方式可以灵活,可以由当事人提名,也可以由法院提名,核心是要当事人同意。

第二,代表人与其他当事人的关系,也就是代表人的诉讼行为,对被代表的其他当事人是否有效。

我们考虑,既然实行代表诉讼,是为了方便审判,其他当事人有什么意见、主张,可以反映给代表,由代表进行诉讼,代表的诉讼行为,对其所代表的当事人,应当发生效力。

另一方面,又要考虑保护被代表的其他当事人的权益,因此又规定,代表人变更诉讼请求、放弃诉讼请求,或者承认对方当事人的诉讼请求、进行和解,这几种诉讼行为,必须经被代表的当事人同意。因为这些诉讼行为,涉及处理实体权利,如果几个代表自己就决定,可能损害其他当事人的权益。这种限制,可能要麻烦一些,但是为了保护其他当事人的合法权益,做这种限制是必要的。

还有一种情况,不仅共同诉讼的当事人众多,而且在起诉时,人数尚未确定,怎么办?有些国家采取集团诉讼的做法,法院的判决对当时没有来参加诉讼的其他权利人也适用。我们参照一些国家的做法,在民事诉讼中对这个问题作了规定(第五十五条)。有几个问题需要说明:

第一,法院要不要事先公告。

有的国家不事先公告,法院判决后再公告,相同的其他权利人适用该判决。经过研究,我们采取由法院事先公告的办法。法院可以发出公告,说明案件情况和诉讼请求,通知权利人在一定期间向人民法院登记。事先公告的好处,一是可以给权利人行使诉讼权利的机会。既然法院的判决对其他权利人也适用,那么就应当给他主张权利的机会。二是法院审判时,可以充分了解权利人的要求,对全面考虑、处理问题有好处。

第二,发出公告,是要求放弃权利的人来登记,还是要求主张权利的人来登记。

对这个问题也有不同意见,有一些国家是要放弃权利的人来登记,没登记的是主张权利。我们怎么定?我们是由主张权利的人来登记,因为事先公告的目的,就是为了使权利人有行使诉讼权利的机会,如果主张权利的人不登记,怎么行使诉讼权利呢。

第三,没有到法院登记的,是不是就算放弃了实体权利。

为了保护权利人的合法权益,民事诉讼法规定,未参加登记的权利人,在诉讼时效期间提起诉讼的,也适用法院的判决。有的同志提出,既然不来登记的权利人也适用该判决,那么谁还事先来登记呢?规定事先登记有什么作用呢?我们说,来不来事先登记可不一样,如果不事先登记,在法院判决后才来,那么法院不再审理,就适用该判决了,你就失去了事先陈述自己意见的机会。有人说,为什么不再审理,不听取我的意见,而要我适用该判决呢?因为法院事先已公告过,你不登记,是你自己放弃了陈述意见的权利。

有的同志说,这样规定,与一些国家的集团诉讼不一样,算什么诉讼呢?是和一些国家的集团诉讼不一样,这不是对外国集团诉讼研究不够,不是忽略了,而是从我国实际出发,经过研究,对外国的集团诉讼加以改进、发展。实际上,我们对这个问题的规定,把集团诉讼和代表诉讼结合起来了,可以更有利于法院审理,更有利于保护当事人的权利。

第二个问题,经济合同纠纷案件的管辖。

民事案件的地域管辖,采取原告就被告的原则。在商品经济不发达的社会,一般的民事案件,原告住所地、被告住所地、行为地等,不在一个地方的情况是有的,但多数离得也不会太远。商品经济发展以后,情况就不同了,如合同纠纷案件,可能东北的一家企业与海南的一家企业订合同,合同签订地是北京,履行地是河南,原告住所地、被告住所地、合同签订地,不仅在好多地方,而且相距甚远。这就给当事人诉讼、法院审判,带来问题,如何确定地域管辖就很重要了。

民事诉讼法(试行)规定,因合同纠纷提起的诉讼,由合同履行地或者合同签订地法院管辖。在研究修改时,法院的同志对此反应很强烈,按这个规定,实际执行起来,多数经济合同纠纷案件,不是在被告所在地法院审理,这就给法院审判带来一系列问题,有的被告不来,法院开庭、调查有困难,判决后执行也有困难。

为了解决审理难、执行难的问题,参照各国的通常做法,民事诉讼法对合同纠纷案件的地域管辖,修改为由被告住所地或者合同履行地法院管辖。被告住所地或者合同履行地,要不要有个先后顺序,是不是强调由被告住所地法院管辖。在这个问题上,有过几种方案。一是,只规定由被告住所地法院管辖;二是,原则上由被告住所地法院管辖,在某种情况下,可由合同履行地法院管辖。对这两种方案都研究过,考虑到一些地方存在地方保护主义,有的还相当严重,采取这两种方案,怕对债权人的合法权益保护不利。所以,采取了第三种方案,就是不分顺序,规定由被告住所地或者合同履行地法院管辖,由原告选择。

地方保护主义争管辖,是目前在审理经济案件中存在的一个大问题。为了防止地方保护主义,避免发生管辖权争议,民事诉讼法增加了协议管辖。合同的双方当事人,可以在书面合同中协议管辖。请大家注意,对一般的民事案件没有规定协议管辖，只对合同纠纷案件规定了协议管辖。协议管辖，也不是随便想到哪个法院都可以，应当是协议到与争议有实际关联的法院管辖，或者是被告住所地，或者是合同履行地、合同签订地、原告住所地、标的物所在地的法院管辖，并且不得违反法律对级别管辖和专属管辖的规定。

根据实际需要，民事诉讼法还对保险合同纠纷案件、票据纠纷案件、共同海损案件的地域管辖，作了规定。

第三个问题，诉讼前的财产保全。

为了保护当事人的合法权益，使法院的判决能够真正得到执行，需要有财产保全措施。法院审理案件需要一定时间，有时发生这样的情况，债权人向法院起诉后，有的债务人就把财产转移了，或者处理掉了，结果等法院作出判决时，没法执行。所以，当可能因当事人一方的行为或者其他原因，使判决不能执行或者难以执行时，法院可以对财产采取保全措施。

民事诉讼法（试行）规定了诉讼保全，但没有规定诉讼前的保全。这些年来发生的问题是，有些案件，需要在起诉前采取保全措施，如有些海事案件。一艘外国籍船在港口把某些设施碰坏了，要他赔偿，如果不马上采取保全措施，外国籍船开走了，就不好办了，所以，在海事案件中，往往需要在起诉前保全。有些经济案件，也存在需要在起诉前就保全的情况，这对于解决执行难、保护当事人合法权益，是有意义的。所以，民事诉讼法增加了诉讼前保全的规定。

保全措施是需要的，但采取保全措施一定要慎重，因为如果保全错了，会给被保全人造成损失。特别是诉讼前保全，更要十分慎重。因此，民事诉讼法对诉讼前的保全，规定了比诉讼保全更为严格的条件和责任。

第一，在起诉前向法院申请保全，必须是因情况紧急，不立即申请财产保全，将会使其合法权益受到难以弥补的损害的。如果不是那么紧急，不是来不及起诉，就应当在起诉后再申请保全。

第二，起诉前保全，必须由利害关系人提出申请。而诉讼保全，虽然原则上也是由当事人向法院申请，但法院在必要时，也可以依职权采取财产保全措施。

第三，在起诉前利害关系人向法院申请采取财产保全时，应当提供担保，不提供担保的，法院驳回申请。而诉讼后申请保全的，法院可以责令申请人提供担保，也就是说，不是一律都要责令提供担保。

第四，在一定期限内应当起诉。申请人在法院采取财产保全措施后十五日内不起诉，人民法院就解除财产保全。

第五，如果被保全人提供了担保，法院应当解除财产保全。如果申请财产保全错了，申请人应当赔偿被申请人因财产保全而遭受的损失。这一点，诉前保全和诉讼保全都是一样的。

第四个问题，督促程序。

民事诉讼法增加规定了督促程序（第十七章，一共四条）。为什么增加这个程序？现在有些给付金钱、有价证券的纠纷，债权、债务关系十分明确，没有什么争议，债务人也承认，但债权人要求债务人履行债务时，有的债务人不履行，长期拖延。如果要申请法院强制执行，按普通程序，就要先起诉，经过审判，等判决发生法律效力后才能强制执行，这就需要一段时间。

要有个办法，使债权人能够用比较简便的办法，促使债务人尽快履行债务。有些法院，如上海杨浦区法院试点，由法院给债务人发通知，效果很好，有些债务人收到法院通知后，就赶快履行了，因为自己没理，如果再不履行，法院就要过问了。有些国家也有这方面的经验。我们总结上海杨浦区法院和其他一些法院的经验，参照外国的做法，规定了督促程序，特点是比较简便、迅速，可以快些促使债务人履行债务。

关于督促程序的规定，有以下几个问题：

第一，什么样的纠纷可以向法院申请支付令。

只有给付金钱、有价证券的纠纷，可以申请支付令，其他纠纷不能申请支付令。并且必须是没有其他债务纠纷的，而且支付令能够送达债务人。如果有其他债务纠纷，就应当按普通程序进行审理。

第二，法院采取什么程序。

法院只审查债权人提供的事实、证据，认为债权债务关系明确、合法的，就直接向债务人发出支付令，要求其收到支付令十五日内清偿债务。法院不用把各方当事人都传来开庭调查审理，因为规定督促程序，就是为了能够迅速，同时申请支付令的条件，必须是债权债务关系明确、合法的。

第三，支付令的效力。

债务人收到支付令后，如果没有异议，应当在十五日内偿还债务，或者与债权人和解，分期偿还。如果不提出异议，又不履行，那么债权人就可以向法院申请强制执行。

第四，如果债务人提出异议，法院应当裁定终结督促程序，支付令自行失效，债权人可以起诉。采取简便的督促程序的前提是，债权债务关系明确，没有其他纠纷。如果有异议，那就不能适用这个简单的程序，而应当按普通程序审理了。

从事商品生产经营，时间是非常宝贵的，督促程序能用比较简便的方式，比较快地使债务人履行债务，所以这是一个有利于商品经济发展的好的办法。

第五个问题，公示催告程序。

公示催告程序，也是民事诉讼法新增加的内容。对这个问题大家比较生疏，我们与银行、经贸部的同志专门研究过。什么是公示催告程序？可以背书转让的票据如果丢失了，票据持有人可以申请法院发出公告，过了一定期限，如果没有人来主张权利，法院就判决该票据无效，申请人就有权主张权利。

为什么要规定公示催告程序？随着商品经济发展，各种各样的票据越来越多，有些票据是可以背书转让的，就是说票据所有人，可以在票据背面写上转让给他人,接受转让的人拿了票据就可以去取钱,银行只要见票就应当支付。那么,如果票据持有人把票据丢了,或者被人偷了,怎么办?这就发生两个法律上的问题,一是如何宣告该票据无效,防止被他人提取;一是票据所有人如何在票据丢了的情况下,要求支付。票据持有人自己到银行去声明成不成?票据是可以背书转让的,银行见票就付。你说你丢了,是真是假,如果错了,谁承担责任?对这个问题,银行无法调查,也没有义务调查,同时,银行也没有确认该票据是否无效的职权,只能通过司法程序,由法院来调查确认该票据无效。但是,如果到法院起诉,必须要有明确的被告。票据丢了或被偷了,怎么知道被谁拾去了或偷去了,找不到被告,就无法按普通程序起诉。

所以,要有一个解决这种问题的程序,德国、日本都有这种程序。现在,我国可以背书转让的票据还不多,要不要规定这个程序,我们考虑,虽然我国目前可以背书转让的票据还不多,但已经存在,今后还会发展。例如,在一些国家,仓单、提货单也是可以背书转让的。我们问了经贸部,我国现在对仓单、提货单是不能背书转让的,但今后随着对外开放、对外贸易的发展,就可能有变化。一些国家允许仓单、提货单背书转让,你丢了怎么办?所以,考虑今后的发展,还是在民事诉讼法中,对这个程序作出规定为好,哪怕规定得原则一些,以后碰到这类问题,处理起来就可以有法律依据了。

关于公示催告如何规定,有以下几个问题:

第一,哪些适用公示催告程序。民事诉讼法规定,可以背书转让的票据被盗、遗失或者灭失,可以申请公示催告。同时规定,依照法律规定可以申请公示催告的其他事项,适用公示催告程序。首先,把我国现在可以背书转让的汇票、本票和有些支票等适用公示催告,肯定下来;同时,也考虑到今后的发展,还有哪些可以公示催告,由法律去规定。

第二,如何公告。法院决定受理公示催告的申请后,应当在三日内发出公告,催促利害关系人申报权利。公示催告的期间,由法院根据情况决定,但不得少于六十日。

第三,法院决定受理申请,应当同时通知支付人停止支付,至公示催告程序终结。这样,支付人停止支付就有了依据。公示催告期间,转让票据权利的行为无效。

第四,法院发出公告后,在公示催告期间没人申报,法院根据申请人申请,应当判决该票据无效。判决应当公告,并通知支付人。这时,丢失票据的人,就有权向支付人请求支付。

第五,利害关系人应当在公示催告期间,向法院申报。人民法院收到申报后,应当裁定终结公示催告程序,并通知申请人和支付人。如果有争议,可以按普通程序向法院起诉。

第六,利害关系人因正当理由,不能在判决前向法院申报的,自知道或者应当知道判决公告之日起一年内,可以向作出判决的法院起诉。这是为了保护利害关系人权益的补救规定。

第六个问题,企业法人破产还债程序。

关于企业法人破产还债问题,1982 年就研究过,那时条件不成熟,所以,在民事诉讼法(试行)的执行一章中,只规定了一个清偿还债的顺序。1986 年制定了《中华人民共和国企业破产法》,由于各种类型的企业情况不一样,比较复杂,经过研究,破产法只适用全民所有制企业。

这些年的实际情况是,全民所有制企业破产的只是个别的,恰恰有些集体企业、私营企业、外商投资企业,因经营严重亏损,无力清偿到期债务,需要破产还债。所以,有的同志说,"有法的没破产,破产的没有法"。这几年,法院已经受理一百多起这些企业破产还债案件,依据什么程序,发生了问题。最高人民法院的同志提出,希望明确能够适用破产法中的有关规定。但是,企业破产法明确规定,只适用于全民所有制企业。

为了解决这个问题,在民事诉讼法中,增加规定了企业法人破产还债程序一章,对破产还债的申请、法院审理的程序、清算组织、债权人会议、清偿顺序等几个主要问题,作了规定。这就为法院受理集体企业、私营企业、外商投资企业破产还债案件,在程序方面提供了法律依据。

在研究破产还债顺序时,银行贷款要不要作为优先债权偿还,对此有不同的主张。民事诉讼法(试行)规定,被执行人被执行的财产不能满足所有申请人要求的,按下列顺序清偿:第一,工资、生活费;第二,国家税收;第三,国家银行和信用合作社贷款;第四,其他债务。企业法人破产还债顺序怎么定?有些同志主张,银行贷款应优先偿还,主要理由是,银行主要是执行国家的产业政策,承担经济调控职能,现在有些银行贷款收回很困难,如果不优先偿还,今后收回就更困难了。

对这个问题,与各方面进行了研究。企业破产法规定的破产还债顺序是:第一,破产企业所欠职工工资和劳动保险费用;第二,税款;第三,破产债权。没有把银行贷款作为优先债权。民事诉讼法关于企业法人破产还债顺序的规定,应当与企业破产法的规定一致。同时,从金融改革考虑,专业银行要进行企业化管理,实行自担风险,自负盈亏。银行在向企业贷款时,要考虑效益,考虑贷款本息能否收回来,要承担风险。这样,对金融改革,对促使银行改善对贷款的管理,是有好处的。

当然,要保护银行能够收回贷款。采取什么办法保护呢?银行在向企业贷款时,可采取抵押的办法。民事诉讼法规定,已作为银行贷款等债权的抵押物或者其他担保物的财产,银行享有就该抵押物或者其他担保物,优先受偿的权利。

(二)坚持、完善和发扬我国民事审判工作的优良传统

新中国成立前,我们在根据地,就创造了民事审判的优良传统。新中国成立

后，我们在五十年代，开展了司法改革运动，批判、清除旧司法作风，建立人民司法的优良传统。后来，最高人民法院把我们民事审判工作的经验，总结概括为“依靠群众，调查研究，调解为主，就地解决”十六字方针。1982 年公布的民事诉讼法（试行），肯定、贯彻了这个精神。我们对法院民事审判方面的优良传统要继承，这次修改的方针是，克服工作中存在的问题，适应情况的发展变化，总结新的经验，予以改进、完善，以便更好地发扬我们的优良传统。我只介绍两个问题：

第一个问题，关于法院采用调解方法处理民事案件。

民事诉讼法（试行）规定，“着重调解”是民事诉讼的一个基本原则。在修改过程中，曾有过一种意见，认为有些法院在调解中发生了一些问题，因此提出要淡化调解。

经过研究，我们认为，不能这样提，应当坚持调解的原则。进行调解，是符合民事案件特点的，民事案件是民事权益纠纷，当事人有权在法律允许的范围内，处分自己的民事权利和民事诉讼权利，这是与刑事案件、行政案件不同的一个特点。刑事案件、行政案件，不适用调解。

法院采取调解的方法处理民事案件，是我国民事审判工作的经验，外国称之为“东方经验”，现在很多国家都在学我们的经验。民事案件采用调解方法解决，有利于促使当事人之间互相谅解，有利于问题的解决。至于在调解中发生的一些问题，我们应当考虑如何解决，使之更加完善，以便更好地发挥调解的作用。

有的同志说，对一般的、传统的民事案件，如离婚、继承、赔偿、公民之间的债务纠纷等，适用调解，但对企业之间经济合同纠纷案件就不宜适用调解了。主要理由是，我国是社会主义国家，生产资料的社会主义公有制是我国社会主义经济制度的基础，全民所有制企业是国家的财产，集体所有制企业是集体的财产，进行调解，总有一方要让步，如果让步，就会损害国家、集体的利益。

经济案件有两类，一类是行政案件，不适用调解，我们已另制定了行政诉讼法；另一类是平等主体之间的经济纠纷，这和其他一般民事案件的原则是一样的。我们进行经济体制改革，改变过去的产品经济，发展社会主义商品经济，全民所有制企业根据所有权和经营权分离的原则，享有经营自主权，对国家委托它经营、管理的财产，享有占有、使用和依法处分的权利。在经营活动中，有时要让点步，不能说一让步，就一定要吃亏，就必然损害国家、集体的利益。多年来，经济纠纷案件调解结案的不少，实践证明效果也是好的。因此，不仅一般的民事案件适用调解，企业之间的经济纠纷案件，也是适用调解的。

民事诉讼法对调解，主要有两处修改。第一，把“着重调解”改为“应当根据自愿和合法的原则进行调解”。为什么这样改？一是，有的同志提出，“着重调解”，那么是不是说判决就是“着轻”了呢？当然不能这样说，修改后，可以避免产生这样的误解。二是，有些法院在调解中发生的问题，从根本上来说，都是因为违反了自愿和合法的原则，把调解的原则开门见山地明确写上，有利于克服和纠正调解工作中的问题,有利于法院正确进行调解。对“应当根据自愿和合法的原则进行调解”,怎样理解呢?首先是应当调解,对调解采取积极的态度,调解的原则是自愿、合法。

第二,把调解作为一章,移到总则中。民事诉讼法(试行)把调解是放在第十章普通程序中规定的,作为开庭审理前的一节。为什么要移到总则?因为,不仅一审进行调解,二审、再审也进行调解。同时,放在开庭前作为一节,容易产生误解,认为调解是开庭前的一个必经阶段,结果有些事实还没弄清楚就“和稀泥”,发生了问题。开庭前调解,不是必经阶段,当然也不是就不能调解,这要看实际情况。可能有两种情况,一种情况是,事实还不清楚,那就应当了解清楚了再调解;也有一些案件,一起诉,事实就很清楚,对这种案件,就可以进行调解。

法院进行调解,应当根据什么原则?总的原则是要自愿、合法。

第一,自愿。对“自愿”如何理解?有的说,自愿就是问当事人愿不愿意调解,如果当事人说不愿意调解,那就不能调解。不能这样简单的理解,有些当事人开始有大气,劲头很大,就不愿调解,但经过调查,事实清楚了,法院主动进行工作,可能就调解成了。因此,对“自愿”,应当是强调达成调解协议必须双方自愿,不得强迫。

第二,合法。调解促使当事人相互谅解,会有一些让步,但不能违法。这次特别明确规定了,“调解协议的内容不得违反法律规定”。

第三,要在事实清楚的基础上,分清是非,进行调解。因为事实清楚了,是非分明了,才能正确调解。同时,把事实搞清了,是非分明了,也有利于进行调解。有些当事人本来无理,胡搅蛮缠,还觉得自己蛮有理由,把事实搞清了,是非分明了,可以促使当事人达成调解协议。

第四,调解需要有一定时间,但不要久拖不决。调解未达成协议,或调解书送达前一方反悔的,应当及时判决。

法院只要掌握好以上几条原则,调解工作就能搞得好,就不会发生问题。

第二个问题,当事人举证和法院调查。

我国法院审理案件的一个优良传统,就是对事实要调查研究。新中国成立后,在五十年代进行的司法改革,着重批判了“坐堂问案”的旧司法作风,强调审判人员要调查研究。我们采取当事人举证和法院调查研究相结合的制度。一方面规定,当事人对自己提出的主张,有责任提供证据;同时又规定,法院要调查、收集证据。

这些年存在的问题是,有些当事人举证不够积极,出现所谓“当事人一动嘴,法官跑断腿”的现象。因此,要强调当事人举证,强调当事人举证,有利于法院查明事实。现在,强调当事人举证,不仅必要,也有条件和可能。因为情况与过去有了变化,一是案件有了变化,过去公民之间的纠纷多,什么家庭纠纷、邻里纠纷等,现在有不少是企业之间的合同纠纷;二是这些年来,公民的文化素质提高了,法律意识比过去增强了,知道提供证据不仅是责任,而且是维护自己合法权益的诉讼权利。所以,现在应当、而且可能,强调当事人举证。

法院要不要调查呢,曾有过一种意见,认为法院不要调查,主张规定,如果当事人不举证,就要承担败诉的责任。研究后,没有这样规定。因为,现在在取证问题上,有的还比较困难,公民的文化素质、法律意识虽然比过去提高、增强了,但还不是很高;同时,如果法院对应当收集调查的证据,也不收集调查了,对保证法院审判质量、保护当事人的合法权益是不利的。

关于法院收集、调查证据问题,民事诉讼法(试行)的规定是法院应当按照法定程序,全面地、客观地收集和调查证据。这次修改为,全面地、客观地审查核实证据,强调法院是审查核实当事人提出的证据。但并不是说,法院就不再收集调查证据了。民事诉讼法规定,有两种情况,法院应当主动收集调查,一是当事人及其诉讼代理人因客观原因,不能自行收集的证据;二是法院认为审理案件需要的证据。事实是审理案件的根据,在审理案件时,要注意调查研究,不要因为强调当事人举证,就丢掉我们的优良传统,对应当收集调查的也不收集调查,走到"坐堂问案"的路子上去。

(三)保障、便利当事人行使诉讼权利

1981 年 4 月,彭真同志在听取民事诉讼法起草小组汇报时强调指出,"民诉法要两个便利。一个是便利司法机关办案,有章可循;一个是要千方百计便利老百姓打官司"。他说,在起草民诉法时,"除征求司法工作人员、专家意见外,还要找一些打官司的人征求意见"。我们是社会主义国家,法院是人民法院,这个性质就决定了,法院一定要为人民服务。宪法规定,国家工作人员要努力为人民服务。审判人员在审判工作中,要千方百计地方便当事人进行诉讼,这是我们法院与旧司法机关不同的特点。人民法院保障和方便当事人行使诉讼权利,是我们社会主义国家的性质所决定了的,是我国审判工作的优良传统,是 1982 年制定民事诉讼法(试行)时的方针,也是我们这次修改民事诉讼法的一个重要方面。为了更好地体现这个方针,民事诉讼法作了以下补充修改:

第一,在民事诉讼法的任务和基本原则中,突出地、明确地强调了这个问题。在民事诉讼法的任务中,增加了"保护当事人行使诉讼权利"(第二条);在民事诉讼的基本原则中,明确规定,人民法院"应当保障和便利当事人行使诉讼权利",其中"和便利"几个字是新增加的(第八条)。

第二,针对有些地方发生"告状难"的情况,为了保护被侵权人的诉权,民事诉讼法作了一系列补充。一是,对适用民事诉讼程序的案件范围,作了明确规定(第三条),凡符合起诉条件的,人民法院必须受理(第一百一十一条),人民法院如果不予受理,应当在七日内作出裁定,原告对裁定不服的,可以上诉(第一百一十二条)。二是,为了防止有的法院在受理案件时,不适当地强调原告提出的证据不充

分,而不予受理,将作为起诉条件之一的"有具体的诉讼请求和事实证据",改为"诉讼请求和事实、理由"(第一百零八条)。

第三,现在有些案件审理的时间过长,这次在总结各地实践经验的基础上,对法院审理民事案件的期限,作了规定。

这个问题,在1982年就提出来了。彭真同志说,"案件既要处理得正确,又要尽可能处理得快些""打官司本人很痛苦,一家打官司,周围不安,拖长了影响生产""这也是个群众观点问题"。当时由于经验、条件不成熟,在法里规定期限有困难,所以决定,在民事诉讼法(试行)中先不规定,法院内部可以有个要求,实践一段再总结。

经过这些年的实践,法院内部规定的期限,多数案件可以做到。因此,在总结实践经验的基础上,民事诉讼法对一审、二审的期限作了规定。考虑到民事案件有各种不同类型的案件,各类案件的情况不同,经济合同纠纷案件要求处理快些,离婚案件需要有时间进行调解;有的案件很简单,也有的案件情节复杂,有的证据可能在国外。因此,对期限有一般的规定,同时开了个口子,遇到特殊情况,经过一定程序,可以延长。这样,一方面,总的有个时间的要求,防止久拖不决;另一方面,也留了余地,能够行得通。按现在这样规定去办,法院还要做出努力,如果能够办到,与各国比较,就是很大的成就了,从我们现在所查到的外国的民事诉讼法来看,还没有这样规定审限的。

第四,为当事人行使诉讼权利提供条件。

民事诉讼法(试行)规定了当事人在诉讼中的各种权利,为了使当事人能够很好地行使这些权利,各地法院有一些好的经验,民事诉讼法在总结各地经验的基础上,作了补充规定。

首先,要使当事人能够早些知道自己有些什么权利义务。为此,民事诉讼法规定,法院决定受理案件,应当及时向当事人告知有关的诉讼权利义务(第一百一十四条)。

二是,为了使当事人能够更好地行使申请回避的权利,明确规定,合议庭组成人员确定后,应当在三日内告知当事人(第一百一十五条);同时在应当回避的情况中,增加了审判人员如果是诉讼代理人的近亲属,也应当回避(第四十五条)。

三是,为了使当事人能够更好地提供证据,增加规定,当事人有收集证据的权利(第五十条)。

四是,为了方便当事人进行辩论,明确规定,人民法院应当将被告提出的答辩状副本,在五日内发送原告。

(四)保证法院对案件的审理和判决的执行

保证法院对案件的审理和执行,是修改民事诉讼法考虑的又一个重要的方面。民事诉讼法的任务之一是,保证人民法院查明事实,分清是非,正确适用法律,及时审理民事案件。现在,有的被告拒不出庭,有的证人不作证,有的组织和个人对法院的审判和执行不予协助,有的当事人或亲属甚至冲击、哄闹法庭等,严重影响法院的审判和执行。法院的审理如果不能保证,判决如果不能执行,那么保证当事人的合法权益,也就无从说起。因此,必须要保证法院的审理和执行。

第一个问题,关于保证法院审判。

针对实际存在审判难的情况,民事诉讼法主要作了以下补充修改:

第一,被告不到庭缺席判决问题。

民事诉讼法(试行)规定,经过两次合法传唤,被告无正当理由拒不到庭的,可以缺席判决。有些被告、证人等不在本地,开庭时原告、证人都来了,被告不来,如果要两次合法传唤不到庭才能缺席判决,那么就可能耽误很长时间。特别是被告有好几个人的案件,这次一个被告不出庭,下次另一个被告不出庭,法院审理就更困难了。所以,民事诉讼法改为,被告经传票传唤,无正当理由拒不到庭的,就可以缺席判决。

第二,调查取证。

法院在调查取证方面,有时发生困难,有些单位或个人不提供证据。民事诉讼法增加规定了,以暴力、威胁、贿买方法阻止证人作证的,要给予罚款、拘留,构成犯罪的,依法追究刑事责任(第一百零二条)。对不作证的证人怎么办?有一种意见,对不作证的要给予处罚。我们对此进行了分析,不作证的原因比较复杂,有的是怕打击报复;有的是邻居怕作了证今后不好相处;也还有其他一些原因。同时,民事案件的证据,与刑事案件还不同。因此决定,对公民个人或单位不作证的,区别对待。

公民个人不敢、不愿作证的,主要靠教育,靠提高法律意识,不规定处罚。对不作证的单位,可以给予处罚,有关单位拒绝或者妨碍人民法院调查取证的,人民法院除责令其履行协助义务外,可以予以罚款;并可以对其主要负责人或直接责任人员,予以罚款;还可以向监察机关或者有关机关,提出予以纪律处分的司法建议(第一百零三条)。

第三,保全措施。

为了有效地采取财产保全,民事诉讼法规定,银行、信用合作社和其他有储蓄业务的单位,接到人民法院协助通知书后,拒不协助查询、冻结或者划拨存款的,转移已被冻结的财产的,是妨碍民事诉讼行为,要依法追究法律责任(第一百零二条、第一百零三条)。

第四,维护法庭秩序。

对这个问题,民事诉讼法(试行)是有规定的。为了强调这个问题,民事诉讼法专门规定了一条:诉讼参与人和其他人应当遵守法庭规则。人民法院对违反法庭规则的人,可以予以训诫,责令退出法庭或者予以罚款、拘留。人民法院对哄闹、冲击法庭,侮辱、诽谤、威胁、殴打审判人员,严重扰乱法庭秩序的人,依法追究刑事责任;情节较轻的,予以罚款、拘留(第一百零一条)。

第二个问题,关于保证判决执行。

执行难是一个大问题,法院判决后执行不了,当事人的合法权益得不到保障,法院的判决也没有什么权威了,各地对这个问题反映十分强烈。修改民事诉讼法时,把如何解决执行难,作为研究的重点问题之一。

执行难,有各种各样的情况,有些是没有财产可供执行,有些是有财产而拒不执行,或者转移了、隐藏了。造成执行难的原因,也各不一样,有法律上的问题,有工作中的问题,有体制上的问题,有些是过去遗留下来的问题。法律方面的问题,有实体法的问题,有程序方面的问题。所以,不可能在作为程序法的民诉法中,把执行难的所有问题,全部予以解决。民事诉讼法从民事诉讼程序角度,对执行问题,作了补充修改。主要是:

第一,健全法院执行机构。

民事诉讼法规定,基层人民法院、中级人民法院根据需要,可以设立执行机构。实际行使执行任务的,主要是基层人民法院,有的是中级人民法院。人民法院组织法对执行机构没有规定,民事诉讼法作了这个规定,就为设立执行机构,提供了法律依据(第二百零九条)。

第二,增加执行措施。

民事诉讼法规定,被执行人不履行法律文书确定的义务,并隐匿财产的,人民法院有权发出搜查令,对被执行人及其住所或者财产隐匿地,进行搜查(第二百二十七条)。被执行人如果不按照指定的期间履行给付金钱义务,应当加倍支付迟延履行期间的债务利息(第二百三十二条)。人民法院采取执行措施后,被执行人仍不能偿还债务的,应当继续履行义务。债权人发现被执行人有其他财产的,可以随时请求人民法院执行(第二百三十三条)。为了解决办理有关财产权证照转移中的一些困难,专门规定,执行中需要办理有关财产权证照转移手续的,人民法院可以向有关单位,发出协助执行通知书,有关单位必须办理(第二百三十条)。

第三,完善有关执行方面的一些规定。

一是,对被执行人主体转换问题,作了规定。作为被执行人的公民死亡了,怎么办?以其遗产偿还;作为被执行人的法人终止了,由其权利义务承受人履行义务(第二百一十三条)。

二是,在执行中,有的当事人和解后又翻悔,怎么办?民事诉讼法规定,一方当事人不履行和解协议的,人民法院可以根据对方当事人的申请,恢复对原生效法律文书的执行(第二百一十一条)。

三是,对执行中提供担保的问题,作了规定。在执行中被执行人向人民法院提供担保,并经申请执行人同意,法院可以决定暂缓执行。被执行人逾期仍不履行的,法院有权执行被执行人的担保财产或者担保人的财产(第二百一十二条)。

四是,对执行回转问题,作了规定(第二百一十四条)。

第四，对不执行或不协助执行的，规定了处罚。

民事诉讼法规定，当事人拒不履行判决的，有义务协助执行的单位拒绝协助执行的，要给予处罚，特别对单位的直接责任人员的责任，作了规定（第一百零二条、第一百零三条）。

第五，加强了对受委托执行法院的要求。

一是，增加了受委托执行的法院对委托“不得拒绝”；二是，为了防止受委托法院拖延，增加规定，在三十日内如果还未执行完，也应当将执行情况函告委托人民法院；三是，增加规定，受委托法院不执行，委托法院可以请求其上级人民法院，指令受委托法院执行（第二百一十条）。这既加强了受委托法院的责任，也是对受委托法院的支持。因为，有些受委托法院所以不能执行，是抵制不住地方保护主义的干扰，有了上级法院的指令，就比较好办了。

（五）加强对法院审判的监督

为了保证法院能够很好地进行审判，一方面，要给法院相应的职权，同时，也要对法院的审判进行监督。法院的审判人员，总的来看是好的，能够秉公执法，但也有少数审判人员，徇私枉法，有的还相当严重。为了加强对法院审判的监督，民事诉讼法作了以下补充修改：

第一，增加了对审判人员的要求。

民事诉讼法规定，审判人员应当依法秉公办案。审判人员不得接受当事人及其诉讼代理人请客送礼。审判人员有贪污受贿、徇私舞弊、枉法裁判行为的，应当追究法律责任；构成犯罪的，依法追究刑事责任（第四十四条）。这是从制度上、法律上，对审判人员作出要求。

第二，加强上级法院对下级法院的监督。

民事诉讼法扩大了对裁定允许上诉的范围，原来只有对驳回起诉的裁定可以上诉，这次增加，对不予受理的裁定也可以上诉；还增加了，当事人对管辖可以提出异议，对管辖权有异议的裁定不服，也可以上诉。

第三，申请再审。

民事诉讼法（试行）规定，当事人对已发生法律效力的判决，认为确有错误的，可以申诉。但对申诉的类别、内容、审级、期间，没有规定。法院每年受理的申诉案件的量很大，由于对具有什么情况就必须再审，不明确，因而有些应该再审的，没有能够再审纠正；同时，也有的当事人缠讼，没完没了，影响法院集中力量，去解决那些应该解决的问题。

因此，关键是要明确，具有什么情形，就应该再审。民事诉讼法明确规定了五项应当再审的情形，包括认定事实、适用法律错误、违反程序等，凡符合这些情形的，法院就应该通过再审纠正（第一百七十九条）。有了明确规定，当事人也可以知道什么情形可以申请再审，有利于减少缠讼，便于法院集中力量，再审那些应该纠正的案件,更好地保护当事人的合法权益。

第四,对检察院如何对审判实行监督作了具体规定。

检察院对民事案件的审判活动,要不要监督,1982 年起草民事诉讼法时就有不同意见,有的主张要监督;有的主张检察院只管刑事案件,对民事案件不要管。研究后,在民事诉讼法(试行)中规定了一条,检察院有权对人民法院的民事审判活动实行法律监督。具体怎么监督,一直没有很好解决。许多同志提出,为了贯彻这条规定,应当对检察院如何监督,作出具体规定。这次民事诉讼法规定,检察院对已经发生法律效力的判决、裁定,可以提出抗诉,也就是事后监督。对这个问题,一共规定了四条,有几个问题需要说明:

一是,具有什么情形,检察院应当提起抗诉。

民事诉讼法规定,对适用法律确有错误的;违反法定程序,可能影响案件正确判决的;在审理该案时,审判人员有贪污受贿、徇私舞弊、枉法裁判行为的;认定事实的主要证据不足的,检察院应当提起抗诉。有的提出,对认定事实的主要证据不足,检察院不要管。研究认为应当管,因为如果判决所根据的主要证据不足,那么就不能说判决是对的了。

二是,抗诉由哪级检察院提出。

由上级检察院提出,同级检察院对同级法院判决发现有错误时怎么办,可以通过上级检察院提出。

三是,法院对检察院提出的抗诉案件怎么办。

凡是检察院提出抗诉的案件,法院都应当再审。这与当事人的申诉不一样,因为是上级检察院提出来的,不是可再审可不再审,同上级法院指令再审一样,应当再审。

四是,人民法院再审检察院提出的抗诉案件,应当通知检察院派员出席法庭。

有的同志主张,检察院对某些民事案件可以提起诉讼,民事诉讼法对此没有规定。有些损害了国家利益的案件,当事人不起诉,怎么办,发生这种情况要不要管?当然应当管,问题是如何管,由谁来管。

全民所有制企业法规定,全民所有制企业财产属国家所有,国家依照所有权和经营权分离的原则,委托企业经营管理。全民所有制企业依法自主经营,对国家授予其经营管理的财产,享有占有、使用和依法处分的权利。企业法同时规定,政府有关部门依照法律、法规的规定,对企业实行管理和监督。企业领导干部因工作过失,给国家和企业造成较大损失的,由行政主管部门给予行政处分。企业领导干部玩忽职守,致使企业财产、国家和人民利益遭受重大损失的,依照刑法第一百八十七条追究刑事责任。

按照这些规定,企业在经营活动中,有时对某些问题做些让步,属于正常经营活动的,国家不要干预;如果玩忽职守或者受贿,构成犯罪,检察院要追究;如果因过失,给国家造成损失,但不构成犯罪的,由政府主管部门来管。

有的同志主张,法院在审理某些重大民事案件时,检察院应当参与。这个问题,民事诉讼法也没有规定。法院在审理民事案件过程中,检察院参与,有一系列的问题需要研究,容易与审判权混淆。检察院对已经发生法律效力的判决发现有错误,有权提出抗诉,把这一工作做好了,把这一关把住了,问题基本可以解决,可以发挥检察院对民事审判实行法律监督的作用。

(六)适应对外开放的需要,充实涉外民事诉讼的特别规定

民事诉讼法(试行)对涉外民事诉讼的特别规定,总的看来是合适的,但比较原则。随着对外开放的进一步发展,这些年来,涉外民事案件大量增加,积累了一些经验,也出现了一些问题。同时,这一段时期,我国同不少国家签订、正在签订或准备签订司法协助协定,还参加了一些国际条约。根据这些年的经验,民事诉讼法对涉外民事诉讼的特别规定,作了不少补充,有些问题作了修改,主要有以下几个方面。

第一个问题,涉外民事案件的管辖。

第一,级别管辖。

民事诉讼法(试行)原规定,人民法院受理的涉外民事案件,一审放在中级法院。那时,涉外民事案件还比较少,地方法院对涉外民事案件的审理还缺乏经验,因此,把一审涉外案件放在中级法院。民事诉讼法对此作了修改,把一审涉外案件的管辖,原则上放在基层法院,重大涉外案件,由中级法院管辖。为什么这么修改?一是,涉外案件有复杂的,也有很简单的,不需要一审都到中级法院;二是,这几年来,法院对涉外民事案件的审理已有了一些经验,审判人员的素质也有提高,基层法院有条件可以审理一般涉外案件;三是,有的省涉外案件比较多,如广东省最多,如果把所有一审涉外案件都放在中级法院,中级法院承受不了,他们已授权给基层法院管辖,从今后的发展来看,涉外案件还会增加;四是,内地有些法院涉外案件少,如果需要中级法院管辖,上级法院也有权审理下级法院管辖的一审民事案件。

第二,地域管辖。

民事诉讼法总则对地域管辖作了规定,按照这个规定,被告不在我国领域的有关身份关系的涉外民事案件,由原告住所地法院管辖,我国法院是可以管得了的。但是,有些非身份关系的涉外案件,按照这个规定,我国法院就管不了,如合同案件,被告住所地和合同履行地如果都不在中国,有些我们就无法管。

因此,民事诉讼法新增加了涉外案件的管辖一章,规定了,**因合同纠纷或者其他财产权益纠纷,对在中华人民共和国领域内没有住所的被告提起的诉讼,如果合同签订地或者履行地、诉讼标的物所在地、有可供扣押财产在中国的,或者在中国设有代表机构的,可以由合同签订地、履行地、诉讼标的物所在地、可供扣押财物所在地或者代表机构住所地人民法院管辖(第二百四十三条)**。这样规定,可以

扩大我国法院的管辖权,遇到这些情况时,当事人可以向我国法院起诉。这样规定,也是符合国际上通常的做法的。

第三,协议管辖。

民事诉讼法规定,涉外合同或者涉外财产权益纠纷的当事人,可以用书面协议,选择与争议有实际联系的地点的法院管辖(第二百四十四条)。同时规定,涉外民事诉讼的被告,对人民法院管辖不提出异议,并应诉答辩的,视为承认该人民法院为有管辖权的法院(第二百四十五条)。这是什么意思呢?一般讲,协议管辖是要当事人书面协议的,如果没有书面协议,一方当事人向人民法院起诉了,只要被告对管辖没提出异议,并且应诉答辩了,那么就等于是同意了,称为"默示协议"。

第四,专属管辖。

民事诉讼法规定,因在中华人民共和国履行中外合资经营企业合同、中外合作经营企业合同、中外合作勘探开发自然资源合同发生纠纷提起的诉讼,由中华人民共和国人民法院管辖(第二百四十六条)。涉外经济合同法规定,涉外经济合同当事人可以选择处理合同的适用的法律。也就是说,可以选择适用中国法律,也可以选择适用外国法律。但是,在中华人民共和国境内履行的中外合资经营企业合同、中外合作经营企业合同和中外合作勘探开发自然资源合同,必须适用中国的法律。同时规定,如果发生争议,可以书面协议,提交中国仲裁机构或者其他仲裁机构仲裁。也就是说,可以书面协议由外国仲裁机构仲裁。

关于法院对这三类案件的管辖,怎么规定?是由中国法院专属管辖,还是也可以由外国法院管辖?与经贸部、贸促会、最高人民法院、外交部的同志一起研究,认为应当由中国法院专属管辖。这样规定,与涉外经济合同法是否矛盾呢?不矛盾。因为涉外经济合同法规定的是仲裁,对法院管辖没有规定。对外来讲,这样规定合适不合适呢?这三类案件,履行地在中国、住所地在中国、标的物所在地在中国,由中国法院专属管辖,是有充分理由的。

有的同志说,既然当事人住所地在中国,履行地在中国,中国法院当然可以管辖,为什么还要规定呢?作这样的规定,不是因为中国法院管辖不了,而是为了明确,这三类案件由中国法院专属管辖,外国法院不得管辖。

第二个问题,我国涉外仲裁机构的仲裁。

第一,对涉外仲裁机构的裁决申请执行的问题。

原来规定很原则,这次具体化了。法院对待涉外仲裁机构裁决的原则,应当是:一、法院有审查、不予执行的权利;二、尽量不要多干预。一般来说,法院对涉外仲裁机构的裁决,应当予以执行,只有两种情况,法院不予执行。一种是,法院发现裁决违背社会公共利益的;一种是,第二百六十条规定的四种情况,是程序方面违法的,这要当事人提出证明,法院再审查。

第二,申请保全的程序。

原来规定,仲裁机构对当事人申请保全,认为需要采取保全措施的,再向法院提起。现在改为,只要当事人申请保全,仲裁机构就转到法院,仲裁机构不必审查。

第三个问题,司法协助。

根据这些年来与一些国家签订的司法协助协定,针对在司法协助中遇到的问题,作了一些补充修改。

第一,对司法协助的途径等作了具体规定。

我国与外国签订的司法协助协定中,对通过什么途径,有具体的规定。因此,民事诉讼法首先规定,请求和提供司法协助,应当依照我国缔结或参加的国际条约所规定的途径进行。然后再规定,没有条约关系的,通过外交途径进行。

同时规定,外国驻中华人民共和国的使领馆,可以向该国公民送达文书和调查取证,但不得违反中华人民共和国的法律,并不得采取强制措施。除此之外,未经中华人民共和国主管机关准许,任何外国机关或者个人,不得在中华人民共和国领域内送达文书、调查取证(第二百六十三条)。在我国领域内进行诉讼活动,涉及我国的主权。从以上规定可以看出,从对象来讲,只限于对本国公民,不是本国公民不成;从诉讼行为来讲,只能是送达文书、调查取证,其他诉讼行为不行;从行为的机关来讲,只能是驻我国使馆或经我国主管机关同意的。在实际生活中,发生过外国驻我国使领馆,向我国公民调查取证的情况,这是不允许的。有了这个规定,在与外国进行交涉时,就有了明确的法律依据。

第二,申请承认和执行。

原规定,中国法院的判决如果申请外国法院执行,要由法院提出;外国法院判决要申请中国法院执行,也要由外国法院提出。现在,我们与一些国家签订的司法协助协定,已经突破了这个规定,可以由当事人直接向法院申请承认和执行。民事诉讼法按此作了修改,由当事人直接提出申请,也可以由法院提出。

(七)正确处理好法院审判与调解委员会调解、公证、仲裁等的关系

在研究修改民事诉讼法时,有的同志提出,搞一个包括调解、公证、仲裁、审判在内的大的程序法。这种意见有一定道理,但是考虑到公证、仲裁等有些问题还要研究,如果把公证等包括进去,那么就不可能很快修改制定了。所以,还是分别搞,对民事诉讼法进行补充修改,正式通过,公证、仲裁单搞公证法、仲裁法。在民事诉讼中,对有关公证、仲裁的问题,要作出规定,在考虑这些问题时,要正确处理好相互之间的关系。

第一个问题,人民调解委员会。

在民事诉讼法中要不要规定调解委员会,1982 年制定民事诉讼法(试行)时就有争论。调解委员会有几十年成功经验,调解解决了大量民间纠纷,应当给予法律地位。同时,法院与调解委员会是有关系的,法院要对调解委员会的调解进

行指导，如果调解委员会调解工作搞得好，法院的民事案件可以减少。今后不是削弱，而是要改善、加强调解委员会的调解工作。因此，民事诉讼法保留了关于调解委员会的规定。

调解委员会的调解很重要，但要根据自愿的原则。民事诉讼法规定了，不愿调解、调解不成或反悔的，可以向法院起诉。现在，有些地方把调解作为必经程序，规定不经调解，不能向法院起诉，这样做是违背法律规定的，实际上是限制了当事人的诉讼权利。有的地方提出，"民间纠纷不出乡"的口号。如果是为了加强、改进调解工作，做好调解工作，把民间纠纷就地真正解决好，那是很好的。但是，如果把这个口号解释为采取行政手段不许当事人向法院起诉，那就违背民事诉讼法的规定了。

第二个问题，关于律师。

在修改民事诉讼法时，我们对律师在民事诉讼中的地位、作用等，进行了研究。有这么几个问题：

第一，如何发挥律师的作用。

律师在民事诉讼中，作为民事诉讼代理人，作用是很大的，应当充分发挥他们的作用。现在强调当事人举证，特别是经济纠纷案件，律师可以在这方面发挥很大的作用。律师最大的意见是，要求能够调查证据。本来，律师暂行条例对这个问题是有规定的，但民事诉讼法（试行）中没有专门规定，这就产生了一些不同的理解。为了明确这个问题，在民事诉讼法中特别规定，代理诉讼的律师有权调查收集证据。

第二，在民事诉讼中，律师与其他诉讼代理人的地位。

原来规定，律师可以查阅本案有关材料，涉及机密的材料也可以查，但要保密；当事人和其他代理人，仅可以查阅庭审材料。有的同志就提出来了，民事诉讼法的一条基本原则是，当事人有平等的诉讼权利。为什么在查阅材料的范围上不同，是否违反了这条基本原则？因此，这次修改为，代理诉讼的律师、其他诉讼代理人可以查阅本案有关材料。查阅的范围和办法，由最高人民法院具体规定。

第三，有的地方建议，给律师、律师事务所以审判监督的职能。

律师在代理诉讼时提出的意见，法院审判人员应当认真听取。但是，律师、律师事务所与检察机关的性质、职权不同，在民事诉讼中，律师是当事人的代理人，是受当事人委托进行诉讼，因此，不能规定律师事务所有法律监督机关的职能。

第三个问题，关于公证。

公证是个重要的工作，公证工作做好了，有利于防止和减少纠纷。目前正在起草公证法。民事诉讼涉及公证工作的，有两个问题。

第一，关于与法院的分工。

在民事诉讼的特别程序中，有的同志曾建议规定，法院确认身份关系的程序。经过研究认为，身份关系如果有争议，法院应当适用普通程序进行审查；如果没有争议,只是证明一下,那么就由公证机关公证,法院不要管。有的同志提出,有的外国法院对公证机关的证明不承认,怎么办。如果发生了这种情况,可以个别解决。因此,没有在民事诉讼法中规定法院确认身份关系的特别程序。

第二,公证文书的证据效力。

应当说,经过法定程序公证证明的法律行为、法律事实和文书,具有高的证据力。当然,也不能说所有公证证明就一定作为认定事实的依据。如果有相反证据,足以推翻公证证明的,应当除外。这次修改主要是文字表述,原来规定的是法院应当“确认其效力”,改为应当“作为认定事实的依据”。因为,公证证明经公证机关作出,就具有效力,而不是由法院确认,法院确认的是,作不作为认定事实的根据。

第四个问题,仲裁。

仲裁是十分重要的,每年大约有几十万起合同纠纷,是由仲裁解决的。仲裁具有简便、节省、迅速的特点。在修改民事诉讼法时,研究了两个问题。

第一,实行或裁或审还是又裁又审。

1981 年制定经济合同法、1982 年制定民事诉讼法(试行)时,就讨论过这个问题,是或裁或审,还是又裁又审;是一裁二审,还是两裁两审。经济合同法的规定是一裁两审,后来涉外经济合同法、技术合同法等,都是采取或裁或审的办法。修改民事诉讼法时,有的同志提出,要明确实行或裁或审。从今后发展方向看,应当采用或裁或审的制度,因为仲裁的优点是快,如果又裁又审,仲裁快的特点就要受到影响。但是,实行或裁或审,应当以当事人双方自愿仲裁为前提。如果仲裁不是双方自愿,又不能到法院起诉,那就有问题了。现在,我们的仲裁还在发展中,有各种各样的仲裁,有些有法律规定,有些没有法律规定,有法律规定的,也不完全一样;而仲裁工作中也还存在一些问题,没有完全理顺,有些不是自愿仲裁。因此,要在民事诉讼法修改时,就把这个问题完全解决,条件还不成熟。所以,在民事诉讼法中,强调了仲裁要当事人双方自愿,至于或裁或审问题,可以在制定仲裁法或修改有关法律时,予以解决。

第二,对仲裁裁决的执行。

民事诉讼法(试行)对这个问题规定得很原则。在实践中提出了一些问题,例如,法院对申请执行的仲裁裁决,能不能审查,要不要主动全面审查,审查什么,什么情况不予执行,不予执行的怎么办?民事诉讼法对这些问题作了规定(第二百一十七条)。

在介绍涉外仲裁时已讲了,法院对申请仲裁的裁决是有审查和不予执行的权利的,但不要多干预。首先,法院对申请执行的依法设立的仲裁机构的裁决,应当执行。被申请人提出证据证明仲裁裁决错误的,法院要审查核实,被申请人没有提出问题的,法院不必全面审查。这些与涉外仲裁机构裁决是一样的。

审查什么,有什么情况不予执行?在这个问题上,对国内仲裁和对涉外仲裁机构的裁决,就不一样了。对国内仲裁裁决,要管得多一些,不予执行的,规定了六项,不仅程序违法,而且包括适用法律错误,认定事实的主要证据不足,仲裁员在仲裁该案时有贪污受贿,徇私舞弊,枉法裁决行为的。对有这六项情况之一的,法院裁决不予执行。

仲裁裁决被法院裁定不予执行的,当事人可以根据双方达成的书面仲裁协议,重新申请仲裁,也可以向法院起诉。根据这个规定,实际上说明,被裁定不予执行的仲裁裁决,已经没有效力了。

对民事诉讼法的补充修改,主要是这七个方面。从以上介绍可以看出,为适应改革开放,社会主义商品经济的发展和对外交往的需要,在民事诉讼法中,对有关经济审判和涉外民事案件方面,作了不少补充;对这些年来审判工作中存在的一些问题,有针对性地作了规定;对这一段时间各地法院在审判中的一些好的做法,予以总结,并用法律加以肯定了。当然,有些规定还比较原则,可以根据实际情况和需要,作一些司法解释。

关于刑事诉讼法

（1985 年 5 月　在第一期立法干部培训班上）

（一）刑诉法的任务

刑诉法是程序法，主要内容是规定刑事案件侦查、起诉、检察、审判、执行程序的原则和制度，公、检、法三机关在刑事诉讼活动中的职权和工作关系，诉讼参与人在诉讼中的权利和义务以及有关证据等问题。

刑诉法虽然是程序法，但是一个重要的法律，它从司法程序方面，保证刑法的正确实施。发生冤、假、错案，有些与诉讼程序上的问题有很大关系，如证据不足、逼供等。在十年动乱期间，林彪、“四人帮”反革命集团随便抓人，刑讯逼供，不许申辩，伪造证据等，对广大干部、人民群众进行迫害，制造了许多错案、假案。从这里也可以看出刑诉法的重要。

刑诉法的任务是什么？刑诉法是从两个方面规定的，一方面是“保证准确、及时地查明犯罪事实，正确应用法律，惩罚犯罪分子”，另一方面还要“保障无罪的人不受刑事追究”。这是一个十分重要的原则，是总结几十年的经验，特别是总结了十年动乱的教训得出的。不能只强调惩罚犯罪分子一面，而不注意保障无罪的人不受刑事追究这一方面。我们不仅要惩罚犯罪，打击犯罪，也要强调保障公民的合法权利。

（二）三机关分工负责，互相配合、互相制约

谁有权行使侦查、逮捕、审判、检察权？刑诉法明确规定，这些权力，分别由公安机关、检察院、法院行使。其他任何机关、团体和个人都无权行使这些权力。在十年动乱期间，什么人、什么单位都可以随便抓人，随便审判。刑诉法作出上述明确规定，是为了防止林彪、“四人帮”横行时期那种滥行逮捕、拘留，侵犯干部、群众的人身、民主和其他权利的现象。

在封建社会，行政、审判是合一的，我国古代的县令，既是行政首长，又管断案。资产阶级提出行政、司法分开。后来，又把审检分开。分工负责、互相制约，是进步的。我们采取公、检、法三机关分工负责、互相配合、互相制约的制度。公、检、法三机关如何分工？对刑事案件的侦查、拘留、预审，由公安机关负责。批准逮捕和检察（包括侦查）、提起公诉，由人民检察院负责。审判由人民法院负责。

如何互相制约？公安机关要求逮捕人犯，必须经检察院审查批准。检察院不

批准的决定,公安机关认为有错误的时候,可以要求复议,如果意见不被接受,还可以向上一级检察院提请复核,这是逮捕方面的互相制约。起诉方面的互相制约关系是,公安机关侦查的案件,起诉时必须经检察院审查决定。检察院可以决定起诉,也可以决定免予起诉。检察院决定免予起诉的,应当将免予起诉决定书送公安机关。公安机关认为免予起诉的决定有错误的时候,可以要求复议,如果意见不被接受,可以向上一级检察院提请复核。检察院起诉后,法院可以决定审判,也可以退回检察院补充侦查或者撤回起诉。检察院发现审判活动有违法情况,有权向法庭提出纠正意见。法院可以判决有罪或无罪。而检察院认为法院判决、裁定确有错误的时候,有权提出抗诉。对各级法院已经发生法律效力的判决和裁定,如果发现确有错误,最高人民法院和上级人民法院有权提审或者指令下级法院再审,最高人民检察院和上级人民检察院有权按照审判监督程序提出抗诉。

公、检、法三机关这样互相制约是不是麻烦呢?是麻烦,但是这样做,有利于减少错误,正确运用法律。有人提出,三机关的关系就是互相制约,这不完全。三机关又要配合,又要制约。就如同工厂的生产,一个产品要经过三个车间,三道工序。制约不是扯皮,目的是保证准确有效地执行法律,以保证准确打击反革命和其他刑事犯罪行为,保护人民。

(三)党的领导和独立行使审判权、检察权问题

宪法规定,法院、检察院依法独立行使职权。是不是不要党的领导了呢?不是。彭真同志在《关于七个法律草案的说明》中强调指出,“公安、检察、法院三机关的工作关系是在党的领导下,遵照宪法、刑法和其他法律的规定,为了共同维护社会主义法制而在工作中实行分工协作和互相制约,以保证准确地打击反革命和其他刑事犯罪行为,保护人民”,其中特别写了“在党的领导下”。宪法序言写了坚持党的领导。

公、检、法机关必须坚持党的领导。形势、任务,抓什么工作,从轻还是从重,谁最清楚?党委最清楚。整顿社会治安之所以收效比较快,就是因为中央决定部署以后,各级党委抓紧了领导。党怎么领导?不是去批具体的案子,而是:第一,根据形势,及时提出方针、政策。如 1979 年、1983 年,中央根据社会治安严重情况,提出要整顿社会治安,对严重危害社会治安的严重犯罪分子要依法从重从快惩处的政策。第二,领导法院、检察院更好地依法办事,正确执行法律。至于每个具体案件,检察院、法院独立依法处理。

(四)证据问题

证据问题是刑事诉讼中一个十分重要的问题。公、检、法办案,以事实为根据,以法律为准绳,首先要“以事实为根据”,证据是定罪判刑的基础。案件错不错,首先是事实,证据是否确凿。在证据问题上,我们有经验教训,国际上也有经

验教训。例如，我国在十年动乱期间，林彪、“四人帮”反革命集团提出，“一人供听，二人供信，三人供定”，造成许多冤案、假案。从国际上来看，苏联维辛斯基强调人证。他说，“证人证言是对于已实施的犯罪行为，发现真实的最重要的工具，证人是形成审判员内心确信的最重要的源泉”“是全部现代诉讼程序的基础”。苏联发生肃反扩大化，与这个问题有关。所以，在起草刑诉法时，特别注意解决好证据的问题。

对证据问题，不同阶级有不同的理论和制度。封建时期，采取法定证据理论。什么是法定证据呢？就是规定了，什么样的证据有效。例如，多数人证据的效力，优先于少数人证据；有身份的人即当官人的证据，优先于老百姓的证据；男人的证据，优先于女人的证据；有知识人的证据，优先于不识字人的证据。而资产阶级的理论是自由心证，主张证据是否确实，由法官们的良心来判断。我们既不是法定证据，也不是法官自由心证，而是强调客观事实。我们规定，“证明案件真实情况的一切事实，都是证据”“证据必须经过查证属实，才能作为定案的根据”，公、检、法“必须忠实于事实真象”。

总结我国的经验，针对“文化大革命”中的教训，同时参照国外的经验教训，在证据问题上，刑诉法作了一系列重要的规定。主要是：第一，必须依照法定程序，收集能够证实被告人有罪或者无罪、犯罪情节轻重的各种证据。原来草案写的是“搜集”，彭真同志把“搜集”改为“收集”，因为“文化大革命”中往往首先定框框再去搜集证据，是主观的，“收集”是讲客观的，不是去制造，而是把客观事实“收集”起来。同时，收集证据，也不是只收集证明有罪的，也要收集证明无罪的证据，不仅要收集犯罪情节重的证据，而且也要收集证明犯罪情节轻的证据。第二，规定严禁刑讯逼供和以威胁、利诱、欺骗以及其他非法的方法收集证据。第三，规定要重证据，重调查研究，不轻信口供。还规定只有被告人供述，没有其他证据的不能认定被告人有罪和处以刑罚，没有被告人供述，证据充分确实的，可以认定被告人有罪和处以刑罚。这条是很要紧的，是为了防止逼供信。后面一段话，是公安部同志提出来写上的。他们有经验，在实践中证明是正确的。第四，规定证人证言必须在法庭上经过公诉人、被害人和被告人、辩护人双方讯问、质证，听取各方证人的证言并经过查实以后，才能作为定案的根据。这是吸收了一些西欧国家的经验规定的，证据经过双方讯问、质证，是为了保证证据的确实。第五，针对“文化大革命”中诬告、伪证风行的严重情况，除在刑法中规定了诬陷罪、伪证罪和诽谤罪以外，在刑诉法中又规定，公安、法院、检察院接受控告、检举时，应当向控告人、检举人说明诬告应负的法律责任。但是，只要不是捏造事实、伪造证据，即使控告、检举的事实有出入，甚至是错告的，也要和诬告严格加以区别。并规定，审判人员、公诉人询问证人时，应当告知他要如实地提供证言和有意作伪证或者隐匿罪证要负法律责任。还规定，凡是伪造证据、隐匿证据或者毁灭证据的，无论属于何方，必须受法律追究。法庭查明证人有意作伪证或者隐匿罪证时，应当依法处理。

所有这些规定,都是为了保证证据的客观、全面、确实。

怎样才叫证据确凿呢? 在整顿城市治安中,发现有些严重犯罪久拖不决,不能及时打击。原因是有些同志在办案时,纠缠在一些证据的枝节问题上,长期不能定案。1979年底、1980年初,彭真同志到上海、广州考察时,上海、广州的同志都提出了这个问题。彭真同志指出,要准确及时。准确,要靠事实、证据。证据是指基本的证据,能够证明基本事实就是证据。有一起杀人案,杀了3个人是确实的,但有一个被杀的是什么人没有查清,就拖着不能处理。既然罪犯确实杀了3个人,为什么因为一个死者的身份不明就不能判?有了可靠的基本事实,有了基本的证据,就可以判。不应纠缠在一些枝节的问题上,以致久拖,不能及时惩处。

(五)诉讼期限问题

这也是制定刑诉法过程中着重研究的一个问题,因为它涉及保护公民的人身自由和权利。原草案规定,一个案件羁押的时间太长。一个人还没有最后确定是否犯罪,从拘留到一审就要这么长时间,是个严重的问题。不仅对被羁押的本人,而且对他们的家庭、亲属都会造成严重的影响。彭真同志十分重视这个问题,找公、检、法负责同志专门研究,如何缩短羁押期限,并向中央写了报告。

从执行的结果看,绝大部分案件可以在规定期限内办完,但也有些案件不能办完,有些地方和部门要求延长刑诉法关于羁押期限的规定,如何延长?有的同志主张普遍延长。经过反复研究,认为这样不成。制定刑诉法时,尽量缩短羁押期限、保障公民人身权利的精神是正确的,而且实践证明,绝大部分案件能够按期办完,所以刑诉法关于羁押期限的规定,基本是合适的。但是,的确有一些情况,要在刑诉法规定的羁押期限内办完有实际问题,需要解决,但不能普遍延长时间,如何解决这个问题?要调查研究,进行分析。有多少案件不能按期办完,没按期办完的都是些什么情况和原因,哪些是属于改进工作的问题,哪些是确实客观上不能办完,只能对那些客观上确实不能办完的加以延长。

经过反复调查研究、分析,全国人大常委会1984年7月通过了《全国人民代表大会常务委员会关于刑事案件办案期限的补充规定》,决定对两类案件,即重大的犯罪集团案件和流窜作案的重大复杂案件,经省一级检察院、法院决定或批准,可以延长期限(侦查延长二个月,一、二审可各延长一个月)。另外规定,交通十分不便的边远地区的重大复杂的刑事案件,也可以适当延长。

要很好执行刑诉法关于羁押期限的规定,有两个问题要解决。一个是要健全和加强司法机关,提高水平,提高工作效率。再一个重要问题是,要改变过去的老习惯。有些同志过去习惯于"以捕代侦""以拘代侦",不是把犯罪事实基本查清了再捕,而是捕了再查。刑诉法规定,对主要犯罪事实已经查清,可能判处徒刑以上的人犯,采取取保候审、监视居住等方法,尚不足以防止发生社会危险性,而有逮捕必要的,应即依法逮捕。一个是"主要犯罪事实已经查清",而不是捕了再查;一个是“采取取保候审、监视居住等方法，尚不足以防止发生社会危险性”的。有的同志不善于利用取保候审或者监视居住的办法。

还有一个问题，就是特别重大、复杂的案件问题。刑诉法第九十二条第二款规定：“特别重大、复杂的案件，依照前款规定延长后仍不能终结的，由最高人民检察院报请全国人民代表大会常务委员会批准延期审理。”为什么要作这个规定，彭真同志在全国人大常委会上关于刑法（草案）、刑诉法（草案）的说明指出：“有些案件因为政治关系或其他特殊原因，可能在较短时间内不宜交付审判（例如过去的日本战犯、国民党之类的案件）。对于这样的案件，规定由最高人民检察院报请全国人大常委会批准延期审理。”至于其他刑事案件是不能适用刑诉法第九十二条第二款的规定的。

（六）关于被告人地位问题

刑诉法保障诉讼参与人的合法权利。诉讼参与人包括当事人（即自诉人、被告人、附带民事诉讼原告、被告）、被害人、法定代理人、辩护人、证人、鉴定人、翻译人员。我只介绍被告人的权利。

现在，犯罪分子与新中国成立初有很大变化。新中国成立初，犯罪分子多是社会渣子，现在绝大部分是工、农、知识分子、干部和他们的子弟，而且大部分是青少年。这是一个很大的变化，我们要认识这个变化。

刑诉法对被告人的诉讼权利作了充分的规定。主要有以下几点：侦查阶段告知被控什么罪；可以提出无罪、罪轻的辩解；申请回避权；申请补充鉴定、重新鉴定；向证人、鉴定人发问；辨认物证，申请新证人，调取新物证；提出辩解，参加辩论；最后陈述；上诉。

有人说，对被告考虑得太周到了。为什么对被告要规定这些权利？被告是处于被控的地位，给以申辩的权利，经过辩护，可以更好查明事实，正确执行法律，防止错案。在“文化大革命”中，林彪、“四人帮”不允许人申辩，出了许多错案，这个教训一定要吸取。不要以为我们就不会成为“犯人”，在“文化大革命”中，不是许多干部被抓起来了吗？有些同志害怕给被告辩护权，他们觉得给被告人辩护权太麻烦，有的审判员、检察员辩不过被告或律师，觉得不好办。如果证据确凿，适用法律适当，怎么辩论也不怕！如果证据搞得不准确或者适用法律不适当，被告提出来把问题搞清，不是很好吗。有些同志怕被告辩护，正是说明给被告辩护权可以促使司法人员工作做得更扎实，促使司法人员去熟悉法律，提高法律业务和政策水平。

（七）关于律师

刑诉法规定，被告人除自己行使辩护权外，还可以委托律师辩护。1980 年 8 月，全国人大常委会制定了《中华人民共和国律师暂行条例》。关于律师问题，介绍几点。

第一,律师担任辩护人的地位。讨论中,有人主张律师应当代表被告人的利益,替被告人说话。我国律师与资产阶级国家的律师不同,不能片面地站在被告立场,代表被告利益。而是应当根据事实和法律,提出证明被告人无罪、罪轻或者减轻、免除其刑事责任的材料和意见,维护被告人的合法权益。律师条例规定,"律师担任刑事辩护人的责任,是根据事实和法律,维护被告人的合法权益"。律师条例还规定,"律师进行业务活动,必须以事实为根据,以法律为准绳,忠实于社会主义事业和人民的利益"。

第二,关于律师的权利和活动,刑诉法和律师条例都作了规定。律师参加诉讼活动,有权依照有关规定,查阅本案材料,向有关单位、个人调查。律师担任刑事辩护人时,可以同在押的被告人会见和通信。律师条例规定,律师进行这些活动,有关单位、个人有责任给予支持。还规定,律师依法执行职务,受国家法律保护,任何单位、个人不得干涉。

第三,被害人可否请律师问题。在起草中有争论。有人说,被害人有国家公诉人代表了,所以不能再请律师。公诉人代表被害人的权益,但有时并不能完全代表和反映被害人的权益,应当允许被害人请律师出庭,这样可以更好地保护被害人的权益。因此,律师条例规定,律师可以"接受自诉案件自诉人、公诉案件被害人及其近亲属的委托,担任代理人、参加诉讼"。

最后,我想讲讲"两法"(刑法和刑事诉讼法)是与犯罪分子作斗争的有力武器。有些同志觉得"两法"束缚了手脚。是不是束缚我们的手脚?不是。法律使好人办事有章可循,坏人办坏事受到约束和制裁。对人民来说,特别是对公、检、法来说,法律是个武器。那么为什么有些同志觉得束缚手脚呢?

第一,有些同志对"两法"没有很好学习,没有掌握,不熟悉。彭真同志讲,不熟悉,便会感到束手束脚,熟悉了才有自由,才能运用这个武器同犯罪分子、坏人坏事进行斗争。因此,要很好地熟悉法律,学会运用法律这个武器。

第二,"两法"一方面给司法机关与犯罪斗争的职权,但是在办案过程中也要遵守一定的规范。这些规定不是束缚与犯罪斗争的手脚,而是为了更好地与犯罪进行斗争,以便准确、及时地查明犯罪事实,正确应用法律,惩罚犯罪分子,同时保障无罪的人不受刑事追究。如果说,这是限制的话,那么这些限制是必要的。有的同志不愿意按这些规定办,不愿意受这些约束。他们不了解,如果没有这些规定,那么坏人就可能钻空子、办坏事,"文化大革命"的教训还不深吗?

"两法"已经制定实施快六年了。根据新的情况、新的问题、新的经验,有些问题需要补充和修改。怎么改?我们正在调查研究,但要靠各地同志,靠实际工作的同志,靠主管部门的同志,总结实践经验。

关于刑事诉讼法修改的几点意见

（1995年6月13日　在刑事诉讼法修改座谈会上的发言）

关于刑事诉讼法的修改问题，法院、检察院、公安、司法等有关部门和专家，都认真进行了研究，提出了修改建议。这一段工作是有成效的，问题摆出来了，并且提出了不少好的修改方案。从各方面提出的意见来看，多数是一致的，但也有一些问题，包括一些重大问题，有不同看法。这次召开座谈会，不是一般的发表意见，而是要在过去工作的基础上，对若干主要问题，特别是有不同意见的，进一步研究讨论，深入交换意见，以便在充分考虑各种意见后，能够提出倾向性的意见。所以，这次座谈会是一次十分重要的会议，开好这次会议对刑事诉讼法的修改工作是有重要作用的。我来参加会议，是为了更好地听取大家的意见，现在只对刑事诉讼如何修改，讲点个人的看法，以便大家更好地发表意见。

刑事诉讼法是1979年制定的。这部法总结了我国长期以来刑事诉讼的经验，总结了"文化大革命"的教训。党的十一届三中全会决定，要健全社会主义法制，1979年3月全国人大常委会成立了法制委员会。中央决定，由彭真同志主持和领导法制工作。法制委员会刚成立时，有些同志建议，先开务虚会。彭真同志说，立法任务很重，很紧迫，对"文化大革命"的教训要总结，但不要专门开一般的务虚会，而是在起草制定法律时，总结教训，在法中有针对性地作出规定，从法制方面来防止这些问题再发生。刑事诉讼法总结了"文化大革命"的教训，做了许多很好的规定。刑事诉讼法制定不久，开始审判"四人帮"，审判"四人帮"是依照刑诉法进行的。彭真同志说，从审判"四人帮"的实践来看，刑法、刑诉法的规定是正确的。十多年实践证明，刑事诉讼法的指导思想、基本原则和诉讼制度，是正确的，是好的。

1979年到现在快十六年了。十多年来，我国各个方面都有了很大发展变化，特别是建立社会主义市场经济体制，改革不断深化，对外开放不断扩大，在与刑事犯罪的斗争方面，出现了新情况，刑事诉讼法的有些规定不能完全适应了或不够了，需要补充和完善。十多年来，在与犯罪斗争方面出现了哪些新情况呢？我认为，主要有以下几个方面：

第一，刑事案件发生了变化。一是，随着经济改革，建立社会主义市场经济体制，出现了不少新的经济犯罪，如各种金融欺诈，贪污、贿赂和渎职案件也大量增加。二是，集团犯罪、跨省市流窜作案的犯罪大量增加。三是，涉及境外的犯罪增加。有些是境内外犯罪分子勾结进行犯罪,如制毒、贩毒案件。随着国际贸易、对外经济交流的发展,我国派到国外执行公务的人员增多,有些在境外犯罪。有些犯罪后,向境外逃跑或向境外转移赃款。以上这些变化,给我们侦查取证、追究犯罪,带来一系列新的问题,任务重了,情况复杂了,难度加大了。

第二,队伍的变化。可以从两方面看,一是公安、法院、检察院的队伍比过去健全了,壮大了,律师队伍也有很大发展。1979 年时,检察机关刚刚恢复,现在已初具规模。由于机构的健全、队伍的壮大,就有条件使公、检、法三机关按各自职责,更好地发挥职能作用,可以更多地发挥律师在刑事诉讼中的作用。另一方面,社会上的某些消极因素和腐败现象对我们的司法队伍也有影响,对此要有足够的认识。当然,司法队伍总的讲是好的,但确有一些人贪赃枉法、徇私舞弊,有的还相当严重。这就要求,在制度方面加强制约和监督。

第三,执法条件变化。例如,人口的流动性增加,基层组织不如过去健全,有些过去有效的措施,如监视居住、取保候审,在现在情况下就比较困难了,需要研究在新的情况下如何解决。又如,现在有些地方、部门的保护主义严重,不仅经济纠纷案件有地方保护主义,就是对经济犯罪案件,如走私案、伪劣商品案等,都有保护主义。这给司法机关带来新的问题。

第四,法制的发展,经验的积累。这些年来,法制不断完善,陆续制定了警察法、安全法、两官法、监狱法、行政诉讼法、国家赔偿法等,“两高”和公安部为执行刑事诉讼法,也作了一些具体规定。同时,这些年来,公、检、法在侦查、起诉、审判、执行等方面,都积累了一些新的经验。

以上这些变化,对刑事诉讼的各个环节,从立案管辖、强制措施、侦查手段、诉讼当事人的权利、起诉、审判方式以及执行等,都提出了一些需要研究的新问题。

对刑事诉讼法如何进行修改,根据前面对情况的分析,我认为,应当注意以下几点:

第一,以现行刑事诉讼法为基础,进行修改、补充,而不是重来。

第二,从实际出发。具体讲,一是要研究、适应新的情况,对不适应的,加以修改、补充;二是要研究刑事诉讼中出现的问题,有针对性地加以规定;三是要总结实践经验,对成熟的经验,予以肯定。当然,我们要研究、借鉴国外对我有用的经验,但要从我国的实际出发。

第三,对刑诉法的修改、补充,要达到以下目的:一是,保证准确、及时地查明犯罪,正确地追究犯罪;二是,保障无罪的人不受刑事追究,保护诉讼当事人的诉讼权利;三是,公、检、法按职责分工,充分发挥各自的作用,完善和加强相互制约制度,互相配合,保证正确执行和适用法律。

以上是我个人对如何修改刑诉法的几点意见,请大家考虑。

关于刑事诉讼法修改情况和主要内容

（1996 年 1 月 15 日　在刑诉法修改座谈会上的讲话）

1995 年 12 月，八届全国人大常委会第十七次会议对刑事诉讼法修改方案进行了初步审议，并决定建议列入八届全国人大四次会议议程。

对刑事诉讼法实施情况和问题进行调查研究修改，是从 1993 年开始的。我们先后到四川、河北、福建、甘肃以及在北京等地，进行调查。公安部、最高人民法院、最高人民检察院、司法部和法律专家，都十分重视，认真研究，积极提出修改意见。从提出的意见来看，对不少问题的看法是一致的，但也有一些问题，包括一些重大问题，存在着不同看法。为了进一步研究这些问题，1995 年 6 月，我们召开了刑事诉讼法修改座谈会，请公、检、法、司的同志和专家参加，对一些重大问题，深入展开讨论，进一步交换意见。经过座谈，有些问题取得了共识，有些问题虽然看法还不尽一致，但各方面的观点、理由更加清楚了。座谈会后，我们对各方面的意见认真做了研究，在大家提出的修改意见的基础上，提出了一个初步修改方案，发给有关部门、地方和专家征求意见。1995 年 11 月，我们参加了诉讼法学会在福建召开的年会，专门听取全国诉讼法学专家对修改方案的意见，接着在北京开会，请公安部、最高人民法院、最高人民检察院、司法部的有关负责同志参加，交换意见。根据各方面的意见，又作了一些修改，报全国人大常委会党组。全国人大常委会党组讨论后，报中央政治局常委会原则同意。

1996 年 1 月，受委员长会议委托，王汉斌、任建新和罗干同志主持，请中政委、最高人民法院、最高人民检察院、公安部、安全部、司法部和法律委、内司委、法工委的负责同志进一步协调。根据协调意见，又作了一些具体修改。这次请同志们来，是为了进一步听取意见，进行修改。拟于 2 月，向八届全国人大常委会第十八次会议汇报修改情况，如同意，提请八届全国人大四次会议审议。修改稿的情况，胡康生同志要向同志们介绍。我先把一般的情况作些介绍，以便同志们能够更好地发表意见。我从两方面来讲，一是刑诉法的任务和基本原则；二是修改的主要内容和问题。

一、刑事诉讼法的任务和基本原则

研究修改刑事诉讼法，首先要研究刑事诉讼法的任务和基本原则。1979 年制定的刑事诉讼法,对任务和基本原则作了规定。

关于刑事诉讼的任务,刑诉法是从两方面讲的,既要保证准确、及时地查明犯罪事实,正确应用法律,惩罚犯罪分子,又要保障无罪的人不受刑事追究,保护公民的权利。刑事诉讼法在"文化大革命"前就开始起草了,那时的草案,对刑诉法任务的规定是,揭露犯罪、证实犯罪和惩罚罪犯。对不对呢?不能说不对,因为刑诉法就是从程序方面,来保障刑法的落实。经过"文化大革命",总结国际、国内正反两方面的经验教训,1979 年制定刑诉法时,增加了要保障无罪的人不受刑事追究,保障公民的权利的内容。同时,将"揭露犯罪、证实犯罪和惩罚罪犯"准确地写成"保证准确、及时地查明犯罪事实,正确应用法律,惩罚犯罪分子"。对犯罪事实是查明,而且要"准确""及时",首先是"准确",将"准确"放在前面;事实是根据,同时还要正确应用法律,核心是一个"准"字。大家认为,1979 年刑诉法关于刑事诉讼任务的规定,是完全正确的,总结了正反两方面经验教训,要从两方面考虑,既要惩罚犯罪,又不冤枉好人,只讲一面是不成的。这是一条总的原则,总的指导思想。一切规定,都要从为实现这个任务来考虑,制定时是这样,修改时也要这样。

刑事诉讼法根据刑事诉讼的任务,对刑事诉讼的基本原则作了规定,主要是:

第一,人民法院、人民检察院和公安机关应当分工负责,互相配合,互相制约,以保证准确有效地执行法律。这个原则,刑诉法规定了,1982 年制定新宪法时,写入了宪法。有几层意思,一是,侦查、检察和审判权由公、检、法依法行使,其他机关、团体和个人无权行使这些权力。彭真同志 1979 年在说明中专门讲了这个问题,他说,这样规定是为了"防止林彪、'四人帮'横行时期那样滥行逮捕拘留,侵犯干部群众的人身权利、民主权利和其他权利的现象重演"。二是,公、检、法在刑事诉讼活动中要分工。在封建社会,行政、审判是合一的,资产阶级革命时提出司法和行政分开,后来又把审检分开。分工负责、互相制约,是进步的,符合法制原则。我们采取公、检、法三机关分工负责的制度,进一步把侦查与起诉也分开了。三是,三机关互相配合、互相制约。分工是为了明确职责,要互相配合、互相制约,目的是保证准确有效地执行法律,惩罚犯罪,保护人民。这一条,是规范三机关在刑事诉讼中的职权和相互关系的原则。

第二,保障诉讼参与人依法享有的诉讼权利。诉讼参与人包括自诉人、被告人、附带民事诉讼的原告和被告、被害人、法定代理人、辩护人、证人、鉴定人、翻译人员等,对他们的诉讼权利要予以保障,特别是,要保障被告人的辩护权和被害人的诉讼权利。根据这个原则,刑事诉讼法对被告的诉讼权利作了一系列规定,主要有:侦查阶段告知被控什么罪,有权提出无罪、罪轻的辩解;除自己行使辩护权外,可以委托律师等为辩护人进行辩护;申请回避;在法庭上,向证人、鉴定人发问,辨认物证,申请新证人,调取新物证,申请补充鉴定、重新鉴定;在法庭调查后,进行陈述和辩解,参加辩论,并有最后陈述的权利;对一审判决不服可以提起上诉,法院不得因上诉而加重被告人的刑罚,对发生法律效力的判决、裁定,可以提出申诉等。为什么要强调保障被告人的诉讼权利,因为被告处于被控的地位,保障他们的诉讼权利,可以更好地查明事实,正确执行法律,防止错案。在"文化大革命"中,林彪、"四人邦"不允许申辩,出了许多错案,1979年制定刑事诉讼法时,充分总结了"文化大革命"的教训,彭真同志说,我们要总结"文化大革命"的教训,在法中作出规定,以防止今后再发生类似事情。所以,这是刑事诉讼的一条重要原则。

第三,以事实为根据,以法律为准绳。这是长期以来我国刑事诉讼的一条重要经验,是正确惩罚犯罪,防止错案,保障无罪人不受刑事追究的重要原则。是否犯罪,罪重罪轻,要以事实为根据。封建社会采取有罪推定的原则,资产阶级针对有罪推定,提出了无罪推定。我们坚决反对有罪推定,但也不是西方国家那种无罪推定,而是以客观事实为根据。刑诉法规定,必须依照法定程序收集能够证明被告人有罪或者无罪、犯罪情节轻重的各种证据。原草案写的是"搜集",彭真同志亲自将"搜集"改为"收集"。为什么,"文化大革命"中往往先定框框,再去主观地搜集证据,"收集"是讲客观的,不是去制造,而是将客观事实"收集"起来。并且,不是只收集有罪的证据,也要收集证明无罪的证据,不仅收集证明犯罪情节重的证据,也要收集证明犯罪情节轻的证据。同时还规定,对一切案件的判处,都要重证据、重调查研究,不轻信口供;严禁刑讯逼供和以威胁、引诱、欺骗以及其他非法方法收集证据;只有被告人供述,没有其他证据的,不能认定被告人有罪和处以刑罚;没有被告人供述,证据充分确凿的,可以认定被告人有罪和处以刑罚;证据必须经过查证属实,才能做为定案的根据,等等。这一切都是反对有罪推定的,是以事实为根据的。查清事实后,是否判刑,如何量刑,要以法律为准绳。

第四,严格依法的原则。具体讲,有几个方面,一是,公、检、法在进行侦查、检察、审判时,必须严格依法进行。二是,对于一切公民,在适用法律上一律平等,在法律面前,不允许有任何特权。在法律面前一律平等,是宪法规定的公民的一项基本权利,也是社会主义法制的一条基本原则,在刑事诉讼中,也要坚持这条原则,不管什么人,犯了罪,都要依法判处。三是,对案件的审理,要以法律为准绳,这一点前面已讲了。

第五,审判案件公开进行的原则。公开审判是针对封建专制的秘密审判提出来的一条重要原则。实行这个原则,一是,把审判置于人民群众的监督之下,对保障公正审判有重要意义;二是,当事人可以在公开的法庭上进行辩论、质证,有利于维护他们的诉讼权利,也有利于准确地查明事实,正确适用法律;三是,可以起到教育作用,教育广大公民自觉遵守法律,积极同犯罪行为斗争。根据这个原则,就应当加强和充分发挥庭审的作用。

刑事诉讼的这些基本原则,大家认为,经过司法实践证明是正确的。为什么要讲这些?因为这涉及到我们如何修改,根据什么原则进行修改的大问题。既然刑事诉讼法规定的任务和基本原则是正确的,那么,第一,对刑诉法的修改,不是另起炉灶,而是在1979年刑诉法的基础上,予以补充完善;第二,修改时,要根据刑诉法的任务和基本原则来进行,结合情况的变化、发展,经验的积累,更好地贯彻刑事诉讼的基本原则,实现刑事诉讼的任务。在修改过程中,大家提出了各种各样的意见和方案,广泛发扬民主,充分听取各方面的意见,特别是不同意见,对修改是很有好处的。但是,有不同的意见怎么解决,如何统一认识,要根据刑诉法的任务和基本原则,结合实际来考虑。刑诉法的任务和基本原则,也就是我们修改刑诉法的原则。

二、修改的主要内容和问题

既然刑事诉讼法规定的任务和基本原则是正确的,那么为什么要进行修改呢?刑事诉讼法是1979年制定的,到现在已16年了。十多年来,我国各方面都有了很大发展变化,特别是建立社会主义市场经济体制,改革不断深化,对外开放不断扩大,在与刑事犯罪的斗争方面,出现了新情况,刑事诉讼法的有些具体规定,不能完全适应了或者不够了,需要补充和完善。十多年来,在与犯罪斗争方面出现了哪些新情况?我认为,主要有以下几个方面:

第一,刑事案件的情况发生了变化。一是,随着经济改革,出现了不少新类型的经济犯罪,如各种金融欺诈犯罪,同时,贪污、贿赂和渎职案件大量增加。二是,集团犯罪、跨省市作案的犯罪大量增加。三是,随着对外开放的扩大,涉及境外的犯罪增加,有些是境内外犯罪分子勾结进行犯罪,如制毒、贩毒案件;有些是我派到境外从事公务的人员,在境外犯罪;有些犯罪后,向境外逃跑或向境外转移赃款。以上这些变化,给我们侦查取证、追究犯罪,带来一系列新的问题,任务重了,情况复杂了,难度加大了。

第二,队伍的变化。可以从两方面看,一是公安、法院、检察院的队伍比过去健全了、壮大了,律师队伍也有很大发展。1979年时,检察机关刚刚恢复,现在已初具规模。由于机构的健全、队伍的壮大,就有条件使公、检、法三机关按各自职责,更好地发挥职能作用,可以更多地发挥律师在刑事诉讼中的作用。另一方面,社会上某些消极因素和腐败现象,对我们的司法队伍也是有影响的,对此要有足够的认识。当然,司法队伍总的讲是好的,但确有一些人贪赃枉法、徇私舞弊,有的还相当严重。这就要求从制度方面,加强制约和监督。

第三,执法条件的变化。例如,人口的流动性增加,基层组织不如过去健全,有些过去有效的措施,如监视居住、取保候审,在现在就比较困难了,需要研究在新的情况下如何解决。又如,现在有些地方、部门的保护主义严重,不仅经济纠纷案件有地方保护主义,就是经济犯罪案件,如走私、伪造商标犯罪等,也有保护主义。这给司法机关带来新的问题。

第四,社会主义民主和法制的发展,经验的积累。这些年来,社会主义民主不断发展，法制建设不断完善，陆续制定了警察法、安全法、集会游行示威法、两官法、监狱法、行政诉讼法、国家赔偿法以及对治安管理处罚条例的修改，这次又要制定戒严法等，“两高”和公安部为执行刑事诉讼法，也作了不少具体规定。同时，这些年来，公、检、法在侦查、起诉、审判、执行等方面，都积累了一些经验。随着社会主义民主和法制的发展，对在刑事诉讼中，如何更好地遵循法制的原则和保障公民的合法权利，提出了更高的要求。

随着情况的发展变化，需要根据十六年来的实践经验，联系现代法制建设的发展，对刑事诉讼法作必要的补充修改，主要有以下几个方面：一是，适应刑事犯罪情况的变化，为了能够准确、及时地查明犯罪，追究犯罪，对刑事强制措施、侦查手段，作了补充修改；二是，随着我国社会主义民主的发展和法制的健全，为进一步保障诉讼当事人的诉讼权利，对被告人的辩护、被害人的权利等问题，作了补充修改；三是，为了充分发挥公、检、法在刑事诉讼中各自的职能作用，更好地体现分工负责、互相配合、互相制约的法制原则，总结实践经验，对立案管辖、庭审活动等，做了补充修改；四是，对在立案、侦查、审判、执行中出现的问题，有针对性地作了补充修改。

这次虽然是在刑事诉讼法的基础上进行修改，但修改的内容决不是一些无关紧要的问题，在一些重大问题上，大大前进了，使我国的刑事诉讼制度更加完善，对健全社会主义法制、发展社会主义民主，有重要意义。现将几个主要问题，介绍一些情况，以便同志们更好地发表意见。

第一个问题，完善强制措施，解决收容审查问题。

为了查清犯罪、追究犯罪，对被告人或犯罪嫌疑人依法采取一定的强制措施，是必要的。采取强制措施的目的，一是防止犯罪分子逃避侦查和审判，二是防止犯罪分子继续进行犯罪，危害社会。但必须看到，在法院正式判决有罪前，还不能说被采取强制措施的人肯定是罪犯，因此，采取强制措施必须十分慎重，不能滥用。

刑事诉讼法规定的强制措施，有拘传、拘留、取保候审、监视居住和逮捕五种。这些措施对保障查明犯罪事实、追究犯罪，发挥了重要作用。存在的问题是，由于犯罪情况的日趋复杂，有些规定不能完全适应同犯罪斗争的实际需要。另外，各地大量使用收容审查。收容审查不是刑事强制措施，而是行政强制手段，虽然对查清流窜作案和来历不明的犯罪分子，起了积极作用，但在实践中存在不少问题。一是，对应当采取刑事强制措施的，不采取刑事强制措施，而采取收审的办法，实际上把刑诉法有关刑事强制措施的规定架空了；二是，不经司法机关，而由公安机关自己决定，强制长期收容审查，缺少监督制约机制，不符合法制原则；三是，虽然公安部一再强调采取收容审查要从严，但是，仍有一些地方采取撒大网的做法，超范围、超期限的情况还相当严重，不利于保护公民的人身权利，不利于加强民主法制建设和进行国际人权的斗争，国内外反映意见比较多。

在研究修改刑诉法时,一开始就提出,如何解决好收容审查的问题,既要有利与犯罪斗争的需要,又要符合法制原则,保障公民的合法权利。经与最高人民法院、最高人民检察院、公安部研究,大家同意,将收容审查中与犯罪斗争有实际需要的内容,吸收到刑事诉讼法中,对有关刑事强制措施进行补充修改,不再保留作为行政强制手段的收容审查。对强制措施的修改主要是:

第一,关于拘留。从国务院 1980 年关于收容审查的规定来看,需要收容审查的是,一个前提、四种对象。一个前提是,有违法犯罪行为。四种对象是:不讲真实姓名、来历不明,流窜作案,多次作案,结伙作案。这次修改,将这几种人包括在可以拘留的情况之内,对不讲真实姓名和有流窜作案、多次作案或者结伙作案的重大嫌疑分子,公安机关可以先行拘留,并对这几种人拘留的期间适当延长,可以至一个月。

第二,关于逮捕条件。刑诉法规定,对主要犯罪事实已经查清,可能判处徒刑以上刑罚的人犯,采取取保候审、监视居住等方法,尚不足以防止发生社会危险性,而有逮捕必要的,应即依法逮捕。其中,将"对主要犯罪事实已经查清"作为逮捕的三个要件之一。逮捕条件的规定较严格,对防止以捕代侦有好处,但要求对主要犯罪事实已经查清才能逮捕,不能适应与犯罪斗争的实际需要。有些重大复杂的犯罪案件,要在拘留期间(七日)将主要犯罪事实查清,是有困难的,如果将其释放或采取取保候审、监视居住的方法,又不足以防止其逃跑或者继续危害社会。因此,将"对主要犯罪事实已经查清"改为"有证据证明有犯罪嫌疑"。至于其他两个要件,即"可能判处徒刑以上刑罚"和"采取取保候审、监视居住等方法,尚不足以防止发生社会危险性",仍然保留。有的主张,不要把"可能判处徒刑以上刑罚"作为逮捕的条件,改为"可能追究刑事责任"。我们研究,还是要保留,凡是暴力性犯罪或严重一点的经济犯罪,都可以判处徒刑以上刑罚,如果连徒刑都判不了,那是轻微的犯罪,为什么要抓起来呢?这种轻微的犯罪,一般讲,也不会逃跑或有什么危险性。

第三,关于监视居住和取保候审。这两种强制措施,在过去是有效的,但近些年来,由于人口的流动性增加,基层组织不如过去健全,采取这两种办法,不能起到有效的作用。有的主张,取消这两种措施。经研究认为,这两种强制措施还是保留,从实际情况看,确有些不必逮捕,但需要取保候审或监视居住的情形,有这两种手段,可以保证某些案件侦查的需要,也可以减少逮捕的人数。为了能够在新的情况下有效地采取取保候审和监视居住,作了以下补充:一是,对取保候审,增加财产保证,并规定了保证人应当承担的责任,加重保证人的责任。二是,增加规定了,被取保候审和监视居住的人应遵守什么纪律,对违反的如何予以处理。针对目前存在的一些混乱现象,如有的地方监视居住成了变相关押,没有期限等,对取保候审、监视居住的对象、决定程序、期限等,作了具体规定,予以规范。

第四,关于羁押期限。由于犯罪情况日趋复杂,这次修改刑诉法,吸收了全国人大常委会关于延长羁押期限的规定。为了查明犯罪事实,需要有一定的羁押期限,但是不能过长,因为在法院判决有罪以前,还不能肯定就是罪犯。现在一些地方超期羁押,有的还相当严重。要解决超期羁押问题,必须转变思想,改进工作。一,要严格遵守逮捕条件,必须有证据证明有重大犯罪嫌疑,并且有社会危险性的,再逮捕。不要没有任何证据,仅凭主观怀疑,就把人抓起来,同时可以采取其他强制措施的,尽量采取其他强制措施。二,要加强和抓紧侦查工作,准确、及时地查明犯罪事实,不要因一些次要的、枝节的问题,久拖不决。三,有些问题,因客观条件一时难以查清,可先对已查清的犯罪事实进行审判。其他犯罪事实,以后查清了,还可以再判。四,超过羁押期限的,可以采取取保候审、监视居住的办法。有的提出,绝大多数刑事案件可以在羁押期限内解决,但有些特别重大复杂的案件,延长羁押期限后也难以查清,主张适用刑诉法第九十二条第二款的规定,由最高人民检察院报请全国人大常委会批准,延期审理。关于刑诉法原第九十二条第二款的规定,是指那些因为政治原因或其他特别原因,如日本战犯,暂时不宜交付审判的,由最高人民检察院提请全国人大常委会批准延期审理。这类案件,只能是极个别的,一般刑事案件不能适用这一款的规定。一般刑事案件,怎么会不宜交付审判呢?这个问题,彭真同志在说明中,是讲得很清楚的。如果说,的确还有些特别重大、复杂的刑事案件,按延长后的期限,还不能侦查终结,怎么办,是否还需要开一个口子,请大家考虑。要开口子,也必须从严控制,例如,必须是可能判处十年以上徒刑的;在程序上,要经最高人民检察院批准;延长也要有期限,如再延长一个月,不能没有期限。这个问题,请同志们考虑。

1979年制定刑事诉讼法后,就想逐步解决收容审查问题。但是,由于条件不成熟,一直没能解决。现在,我们国家的治安形势还是相当严峻的,国家的政治和社会是稳定的,但也应当看到,潜在的问题也不少。现在解决收容审查问题的条件,是否具备了?关键是要有其他的法制手段来代替。这些年来,我国法制建设不断完善,制定了一系列有关法律,如人民警察法、集会游行示威法、国家安全法,对治安管理处罚条例作了修改,最近还提出了戒严法。这些法律,为维护国家政治和社会稳定,维护社会治安秩序,赋予了公安机关一系列的法律手段,公安机关根据不同情况,有权依法留置、盘查、实施交通管制、强行带离现场、拘留、强行驱散,对精神病人可以采取约束性保护措施,等等。这次修改刑事诉讼法,又将与犯罪斗争需要的有关内容,补充到刑事强制措施中。因此,现在解决收容审查问题的条件,应当说已经基本具备了。当然,如何具体落实好,也是一个大问题,要十分重视。首先,要转变观念,改变过去做法,学会使用新的法律手段。第二,对现在被收容审查的人要进行清理,该逮捕的提请逮捕,该劳教的劳教,该释放的释放。为此,需要有一定时间充分做好准备。把修改方案的生效时间可以定得长一点。

第二个问题,进一步保障诉讼当事人的权利。

为了进一步保障诉讼当事人的诉讼权利,对被告人的辩护权和被害人的地位和诉讼权利作了补充修改。

第一,关于被告人的辩护权。辩护是被告人的一项基本诉讼权利,被告人除自己行使辩护权外,还可以委托律师辩护。被告委托律师进行辩护,对行使辩护权,有重要作用。关于委托律师辩护,有两个问题,一是什么阶段被告可以委托律师辩护,二是律师作为被告辩护人有些什么职权。

关于什么阶段被告可以委托律师辩护,刑事诉讼法规定,人民法院至迟在开庭七日以前,告知被告人可以委托辩护人。虽然规定的是开庭七日以前,但实际上往往是开庭前七日。由于时间短,律师没有足够时间来了解案情,进行准备,有碍充分发挥辩护作用。公、检、法同志一致意见,律师作为辩护人介入诉讼的时间应当提前,但提前到什么时候,在诉讼的什么阶段介入,是侦查阶段、审查起诉阶段还是在决定起诉时介入,又有不同的意见。如何解决,我们觉得应当根据以下原则来考虑,既要使律师作为辩护人有足够时间为辩护进行准备,又不致妨碍对案件的侦查工作。因此,将律师可以作为被告的辩护人介入的时间,提前到案件侦查终结移送检察院审查起诉时。有的提出,经检察院审查起诉,有的可能要退回补充侦查,因而主张,在检察机关决定起诉后,被告可以委托律师为辩护人。这种主张有一定道理,但反复研究,还是审查起诉时就可以介入为好。因为,第一,如果决定起诉时才能委托律师当辩护人,那么比原来没有提前多少时间,特别是今后人民法院在开庭前不做实质性调查,接到起诉后,要尽快开庭,时间更少了,解决不了时间短的问题。第二,侦查机关在移送检察机关前,应当侦查完毕。这样规定,也可以促使侦查机关搞好侦查工作。第三,检察机关在审查起诉时,辩护人能够介入,听取辩护人的意见,对正确决定是否起诉,也是有好处的。

关于律师作为被告辩护人的职权问题。律师为了能够搞好辩护,需要有一定的职权。保护律师的职权,就是保障被告的辩护权利。律师作为辩护人的职权主要是:第一,可以查阅、复制本案指控的犯罪事实的材料,了解案情。第二,收集与本案有关的材料。律师作为辩护人可否进行调查,对此有不同看法。辩护人的责任是,根据事实和法律,提出证明被告人无罪、罪轻或者减轻、免除其刑事责任的材料和意见,维护被告人的合法权益。因此,应当允许其调查,收集与本案有关的材料。如果不能调查,怎么提出无罪、罪轻或者减轻、免除刑事责任的材料呢?有的提出,为保证律师调查取证,应规定被调查人不得拒绝,必须提供。这也不成,因为,律师与公、检、法不同,公、检、法是行使国家的侦查、起诉、审判职权,有权向有关的国家机关、组织和公民收集、调取证据,被调查人不得拒绝,而律师向有关单位、个人了解,被调查人应当协助,但没有必须提供的义务,一些西方国家也是这样的。如果被调查单位和个人不提供怎么办,律师可向法庭提出,由法庭根据情况决定。第三,可以同在押的被告人会见和通信。

有的提出,根据国际通常做法,在被开始传讯后,就可以请律师,有的还规定,讯问时必须有律师在场,因此建议,在侦查阶段就可以请律师介入。经研究认为,侦查阶段与审查起诉阶段不同,在侦查阶段就可以委托律师为辩护人,会妨碍侦查工作。因此,在侦查阶段不能委托辩护人。但是,请律师给以法律帮助是可以的。因此规定,犯罪嫌疑人在被侦查机关第一次讯问后,可以聘请律师为其提供法律帮助,律师有权向侦查机关了解犯罪嫌疑人被指控的罪名,可以会见在押的犯罪嫌疑人,但在预审侦查阶段会见犯罪嫌疑人时,须有侦查机关人员在场。在这个阶段,律师不是辩护人的身份,不具有作为辩护人的职权,不能调查。

第二,关于被害人的诉讼地位和诉讼权利。如何保护被害人的权利,近二十年来,在世界各国越来越引起重视。我国刑事诉讼法规定被害人的诉讼权利主要有:提起附带民事诉讼,要求赔偿损失;对检察机关决定免予起诉不服的,有权向检察机关申诉;在法庭上讯问证人,进行质证;经审判长许可,可以向被告人发问;在法庭调查后,有权发言;对自诉案件和不需要侦查的轻微刑事案件,可以向法院起诉等。与其他国家相比,我国刑诉法关于被害人诉讼权利的规定,还是比较多的。但是,在实践中,有些被害人告状无门,权利受损害的情况时有发生。

被害人是犯罪行为的直接受害者,为了进一步保障其权利,增加了以下内容:一是,被害人有证据证明对被告人侵犯自己人身、财产权利的行为应当追究刑事责任,公安机关或检察机关没有追究被告人刑事责任的,有权向法院起诉。有的同志说,这样一来,混淆了公诉与自诉案件的界限,那还有什么必要分公诉、自诉呢?对犯罪,我们分为告诉才处理和公诉两类。告诉才处理,是只有被害人起诉才追究,也就是不告不理,对公诉案件,当事人不能私了,就是被害人不主张,国家也要追究刑事责任。同时,公诉案件,首先要公安机关立案侦查,检察院起诉,只有公安机关或检察机关不侦查起诉时,被害人才有权向法院起诉,是补充性的,以解决告状无门的问题。法院是否承受得了,这样规定,法院直接受理的自诉案件是会增加一些,但被害人必须有证据,负责举证,如果没有证据,法院可不受理。二是,被害人有权对应当回避的审判人员、检察人员等申请回避。三是,被害人可以委托诉讼代理人参加刑事诉讼。被告可以请辩护人,这一点没有争议,被害人是否可以委托诉讼代理人,对此有不同看法,有的提出,公诉案件有检察机关支持公诉,可以代表被害人,因而被害人不应再委托诉讼代理人。这个问题,在制定律师暂行条例时就有争论。是的,检察机关支持公诉,要考虑被害人的权利,但不能说都能完全代表被害人的利益。既然规定被害人可以在法庭上质证,在法庭调查后有权发言,陈述意见,为什么不能委托代理人进行呢?四是,被害人对法院一审判决、裁定不服,如果是自诉案件,那么有权提起上诉;如果是检察机关起诉的,可以向检察机关提出,由检察机关提起抗诉。

第三,吸收无罪推定中合理的部分。资产阶级针对封建专制的有罪推定,提出了无罪推定的原则,是有一定进步意义的。我们坚决反对有罪推定,吸收无罪推定中的合理部分,主要有:

一,法院没有判决有罪以前,不能就说被告人肯定是罪犯。我国刑诉法对此是加以区别的,法院判决有罪后,被告人称为罪犯或犯人,而在法院判决有罪前,我们统统称为人犯,而不称犯人。这次修改进一步明确,在法院判决有罪前,都是犯罪嫌疑人。

二,由控方举证。被告人没有必须举出自己无罪证据的义务,不能仅仅因为被告不能举出自己无罪的证据,就推定有罪。这一点,我们也是这样的。西方国家根据无罪推定的原则,引申出被控人有沉默权。这一点,我们不同,我国刑诉法规定,犯罪嫌疑人对侦查人员的提问,应当如实回答。我们严禁刑讯逼供,但犯罪嫌疑人应当如实回答,有罪就有罪,无罪就无罪,罪重就罪重,罪轻就罪轻,是否坦白,是衡量有无悔过表现的一把尺子,坦白可以从宽。

三,经过开庭审理,证据不能证实有罪的,应当宣告无罪。我国刑诉法规定,证据只有查证属实,才能作为定罪判刑的根据,只有口供没有其他证据证明的,不能定罪,其中包含了这个意思。但是,在审判实践中,有时发生在证据不充分的情况下,并不判决,而是挂起来,而且有的可能拖很长时间。为了防止这种情况,这次修改增加规定了,法院判决时,如果证据不充分,不足以证明犯罪时,应当判决指控不能成立,不得长期挂在那里,该放人的就要放人。当然,如果检察机关提出要补充侦查,那么等补充侦查后,再根据证据情况进行判决。法院判决指控不能成立后,如果侦查机关后来又取得了犯罪的证据,那么可以另行起诉。

我们把无罪推定的合理部分吸收了,但并不是西方国家的那种无罪推定。按无罪推定的理论,在法院判决有罪前,都要推定为无罪,那么侦查机关为什么还要对他的犯罪活动进行侦查?既然要推定为无罪,那么为什么要对其采取强制措施?我们坚持以事实为根据的原则,在法院判决有罪前,我们不说被告肯定是罪犯,但也不说他就没罪,而是实事求是,进行侦查,客观地收集有罪、无罪、罪重、罪轻的各种证据,根据事实来确定。

第三个问题,关于检察院自侦案件的范围。

刑诉法规定,"贪污罪、侵犯公民民主权利罪、渎职罪以及人民检察院认为需要自己直接受理的其他案件,由人民检察院立案侦查和决定是否提起公诉"。在实践中,检察机关自行侦查案件的范围过宽。对此有两种意见,一种意见认为,检察机关的职责主要是审查起诉,进行监督,自侦案件的范围不宜过宽,应当缩小;另一种意见认为,这体现了检察机关对于犯罪的追诉权,有利行使监督职能,应当保留。如何解决,应当根据公、检、法三机关分工负责、互相配合、互相制约的原则来考虑。

根据三机关的分工,对刑事案件的侦查,是公安机关的职责,检察机关自侦案件的范围,主要应限于国家工作人员利用职务的犯罪。这类案件所以要由检察机关侦查,因为犯罪主体多是行政机关工作人员,公安机关属于行政机关,由检察机关进行侦查,更有利于与这类犯罪作斗争。因此,明确规定,贪污贿赂犯罪、渎职犯罪以及国家机关工作人员利用职权侵犯公民民主权利、人身权利的犯罪,由人民检察院立案侦查。至于其他刑事案件,则由公安机关侦查,检察机关审查起诉。这样规定,一是,有利于检察机关集中力量对国家工作人员的贪污、贿赂、渎职等犯罪案件进行侦查,这对加强反腐败斗争有重要意义;二是,检察机关可以对公安机关侦查活动加强监督,更好发挥检察机关的监督职能作用。

至于"人民检察院认为需要自己直接受理的其他案件",由于表述比较笼统,缺乏客观标准,容易发生歧义。立法的原意是指,某些个别其他案件,如地方政府负责人发生叛国案或利用职权走私案等,需要由检察机关侦查的。近几年,检察机关据此对一些案件进行了侦查,起了很好的作用。因此,根据原立法精神,将这句话具体化为:国家机关工作人员利用职权实施的其他犯罪案件,如果公安机关侦查有困难、需要由人民检察院直接受理时,经省级以上人民检察院决定,可以由人民检察院立案侦查。同时,对检察机关自侦案件的监督,作了补充规定。

第四个问题,关于扩大不予起诉的范围,不再使用免予起诉。

免诉制度是我国特有的一种制度,起始于五十年代镇反、肃反运动,1956 年全国人大常委会《关于处理在押日本侵略中国战争中犯罪分子的决定》第一次从法律上予以规定,"对于次要的或者悔罪表现较好的日本战争分子,可以从宽处理,免予起诉"。1979 年刑法中规定了对情节显著轻微危害不大、不认为是犯罪和犯罪后自首、有立功表现的,可以免除处罚。刑事诉讼法中相应规定了不起诉和免予起诉。实行免予起诉制度,在体现惩办与宽大相结合的刑事政策和对轻微案件及时结案,发挥了一定作用。但在实践中,也发生了不少问题,滥用免诉,一是,对本来不构成犯罪的人,给予免予起诉;二是,对一些本应判刑的免予起诉,放纵了罪犯。因此,相当一些人主张取消免诉制度,理由是不经审判程序就定被告人有罪,不符合法制原则,而在决定免诉时,被告人不能行使辩护权,也侵犯了当事人的诉讼权利。他们主张,今后凡是需要免予刑事处罚的,一律经法院判决。但也有一些人主张保留免诉制度,加以完善。如何解决,根据什么原则来考虑?第一,要符合法制的原则。第二,要考虑实际需要,要有利于体现国家的刑事政策。根据以上原则,可否扩大不予起诉的范围,不仅对不构成犯罪的人不予起诉,而且对一些依法可以免除刑事处罚的,也采取不予起诉的办法,以后不再使用免予起诉。这样做的好处是:

第一,有利于体现惩办与宽大相结合的刑事政策。可以促使一些犯罪分子交代和揭发犯罪。现在不少国家为了鼓励行贿者揭发问题,规定了只要自首交代,就可以免予刑事处分,这对反贪污受贿犯罪,有重要意义。

第二,可以适应某些实际的需要。例如,有些重大间谍犯罪,如果自首并有重大立功,可以不到法院,而由检察机关不予起诉。

第三,对有些未成年犯罪或者轻微的过失犯罪,符合免予刑罚条件的,由检察机关不予起诉,有利于促使他们更好地悔过自新。

第四,符合诉讼经济的原则,可以大量节省人力、财力。

第五,符合法制原则,不予起诉虽然没有说无罪,但也没有定罪,可以避免采用免予起诉产生的未经法院审判被认定有罪的问题。世界一些国家在实践中已提出起诉犹豫,甚至缓诉的问题。有些案件符合免予刑事处罚的条件,如果需要定罪,那么就由法院判决,免予刑事处罚。

为了防止对应判刑的不起诉,放纵罪犯,可以从两方面予以制约:一是,公安机关不同意的,检察机关应当复议,还不成,公安机关可以向上一级检察机关提出。二是,被害人不同意不予起诉,有证据证明应当追究刑事责任的,有权向人民法院起诉。

第五个问题,充分发挥庭审作用。

审判是刑事诉讼的重要阶段、关键阶段,应当加强开庭审理,充分发挥庭审作用,因为:一,这是贯彻公开审判原则的需要,开庭公开审理有利于加强人民群众对法院审判的监督。二,质证的需要。刑诉法规定,证人证言必须在法庭上经过公诉人、被害人和被告人、辩护人双方讯问、质证,听取各方证人的证言,并经过查实以后,才能作为定案的根据。发挥庭审作用,双方当事人在法庭上对证据进行质证,有利准确地查明犯罪事实,防止错案。三,经过开庭审理,双方当事人才能更好地进行辩论,被告充分行使辩护权,有利于法院正确判决。现在在庭审方面存在一些问题,主要是先定后审,开庭流于形式,审判人员包揽过多,没有充分发挥控、辩双方的作用。所以产生这些问题,主要是工作上的问题,也有一些条文的规定需要完善修改。

为了加强庭审,充分发挥庭审的作用,作了以下修改和补充:第一,明确规定,刑事案件由合议庭依法判决,只有个别疑难、复杂、重大案件,合议庭难以作出决定的,由合议庭提出,经法院院长交审判委员会决定。这就明确了,审判委员会对一般刑事案件不要讨论,发挥合议庭的决定作用。第二,刑诉法原规定,人民法院对提起公诉的案件进行审查后,对于犯罪事实清楚、证据充分的,应当决定开庭审判。修改为,人民法院对提起公诉的案件审查后,对于起诉中有明确的指控犯罪事实和附有相关证据材料,就应当决定开庭审判,至于证据是否确实,到法庭上由双方质证,进行核实,不需要开庭前全面调查。第三,凡是公诉案件,检察机关都必须派人出庭支持公诉,改变对罪行轻微的案件经人民法院同意、检察机关可以不派人出庭的规定。第四,由公诉人、辩护人向法庭出示证据,公诉人、当事人和辩护人可以对证据和案件情况发表意见,互相质证、辩论,充分发挥公诉人、辩护人在法庭审判中的作用。

我们加强庭审,发挥公诉人、被告人和辩护人在庭审中的作用,但与西方国家的所谓当事人主义并不一样。第一,审判人员虽然不是包揽一切,要注意发挥公诉人、被告人和辩护人的作用,但也决不是消极的,要掌握和指挥庭审的进行,也要进行询问,不仅限于双方提出的证据,必要时也要进行调查,要积极地认定证据、正确判决。第二,检察机关具有支持公诉和审判监督的双重职能。在出示证据，进行质证、互相辩论中，应当说，控、辩双方的地位是平等的。但是，检察机关还具有审判监督的职能，如果发现审判中有违法行为，有权进行监督，检察机关如果认为判决不当或者程序严重违法，有权向法院提出抗诉。

第六个问题，死刑复核制度。

刑诉法规定，死刑由最高人民法院核准，中级人民法院判处死刑缓期二年执行的案件，由高级人民法院核准。1983 年全国人大常委会修改人民法院组织法时，在人民法院组织法中增加规定，“杀人、强奸、抢劫、爆炸以及其他严重危害公共安全和社会治安判处死刑的案件的核准权，最高人民法院在必要的时候，得授权省、自治区、直辖市的高级人民法院行使”。根据这一规定，目前除了贪污罪、贿赂罪、反革命罪、走私罪、投机倒把罪以外，其他的死刑案件的核准权已大部分授权给高级人民法院。

这次修改刑诉法，要不要增加最高人民法院必要时可以授权的规定。经反复考虑，没有增加可以授权的规定。这是因为，我国对死刑的一贯政策是，一不废除，二要慎重。死刑与其他刑罚不同，其他刑罚如果错了，可以纠正，而死刑执行了不能复生，因此对死刑案应统一由最高人民法院核准。授权高级人民法院核准死刑案件，实际上是二审与核准程序合一，不利对死刑案件的严格审核。从全局、长远和基本法律制度讲，不规定可以授权为宜。目前，死刑案较多，为了抓紧对死刑的复核，建议给最高人民法院增加必要的人力，按大区组成若干派出庭，专门负责死刑复核工作。这样既可以解决死刑复核时间拖得太长的问题，也可以避免授权高级人民法院复核死刑案件而产生的弊端。

关于死刑复核的期限，刑诉法没有规定。法院判处死刑后，在复核期间，对死刑犯的看管是费力的，有的建议对死刑复核的期限要作出规定，以免拖得过长。当然，对死刑案的复核工作要抓紧进行，但是要十分慎重，保证质量，不宜强调从快，封建时期对死刑犯还要秋后决呢。因此，没有对死刑复核的期限作规定。当然，要改进复核工作，在保证质量的前提下，抓紧进行。

行政诉讼法起草制定情况和主要精神

（1989 年 12 月　学习贯彻行政诉讼法会议）

第七届全国人民代表大会第二次会议制定了《中华人民共和国行政诉讼法》，将于 1990 年 10 月 1 日施行。立法、行政、司法等各个方面，都在为这个法的施行做各种准备，包括思想、业务、组织等方面的准备。首先是思想上的准备，对这个法的意义要有足够的认识，对这个法的精神要有正确的理解。行政诉讼是行政案件的诉讼，公民、法人或者其他组织认为行政机关和行政机关工作人员的具体行政行为侵犯其合法权益，有权向法院起诉。行政机关是行政诉讼的当事人之一，法院要对行政机关的具体行政行为的合法性进行审查。因此，这个法与行政机关有密切的关系，对行政机关依法行使行政管理职权，有深刻的影响和重要的意义。

一、行政诉讼法起草制定的情况

行政诉讼制度在我国建立时间较晚，就是在世界范围来说，也是一个年轻的、新兴的法律制度。行政诉讼出现于 18 世纪，而发展起来主要是在 20 世纪 30 年代以后。在封建时代，统治者有无上的权力，行政、立法、审判权集中于一身，在这种情况下，不可能有行政诉讼。资产阶级革命，推翻了专横、特权的封建统治。资产阶级思想家提出了人权、法治和分权制衡的学说，这就为资产阶级建立行政诉讼制度提供了思想理论基础。在资本主义自由竞争时期，政府对经济干预不多，因而行政诉讼制度并不发达。到了垄断时期，特别是二次世界大战以后，政府对经济干预越来越多，行政诉讼制度就发展起来了。

新中国成立后，建立行政诉讼制度是 1982 年。1982 年以前，不是说没有“民告官”的行政案件，但是作为法律制度，明确行政案件适用的程序，是从 1982 年制定民事诉讼法时开始的。我国建立行政诉讼制度的根据是宪法，宪法第四十一条规定，公民“对于任何国家机关和国家工作人员的违法失职行为，有向有关国家机关提出申诉、控告或者检举的权利”。1982 年在起草制定民事诉讼法时，各地反映，“官告民一告一准儿，民告官没门”。我们向彭真同志反映了，彭真同志对此十分重视，他说这个问题要解决，民事诉讼法原来的草案中没有这方面的规定，根据彭真同志的指示，在总则中增加了一条，就是第三条第二款：“法律规定由人民法院审理的行政案件，适用本法规定。”这一条虽然很简单，但确立了行政诉讼制度。

所以说,行政诉讼制度不是今天制定行政诉讼法才建立的,而在 1982 年民事诉讼法中已确立了,已经有六年多了。1982 年以来,已有一百三十多个法律、法规规定法院可以受理的行政案件,最高人民法院和一千四百多个地方各级法院建立了行政审判庭,行政案件逐年增加,为制定行政诉讼法打下了基础。

1982 年开始建立行政诉讼制度,至今已经六年多了,我国各方面情况有了很大的发展,法院在行政案件的审判工作上也积累了不少经验,这时感到民事诉讼法关于行政案件的规定,不能完全适应了。一是受案范围。民事诉讼法规定,法院受理哪些行政案件由一个个单行的法律来规定。我国除法律外,还有大量行政法规,许多行政法规都有行政处罚的规定。那么,行政法规规定可以向法院起诉,法院受理不受理?开始还有不同意见,后来明确行政法规规定可以向法院起诉的行政案件,法院要受理。六年来,虽然有一百三十多个法律、法规规定可以向法院起诉的行政案件,但还有不少没有规定的怎么办。例如,1979 年到 1987 年 10 月,国务院制定 540 个行政法规,有 198 个规定了行政处罚,其中规定可以向法院起诉的 82 个,没有规定的有 116 个。没有规定的,法院就不能受理。所以,受案范围应当进一步扩大,需要统一作出规定。再一个问题是,民事诉讼法规定,行政案件适用民事诉讼程序。行政诉讼与民事诉讼有许多共同点,民事诉讼的许多程序对行政诉讼是适用的。世界各国,开始对行政案件也是适用民事诉讼程序。但行政案件与民事诉讼案件不同,行政案件的被告是行政机关,争议的标的是行政机关行使行政管理职权所发生的行政法律关系,而民事案件的当事人是平等的民事主体,争议的是民事权益。因此,民事诉讼的一些规定,对行政案件不适用,行政诉讼还有一些特有的原则。例如,审理行政案件是否也着重调解,法院对行政案件能否直接判决变更,在诉讼期间具体行政行为是否停止执行,谁负主要举证责任等,随着行政案件的增加,这些问题陆陆续续提出来了。为了进一步完善、健全行政诉讼制度,对行政诉讼特有的原则,需要作出规定。

研究制定行政诉讼法,是从 1986 年 4 月开始的。当时正在制定民法通则。民法通则通过后,需要对民事诉讼法进行修改补充,其中一个重要问题,就是行政诉讼。法工委把研究行政诉讼列入 1986 年工作计划。我们从修改民事诉讼法入手,对行政诉讼的问题进行研究,先研究问题,至于采取什么形式,是在民事诉讼法中专门规定一章,还是单搞一个法,等研究后再决定。从 1986 年起,我们连续召开了一系列座谈会,对行政诉讼问题进行座谈研究。1986 年 10 月,为了加强行政立法研究,成立了行政立法研究小组,法工委、国务院法制局、最高人民法院、北京市和一些大学、法学研究部门的教授、专家参加,于 1987 年 7 月起草了行政诉讼法试拟稿。我们把试拟稿送各地和有关部门征求意见。根据各地、各方面意见,我们作了较大修改、补充,经过近一年努力,于 1988 年 6 月形成征求意见稿,再一次发各地、各部门征求意见,进一步修改成草案,于 1988 年 11 月提请七届全国人大常委会第四次会议审议。全国人大常委会对草案进行审议,认为这是个十分重要的法律,决定将草案公布,广泛征求意见。全国人大法律委员会、内务司法委员会、常委会法制工作委员会联合召开四次有各方面人士参加的座谈会,对行政诉讼法进行讨论。接着,法工委又召集法院、有关部门的同志和一些专家,根据各方面意见具体研究修改方案。经过法律委员会审议,提出修改草案,这个修改草案由全国人大常委会于 1989 年 4 月提请七届全国人大二次会议审议修改通过。从 1986 年 6 月开始,到 1989 年 4 月通过,一共用了二年多时间。在起草过程中,到上海、江苏、四川、湖北等省市调查,三次发全国各地、有关部门、法院征求意见,广泛发扬民主。中央对这个法十分重视,政治局常委会两次研究,一次是 1988 年提请七届全国人大常委会四次会议审议前,一次是 1989 年提请七届全国人大二次会议审议前,我们把行政诉讼法草案中的重要问题,特别是几个有重大争议的问题,如受案范围、法院对行政案件是否判决变更、规章是否作为依据等,作了汇报。

起草这个法根据什么精神和原则？总的是根据宪法、党的十三大精神,从我国实际出发,总结我国审理行政案件的经验,同时参考、借鉴外国对我有益的经验。在起草过程中对几个重大问题,行政部门、法院、专家等各方面意见不完全一样,有各种不同的方案。有不同意见很自然,也是好事,经过研究,吸取各方面好的意见,可以把法律制定得更好一些。对这些不同意见,应当根据什么原则来考虑,来解决。1988 年 11 月法工委请有关部门、法院、专家共同研究如何具体修改时,我们提出了五点,请大家考虑。这五点是:

第一,要强调保护公民的合法权益。这是由于我国国家的性质和建立行政诉讼制度的根本目的所决定的。我国是人民民主专政的社会主义国家,人民是国家的主人,当然要保护公民的合法权益。建立行政诉讼制度的根本目的之一,就是通过维护和监督行政机关依法行政,来保护公民合法权益。同时,由于旧社会长期是封建社会,“民不告官”的影响很深,我国建立行政诉讼制度又不久,不少老百姓不知道告、不会告、不愿告、有的甚至不敢告,在这种情况下,更应当要强调保护公民的合法权益。在考虑受案范围等一系列问题时,要强调这一点。

第二,正确处理好司法权与行政权的关系。好多问题都与这个问题有关。建立行政诉讼制度,一是关系到公民与行政机关的关系,二是关系到行政与司法的关系。在行政诉讼中,法院对行政机关是有制约的,法院对行政机关不仅有监督,还有维护的一面。法院要对行政机关具体行政行为是否合法进行审查,对违法的判决撤销,但不要妨碍行政机关有效充分地依法行使行政管理职权。因此,对在法律、法规范围内的行政行为,法院不干预,对合法的行政行为要予以维护,不代替行政机关行使行政管理职权。

在起草过程中,有的同志提出,行政诉讼的目的,是以保护公民合法权益为主,还是以维护和监督行政为主。其实,维护和监督行政机关依法行政和保护公民合法权益是一致的,行政诉讼是通过维护和监督行政机关依法行政,来保护公民的合法权益。维护还是监督,标准是行政行为是否合法。对违法的具体行政行为，法院就监督，就撤销，对合法的法院就维护。撤销行政机关违法的具体行政行为，是保护公民的合法权益，维护行政机关合法的具体行政行为，也是保护公民的合法权益，因为合法的行政行为，是符合国家和社会公众的利益和需要的，是保护广大公民的权益。

第三，正确认识行政诉讼的地位和作用。一是要摆正行政诉讼与权力机关对行政机关的监督、行政机关自己系统的监督的关系，划分好哪些由权力机关管，哪些由法院管，哪些由行政机关自己解决；二是要分清行政案件与民事案件、刑事案件的区别。

第四，要从我国实际情况出发。对外国的经验要借鉴，但一定要从我国实际情况出发，决不能照抄、照搬。我国的政治体制与西方国家三权分立不同；我国的法制建设这些年来取得了显著成绩，但还有不少重要的法律、特别是行政方面的法律还有待制定；我国行政诉讼制度建立还不久，法院虽然取得了一些经验，但还需要进一步积累。制定行政诉讼法时，一定要从我国实际出发，要考虑可行性。目标、方向要明确，但又要分步骤，不可能一下子都能做到。如果步子太大，走得太急，反而对制定这个法不利，或者定了行不通。1982 年民事诉讼法第三条的规定，对我国建立行政诉讼制度来说，迈出了关键的一步，这次制定行政诉讼法，在改进、完善行政诉讼制度方面，又大大前进一步。但从历史的长河来看，必然有阶段性、过渡性，再经过若干年，情况进一步发展了，经验进一步丰富了，还可以进一步修改、补充。

第五，处理好行政诉讼法与行政实体法和其他行政程序法的关系。现在我国行政立法还不够完备，一是行政方面的实体法，一是行政程序法。我们起草行政诉讼法时，必然要考虑到这种情况，不考虑这种情况不行，但又不能完全迁就现实，要有助于促进行政法的制定和完善，总之，要促进行政管理法制化。脱离现实情况，把办不到的事情用法律规定下来，就会行不通；对经过努力可以办得到的，也不规定，完全迁就目前某些不合理的情况，并用法律肯定下来，对行政管理法制化的进一步发展也是不利的。

大家对我们提出的这五点，没有提出不同意见，我们就根据这五点来解决各方面的争论，提出修改方案。同志们了解了这些，就可以更好地理解行政诉讼法中的一些问题，为什么要这样规定，而不那样规定，可以更好领会行政诉讼法的精神。

二、行政诉讼法的几个主要问题

我们在起草行政诉讼法时，着重研究行政诉讼法中特有的原则问题。每个法律都有许多条文，但最根本的、灵魂的，就是那么几个问题。学习、贯彻法律时，也要着重领会这几个关键的问题，把关键问题弄清楚了，就可以把握住这个法的精神。我把起草过程中着重研究的几个主要问题作些介绍。

(一)什么是行政案件

什么是行政案件,这是我们起草行政诉讼法时首先要研究的问题。民事诉讼法规定了“行政案件”,但什么是行政案件,没有具体规定。为什么首先要研究这个问题,因为行政诉讼是行政案件的诉讼,行政案件是行政诉讼的对象,是研究行政诉讼的前提。

什么是行政案件,与民事案件有什么不同,行政诉讼法第二条作了规定,公民、法人或者其他组织,认为行政机关和行政机关工作人员的具体行政行为侵犯其合法权益,有权依照行政诉讼法向法院提起诉讼。这是从公民、组织的诉权角度规定的,但这一条明确了什么是行政案件。根据这条规定,可以看出行政案件必须具备四个要素:

第一,被告必须是行政机关。

在民事案件中,被告有没有行政机关呢?有时行政机关是被告,但不都是。同时,在民事诉讼中,行政机关是以平等的民事主体的身份参与的,而不是以行使行政管理职权的行政机关身份参与的。行政案件的被告,一定是行使行政管理职权的行政机关。

被告不是行政机关的,就不是行政案件。例如,村民委员会、居民委员会等群众自治组织,政党、社会团体,企业事业单位,不是行政机关,这些组织如果侵犯了他人合法权益,被侵犯人可以依法向法院起诉,但不是行政案件,而是民事案件。又如,国家机关除行政机关外,还包括权力机关、审判机关、检察机关等。控告行政机关的具体行政行为侵犯其合法权益的案件是行政案件,对其他国家机关的行为有意见,通过其他途径解决,不属于行政案件。对权力机关的决定有意见,不能向法院起诉,可以向该权力机关或上级权力机关提出;对法院判决或裁定不服,可以通过上诉程序解决;对检察机关行使的检察权有意见,如不应逮捕而批准逮捕,或不构成犯罪而被起诉,可以在法庭上进行辩护,也可以向上级检察机关提出。

第二,行政案件是因行政机关的具体行政行为引起的,行政案件的标的是行政法律关系。这是行政案件与民事案件最本质的区别,行政诉讼的一系列特点,都是从这里引起的。

行政机关的行为,有行政行为,也有民事行为。行政行为是行政机关代表政府行使行政管理职权的公务行为,例如颁发许可证,采取行政强制措施,给予行政处罚等。至于作为平等的民事主体与其他民事主体单独进行民事活动,则属于民事行为。

行政行为又可分为抽象的行政行为和具体的行政行为。抽象的行政行为是指行政机关为进行行政管理而制定的具有普遍约束力的规范性文件的行为。如国务院制定行政法规,省政府制定规章。具体行政行为是指行政机关进行行政管理时,对特定的具体的个人或者组织采取的单方行为。例如,根据法律、法规,对违反交通管理的某个司机给予行政处罚。对行政法规、规章或者其他具有普遍约束力的规范性文件有意见,不能向法院起诉,而是向权力机关或者其上级机关提出。认为行政机关具体行政行为违法侵犯其合法权益的,可以向法院起诉,是行政案件。

对行政机关工作人员的行为,要区分是行使的行政行为,还是与行政管理职权无关的个人行为。行政机关工作人员在行使行政管理职权时,如果侵犯了公民的合法权益,公民向法院起诉是行政案件;至于与行政管理职权无关的个人行为,例如警察下班回家后与邻居吵架、打伤了邻居,则不属于行政案件。

第三,公民、法人或者其他组织认为侵犯了他的合法权益。

行政机关行使行政管理行为,有三种情况,一是合法的,一是违法的,再一种是不当的。为了维护国家利益和社会公共利益,需要赋予行政机关充分的行政管理职权,包括行政强制措施、行政处罚权等。行政机关依法采取这些措施,当然会对某些公民、法人或者其他组织的权益给予必要的束缚和限制。但是,行政机关对违法者采取这些措施,如果是合法的,那就不能说是侵犯公民、组织的合法权益。只有认为合法权益被行政机关具体行政行为侵犯了,才能向法院起诉。为什么说“认为”呢,因为侵犯还是没有侵犯,要等审判后才能确定。

再一点是,原告必须是合法权益被侵犯的公民或者组织。自己的合法权益没有被侵犯的,不能以原告的身份向法院起诉,只能支持被侵权人起诉,或者受委托作为代理人起诉,或者向有关机关检举。

第四,向法院提起诉讼。

公民、组织认为自己的合法权益受行政机关具体行政行为侵犯,可以通过多种渠道解决。可以向法院起诉,也可以申请上级或者法定行政机关复议。在行政复议阶段,不叫行政案件,只有向法院起诉,由法院受理,按照行政诉讼程序审理,才是行政案件。

(二)法院受理行政案件的范围

法院受理行政案件的范围,是我们起草行政诉讼法时研究的一个核心问题。受案范围多大,关系对公民权益保护的程度,也关系到司法机关对行政机关监督的范围。对这个问题,我们是根据以下三个原则考虑的:一是,从保障公民、组织的合法权益出发,已有的受案范围应当扩大。二是,要正确处理好司法权与行政权的关系。三是,要考虑我国现在的实际情况,建立行政诉讼制度时间还不太长,法制有待进一步完善,法院审判组织也有待进一步健全和加强,受案范围需要逐步扩大。

受案范围要扩大,扩大到什么程度?经过反复研究,这条线划在人身权、财产权上,凡是侵犯人身权、财产权的,法院都要受理。这样规定,就比原有的受案范围扩大了。至于对人身权、财产权之外的其他权利,则采取逐步扩大的方针,是否受理,由法律规定。这主要是指政治权利,如游行、集会、新闻出版、结社等。这样规定,既符合目前实际情况,又考虑到发展。随着我国民主政治建设的发展、法制的完善和进一步健全,法院受理行政案件的范围,将会逐步扩大。

受案范围是列举还是概括规定,不单是个技术问题。由于我国建立行政诉讼制度时间不太长,人们还不太熟悉,哪些可以起诉应当受理,哪些不能起诉法院不受理,大家一看就清楚。行政诉讼法列举了八项:

第一,对行政处罚不服的。行政处罚是行政机关行政管理的一项重要职权。例如,为了有效地维护社会秩序,公安机关有权对扰乱公共秩序、妨害公共安全、侵犯人身权、损害公共财物、违反治安管理的人,给予行政处罚。法律、法规规定有行政处罚权的行政机关,有公安、工商、税务、卫生、海关、计量、土地管理等几十个行政部门,行政处罚的种类有罚款、拘留、吊销各种许可证和执照、责令停业整顿、没收非法所得等。行政处罚涉及人身权、财产权,关系到公民、法人或者其他组织的生活、生产和经营活动,与人民有十分密切的关系。认为行政处罚违法侵犯自己合法权益的,可以向法院起诉。

第二,对行政强制措施不服的。行政强制措施包括两个方面,一是对财产的查封、扣押、冻结等行政强制措施,一是限制人身自由的行政强制措施,如收容审查、劳动教养等。行政机关采取的行政强制措施一定要严格依法办事,如果违法侵犯公民权益,公民有权向法院起诉。

第三,认为行政机关侵犯法律规定的经营自主权的。全民所有制企业法规定,任何机关和单位不得侵犯企业依法享有的经营管理自主权,有关外资企业的法律规定,他们的经营自主权不受干涉。行政诉讼法规定,认为行政机关侵犯法律规定的经营自主权的,可以向法院起诉,这有利于巩固经济体制改革成果,促进对外开放。

第四,认为符合法定条件申请行政机关颁发许可证和执照,行政机关拒绝颁发或者不予答复的。实行许可证制度是行政管理的一个重要手段。例如,采矿要申请采矿证,出口要有出口许可证,经营饭馆要申请营业执照,同时还要申请卫生许可证。认为符合法定条件申请行政机关颁发许可证和执照,行政机关拒绝颁发的,可以向法院起诉。有些同志提出,有些许可证有数额限制,如申请去香港,虽然符合条件,但每年到香港去多少人,是有数额限制的。行政诉讼法规定的“符合法定条件”包括数额在内。申请许可证,行政机关颁发或拒绝颁发都称为“作为”,还有另一种情况,行政机关既不颁发,也不拒绝颁发,而是不予答复,这称为“不作为”。对超过法定期限不予答复的,或者没有法定期限但拖延不予答复的,也可以向法院起诉。

第五,申请行政机关履行保护人身权、财产权的法定职责,行政机关拒绝履行或者不予答复的。例如,妇女被拐卖,本人或者其家属要求政府予以解救。又如,有人要哄抢林场林木，请求政府制止哄抢等。在这种情况下，侵犯公民合法权益的不是行政机关，而是违法分子，但是政府有保护公民人身权、财产权的职责，如果不履行职责，就会使公民的合法权益受到损害。行政诉讼法规定，对行政机关拒绝履行保护人身权、财产权的法定职责或者不予答复的，有权向法院起诉。这样可以促使行政机关更好地履行法定职责，保护公民的合法权益。

第六，认为行政机关没有依法发给抚恤金的。依法服兵役保卫祖国，是公民应尽的义务，同时，国家保障残废军人的生活，抚恤烈士家属。认为行政机关没有依法发给抚恤金，可以向法院起诉，这对于保障军人权利、巩固军队是很必要的。至于企业对伤亡职工的抚恤，不是行政案件，按解决劳动纠纷的程序处理。

第七，认为行政机关违法要求履行义务的。侵犯公民的权益有两个方面，一是对公民享有的人身权、财产权等予以剥夺或限制；另一方面，违法要求履行义务，也是对公民权益的侵犯。宪法规定，公民享有广泛的权利，同时也要依照法律履行应尽的义务，如有依法纳税、依法服兵役的义务。但是，不能违法要求履行义务。例如，乱摊派，公民或组织可以拒绝，可以向法院起诉。

第八，认为行政机关侵犯其他人身权、财产权的。这是兜底的规定。

为什么列这八项，从这八项可以看出什么问题呢？（一）从行政机关的行政管理手段看，除制定规范性文件外，颁发许可证和执照、强制措施和行政处罚等主要手段都包括了；（二）从涉及的范围来看，是十分广泛的，凡是涉及人身权、财产权的，都可以起诉，并且专门把侵犯法律规定的经营自主权和不依法发给抚恤金的，明确作了规定，这些关系到公民、组织的生活、生产、经营生产等各个方面；（三）从行使行政行为的形式来看，既包括作为，如给予行政处罚、颁发或不颁发许可证等，也包括不作为，如申请颁发许可证和执照，行政机关不予答复；（四）从侵犯公民权益的形式看，既包括剥夺和限制公民的权利，如拘留、查封，吊销许可证等，也包括违法要求履行义务，如非法摊派。

涉及公民人身权、财产权的，哪些法院不受理，行政诉讼法第十二条作了规定：

第一，国家行为。国防、外交等国家行为，世界各国都是不受理的。

第二，抽象行为。对行政法规、规章或者其他具有普遍约束力的决定、命令，法院不受理。有些同志提出，如果所依据的行政法规或规章与法律抵触，法院依照法律规定，对这个违法的具体行政行为撤销了，但问题是出在行政法规或规章的某些规定有问题，如果不解决，其他行政机关还会据此作出违法的具体行政行为，世界上一些国家的法院对行政机关制定的规定有权审查并宣布违法，我们法院为什么不受理呢？法院对行政机关的抽象行政行为不受理，不等于国家对行政法规、规章中的问题不管，问题是怎么管，由谁来管。依照我国法律规定，撤销与法律抵触的行政法规属于全国人大常委会的职权，对规章的审查权，分别属于同级权力机关和国务院。

第三,行政机关内部的行为。行政机关对行政机关工作人员的奖惩、任免等决定,法院不受理。世界上一些国家把此称为“特别权力关系”,由政府人事、监察等部门管为好。

第四,法律规定的行为。法律规定由行政机关最终裁决的具体行政行为,法院不受理。例如,商标法规定,申请注册商标,商标局评审委员会有权作出终局决定;专利法规定,专利复审委员会,对实用新型或外观设计的复审请求所作的决定为终局决定等。侵犯公民人身权、财产权的具体行政行为,哪些可由行政机关最终裁决,而不得向法院起诉,为什么由“法律规定”,而没有写法规?意思是,这个问题只有全国人大和全国人大常委会有权决定,而行政机关不得自己决定。

(三)行政诉讼与行政复议的关系

对行政诉讼与行政复议的关系如何处理,这是起草行政诉讼法中遇到的一个重要问题。

行政复议和行政诉讼有什么不同呢?第一,受理的机关不同。行政复议由行政机关受理,行政诉讼由法院受理。第二,审查的范围不同。法院对具体行政行为是否合法进行审查,行政复议不仅审查行政行为的合法性,也可以审查行政行为是否妥当。第三,适用的程序不同。行政诉讼依照行政诉讼程序;行政复议依照行政复议程序,比行政诉讼程序简便。第四,处理方式不一样。法院审理行政案件,原则上不直接判决变更,而行政机关复议,认为原行政行为违法或不当时,可以直接改变。

行政复议与行政诉讼关系的第一个问题是,当事人申请行政复议后,是否还可以向法院起诉。凡是涉及公民人身权、财产权的,除法律规定行政机关最终裁决的以外,虽经行政机关复议,如果对行政机关复议裁决仍不服的,有权向法院起诉,也就是说,赋予法院最后审查权。赋予法院最后审查权有以下好处:第一,经过行政复议还没有解决的问题,可以向法院起诉,通过司法程序予以解决,有利于保护公民的合法权益。第二,给法院最后审查权,可以促使行政机关改进复议工作,认真依法搞好行政复议工作。

在向法院起诉前,是否必须先经过行政复议,这是行政复议与行政诉讼关系的第二个问题。在这个问题上,世界各国有两种做法,一是采取复议前置的原则,就是说,在向法院起诉前,必须先经过行政复议,对行政复议裁决不服,再向法院起诉;一种是选择原则,是先申请行政机关复议,再向法院起诉,还是直接向法院起诉,由原告自己选择。我们对此采取什么原则,各方面意见不一致,对各种方案都比较研究了,根据多数人意见,最后采取了由当事人选择的原则,除法律、法规规定必须先经复议的以外,由原告选择。为什么采取这个原则,因为现在行政复议制度还不够健全和完善,复议工作中还存在不少问题,从尊重原告的意愿考虑,采取了选择的原则。

这是不是说,行政复议可有可无,无关紧要呢?不是。在前面已经说过,行政机关自己的监督是基本的监督形式,绝大多数行政争议是由行政复议解决的。对行政复议应当采取什么态度呢?采取提倡的态度。原草案规定,“可以直接向人民法院起诉,也可以先向上一级行政机关或者法律、法规规定的行政机关申请复议,对复议不服的,再向法院提起诉讼”,可以直接向法院起诉是放在前面的。根据大家意见,把先向行政机关申请复议提到前面了。这个变动,说明提倡先申请行政复议。同时,行政诉讼法还规定,法律、法规规定应当先向行政机关申请复议,对复议不服再向人民法院提起诉讼的,依照法律、法规的规定。例如,治安管理处罚条例等不少法律、法规是这样规定的。先经过行政机关复议有什么好处呢?

第一,我国政府是人民的政府,如果发现具体行政行为违法或者不当,侵犯了公民、法人或者其他组织的合法权益,应当主动予以解决。有的同志对行政机关复议能否公正解决问题表示怀疑。从实际情况看,经过行政机关复议,虽然有一些问题没能解决,但多数经过复议是能够得到正确处理的,特别是建立和加强行政诉讼制度以后,更可以促使行政机关认真地对待和改进复议工作。

第二,上级行政机关对所属下级行政机关负有监督的责任。先经过行政机关复议,可以使上级行政机关了解下级行政机关的执法水平和工作中存在的问题,有利于加强对下级行政机关的监督,改进工作,提高执法水平,更好地依法行使职权。这样会不会阻碍或剥夺公民、法人或者其他组织的诉讼权利呢?不会,因为对行政复议不服,还可以再向法院起诉。

第三,行政争议的数量是不少的,如果都直接向法院起诉,法院力量难以承受。先经行政机关复议,大多数问题可以在复议中解决,个别不能解决的再向法院起诉,有利于法院集中力量去审理那些还不能解决的行政案件。

第四,行政复议程序比较简单,并且行政机关在复议时可以直接变更,如果经过行政复议能够把问题解决,对当事人来说,也是比较方便的。

问题是行政机关应当改进复议工作,我认为,主要有以下几个问题要解决:

第一,明确复议机关。现在由于复议机关不明确,公民不知应当向哪个机关申请复议,结果告状满天飞。接受申诉的机关由于责任不明,往往转来转去,使问题长期不能得到解决。因此,必须明确复议机关。

第二,健全复议组织。将承担复议工作的组织或人员与作出决定的机构或人员分开,这样有利于依法搞好复议工作。

第三,规定复议期限。复议要有期限,超过期限不处理的,可以向法院起诉,这样可以防止拖延不决。

第四,要规定复议的程序。例如要告知当事人有哪些权利,听取当事人申辩等等,以有利于正确进行复议工作。

(四)法院对行政行为是否合法进行审查

人民法院审理行政案件审查什么?行政诉讼法规定,人民法院审理行政案件,对具体行政行为是否合法进行审查。这是行政诉讼的一个重要原则,也是行政诉讼不同于民事诉讼的一个特点。法院从哪些方面来审查呢?主要是以下几个方面:

第一,主要证据是否充分。因为行政机关在作出某个具体行政行为时,要以事实为根据,如果事实错了,那么据此作出的具体行政行为当然是违法的。

第二,适用法律、法规是否错误。这包括适用哪个法律和适用某个法的哪个条文是否正确。

第三,是否违反法定程序。行政机关在行使行政职权时应当有一定的程序。我们过去比较重视实体法,而对程序法注意不够。其实,程序对行政机关正确行使管理职权是很有意义的。现在,我们在某些法律中对程序作了规定,但总的来说,行政程序方面的法律很不完备。要抓紧制定行政程序方面的法律,如行政执行法、行政处罚法、行政复议法、制定规章的程序等。

第四,是否超越职权。越权是违反法律的。

法院要从以上几个方面来审查是否合法,行政机关在作出具体行政行为时,要注意这几个方面的问题。

法院对具体行政行为是否适当,是否审查呢?要不要管呢?对法律、法规范围内当与不当的问题,法院原则上不管。这是行政诉讼与民事诉讼不同的一个重要特点。

但是,在两种情况下,法院要管,一是滥用职权的,法院可以判决撤销;二是行政处罚显失公正的,法院可以判决变更。

(五)审查合法性的依据

行政管理要依法进行,法院对具体行政行为是否合法要进行审查,依据什么?

我国法制体系是统一的,又是多层次的,以宪法为基础,法律为骨干,包括行政法规、地方性法规、自治条例和单行条例以及规章。行政机关是依据这些行使行政管理职权的。法院在审查具体行政行为是否合法依据什么呢?宪法是根本法,是法制的基础,是根本活动准则,法律是人人要遵守的。法院审理行政案件时要以宪法、法律为依据,这是不言而喻的。对其他的可否作为依据,过去认识并不一致。这次明确规定,行政法规、地方性法规、自治条例、单行条例也是法院审理案件的依据。当然,适用的范围和效力不完全一样,法律、行政法规在全国都适用,地方性法规、自治条例和单行条例只在该地方和民族自治地方适用;行政法规、地方性法规与法律抵触的,适用法律,地方性法规与行政法规相抵触的,适用行政法规。

在起草过程中,争论大的是规章是否可以作为法院审理案件的依据。首先,对规章的地位、作用和效力应当肯定。国务院部委有权根据法律、行政法规和国务院的决定、决议和命令制定规章,这是宪法规定的。省、自治区、直辖市人民政府和省、自治区所在地的市和国务院批准的较大的市政府有权根据法律、行政法规制定规章,是1982年修改地方组织法时,根据实际需要增加规定的。我国各地情况十分复杂,发展很不平衡,法律、行政法规对有些问题难以规定得太具体,需要由规章予以具体化。同时,行政管理涉及各个方面,有些问题专业性、地方性很强,不可能都由法律、行政法规来规定。因此,规章是不可少的。规章也是行政机关行使管理职权的依据,行政规章与道德规范不同,公民如果不遵守,是要强制执行的。另一方面,行政规章是由国务院部委和地方政府制定的,同时,有些部门和地方政府对制定规章缺乏严格的程序,因而存在一些问题。有的规章与规章之间互相矛盾;有的规章与法律、法规相抵触;也有的内容本应由法律、法规规定的,没有提请制定法律、法规,而由行政规章规定了,等等。因此,对规章的法律地位和效力,又应当与法律、法规有所区别。所以,行政诉讼法规定,人民法院审理行政案件对规章是参照。

"参照"是什么意思呢?是不是说法院审理行政案件时,可以参照也可以不参照呢?不是。草案本来规定的是"可以参照",后改为"参照",把"可以"两字删去了。"参照"的意思是说,如果具体行政行为所依据的规章与法律、法规不抵触,那么,法院就要承认其合法性,判决维持;如果发现有的规章存在问题,不符合或者不完全符合法律、法规的原则精神,法院可以有灵活处理的余地。人民法院认为地方政府制定、发布的规章与国务院部委制定、发布的规章不一致,以及国务院部委制定、发布的规章之间不一致,由最高人民法院送请国务院作出解释或者裁决。从这个规定可以看出,法律赋予法院对行政规章有一定的司法审查权,但是解释和裁决权属于国务院。

行政诉讼法的施行,对政府法制工作提出了更高的要求,需要进一步搞好制定规章的工作。在制定规章时,要注意:第一,不要与法律、行政法规相抵触。不要把制定法律、行政法规时否定了的一些规定,又在规章中加以规定。第二,凡是应当由法律或行政法规、地方性法规规定的问题,不要由规章来规定。第三,要加强对规章的审查。国务院和同级人大常委会要加强对规章的审查,发现规章的某些规定与法律、行政法规有抵触,要及时提出解决。

(六)关于证据

以事实为依据,以法律为准绳,是法院审理案件的一条基本原则。法院审理案件一定要以事实为根据,如果事实错了,就会发生冤假错案。如何查清事实呢?要靠证据,能够证明事实的是证据。因此,证据问题在诉讼法中是一个十分重要的问题。刑事诉讼如此,民事诉讼如此,行政诉讼也如此。

关于证据,只介绍一个问题,就是举证责任。行政诉讼法规定,被告对作出的具体行政行为负有举证责任,应当提供作出该具体行政行为的证据和所依据的规范性文件。行政机关如果提不出充足的证据,就可能导致败诉,人民法院有权判决撤销其所作的具体行政行为。这一点与民事诉讼是不同的,民事诉讼实行谁主张谁举证的原则。行政诉讼为什么要采取行政机关负责举证呢?这是因为:

第一,行政案件中,有相当数量是由于对行政处罚、行政强制措施不服而提起的。行政处罚、行政强制措施应当由作出处罚、作出强制措施的行政机关举证,这与刑事案件应当由公诉人举证是一样的道理。

第二,行政机关在作出具体行政行为时,应当要有充分的证据,先取证后裁决,是行政决定问题必须遵守的重要原则。由行政机关负责举证,有利于行政机关改进工作,促使行政机关在决定问题时,注意证据。

第三,由行政机关负责举证,提供作出该具体行政行为的证据和所依据的规范性文件,有利于法院对案件的审理。

当然,这并不是说原告不需要提供证据,或者说原告提供证据无关紧要了。原告在起诉时,应当有具体的诉讼请求和事实根据。法院在审理时,如果行政机关提出了证据,而原告提不出其他证据,那么法院就要判决维持原具体行政行为。因此,在行政机关提出证据的情况下,原告提出反证,对法院判决是有重要影响的。

(七)法院不直接判决变更的原则

行政诉讼法中专门有一条,规定了判决的几种形式。在起草过程中,研究的主要问题是,法院对行政案件是否能够直接判决变更。对这个问题,有不同意见,有的主张法院应当有权判决变更,理由是审判权是完整的,应当包括变更权;有的认为,法院不能直接判决变更,理由是如果直接判决变更则侵犯了行政权;还有的主张,法院应当有有限度的变更权。行政诉讼法对这个问题的规定,比较准确的说法是,原则上不直接判决变更,但也开了个口子。

为什么采取法院不直接判决变更的原则?这个问题是以法院对行政案件审查什么为前提的,而审查什么又关系到正确处理司法权与行政权的关系。对此,前面已经讲了,法院审理行政案件,对行政机关的具体行政行为是否合法进行审查,政府在法律、法规范围内当与不当的问题,法院原则上不管,更不直接代替行政机关行使行政管理职权。因此,行政诉讼法规定,法院审理行政案件,根据不同情况,分别作出判决,主要是三种形式:

第一,判决维持。对具体行政行为证据确凿,适用法律、法规正确,符合法定程序的,判决维持。

第二,判决撤销。具体行政行为有下列情形之一的,判决撤销或者部分撤销:(1)主要证据不足的;(2)适用法律、法规错误的;(3)违反法定程序的;(4)超越职权的;(5)滥用职权的。

判决撤销,有些问题还要重新作出决定,怎么办,行政诉讼法规定,并可以判决被告重新作出具体行政行为。同时规定,法院判决被告重新作出具体行政行为的,被告不得以同一事实和理由作出与原具体行政行为基本相同的具体行政行为。

第三,判决行政机关在一定期限内履行职责。行政机关不履行或者拖延履行法定职责的,法院可以判决其在一定期间履行,而不是代替行政机关作出决定。例如,外资企业法规定,外商到我国投资办企业,向经贸部门申请登记,经贸部门应当在三个月内批准或不批准,如果过了三个月既不拒绝也不批准,法院可以判决其在一定期间作出决定。

法院对行政案件原则上不直接判决变更,但开了个口子。行政诉讼法规定,对行政处罚显失公正的,可以判决变更。一是,只限于行政处罚,对其他的不能直接变更;二是必须是显失公正,如果稍轻稍重,法院也不要直接判决变更。

(八)行政案件不适用调解和不停止执行的原则

民事诉讼法规定,人民法院审理民事案件,着重进行调解。还规定,民事诉讼当事人可以在法律规定的范围内,处分自己的民事权利和民事诉讼权利。也就是说,当事人对自己应有的民事权利和民事诉讼权利,可以放弃。例如,甲欠乙钱,乙是债权人,有权要甲偿还,甲如不偿还,乙有权向法院起诉。但是,作为债权人的乙来说,也可以不要甲偿还了。这是民事诉讼中的两条原则,是由民事案件的性质决定的。

这两条原则对行政诉讼是否适用呢?行政案件与民事案件性质不同,行政案件是行政机关代表政府行使行政管理职权引起的,是行政法律关系,涉及国家和社会公众利益。例如,治安管理处罚条例规定,为了维护社会秩序,公安机关对违反治安管理的人,应当依法给予行政处罚。这既是法律赋予行政机关的职权,也是要求行政机关应当履行的职责。行政机关对法律规定,应当严格履行,执法必严。行政机关超越职权或者违法行使行政管理职权侵犯公民合法权益,是错误的;另一方面,按法律规定行政机关应当进行管理而不进行管理,也是不对的,是失职行为。例如,税务机关对应收的税不收,公安机关对违反治安管理应当给以行政处罚而不给以处罚,都是没有履行职责。行政机关对法律规定应当履行的职责,无权随意放弃。人民法院审理行政案件,是审查行政机关的具体行政行为是否合法,合法的判决维持,违法的判决撤销,不适用调解。但是,对赔偿讼诉,可以适用调解。

行政机关不能随意处分应履行的职责,那么在诉讼期间,行政机关能否改变原处理决定呢?如果行政机关认为原作出的具体行政行为违法了,依法予以改变,是改正错误决定,而不是放弃职责,因此是允许的。对这个问题,在制定行政诉讼法过程中也有不同意见，经研究认为，如果原行政行为是错了，应当允许行政机关自己改正。行政机关改正了违法的决定，行政诉讼监督行政机关依法管理，保护公民的合法权益的目的已达到了。同时，行政机关自己主动改变、纠正，对解决问题是有利的。因此，行政诉讼法规定，在人民法院宣告判决或者裁定前，被告是可以改变其所作的具体行政行为的。为了防止行政机关随意放弃职责，行政诉讼法同时规定，行政机关改变原具体行政行为，原告同意并申请撤诉的，是否准许，由人民法院裁定。一是要原告同意，如原告不同意，还要进行审理；二是是否准许，要由法院予以审查，作出裁定。

行政诉讼法规定，诉讼期间不停止具体行政行为的执行。这是行政诉讼的一个特有原则。为什么采取不停止执行的原则呢，行政机关作出的具体行政行为，是代表政府为了维护国家和社会的公众利益而行使的，如果当事人一起诉，在还没有确定其违法时就停止执行，那么法律秩序就处于不稳定状态，影响行政管理的有效进行，国家和社会公众利益，可能会受到损害。如果法院审理结果，判定这个具体行政行为违法了，怎么办，法院可以判决撤销，同时对造成损失的，应当予以赔偿。我们采取不停止执行的原则，但不是一律都不能停止执行，在三种情况下，可以暂停执行：第一，被告认为需要停止执行的。第二，原告申请停止执行，人民法院认为该具体行政行为的执行会造成难以弥补的损失，并且停止执行不损害社会公共利益的，裁定停止执行。也就是说，法院裁定停止执行的，必须同时具备以上两个条件。第三，法律、法规规定停止执行的。

（九）由行政机关负责赔偿的原则

宪法规定，“由于国家机关和国家工作人员侵犯公民权益而受到损失的人，有依照法律规定取得赔偿的权利”。建立行政诉讼制度的目的之一，是要使公民、法人和其他组织被行政机关或者行政机关工作人员侵犯了的合法权益得到补救。如果赔偿等问题得不到解决，人民法院的一些判决无法执行，公民、法人和其他组织被侵犯的权益得不到恢复和赔偿，建立行政诉讼制度的目的也就不能完全达到。对这个问题，要制定国家赔偿法。在国家赔偿法尚未制定以前，行政诉讼法对申请赔偿的程序、赔偿责任和赔偿费用的来源等，作了明确的规定。

行政诉讼法规定，行政机关或者行政机关工作人员作出的具体行政行为侵犯公民、法人或者其他组织的合法权益造成损害的，由该行政机关或者该行政机关工作人员所在的行政机关负责赔偿。也就是说，采取由行政机关负责赔偿的原则，为什么采取这个原则？

第一，行政机关工作人员作出的具体行政行为，不是个人的行为，而是代表政府行使的公务行为，因此应当由行政机关负责。即使行政机关工作人员有故意或重大过错，行政机关也应先负责，因为行政机关对所属工作人员有监督教育的责任，这样可以促使行政机关加强对所属工作人员的监督和教育。

第二,如果行政机关工作人员因行使行政管理职权侵犯了公民、法人或者其他组织合法权益,不管有无过错,都要由行政机关工作人员个人负责赔偿,那么可能使某些工作人员不敢大胆严格依法进行管理,这对依法加强行政管理是不利的。

第三,由于行政机关工作人员个人财产往往有限,如果由个人负责,对被侵权人的损害赔偿,有时可能得不到充分的保障。

第四,符合世界的趋势。现在不少国家已从由行政机关工作人员个人承担赔偿责任,发展到采取由行政机关承担赔偿责任的原则。

(十)行政机关在行政诉讼中的地位和权利、义务

行政诉讼是行政案件的诉讼,是“民告官”的诉讼。因此,在行政诉讼中,行政机关处于被告的地位。这是行政诉讼不同于其他诉讼的一个特点。有些同志认为,行政机关当被告多不光彩呀。这有个观念问题,因为一提被告,往往想到的是刑事案件中的被告,是犯了罪的。其实,原告、被告只是表明在诉讼中的地位,而且民事案件、行政案件与刑事案件又不一样,就是刑事案件中的被告,也不一定就是犯罪分子,因为审判结果,也可能宣告无罪。

作出具体行政行为的行政机关是被告,但在实际生活中情况比较复杂,有的具体行政行为是经过行政机关复议的,有的是几个机关联合作出的决定,有的是受委托行使行政管理职权的,也有的是临时机构。行政诉讼法对各种情况如何确定被告,作了明确规定。经复议机关复议的,分两种情况:一是复议机关决定维持原具体行政行为的,由最初作出具体行政行为的机关为被告;再一种情况是,复议机关改变了原具体行政行为的,则复议机关为被告。两个以上行政机关共同作出同一具体行政行为的,共同作出具体行政行为的行政机关是共同被告。其他组织行使行政职权的,分为两种情况:一种是由法律、法规授权的组织所作的具体行政行为。例如,食品卫生法规定,县级以上卫生防疫站和食品卫生监督检验所为食品卫生监督机构,有权对违反食品卫生法情节严重的个人或组织给予行政处罚。卫生防疫站和食品卫生监督检验所不是行政机关,但法律授权它负责管理范围内的食品卫生监督工作,有权行使有关的行政管理职权。法律、法规授权的组织所作的具体行政行为,该组织是被告。另一种情况是,由行政机关委托的组织所作的具体行政行为。例如,乡政府委托某个村民委员会行使某项行政职权,那么委托的行政机关是被告。行政机关作出具体行政行为后机关被撤销的,继续行使其职权的行政机关是被告。这样,在各种情况下,哪个行政机关是被告,就清楚明确了,被侵犯的公民、法人或者其他组织,不论什么情况,都可以找到承担责任的行政机关。

行政机关作为被告,在行政诉讼中有以下权利:第一,委托代理人。可以委托一至二人代为诉讼。第二,申请回避。认为审判人员、鉴定人与本案有利害关系

或者其他关系可能影响公正审理的,有权申请回避。第三,提供证据。提供据以作出具体行政行为的证据,来证明所作具体行政行为的合法。第四,有权辩论、陈述自己的意见,反驳对方的观点。第五,有权上诉。对法院一审判决、裁定不服,有权上诉。对已经发生法律效力的判决、裁定,认为确有错误的,可以向原审人民法院或者上级人民法院提出申诉。第六,申请执行。公民、法人或者其他组织拒绝履行判决、裁定的,行政机关可以向一审人民法院申请强制执行,或者依法强制执行。同时,行政机关在诉讼中应当遵守以下义务:第一,遵守诉讼程序。扰乱诉讼程序的,法院有权予以训诫、责令具结悔过或者处一千元以下罚款、十五日以下拘留。第二,必须履行法院发生法律效力的判决和裁定。

前面已经讲了,制定行政诉讼法的一条重要原则,就是要正确处理司法和行政权的关系,既要对违法的行政行为进行监督,又要使行政机关在法律、法规范围内能够充分行使行政管理职权。行政诉讼法体现了这个原则,为此作了一系列规定:第一,法院审理行政案件对具体行政行为是否合法进行审查,对行政机关在法律、法规范围内当与不当的问题法院原则上不管。第二,行政法规是法院审查具体行政行为是否合法的依据之一,同时法院还要参照行政规章的规定。第三,采取具体行政行为在诉讼期间不停止执行的原则。第四,法院对合法的具体行政行为应当判决维持。第五,公民、法人或者其他组织对具体行政行为在法定期限内不起诉又不履行的,行政机关可申请法院强制执行或者依法强制执行。这一系列规定,可以保障行政机关依照法律、法规充分行使行政管理职权,有效进行行政管理,行政机关只要依法进行行政管理,并不会受到束缚。为了更好地贯彻实施这个法律,需要广泛宣传,提高认识,转变观念,加快有关的行政立法,改善执法活动,提高执法水平。

我讲的这些,供同志们学习时参考,如有不妥,欢迎提出批评。

关于行政法律

国家赔偿法制定情况和主要内容

（1994 年 《中国法学》）

八届全国人大常委会 1994 年 5 月 12 日通过的《中华人民共和国国家赔偿法》，于 1995 年 1 月 1 日起施行。国家赔偿法的制定和施行，是我国社会主义法制建设和社会主义民主政治建设的一件大事。为了正确、全面了解和掌握国家赔偿法的精神和内容，我对国家赔偿法制定情况、重要意义和主要内容，作一些介绍。

一、国家赔偿法制定情况和重要意义

国家赔偿法是根据宪法制定的。宪法第四十一条规定，“由于国家机关和国家工作人员侵犯公民权利而受到损失的人，有依照法律规定取得赔偿的权利”。我们是人民民主专政的社会主义国家，人民是国家的主人，一切国家机关和国家机关工作人员都要努力为人民服务，在行使职权时，如果违法侵犯公民合法权益造成损失，应当予以赔偿。

1954 年新中国制定的第一部宪法，就对国家赔偿问题作了规定。为了有效地落实宪法的这个规定，需要对什么情况下国家赔偿、赔偿义务机关是哪个、如何赔偿、通过什么程序以及赔偿费用等，作出具体规定。因此，1982 年修改宪法时，总结经验，在国家赔偿的问题上，增加了“依照法律规定”的字样，就是说要有专门的法律。

国家赔偿涉及实体，也涉及程序，关于国家赔偿方面的法制建设，有一个发展的过程。国家赔偿和民事赔偿都是赔偿，在这一点上是有共性的，行政诉讼和民事诉讼，许多程序也是一样的。因此，在没有制定国家赔偿法前，我国对国家赔偿适用有关民事法律的规定。1986 年六届全国人大四次会议制定的民法通则规定，“国家机关和国家机关工作人员在执行职务中，侵犯公民、法人的合法权益造成损害的，应当承担民事责任”。1982 年五届全国人大常委会第二十二次会议通过的民事诉讼法（试行）规定，法院审理行政案件适用民事诉讼法。这两个法律对落实国家赔偿，起了积极的作用。

为了进一步健全和完善国家赔偿的法律制度，需要根据国家赔偿的特点，制定国家赔偿法。因为：第一，国家赔偿和民事赔偿虽然有共性，但两者性质不同，又不完全一样。第二，国家赔偿不仅是行政赔偿，还有刑事赔偿。1989 年七届全国人大二次会议制定了行政诉讼法，对行政案件的诉讼程序和行政赔偿迫切需要解决的几个问题，作了规定。但是，有些问题，如赔偿的标准等，还需要进一步具体规定。同时，作为国家赔偿重要组成部分的刑事赔偿，从实体到程序都需要作出规定。因此，在1989年制定行政诉讼法后，法制工作委员会就开始组织起草国家赔偿法。经过4年多的努力，于1994年制定了国家赔偿法，对行政赔偿和刑事赔偿的范围，赔偿义务机关，赔偿的方式、标准和计算方法，赔偿的程序，赔偿费用等，全面作了具体规定。这样，我国有关国家赔偿的法律制度，从实体到程序就比较完善和健全了。从开始适用民事有关法律，到进一步制定国家赔偿法，反映了我国国家赔偿法律制度的发展过程，反映了我国国家赔偿法律的不断完善和健全。

国家赔偿法的制定和施行，是我国社会主义法制建设和社会主义民主政治建设的一件大事，具有重要意义：

第一，有利于保障公民、法人和其他组织享有依法取得国家赔偿的权利。

这是宪法规定的公民的基本权利之一。如果国家机关和国家机关工作人员行使职权时，违法侵犯公民、法人和其他组织的合法权益，遭受损失的公民、法人和其他组织，可以依照国家赔偿法，要求有关国家机关进行赔偿，维护自己的合法权益。

第二，有利于健全社会主义法制。

这要从两方面来说，一是制定了国家赔偿法，使我国有关国家赔偿的法律制度更加完善和健全。二是，施行国家赔偿法，国家机关和国家机关工作人员行使职权如果违犯法律，使公民、法人和其他组织遭受损失，该国家机关就要进行赔偿，这有利于增强国家机关和国家机关工作人员的法制观念，严格依法行使职权，提高行政执法水平和司法水平。

第三，对社会主义民主政治建设有重要意义。

施行国家赔偿法，可以促使国家机关和国家机关工作人员，时刻不忘为人民服务的宗旨，对廉政、勤政建设有积极作用。国家机关有错就改，给公民造成损失就赔，有利于密切与人民群众的关系，不但不会损害国家机关的威信，反而会更加提高国家机关的威信，取得人民群众的支持和拥护；也有利于政治和社会稳定，为改革、开放和社会主义建设事业，创造一个良好的政治局面和法制环境。

总之，国家赔偿法的制定和施行，对保障公民的合法权益，有着直接的重要的意义。但更深刻的意义还在于，它是我国社会主义法制进一步健全和社会主义民主政治进一步发展的一个重要标志。

二、国家赔偿法的几个主要问题

下面从国家赔偿范围、国家赔偿义务机关、国家赔偿方式和标准、国家赔偿程序等四个方面，作些介绍。

(一)国家赔偿范围

国家赔偿范围是国家赔偿法的一个核心问题。在这方面，有以下几个问题。

1. 国家赔偿的要件

国家赔偿法第二条规定，“国家机关和国家机关工作人员违法行使职权侵犯公民、法人和其他组织的合法权益造成损害的”，受损害人有权取得国家赔偿。根据这条规定，国家赔偿必须具备以下几个要件：

第一，侵权主体是国家机关和国家机关工作人员。

国家赔偿是由于国家机关和国家机关工作人员违法行使职权引起的，因此国家赔偿的侵权主体，是国家机关和国家机关工作人员。企业事业单位或者社会团体侵犯了他人的合法权益，属于民事责任，而不是国家赔偿。1954 年宪法关于侵权主体的规定，只写了国家机关工作人员。国家机关的职权是由国家机关工作人员来行使的，国家机关的决定，与国家机关工作人员的行为是不可分的。但是，有些是以国家机关的名义来行使的，如果违法侵犯了公民合法权益而遭受损失，在这种情况下，国家机关是否要赔偿，由于认识不同，在实际工作中可能发生歧义。为了明确这个问题，1982 年修改宪法时，特别增加了“国家机关”，即“由于国家机关和国家工作人员侵犯公民权利而受到损失的人”，有取得赔偿的权利。

第二，是由违法行使国家职权的行为引起的。

国家赔偿侵权主体是国家机关和国家机关工作人员，但这不是说，国家机关和国家机关工作人员所有的侵权行为，都适用国家赔偿。国家机关和国家机关工作人员除了行使国家职权外，还有其他行为，国家赔偿是由于行使国家职权行为引起的。如果某个国家机关与其他组织或者个人进行民事活动时，侵犯了他人的民事权益，那是民事赔偿，适用民事法律，而不是国家赔偿；由于国家机关工作人员与行使国家职权无关的个人行为引起的，也属于民事赔偿，而不是国家赔偿。行使国家职权和民事活动，两者性质不同，这是国家赔偿和民事赔偿的重要区别，也正因此决定了国家赔偿与民事赔偿的不同性质和特点。

再一个是违法原则。民事侵权赔偿以过错责任为原则。民法通则规定，“公民、法人由于过错侵害国家的、集体的财产，侵害他人财产、人身的，应当承担民事责任”“没有过错，但法律规定应当承担民事责任的，应当承担民事责任”。国家赔偿采取什么原则？不少国家采取过错原则，即必须有过错的，才承担赔偿责任，也有的国家采取违法原则。我国国家赔偿法采取违法原则，即以是否违背法律规定，作为是否承担责任的标准，只要是违反法律规定的，不管主观上有无过错，都要承担赔偿责任。这样规定，对国家机关和国家机关工作人员执法，提出严格的要求，有利于更好地保护公民的合法权益。

第三，公民、法人和其他组织的合法权益受到损害。

有些违法行使职权的行为，没有对人身或财产造成直接损害，可以通过一定法定程序予以纠正，或者提起行政诉讼，但不发生赔偿问题。造成实际损害后果，是国家赔偿的要件之一。

2. 国家赔偿包括行政赔偿和刑事赔偿

国家赔偿最重要的是行政赔偿。各级人民政府是国家执行机关，国家的法律，绝大多数是由行政机关和行政机关工作人员来执行的，与人民的利益直接相关。他们如果违法行使职权侵犯公民合法权益，影响面大，也较直接，所以行政赔偿是国家赔偿的重点。

刑事赔偿也是国家赔偿的重要方面。司法机关在办理案件过程中，也会发生侵犯公民合法权益的情况，存在国家赔偿的问题。在制定国家赔偿法时，对是否要包括刑事赔偿的内容，专门进行过研究，有过不同的方案，最后在国家赔偿法中，对刑事赔偿作了规定。为什么？第一，刑事赔偿是国家赔偿的重要方面，如果只规定行政赔偿不规定刑事赔偿，是不完全的。第二，从实际情况看，在刑事诉讼中存在着错拘、错捕、错判的情况，需要对赔偿问题作出法律规定。第三，行政赔偿、刑事赔偿有不同的情况，但许多问题是一样的，如赔偿的原则、标准等。有些国家对冤狱赔偿法是单独制定的。因为，国家赔偿有一个发展过程，是先从行政赔偿开始的，逐步发展到冤狱赔偿。我们制定国家赔偿法，可以把行政赔偿、刑事赔偿一起规定。国家赔偿法对刑事赔偿作了规定，使我国国家赔偿的法律制度，向前大大进了一步，对促使司法机关严格依法办案，防止错拘、错捕、错判，有重要作用。

国家机关除各级人民政府、法院、检察院外，还有各级权力机关和军事机关。国家赔偿法没有规定权力机关的赔偿和军事机关的赔偿。

为什么没有规定权力机关赔偿？第一，各级人大是权力机关，不具体行使行政权和审判权。第二，全国人大是最高国家权力机关，全国人大及其常委会制定的法律，是代表全国各族人民的意志的，一切国家机关、企事业单位、社会团体和公民都必须遵守。第三，地方人大制定的地方性法规，如果与法律、行政法规抵触，应当纠正，如果还没有执行，不发生损害赔偿问题，如果地方政府执行了，给公民造成损害，可以通过行政赔偿得到补救。第四，各国多没有对议会规定赔偿。

为什么没有规定军事机关赔偿？因为当前主要是军队在演习、训练过程中，给公民造成某些损失，这需要采取适当方式给补偿，但不是由于违法行为造成的，不宜列入国家赔偿的范围。

3. 行政赔偿的具体范围

关于行政赔偿的范围，行政诉讼法作了原则规定，即“公民、法人或者其他组织的合法权益受到行政机关或者行政机关工作人员作出的具体行政行为的侵犯造成损害的，有权请求赔偿”。国家赔偿法在行政诉讼法规定的基础上，针对目前实际存在的问题，对行政赔偿的范围作了具体规定。

国家赔偿法规定，行政机关及其工作人员在行使行政职权时，有下列侵犯人身权、财产权情形之一的，受害人有取得赔偿的权利：（一）违法拘留或者违法采取限制公民人身自由的行政强制措施的；（二）非法拘禁或者以其他方法，非法剥夺公民人身自由的；（三）以殴打等暴力行为或者唆使他人以殴打等暴力行为，造成公民身体伤害或者死亡的；（四）违法使用武器、警械，造成公民身体伤害或者死亡的；（五）违法实施罚款、吊销许可证和执照、责令停产停业、没收财物等行政处罚的；（六）违法对财产采取查封、扣押、冻结等行政强制措施的；（七）违反国家规定征收财物、摊派费用的；（八）造成公民身体伤害或者死亡以及财产损害的其他违法行为。

4. 刑事赔偿的具体范围

刑事赔偿的范围多大，经过反复研究，根据我国情况，参考外国规定，原则上是对错拘、错捕和无罪者被错判的，予以赔偿。国家赔偿法规定，行使侦查、检察、审判、监狱管理职权的机关及其工作人员，在行使职权时有下列侵犯人身权、财产权情形之一的，受害人有取得赔偿的权利：（一）对没有犯罪事实或者没有事实证明有犯罪重大嫌疑的人错误拘留的；（二）对没有犯罪事实的人错误逮捕的；（三）依照审判监督程序再审改判无罪，原判刑罚已经执行的；（四）刑讯逼供或者以殴打等暴力行为或者唆使他人以殴打等暴力行为，造成公民身体伤害或者死亡的；（五）违法使用武器、警械，造成公民身体伤害或者死亡的；（六）违法对财产采取查封、扣押、冻结、追缴等措施的。

关于对判刑过重、超过拘留、逮捕期限的，要不要赔偿，经过反复考虑，国家赔偿法暂没有规定赔偿，但必须坚决依法纠正。为什么？第一，我国开始建立刑事赔偿制度，赔偿范围不宜一下子定得过宽，以后可以随着发展逐步扩大。第二，法律对量刑规定是有幅度的，在法律规定的幅度内，是重了还是轻了，有时不太好掌握。如果规定重了改判后要赔偿，反而不利于法院依法改判。目前，超过羁押期限的情况比较复杂，因此将赔偿定在错拘、错捕的范围内。第三，从国外看，主要是对冤狱进行赔偿。我国国家赔偿法关于刑事赔偿范围的规定，从总体上看，比不少国家的规定要宽，这反映了我国对保护公民合法权益的重视。

对民事审判、行政案件审判中的错判，没有规定国家赔偿，因为这两类案件经法院改判后，可以按照改变后的判决，由一方当事人向对方履行义务或者赔偿，国外一般也是这么做的。因此，国家赔偿法只是规定，人民法院在民事诉讼、行政诉讼过程中，违法采取对妨害诉讼的强制措施、保全措施或者对判决、裁定及其他生效法律文书执行错误，造成损害的，国家予以赔偿。

5. 国家不承担赔偿责任的规定

国家赔偿法规定，有下列情形之一的，国家不承担赔偿责任：

第一，国家机关工作人员与行使职权无关的个人行为。这种情况，应由该国家机关工作人员个人承担民事赔偿责任，而不是国家赔偿。

第二，因公民、法人和其他组织自己的行为，致使损害发生的。

第三，因公民自己故意作虚伪供述，或者伪造其他有罪证据，被羁押或者被判处刑罚的。

第四，因公民自伤、自残等故意行为，致使损害发生的。例如，有些犯罪分子为了逃避劳动改造，而自伤、自残。

第五，有危害社会行为，但因不够刑事责任年龄或者精神病人，而不负刑事责任的人被羁押的。

第六，有下列情形之一，不追究刑事责任的人被羁押的：（一）情节显著轻微、危害不大，不认为是犯罪的；（二）犯罪已过追诉时效期限的；（三）经特赦令免除刑罚的；（四）依照刑法告诉才处理的犯罪，没有告诉或者撤回告诉的；（五）犯罪嫌疑人、被告人死亡的；（六）其他法律规定免予追究刑事责任的。

第七，法律规定的其他情形。

（二）国家赔偿义务机关

明确赔偿义务机关，是落实国家赔偿的一个重要问题。

1. 采取国家机关负责赔偿的原则

国家赔偿法规定，“行政机关及其工作人员行使行政职权侵犯公民、法人和其他组织的合法权益造成损害的，该行政机关为赔偿义务机关”（第七条）；“行使国家侦查、检察、审判、监狱管理职权的机关及其工作人员在行使职权时侵犯公民、法人和其他组织的合法权益造成损害的，该机关为赔偿义务机关”（第十九条）。也就是说，采取由国家机关负责赔偿的原则。这个原则是在行政诉讼法中首先确立的。为什么采取由国家机关负责赔偿的原则，我在介绍行政诉讼法时，说了理由：

第一，国家机关工作人员在行使职权时的行为，不是个人的行为，而是代表国家机关行使的公务行为，因此应当由国家机关负责。即使国家机关工作人员有故意或者重大过错，国家机关也应先负责赔偿，因为国家机关对所属工作人员，有监督、教育的责任，这样可以促使国家机关加强对所属工作人员的监督和教育。

第二，如果国家机关工作人员因行使职权，侵犯了公民、法人或者其他组织合法权益，不管有无过错，都要由国家机关工作人员个人负责赔偿，那么可能使某些工作人员不敢大胆严格依法行使职权，这对执法必严是不利的。

第三，由于国家机关工作人员个人财产往往有限，如果由个人负责赔偿，则被侵权人的损害赔偿有时可能得不到充分的保障。

第四，符合世界的趋势。现在不少国家已从由国家机关工作人员个人承担赔偿责任，发展到采取由国家机关承担赔偿责任的原则。

2. 行政赔偿和刑事赔偿的具体赔偿义务机关

国家赔偿法在确定具体的赔偿义务机关时，考虑了以下原则：第一，要具体明确。这样,公民、法人或者其他组织受到损害要求国家赔偿时,可以知道找哪个国家机关,也可以防止有关国家机关推诿责任。第二,与责任相联系。这样,有利于有关机关纠正错误,总结经验,吸取教训,改进工作。第三,在各种情况下都能有具体的赔偿义务机关,来承担赔偿责任。

关于行政赔偿的赔偿义务机关,是违法行使行政职权的行政机关。但在实际生活中情况比较复杂,有的是经过复议机关复议的,有的是两个以上行政机关共同行使的,有的是委托行使的。国家赔偿法对在各种情况下,如何确定赔偿义务机关,作了明确规定。经复议机关复议的,最初造成侵权行为的行政机关为赔偿义务机关,但复议机关的复议决定加重损害的,复议机关对加重的部分履行赔偿义务。两个以上行政机关共同行使行政职权时,侵犯公民、法人和其他组织的合法权益造成损害的,共同行使行政职权的行政机关为共同赔偿义务机关。法律、法规授权的组织在行使授予的行政权力时,侵犯公民、法人和其他组织的合法权益造成损害的,被授权的组织为赔偿义务机关。受行政机关委托的组织或者个人在行使受委托的行政权力时,侵犯公民、法人和其他组织的合法权益造成损害的,委托的行政机关为赔偿义务机关。赔偿义务机关被撤销的,继续行使其职权的行政机关为赔偿义务机关;没有继续行使其职权的行政机关的,撤销该赔偿义务机关的行政机关为赔偿义务机关。这样,在各种情况下,哪个行政机关是赔偿义务机关,就清楚明确了,被侵权受到损害的公民、法人和其他组织,不论什么情况,都可以找到承担赔偿责任的行政机关。

关于刑事赔偿的赔偿义务机关。行使国家侦查、检察、审判、监狱管理职权的机关及其工作人员,在行使职权时侵犯公民、法人和其他组织的合法权益造成损害的,该机关为赔偿义务机关。国家赔偿法根据错拘、错捕、错判等不同环节,对赔偿义务机关作了具体规定。对没有犯罪事实或者没有事实证明有犯罪重大嫌疑的人错误拘留的,作出拘留决定的机关为赔偿义务机关。对没有犯罪事实的人错误逮捕的,作出逮捕决定的机关为赔偿义务机关,如果是检察机关批准逮捕或者由检察机关决定逮捕的,检察机关是赔偿义务机关,如果是法院决定逮捕的,该法院是赔偿义务机关。改判无罪的有两种情况,一是再审改判无罪的,作出原生效判决的人民法院为赔偿义务机关;二是二审改判无罪的,作出一审判决的人民法院和作出逮捕决定的机关,为共同赔偿义务机关。

3. 对有故意或重大过错的工作人员进行追偿

采取由国家机关承担赔偿责任的原则,并不是不追究有过错的国家工作人员的责任。对受损害人来说,先由国家机关负责赔偿,国家机关赔偿后,对有故意或者重大过失的工作人员,进行追偿。

国家赔偿法规定,行政赔偿义务机关赔偿损失后,应当责令有故意或者重大过失的工作人员或者受委托的组织或者个人,承担部分或者全部赔偿责任;刑事赔偿义务机关赔偿损失后,应当向有刑讯逼供、殴打或者唆使他人殴打、违法使用武器、警械的工作人员,或者在处理案件中有贪污受贿、徇私舞弊、枉法裁判行为的工作人员,追究部分或者全部赔偿费用。国家赔偿法同时还规定,对上述工作人员,有关机关还应当依法给予行政处分,构成犯罪的,应当依法追究刑事责任。这样,对有过错的工作人员实行追究制度,有利于对国家机关工作人员的教育。

(三)国家赔偿的标准和赔偿费用

国家赔偿与民事赔偿都是赔偿,有共性,但两者性质不同。第一,国家赔偿是由于行使国家职权引起的,而民事赔偿是由于民事行为引起的;第二,国家赔偿由国家承担赔偿费用,民事赔偿由侵权者个人承担责任。因此,国家赔偿与民事赔偿又有不同的特点。

关于国家赔偿的标准和方式,是根据以下原则确定的:第一,要使受损害人所受到的损失,能够得到适当弥补;第二,考虑国家的经济和财力状况;第三,便于计算,简便易行;第四,以支付赔偿金为主要方式,能够返还财产或者恢复原状的,予以返还财产或者恢复原状。国家赔偿法根据以上原则,对各种不同损害的赔偿标准和方式,分别作了规定。

关于侵犯公民人身自由和生命健康的赔偿,国家赔偿法规定:第一,侵犯公民人身自由的,每日的赔偿金,按照国家上年度职工平均工资计算。第二,造成公民身体伤害的,应当支付医疗费,以及赔偿因误工减少的收入。减少的收入每日的赔偿金,按照国家上年度职工的平均工资计算,最高额为国家上年度职工年平均工资的5倍。第三,造成部分或者全部丧失劳动能力的,应当支付医疗费,以及残疾赔偿金,残疾赔偿金根据丧失劳动能力的程度确定,部分丧失劳动能力的最高额,为国家上年度职工年平均工资的10倍,全部丧失劳动能力的,为国家上年度职工年平均工资的20倍。造成全部丧失劳动能力的,对其扶养的无劳动能力的人,还应当支付生活费。第四,造成死亡的,应当支付死亡赔偿金、丧葬费,总额为国家上年度职工年平均工资的20倍。对死者生前扶养的无劳动能力的人,还应当支付生活费。生活费的发放标准,参照当地民政部门有关生活救济的规定办理。被扶养的人是未成年人的,生活费给付至18周岁;其他无劳动能力的人,生活费给付至死亡时止。国家赔偿法还规定,因违法拘留、非法拘禁和错拘、错捕或者改判无罪,造成受害人名誉权、荣誉权损害的,除按前面规定支付赔偿金外,还应当在侵权行为影响的范围内,为受害人消除影响,恢复名誉,赔礼道歉。

关于侵犯公民、法人和其他组织的财产权造成损害的,原则是按已造成的直接损失赔偿。第一,处罚款、罚金、追缴、没收财产或者违反国家规定征收财物、摊派费用的,返还财产。第二,查封、扣押、冻结财产的,解除对财产的查封、扣押、冻结。第三,应当返还的财产损坏的,能够恢复原状的,恢复原状,不能恢复原状的,按照损害程度给付相应的赔偿金。第四,应当返还的财产灭失的,给付相应的赔偿金。第五,财产已经拍卖的,给付拍卖所得的价款。第六,吊销许可证和执照、责令停产停业的,赔偿停产停业期间必要的经常性费用开支。第七,对财产权造成其他损害的,按照直接损失给予赔偿。

落实赔偿费用,对保证赔偿有重大关系,因此国家赔偿法特别规定,赔偿费用列入各级财政预算,具体办法由国务院规定。

(四)赔偿程序

国家赔偿要通过一定程序来实现,因此国家赔偿的程序也是一个重要的问题。国家赔偿法关于赔偿程序的规定是:

第一,国家赔偿义务机关应当主动赔偿。

我们的国家机关是为人民服务的,如果在行使职权时,违法侵犯了公民、法人和其他组织合法权益造成损失的,不管受损失人是否提出赔偿要求,都应当主动予以赔偿。因此,国家赔偿法特别规定,赔偿义务机关对依法确认应当给予赔偿的,应当给予赔偿。

第二,关于赔偿请求人。

国家赔偿法规定,受害的公民、法人和其他组织,有权要求赔偿。受害的公民死亡,其继承人和其他有抚养关系的亲属,有权要求赔偿。受害的法人或者其他组织终止,承受其权利的法人或者其他组织,有权要求赔偿。

第三,赔偿请求人可以向共同赔偿义务机关中任何一个机关要求赔偿。

有些赔偿涉及两个以上共同赔偿义务机关,为了方便受害的公民、法人和其他组织要求赔偿,避免有关国家机关相互推诿,国家赔偿法规定,赔偿请求人可以向共同赔偿义务机关中的任何一个赔偿义务机关要求赔偿,该赔偿义务机关应当先予赔偿。

第四,赔偿请求应先向赔偿义务机关提出。

行政诉讼法规定,“公民、法人或者其他组织单独就损害赔偿提出请求,应当先由行政机关解决”。国家赔偿法肯定了这一原则,同时规定,在申请行政复议和提起行政诉讼时,也可以一并提出。关于刑事赔偿,国家赔偿法规定,“赔偿请求人要求赔偿,应当先向赔偿义务机关提出”。赔偿义务机关应当自收到申请之日起两个月内给予赔偿。所以要首先向赔偿义务机关提出,是为了简化程序,方便受害人,有利于及时得到赔偿。

第五,赔偿义务机关不予赔偿或者受损害人对赔偿有异议的,可以向法院提出。

也就是说,采取法院有最终解决权的原则。所以规定可以向法院提出,这是因为:一是,受损失人向赔偿义务机关提出,以及经上一级机关复议,绝大多数的赔偿,可以得到解决。但总会有一些得不到解决的,怎么办,通过向法院提出,可以得到补救。二是,从制度上予以制约。如果赔偿义务机关不予赔偿,或者赔偿得不合理,受损失者可以向法院提出,采取这样的制度,可以促使赔偿义务机关,认真依法解决赔偿问题。三是,从一些国家和地区看,虽然采取的办法不完全一样,有的由一般法院受理,有的成立专门的赔偿法院,也有个别的专门成立赔偿委员会,但总的来说,绝大多数国家是法院有最终解决权。

国家赔偿法根据行政赔偿与刑事赔偿的不同特点,在向法院提出的程序上,分别作了不同的规定。关于行政赔偿,赔偿义务机关不予赔偿或者有争议,赔偿请求人可以自期间届满之日起三个月内,向人民法院提起诉讼,由法院进行审理。关于刑事赔偿,采取复议前置原则,即赔偿请求人向法院提出前,必须先向赔偿义务机关的上一级机关申请复议,复议机关应当自收到申请之日起两个月内作出决定,赔偿请求人不服复议决定的,可以在收到复议决定之日起三十日内,向复议机关所在地的同级人民法院赔偿委员会申请作出赔偿决定。如果赔偿义务机关是人民法院,赔偿请求人可以向其上一级人民法院赔偿委员会申请作出赔偿决定。

制定行政处罚法需要研究的几个问题

（1995 年 7 月 11 日　与国务院有关部门交换意见）

行政处罚是国家法律责任（包括刑事责任、民事责任、行政责任）的重要组成部分，是行政机关依法行政的手段之一。各级政府是执行机关，绝大多数法律是由政府执行的。我国法律代表全国各族人民的根本的、长远的利益，受到广大人民的拥护，这是法律得以贯彻的群众基础。行政机关执行法律，最重要的是要向广大人民进行宣传、教育，使他们了解法律的规定，提高法制观念；同时，对少数有违法行为，尚不够犯罪，依法应当给予行政处罚的个人和组织，给以行政处罚。这对于保障法律的贯彻执行，维护社会经济秩序，保护国家、集体和公民的合法权益，是必要的。

我国许多法律、法规在法律责任的部分中，都有行政处罚的规定，但由于对行政处罚问题没有统一的法律规定，在实践中存在一些问题，主要是：一、行政处罚的设定权不明确，有些部门乱定行政处罚；二、实施行政处罚的单位比较乱，有些行政机关委托一些不该委托的组织和个人实施行政处罚；三、处罚程序缺乏统一的规定，致使有些行政处罚质量不高，证据不足，适用法律不当，被处罚人的权利没有得到维护。为了规范行政处罚的设定和行政机关实施行政处罚的行为，需要制定行政处罚法。在制定行政处罚法时，有几个问题需要研究。

一、关于行政处罚的设定

行政处罚涉及公民的权利，应当采取法定原则，这是制定行政处罚法的基本指导思想。行政处罚的法定原则，包括三个方面：一是，什么行为给予行政处罚必须有明文规定，没有法律规定给予行政处罚的行为，不受行政处罚。六届全国人大常委会 1986 年制定新的治安管理处罚条例时就采取了法定原则，把原条例中类推的规定删去了。二是，行政处罚由有权设定的国家机关在职权范围内设定，无权设定的不得设定，也不得越权设定。三是，行政机关实施行政处罚，必须严格依法进行，包括有关实体和程序的规定。其中，哪些国家机关有权设定哪类行政处罚是前提，是最关键的。

关于行政处罚的设定权，应当根据以下原则来考虑：第一，要符合我国的立法体制。根据宪法,我国法制体系是统一的,又是多层次的。第二,要区别各类行政处罚的不同情况。行政处罚大体可分为人身罚、行为罚、财产罚和申诫罚四类,这四类行政处罚的性质、轻重是不一样的,要区别对待。第三,根据法制原则,对现行某些不妥的做法要予以改变,又要考虑我国法制建设的实际情况。根据以上原则,拟对行政处罚的设定权作以下规定:

第一,行政处罚基本上由法律和行政法规规定。其中,人身罚由于涉及公民的人身自由权,只能由法律规定,现在就是这么办的。行政法规可以对除人身罚以外的行政处罚作出规定。新宪法规定,国务院可以制定行政法规,这是对法制体系的重大改革。考虑到有些问题制定法律还不成熟,可以先制定行政法规;同时,行政管理涉及各方面,不可能也不必要都由法律来规定,国务院可在职权范围内制定行政法规。因此,行政法规可以设定除人身罚以外的各类行政处罚,是为了适应我国实际情况和需要,也是符合我国立法体制的。

第二,地方性法规、规章只能在有限的范围内对某些行政处罚作出规定,是补充性的。由于行政管理涉及各个方面,各地情况很复杂,对行政处罚现在要全部由法律、行政法规规定,也有困难,有些需要地方性法规、规章予以规定,但必须限制在一定范围。已经有法律、行政法规的,地方性法规、规章只能根据具体情况,对法律、行政法规的规定予以具体化,不能增加或减少。省级地方人大对本省的特殊问题(如禁放鞭炮、禁养犬等)制定地方法规或者在还没有法律、行政法规时先制定地方法规,可以对除人身罚和吊销企业执照的行为罚以外的行政处罚作出规定。规章只能对申诫罚和小量罚款作出规定。

第三,对地方性法规、规章中已有行政处罚的规定,在一定期限内予以清理。由于过去对行政处罚的设定权没有统一规定,因而一些地方性法规、规章对行政处罚作了规定。考虑到其中有些是需要的,但要上升为法律、行政法规还需要有一定时间,因此准备规定,地方性法规、规章中有关行政处罚的规定,在二年内继续有效,予以清理。至于行政处罚法制定后新设定行政处罚,必须按行政处罚法的规定实行。

二、实施行政处罚的主体

实施行政处罚的主体,也就是谁有权给以行政处罚,也是一个重要的问题,对此应当作出规定。

行政处罚是国家行政权的一部分,应当由行政机关来行使。这是行政处罚与刑事处罚(由法院判决)和团体内部处分不同的一个特点。因此,应当明确,行政处罚由行政机关决定,这是原则。拟规定,行政处罚由行政机关依职权行使。这包含几层意思:一是,由行政机关来行使。二是,要依职权来行使。违法行为由主管的行政机关给以行政处罚,不是什么行政机关对什么违法行为都有权给以行政处罚。例如,对违反治安管理的行为,由公安机关给以行政处罚,而不能由卫生行政机关给以处罚。三是,由哪一级行政机关决定,行政机关内部谁有权决定,也是不一样的,要按规定执行。

行政机关是行使行政处罚权的主体,这是原则。除行政机关外,要不要开口子?开多大?现在,一些地方和部门授权和委托其他组织和个人实施行政处罚的不少,比较乱。原来设想能否不开口子,由于行政处罚涉及各方面,各类行政处罚也不一样,比较复杂,看来完全不开口子可能也有问题,但一定要从严控制。一个是授权,即由法律规定由一定组织行使。如食品卫生法规定,县级以上卫生防疫站和食品卫生监督检验所为食品卫生监督机构,有权对违反食品卫生法情节严重的个人或组织给予行政处罚。法律授权的是个别的。这当然没有问题,现在有些地方性法规、规章也授权,问题比较多。是否可以只限由法律和行政法规授权,而地方性法规和规章不得授权。再一个是委托,即由行政机关委托其他组织行使。这方面问题更多,更要从严掌握,准备从以下几方面限制,一是限定可以委托的行政处罚的种类,可否限于可以当场处罚的,可以当场处罚的都是比较轻的、事实清楚、当事人没有异议的,如警告、小额罚款。其他行政处罚不得委托。二是,对被委托的组织和个人,要有一定条件。委托其他组织,可能是其他行政机关,也可能是非行政机关,可否对非行政机关的组织和个人原则上不得委托。同时,要明确委托的行政机关应当承担的责任。三是,委托也要有法律依据,可否由法律、行政法规、地方性法规规定可以委托的,才能委托。不能由行政机关自己随便决定委托。现在有一些市实行综合执法,可以适用法律授权或委托的办法来解决。

与行政处罚主体有关的一个问题,是处罚的管辖问题。为了防止对该处罚的不管,或者争着管,甚至一事几次罚、几个部门罚,草案对管辖作了规定,一是由违法行为发生地的行政机关管辖;二是几个机关都有管辖权的,由最先受理的机关管辖;三是不得以同一事实和同一依据,给予两次以上的行政处罚。

三、行政处罚的原则和程序

这是我国第一部行政处罚法,应当对行政处罚的原则和基本程序作出规定。

行政处罚法规定行政处罚的原则主要有:第一,坚持处罚与教育相结合的原则。1986 年制定的治安管理处罚条例专门增加了这个内容。对违法者给以行政处罚,直接目的是纠正违法行为,对违法者和广大公民给以教育,提高法制观念,使广大公民自觉地遵守法律。第二,依法原则。行政机关实施行政处罚,要以事实为根据,法律为准绳,严格遵守法定程序。第三,坚持公开、公正的原则。给予的行政处罚应当与违法行为的事实、性质、情节以及社会危害程度相适应。要公开,一是有关行政处罚的规定要公布,使公民和组织事先了解;二是给违法者以行政处罚要公开进行，这样才便于人民群众进行监督。

现在行政处罚中发生问题，一个重要原因，就是缺乏必要的程序。行政处罚的程序是保证正确实施行政处罚的重要问题。行政处罚法根据法制原则，对行政处罚的程序作了规定。根据实际情况，分为普通程序和简易程序。在程序中要建立一些基本的制度，主要有：

第一，质证和申辩制度。行政处罚法专门规定，行政机关在作出行政处罚决定之前，应当告知当事人其违法事实和证据、处罚的理由和依据。当事人可以质证和申辩。所以要这样做，一是，可以使行政机关在作出行政处罚时，注意以事实为根据、法律为准绳；二是，事先告诉当事人，由当事人质证和申辩，有利于保护当事人的合法权利，可以减少或防止处罚错误；三是，有利于对当事人进行教育，使当事人知道，自己哪些行为违反了法律，有利于提高法制观念。如果连违反了什么法都不告诉当事人，怎么进行教育呢？

第二，办案的与决定处罚的分开。这是根据一些地方、部门的经验规定的。山东济南工商行政管理部门在行政处罚程序方面，建立了办案、审查与决定分开的制度。过去，他们办理行政处罚，一般是由直接办案的各业务处、所、站自己立案、自行调查、自行决定处罚，由于缺少内部制约、监督，有些处罚定性不准、证据不足、适用法律不正确。后来改为办案、审案、决定分离，这样做有利于提高行政处罚的质量，也有利于防止办案人员腐败。行政处罚法肯定了这个经验，对此作了明确规定。除当场处罚的外，办案的与决定处罚的分开。对当场处罚的，要建立报告制度，即行政机关工作人员当场处罚后，要将处罚情况向本机关报告，以便监督，发现错误可以及时纠正。

第三，决定罚款的机关与收缴罚款的机构分离。行政处罚法规定，作出行政处罚决定的行政机关不得自行收缴罚款，当事人收到行政处罚决定书后，到指定的金融机构缴纳罚款。并规定，罚款必须全部上缴国库，任何行政机关或个人不得以任何形式截留、私分。这是根据福建等地的经验规定的。采取分离的制度，有利于解决乱罚款的问题，也有利于防止办案人员腐败。

第四，监督制度。行政处罚法规定，行政机关对有关行政处罚的申诉或检举，应当认真考虑，如果发现确有错误，应当主动、及时地予以纠正。

当然，规定行政处罚的程序，对行政机关决定行政处罚时，会增加一些麻烦。但是，依照法定程序来办，可以提高行政处罚的质量，防止和减少错误，不仅可以防止侵犯公民的合法权益，也可以减少行政复议和行政诉讼。如果行政处罚质量不高，经常出错，当事人提出行政复议或行政诉讼，那就更麻烦了。

四、当事人的权利

行政处罚法对当事人的权利作了规定，主要有：第一，陈述权、质证和申辩权。

第二,申诉权。第三,申请行政复议或提起行政诉讼权。当事人对行政处罚不服,可以依法提请行政复议或者提起行政诉讼。第四,要求行政赔偿权。公民、法人或者其他组织认为行政机关违法给予行政处罚受到损害的,有权依照国家赔偿法的规定,要求取得赔偿。

行政处罚法的原则和主要内容

（1995 年　在全国法制局长会议上）

一、制定行政处罚法的重要意义

1996 年 3 月，八届全国人大四次会议制定了行政处罚法，这是我国行政法制建设中的一件大事，是加强社会主义民主政治建设的一个重要步骤。制定这部法的重要意义，可以从以下几个方面来认识。

第一，行政处罚法是国家法律责任制度的重要组成部分，行政处罚是行政机关进行行政管理的一个重要手段，对保障法律的贯彻实施，有重要意义。

我国法律大部分是属于行政管理的，要由国家行政机关来执行。法律制定了，就要遵守，要依法办事，如果不遵守，违反法律，就要依法承担法律责任。许多法律、法规后面都有法律责任一章，就是规定，如果违反了，哪些违法行为要承担法律责任，以保障法律的贯彻。

法律责任，包括刑事责任、民事责任、行政处罚和行政处分。有些违法行为构成犯罪，要追究刑事责任，有些违法行为要承担行政责任，予以行政处罚，以纠正违法行为，教育公民、法人和其他组织遵守法律，保障法律的贯彻执行。

关于刑事责任，我们已经制定了刑法和刑事诉讼法，关于民事责任，我们已经制定了民法通则和一系列单行的民事法律以及民事诉讼法，当然有些还需要进一步完善，但从法律制度来说，应该说已经确立，有了法律规定。而行政责任，我们在一些单行法中有具体规定，但从法律制度来说，还缺少总的、统一的规定。制定行政处罚法，我国刑事、民事、行政三大法律责任制度，就都建立起来了，对于完善我国法律责任制度，保障法律贯彻执行，有重要意义。

第二，制定行政处罚法，对完善行政程序法律制度，促进行政机关依法行政，有重要意义。

健全社会主义法制的一个重要任务，就是各级行政机关要依法行政，依法进行行政管理。这就要用法律来规范政府的行政行为，可以包括三个方面，一是抽象的行政行为，包括制定行政法规、规章；二是具体管理的行政行为；三是对行政行为的监督和救济制度。

现在，全国人大和全国人大常委会已经制定了行政诉讼法和国家赔偿法。国务院制定了行政复议条例，经过这几年的实践，拟总结经验，修改补充完善，上升为法律。关于抽象行政行为,1982 年宪法对我国立法体制,包括行政法规、规章的地位、效力等,已有明确规定。这次行政处罚法对行政处罚的设定作了规定,将行政法规、规章有权设定哪些行政处罚作了规范。以后制定立法法时,对行政法规和规章还可以进一步具体规定。

现在是,要对行政机关的具体行政管理行为的程序予以规范。行政处罚是行政管理中的一个重要环节,涉及保障法律的贯彻执行,涉及保护公民的合法权利,制定行政处罚法,对完善行政程序的法律制度,促使行政机关依法行政,有重要意义。下一步,再把行政管理其他方面的问题,如行政许可、行政强制措施、行政收费等予以规范,那么有关行政程序的法律制度,从大的方面讲,也就可以说比较完备了。

过去曾有人主张,一开始就搞统一的行政程序法,包括所有各方面的内容。那时,要制定包括所有内容的行政程序法,条件还不成熟,比较困难。我们采取逐个立法的方针,成熟的先制定,这样比较容易,也比较快,一个个来,经过几年努力,也就基本完成了。制定行政处罚法,对规范行政机关的行为,促使行政机关依法行政,有重要意义。

第三,制定行政处罚法,规范行政处罚的设定和实施,对于政府正确实施行政处罚,保护公民合法权益,密切政府与人民群众的关系,改善行政管理工作,提高执法水平,有重要意义。

行政机关保障法律的执行靠什么,是不是仅仅靠处罚或者主要是靠处罚?不是。行政处罚是行政机关保障法律实施的一个重要手段,但决不是基本手段,更不是唯一的手段,对此要有清醒的、正确的认识。

我国法律是代表全国各族人民的根本利益的,受到广大人民的拥护,这是法律得以贯彻的群众基础。行政机关执行法律,要相信群众、依靠群众,提高执法水平,最重要的是要向广大人民进行法制宣传教育,使他们了解法律的规定,提高法制观念,决不能以罚代教(育),以罚代管(理),更不能以罚谋经(经费),以罚谋私。行政处罚是政府执法的一个手段,但是如果滥用,就会侵犯公民的合法权利,得不到群众支持,脱离群众,甚至产生腐败。

我国行政机关实施行政处罚的情况,总的说是好的,但是由于我们对行政处罚没有统一的法律规定,在实践中也存在一些问题,主要是:一、行政处罚的设定权不明确,有些部门乱定行政处罚;二、实施行政处罚的单位比较乱,有些行政机关委托一些不该委托的组织和个人实施行政处罚;三、处罚程序缺乏统一的规定,致使有些行政处罚质量不高,证据不足,适用法律不当,被处罚人的权利没有得到维护。

制定行政处罚法,规范行政处罚的设定和实施,对于克服一些部门和地方行政处罚过乱,保障和监督行政机关正确实施行政处罚,维护公民合法权利,有重要意义。保障和监督行政机关正确实施行政处罚,还可以促使行政机关提高执法水平,改进管理,加强法制教育,密切与群众的关系,取得广大人民群众的支持,达到有效地进行行政管理、保障法律贯彻的目的。

总之,应当从健全社会主义法制的高度,从行政机关依法行政、提高执法水平和行政效率的全局,来认识行政处罚法的重要意义。

二、行政处罚的基本原则

制定行政处罚法,首先要考虑行政处罚的基本原则。基本原则明确了,才能根据基本原则作出具体规定。行政处罚的基本原则有以下几条。

第一,保障和监督行政机关有效实施行政管理,维护公共利益和社会秩序,保护公民、法人或者其他组织的合法权益。

也就是说,既要保障行政机关有效实施行政管理,又要监督行政机关正确实施行政处罚,保护公民、法人或者其他组织的合法权益。要从两方面来考虑,只强调一面忽视另一面,都是不对的。这是一条总的原则,行政处罚的设定和实施,都要体现这个原则。

具体的讲,对行政机关和行政机关工作人员来说,一是,要给手段,为行政机关对违法者给予必要的行政处罚,提供法律依据,以保障行政机关有效地依法进行行政管理,保障法律的贯彻执行;二是,要防止滥用,不得侵犯公民的合法权益;三是,也要防止有些行政机关和行政机关工作人员放弃职责,对违法者应该依法给予行政处罚的,也不给行政处罚。

有的提出,行政诉讼法是把保护公民、法人和其他组织的合法权益放在维护行政机关依法行使行政职权前面的,为什么行政处罚法先说保障行政机关有效实施行政管理,然后再说保护公民、法人或者其他组织的合法权益,把保护放在保障后面?前面说了,保障和保护两方面都不可缺,行政处罚法与行政诉讼法所以摆的先后不同,是因为两法调整的对象不同,不能因此说哪个更重要,哪个不重要。

第二,法定原则。

行政处罚涉及公民的权利,应当采取法定原则。行政处罚的法定原则,包括三个方面:

1. 公民、法人或者其他组织的行为,只有明文规定应予行政处罚的,才受处罚,没有依法规定处罚的不受处罚。我国刑法对刑事责任采取法定原则,行政处罚要不要采取法定原则?要。所以要采取这个原则,一是,行政处罚虽然与刑罚不同,但也涉及公民的人身、财产等权益,依照法制原则,应当这样办;二是,目前,乱处罚的情况在一些地方存在,有的还相当严重,为了解决乱罚的问题,需要采取法定原则,这是客观实际的需要;三是,现在与十多年前不同了,立法方面取得很大进展,采取法定原则是有条件的。六届全国人大常委会 1986 年制定新的治安管理处罚条例时,就已经采取了法定原则,把原条例中类推的规定删去了。

2. 行政处罚由有权设定行政处罚的国家机关在职权范围内设定,无权设定的不得设定,也不得越权设定。

3. 行政机关实施行政处罚,必须严格依法进行,包括有关实体和程序的规定。行政诉讼法规定,行政机关的具体行政行为,如果适用法律、法规错误或者违反法定程序,人民法院将判决撤销。

第三,坚持处罚与教育相结合的原则。

为什么给予行政处罚?目的是什么?这是一个重大原则问题,必须正确认识。给予处罚,决不单纯是为了惩罚。对罪犯判处刑罚,还要强调对罪犯的教育改造,使罪犯改造成为自食其力的守法公民。对一般的违法者给予行政处罚,更应强调教育,行政处罚的直接目的是,纠正违法行为,对违法者和广大人民进行教育,提高法制观念,使广大公民自觉地遵守法律、维护法律。

第四,公开、公正。

要公开,一是有关行政处罚的规定要公布,使公民事先了解。凡是要公民遵守的,就要事先公布,这是一条原则。如果不公布,老百姓不知道,怎么要求遵守,更不能处罚,不然岂不是不教而诛了吗!二是,对违法者依法给予行政处罚要公开,这样便于人民群众进行监督,也有利于对广大公民进行教育。

要公正,给予行政处罚,必须以事实为根据,以法律为准绳。要查明违法事实,以事实为根据,没有违法事实的,不得给以处罚。给什么处罚,要以法律为准绳,与违法行为的事实、性质、情节以及社会危害程度相当,不得滥罚。

第五,保障当事人的权利。

这是非常重要的一条原则。在刑事诉讼中,将保障诉讼参与人的诉讼权利,特别是保障被告人的辩护等权利,作为一条基本原则。在行政处罚法中,对当事人的权利要予以保障,当事人的权利主要有:一,申辩和质证权。二,申请行政复议或提起行政诉讼。当事人对行政处罚不服,可以依法提请行政复议或者提起行政诉讼。三,要求行政赔偿权。公民、法人或者其他组织认为行政机关违法给予行政处罚受到损害的,有权依法取得赔偿。

第六,要有监督、制约的机制。

刑事诉讼,侦查、起诉、审判是由公、检、法三机关分工负责,互相配合,互相制约,以保障准确有效地执行法律。民事诉讼,当事人起诉,由法院审理,实行二审终审制。而行政处罚,是由行政机关调查并决定的。

当然,行政处罚不能像刑事诉讼那样由几家分工,但也要有监督、制约的机制。这种制约有三个方面,一是行政机关内部的制约;二是行政系统上级对下级的制约;三是司法方面的制约。后两方面的制约,就是行政复议和行政诉讼。

行政机关内部也要有制约,例如,对违法行为调查的与行政处罚决定的分开;决定罚款的机关与收缴罚款的机构分离;执法人员当场作出的行政处罚决定,必须向所属行政机关备案;行政机关应当建立健全对行政处罚的监督制度,县级以上人民政府应当加强对行政处罚的监督检查,行政机关对所作出的行政处罚的申诉或检举,应当认真审查,发现行政处罚有错误的,应当主动改正等。监督、制约的机制,有利于正确实施行政处罚,防止或减少错误;也有利于防止执法人员徇私舞弊、滥用职权,侵犯公民的合法权利。

根据这些原则来制定行政处罚法,对行政处罚制度是有极大改革的,涉及到规章设定行政处罚的权限、行政部门的职权、执法队伍的建设、经费等,都有很大改革,是否办得到,应该怎么办。

我们制定法律要从实际出发,但从实际出发,并不是把现在的一切做法都予以肯定,而是要根据法制的原则,总结实践经验,以改革的精神,来考虑和解决各种问题。对好的经验要予以肯定,对存在的问题要有针对性的解决,对不合适的做法,要予以改变。当然,也要考虑现实情况,要能行得通,有些经过努力可以办到的,我们要以改革的精神,积极采取措施,创造条件去办;有些马上办有困难,需要有一定的过渡时期,可以分步骤来实施。

三、几个主要问题

介绍三个问题,一是行政处罚的设定;二是实施行政处罚的主体;三是行政处罚的基本程序。

(一)行政处罚的设定

首先一个问题是,什么情况要承担行政责任,给予行政处罚。

不是所有违法行为都要给予行政处罚,要划清行政责任与刑事责任和民事责任的界限。我认为,公民、法人或者其他组织有违反行政管理秩序的行为,尚不构成犯罪,依法应当承担行政法律责任的,由行政机关给予行政处罚。

第一,行为违反了行政管理秩序,客体是行政管理秩序,如果违反的是民事法律,侵犯了他人的民事权益,那么应当承担民事责任。

第二,从主观方面说,要不要具有故意或过失?刑法规定,故意是构成犯罪的主观要件,过失行为必须是刑法特别规定为犯罪的,才构成刑事责任。民法通则规定,违反合同的行为要承担民事责任,侵权民事责任是过错责任。行政责任要不要主观上必须具有故意或过失?行政处罚情况复杂,不完全一样,有的违法行为必须是故意或过失,如拒绝、阻碍国家工作人员依法执行职务,未使用暴力、威胁方法的;有的只要有违反法律的行为,就承担行政责任,如果不是故意或过失,在实际处理时,可以减、免。

第三,尚不构成犯罪,依法应当给予行政处罚的行为。这里有二层意思:一是要区分违法与犯罪的界限。有些违法行为,如果情节、后果严重,就构成犯罪了。因此,必须是尚不构成犯罪的,如果构成犯罪,应当追究刑事责任,不能以罚代刑。

这里说的尚不构成犯罪，是从分清违法与犯罪的界限讲的，不是说对某些情况不可以刑罚、行政处罚并处，这是另一个问题。当然，一般讲，已经判了罚金，就不能再处罚款了，如果先处了罚款，那么判罚金时要考虑；又如，已经判了徒刑，就不能再处行政拘留了，如果已先处了行政拘留，那么判徒刑在执行时要折抵相应的刑期。但是，在某种情况下，判了刑罚后，还需要给予行政处罚，如吊销执照或许可证，因为这是行政机关的职权。第二层意思是，并不是所有的违法行为都要给予行政处罚，有些只要纠正或者给予批评教育就可以，只有那些需要给予行政处罚的，才给予行政处罚，这要由法律、法规、规章在职权范围内依法作出规定。

第四，实施行政处罚的主体是行政机关。刑事案件由法院判决，民事纠纷当事人自己协商解决，或者调解、仲裁，或者经法院判决。行政处罚由行政机关决定，这也是行政处罚与刑事、民事责任不同的一个特点。

第二个问题是，行政处罚的种类。

在实际生活中，行政处罚的种类很多，有的地方统计，有 120 多种。其实，有些性质是一样的，只是叫法不同。行政处罚法要把所有的行政处罚都列举出来是办不到的，但要把基本的、常用的列出来。

行政处罚的方式很多，情况很不一样，但不管多少方式。按性质大体可分为四类。一是，涉及人身自由的人身自由罚；二是，吊销许可证和执照等行为能力罚；三是，财产罚；四是，申诫罚。不同行政处罚的性质、轻重是不一样的。

什么样的违法行为应当适用什么种类的行政处罚，行政处罚法在总则中有一条原则的规定，就是给什么行政处罚，要与违法行为的事实、性质、情节以及社会危害程度相当。我们在设定行政处罚和实施行政处罚时，都要注意遵循这个原则。例如，饮食业不符合卫生条件，可以根据情况，给予警告、没收违法所得、罚款，直至吊销卫生许可征，但不能处以行政拘留。同样，如果是严重扰乱社会秩序，有些就不能仅处一些罚款了事，而应当处以行政拘留。

现在比较乱的是罚款，过去我们不怎么会使用罚款，现在一些地方又用乱了。对某些违法行为处以罚款是必要的，但也不能乱罚款。对罚款，应当区别两种不同情况，有些违法行为，如违反交通规章闯了红灯，处罚款是警诫性的，不能太多；另一种违法行为是为了谋取非法营利，对这种违法行为罚款就要重。总之，给什么种类的行政处罚，给多重的处罚，要与违法行为的事实、性质、情节以及社会危害程度相当。

第三个问题是，行政处罚的设定权，也就是什么国家机关，通过什么形式，有权设定什么样的行政处罚。

行政处罚如何设定，是这部法要解决的一个核心问题，也是最难的一个问题。对这个问题，有各种各样不同的意见。一个时期，有些同志曾想躲开这个难点，在行政处罚法中不对此规定，留待立法法去解决。这个想法，也是有一定道理的，因为行政处罚的设定，属于立法权问题。但是，经反复考虑，行政处罚法对此还是要规定,因为,这是行政处罚实行法定原则的前提,要解决实践中一些地方行政处罚过乱的问题,也要把住设定这个源头。

行政处罚法对行政处罚如何规定,是把所有要给予行政处罚的违法行为都具体规定出来,还是对行政处罚的设定权作出规定。犯罪是由刑法统一规定的,行政管理涉及各个方面,很广泛、复杂,要由一部法对所有需要给以行政处罚的违法行为,全部在行政处罚法中作出规定,是不可能的。行政处罚法只能从制度上、总体上,对行政处罚的设定权予以规定,至于哪些具体违法行为应当承担行政法律责任,给予什么行政处罚,还要由一个个的单行法律、法规予以具体规定。

关于行政处罚的设定权,涉及中央和地方、权力机关和行政机关如何划分,意见分歧很大。如何解决,我们认为,应当根据以下原则来考虑:第一,要符合我国的立法体制。根据宪法,我国法制体系是统一的,又是分层次的。第二,要区别各类行政处罚的不同情况,区别对待。第三,根据法制原则来规范,对现行某些不规范的做法,要适当改变,又要考虑我国法制建设的实际情况。

根据这些原则,从中央和地方来看,行政处罚基本由中央设定,即由法律,行政法规设定,地方性法规和规章补充。在地方来说,以地方性法规设定为主,地方政府的规章补充。具体的说:

第一,法律可以设定各种行政处罚。行政处罚法特别规定,限制人身自由的行政处罚,由于涉及公民的人身自由权,只能由法律设定,现在就是这么办的。

第二,行政法规可以设定除限制人身自由以外的行政处罚。

行政机关能否设定行政处罚,有不同的看法,有一种意见认为,政府是行政机关,是执行机关,行政处罚是行政机关的一种执法手段,由行政机关设定,行政机关行使,不合适。

提出这个问题,是有一定道理的。但是,从我国立法体制和实际情况考虑,应当允许行政法规设定行政处罚。因为:一,从立法体制讲,我国是以宪法为基础,法律为骨干,包括行政法规、地方性法规、规章……等。既然宪法赋予国务院有权制定行政法规,行政法规设定行政处罚是有依据的。二,从实际情况来看,行政管理涉及各个方面,很广泛、复杂,要将所有的行政管理都由全国人大及其常委会制定为法律,是不可能的,也是不必要的。还有一些问题,由于制定法律的条件不成熟,需要由国务院先制定行政法规,以后再制定法律。如果国务院不能设定行政处罚,那么对一些违法行为需要给予行政处罚的,就没有办法了,不利于有效地进行行政管理。三,国务院与部门不同,部门要具体执法,由部门设定处罚,可能产生问题,而国务院是从全面考虑进行决策,不会发生这方面问题。同时,现在规章设定的行政处罚问题较多,需要予以规范,需要限制规章设定行政处罚的范围,给行政法规可以设定除限制人身自由以外的行政处罚,有利于解决限制规章设定权的问题。四,行政处罚与刑罚的性质不同,刑罚只能由法律规定,行政处罚除限制人身自由以外,其他的行政处罚由行政法规设定是可以的。五,如果行政法规关于行政处罚的规定违法，全国人大常委会还可以撤销。

第三，地方性法规在一定范围内，可以对某些行政处罚作出规定，作为补充。

有两种情况，一是，已经有法律、行政法规的，地方性法规需要作出具体规定的，必须在法律、行政法规规定的给予行政处罚的行为、种类和幅度的范围内规定。例如，已经制定的法律、行政法规规定的行政处罚的种类中没有罚款的，地方性法规不能增加规定罚款的处罚。为什么这样规定，因为，一，地方性法规与法律、行政法规不得抵触，这是宪法规定的原则。行政处罚涉及公民的人身权、财产权，超越法律、行政法规规定的范围，就是抵触了。二，要维护全国法制的统一，法律、行政法规，全国都要执行，不能一个地方一个样子。那么，如果认为法律、行政法规的某些规定，不能适应情况的需要，怎么办？应当提出建议，由全国人大常委会对法律、国务院对行政法规进行修改。

第二种情况是，省级人大对本省的特殊问题（如禁放鞭炮、限制养犬等）制定地方性法规，或者在还没有制定法律、行政法规时先制定地方性法规。这种地方性法规，可以对除限制人身自由和吊销企业执照以外的行政处罚作出规定。如果有了全国性的法律、行政法规，那么就要执行法律、行政法规的规定。

第四，关于规章。如果说行政处罚的设定权是行政处罚法的难点，那么关于规章的设定权问题，是难中之难。

现在许多规章设定了行政处罚，各方面意见多的也是规章。规章能否设定行政处罚，如果能设定，可以设定哪些种类的行政处罚，各方面意见分歧很大。

从实际考虑，现在就完全不许规章设定行政处罚，不太现实，但如果规章可以设定的行政处罚范围过宽，弊病较大，也不符合法制原则。根据法制的原则，对规章的设定权应当限制，必要时规章可以设定较轻种类的行政处罚。随着法律、法规的逐步完备，规章设定行政处罚的范围将越来越小。

那么，有些需要给予较重行政处罚的，怎么办，从全国来讲，可以制定行政法规，从地方来讲，可以制定地方性法规。这样会不会影响及时制定？制定的时间会长一些，但是由于涉及公民权利，由国务院制定，在地方由权力机关讨论制定，是有好处的；其中关系重大、不及时解决会有问题的，只是极少数，像这样的问题，我相信国务院和地方人大也会抓紧解决的。如果不是这样紧急的问题，制定的时间长点，慎重点，不会有多大问题。

再一个问题是，国务院的一些直属机构，如工商、海关、税务、新闻出版、技术监督等部门怎么办。关键是，这些直属机构能否制定规章，从实际看有需要，但法律只规定部、委制定规章。这个问题需要研究解决，过去研究过多种方案，还不够成熟，可进一步研究。关于行政处罚设定问题，可否先采取授权的办法，国务院可以授权具有行政处罚权的直属机构，适用规章设定行政处罚的规定。

第五，本法实施前，地方性法规、规章中已有行政处罚的规定，需要时间进行修订。过去，由于对行政处罚的设定权没有统一规定，因而一些地方性法规、规章对行政处罚的规定，有些与行政处罚法关于行政处罚设定权的规定不一样，怎么办？要有一个过渡办法，如果马上都不算了，而新的又没规定，是有问题的，在行政管理方面就可能出现空档。对过去已有行政处罚的规定，应当在一定期限内进行修订，该由法律规定的，上升为法律，该由行政法规规定的，制定行政法规，有些不合适的，予以废除。至于在本法实施后新设定行政处罚，必须按行政处罚法的规定实行。

（二）实施行政处罚的主体

实施行政处罚的主体，也就是谁有权给以行政处罚，也是一个重要的问题。行政处罚是国家行政权的一部分，应当由行政机关来行使。这是行政处罚与刑事处罚（由法院判决）和团体内部处分不同的一个特点。因此，应当明确，行政处罚由有行政处罚权的行政机关在法定职权内行使，这是原则。包含几层意思：第一，由行政机关来行使。第二，不是所有的行政机关都有行政处罚权，哪些行政机关有行政处罚权，由法律和行政法规规定。第三，行政机关只能对自己主管业务范围内的违反行政管理秩序的行为，给以行政处罚。例如，对违反治安管理的行为，由公安机关给以行政处罚，而不能由卫生行政部门给以处罚。第四，每个行政机关有权给予什么种类的行政处罚，依法律、法规规定。例如，有一些重大的行政处罚，如吊销企业营业执照，要由县级甚至有的要省级人民政府决定。行政机关内部谁有权决定，也是不一样的，要按规定执行。

行政机关是行使行政处罚权的主体，这是原则。除行政机关外，要不要开口子？开多大？现在，一些地方和部门授权和委托其他组织和个人实施行政处罚的不少，比较乱。原来曾设想能否不开口子，由于行政处罚涉及各方面，各类行政处罚也不一样，比较复杂，而行政机关编制、人员较少，看来完全不开口子也不行，但一定要从严控制。制定行政诉讼法时，规定了授权和委托。

授权，即由法律规定由一定组织行使。法律授权是个别的，当然没问题。现在一些规章也授权，问题比较多。是否可以只限由法律、行政法规和地方性法规授权，而规章不得授权。

委托，即由行政机关委托其他组织行使。这方面问题更多，要从严掌握。第一，限定可以委托的行政处罚的种类。有的行政处罚，如行政拘留，不得委托，只能由公安机关行使。第二，对被委托的组织，规定了必须具有的条件，不能不管什么组织都能被委托，以保证被委托组织的素质。第三，明确委托的行政机关应承担的责任，如果行政处罚错了，由委托的行政机关承担责任。加重委托行政机关的责任，有利防止乱委托，有利促使委托行政机关对被委托组织的监督和管理。

现在，行政执法部门越来越多，有的互相交插，造成多头重复处罚或者都不管。这个问题应当解决，但涉及行政机构改革，因此规定，国务院或者国务院授权的省、自治区、直辖市人民政府可以决定，一个行政机关行使有关行政机关的行政处罚权。好处是:第一,有利简兵精政,提高效率。第二,防止和减少重复处罚。第三,有利政府机构改革,上下级政府部门不一定都要按条条对口。这样规定,为下级政府机构改革提供了依据。第四,也不是一刀切,各地可根据自己情况决定。

(三)行政处罚的基本程序

现在行政处罚中发生的问题,一个重要原因,就是缺乏必要的程序。行政处罚的程序,是保证正确实施行政处罚的重要问题。行政处罚法针对当前实践中存在的问题,根据行政处罚的基本原则,从制度上予以规定,建立一些基本的制度,不要太复杂、太繁琐,主要有:

第一,为适应实际需要,分别规定了简易程序和普通程序。简易程序是对违法事实确凿、处罚较轻的行为,由执法人员当场给予处罚。其他违法行为,依照普通程序给予处罚。

第二,实行申辩和质证制度。行政处罚法规定,行政机关在作出行政处罚决定之前,必须告知当事人其违法事实,给予行政处罚的理由和依据,并告知当事人依法享有的权利。当事人有权申辩与质证。不经当事人申辩和质证,不得决定处罚。所以要这样做,一是,可以使行政机关在作出行政处罚时,注意以事实为根据,以法律为准绳,防止和减少错误。二是,事先告诉当事人,由当事人申辩和质证,有利于当事人维护自己的合法权利。三是,符合重在教育的原则,使当事人知道自己哪些行为违反了法律,有利于提高法制观念。如果违反了什么法都不告诉当事人,怎么进行教育呢!

第三,办案的与决定处罚的分开。这是根据一些地方、部门的经验规定的。山东济南工商行政管理部门在行政处罚程序方面,建立了办案、审查与决定分开的制度。过去,他们办理行政处罚,一般是由直接办案的各业务处、所、站自己立案,自行调查、自行决定处罚。由于缺少内部制约、监督,有些处罚定性不准、证据不足、适用法律不正确。后来改为办案、审查、决定分离,这样做有利于提高行政处罚的质量,也有利于防止办案人员腐败。行政处罚法肯定了这个经验,对此作了明确规定。除当场处罚的外,执法人员查明事实后,应当提出处理意见,由行政机关负责人进行审查,依法给予较轻处罚的,由行政机关负责人决定;对情节复杂或者重大违法行为给予较重行政处罚的,行政机关的负责人应当集体讨论决定。执法人员当场作出行政处罚决定的,必须报告所属行政机关备案。

第四,作出罚款决定的机关与收缴罚款的机构分离。罚没财物有两个问题,第一个问题是,罚没财物归谁,是归国家财政,还是归罚没机关。归罚没机关的弊病很大,一是可能助长乱罚,二是还有可能产生腐败。罚没收入应当归国家财政,至于办案经费,应由财政拨给,分两条线。这个问题早就提出来了,但一直没完全解决。第二个问题是,决定罚没财物的机关和接受罚没的机构分开,福建等地这么办了,效果很好。因此,行政处罚法规定,除本法规定的个别情形外,作出行政处罚决定的行政机关不得自行收缴罚款，由当事人在规定时间内，到指定的银行缴纳罚款。并规定，罚款必须全部上缴国库，任何行政机关或者个人不得以任何形式截留、私分。采取这样的制度，有利于解决乱罚款的问题，也有利于防止腐败。

当然，规定行政处罚的程序，对行政机关决定行政处罚时，会增加一些麻烦。但是，依照法定程序来办，可以提高行政处罚的质量，防止和减少错误，不但可以防止侵犯公民的合法权益，也可以减少行政复议和行政诉讼。

从依法治国的高度认真贯彻实施行政处罚法

（1996 年 《人大工作通讯》）

一、从依法治国、建设社会主义法治国家的高度，来认识行政处罚法的重要性

今年 2 月，江泽民同志明确提出，要实行和坚持依法治国。3 月，八届全国人大四次会议通过的《国民经济和社会发展“九五”计划和 2010 年远景目标纲要的报告》明确规定，要依法治国，建设社会主义法治国家。加强和健全社会主义法制，是党的十一届三中全会以来我们党和国家的一条重要方针。然而，明确提出要依法治国、建设社会主义法治国家，还是第一次，这是随着我国社会主义法制建设的进展而提出来的更高的要求。

党的十一届三中全会总结我国历史的经验和教训，提出必须加强社会主义法制，做到有法可依，有法必依，执法必严，违法必究。首先要有法可依，这是有法必依的前提，是违法必究的依据和标准。当时，我国的法制还不健全，许多重要的基本法律还没有制定。那时要做到依法治国，达到社会主义法治国家的要求，还缺乏客观的前提条件。要加强社会主义法制，那时首先要立法。所以，党的十一届三中全会着重提出，从现在起，应当把立法工作摆到全国人大及其常委会的重要议事日程上来。

1979 年到现在，10 几年来，我国立法工作取得了明显的成绩。1982 年制定了新宪法，在此前后还制定了一系列有关国家机构的、刑事的、民事的、经济的、诉讼程序的以及其他方面的基本法律，为社会主义法制建设奠定了基础。党的十四大明确提出，要实行社会主义市场经济。八届全国人大在原有法制建设的基础上继续向前发展，制定了一系列有关市场经济方面的重要法律，如公司法、反不正当竞争法、商业银行法等。现在可以说，我国在政治、经济、文化、社会等方面，基本上是有法可依了。在这种情况下，中央进一步明确提出依法治国、建设社会主义法治国家，是非常适时的。

我们最早的提法是“加强”社会主义法制，后来发展成“加强和健全”社会主义法制，现在提高到建设社会主义法治国家；从有法必依、执法必严，到提出依法行政，现在提到依法治国的高度。依法治国，建设社会主义法治国家，对我国的社会主义法制建设提出了更高的要求，意义是非常重大的。

对中央提出的要依法治国、建设社会主义法治国家，我们应该全面、正确地理

解。为什么是“依法治国”，而不是“以法治国”？这是有特定含义的。

我体会这里有两层意思，我们要在党的领导下，把人民的意志制定成法律，来规范我们的政治、经济、文化、社会等各方面活动，依照法律来管理国家和社会事务，是十分重要的。但是，要治理好国家，是否仅仅依靠法律就成了？不是，除必须依法管理外，还要做好其他各方面的工作。拿社会治安来说，是否有了刑法和治安管理处罚条例，只要依法对违法、犯罪分子予以惩治，社会治安就会好了呢？当然，依法打击刑事犯罪分子，对维护社会治安是十分重要的。但是，仅靠这个是不够的，还必须加强教育，健全基层组织，依靠群众，搞好综合治理。要把国家建设好，实现工业、农业、国防和科学技术的现代化，建设成为富强、民主、文明的社会主义国家，必须依法治国，但不是仅仅以法，还必须加强政治思想工作，加强社会主义精神文明建设，发展经济、科学教育，等等。“依法治国”的提法，既突出了依法的重要性，也说明了不是仅仅“以”法治国。我们强调依法治国的重要意义，决不是也不能够忽视和放松其他方面的工作。这是第一层意思。

第二层意思是，依法治国的侧重点是讲国家机关及其工作人员在行使权力、进行管理时，要依法办事。1956 年党的八大曾提出要加强法制。怎么样才算是法制健全？当时提出的是有法可依、有法必依两句话。有法必依，包括老百姓要遵守法律，也包括国家机关及其工作人员在行使职权时要遵守法律。到党的十一届三中全会，中央提出要做到有法可依，有法必依，执法必严，违法必究，将“有法必依”发展成“有法必依，执法必严，违法必究”，特别提出了“执法必严”。谁执法？国家机关和国家机关工作人员。这是对国家机关和国家机关工作人员提出的严格要求。为什么要这样？总结“文化大革命”教训，国家机关和国家机关工作人员是不是严格依法办事，更为重要，因为他们行使着国家赋予的权力。“依法治国”不是侧重国家机关以法管老百姓，而是侧重国家机关、国家机关工作人员行使管理国家权力时要依法办理。

二、行政处罚法的制定和实施，对依法治国、建设社会主义法治国家有重要意义

第一，行政处罚法的制定和实施，进一步完善了我国的法律责任制度。

行政处罚是国家法律责任制度的重要组成部分。法律制定以后就要遵守，谁违反，就要依法承担法律责任，以保障法律的贯彻执行。我们许多法律、法规都有法律责任的规定。

国家的法律责任包括刑事责任、民事责任、行政责任。关于刑事责任，我国制定了刑法和刑事诉讼法。关于民事责任，我国制定了民法通则和一系列单行的民事法律以及民事诉讼法和仲裁法。至于行政责任，在一些单行的法律、法规中有具体规定，但从法律制度来说，还缺少总的、统一的规定。制定了行政处罚法，我

国刑事、民事、行政三大法律责任制度就都建立起来了，这对完善我国的法律责任制度，保障法律贯彻执行，是有重要意义的。

第二，行政处罚法的制定和实施，进一步完善了行政程序的法律制度，有利于促进行政机关依法行政。

法律绝大部分是要靠各级政府来执行的，行政机关能不能严格依照法律办事，是关系到建设社会主义法治国家的重大问题，特别是现在已经有了一系列基本法律的情况下，执法问题已经成为一个关键问题。

行政机关要依法行政，一个是按实体法办事，一个是按程序法办事。行政程序可以包括三个方面，一是抽象行政行为程序，包括制定行政法规、规章和规范性文件；二是具体行政行为程序；三是对行政行为的监督和救济制度。

关于行政法规、规章，宪法对它们的地位和效力作了规定，行政处罚法对行政法规、规章可以设定哪些行政处罚作了规定，以后制定立法法时，还可以进一步规范。在对行政行为的监督和救济方面，全国人大及其常委会已经制定了行政诉讼法、国家赔偿法，国务院制定了行政复议条例。对行政复议条例，准备在总结实践经验的基础上，修改补充上升为法律。行政处罚是行政机关具体行政行为中的重要一项，行政处罚予以规范了，下一步再把行政许可、行政强制措施、行政收费、行政执行等予以规范，我们国家行政程序的法律制度大体上就完备了，这对促进行政机关依法进行行政管理，是有重要意义的。

第三，行政处罚法规范行政处罚的设定和实施，有利于行政机关依法正确实施行政处罚。

保证法律的贯彻和执行，行政处罚是一个重要手段，但决不是基本的、更不是唯一的手段。我国的法律是体现人民的共同意志、维护人民的根本利益的，受到广大人民的拥护，这是法律得以贯彻执行的群众基础。行政机关执行法律，要相信群众，依靠群众，提高执法水平，最重要的是要向广大人民进行法制宣传教育，使他们了解法律的规定，提高法制观念，决不能以罚代教（教育），以罚代管（管理），更不能以罚谋经（经费），以罚谋私。

行政机关实施行政处罚的情况，总的来说是好的，但也存在不少问题。行政处罚法对行政处罚的设定和实施予以规范，有利于行政机关和行政机关工作人员正确实施行政处罚，对于廉政建设、改善行政管理、提高执法水平，密切政府同群众的关系，都有非常重要的意义。

三、实施行政处罚法的一个重要问题，是要落实好关于行政处罚设定权的规定

行政处罚法今年 10 月 1 日就要实施了。行政处罚法对我国的行政处罚制度，作了一系列重大改革，涉及一系列的问题。如何实施好这部法，要做许多工作。

行政处罚的设定权，是行政处罚法的一个核心问题，是起草过程中感到最难的一个问题，也是为贯彻实施行政处罚法的准备工作中工作量非常大的一个问题。

根据依法治国、建设社会主义法治国家的要求，行政处罚法的一条基本原则是行政处罚实行法定原则。什么行为要给予行政处罚，必须依法规定，没有依法规定的，不受处罚。法定原则中，最关键的是行政处罚的设定权问题，这是行政处罚实行法定原则的前提。同时，为了解决一些地方、部门乱施行政处罚的问题，也要把住这个源头。

行政处罚的设定权，涉及中央和地方、权力机关和行政机关，如何规定，曾有各种各样的不同意见。怎么解决？提出了三条原则：一是要符合我国的立法体制；二是要区别对待；三是根据法制原则，对过去不合适的做法要适当改变，同时也要考虑法制建设的现状。这三条原则中，最根本的是要符合国家的立法体制。

我国的立法体制是统一的，又是分层次的，这是根据我国的情况决定的。我国是单一制国家，实行人民代表大会制度，这是最重要的国情，也是我国立法体制最根本的依据。因此，宪法强调要维护法制的统一，制定法律的权力集中在全国人大及其常委会。同时，由于我国地域广阔，各地情况很不相同；民族多，少数民族聚居的地方实行民族区域自治；我国在实行改革，法制建设还在不断健全过程中。考虑到这些情况，我国立法体制既是统一的，又是分层次的，除了宪法、法律以外，还有行政法规、地方性法规、规章等，但它们的地位和效力，与法律是不一样的。

关于地方性法规，1979 年在制定新的地方组织法时，规定省级人大及其常委会有制定地方性法规的权力。这是重大的改革。为什么要这样规定？因为我国地域广阔，各地情况不一样，什么问题都要全国一刀切，不能适应各地情况。草案开始写的是，省级人大“根据”法律制定地方性法规。一推敲，当时很多法还没有制定，同时有些改革还在试验，制定法律的条件还不成熟，在这种情况下，有的可以先搞地方性法规，成熟了再上升为法律。所以，后来把“根据”改为“不抵触”。我介绍这个情况，是想说明，规定“不抵触”的立法原意，是针对有些还没有制定法律的情况下说的，已有法律的，地方性法规就要根据法律，结合本地情况予以具体化。

根据以上规定，地方性法规大体有三种情况：一是，根据法律、行政法规，结合当地情况，予以具体化的；二是，属于地方的特殊问题，不需要全国作出统一规定，不需要制定法律、行政法规的；三是，制定法律的条件还不成熟，需要先搞地方性法规的。现在与 1979 年时的情况相比，有很大发展：一是，已经制定的法律、行政法规越来越多，而且比过去具体了；二是，在改革方面取得了经验和进展，党的十四大确定实行社会主义市场经济体制，改革在全国全面推开，根据中央关于强调立法决策要与改革决策、发展决策紧密结合的原则，涉及全国性经济方面的重大改革,成熟了,该制定法律的制定法律,制定法律还不成熟的,可以先制定行政法规,不能一个地方一个样子。由于情况的发展变化,今后的地方性法规,更多的可能是根据法律、行政法规,结合本地情况具体化和就地方特殊性的问题作出规定。

根据我国的立法体制,行政处罚的设定权,从中央和地方来讲,基本上应该是由中央设定,即由法律、行政法规来规定,地方性法规和规章补充。从地方来讲,以地方性法规规定为主,地方政府规章补充。地方性法规规定行政处罚有两种情况,一种是还没有法律、行政法规的,给予省级人大及其常委会较大的设定权,除限制公民的人身自由和吊销企业的营业执照两种处罚外,地方性法规都可以设定。再一种情况是,已有法律、行政法规的,只能根据法律、行政法规规定的给予行政处罚的行为、行政处罚的种类和幅度,作出具体规定。如果认为有的法律、行政法规的规定不够,可以提出来研究,对法律、行政法规予以补充修改。

过去,由于对行政处罚的设定权没有统一规定,因而一些法规、规章和其他规范性文件关于行政处罚的规定很不规范,需要时间进行修订和清理。考虑到这种实际情况,行政处罚法规定,本法公布前制定的法规和规章中关于行政处罚的规定,与本法不符合的,应当自本法公布之日起,依照本法规定予以修订,在 1997 年 12 月 31 日前修订完毕。虽然有一年多的时间,由于修订的工作量大,需要抓紧进行。对地方人大及其常委会来说,在这方面要注意和抓紧做好以下几件工作。

第一,以后再制定地方性法规,凡涉及行政处罚的问题,都要严格按照行政处罚法来办。

第二,对过去制定的地方性法规,要根据行政处罚法的规定进行修订,修订的时间可以到明年年底。

在这期间,原来设定的行政处罚依然有效,但关于行政处罚的原则和程序,从今年 10 月 1 日起要按照行政处罚法来办。

第三,对地方政府规章可以设定罚款的限额,作出规定。规章设定罚款的限额以多少为宜?总的精神是不要太多。原来想在法律中确定罚款的数额,提出过各种方案。经过研究,由于情况比较复杂,各行各业情况不一样,各地情况也不一样,因此,规定分别由国务院和省级人大常委会规定。如果根据违法行为的性质、后果,需要给予罚款的数额超过最高限额的,怎么办?该搞行政法规的搞行政法规,该搞地方性法规的搞地方性法规。罚款涉及公民财产权,超过规定数额的,经过国务院、省级人大常委会决定,是有好处的。

第四,在修订过程中,地方认为需要给予行政处罚,而有关法律、行政法规没有规定,或者规定得不够的,希望早些提出来,以便全国人大常委会、国务院在修改、补充法律、行政法规时,予以考虑。

在行政立法座谈会上的讲话

（1997 年 1 月 22 日）

今天座谈会的目的，是研究下一步行政程序方面的立法工作。一会儿，王汉斌同志还要来与大家见面并讲话。晓阳同志让我先讲几句。我这次来，主要是听取各位的意见，先讲几点不成熟的想法，开个头。

一、要十分重视行政程序方面的立法工作

加强和健全社会主义法制，是党和国家的一项基本任务。去年，中央提出要依法治国，建设社会主义法治国家，对社会主义法制建设，提出了新的更高的要求。

要做到依法治国，建设社会主义法治国家，重要的一个方面，就是行政机关要依法进行行政管理。首先，对行政管理要有法律规范，同时行政机关要严格遵守和执行，前提是要有法律来规范。规范行政行为的法律有两类，一类是规范某方面业务的，如食品卫生、药品管理等方面的单行法律；另一类是专门规范行政程序方面的法律。规范某方面业务的单行法是重要的，但只对主管这方面业务的行政部门适用；而后一类法律，是所有行政部门都要遵守的。因此，制定行政程序方面的法律，对依法行政，建设社会主义法治国家，有着十分重要的意义。

要充分认识制定行政程序方面法律的重要性，集中力量，研究起草。法工委今年起草法律的重点，一是合同法，一是行政程序方面的法律，还有立法法。

二、行政程序方面的立法任务还很重，要再接再厉，在已有成绩的基础上，继续抓紧制定

前一阶段，行政程序方面的立法工作怎么样？应当说，是很有成绩的。在制定行政诉讼法之后，八届全国人大继续制定了国家赔偿法、行政处罚法。也要看到，下一步行政程序方面的立法任务，还是相当重的。

行政程序方面的立法，我们是采取一个个制定的，成熟一个就制定一个。有一个特点，就是先制定行政诉讼法，从对行政机关的具体行政行为实行司法监督开始，再发展到对行政机关的具体行政行为进行规范，在制定国家赔偿法之后，全

国人大去年制定了行政处罚法。可以说是,从外到内,从后向前。下一步还要制定什么法?当然,还有行政复议,在现有行政复议条例的基础上,总结经验,上升为法律。但今后的重点是,规范行政机关的具体行政行为。法院审理行政案件,就是要看行政机关的具体行政行为是否合法,包括对法律的适用和程序是否合法。只有制定规范行政机关具体行政行为的法律,才能使法院审理行政案件时有法律依据,才能更好地发挥司法监督的作用,更好地促使行政机关依法进行行政管理。

具体的还要制定哪些法律?行政诉讼法规定的收案范围,列了八项,从这里可以看出,除行政处罚法外,还要对行政许可、行政收费、行政强制措施等,予以规范。根据行政机关的行为和实践中存在的问题,要对哪些方面予以规范,制定什么法律,请同志们研究。

三、要完成行政程序立法工作,还是很艰巨的,要认真对待,妥善解决

应当说,现在制定行政程序方面法律的时机,是很好的。首先,对制定这方面法律的重要性、必要性的认识,比过去大大提高了。回想一下,开始制定行政诉讼法时,认识极不统一。1982 年五届全国人大制定民事诉讼法时,不少地方反映,官告民一告一个准儿,民告官没门儿!我们向彭真同志报告了,彭真同志说,这个问题要解决。因此,在民事诉讼法(试行)第三条中增加了一款:“法律规定由人民法院审理的行政案件,适用本法。”从此建立了行政诉讼制度。1982 年 3 月制定民事诉讼法(试行),8 月制定海洋环境保护法时,在第四十一条规定,当事人对行政处罚不服的,可以向法院提起诉讼。当时,主管的行政部门坚决不同意,说港监带的帽子上是有国徽的,怎么能告港监!彭真同志专门开会协调,有丕显、彭冲好几位副委员长参加,主管行政部门的同志还是想不通。彭真同志叫我念宪法,宪法第四十一条规定,公民对任何国家机关和国家工作人员的违法失职行为,有向有关机关申诉、控告和检举的权利。这件事说明,当时对这个问题的认识,是很不一致的。到 1989 年制定行政诉讼法时,不少同志还有各种各样的顾虑和担心。有的提出,如果可以告政府,政府还有什么权威,行政机关工作人员不敢管理了,会增加政府与群众的矛盾,影响稳定。现在不一样了,大家的认识提高了,统一了。特别是,中央提出依法治国,大家认识到,应当加强行政方面的立法。所以说,现在是制定这方面法律非常有利的时机。

但是,也要看到行政程序方面的立法,任务还相当艰巨,难度是很大的。前面说了,行政诉讼法是法院从外部监督,现在是要具体规范行政机关的具体行政行为,哪些能干,哪些不能干,应当怎么干,直接涉及行政部门的权力以及收入等,有的同志就说,这是动真格的了。例如,行政许可,不能随便什么事都要经过许可,

收费要有规定和标准,不能乱收、多收。又如,行政强制措施,不能随便来,有的要通过司法程序。在制定行政处罚法时,有的同志开玩笑说,你们限制了一些部门的权力,断了一些人的"财路"。所以要看到,问题不少,难度是很大的,要妥善解决好,不是那么容易的。

怎么办?根据我们前几部法的经验,我看要掌握好两条。一是,要保障行政机关能够依法行使行政管理职权,必须给的手段要给;又要防止滥用,不得侵犯公民的合法权益。二是,要有开拓精神,根据法制建设的要求,对现行的一些不合适的做法进行改革,不能迁就现实,但又要考虑实际情况,要能行得通,有些问题要有个过渡。一定要处理好这几个方面的关系,因此,要广泛进行调查,总结经验,与各方面协商,进行研究。

四、共同努力,完成行政程序方面的立法任务

首先,我们要共同努力。"三结合"是立法工作的重要经验,前几部法都是这么办的,取得很好的效果。各位在过去几部法的制定过程中,发挥了重要作用,对此我们表示感谢。今后,还要坚持"三结合"的方针,特别要提一提的是:一,希望法制局的同志多发挥作用。行政程序方面的法律是具体规范行政行为的,政府是要遵守的,所以在制定时,要多听政府法制部门的意见,因为他们了解实际情况,与业务部门比,他们又较为超脱,有利于从全局考虑。前几部法,法制部门的同志提了很好的重要意见,发挥了重要作用,今后还这么办。二,各位专家同志在过去几部法的制定过程中,是有贡献的,大家注意将理论与实际结合,对我们制定法律很有帮助。

对下一步工作,要有个计划。请大家考虑,从全局看,还有哪些方面要进行规范,制定法律。我觉得,作为研究,可以全面展开。至于分几部法,先制定哪部,可以根据实际情况来安排。全面研究,通盘考虑,一是可以加快进度,同时,对我们先制定的法也有帮助,可以放到全局中来考虑。从实际出发,有计划地分步骤进行,先成熟的先制定,这样可以不会因为一些难解决的问题,把其他也拖住了,这从总体上看,有利于加快立法的步伐。

总之,要继续过去成功的做法,让我们共同努力,为我国的行政立法工作,为建设社会主义法治国家,尽自己的力量。

保守国家秘密法讲话

（1989 年）

一、加强保密工作，保障改革开放的顺利进行

七届全国人大常委会三次会议通过了《中华人民共和国保守国家秘密法》（以下简称保守国家秘密法），对于在新的历史时期加强保守国家秘密的工作，维护国家安全和利益，保障改革开放和社会主义建设事业的顺利进行，有着重要意义。

保守国家秘密关系到国家的根本利益。任何国家，社会主义国家也好，资本主义国家也好，发达国家也好，发展中国家也好，各个国家在不同的历史时期，不管是战争时期还是和平建设时期，为了维护国家的安全和利益，都需要严格保守国家秘密。

我们党和国家对于保守秘密，历来是重视的。解放战争时期，中国人民没有取得全国政权，如果不保守秘密，革命就有可能遭到失败。新中国成立初期，为了继续肃清反动势力，对付国内外敌人的颠覆、侵略，巩固国家政权，保障国家建设，也必须十分注意保守秘密的工作。现在，我国进入社会主义建设新的历史时期，在国内，阶级斗争已不再是我国社会的主要矛盾，但阶级斗争仍然存在，还有形形色色的敌对分子秘密进行破坏。在国际上，由于我国在政治、军事、经济等方面，处于举足轻重的地位，国外十分注意搜集我国的情报。特别是实行对外开放政策以来，同外国各方面的交往越来越多，保密和窃密的斗争出现了比过去更加复杂的情况，一些地方和单位泄秘事件不断发生，有些重要国家秘密被泄露，使国家安全和利益受到严重损害。为了维护国家安全和利益，保障改革开放和社会主义四化建设事业的顺利进行，在新的历史时期，必须加强保守国家秘密的工作。

保守国家秘密的工作必须适应改革开放和社会主义四化建设的新形势。新中国成立初期，政务院于 1951 年制定了《保守国家机密暂行条例》。这个条例对当时加强保密工作，维护国家安全和利益，起了十分重要的作用。但是，新中国成立已经三十多年了，特别是中国共产党十一届三中全会以来，我国进入社会主义建设的新时期，实行对外开放政策，情况有很大变化，这个条例在不少方面已经不能适应新形势的需要。一方面，过去保密工作的一些规定已不能适应改革开放的形势，需要修改。例如，过去对国家秘密的范围划得过宽，与改革开放的精神不相符合。另一方面，在保守国家秘密的工作上出现了一系列新情况、新问题，需要解

决，作出新的规定。例如，需要根据新的情况，建立一些新的保密制度。又如，刑法对反革命间谍罪作了规定，但现在一些犯罪分子出卖情报，并不都是以反革命为目的，收买情报的也不能说是敌人，对这种犯罪如何处罚，需要作出补充规定。因此，根据新的情况，在总结经验的基础上，制定了新的保守国家秘密法。

在新的历史时期保守国家秘密工作的方针是什么？保守国家秘密法规定，保守国家秘密的工作，要实行积极防范、突出重点、既确保国家秘密又便利各项工作的方针。保守国家秘密法就是根据这个方针制定的，在国家秘密的范围、密级的确定、保密制度和法律责任等方面，都体现了这个方针。

二、正确确定国家秘密的范围，既确保国家秘密，又便利各项工作

保守国家秘密首先要明确什么是国家秘密，这样才能对真正是属于国家秘密的事项，严格加以保密，不得泄露，凡不属于秘密的事项，就不要保密。因此，划定国家秘密的范围，是一个重要的问题。保守国家秘密法对国家秘密的范围和密级，专门作了规定。

保守国家秘密法规定："国家秘密是关系国家的安全和利益，依照法定程序确定，在一定时间内只限一定范围的人员知悉的事项。"这就明确了国家秘密需要具备三个要素：一是从内容上讲，必须是关系国家安全和利益的事项；二是从程序上讲，是依照法定程序确定的；三是从空间时间上讲，是在一定时间内只限一定范围的人员知悉的事项。这三个要素中，最重要、最根本的是第一个要素，就是关系国家的安全和利益，如果泄露，会使国家的安全和国家的利益遭受损害。

过去，我们对国家秘密的范围划得过宽，一切未经决定或者虽然已经决定尚未公布的国家事务，都属于国家秘密。把是否公布作为划分是否秘密的标准。把国家秘密范围划得过宽，对改革开放不利；对进一步发展社会主义民主，增加透明度，发挥人民群众对国家机关和国家工作人员的监督作用不利；对科学技术的研究发展也不利。同时，把国家秘密范围划得过宽，什么都划为国家秘密，什么都要保密，对确保真正属于国家秘密的事项反而不利。保守国家秘密法将是否"关于国家的安全和利益"作为划分是否属于国家秘密的根本标准，这是一个重大的发展，把国家秘密和单位的一般工作秘密、企业的一般商业秘密区分开来了。

把国家秘密范围划得过宽，什么都划为国家秘密是不适当的，同时，认为现在实行对外开放了，没有什么国家秘密可保了，也是不正确的。保守国家秘密法规定，凡是符合前面所说的条件的下列秘密事项都是国家秘密：第一，国家事务的重大决策中的秘密事项；第二，国防建设和武装力量活动中的秘密事项；第三，外交和外交活动中的秘密事项以及对外承担保密义务的事项；第四，国民经济和社会发展中的秘密事项；第五，科学技术中的秘密事项；第六，维护国家安全活动和追查刑事犯罪中的秘密事项；第七，其他应当保守的国家秘密事项。

我们应当根据保守国家秘密法的规定,正确掌握划分国家秘密的标准,区分信息和秘密的界限、国家秘密和单位一般工作秘密、企业一般商业秘密的界限,这样才能做到既确保国家秘密,又便利各项工作,保障改革开放和社会主义建设事业的顺利进行。

"突出重点"是保守国家秘密工作的一个方针。凡是国家秘密,都应当保守,由于核心国家机密如果泄露会使国家安全和利益遭受到特别严重的损害,因此确保国家核心机密,应当作为搞好保守国家秘密工作的一个重点。保守国家秘密法根据秘密事项的性质、泄露后会给国家安全和利益造成损害的不同程度,将国家秘密分为三级,即"绝密""机密"和"秘密"。"绝密"是最重要的国家秘密,泄露会使国家的安全和利益遭受特别严重的损害;"机密"是重要的国家秘密,泄露会使国家的安全和利益遭受严重的损害;"秘密"是一般的国家秘密,泄露会使国家安全和利益遭受损害。区分不同的密级,对绝密的国家秘密事项,采取更加严格的保密制度,这对确保国家核心机密是十分必要的。

三、国家秘密事项的密级和保密期限要依照规定确定

国家秘密是关系国家安全和利益的事项,要"依照法定程序确定"。确定的法定程序是什么呢?保守国家秘密法对此作了规定:

第一,规定国家秘密各种密级的具体范围。保守国家秘密法对各种密级的标准作了规定,但比较原则,各个方面还需要具体化。例如,国防技术,哪些泄露了会使国家安全和利益遭受特别严重的损害,属于"绝密",哪些泄露了会使国家安全和利益遭受严重损害,属于"机密",哪些泄露了会使国家安全和利益遭受损害,属于"秘密",应当一项项具体化,作出具体的、统一的、明确的规定。这样,产生国家秘密事项的单位在确定某一具体事项的秘密时,才能有标准和依据。保守国家秘密法规定,国家秘密的各种密级的具体范围,由国家保密工作部门会同外交、公安、国家安全等有关国家机关规定。也就是说,属于哪方面的国家秘密的密级,由国家保密工作部门会同主管这个方面的中央国家机关来规定。

第二,对每个具体的国家秘密事项密级的确定。保守国家秘密法规定,各级国家机关、单位对所产生的国家秘密事项,应当按照各种密级具体范围的规定确定密级。这里说明两点,一是密级具体范围已有明确规定的,由产生该国家秘密事项的机关、单位自行确定,哪个单位产生的,就由哪个单位来确定,不需要报上面来确定;二是产生国家秘密事项的机关、单位在确定密级时,应当依照规定,按规定是国家秘密的就定为国家秘密;按规定应属于何种密级,就定为什么密级,而不能由机关、单位首长个人随意确定。

第三,对于是否属于国家秘密和属于何种密级不明确的事项,由国家保密工作部门,省、自治区、直辖市的保密工作部门,省、自治区政府所在地的市和国务院

批准的较大的市的保密工作部门或者国家保密工作部门审定的机关、单位确定。当然，保密工作部门在确定时，要与其他部门商议。在确定密级前，产生该事项的机关、单位，应当按照拟定的密级，先行采取保密措施。

第四，对是否属于国家秘密和属于何种密级有争议的，由国家保密工作部门或者省、自治区、直辖市的保密工作部门确定。

保守国家秘密法规定，国家秘密是“在一定时间内只限一定范围的人员知悉的事项”，也就是说，国家秘密是有一定期限的，原来属于国家秘密的事项，经过一段时间就可能不是国家秘密了，应当解除。我们过去在确定密级时，很少规定保密期限，因而一确定为国家秘密，便永久是国家秘密不能公开了。保守国家秘密法对国家秘密事项的保密期限的确定、变更和解密，作了规定，这是一个重要的改革，主要是：

第一，确定保密期限。保守国家秘密法规定，机关、单位对国家秘密事项确定密级时，应当根据情况确定保密期限。保密期限长短，要根据每个国家秘密事项的具体情况来确定，并不是“绝密”的保密期限就一定要比“机密”的保密期限长。确定保密期限的具体办法，由国家保密工作部门规定。

第二，保密期限的变更。国家秘密事项的密级和保密期限，由于情况的变化，是会发生变化的，拿密级来讲，有的要提高，由“秘密”改为“机密”，有的要降低，由“绝密”降为“机密”；拿保密期限来讲，有的要延长，有的要缩短。保守国家秘密法规定，国家保密事项的密级和保密期限，应当根据情况的变化及时变更。密级和保密期限的变更，由原确定密级和保密期限的机关、单位决定，也可以由其上级机关决定。

第三，解密。保守国家秘密法对国家秘密事项的解密，规定了两种情况。一是提前解密，国家秘密事项在保密期限内不需要继续保密的，原确定密级和保密期限的机关、单位或者其上级机关应当及时解密。第二种情况是自行解密，国家秘密事项的保密期限届满的，自行解密。

四、建立和遵守保密制度，积极防范

保守国家秘密工作，实行积极防范的方针，防患于未然。制定和遵守保密制度，是积极防范，防止泄露国家秘密的重要保障。保守国家秘密法专有一章“保密制度”，对容易发生泄密的方面、环节，规定应当建立各种保密制度，主要是：

第一，属于国家秘密的文件、资料和其他物品的制作、收发、传递、使用、复制、摘抄、保存和销毁，采用电子信息等技术存取、处理、传递国家秘密，要遵守保密办法。例如，国家秘密应当根据需要，限于一定范围的人员接触，不许向不应知悉的人扩散；不准将属于国家秘密的文件、资料和其他物品带到无保密保障的场所；在有线、无线通信中传递国家秘密的，必须采取保密措施；不准使用明码或者未经中央有关国家机关审查批准的密码传递国家秘密；不准通过普通邮政传递属于国家秘密的文件、资料和其他物品；未经主管部门批准，禁止将属于国家秘密的文件、资料和其他物品携带、传递、寄运至境外等。

为了确保国家核心机密，对绝密级的国家秘密文件、资料和其他物品，保守国家秘密法规定了更加严格的管理要求，例如，未经原确定密级的机关、单位或者其上级机关批准，不得复制和摘抄；收发、传递和外出携带，由指定人员担任，并采取必要的安全措施；在设备完善的保险装备中保存。

第二，属于国家秘密的设备或者产品的研制、生产、运输、使用、保存、维修和销毁，要严格遵守国家秘密工作部门会同中央有关国家机关制定的保密办法。属于国家秘密不对个人开放的工厂、车间、实验室等，应当采取保密措施，除按规定经过批准的以外，不得擅自决定对外开放。

第三，报刊、书籍、地图、图书资料、音像制品的出版和发行以及广播节目、电视节目、电影的制作和播放，应当遵守有关保密规定，不得泄露国家秘密。具有国家秘密内容的书籍、音像制品，在使用、传递、保存等方面，都要严格遵守保密办法。

第四，我国实行对外开放的政策，与外国经济、文化、技术等各方面的交流和合作日益扩大。在对外交往，特别是在经济、技术合作过程中，需要向对方提供有关信息和资料，例如要请外国专家参与改建港口，那么有关港口的资料应当提供。在提供资料中，有些会涉及国家秘密，哪些需要、可以提供，哪些不需要或者不能够提供，需要根据情况，权衡利弊来决定。现在有些单位和个人在对外交往中，擅自向对方提供不需要或者不应当提供的涉及国家秘密的资料和情况，造成泄露国家秘密。保守国家秘密法规定，在对外交往合作中需要提供国家秘密事项的，应当按照规定的程序，事先经过批准。

第五，会议和其他活动如果具有属于国家秘密的内容，主办单位应当采取保密措施，并对参加人员进行保密教育，规定具体要求。例如，对参加人员条件的要求，是否要记录，在什么范围可以传达，哪些秘密文件会后应当收回等。

第六，私人通信和交往中不断发生泄秘事件，有的人在私人通信中，涉及国家秘密，造成失密，有的人将国家秘密告诉自己的子女、家属、熟人或其他不应知悉的人，随意扩散，有的人在公共场所，如公共汽车上、餐馆、影院谈论国家秘密，造成泄密。因此，保守国家秘密法专门规定，不准在私人通信中涉及国家秘密，不准在私人交往中泄露国家秘密，不准在无保密保障的场所进行属于国家秘密内容的活动。

五、对泄秘、窃秘犯罪分子必须依法追究刑事责任

泄露国家秘密会使国家安全和利益遭受损害，对泄秘、窃秘的犯罪分子，必须依法追究刑事责任。刑法对泄秘和反革命间谍罪作了规定，这次全国人大常委会

根据新的情况，又作出了《全国人民代表大会常务委员会关于惩治泄露国家秘密犯罪的补充规定》。

第一，违反保守国家秘密法的规定，故意或者过失泄露国家秘密，情节严重的，处七年以下有期徒刑、拘役或者剥夺政治权利。过失泄露国家秘密的，可以从轻处罚。泄露国家秘密，尚不够刑事处罚的，可以酌情给予行政处分。

第二，以盗窃、抢夺、收买、骗取或者其他手段非法获取国家秘密的，比照刑法第一百六十七条盗窃、抢夺国家机关公文罪的规定追究刑事责任，处三年以下有期徒刑、拘役、管制或者剥夺政治权利，情节严重的，处三年以上十年以下有期徒刑。

第三，为境外的机构、组织、人员窃取、刺探、收买、非法提供国家秘密的，处五年以上十年以下有期徒刑；情节较轻的，处五年以下有期徒刑、拘役或者剥夺政治权利；情节特别严重的，处十年以上有期徒刑、无期徒刑或者死刑，并处剥夺政治权利。

第四，为敌人窃取、刺探、提供情报的，处十年以上有期徒刑或者无期徒刑；情节较轻的，处三年以上十年以下有期徒；对国家和人民危害特别严重的、情节特别恶劣的，处死刑。

六、学习、宣传、贯彻保守国家秘密法

保守国家秘密法将于 1989 年 5 月 1 日起施行。为了贯彻落实，应当做好以下几方面工作：

第一，学习、宣传。宪法和保守国家秘密法规定，一切国家机关、团体、企业事业单位和公民都有保守国家秘密的义务。为了正确施行保密法，首先应当很好学习和宣传，在新的历史时期加强保密的必要性，保守国家秘密与改革开放的关系。新的保守国家秘密法在国家秘密的范围、密级的确定、保密期限、保密制度等许多方面，都有重大发展和改革，要很好学习，树立保密工作为保障改革开放和社会主义建设顺利进行的观念。只有这样才能为正确实施保守国家秘密法打好思想基础。

第二，根据保守国家秘密法制定各方面的具体规定。保守国家秘密法有些规定比较原则，为了保证保密法的实施，还要根据保密法制定实施条例、国家秘密事项各种密级的具体规定、各种保密办法等，这需要有关部门进行大量工作。

第三，建立、健全保密制度。这是积极防范、防止泄密的重要措施，过去的一些保密制度，有些需要修改，还要制定一些新的保密制度。

第四，健全机构。机构、人员健全，是做好本单位保守国家秘密工作的一个重要条件。保守国家秘密法规定，县级以上国家机关和涉及国家秘密的单位，根据实际情况设立工作机构或者指定人员，管理本机关和本单位保守国家秘密的日常工作。

第五，各级法院应当对泄密、窃秘的犯罪分子，依法进行惩处。

关于市场经济法律

有关社会主义市场经济法制建设的若干问题

（1998 年 6 月　在第一期稽察特派员培训班上）

我国经济体制改革的目标是建立社会主义市场经济体制。社会主义市场经济体制的建立和完善，必须有完备的法制来规范和保障。我就社会主义市场经济法制建设的若干问题，从五个方面向大家介绍点情况，谈点个人的看法，仅供参考。

一、加强法制建设对建立和完善社会主义市场经济体制的重要意义

发扬社会主义民主、健全社会主义法制，是邓小平理论的一个重要组成部分。党的十五大报告提出，要“进一步扩大社会主义民主、健全社会主义法制，依法治国，建设社会主义法治国家”。依法治国，就是广大人民群众在党的领导下，依照宪法和法律规定，通过各种途径和形式管理国家事务，管理经济文化事业，管理社会事务，保证国家各项工作都依法进行。依法治国，是党中央在把建设有中国特色社会主义事业全面推向二十一世纪的历史时期，根据邓小平民主法制理论，作出的一项重大战略决策。

江泽民同志说，“依法治国，是党领导人民治理国家的基本方略，是发展社会主义市场经济的客观需要，是社会文明进步的重要标志，是国家长治久安的重要保证”。其中特别提到，“是发展社会主义市场经济的客观需要”。发扬社会主义民主、健全社会主义法制，是我党总结建国以来的长期历史经验，特别是“文化大革命”的教训所得出的结论。过去，往往多从发扬社会主义民主、保障国家长治久安等方面，来理解法制建设的重要意义，因为大家经过“文化大革命”，有深切的体会。随着经济体制改革的深入，特别是党的十四大明确提出我国要实行社会主义市场经济体制以来，法制建设对改革、开放的重要意义，就越来越被认识得深刻了。党的十四届三中全会《中共中央关于建立社会主义市场经济体制若干问题的决定》中，把“加强法律制度建设”作为一个专题来论述，提出“社会主义市场经济的建立和完善，必须有完备的法制来规范和保障”。这次党的十五大报告提出，依法治国“是发展社会主义市场经济的客观需要”。

为什么说是“客观需要”？建立社会主义市场经济体制，就是要使市场在国家

宏观调控下对资源配置起基础性作用。改革开放以来,情况有很大发展变化,以公有制为主体、多种经济成份共同发展,私营企业、外资企业大量增加;国有企业进行改革,政企职能分开,政府不干预企业的具体经营活动,由企业自主经营、自负盈亏。在这种情况下,如何维护社会经济秩序,保障公平竞争,保障经营者、消费者的合法权益,如何保障经济建设的健康发展?靠什么?需要法制。政企职能分开,政府不干预企业的具体经营活动,但决不是撒手不管了,而是要转变职能,依靠法制,主要运用法律手段来维护社会经济秩序,保证建设事业的健康发展。因此,加强和健全法制就十分重要了,依法治国成为建立和完善社会主义市场经济体制的客观需要。有人说,市场经济是法治经济。准确点说应当是,市场经济需要法制,国家要运用法制来进行监督管理。如果不重视和加强法制建设,实行了市场经济也并不会自然而然地成为法治经济,如果没有完备的法制,那么就会产生混乱。所以,党的十四届三中全会强调"要高度重视法制建设",党的十五大报告提出要"依法治国,建设社会主义法治国家"。我们要充分认识加强法制、依法治国,对建立和完善社会主义市场经济体制有着十分重要的意义。认识清楚了,才能在实践中加强法制建设。

实行依法治国,建设社会主义法治国家,依法维护社会经济秩序、保障社会主义建设事业健康发展,需要从立法、执法、司法、普法、监督等各个方面,来加强和做好工作。有法可依是前提,必须进一步加强立法工作,提高立法质量,抓紧制定有关社会主义市场经济的法律。有了法,必须严格遵守和执行,做到有法必依,执法必严,违法必究。这就要广泛宣传法律,提高法制观念,行政机关要依法行政,司法机关要严格执法。

二、社会主义法律体系和我国的立法体制

党的十五大报告提出,要"加强立法工作,提高立法质量,到2010年形成有中国特色社会主义法律体系"。对立法工作提出了新的任务和更高的要求。

首先要研究,社会主义法律体系包括什么,同时要了解我国的立法体制。我就这两个问题,分别谈点看法。

首先,谈谈对法律体系的看法。一个国家的法律是很多的,从国家的法律体系来看,宪法是国家的根本大法,规定国家的性质、根本任务、基本制度和公民的基本权利义务,是法制的基础。国家机构和公民基本权力义务、民事商事、刑事、行政管理、诉讼程序等方面的法律,构成一个国家的法律体系。

国家机构和公民基本权利义务的法律,是我国法律体系中一个重要的组成部分,因为它关系到国体、政体和政权结构,是保障人民当家作主、行使管理国家权力的基本法律。这方面的法律有:国家机构的组织法,规范权力机关、政府、审判机关、检察机关的产生、组织和职权;有关公务员制度的法律;保障宪法规定公民

享有的基本权利和应当履行的基本义务的法律等。

民事法律调整作为平等主体的公民之间、法人之间、公民和法人之间的财产关系和人身关系，包括民事主体、民事行为、民事权利、民事责任以及婚姻家庭关系等。随着商品经济的发展，在传统民法的基础上又出现了商法。为了建立和完善社会主义市场经济体制，需要进一步制定有关市场主体、规范市场行为、维护市场秩序、加强宏观调控和完善社会保障制度等方面的法律。民商法与公民的日常生活，与企业的生产经营活动，以及经济建设等，有着十分密切的关系，是十分重要的。

刑事法律规定什么是犯罪，处以什么刑罚，用刑罚同一切犯罪行为作斗争，惩罚犯罪，保护人民，保障国家安全和社会公共安全，维护社会秩序，保障社会主义建设的顺利进行。

行政管理的法律，也就是行政法，它与民商法、刑事法律的性质、原则都是不同的，是另一类性质的法律，即政府为保护国家和社会公共利益，维护社会、经济秩序，在法定职权范围内，依法进行行政管理的法律。宪法规定，县级以上政府依照法律规定的权限，管理经济、教育、科学、文化、卫生等事业和财政、民政、公安等工作。这是宪法赋予政府的职责。政府行使行政管理权，必须依法进行，做到行政管理制度化、法律化。这就需要制定一系列有关行政管理的法律，对经济、文化、社会等各方面的管理秩序进行规范。不仅要有比较完备的实体法，而且要有比较完备的行政程序法。行政法涉及的面很广，经济方面的行政法是其中重要的组成部分，同时还有科技、教育、文化、治安等等方面的法律。

诉讼程序方面的法律，包括刑事诉讼、民事诉讼、行政诉讼等，它规范诉讼程序，保障诉讼当事人的诉讼权利，使司法机关能够查明事实，正确运用法律。诉讼法律是从程序方面，来保证民事、刑事、行政等实体法的贯彻落实。

关于我国的立法体制。法有广义和狭义的区分，狭义的法是指全国人大及其常委会制定的法律，广义的法包括法律和法规等。

我国的立法体制是统一的，又是分层次的。这是根据我国的实际情况确定的，主要是：第一，我国是单一制国家，不是联邦制国家；第二，我国地域广阔，各地情况很不相同；第三，民族多，民族聚居地方实行民族区域自治；第四，我国正处在改革的过程中。由于我国是统一的单一制的国家，因此法律只能由全国人大和全国人大常委会制定，要维护法制的统一。由于其他几点实际情况，又决定了我国立法体制是分层次的。以宪法为基础，法律为骨干，包括行政法规、地方性法规、规章、自治条例和单行条例。

法律、法规、规章等的制定机关不同，它们的地位、效力和适用范围也是不同的。宪法是国家的根本大法，具有最高的法律效力，一切法律、法规、规章等都不得与宪法相抵触。法律由全国人大及其常委会制定，效力高于行政法规和地方性法规。行政法规由国务院制定，效力低于法律，高于地方性法规和规章。地方性法规是省、自治区、直辖市人大及其常委会以及省、自治区人民政府所在地的市和国务院批准的较大的市的人大及其常委会制定的，地方性法规不得与法律、行政法规相抵触，并只在本地区适用。规章是国务院部、委制定的，不得与法律、行政法规抵触。我国这样划分中央和地方、国家权力机关和行政机关制定法律、法规和规章方面的不同职权，可以适应各方面、各地区的复杂情况和不同需要，有利于加快法制建设，也有利于维护法制的统一。

那么，在履行或执行法律时，如果法律、行政法规、地方性法规、规章的某些规定不一样，发生矛盾怎么办？应当根据以下原则来处理：第一，下位法服从上位法。与宪法抵触的一律无效，要执行宪法。行政法规、地方性法规和规章要服从法律。地方性法规和规章要服从行政法规。第二，后法效力优于前法。第三，特别法就特定问题的规定，优于一般法的规定。

我们对整个法律体系和我国立法体制有了概括的了解，对制定和正确执行法律，是有帮助的。

三、有关社会主义市场经济法律的情况

制定有关市场经济的法律，是立法工作的一个重点。1979 年以来，特别是党的十四大以来，制定了一系列有关规范市场主体、维护市场秩序、加强宏观调控、完善社会保障、促进对外开放等方面的法律，初步形成了社会主义市场经济法律的框架。今后的立法任务还很繁重，有一些重要的法律有待制定，已有的法律，也需要根据情况的发展和经验积累，不断补充、修改和完善。下面，我把已经制定的有关社会主义市场经济方面的一些重要法律、法规，作一个简要概括的介绍。

（一）关于市场主体

党的十五大报告提出，要“加快推进国有企业改革。国有企业是我国国民经济的支柱。搞好国有企业改革，对建立社会主义市场经济体制和巩固社会主义制度，具有极为重要的意义”。

全国人大制定了《中华人民共和国全民所有制工业企业法》，国务院制定了《全民所有制工业企业转换经营机制条例》《国有企业财产监督管理条例》。主要内容是：

第一，根据政企职责分开的原则，明确规定，国有企业是依法自主经营、自负盈亏、独立核算的生产和经营单位，享有经营管理自主权，包括生产经营决策、产品劳务定价、产品销售、物资采购、劳动用工、内部机构设置等十四个方面的经营权。并规定，任何机关和单位不得侵犯企业依法享有的经营管理自主权。

第二，明确规定，企业的财产属全民所有，包括国家以各种形式对企业的投资和投资收益形成的财产。国家依照所有权和经营权分离的原则，授予企业经营管

理权,企业必须有效地利用国家授予其经营管理的财产,实现资产增值,依法缴纳税金、费用、利润。国务院代表国家行使企业财产的所有权;授权有关部门或者有关机构对国有企业财产的经营管理实施监督。

第三,规定了企业内部经营管理体制,发挥中国共产党的基层组织在企业中的政治核心作用,坚持和完善厂长(经理)负责制,全心全意依靠工人阶级。对厂长、企业管理委员会、职工代表大会的职责作了规定。同时规定,建立分配约束机制和监督机制,由于经营管理不善造成经营性亏损的,厂长、其他厂级领导应根据责任大小,承担相应责任。

党的十四届三中全会强调指出,“当前,要继续贯彻《全民所有制工业企业法》和《全民所有制工业企业转换经营机制条例》,把企业的各项权利和责任不折不扣地落到实处。加强国有企业财产的监督管理,实现企业国有资产保值增值”。国务院还先后制定了《全民所有制工业企业承包经营责任制暂行条例》和《全民所有制小型工业企业租赁经营暂行条例》。

建立现代企业制度是国有企业改革的方向,党的十五大报告提出,“对国有大中型企业实行规范的公司制改革”。全国人大常委会根据现代企业制度,制定了公司法和合伙企业法。

公司法根据我国实际情况,规定在我国实行有限责任公司、股份有限公司两种公司形式,不采用两合公司和无限责任公司的形式。公司法对有限责任公司、股份有限公司的设立、组织机构(包括股东大会、董事会、经理、监事会),公司的合并、分立,公司的破产、解散和清算,股份有限公司股份的发行、转让和上市等,都作了具体的规定。并对国有独资公司和国有企业改建为股份公司的有关问题,专门作了规定。

为了保护股东的合法权益,公司法特别规定,董事、监事、经理应当忠实履行职务,维护公司利益,不得利用在公司的地位和职权为自己谋取私利,包括:不得利用职权收受贿赂或者其他非法收入;不得侵占公司财产;不得挪用公司资金;不得将公司资产以其个人名义或以其他个人名义开立账户存储;不得以公司资本为本公司的股东或其他个人债务提供担保;不得自营或为他人经营与其所任职公司同类的营业或者从事损害本公司利益的活动;不得泄露公司秘密;除公司章程或股东会同意外,不得同本公司订立合同或进行交易等。

国务院于1995年、1997年两次发出通知,指出:现有有限责任公司和股份有限责任公司要严格按公司法及其配套法规的规定,进行规范;大型企业集团试点,要按公司法的有关规定进行规范,试点企业集团母公司一般可改建为国有独资公司或两个股东以上的有限责任公司;试点企业集团子公司一般应改建为两个股东以上的有限责任公司。

关于企业破产,全国人大常委会制定了全民所有制工业企业破产法,对破产的条件、破产申请的提出和受理、和解和整顿、破产宣告和破产清算(包括什么是破产财产和清偿顺序）等，都作了规定。为了使非全民所有制企业破产有法律依据，民事诉讼法专门规定了“企业法人破产还债程序”一章，对破产清偿的有关问题作了规定。

（二）关于金融

最近，中央举办第七次法制讲座，题目就是“金融安全和法制建设”。江泽民同志发表了重要讲话。他说，“金融在经济工作全局中关系重要。发展社会主义市场经济，必须充分发挥金融的作用。同时，金融安全关系到国家经济的安全”“从发展趋势看，各国政府越来越注重运用法律手段防范金融风险，保障金融安全”。他提出，要“搞好金融监管和金融体制改革，特别是要加强金融法制建设”。

根据中央关于金融体制改革的精神，全国人大常委会先后制定了中国人民银行法、商业银行法、保险法和票据法。两个银行法作了以下规定：

第一，根据金融体制改革的精神，国家专业银行要转变为国有商业银行。商业银行法规定，商业银行是指依照商业银行法和公司法设立的吸收公众存款、发放贷款、办理结算等业务的企业法人。商业银行自主经营、自负盈亏、自我约束，依法开展业务，不受任何单位和个人干涉。任何单位和个人不得强令商业银行发放贷款或者提供担保，对此商业银行有权拒绝。

第二，提高信贷资产质量，保障商业银行的稳健运行，防范和化解不良贷款。为此，商业银行法作了一系列规定：1. 实行银行业与证券、信托业分离。商业银行在中华人民共和国境内不得从事信托投资和股票业务，不得投资于非自用不动产，不得向非银行金融机构和企业投资。已投资的，由国务院另行规定实施办法。2. 贷款采用资产负债比例管理制度。商业银行贷款应遵守资产负债比例管理的规定，包括：资本充足率不得低于百分之八；贷款余额与存款余额的比率不得超过百分之七十五；流动性资产金额与流动性负债余额的比例不得低于百分之二十五；对同一借款人的贷款余额与商业银行资本金额的比例不得超过百分之十。

第三，加强对金融机构和金融市场的监督、管理。未经中国人民银行批准，任何单位和个人不得从事吸收公众存款等商业银行业务。商业银行应当建立、健全本行对存款、贷款、清算、呆账各项情况的稽核、检查制度。中国人民银行依法对金融机构及其业务实施监督管理，维护金融业的合法、稳健运行。两法对监督的内容、手段，作了具体规定。

第四，对银行工作人员提出了要求。商业银行工作人员不得有下列行为，包括：不得利用职务上的便利，索取、收受贿赂或者收受各种名义的回扣、手续费；不得贪污、挪用、侵占本行或客户的资金；不得徇私向亲属、朋友发放贷款或者提供担保；不得在其他经济组织兼职；不得泄露在任职期间知悉的国家秘密和商业秘密等。

关于股票、债券等的发行和交易，还没有制定统一的法律。公司法对公司股票的发行、上市以及发行债券，作了规定。国务院制定了一系列有关行政法规，包括《股票发行与交易管理暂行条例》《企业债券管理条例》《禁止证券欺诈行为暂行办法》《国务院关于股份有限公司境外募集股份及上市的特别规定》《国务院关于股份有限公司境内上市外资股的规定》以及《证券投资基金管理暂行办法》等。国务院的这一系列行政法规，对证券、债券的发行、上市、交易作了规定，同时对什么属证券欺诈行为作了具体规定，包括证券发行、交易及相关活动中的内幕交易、操纵市场、欺诈客户、虚假陈述等行为。全国人大常委会现正在抓紧研究证券法的制定。

（三）关于合同

合同是民法的基本制度之一，随着商品经济的发展，合同越来越丰富、多样，越来越重要。原材料的采购、产品的加工、融资、运输、销售等，离不开合同，技术的开发、咨询、转让，离不开合同，对外经济、贸易、文化技术交流合作，也需要合同。合同是市场经济的一个基本法律制度。

六届全国人大四次会议制定的民法通则，对民事活动的基本原则（当事人地位平等、自愿、公平、诚实信用、遵守法律、不得损害社会公共利益等）、民事行为（包括民事法律行为应具备的条件，什么情况的民事行为无效，什么情况是可以变更或者撤销的民事行为）、代理（包括委托代理、法定代理、指定代理）、合同的效力和履行（依法成立的合同受法律保护，当事人应按照合同的约定全部履行自己的义务）、合同的变更、合同权利义务的转让、违反合同的民事责任等，作了规定。

同时，全国人大及其常委会先后制定了经济合同法、涉外经济合同法、技术合同法三部单行合同法，对购销、建设工程承包、加工承揽、货物运输、供用电、仓储保管、财产租赁、借款、保险、技术开发、技术转让、技术咨询、技术服务、涉外经济等合同，进一步作了具体的规定。国务院及有关部委根据法律，还制定了一系列有关各种合同的行政法规或规章。现在，全国人大常委会正在起草统一的合同法，在原有三部合同法的基础上，根据情况的发展，总结前一段的实践经验，搞一部统一的、更加完备和现代化的合同法。

（四）关于物权和保护自然资源

党的十五大报告提出，要“调整和完善所有制结构。公有制为主体、多种所有制经济共同发展，是我国社会主义初级阶段的一项基本经济制度”“公有制实现形式可以而且应当多样化”“要健全财产法律制度，依法保护各类企业的合法权益和公平竞争，并对它们进行监督管理”。物权是民法中的两大问题之一，是市场经济的一项重要基本法律制度。

民法通则在民事权利一章中，根据宪法关于所有权的基本制度，对各种财产权作了规定。物权包括所有权、用益物权和担保物权等。民法通则对所有权作了规定,财产所有权是指所有人依法对自己的财产享有占有、使用、收益和处分的权利。关于用益物权和担保物权,民法通则规定得比较原则。我国目前还没有制定统一的物权法,但在先后制定的土地管理法、矿产资源法、森林法、草原法、水法等一系列有关自然资源的法律,以及在城市房地产管理法中,对有关的用益物权作了一些具体规定。

以国有土地使用权的转让问题为例,土地管理法和城市房地产管理法作了以下规定:

第一,中华人民共和国实行土地的社会主义公有制,即全民所有制和劳动群众集体所有制。国家依法实行国有土地有偿、有期限使用制度。国家将国有土地使用权在一定年限内出让给土地使用者,由土地使用者向国家支付土地使用权出让费。

第二,国家垄断土地一级市场。房地产开发,必须是国有土地,城市规划区内的集体所有的土地,只有依法征用转为国有土地后,该幅国有土地的使用权方可有偿转让,供房地产开发使用。

第三,严格限制划拨土地的范围(限于国家机关用地和军事用地,城市基础设施用地和公益事业用地等),把土地使用权的出让作为基本方式。

第四,出让土地使用权强调采取拍卖、招标的方式。商业、旅游、娱乐和豪华住宅用地,有条件的必须采取拍卖、招标方式。

第五,禁止炒地皮。以出让方式取得土地使用权进行房地产开发的,必须按照土地使用权出让合同约定的土地用途、动工开发期限开发土地。

第六,土地使用权出让金应当全部上缴财政,列入预算。以划拨方式取得土地使用权的,如果要转让房地产,应按规定,报有批准权的人民政府审批,并依规定缴纳土地使用权出让金。以营利为目的,房屋所有人将以划拨方式取得使用权的国有土地上建成的房屋出租的,应将租金中所含土地收益上缴国家。

关于担保物权,全国人大常委会制定了担保法,对抵押、质押、留置等作了规定。对哪些财产可以抵押,哪些财产不得抵押,抵押物的登记、抵押的效力、抵押权的实现、最高额抵押等,都作了具体规定。今后,还需要制定物权法。

上面说到的有关自然资源的法律,除有关物权的内容外,还有一个重要的精神,就是要保护、合理开发利用资源。保护和合理开发自然资源,是关系到子孙后代,关系到经济持续发展的大问题。党的十五大报告十分重视这个问题,特别指出,“我国是人口众多、资源相对不足的国家,在现代化建设中必须实施可持续发展战略”“资源开发和节约并举,把节约放在首位,提高资源利用效率。统筹规划国土资源开发和整治,严格执行土地、水、森林、矿产、海洋等资源的管理和保护的法律”。

例如,土地管理法规定,要节约和合理利用土地,特别强调要保护耕地。这次国务院提出的修订草案,为了保护耕地,将土地的管理改为“实行土地用途管制制度”。又如，森林法规定，国家根据用材林的消耗量低于生长量的原则，严格控制森林年采伐量，年度木材生产计划不得超过批准的年采伐限额；采伐林木必须申请采伐许可证，按许可证的规定进行采伐；特种用途林中的名胜古迹和革命纪念地的林木、自然保护区的森林，严禁采伐。又如，矿产资源法规定，国家对国家规划矿区、对国民经济具有重要价值的矿区和国家规定实行保护性开采的特定矿种，实行有计划开采，未经国务院有关部门批准，任何单位、个人不得开采；开采矿产资源，必须采取合理的开采顺序、开采方法和选矿工艺；对具有工业价值的共生和伴生矿产应统一规划，综合开采，综合利用，防止浪费；禁止乱挖滥采、破坏矿产资源等。

（五）关于知识产权

党的十五大报告提出，要“实施科技兴国战略”“科学技术是第一生产力，科技进步是经济发展的决定性因素”“要把加速科技进步放在经济社会发展的关键地位，使经济建设真正转到依靠科技进步和提高劳动者素质的轨道上来”，要“加快实现高技术产业化，强化应用技术的开发和推广，促进科技成果向现实生产力转化”“实施保护知识产权制度”。经济的发展要靠科技，科技的开发、应用、推广要适应市场经济的需要，这就要有保护知识产权的法律。

民法通则在民事权利一章中，专门有一节规定知识产权。全国人大常委会先后制定了商标法、专利法、著作权法、科学技术进步法、促进科技成果转化法。

商标法规定，商标包括商品商标和服务商标，企业、事业单位和个体工商业者需要取得商标专用权的，应当向商标局申请商标注册，经商标局核准注册的商标，商标注册人享有商标专用权，受法律保护。

专利法规定，专利包括发明、实用新型和外观设计，符合法律规定的条件，经专利局审查批准授予专利权。除法律另有规定的以外，任何单位或者个人未经专利权人许可，不得为生产经营目的制造、使用、销售其专利产品，或者使用其专利方法以及使用、销售依照该专利方法直接获得的产品。该法对职务发明、非职务发明专利权的归属，两个以上单位协作或一个单位接受其他单位委托完成的发明的专利权的归属，对授予专利的条件、专利的申请、专利申请的审查和批准、专利的期限、终止和无效、专利实施的强制许可、专利权的保护以及专利权的转让等，分别作了具体的规定。

著作权法规定，中国公民、法人或者非法人单位的作品，不论是否发表，依法享有著作权。作品是指文字、口述、图纸等形式创作的文学、艺术和自然科学、社会科学、工程技术等作品，包括工程设计、产品设计图纸及其说明、计算机软件等。该法对著作权的归属、著作权（包括发表、署名、修改、保护作品完整、使用和获得报酬权等）、权利保护期、权利的限制、著作权许可使用合同等，作了具体规定。

公司法规定，股东可以用实物、工业产权、非专利技术、土地使用权作价投资，对作为出资的实物、工业产权、非专利技术或者土地使用权,必须进行评估作价,核实财产,不得高估或者低估作价。

促进科技成果转化法为保护单位职务发明所有权,特别规定,企业、事业单位可以与参加科技成果转化的有关人员签订在职期间或离职、离休、退休后一定期限内,保守本单位技术秘密的协议;有关人员不得违反协议约定,泄露本单位的技术秘密和从事与原单位相同的科技成果转化活动;职工不得将职务科技成果擅自转让或者变相转让。

(六)关于公平竞争和市场秩序

党的十五大报告提出,“要加快国民经济市场化进程”“健全市场规则,加强市场管理,消除市场障碍,打破地区封锁、部门垄断,尽快形成统一开放、竞争有序的市场体系,进一步发挥市场对资源配置的基础作用”。社会主义市场经济是竞争的、开放的,这是市场经济的特点和优点,但竞争必须是公平的、有序的、统一的,垄断或者分割的市场不可能促进商品生产者提高效率,封闭的市场不利于发展国内的合理分工和促进国际贸易。

为了保障社会主义市场经济的健康发展,鼓励和保护公平竞争,制止不正当竞争,保护经营者和消费者的合法权益,全国人大常委会制定了反不正当竞争法、消费者权益保护法、产品质量法、广告法。

反不正当竞争法规定:经营者在市场交易中,应当遵循自愿、平等、公平、诚实信用的原则,遵守公认的商业道德。各级人民政府应当采取措施,制止不正当竞争行为,为公平竞争创造良好的环境和条件。该法对什么是不正当竞争行为,作了具体规定,列举了不正当竞争行为,包括:以假冒他人注册商标等不正当手段从事交易、损害竞争对手;为销售或者购买商品进行贿赂;利用广告进行虚假宣传;侵犯商业秘密;为排挤竞争对手为目的,以低于成本价格销售商品;捏造、散布虚伪事实,损害竞争对手的商业信誉、商品信誉;串通投标,抬高或压低报价;等等。

消费者权益保护法规定了消费者享有的权利,包括:消费者在购买、使用商品和接受服务时享有人身、财产安全不受损害的权利;知悉其购买、使用的商品或者接受的服务的真实情况的权利;享有自主选择、进行比较鉴别和挑选的权利;有权获得质量保障、价格合理、计量正确等公平交易条件的权利;受到人身、财产损害的,享有依法获得赔偿的权利;享有人格尊严、民族风俗习惯得到尊重的权利;进行监督的权利;等等。同时,规定了经营者应当履行的义务。为了方便和保护消费者的权益,特别规定,在展销会、租赁柜台购买商品或接受服务,展销会结束或柜台租赁期满后,消费者可以向展销会的举办者、柜台出租者要求赔偿,举办者、出租者赔偿后,有权向销售或者服务者追偿。

现在,还没有制定反垄断法,但有些问题,已在反不正当竞争法中,作了相关的规定:公用企业或者其他依法具有独占地位的经营者,不得限令他人购买其指定的经营者的商品,以排挤其他经营者的公平竞争;政府及其所属部门不得滥用行政权力,限令他人购买其指定的经营者的商品,限制其他经营者正当的经营活动;不得滥用行政权力,限制外地商品进入本地市场,或者本地商品流向外地市场。今后,还需要制定专门的反垄断法。

(七)关于劳动和社会保障

为了建立适应社会主义市场经济的劳动制度,调整劳动关系,保护劳动者合法权益,全国人大常委会制定了劳动法,主要内容有:

第一,适应社会主义市场经济的需要,改革劳动制度,把劳动合同制作为建立劳动关系的基本形式。劳动法规定,建立劳动关系应当订立劳动合同。劳动者与用人单位通过劳动市场确立劳动关系,明确双方权利和义务。劳动法对劳动合同订立的原则、劳动合同的内容和形式、劳动合同的变更和终止、解雇和辞职等,都作了规定。考虑到普遍实行合同制需要有一个过程,劳动法同时规定,省、自治区、直辖市人民政府根据本法和本地区的实际情况,规定劳动合同制的实施步骤,报国务院备案。

第二,维护劳动者的合法权益。劳动法规定,劳动者享有平等就业和选择职业的权利、取得劳动报酬的权利、休息休假的权利、获得劳动安全卫生保护的权利、接受技能培训的权利、享受社会保险和福利的权利、提请劳动争议处理的权利以及法律规定的其他劳动权利。该法在各章中对上述权利分别作了具体规定,还对女职工和未成年工的特殊保护作了规定。在劳动安全和保护方面,全国人大常委会还制定了《中华人民共和国矿山安全法》,国务院制定了《工厂安全卫生规程》《女职工劳动保护规定》等。

第三,对社会保险的基本制度作了原则规定,主要是:1. 劳动者退休、患病、负伤、因工伤残或者患职业病、失业和生育时,依法享受社会保险待遇,使劳动者在年老、患病、工伤、失业、生育等情况下获得帮助和补偿。劳动者享受社会保险待遇的条件和标准由法律、法规规定。2. 用人单位和劳动者必须依法参加社会保险,缴纳社会保险费。3. 国家设立社会保险基金,社会保险基金按照保险类型确定资金来源,逐步实行社会统筹。4. 建立社会保险基金经办机构和监督机构。社会保险基金经办机构依照法律规定,收支、管理和运营社会保险基金,并负有使社会保险基金保值增值的责任。社会保险基金监督机构依照法律规定,对社会保险基金的收支、管理和运营实施监督。任何组织和个人不得挪用社会保险基金。社会保险基金经办机构和社会保险基金监督机构的设立和职能,由法律规定。5. 国家发展社会保险事业,建立社会保险制度,鼓励用人单位根据本单位实际情况为劳动者建立补充保险,提倡劳动者个人进行储蓄性保险。

建立多层次的社会保障体系,不仅对保障劳动者权益十分重要,对深化企业改革,保持社会的稳定,具有重要意义。劳动法对此虽然作了原则规定,但为了贯彻落实,还需要制定有关的法律、法规。最近,中共中央、国务院召开了国有企业下岗职工基本生活保障和再就业工作会议。需要抓紧制定有关社会保障方面的法律和行政法规。

(八)关于宏观调控

坚持和完善社会主义市场经济体制,使市场在国家宏观调控下对资源配置起基础性作用。一方面要充分发挥市场机制作用,另一方面又要健全宏观调控体系,运用经济手段和法律手段,保持经济总量平衡,抑制通货膨胀,促进经济结构优化,实现经济稳定增长。

为了完善宏观调控,全国人大及常委会先后制定了中国人民银行法、预算法、价格法和税法。

中国人民银行法确立了中国人民银行的地位和职责,明确规定,中国人民银行是中华人民共和国的中央银行,在国务院领导下,制定和实施货币政策,对金融业实施监督管理。货币政策目标坚持货币币值的稳定,并以此促进经济增长。同时规定,中国人民银行设立货币政策委员会,并对货币政策工具的种类和运用,作了具体规定。国务院根据中国人民银行法,制定了《中国人民银行货币政策委员会条例》。条例规定,货币政策委员会的职责是,在综合分析宏观经济形势的基础上,依据国家的宏观经济调控目标,讨论货币政策事项,并提出建议。

预算法强化预算的分配和监督职能,健全国家对预算的管理,加强国家宏观调控,以保障经济和社会的健康发展。预算法规定,各级预算应当做到收支平衡,中央政府公共预算不列赤字,中央预算中必需的建设投资的部分资金,可以通过举借国内和国外债务等方式筹措,但是借债应当有合理的规模和结构;地方各级预算按照量入为出、收支平衡的原则编制,不列赤字,除法律和国务院另有规定外,地方政府不得发行地方政府债券。

全国人大常委会制定了个人所得税法、外商投资企业和外国企业所得税法、税收征收管理法。国务院根据全国人大授权,制定了增值税暂行条例、消费税暂行条例、营业税暂行条例、企业所得税暂行条例、资源税暂行条例、固定资产投资方向调节税暂行条例等一系列暂行条例。国家通过税收,利用税率进行调控。

价格法规定,国家实行并逐步完善宏观调控下主要由市场形成价格的机制。价格的制定应符合价值规律,大多数商品和服务价格实行市场调节价,由经营者自主制定,通过市场竞争形成。极少数商品和服务价格实行政府指导价或政府定价。价格法在“价格总水平调整”一章中规定,稳定市场价格总水平是国家重要的宏观经济目标。国家根据国民经济发展的需要和社会承受能力,确定市场价格总水平调控目标,列入计划,并运用货币、财政、投资、进出口等方面政策和措施,予以实现。当市场价格总水平出现剧烈波动等异常状态时,国务院可以在全国范围内或部分区域内,采取临时集中定价权限、部分或者全面冻结价格的紧急措施;当重要商品和服务价格显著上涨或有可能显著上涨，国务院和省级政府可以对部分价格采取限定差价率或者利润率、规定限价、实行提价申报制度和调价备案制度等干预措施。省级政府采取干预措施，应报国务院备案。

（九）关于环境保护

保护和改善生活环境与生态环境、防治污染和其他公害，是我国的一项基本国策。随着人口增长和现代工业的发展，向环境中排放的有害物质大量增加，环境质量逐步恶化，防治环境污染和生态破坏，已成为十分紧迫的任务。为促使经济持续、稳定、协调发展，必须搞好环境保护。全国人大常委会制定了环境保护法，主要内容有：

第一，制定国家环境质量标准。根据国家环境质量标准和国家经济、技术条件，制定国家污染物排放标准。

第二，建设污染环境项目，必须遵守国家有关建设项目环境保护管理的规定，建设项目的环境影响报告书，必须对建设项目产生的污染和对环境的影响作出评价，规定防治措施，并依规定审批。建设项目中防治污染的设施，必须与主体工程同时设计、同时施工、同时投产使用。

第三，排放污染物的企业事业单位，必须依照规定申报登记。排放污染物超过国家或者地方规定的污染物排放标准的企业事业单位，依照国家规定缴纳超标准排污费，并负责治理。对造成环境严重污染的企业事业单位，限期治理。

第四，新建工业企业和现有工业企业的技术改造，应当采用资源利用率高、污染物排放量少的设备和工艺，采用经济合理的废弃物综合利用技术和污染物处理技术。禁止引进不符合我国环境保护规定要求的技术和设备。任何单位不得将产生严重污染的生产设备转移给没有污染防治能力的单位使用。

全国人大常委会还先后制定了海洋环境保护法、水污染防治法、大气污染防治法、固体废物污染环境防治法、环境噪声污染防治法等一系列单行法。这些法分别从海洋、水、大气、固体废物、噪声等污染防治方面，有针对性地作出了具体规定。固体废物污染环境防治法还专门规定，禁止中国境外的固体废物进境倾倒、堆放、处置；国家禁止进口不能用作原料的固体废物，限制进口可以做原料的固体废物；禁止经中华人民共和国过境转移危险废物。

（十）关于对外经贸

党的十五大报告提出，“对外开放是一项长期的基本国策。面对经济、科技全球化趋势，我们要以更加积极的姿态走向世界”“以提高效益为中心，努力扩大商品和服务的对外贸易”“积极开拓国际市场”“鼓励引进先进技术和关键设备”“积极参与区域经济合作和全球多边贸易体系”“积极合理有效地利用外资”“更好地利用国内国外两个市场、两种资源”。为此，需要“完善和实施涉外经济贸易的法律法规”。

全国人大常委会先后制定了对外贸易法、中外合资经营企业法、中外合作经营企业法、外资企业法、海关法、进出口商品检验法等。对外贸易法对我国对外贸易方针、对外贸易经营者、货物进出口与技术进出口、国际服务贸易、对外贸易秩序等,分别作了规定。为了维护对外贸易秩序和公平竞争,保护国内相关产业,国务院根据对外贸易法的有关规定,制定了《中华人民共和国反倾销和反补贴条例》。

四、企业必须依法经营

有法必依,法定了就要遵守。企业享有经营自主权,但不是想怎么样就怎么样,必须遵守法律,依法经营,公司法、全民所有制工业企业法对此都有明确规定。公司法规定,“公司从事经营活动必须遵守法律”。全民所有制工业企业法规定,“企业必须遵守法律、法规”。前面介绍的那些法律,有不少与企业经营是直接有关系的。从国家、政府来讲,要搞好普法工作,广泛宣传、普及法律;从企业来讲,要注意学习有关法律,特别是国有企业的经营者更应学好,增强法制观念,在从事经营活动时自觉遵守法律。同时,也只有掌握了法律,才能用法律武器来维护企业的合法权益。有些企业不学法、不懂法,在经营中触犯了法律,受到法律追究,这是一方面;另一方面,由于不学法、不懂法,有的企业在签订合同时上当受骗,使企业遭受损失,有的企业在合法权益受到侵犯后,不懂、也不会利用法律武器,来维护自己的合法权益。

法律与道德不同。民法通则规定,民事活动“必须遵守法律”“应当尊重社会公德”。对法律是“必须遵守”,对社会公德是“应当尊重”。违反道德会受到舆论谴责,触犯了法律,要依法承担法律责任。

法律要遵守,不遵守怎么办?违法必究,依法追究法律责任。为了保证法律的贯彻实施,对违法行为要规定相应的法律责任。前面讲到的那些法律,大多都有“法律责任”一章,针对违反法律行为的不同情况,规定应当承担相应的法律责任。法律责任根据违法行为的性质、情节和后果的不同,大体分为民事责任、行政责任,还有刑事责任。另外,有些还规定了行政处分,这属于纪律处分。关于民事责任,民法通则专门有一章做了原则规定,关于行政处罚,全国人大制定了行政处罚法。同时,各个单行法对各种违法行为的民事责任、行政处罚都有具体规定。刑事责任是由刑法统一规定的。

刑法的重要任务之一是,保护国有财产,维护经济秩序,保障社会主义建设事业的顺利进行。刑法分则中专门有一章,规定破坏社会主义市场经济秩序罪。我国刑法是 1979 年制定的,原分则第三章破坏社会主义经济秩序罪的规定比较概括,只有十五条,投机倒把罪是一个大口袋。1979 年以来,随着改革不断深化、开放不断扩大，特别是党的十四大确立实行社会主义市场经济体制以来，出现了一系列新的经济犯罪。为了维护社会主义市场经济秩序，保障社会主义建设的顺利进行，1997 年全国人大对刑法作了全面修订，对经济犯罪进行了大量补充和完善。修订后的刑法，将破坏社会主义经济秩序罪一章分为八节，一共九十二条，是分则中条文最多的一章。

第一节是生产、销售伪劣商品罪。

对生产、销售伪劣商品，特别是生产、销售假药、劣药，生产、销售不符合卫生标准的食品，生产、销售不符合保障人体健康标准的医疗器械和医用卫生材料，生产、销售不符合保障安全标准的电器、压力容器、易燃易爆产品，以及不符合卫生标准的化妆品等犯罪，作了规定。对坑农、害农的生产、销售假农药、假兽药、假化肥犯罪，规定了严厉的刑罚。

在现实生活中，对有些生产、销售伪劣商品的犯罪案件打击不利，这往往与某些地方、部门的保护主义有关，修订后的刑法特别在渎职罪中规定，对生产、销售伪劣商品的犯罪行为负有追究责任的国家机关工作人员，徇私舞弊，不履行法律规定的追究职责，情节严重的，要追究刑事责任。

第二节是走私罪。

对走私武器、弹药、核材料或者伪造的货币，走私国家禁止出口的文物、黄金、白银和其他贵重金属，走私国家禁止进出口的珍贵动物、珍稀植物及其制品，以牟利或传播的目的，走私淫秽的影片、录像带、录音带、图片、书刊或者其他淫秽物品，以及走私一般物品犯罪，分别作了规定。同时，对单位走私、武装走私作了规定。

这次修改主要有两点：一是，走私一般物品，原来是按走私物品价额计算的，这次修改为以偷逃应缴税额计算，因为不同物品，征收的税款是不同的。二是，过去对单位走私构成犯罪的标准，比个人走私要宽，处刑比个人走私要轻。为了打击单位走私，这次将单位走私构成犯罪的标准，对直接责任人员的处刑，与个人一样。

第三节是妨害对公司、企业的管理秩序罪。

这一节规定了：虚报注册资本，欺骗公司登记主管部门，取得公司登记的犯罪；虚假出资或者抽逃出资罪；向股东和社会公众提供虚假的或者隐瞒重要事实的财务会计报告，严重损害股东或他人利益罪；清算时隐匿财产罪，等等。

第四节是破坏金融管理秩序罪，第五节是金融诈骗罪。

现在，金融方面的犯罪突出，危害十分严重。这两节规定了：未经中国人民银行批准,擅自设立商业银行或者其他金融机构罪;非法吸收或者变相吸收公众存款罪;非法集资罪;违法发放贷款罪;伪造、变造金融票证罪;利用金融票据、信用证、信用卡诈骗罪;保险欺诈罪等。还针对出现的一些情况,增加规定了:以转贷牟利为目的,套取信贷资金,高利转贷他人罪;银行或者其他金融机构工作人员以牟利为目的,采取吸收客户资金不入账的方式,将资金用于非法拆借、发放贷款罪;未经批准,擅自发行股票或者公司、企业债券罪;以及证券交易的犯罪,包括内幕交易罪;编造传播虚假信息,扰乱证券交易市场罪和操纵证券交易罪。同时,还对洗钱犯罪作了规定。

第六节是危害税收征管罪。

针对随着税制改革出现的新问题,对虚开、伪造和非法出售增值税专用发票进行偷税、骗税等犯罪,作了规定。

第七节是侵犯知识产权罪。

1979 年刑法只对侵犯注册商标专用权犯罪作了规定。随着专利法、著作权法的制定,对侵犯专利权、侵犯著作权的犯罪,作了规定。这次修订,还根据反不正当竞争法,规定了侵犯商业秘密罪。

第八节是扰乱市场秩序罪。

对虚假广告、串通投标、合同诈骗、非法转让、倒卖土地使用权等犯罪,作了规定。原来投机倒把罪是一个大口袋,这次修订,对投机倒把罪加以分解,除前面几节所规定的犯罪外,规定了非法经营罪,包括:未经许可,经营法律、行政法规规定的专营、专卖物品或者其他限制买卖的物品;买卖进出口许可证、进出口原产地证明以及其他法律、行政法规规定的经营许可证或者批准文件;其他严重扰乱市场秩序的非法经营行为。今后,是什么罪,就定什么罪,不再使用投机倒把的罪名。

关于贪污贿赂犯罪。修订后的刑法规定:国有公司、企业、事业单位、人民团体中从事公务的人员,非法占有单位财物的;国有公司、企业或者其他国有单位委派到非国有公司、企业以及其他单位从事公务的人员,非法占有单位财物的,依照贪污罪定罪处罚。对贿赂罪,这次增加规定了介绍贿赂罪和斡旋贿赂罪。向国家工作人员介绍贿赂,情节严重的,是介绍贿赂罪。介绍贿赂人在被追诉前主动交待介绍贿赂行为的,可以减轻处罚或者免除处罚。国家工作人员利用本人职权或者地位形成的便利条件,通过其他国家工作人员职务上的行为,为请托人谋取不正当利益,索取请托人财物或者收受请托人财物的,以受贿论处,即斡旋贿赂罪。

现在,国有资产流失是一个大问题。为了保护国有财产,惩治有关犯罪分子,除规定贪污、挪用等犯罪外,增加规定了以下犯罪:1. 国有公司、企业的董事、经理利用职务便利,自己经营或者为他人经营与其任职公司、企业同类的营业,获取非法利益,数额较大的;2. 国有公司、企业、事业单位的工作人员,利用职务便利,将本单位的盈利业务交由自己的亲友经营,以明显高于市场的价格向自己的亲友经营管理的单位采购商品,或者以明显低于市场的价格向自己的亲友经营管理的单位销售商品,向自己的亲友经营管理的单位采购不合格商品,使国家利益遭受重大损失的;3. 国有公司、企业、事业单位直接负责的主管人员,在签订、履行合同过程中,因严重不负责任被诈骗,致使国家利益遭受特别重大损失的;4. 国有公司、企业直接负责的主管人员,徇私舞弊,造成国有公司、企业破产或者严重亏损,致使国家利益遭受重大损失的;5. 徇私舞弊,将国有资产低价折股或者低价出售,致使国家利益遭受重大损失的;6. 承担资产评估、验资、验证、会计、审计、法律服务等职责的中介组织的人员,故意提供虚假证明文件,情节严重的,等等。

五、政府依法维护经济秩序

按照社会主义市场经济的要求,政府要转变职能,政企职责分开,政府不直接干预企业的具体经营活动。但是,政府必须依法维护经济秩序,保障经济建设的健康发展。要实现依法治国,建立社会主义法治国家的历史性任务,前提要加强立法,有法可依;同时,必须有法必依;特别是执法必严,这是依法治国的一个关键问题。

“执法必严”是1979年党的十一届三中全会提出来的。1956年党的八大政治报告中就提出,要着手系统地制定比较完备的法律,健全国家的法制。怎么才能健全?当时提出两句话,“有法可依、有法必依”。到党的十一届三中全会改为四句话,把“有法必依”发展为“有法必依、执法必严、违法必究”三句。这是总结“八大”以来经验,特别是“文化大革命”的教训提出来的。本来,“有法必依”包括老百姓要守法,国家机关、国家机关工作人员执法时要依法。经过这些年来看,国家机关、国家机关工作人员严格执法,是保证法律能否贯彻实施的关键。谁执法?老百姓不执法,执法必严是专门对国家机关、国家机关工作人员讲的,是对国家机关、国家机关工作人员提出的要求。党的十一届三中全会以来,我国已经制定了一系列法律,现在不能说无法可依了,关键是要使法律能够很好地贯彻实施,国家机关、国家机关工作人员能否严格依法执行,就成为越来越重要的问题。党的十五大报告强调提出,“一切政府机关都必须依法行政,切实保障公民权利”。

对“执法必严”怎么理解?有的认为,“执法必严”就是要严厉处罚,把重罚作为贯彻法律的主要手段,甚至当成唯一的手段,这是一种误解,邓小平同志提出的“执法必严”,其中的“严”是“严格”的意思,就是要严格依照法律来办。以事实为根据,以法律为准绳。依照法律,该处罚的给以处罚,不该处罚的不能处罚;该给什么处罚,就给什么处罚,该重的重,该轻的轻,都要严格根据事实、按照法律规定来执行。对违法行为,依法该处罚的不处罚,构成犯罪应当依法追究刑事责任的,不移送司法机关，不追究刑事责任，以罚代刑，是错误的，是执法不严。另一方面，不该处罚的给以处罚，应当轻的给以重罚，也不是严格执法，也是不对的。中央在提到严打的方针时，总是强调“依法”严打或“依法”严惩。刑法对各种犯罪的量刑，都规定了不同的档次，每一档次里有一定的幅度，“从重”处罚，是在法定幅度内从重判处。

对“依法行政”怎么理解？为什么提“依法”行政，而不用“以法”行政？“以法”，可能产生误解。当然，任何组织和个人都要遵守法律，如果违了法，要依法追究。“依法”行政的重点，是对政府机关、政府机关工作人员提出的要求。依法行政，就是政府机关、政府机关工作人员在行使行政管理权时，要在法律赋予的职权范围内，遵守法定程序，按照法律的规定来进行。用“依法”不用“以法”的再一个意思是，法制非常重要，要健全法制，依法行政；但决不是说，其他工作就不重要了，江泽民同志多次强调，必须要两手抓，必须做好政治思想、党的建设等等方面的工作。

以上介绍，供同志们参考，如有不妥之处，欢迎提出意见。

宣传贯彻工会法

（1992 年 4 月 21 日 《中华人民共和国工会法释义》一书序）

第七届全国人民代表大会第五次会议制定了新的工会法，这是一部十分重要的法律。在我国，工人阶级是领导阶级，是社会主义建设，包括物质文明和精神文明建设的主力军。全心全意依靠工人阶级，是我们党和国家的一贯方针。工会是党领导的工人阶级群众性组织，是党和政府联系工人群众的桥梁和纽带，是我们社会主义国家政权的重要的社会支柱。新工会法的制定，对于贯彻全心全意依靠工人阶级的方针，发挥工人阶级在社会主义现代化建设和改革中的积极性和创造性，维护广大职工的合法权益，将起重要的作用。

早在新中国成立初期，我们就制定了工会法，这是一部好的法律，在过去发挥了积极的、重要的作用。几十年来，我国政治、经济、社会等各个方面，都发生了巨大的、深刻的变化。党的十一届三中全会以来，我国处在重大的历史性转变的新时期。总结新中国成立几十年来的经验教训，根据我国处在社会主义初级阶段的基本国情，党提出了以经济建设为中心、坚持四项基本原则、坚持改革开放的基本路线。在新的历史时期，对于如何做好工会工作，党中央作出了一系列的重要决定，提出了工会工作在新的历史时期的基本任务。

新的工会法将党中央对工会工作的方针和主张，予以具体化、法律化了。这就为工会适应新的历史时期的需要，做好工会工作，提供了法律依据和法律保障。

工会工作必须面向职工群众。我国职工绝大多数在企业，做好企业基层工会工作，是工会工作的重要任务。为了进一步发挥社会主义制度的优越性，把国民经济搞上去，必须进行改革、开放。经济体制改革的进一步深化、全民所有制企业转变经营机制、改革劳动制度等，与广大职工有着切身利害关系，由于对外开放的进一步发展，外商投资企业的数量不断增加，在外商投资企业劳动和工作的职工人数越来越多，如何做好企业工会工作，就显得更加重要了。随着改革、开放的进一步发展，工会工作的任务不是减少了，而是更加繁重了；对工会工作不是要削弱，而是应当进一步加强。新的工会法对全民所有制企业、集体所有制企业、私营企业和外商投资企业的基层工会的任务和权利、义务等作了规定。这就有利于工会在改革、开放中，发挥应有的积极作用。

新工会法的贯彻，是党、政府和全社会的共同任务。新工会法不仅与工会和职工群众有关，而且与政府和政府有关部门、企业事业组织等行政方面有关。因此，贯彻新工会法不单是工会的责任，而是党、政府和社会的共同责任。只有在党的领导下，国家、社会和企业等共同努力，新工会法才能真正得到贯彻落实。

劳动法的几个问题

（1994 年 10 月　全国法院系统劳动法培训班）

1994 年 7 月 5 日第八届全国人大常委会第八次会议通过的《中华人民共和国劳动法》是适应社会主义市场经济需要而制定的一部重要法律。它是由国务院起草提出，经全国人大常委会审议修改通过的。这部法 1995 年 1 月 1 日就要施行了，高法举办这个培训班非常及时，我把这部法在制定审议过程中的一些主要问题和情况，向同志们作个介绍，供同志们学习参考。

一、劳动法的调整范围

中华人民共和国劳动法是新中国成立以来第一部适应社会主义市场经济需要的全面调整劳动关系和规范劳动行为的法律。新中国成立以来，劳动方面的法律规定不是没有，但是，全面系统地规范和调整劳动关系的法律，这是第一部。这部法确立了社会主义市场经济的劳动制度，全面调整和规范用人单位和劳动者之间的劳动关系，对促进就业、劳动合同和集体合同、工作时间和休息休假、工资、劳动安全卫生、女职工和未成年工的特殊保护、职业培训、社会保障和福利以及劳动争议等，都作了规定。因此，从一定意义上讲，可以说是一部劳动方面的基本法律。还要根据这部法，制定一些单行的法律、法规，予以具体化。

这部法基本是调整企业和个体经济组织的劳动关系。在中华人民共和国境内的企业，包括各种所有制（全民、集体、私营）、各种形式（股份有限公司、有限责任公司、合伙、独资以及外资企业）、个体经济组织，和与之形成劳动关系的劳动者，都由这部法调整。这部法对国家机关与公务员之间的关系不调整，因为国家机关与国家机关工作人员的关系，和企业与职工之间的劳动关系，从法律性质来说是不同的。企业与职工之间是平等主体，属民事关系，企业与职工建立劳动关系，订立合同。而国家机关与公务员是行政法上的特别法律关系，不实行劳动合同，从法律性质上来说是不同的。关于公务员，国务院已经制定公务员条例，以后还要制定公务员法，这已列入人大的立法规划。有关公务员的问题，由公务员法调整，劳动法不调整。西方各国对企业劳动法与公务员法也是分别制定的。事业单位包括学校、医院、科研机构与社会团体，这个法调不调整？有各种各样的意见。经过反复研究，考虑到事业单位与社会团体的劳动人事制度比较复杂，有些事业单位可以实行企业化管理，单位与职工订立劳动合同，依合同聘任、解聘，有些事业单位是依照国家机关的人事制度进行管理的，或两者兼而有之。对党派团体，中央已明确，党的机关适用国家公务员条例，工、青、妇等十八家社会团体参照国家公务员条例管理。这部法基本上是调整企业和个体经济组织方面的劳动关系，国家机关、事业组织、社会团体中，只是和与之建立劳动合同关系的劳动者，依照劳动法执行。

二、劳动合同

关于劳动合同，介绍五个问题。

（一）劳动合同是建立劳动关系的基本形式

党的十四届三中全会《中共中央关于建立社会主义市场经济体制若干问题的决定》明确指出，要“改革劳动制度，逐步形成劳动力市场”“形成用人单位和劳动者双向选择、合理流动的就业机制”。劳动法的一个基本精神，就是要建立和维护适应社会主义市场经济的劳动制度。李鹏总理提出这个议案时给全国人大常委会的来文中就明确指出，制定劳动法要“适应建立社会主义市场经济体制的需要，推动劳动制度的改革”。劳动法第一条立法的目的，就明确规定是“为了建立和维护适应社会主义市场经济的劳动制度，促进经济发展和社会进步”。

什么是适应社会主义市场经济的劳动制度？就是在国家宏观调控下，以市场作为劳动资源配置的基础性手段。具体说，就是“国家宏观调控，城乡协调发展，企业自主用人，个人自主择业，市场调节供求，社会提供服务”。企业和劳动者是劳动力市场的主体，企业根据生产经营情况自主用人，劳动者根据个人志趣、技能等条件选择不同的职业，通过劳动力市场，公平竞争，来配置和调节劳动力。

过去，我国的国有企业长期采取由国家统包统配劳动力的办法。企业要人、劳动者找工作，不是通过市场，而是找政府，由政府分配。所以有人形容说，是“国家包揽、行政隶属、身份差别、终身固定”。1986 年，我国对劳动制度进行改革，对企业新职工实行劳动合同制，老人老办法，新人新办法，两种用工形式并存。实行劳动合同制的，初步确立企业和劳动者在劳动力市场中的主体地位，通过合同确立双方的权利义务关系。同时，进行了优化劳动组合，有的还实行了全员劳动合同制的探索。据初步统计，全国实行劳动合同制的职工有 2500 多万人。劳动法总结劳动制度改革的经验和成果，适应社会主义市场经济发展的需要，把劳动合同制作为建立劳动关系的基本形式，普遍实行劳动合同制，明确规定，建立劳动关系应当订立劳动合同。用人单位和劳动者通过劳动市场，签订劳动合同，建立劳动关系，规定双方的权利义务。劳动法对劳动合同订立的原则、劳动合同的内容、形式，劳动合同的变更和终止，解雇和辞职等，都作了规定。这次制定的劳动法，适应社会主义市场经济的需要,普遍实行劳动合同制,用人单位、劳动者都是劳动市场的主体,通过劳动市场,自主用人,自主择业。

全国人大常委会在审议过程中,一些委员、地方和企业提出,推行企业全员劳动合同制,方向是正确的,是符合社会主义市场经济需要的,但是要全面推行劳动合同制还需要有一个过程。因为,目前我国实行劳动合同制的职工只占国有企业职工的三分之一左右,一些老职工对实行合同制尚存有种种顾虑,特别是社会保险制度还没有普遍建立起来。我们召开座谈会征求意见时,有的厂长说,我们厂虽然是实行全员劳动合同制的试点单位,但我们没有真正全部实行,对一些多余的职工不敢辞退,而有些技术骨干又留不住,有的职工被辞退后,到市政府有关部门静坐,有一个稳定的问题,政府就通知企业,谁家的人谁家领回去。企业的同志普遍反映,关键是社会保险、社会保障制度要真正普遍建立起来,不然实行劳动制度改革就有一定困难。有的同志主张,先搞社会保障,水到渠成,再普遍实行劳动合同制就好办了。劳动制度改革要考虑实际情况,但还得改,不能等。进行劳动制度改革,要有各方面的配套措施,搞不好,会影响稳定。中央提出,要正确处理好改革、发展和稳定的关系,处理好改革方向和实际情况的关系。我们立法也是这样,要处理好改革方向和现在的实际之间的关系,方向要明确,但还得考虑实际情况。因此,对暂时不具备条件的地方,应当允许有步骤地实行。经全国人大常委会审议后,最后在附则中增加了一条,就是一百零六条:“省、自治区、直辖市人民政府根据本法和本地区的实际情况,规定劳动合同制度的实施步骤,报国务院备案。”劳动法一方面规定,要实行劳动合同制度,明确了方向,引导、促进劳动制度改革;另一方面,又考虑到现实情况,需要有一个过程,允许省级政府根据情况制定实施步骤。这样规定,方向明确,有条件的要按这个办,积极地进行劳动制度改革;真正还不具备条件的,可以允许分步骤来实施,不是法律一生效,都要实行劳动合同制。要说明的是,允许分步骤实施劳动合同制,是对国有企业原有老职工说的,对私营企业、三资企业,都要实行劳动合同制,这是一。二是,对国有企业推行劳动合同制,要采取积极态度,创造条件来实施。为什么法律规定省级政府根据情况制定的实施步骤要报“国务院备案”,就是为了使国务院能够掌握情况,积极指导,推动劳动制度的改革。

(二)劳动合同的形式、内容和订立的原则

企业和劳动者通过劳动市场建立劳动关系,应当订立劳动合同。劳动合同是劳动者与用人单位确立劳动关系、明确双方权利和义务的协议。据调查,河南省大概有半数以上的私营企业没有订合同,用工随时招,不用了随时解雇。现在,不少私营企业、外资企业雇用职工,不订立合同,或者只是口头合同,权利义务不明确,往往发生劳动纠纷,侵犯劳动者的合法权益。因此,劳动法强调规定,建立劳动关系应当以书面形式订立劳动合同,并具备以下条款:1. 劳动合同期限;2. 工

作内容;3. 劳动保护和劳动条件;4. 劳动报酬;5. 劳动纪律;6. 劳动合同终止的条件;7. 违反劳动合同的责任。这样,劳动关系双方的权利义务明确,有利于保障双方当事人的合法权益,减少发生劳动纠纷。

劳动合同根据什么原则订?劳动法规定,订立和变更劳动合同,应当遵循平等自愿、协商一致的原则,不得违反法律、行政法规的规定。用人单位和劳动者是平等主体,劳动关系属于民事关系,应当遵循平等自愿、协商一致的原则。国家对民事关系一般不干预,由双方当事人自愿规定,但是也不是一概都不管。民法通则规定,民事活动必须遵守法律,违反法律的民事行为无效。现在,有些私营企业、外资企业与职工订的合同内容,存在违反法律、严重侵害劳动者权益的情况。例如,有的劳动合同规定,劳动者在劳动中有伤亡,企业一概不负责;有的规定,职工不得外出,没有假日;有的规定,不给劳动保护用品等。这些都是违反法律的。因此,劳动法规定,劳动合同的内容不得违反法律、行政法规的规定,是十分必要的。法律、行政法规对工作时间、工资、劳动安全、社会保险等都有规定,实行合法原则,有利于保护劳动者的合法权益。

(三)合同的期限

关于劳动合同的期限,劳动法规定有三种。一是固定期限,一般是三年、五年;二是无固定期限,也就是长期的;还有一种是以完成一定的工作为期限的。世界各国多数是这三种。

全国人大常委会在审议过程中,征求有关方面意见,全国总工会和不少企业、地方、部门提出,现在不少三资企业只与职工订短期合同,用完职工年轻时的黄金年龄段后就辞退。经过研究,为了保护劳动者的权益,促进劳动关系的稳定,经常委会审议后,增加了第二十条第二款:“劳动者在同一用人单位连续工作满十年以上,当事人双方同意续延劳动合同的,如果劳动者提出订立无固定期限的劳动合同,应当订立无固定期限的劳动合同。”一是满十年,二是双方同意续延,三是劳动者提出。为什么要规定连续工作满十年以上,我们计算过,劳动者如果是二十岁或二十五岁开始在一个企业工作,满十年就是三十岁或三十五岁,这个时候,正是年轻力壮、又富有经验的时候,一般讲,企业是需要继续雇用的,就是不延续雇用了,由于年轻,也好找工作。

(四)关于解雇职工

建立和发展社会主义市场经济体制,企业有用人自主权,应当允许企业根据生产经营情况雇用或者解雇职工。但是,对什么情况可以解雇,需要经过什么程序,如何给予补偿等,应当予以限定和规定,以保护职工的合法权益。

关于终止、解除合同的问题,劳动合同期满可以终止,没有期满,如果当事人协商一致,也可以提前解除。除这两种以外,劳动法还对用人单位解雇职工、职工辞职，作了规定。合同没到期，双方又没协议提前解除合同，在这种情况下，要解雇，要辞职，怎么办？关于用人单位解雇职工，劳动法分为三种：一是过失性解雇；二是非过失性解雇；三是经济性解雇。过失性解雇，就是劳动法第二十五条规定的，劳动者有下列情形之一的，用人单位可以解除劳动合同：1. 在试用期间被证明不符合录用条件的。这里说的是被证明不符合录用条件的，可以解除劳动合同。如果符合条件就不应该解除，而应当转为正式工。但有些外资企业，试用一段，不管符不符合条件，都解除劳动合同，另外雇人试用，因为在试用期的待遇比正式工一般要低，这是一种侵犯职工合法权益的做法。2. 严重违反劳动纪律或者用人单位规章制度的。同志们要注意一个问题，现在有些外资企业和私营企业的规章制度违背法律、行政法规。他们说，法律写了，违背我的规章制度就可以解雇，问题是你的规章制度本身就违背法律、行政法规。因此，要注意用人单位的规章制度是不是违背法律和行政法规，如果违背，是无效的。3. 严重失职，营私舞弊，对用人单位利益造成重大损害的。4. 被依法追究刑事责任的。非过失性解雇，就是劳动法第二十六条规定的，有下列情形之一的，用人单位可以解除劳动合同：1. 劳动者患病或者非因工负伤，医疗期满后，不能从事原工作，也不能从事由用人单位另行安排的工作的。不是过失，由于病了，客观上不能完成工作了。2. 劳动者不能胜任工作，经过培训或者调整工作岗位，仍不能胜任工作的。3. 劳动合同订立时所依据的客观情况发生重大变化，致使原劳动合同无法履行，经当事人协商不能就变更劳动合同达成协议的。经济性解雇，就是劳动法第二十七条规定的，用人单位濒临破产进行法定整顿期间或者生产经营状况发生严重困难，确需裁减人员的。

这三种解雇的原因、情况不同，因此在程序、处理上也不一样。对非过失性解雇，用人单位应当提前三十日以书面形式通知劳动者本人。要早点告诉本人，以使劳动者可以另谋职业，有不同意见可以提出来。经济性解雇，用人单位应当提前三十日向工会或者全体职工说明情况，听取工会或者职工的意见，并向劳动行政部门报告。一是提前三十天；二是要向工会或者职工说明情况，听取意见；三是要报告劳动行政部门，便于劳动行政部门监督，因为经济性解雇一般辞退的比较多。这两种解雇，还应当依照国家有关规定给予经济补偿。为了保障劳动者的权益，劳动法还规定，用人单位解除合同，工会认为不适当的，有权提出意见。如果用人单位违反法律、法规或者劳动合同，工会有权要求重新处理；劳动者申请仲裁或者提起诉讼的，工会应当依法给予支持和帮助。

特别要说一下经济性解雇问题。这个问题，全国人大常委会在审议时是这么考虑的，企业濒临破产进行法定整顿或者生产经营状况发生严重困难，确需裁减人员的，应当允许裁减职工。这样才可以提高经济效益，增强活力，挽救企业。不然，企业越来越困难，企业包袱越来越重，救不活，最终对企业职工不利。但是，由于经济性解雇往往裁减的人员较多，在处理这些问题时，一方面要维护企业用工自主权，有利于企业增强活力，提高经济效益；另一方面又要尽可能保障职工的合法权益，有利于社会稳定。除了前面说的，要听取工会、职工意见，向劳动行政部门报告外，为了维护职工合法权益，防止用人单位借口经济困难大量裁减更换职工，经研究增加了一款规定：用人单位濒临破产进行法定整顿期间或者生产经营状况发生严重困难，确需裁减人员，“在六个月内录用人员的，应当优先录用被裁减的人员”。

（五）集体合同

劳动法对集体合同作了规定，什么是集体合同呢？企业职工一方与企业就劳动报酬、工作时间、休息休假、劳动安全卫生、保险福利等事项签定的合同是集体合同。集体合同由工会代表职工与企业签订，没有建立工会的企业，由职工推举的代表与企业签订。集体合同草案应当提交职工代表大会或者全体职工讨论通过，集体合同签订后，应当报送劳动行政部门。集体合同的效力高于个人签订的劳动合同，依法签订的集体合同对企业和企业全体职工具有约束力，职工个人与企业订立的劳动合同中劳动条件和劳动报酬等标准，不得低于集体合同的规定，高是可以的。

由工会代表职工与企业签订集体合同，可以从整体上维护劳动者的合法权益，发挥工会在稳定劳动关系中的作用。这也为市场经济条件下协调劳动关系，建立了一种新的机制。工会代表企业职工与企业签订集体合同，比劳动者个人与企业订合同，更有利于维护职工的合法权益。现在，我国除国有企业外，还有非公有制企业，在这种情况下，规定集体合同是必要的。从我国目前实际情况出发，集体合同制重点是在非公有制企业实行。

三、劳动者的权利

维护劳动者的合法权益，是制定劳动法的一个重要原则。劳动法调整用人单位和劳动者之间的劳动关系，规范双方的权利和义务，应该对双方的合法权益都给予保护，使用人单位与劳动者之间的劳动关系稳定、和谐，以促进经济发展和社会进步。但是，要特别强调维护劳动者的合法权益。为什么？第一，我们是社会主义国家，工人阶级是国家的主人、是领导阶级，当然要维护劳动者的合法权益。第二，从我国实际情况看，除公有制企业外，还有私营企业、外资企业等非公有制企业，在这些非公有制企业中，劳动者是被雇用的，侵犯劳动者合法权益的情况相当普遍，有的相当严重。因此，有必要强调维护劳动者的合法权益。第三，从劳动法的产生和制定劳动法的目的，也应当维护劳动者的合法权益。在西方资本主义国家，开始是制定公务员法，后来才制定劳动法。在资本主义初期，西方国家对企业的劳动关系采取放任主义，有相当一段时期并没有劳动法。资本家为了获取高额利润，随意延长劳动时间，尽量压低工人工资，劳动条件非常恶劣。工人阶级为了维护自己的权利，进行斗争。十九世纪初，西方资本主义国家为维护整个资产阶级的统治，缓和矛盾，开始对劳动关系进行国家干预，制定了劳动法，对职工的最低工资、工作时间等作出规定。二次世界大战后，随着工人阶级的斗争，劳动立法的内容和范围逐步扩大。劳动法的产生是工人阶级斗争的结果，制定劳动法的目的，就是对劳动者的权益予以规定。所以，劳动法第一条立法目的第一句，就是“为了保护劳动者的合法权益”。劳动法的主要内容是两部分，一部分是确立适应社会主义市场经济的劳动制度，调整横向的劳动关系；再有很大的一部分内容，就是调整纵向的关系，就是国家对劳动者合法权益的保护，对劳动的行政管理。劳动者有什么权利呢？劳动法作了规定。

（一）享有平等就业和选择职业的权利

就业是实现劳动权利的前提条件。在计划经济体制下，劳动权利更多地表现为就业保障权。在市场经济体制下，劳动者作为劳动力市场的平等主体，劳动权利则首先表现为平等就业的权利。

（二）取得劳动报酬的权利

劳动报酬包括工资和其他合法劳动收入，是劳动者用自己的劳动换来的应得的物质利益。为了保障劳动者劳动报酬的权利，劳动法从两个方面作了规定。一是国家实行最低工资保障制度。根据社会主义市场经济的要求，企业有自主决定分配方式和工资水平的权利。企业的工资分配方式和工资水平，由用人单位根据本单位的生产经营特点和经济效益来决定。但用人单位支付劳动者的工资，不得低于当地最低工资标准。最低工资的具体标准由省、自治区、直辖市人民政府规定，报国务院备案。考虑到各地情况不一样，开放地区与内地不一样，就是在一个省里也不一样，所以最低工资的具体标准，由省里定。国家要保证最低工资标准。

二是保障劳动者能按月足额取得工资。劳动法规定，工资应当以货币形式按月支付给劳动者本人，不得克扣或者无故拖欠劳动者的工资。工资是劳动者的劳动所得，劳动者是靠工资生活的，如果不能按月得到工资，生活就无法保障。现在，有些外资企业、私营企业随意克扣、拖欠工人工资的不少，有的还相当严重。1994 年上半年，山西的晋中、晋城、阳泉、朔州 4 个市对 1800 个非公有制企业调查，60% 的企业克扣工资，少的二三个月，多的半年，个别的十个月。还有的企业干脆规定，入厂后先扣三个月工资不发，干满一年再补发，提前离厂的，就不给了。所以，劳动法特别规定，要以货币形式按月支付，不得克扣、无故拖欠，是非常重要的。在征求意见时，有些地方、企业提出，一些企业不按时发工资的原因很复杂，有的是无故拖欠，有的是属于生产经营发生困难，资金暂时周转不过来。有些国有企业长期亏损，但又不能像私人企业那样，私人企业亏损资不抵债可以破产，或者解雇工人，国有企业对破产或者解雇是要十分慎重的。考虑到这种情况，要区别对待。对属于无故拖欠的，应受法律制约。如果说，是因为生产经营发生问题，应该做好工作，妥善处理。原草案规定是“不得拖欠”，考虑到以上复杂情况，改为“不得无故拖欠”，开了个小口子。在执行时，对什么是“有故”，要严格掌握。例如，有些企业由于经营困难一时资金周转不过来，可以说是“有故”，但有的企业用资金去扩大投资，造成发不出工资，那就不成，应当先发工资。有的企业一方面困难，发不出工资，但另一方面又买高档汽车，像这种情况不行，对企业负责人就应当给予处分。

（三）休息休假的权利

休息权和劳动权是密切不可分的，劳动需要休息，休息是为了更好地劳动。休假是劳动者享受休息权的一种表现形式。有些非公有制企业劳动时间非常长，有的每天劳动 10 小时、12 小时，甚至更长，没有节假休息日。劳动时间长，严重损害劳动者身体健康，事故也不断发生。劳动法对工作时间和休假作了具体规定。

关于工作时间，分为标准工作时间和延长工作时间。标准工作时间，劳动法规定，国家实行劳动者每日工作时间不超过八小时，平均每周工作时间不超过四十四小时的工时制度。规定“不超过”，就是说，最长不能超过这个时间，如果缩短是允许的。关于延长工作时间，需要延长工时的情况有两种，一是由于生产经营需要延长，一是由于发生自然灾害、事故，威胁劳动者生命健康需要紧急处理，如核电站泄漏事故，或者矿山冒顶，或者公共设施等发生故障，影响生产和公众利益，必须及时抢修，如自来水、电厂发生故障，需要延长的。这两种需要延长工时的情况不同，处理原则也不同，劳动法作出了不同规定。对后一种情况，因为涉及公众利益或者劳动者的安全，对延长多少时间，不予限制。对前一种情况，因生产经营需要延长工作时间的，法律作了限制。限制多长，根据什么原则考虑？一是要考虑我国的生产实际情况，二是要考虑职工长远利益，保护职工的身体健康。劳动法规定，用人单位由于生产经营需要，经与工会和劳动者协商后，可以延长工作时间，一般每日不得超过 1 小时；因特殊原因需要延长工作时间的，在保障劳动者身体健康的条件下，延长工作时间每日不得超过 3 小时，但是每月不得超过 36 小时。一是要工人自愿；二是延长的时间有一定限度，不得超过。这里说的“生产经营需要”，应当是临时的需要，如接了一批定货，需要赶。如果生产经营任务经常是那么重，那就应当增加职工，而不能采取经常延长工作时间的办法。有的企业强迫职工连续加班，很多职工昏倒。有人问，有些打工妹，出来是为了多挣些钱，自己愿意多加班、经常加班，如果劳动者自愿，延长工作时间是否可以超过法律规定的时间？这种情况不能说没有，但应当从劳动者的长远利益，从劳动者的身体健康来考虑，即使有的劳动者自己愿意，也不允许超过法律规定的延长时间。为什么呢？如果这口一开，用人单位在订合同的时候就可能提出要写上经常加班。他可以说，这是劳动者自己愿意的。劳动者不愿意，就不雇用，实际上是强制性的。就是真正自愿的,也应从劳动者的长远利益考虑。

延长工作时间,劳动法还特别规定,要支付高于劳动者正常工作时间的工资报酬。你可以延长,但要有时间限制,还得多给工资,不能和平常工资一样。关于这个问题,原草案没有具体规定数额。经过全国人大常委会审议,对此作了具体规定。用人单位安排劳动者延长工作时间的,支付不低于工资的150%的工资报酬;休息日安排劳动者工作,又不能安排补休的,支付不低于工资的200%的工资报酬;法定休假日安排劳动者工作的,支付不低于工资的300%的工资报酬。这样规定,一方面可以保障劳动者的权益;另一方面用增加工资报酬的办法,对加班加以限制。有些企业任务一直很重,就是不多雇工人,让工人经常加班。规定加班要支付多于正常工作时间的工资报酬,他一算账,划不来,还是增加职工吧。这样,可以防止用人单位应该增加职工却不增加,而经常让职工加班加点的做法。

(四)获得劳动安全卫生保护的权利

劳动者在安全卫生条件下进行劳动,是生存权利的基本要求。当前在这方面存在的问题比较严重,一些企业,特别是外资企业、私营企业,为了赚钱,不顾劳动者的安全和健康,缺乏劳动保护措施,劳动条件非常恶劣,不断发生事故,劳动者患职业病的相当严重。劳动法对劳动安全卫生,专门作了规定。一是,用人单位必须建立、健全劳动安全卫生制度,严格执行国家劳动安全卫生规程和标准,防止劳动过程中的事故,减少职业危害。二是,劳动安全卫生设施必须符合国家规定的标准。三是,用人单位必须为劳动者提供符合国家规定的劳动安全卫生条件和必要的劳动防护用品,对从事有职业危害作业的劳动者,应当定期进行健康检查。还规定,用人单位的劳动安全设施和劳动卫生条件不符合国家规定,或者未向劳动者提供必要的劳动防护用品和劳动保护设施的,由劳动行政部门或者有关部门责令改正,可以处以罚款;情节严重的,提请县级以上人民政府决定,责令停产整顿;对事故隐患不采取措施,致使发生重大事故,造成劳动者生命和财产损失的,对责任人员比照刑法第一百八十七条玩忽职守罪的规定,追究刑事责任,处五年以下有期徒刑或者拘役。

(五)接受职业技能培训的权利

一般说来,一切劳动者都应接受培训,在现代化生产中,尤其要接受培训,这是劳动者从事劳动和社会生产的客观需要。劳动者为提高报酬,需要提高技术;社会生产发展,也要求职工提高技术。现在,劳动法把培训法律化了。

(六)享受社会保险和福利的权利

建立多层次的社会保障体系,不仅对保障劳动者权益十分重要,对于深化企业改革,保持社会的稳定,也具有重要意义。社会保险是社会保障体系中的重要组成部分。劳动法对社会保险的基本制度作了原则的规定,主要是:1. 劳动者退休、患病、负伤、因工伤残或者患职业病、失业和生育时,依法享受社会保险待遇,使劳动者在年老、患病、工伤、失业、生育等情况下,获得帮助和补偿。2. 用人单位和劳动者必须依法参加社会保险,缴纳社会保险费。社会保险与商业保险不同,是具有强制性的,用人单位和劳动者必须参加保险,交保险费。现在,一些外资企业或私营企业,不为职工保险,不交保险费用。天津对六百家外资企业的调查,为中方职工办养老保险的企业,仅占20.5%。3. 国家设立保险基金,逐步实行社会统筹。社会保险基金按照保险类型确定资金来源。社会保险的特点是社会统筹,有的企业退休职工多,新建企业则少,采取社会统筹的办法,可以互相帮助,使劳动者依法取得保险,同时也有利于企业公平竞争。4. 建立社会保险基金经办机构和监督机构。保险社会化,不由企业或政府主管部门管,而另设专门机构来管,同时将经办机构与监督机构分开。社会保险基金经办机构依照法律规定,收支、管理和运营社会保险基金,并负有使社会保险基金保值增值的责任。社会保险基金监督机构依照法律规定,对社会保险基金的收支、管理和运营实施监督。也就是说,对社会保险基金的收支、管理和运营,专门成立机构,不由企业或政府主管部门管,同时将管理和监督机构分立,以便管理运营和监督。5. 国家发展社会保险事业,建立社会保险制度,同时鼓励用人单位根据本单位实际情况,为劳动者建立补充保险,提倡劳动者个人进行储蓄性保险。社会保险是强制性的,而后面两种保险,即用人单位建立的补充保险和个人储蓄保险,不是强制性的。

(七)提请劳动争议处理的权利

这是劳动者维护自身合法劳动权益的有效途径和保障措施。这个问题,在后面还要专门介绍。

(八)法律规定的其他劳动权利

劳动者有依法参加和组织工会的权利。工会代表和维护劳动者的合法权益,依法独立自主地开展活动。有些外资企业、私营企业不允许工人组织工会,河南私营企业近七千家,只有五家有工会组织,这是一个大问题。劳动者有依照法律规定,通过职工大会、职工代表大会或者其他形式,参与民主管理或者就保护劳动者合法权益与用人单位进行平等协商的权利。还有,劳动者对用人单位管理人员违章指挥、强令冒险作业,有权拒绝执行;对危害生命安全和身体健康的行为,有权提出批评、检举和控告,以及法律规定的其他权利。

四、劳动争议的处理

为适应社会主义市场经济的发展,劳动制度改革不断深化,取得了很好的效果。另一方面，劳动纠纷也越来越多。劳动纠纷为什么会增多，一是除国有企业外，还有大批非公有制企业；二是劳动制度改革，实行劳动合同制。山西省 1992 年劳动纠纷比 1991 年增加一倍。所以，依法、公正、及时地解决劳动纠纷，意义非常重要，对维护当事人特别是劳动者的合法权益，稳定、和谐劳动关系，促进经济发展和维护社会稳定，都有十分重要的意义。发生劳动纠纷，通过什么途径解决？除当事人相互协商解决外，一是可以申请调解，二是申请仲裁，三是向法院起诉。

（一）调解

发生劳动争议，当事人可以向本单位劳动争议调解委员会申请调解。劳动争议调解委员会由职工代表、用人单位代表和工会代表组成，主任由工会代表担任。劳动争议经调解达成协议的，当事人应当履行。调解不成，当事人一方要求仲裁的，可以向劳动争议仲裁委员会申请仲裁。经过本单位三方代表组成的劳动争议调解委员会进行调解，有利于问题的解决，但调解不是必经程序，当事人一方也可以直接向劳动争议仲裁委员会申请仲裁。

（二）仲裁

劳动仲裁是解决劳动争议的重要途径，多数劳动纠纷经劳动仲裁，可以得到解决。全国人大常委会已经制定了仲裁法，由于劳动争议不同于一般经济纠纷，劳动争议的仲裁有自己的特点。因此仲裁法规定，劳动争议仲裁另行规定。劳动法根据劳动仲裁的特点，对劳动仲裁的基本制度和原则作了规定，主要是：

第一，劳动仲裁前置原则。向法院起诉前，必须先申请劳动仲裁。对仲裁裁决不服的，可以向人民法院提起诉讼。未经劳动仲裁的，法院不受理。

第二，当事人一方要求仲裁的，可以向劳动争议仲裁委员会申请仲裁，不采取当事人协议的原则。这一点与一般仲裁是不同的。

第三，由劳动争议仲裁委员会进行仲裁。一般仲裁，是由当事人协议选定仲裁委员会和仲裁员，而劳动争议仲裁，法律规定应当由劳动争议仲裁委员会仲裁。劳动争议仲裁委员会由劳动行政部门代表、同级工会代表、用人单位方面的代表组成，劳动争议仲裁委员会主任由劳动行政部门代表担任。

第四，一裁二审。经劳动争议仲裁委员会仲裁后，对仲裁裁决无异议的，当事人必须履行，对仲裁裁决不服的，可以向人民法院提起诉讼。这与一般仲裁实行或裁或审的原则，也是不同的。就是说，经劳动仲裁后，还可以上法院。

（三）诉讼

人民法院在解决劳动争议，维护当事人合法权益，保障劳动法的贯彻执行方面，负有重要的职责。当事人对仲裁裁决不服的，可以向人民法院提起诉讼。人民法院审理劳动争议案件，适用民事诉讼程序。如果是用人单位对劳动行政部门的行政处罚决定不服,适用行政诉讼程序。

顺便讲个问题,健全社会主义法制是国家的一项根本任务,法院在健全社会主义法制方面,处于重要的地位,负有光荣的职责。要健全法制,必须做到有法可依、有法必依、执法必严、违法必究。如果发生有法不依、执法不严的情况怎么办?违法必究。谁究?人民法院负有重要职责。因此,加强人民法院审判工作,是健全社会主义法制不可缺少的。

人民法院审判要以法律为准绳,依法办案。1979年以来,在民事方面,制定了民法通则和一系列单行的民事法律,在诉讼程序方面,制定了民事诉讼法、刑事诉讼法和行政诉讼法,在法院组织、制度方面,制定了人民法院组织法。这些法律,对民事诉讼、法院组织的基本制度作了规定,为民事审判提供了基本的法律依据。为了适应社会主义市场经济的发展,要在已有法律的基础上,予以完善、补充。党的十四届三中全会《中共中央关于建立社会主义市场经济体制若干问题的决定》,专门有一段是加强法律制度建设,提出要"遵循宪法规定的原则,加快经济立法,进一步完善民商法律,……"。提的是完善补充,而不是推倒重来。为了适应社会主义市场经济的发展,需要制定一些新的法律,如公司法、反不正当竞争法、消费者权益保护法和劳动法等,这些法律都为法院审理案件进一步提供依据。我们在制定劳动法的过程中,对草案中法律责任这一章,作了较大的改动和充实,对用人单位违反劳动法应当承担的各种法律责任,包括民事责任、行政责任和刑事责任,都作了明确具体的规定。

我国立法体制是统一的,又是多层次的。宪法是基础,法律是骨干,还包括行政法规、地方性法规、规章等。法院依法审判,依什么?行政诉讼法对这个问题作了明确规定,法律是依据,行政法规、地方性法规也是审理案件的依据,对规章是参照。统一的、多层次的立法制度,对加快立法起了积极作用,但也出现了一些问题,就是有些地方性法规、规章与法律、行政法规抵触,或者相互矛盾,这就在执行中发生了问题,对法院审判也带来了问题。怎么办?党的十四届三中全会的决定特别强调,要"坚持社会主义法制的统一",宪法也明确规定,国家维护社会主义法制的统一和尊严。我们不是联邦制国家,而是统一的多民族国家,坚持法制统一是我国社会主义法制建设的基本原则。实行社会主义市场经济体制,需要法制统一,只有统一的法制,才有利于形成全国统一的、开放的、有序的市场,有利于公平竞争。有关社会主义市场经济的基本法律规范,全国要统一,地方性法规可以根据本地情况,予以具体化,但不能另起炉灶,不得与法律、行政法规相抵触。如抵触,应服从法律和行政法规。法院在审理案件适用法律时,要注意维护国家法制的统一,如果发现地方性法规、规章与法律、行政法规相抵触时,要以法律、行政法规为准。

城市房地产管理法的几个主要问题

（1994 年 11 月　全国法院系统房地产法培训班）

1994 年 7 月第八届全国人大常委会第八次会议通过的《中华人民共和国城市房地产管理法》是适应社会主义市场经济需要的一部重要法律。我把全国人大常委会制定审议这部法律的一些主要问题和情况作个介绍，供同志们学习参考。

房地产业是经济发展的基础性、先导性产业，是国民经济的支柱产业之一。房地产业的发展，为城市经济发展提供基本物质基础和前提，有利于改善城市居民生活条件，可以带动建筑、建材、轻工、化工等 50 多个相关产业和促进旅游、商业、金融、服务等第三产业的发展，也为国家开辟一条重要财源。近几年来，我国房地产业发展很快，在国家的经济发展中起到了很重要的作用。在发展中，也出现了一些急待解决的问题，主要是三个问题：一是土地批租热、建开发区热，1991 年全国有开发区 1200 个，到 1992 年 8 月，猛增到 1900 多个，造成建设用地供应总量失控，国家土地资源流失，1993 年我国减少耕地 900 万亩。二是房地产开发投资结构不合理，1992 年 1—7 月开发商品房中，住宅占 72%，别墅、度假村超过需求。房地产开发企业过多、过滥。三是房地产市场机制不健全，交易不规范，价格混乱，炒地皮、炒房产现象严重，国有土地收益大量流失。据国家土地管理局统计，每年国有土地收益的流失大约达 100 亿元。

党的十四届三中全会《中共中央关于建立社会主义市场经济体制若干问题的决定》明确提出，要“规范和发展房地产市场”。为了加强对城市房地产的管理，规范和维护房地产市场秩序，保障房地产权利人的合法权益，促进房地产业的健康发展，制定了城市房地产管理法。这部法律的适用范围是，在中华人民共和国城市规划区国有土地范围内取得房地产开发用地的土地使用权，从事房地产开发、房地产交易，实施房地产管理，应当遵守房地产管理法。至于在农村集体所有的土地和集体所有的土地上的房屋，这个法不调整。

我介绍四个问题，一是房地产开发用地；二是规范房地产市场行为；三是防止国有土地收益流失；四是房地产抵押。

一、房地产开发用地

要开发房地产，首先要取得供开发房地产的国有土地使用权。房地产开发用地供应,是进行房地产开发、交易的源头。要促进房地产业的健康发展,首先应当规范房地产开发用地的管理,也就是所谓土地一级市场。前面提到目前存在的一个重要问题,是土地供应总量失控,国有土地资源流失。只有管好源头,才能合理地开发和节约用地,防止土地资源流失。城市房地产管理法对这个问题专门作了规定,主要有四点:

第一,坚持国家垄断土地一级市场。房地产开发用地,必须是国有土地,城市规划区内的集体所有的土地,只有依法征用转为国有土地后,该幅国有土地的使用权方可有偿出让,供房地产开发使用。国家垄断土地一级市场,可以防止土地资源的流失。如果允许集体所有的土地可以直接用于房地产开发,那么必然会造成大量耕地减少。我国地少人多,必须十分珍惜和合理使用土地资源,切实保护耕地,严格控制农业用地转为非农业用地。

第二,规模控制,依法审批,并要符合城市建设规划。每年国家出让多少土地使用权用于房地产开发,要有总量控制。经全国人大常委会审议,在城市房地产管理法中增加规定了,县级以上地方人民政府出让土地使用权用于房地产开发的,必须根据省级以上人民政府下达的控制指标,拟订年度出让土地使用权总面积方案,按照国务院规定,报国务院或者省级人民政府批准。出让国有土地使用权开发房地产,应当符合建设规划。法律规定,出让的每幅地块、用途、年限和其他条件,由市、县人民政府土地管理部门,会同城市规划、建设、房产管理部门共同拟定方案,按照国务院规定,报经有批准权的人民政府批准后,由市、县人民政府土地管理部门实施。

第三,实行国有土地使用权有偿、有期限出让制度。在过去,我国建设用地长期是由国家划拨、无偿使用的。1987 年以来,城市国有土地开始实行有偿、有期限使用制度。但是,目前国家划拨的土地,仍占很大比重。1992 年初至 1993 年 7 月,全国房地产开发经营机构取得土地使用权的国有土地中,有 35.49% 是行政划拨的。

城市房地产管理法根据国有土地使用权有偿、有期限出让的原则,把土地使用权出让作为基本的方式;国家将国有土地使用权在一定年限内出让给土地使用者,由土地使用者向国家支付土地使用权出让金。

行政划拨的方式还要不要?有的认为,行政划拨用地是计划经济体制的产物,不符合社会主义市场经济的要求,主张取消划拨方式。有的认为还要保留。经过研究认为,从实际情况出发,完全取消划拨方式也不行。对某些特殊用地,如政府机关本身的用地、军事用地、公益事业用地等,需要采取划拨的方式。所以,城市房地产管理法规定,以出让为基本方式,同时保留了划拨方式作为补充,但严格限制划拨的范围。只有下列建设用地的土地使用权,确属必须的,可以由县级以上人民政府依法批准划拨:(一)国家机关用地和军事用地;(二)城市基础设施用地和公益事业用地;(三)国家重点扶持的能源、交通、水利等项目用地;(四)法律、行政法规规定的其他用地。

第四,强调采取拍卖、招标的方式出让土地使用权。1990 年,国务院制定了城镇国有土地使用权出让和转让暂行条例,规定出让的方式为协议、拍卖、招标三种,对推动土地使用权有偿转让起了积极作用,但目前多数是采取协议方式,用招标和拍卖方式的很少,1992 年到 1993 年 7 月,采取招标方式出让土地使用权的,占 7.8%;采取拍卖方式出让土地使用权的,只占 3.2%。用协议方式转让土地使用权,缺乏公开竞争,地价随意性很大,造成国有土地收益流失严重,而有些人则从中获得暴利。有些地方为了吸引外资,采取协议方式,地价非常低,结果国家受损失。城市房地产管理法比国务院制定的城镇国有土地使用权出让和转让暂行条例的规定前进了一步,强调要采取招标、拍卖方式。法律规定,商业、旅游、娱乐和豪华住宅用地,有条件的,必须采取拍卖、招标方式;没有条件,不能采取拍卖、招标方式的,可以采取双方协议的方式。为了防止低价出让,特别规定,采取双方协议方式出让土地使用权的出让金,不得低于按国家规定所确定的最低价格。

二、规范房地产市场

房地产市场管理混乱,是房地产业发展中的一个突出问题。为了解决这个问题,城市房地产管理法在几个重要环节上,有针对性地作了规定,主要有四点:

第一,按期开发。现在,有些房地产经营机构取得土地使用权后,不按期开发,造成土地大量闲置。针对这种情况,城市房地产管理法规定,以出让方式取得土地使用权进行房地产开发的,必须按照土地使用权出让合同约定的土地用途、动工开发期限,开发土地。如果超过出让合同约定的动工开发日期满 1 年未动工开发的,可以征收相当于土地使用权出让金 20% 以下的土地闲置费;如果满 2 年未动工开发的,可以无偿收回土地使用权;但是,因不可抗力或者政府、政府有关部门的行为或者动工开发必需的前期工作造成动工开发迟延的除外。

第二,禁止炒地皮。现在有些人取得国有土地使用权后,自己并不开发,而转手倒卖,炒地皮,从中牟利,结果土地价格越炒越高,增加开发成本,损害社会公众利益。城市房地产管理法明确规定禁止炒地皮。怎么规定的呢? 以出让方式取得土地使用权的,应当按照合同约定进行投资开发,属于房屋建设工程的,完成开发投资总额的 25% 以上,属于成片开发土地的,形成工业用地或者其他建设用地条件,才能转让房地产。

第三,商品房预售问题。房地产开发公司预售商品房,有利于吸收扩大开发资金。为了保护购买者的利益,城市房地产管理法规定,商品房预售应当符合一定条件,其中包括,按照提供预售的商品房计算,投入开发建设的资金达到工程建设总投资的 25% 以上,并已经确定施工进度和竣工交付日期。同时还规定,商品房预售所得款项,必须用于有关的工程建设。

至于预购商品房后,对未竣工交付使用的预售商品房能否再行转让,即炒楼花的问题,有不同的意见。有的同志认为,炒楼花会导致房价上涨,影响房屋使用人的利益,主张禁止;也有人认为,商品房预购人将购买的未竣工的预售商品房再行转让,有利于搞活房地产市场,主张应当允许。经过研究认为,商品房预购人将购买的未竣工的预售商品房再行转让,有各种不同情况,有的是为了谋利而炒楼花,也有的是个人购买后因需现金而转让,原因不同,应当区别不同情况处理,有些情况不允许转让,某些情况可以允许转让。因此规定,商品房预售的,商品房预购人将购买的未竣工的预售商品房再行转让的问题,由国务院规定。

第四,房地产开发企业设立问题。设立房地产开发企业,是采取登记制,还是审批制,有两种意见。一种意见认为,我国目前房地产市场发育还不太成熟,现有房地产开发企业过多、过滥,主张实行资质审查,即在工商登记之前,要经过有关主管部门审查。另一种意见认为,这样不符合社会主义市场经济发展的要求,主张实行登记制。经过研究认为,从改革方向考虑,并和公司法的有关规定相衔接,除对特殊的某类企业,如金融企业、外资经营企业的设立需要审批外,一般企业的设立,应采取登记制。为防止房地产开发企业设立过滥,关键是要具体规定设立的条件,明确规定设立房地产开发企业需要什么条件,这样在登记时就容易管理。因此,城市房地产管理法确定采取登记制,同时对设立房地产企业应当具备的条件作了具体规定。

三、防止国有土地收益流失

房地产开发用地属国家所有,出让国有土地使用权所得出让金应归国家。现在存在的问题是,国有土地收益大量流失,而被一些单位或个人拿去。为保护国家对国有土地的收益,除前面已提到的,对行政划拨土地要严格依法限制范围,强调要采取拍卖、招标方式出让国有土地,采取协议方式出让的,土地出让金不得低于国家规定的最低价格等外,城市房地产管理法还作了以下规定:

第一,国家实行房地产价格评估制度。房地产价格评估,应当遵循公正、公平、公开的原则,按照国家规定的技术标准和评估程序,以基准地价、标定地价和各类房屋的重置价格为基础,参照当地的市场价格进行评估。基准地价、标定地价和各类房屋的重置价格应当定期确定并公布,具体办法由国务院规定。同时,国家实行房地产成交价格申报制度。为了便于政府对房地产价格的监督,城市房地产管理法规定,房地产权利人转让房地产,应当向县级以上地方人民政府规定的部门如实申报成交价,不得瞒报或者作不实的申报。

第二,土地使用权出让金上缴财政。国家是国有土地所有者,出让金当然应当归国家,由国家用于城市基础设施建设和土地开发,而不能归某个单位,更不能归个人。所以法律规定,土地使用权出让金应当全部上缴财政,列入预算,用于城市基础设施建设和土地开发,土地使用权出让金上缴和使用的具体办法由国务院规定。

第三,以划拨方式取得土地使用权的,由于没有交使用权出让金,如果要转让房地产,应当按照国务院规定,报有批准权的人民政府审批。准予转让的,应当由受让方办理土地使用权出让手续,并依照国家有关规定缴纳土地使用权出让金;有批准权的人民政府按照国务院规定,决定可以不办理土地使用权出让手续的,转让方应当按照国务院规定,将转让房地产所获收益中的土地收益,上缴国家或者作其他处理。这里所说的其他处理,是指转为国有股份,或者用于安置破产企业的职工等,这些都要按国务院规定办。

第四,不同地点的房屋出租,同样房屋的租金不同,有的高,有的低。为什么会形成这种差价?其中有土地价格的因素。有的房屋,原来租金低,由于市政建设的发展改善了房屋所处的环境,租金上升,也是包括了土地价格因素。租金中有一部分是土地收益,应当归国家,因国家是土地所有者。因此,城市房地产管理法规定,以营利为目的,房屋所有权人将以划拨方式取得使用权的国有土地上建成的房屋出租的,应当将租金中所含土地收益上缴国家,具体办法由国务院规定。

四、房地产抵押

抵押是一种重要的担保方式。民法通则规定的担保,有保证、抵押、定金和留置,抵押包括抵押和质押,不同之处在于抵押不转移占有,质押转移占有。抵押对保证合同的履行,保护债权人的合法权益,维护经济秩序,有着重要意义。由于抵押担保对债权人来讲比较安全可靠,同时由于财产抵押与质押不同,并不转移占有,不影响抵押人对抵押物的使用,因此近年来,采取抵押担保的越来越多,尤其是银行贷款,多数采取抵押贷款的方式。城市房地产管理法对房地产抵押,作了原则规定。

第一,作为抵押物的房地产必须是合法的。抵押担保的一个关键问题是,作为抵押物必须是抵押人有权处分的、能够变卖的财产。如果不是这样,就达不到担保的目的。所以房地产管理法规定,房地产抵押,应当凭土地使用权证书、房屋所有权证书办理。有下列情形之一的房地产,不得抵押:(一)未依法登记领取权属证书的;(二)被依法查封或者以其他方式限制房地产权利的;(三)被依法收回土地使用权的;(四)共有房地产,未经其他共有人书面同意的;(五)权属有争议的;(六)法律、行政法规规定禁止转让的其他情形。

第二,房屋的所有权和该房屋占用范围内的土地使用权要同时抵押。房产和地产是密不可分的,地产是房产的依托和基础,房产是地产的目标和用途,房产总是与地产联结为一体而不可分的,不能这个抵押而那个不抵押。因此法律规定,房地产抵押时,房屋的所有权和该房屋占用范围内的土地使用权同时抵押。

第三,抵押应当订立书面合同。城市房地产管理法规定,房地产抵押,抵押人和抵押权人应当签订书面合同。抵押合同一般应当包括以下内容:(一)被担保的原债权种类、数额;(二)债务人履行债务的期限;(三)抵押物的名称、数量、质量、状况、所在地、所有权属或者使用权权属;(四)抵押的期限;(五)担保的范围等。

第四,抵押权人的权利。债务人不履行债务时,抵押权人有权依法以抵押的房地产拍卖所得的价款优先受偿。抵押人可能就是债务人,也可能是第三人。如果是第三人,抵押人有权依法向债务人追偿。

第五,关于优先受偿的财产。是不是拍卖所得,都是优先受偿的财产?不是。如果设定房地产抵押权的土地使用权是以划拨方式取得的,依法拍卖该房地产后,应当从拍卖所得的价款中缴纳相当于应缴纳的土地使用权出让金的款额后,抵押权人方可优先受偿,因为土地出让金应该归国家,这部分价款不能优先受偿。房地产抵押合同签订后,土地上新增的房屋,不属于抵押财产,需要拍卖该抵押的房地产时,可以依法将土地上新增的房屋与抵押财产一同拍卖,但对拍卖新增房屋所得,抵押权人无权优先受偿。

第六,采取登记制度。为了保证抵押权的实现,防止侵犯抵押权人和其他当事人的合法权益,参照一些国家的做法,对抵押物采取登记制度,以便管理。法律规定,房地产抵押时,应当向县级以上地方人民政府规定的部门办理抵押登记。同时规定,因处分抵押房地产而取得土地使用权和房屋所有权的,应当办理过户登记。

关于房地产登记发证问题,在全国人大常委会审议时,有些委员、地方、部门提出,房地产本身具有房、地不可分的特点,实行房、地分管,容易造成部门扯皮,对群众也不方便,建议房地产由一个部门统管。后来考虑,这一问题涉及土地管理法、城市规划法,同时国务院机构改革方案 1993 年经八届全国人大一次会议原则批准后,已由国务院确定,因此城市房地产管理法规定,国务院建设行政主管部门、土地管理部门依照国务院规定的职权划分,各司其职,密切配合,管理全国房地产工作。考虑到有些城市已经建立一个部门统一管理房地产的经验,因此规定,县级以上地方人民政府房屋管理、土地管理部门的机构设置及其职权,由省、自治区、直辖市人民政府确定。经省、自治区、直辖市人民政府确定,县级以上地方人民政府由一个部门统一负责房产管理和土地管理工作的,可以制作、颁发统一的房地产权证书,将房屋的所有权和该房屋占用范围内的土地使用权的确认和变更,分别载入房地产权证书。这就为管理体制的进一步改革,留下余地,提供了法律依据。

认真贯彻实施测绘法
保障测绘事业的顺利发展

（1998 年 7 月 3 日 《中国测绘报》）

1998 年 7 月 1 日是《中华人民共和国测绘法》实施五周年。五年来，在测绘法的规范、保障和促进下，我国的测绘事业得到了较快的发展，取得了很大的成绩，同时也积累了不少的经验。我们要认真总结测绘法实施五年来的经验和问题，进一步做好测绘法的贯彻实施工作。

一、加强测绘法的宣传，提高对测绘事业重要性的认识

测绘工作是国民经济和社会发展不可缺少的一项基础性、先行性工作，它为国家建设和管理提供与地理位置有关的各种专题性和综合性的基础信息；测绘还是准确反映我国疆域境界、行政区域界线和土地权属界线的手段。多年来，测绘为国家和地方各级政府提供了作为宏观决策依据的基础资料，为国家经济建设和制定各类区域规划、国土规划提供了可靠的科学依据。随着经济建设的发展，社会对测绘的需求日益增长。测绘法发布以后，测绘工作的重要性已逐渐被各级领导以及广大人民群众所认识，但也还有一些人对此了解不够。今后，应当进一步做好测绘法的宣传工作，利用各种媒介，采用多种形式，广泛宣传测绘法以及有关法规，使各级干部和广大人民群众认识测绘工作的重要性，了解法律的有关规定，这对测绘法的贯彻实施和做好测绘工作，有着十分重要的意义。

二、根据新的情况和经验，进一步完善测绘立法

完善测绘立法，是测绘工作顺利进行的法律保障。五年来，测绘立法工作取得了显著成效，以测绘法为依据，国务院制订了《中华人民共和国地图编制出版管理条例》《中华人民共和国测量标志保护条例》，国家测绘局发布了《测绘资格审查认证管理规定》《测绘市场管理暂行办法》等规章，29 个省、自治区和直辖市人大制定了地方测绘管理条例或测绘法实施办法。实践证明，这些法律、法规是符合实际的，对促进和保障测绘事业的发展，起了积极作用。要认真履行测绘法中所规定的各项制度，进一步做好贯彻实施工作。同时也要看到，随着改革开放和社

会主义市场经济的发展,测绘工作也出现了一些新情况和新问题,测绘工作方面的法制建设需要不断地健全和完善。测绘法律、法规的有些规定,随着市场经济体制的建立和测绘工作发生的新变化,需要作适当的补充和修改,有些与测绘法配套的法规也还需要进一步制定。

三、依法加强执法工作

依法加强执法工作,是保证法律贯彻实施的一个重要问题。随着测绘市场的逐步建立以及测绘市场自身具有的特性,测绘法的执法工作显得日益重要。测绘主管部门要明确执法地位,责无旁贷地承担起国家赋予的职责,依法履行好测绘行政执法的责任。执法工作一定要依法进行,“依法”就是要在法律赋予的职权范围内,遵循法律规定的程序,严格依照法律的规定来行使行政管理职权。这就要求有一支精通测绘业务和有关法律法规,高素质、高效率的执法队伍。执法者首先要学好法律法规,依法执法,在执法中要有良好的工作作风,树立“执法也是一种服务”的观念。因此,必须加强测绘执法队伍建设,做好执法人员的培训工作。

党的十五大明确提出“依法治国,建设社会主义法治国家”的治国方略,给测绘事业今后的发展提出了新的更高的要求。各级测绘主管部门一定要加强领导,依法履行法律赋予的职责,对工作中存在的问题和困难,采取各种措施予以解决。要根据党的十五大精神,做好测绘法的贯彻实施工作,使测绘事业迈上一个新的台阶。